天津教育招生考试

天津市教育招生考试中心／编

年鉴 2000

天津社会科学院出版社

图书在版编目（CIP）数据

天津教育招生考试年鉴/天津教育招生考试中心编．—天津：天津社会科学院出版社，2000.10
ISBN 7-80563-846-2

Ⅰ.天…　Ⅱ.天…　Ⅲ.①教育工作-天津-年鉴②招生-工作-天津-年鉴③考试-工作-天津-年鉴　Ⅳ.G527.21-54

中国版本图书馆 CIP 数据核字（2000）第 44886 号

出版发行：天津社会科学院出版社
出 版 人：荣长海
地　　址：天津市南开区迎水道 7 号
邮　　编：300191
电　　话：（022）23668122　发行科：（022）23003323
电子信箱：TSSAP@Public.tpt.tj.cn
印　　刷：天津雍阳印刷厂

开　　本：787×1092 毫米　1/16
印　　张：33.5
字　　数：810 千字
版　　次：2000 年 12 月第 1 版　2000 年 12 月第 1 次印刷
印　　数：1～1000 册
定　　价：70.00 元

8月12日，教育部副部长周远清（二排左二），市委副书记刘峰岩（二排左三），市委常委、市委教卫工委书记邢元敏（二排左一）视察普通高校招生网上录取现场。

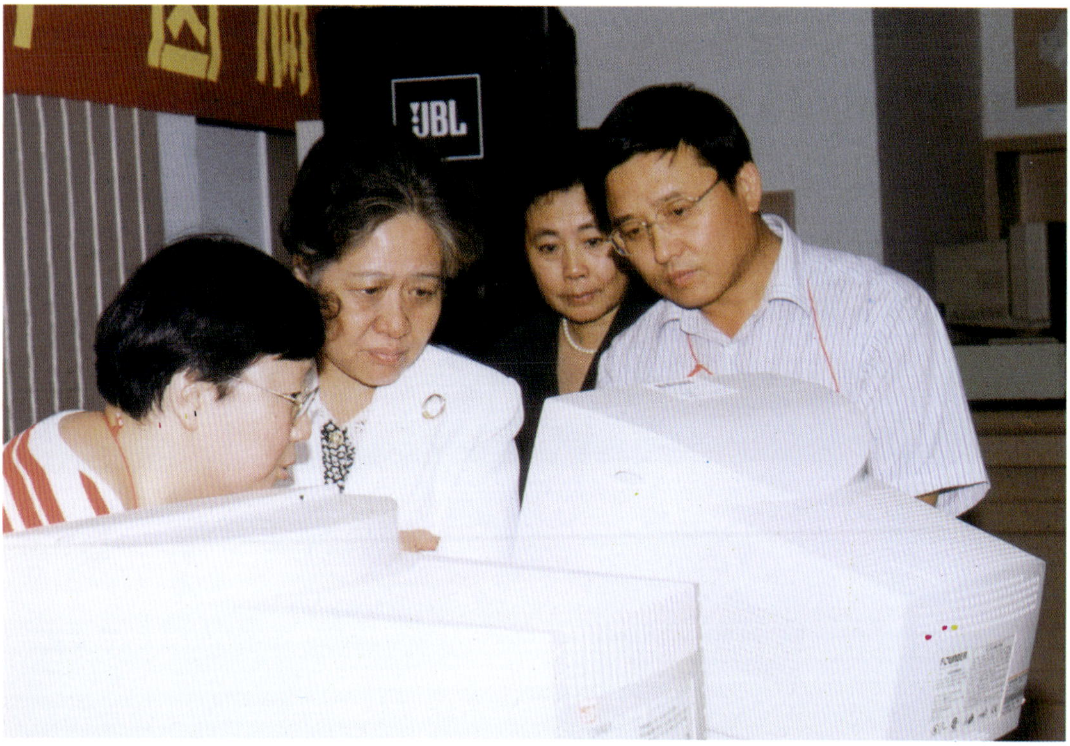

8月27日，教育部副部长韦钰（左二）来津视察网上录取试点工作，对我市网上录取试点的成功给予了高度评价。

8月23日，随着市人大副主任庄公惠按下"录取结束"键，参加天津高校招生网上远程录取的最后一所院校完成录取任务，远程录取实现"双过半"。

教育部学生司司长瞿振元打电话向最后一所完成远程录取的高校表示祝贺。

市领导向为远程录取"双过半"做出贡献的工作人员献花致谢。

8月28日，通过设在市教育招生考试中心的局域网进行招生的最后一所高校完成录取任务。至此，1999年天津市普通高校招生网上录取试点工作圆满结束。图为副市长、市招委会主任俞海潮按下最后一个确认键。

为确保网上录取试点的成功，教育部网管中心为天津运来了卫星地面站，并连夜安装调试。

市教育招生考试中心工作人员指导高校招生人员通过设在市教育招生考试中心的局域网录取新生。

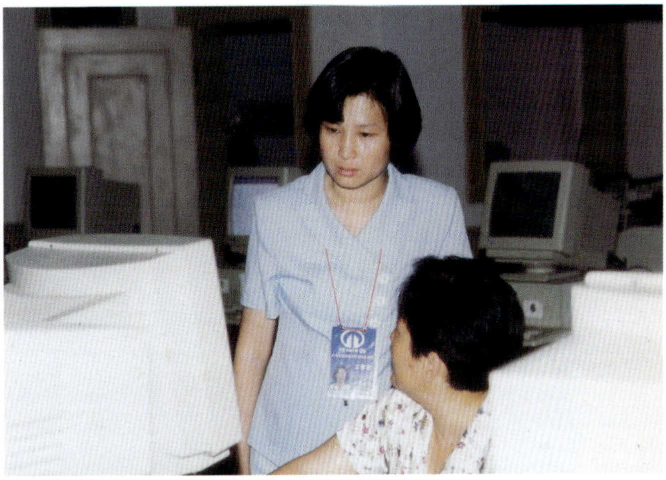

纪检工作人员深入招生工作的各个环节，了解情况，行使监督检查职能，确保招生公平、公正。

1999年10月28日至10月30日，全国普通高校招生工作总结会在津召开。

教育部副部长周远清向市教育招生考试中心颁发“全国普通高校招生网上录取先锋”奖状。

副市长、市招委会主任俞海潮视察成人高校招生现场。

市教育招生考试中心信访咨询人员认真接待每一位来访者。

市领导视察中专招生现场，慰问招生工作人员。

自考咨询会现场

丰富多彩的"剑桥少儿英语学习系统夏令营"活动。

1999年4月19日至29日，天津市教育招生考试中心组团赴台湾访问、考察，受到有关方面的友好接待，促进了了解，增进了友谊。

1999年10月15日至22日，天津市教育招生考试中心组团赴香港访问、考察，受到香港考试局、香港公开大学等考试机构、教育机构的热情接待。

编 纂 说 明

一、天津市教育招生考试中心是天津市教育委员会领导的具有行政职能的事业机构。主要任务是：实施、管理中华人民共和国教育部在天津行政区的全国统一考试、外国考试机构在天津的委托合作项目、中央及天津市人民政府授权或民间委托的各种考试，综合管理天津市普通高等学校、成人高等学校、中等专业学校和研究生的招生工作。

二、《天津教育招生考试年鉴》2000年卷，是天津市教育招生考试中心成立以来编纂的第一部关于天津市教育招生考试工作的资料性工具书，基本上涵盖了天津市教育招生考试中心管理的各项教育招生考试工作。它是天津市教育招生考试中心执行党和国家的教育招生考试方针政策、做好教育招生考试工作情况的真实总结，也是天津市教育招生考试事业不断发展和改革成果的忠实记录。编纂《天津教育招生考试年鉴》的目的是为教育招生考试工作者和专业研究人员提供客观、详实的文献资料；为教育招生考试战线沟通信息、交流经验创造条件；为各级各类招生院校和主考学校以及考生和家长了解招生政策和考试信息提供事实依据。为与目前国际国内各种年号确立方法相一致，《天津教育招生考试年鉴》2000年卷反映的是1999年天津市教育招生考试工作的情况。从本卷开始，《天津教育招生考试年鉴》每年出版一卷，并将在适当的时候补充编辑1999年以前各卷。

三、《天津市教育招生考试年鉴》的基本栏目有：教育部、市委、市政府有关领导的讲话，各类招生考试工作综述，各类招生考试文件选编，各类招生考试统计数据，天津市教育招生考试中心大事记等。

四、天津市教育招生考试中心各处(室)参加了《天津教育招生考试年鉴》2000年卷的编写和资料收集、整理工作，孔超、赵书锌、孔庆来、王彤、杨彬、赵尔健、王莹、王少军、任静参加了具体编辑工作，刘红军、张景华、李占伦、田忠义、董彪审阅了部分文稿。

五、在编纂过程中，力求客观、准确、简明。但由于缺乏经验，加之时间仓促，为本卷《年鉴》留下了不足之处，真诚希望读者批评指正，提出改进意见。

编　者

2000年4月

目　录

领导讲话

综　述

文件选编

统计资料

工作计划、工作总结

大事记

新闻报道与论文选载

附 录

领导讲话

教育部副部长周远清在视察天津市普通高校招生网上录取工作时的讲话

1999 年 8 月 12 日

（一）

今天非常高兴，或者说非常兴奋。在高等教育改革里，风险最大、困难最大的是高考。高考改革有四个方面的内容，其中远程录取是重要的一项改革。过去，我也搞过招生，招生现场很热闹。现在，我看了招生现场，很平静。我感到网上录取确实是很大的改革，不仅节省时间、人力、物力，而且更加公平、公正，使我们的高考更加获得社会的信任，另外还会带动其他方面的改革，如高考的录取组织、制度、方式的改革，为高考其他方面的改革创造了良好的条件，这也是我们 CERNET 网管中心的一个最大的用户，是现代化管理的一个尝试，会促进高校信息化管理水平的提高。我觉得这是一个非常成功的试点，天津市实现“双过半”是网上录取探索过程中取得的一个具有标志性意义的成绩，网上录取在全国推广有望。

天津市招办有很强的改革精神，有现代化的意识。网上录取有风险，需要很长的一段时间做出艰巨的努力，付出很大的心血。没有点改革的精神，很难做到。最近，我在写一篇文章，就是 21 世纪建设一个什么样的高等教育，我讲要强化三个意识，最后一个就是要强化改革意识。天津市招办有很强的改革精神，冒了很大的风险，取得了很大的成绩，我看改革只要路子对，总是会取得很好成果的。我们的高考录取工作几十年不断完善，但大原则没有大的改变，今年试行网上录取必然会对组织方式、录取方式包括考生的报名、咨询都会带来很大的好处。这是头几年我想的很重要的一件事情，如果有一两个省实现了过半，就证明这件事情大体上是可行的。

试行网上录取要有远见。天津市委、市政府对网上录取工作就有远见。刘峰岩书记，还有邢元敏书记和俞市长都非常关注这件事情，市教委把网上录取作为全年 13 件大事来抓，天津招办投入了很大的人力、财力，400 多万吧。有的地方对投入这么多钱是值得还是不值得？很犹豫。天津投入这么多钱搞这件事情，我认为是有远见的。这件事情对全国是有重大影响的，包括对 CERNET 网的应用也有重大影响。我们应当感谢天津市委、市政府，为全国做了一件大好的事情，为我们的高考改革做出了重要贡献。

网上录取总课题组的工作成绩明显。一开始搞网上录取这个课题还比较朦胧，因为搞高考的不懂计算机，搞计算机的不懂高考。全国高考是很复杂的事情，越是了解的人越感到复杂，今天搞到这个样子，已经是很不容易的了，可能这个系统比一般的系统要复杂得多，不光是技术，还有社会、心理，各个省的录取方式也不一样，所以能做到这个程度，并且是顺利地运行、安全地运行，很不容易，去年好像还有点问题，今年系统、软件基本上没有出现什么问题。因此，我们要感谢课题组的同志，要感谢清华大学做出的贡献。

再一个就是要感谢科技司和网管中心。两个司长都来了，他们从一开始就很支持这个工作，包括韦钰同志。网管中心开过会，要确保，只能成功不能失败，连卫星地面接收站都搬过来了，还专门拿去年的招生数据在网上演练了一次。这个项目一开始没有资金，网管中心想了很多办法，争取到了各方面的大力支持，这点也是非常重要的。所以，我代表教育部对网管中心、科技司表示感谢。

还有就是学校，没有学校的支持，这件事情也做不成。今年，各个学校都非常支持。学生司要在适当的时候代表教育部感谢一下试点学校。刚才，我和云南昆明理工大学招办通电话时，他们第二句话就是："我们配合得很好"，我说我很愿意听这句话。这项任务是方方面面共同努力的结果。

现在，这项工作只是初战告捷，还没有取得最后的胜利，最后的成功可能还要经过比较长的一段时间。可能还会遇到一些问题，软件的完善，招生制度、规则可能还会有很多的问题，有的需要学生司做，有的需要科技司做，有的需要我们省市招办做，还有高校及研制小组，让我们共同努力，把这件事情做好。还要向社会做一些宣传，开始稳一点好，因为整个工作还在试点当中，希望社会各界都理解、支持这个工作。还要很好地发挥这套系统的功能，比如咨询、就业，招生以后信息就收入学生管理数据库里去了，经过几年的积累，最后拿出来就是就业的信息，甚至学生毕业后情况的跟踪都可以做到，要更好地为全国的学生特别是中学生填报志愿服务。我觉得这个系统很有前途，对 CERNET 也是一个很大的促进，是 CERNET 网很大的一个用户，做好了这件工作，CERNET 网也就立了一大功。现在还仅仅是一个开始，还需要努力，继续完成以后的艰巨任务。

（二）

第二个问题，我想讲一讲高考改革。

高考有四个方面的改革：第一是高考内容的改革；第二是录取方式的改革，就是今天我们看到的网上录取，远程录取；第三是高考科目设置的改革；第四是高考形式的改革。今年的改革方案一出台，总的起步还比较好。高等教育改革，教育思想也好，管理体制也好，我最担心的是高考改革，因为高考改革涉及的面非常宽，稍一不慎，出了问题对整个改革影响就很大。但今天看来，开局还是比较好的。

首先是高考内容的改革。最近，我大概转了 9 个省，不是专门问这个问题，但是看了报纸，总的对高考内容的改革、高考的题目还是比较满意的。过去对我们的语文题目提的意见很多，今年语文题目出去后，大家觉得有新意。最近，有几个报纸如《中国教育报》、《北京青年报》报道，图书馆、书店的科技类图书比较受欢迎，分析原因，其中有一条就与今年高考作文题目有关。至于有没有关系，我不太清楚，但是作为一个导向，就是要真正提高自身的素质。高考内容的改革是高考改革的重点和难点。今年出题的时候，我在会上讲，高考的内容要改革，改革的方向是更加注重对考生能力和素质的考查，从题目上说更加注重能力题和应用题，但是要"稳中求进，稳中求改"，这句话很重要，高考内容的改革决不是一天完全就变过来。今年的数学题目体现了综合性特征，突出数学作为工具的作用，应用题背景分别来自工农业生产和现代科技领域，其他科目如化学、历史等的试题更加密切联系当前社会的现实，有利于引导学生关心社会，了解社会，有利于考查学生解决实际问题的能力。今年广东省还进行了外语听力测试，听力成绩计入到考生成绩，这是一个很重要的改革，明年很多省也都要进行这项改革。另外，今年对所有保送生进行了"综合能力测试"，总的测试成绩也很好，社会反映比较平静。这不仅有助于理顺保送生制度，更重要的是探索了进行"能力测试"的途径和方法，经过两年的实验，综合考试就可以进入到高考科目组去了。

第二是录取方式的改革。今年有 10 个省市、478 所高校进行了网上录取的试点。天津带了个好头，率先在全国实现“双过半”，为今后远程录取在全国推广打下了一个很好的基础，起到了一个很好的榜样作用。

第三是高考科目的改革。今年广东省实行了“3＋x”的改革，从现在情况来看，改革、录取工作还是比较平稳顺利的，没出现什么问题。在总结经验的基础上，广东省又确定了明年改革的方案，加入“综合能力测试”，综合考试要进入“x”。这个方案，最近教育部也批复同意了。另外，山西、吉林、江苏、浙江四个省已确定了 2000 年科目改革实施方案，其他许多省都在做准备。这项改革正逐渐推开。

第四是考试形式的改革，就是多次考试的问题。李岚清副总理多次提到，要多给考生几次机会。最近全教会的决议，也提出了要探索一年考两次的途径。一些地方和高校要进行探索，将来网上录取成功以后，考试形式改革可能要容易一点。

今年是我们新一轮高考改革全面铺开的第一年，开局还是非常好的，得到了社会各方面的支持。我们希望能得到社会各方面更多的支持，进一步把高考改革工作做好。

教育部副部长韦钰在视察天津市普通高校招生网上录取工作时的讲话

（1999 年 8 月 27 日，根据录音整理）

（一）

早就听说天津做这项工作了。远清部长跟我说，应该去看看。8 月 23 号，最后一所高校远程录取结束时，因为参加全国技术创新大会，没能来。技术创新大会昨天结束了，所以今天来了。看过之后，我觉得非常好。所以，首先向大家表示祝贺，祝贺大家把工作做得这么好。这件工作是大家努力的结果，今天在场的，还有许多不在场的同志都付出了辛勤的劳动。我想应该特别感谢天津市的领导和市教委的支持，没有领导的决心和支持是做不成的。另外，要感谢天津招办的同志，还有直接参加这项工作的人员，清华大学的王诚教授、李星教授，等等，因为你们是直接参加第一线工作的，付出了很大的劳动。我特别敬佩你们的勇气，因为走第一步是不容易的，这个事情现在大家都说好，但是如果做得不怎么好，那可是不得了的事情，因为它不像是简单的一个 E－mail 或数据库的应用。所以，做这件事情是很大的勇气，很高的责任感，表现了很高的素质，不仅是技术素质，我看主要是思想素质，刚才乔丽娟主任也讲了。敢于用这个技术来做到公平、公正、公开，表现了很高的事业心，很高的思想素质。我向完成这项工作的天津市领导，天津市招办，还有直接参加这项工作的同志，表示我的敬意和感谢，也表示我的祝贺。

这件事情总的说还是很成功的。刚刚提的一些问题是不可避免的，也没有原则上的困难，包括你们提的 CERNET 的速率问题，现在李星专家和吴教授说服我要建的 CERNET 是 600 兆，最起码也是 155 兆的，有的地方还要达到 620 多兆的线路，所以跟你们现在 512K 就很满意的现状来说，应该不是一个问题。资金也基本上落实了，希望他们进一步论证。你们这么大的一步都走出去了，下面应该说是可以一起来解决这些问题的。远清部长和瞿司长已经制定了很周密的计划，不仅要进一步推广，而且还要用到高校学籍管理、毕业生的远程就业信息服务等其他许多方面，包括高校毕业生文凭，作为学术惯例，用人单位都可以通过计算机网络来进行认证，比如他是南开大学哪一年毕业的学生，用人单位通过计算机网络很方便地就可以查到，甚至国外的大学也可以查到，我看那时假文凭也就没有多少市场了。我想正像远清部长所讲的，网上录取是从这儿开始的改革，但是可以推动高校有关学籍管理、毕业生的就业服务等方面的信息化建设，你们做了一个很好的基础性的工作。所以，我同意你们做的总结：“天津市高校招生管理模式发生了革命性的变革，以纸介质档案信息流转为基础、人力密集型的招生管理模式已成为历史，以计算机及网络技术为支撑、以电子档案信息流转为基础、技术密集型的招生管理模式基本建立”，我想你们可以加上一句：为高校学生学籍管理、毕业生就业分配等管理体制的改革，乃至全国人才信息库的建设都奠定了一个很好的基础，树立了一个很好的榜样。我想这也是 CERNET 建立以后成功的应用的一个典范，可能你们第一步成功的应用是建立了全国的 E－mail 系统和科研信息系统，还建立了一些数据库。所以，网上录取的成功意义很大，成绩也很大，时间不长嘛，大家搞得很不错，应该充分肯定它的意义，我想有关司局会进一步推广的。网上录取走到这一步，我认为意义非常重大，也希望天津在其他方面为我们创造更加成功的新鲜经验。

（二）

第二个问题，我想讲一讲在教育领域里引入信息技术的重要性。

昨天结束的全国技术创新大会像我们教育部召开的全国教育工作会议一样，开得很成功，有很多思想观念和认识上的提高。23号下午，会议一开始，江主席做了一个报告。江主席的这个报告提出了很多我们需要进一步学习和研究的问题，站得很高，看得很深，提出了很多理论性的问题。江主席在一开始总结了我们党在三个历史时期对科学技术的论断以后，特别进一步阐述了小平同志提出的“科学技术是第一生产力”的观点，提出20世纪中叶以后世界发生的变化说明了一个问题，就是推动人类经济和社会发展的主导力量是科学技术，而且21世纪会在很多很多方面发生革命性变化。推动社会发展的革命性力量是科学技术，这是马克思主义唯物论的一个重要观点。——这是他最后做的一个总结。刚好负责理论研究的一些领导也在那里，我说是不是要研究很多新的理论和观点，现在很多知识的拥有者可以作为最重要的生产要素，知识的拥有者本身就是生产者，比如我们的李星教授，他应该占有很多重要的资本，当然他现在没有。这样，将会推动我们的组织管理、思想观念的变化。这些“资本家”本身就是生产者，他可以利用知识加资本创造现实的就业机会，创造更多的财富。“科学技术是第一生产力”，小平同志讲的这个“第一生产力”在主导社会的变化。江主席的报告提到了信息技术是核心或者基础，也提到了生物技术很重要。据统计预测，到2007年发达国家80%的人将全部上互联网，我认为，那样组成的一个平台或社会是世界发达部分的主流，在这个平台上发生的政治生活、经济交往和文化交流，代表了世界发达部分的主流。中国要参与国际竞争，进行综合国力的较量，必须要有一部分人跳上这个平台。要是教育跳不上去，其他的就别谈了，因为人的因素最重要，人的问题解决不好，怎么跟人家较量？而且在这个大会上也提出，要争取跳跃性的发展。没有跳跃性的发展，跟着人家走，永远在后面，怎么行？现在综合国力的较量，是三种力量的较量：经济实力、国防实力，加上凝聚力。但是这些力量的基础是教育和科技，没有科技实力，谈不上经济实力，也谈不上国防实力。所以，我认为教育也要争取跳跃性的发展，特别是层次比较高的学校，要率先把教育信息化作为推动教育改革和发展的先决条件。我觉得教育也要体现“科学技术是第一生产力”，不把先进的技术引进来，你说多少都没有用。你引进来，好多东西不变也得变，不改也得改。清华大学引进先进的技术以后，学校的内部管理体制发生了很大变化，包括学生的教学内容和形式的变化。我想你们现在是在更广的范围推动这项改革，推动这种变化。我也鼓动大家运用这种手段开展各种各样的远程教育，把信息化手段真正引入到教学过程中，不管是校园里的教学过程，还是远程的教学过程，用信息化的手段推动教育的改革和发展。这个必须做，坚持下去，过几年回过头来看，就会觉得这是一个非常有效的手段。陈部长来了以后教育部搞的《面向21世纪教育振兴计划》，中央在全教会期间做的《决定》，江主席的讲话，岚清同志的讲话，都充分肯定这样一个思想。这是我学习以后的体会。

（三）

第三个问题，我想谈谈关于建立机制的问题。

我很抱歉，CERNET的年轻专家们搞得很出色，也很辛苦，但是他们现在都没有发财，我觉得这是我们没做好，他们应该发财，应该让那些将知识转化成现实生产力的人发财，允许拥有知识并转化为生产力的人先富起来。如果国家有了这个导向,那么我们国家就有希望了,不是说那些投机倒把的,而是说把知识变成财富,为国家做出贡献的人。这一点不要回避。奉献精神是重要的,但是作为制定政策的人,必须使这些做出奉献的人先富起来,并且长远地导向下去。所以,我想请你们研究一个机制,把它变成一个服务产业。你有这个资源,扩大信息服务领域,在你们指导下,由一个机构来搞,变成一个产业。我不懂,但是我非常热心地支持你们搞。当然了,这是一个非赢利的组织,但是提供服务以后应得的报酬为什么不能要?像刘继仁他们,普通工作人员都住上了小洋楼,江主席都表扬他们了。你们并不比他轻松啊。

怎么搞?我问过许多人,说得都似是而非。但是,这次我在云南遇到吴家玮,他们科技大学小小一个校园网,跑到美国去,弄了几个亿回来。我想我们这么大一个网为什么弄不到钱哪?是可以弄到的。要在运行机制上解决问题。变成了产业,提供服务得到了报酬,回过头来还可以支持教育,支持科研发展,还可以使得那些真正为国家做出贡献的人先富起来。这个事情要是做起来,成为一个导向,就会形成一个蓬勃发展的局面,我们国家就会有希望了。

国家投资总是有限的,如果自我运行,靠我们的知识,靠我们的服务,靠我们的质量,这个事业会做得很兴旺的。我看过你们耀华中学的校园网,投入了100多万,够可以的了,恐怕软件上还要有投入。云南大学做得非常好,把全省的信息都集中到他那里,为省里建了经济、旅游等信息库,信息库非常丰富,所以他现在可以提供各种服务,为省里的经济发展服务。

就讲这几点,我主要是来学习。

教育部副部长周远清在1999年全国普通高校招生工作总结会上的讲话

（1999年10月30日，根据录音整理）

这次总结会开得非常好。大部分的问题瞿振元同志都已收集到了。我补充几点意见。

（一）

这次我们表彰了天津和广西。这两个省市在今年的高考改革中做了非常艰巨的改革，并且取得了很好的成绩，在全国影响很大。天津高校招生网上录取的录像，岚清同志和国务院副秘书长都看了。在全国技术创新大会上，秘书长还专门插了一句话，讲到我们网上录取改革是个重大的改革。韦钰部长主管CERNET网、科研、外事工作，她又专门带了一批司长到天津参观，对天津网上录取的成功给予了很高的评价。清华大学的领导也来看了。社会的反响比较好。很多人都认为，招生改革能够发展到网上录取，其它的一些工作用计算机管理应该说也可以做到，因为高校招生录取工作是非常复杂的一件事情。我们大家知道，是广西首先进行网上远程录取的。今年5月，我们专门去了一趟，看了看，今年又有了很多新的进展。广西财力、物力，包括信息，相对来说有其他地区所没有的困难，但是把这件事做得这么好，非常不容易。这次决定表彰一下。陈至立同志在签这个意见时说："应该表扬。"今年我们特别要表彰一下这两个单位。今后对于改革做得比较好的地方还要进行表彰。广东高考改革的试验，应该说做得也是非常好的。广东是敢于改革的。高校管理体制改革是从广东开始的，"共建"也是广东发明的，并且比较早地使管理体制改革大体到位，为全国的管理体制改革作出了重大的贡献。这次广东又积极地进行了大胆的试验。应该说我们是非常关注的，我也去了几次。现在这项改革正在顺利进行。广东敢于探索的精神是值得我们大家学习的。其他各个省市也作出了很多的成绩，并且有很多想法正在实施。今年的改革取得了丰硕的成果。新一轮高考改革初战告捷。

（二）

本世纪就要结束了，21世纪即将到来。中国现代化的高等教育应该说是本世纪开始的，可能还略为早几年，北洋大学是公认的第一所大学，已经104年了，也有几个学校搞了100周年校庆。我们国家的高等教育可追溯到岳麓书院，那是千年古校了。但是现代的高等教育是从天津开始的。高等教育从发展、完善，到具有一定的实力，这是本世纪我们所走过的路程。解放以来，特别是改革开放以来的20多年，高等学校都有了很大的变化。最近我参加了几个学校的校庆，仔细看了看，校园建设、学科建设，包括教师队伍都有了很大的变化。我们在校生的规模也有很大的增加。大家都知道，我们现在已有3000多所高校，1000多所普通本科院校，1000多所成人高等学校，还有1000多个民办高等教育机构，其中有30多所我们已经承认学历，今年及今后几年我们还会批一些，民办高等教育也是我们发展的一个方向。我们一直是这样认为的。我们建立了一个比较完整的高等教育体系，从专科生到本科生，从硕士生到博士生，从研究生院到博士后流动站，从普通高等教育到成人高等教育、民办高等教育，还有自学考试。自学考试这几年发展得也很快，去年有1000多万人次参加了考试，毕业35万多人。高等教育形成了一个完善的体系，布局结构、学科结构基本满足了经济社会发展的需要。中国在世界高等教育领域也有了一定的地位。从去年的北大校庆可以看得出来。北大100周年校庆来了很多国外知名大学、一流大学的校长，举办了一个校长论坛。这也表明我们的高等教育在世界上引起很大的注意。最近在美国召开了一个校长论坛，哈佛的校长托人来中国打招呼，说他们非常重视校长会议，感到中国在教育发展上也有很多的经验，需要学习。我们也说了几句话，我们正在建设若干所世界一流的大学，也非常希望向美国同行学习。我想从这些都可以看到本世纪中国高等教育从产生、发展到完善、提高，逐步形成了一个比较完整的体系，取得了重要的成绩。

1995年，我们提出了把怎样的一个高等教育带入21世纪的问题。当时提出，要把一个体制和结构合理，质量和水平更高，效益更高的高等教育带入21世纪。体制合理，就是要调整管理体制，包括招生就业体制改革。我们提出了这样一个口号，这几年我们也是这样做的。这几个方面都取得了很大的成绩。应该说绝大多数同志都认为，这几年高等教育改革、发展形成了一个比较好的思路，并且逐渐得以实施。这几年我们一直坚持一手抓体制改革，一手抓教学改革。教学改革方面，我们准备出1000种新教材，面向21世纪的新教材。今年年底可以出300种。这1000种教材出来以后，可能使中国的教材建设和教学改革达到一个新的阶段。体制方面的改革已经进行大概五年了，大体思路已经基本形成，明年和后年大体要完成，现在已经看到了曙光。这些都标志着我们提出的"把一个什么样的高等教育带入21世纪"的问题在各个方面做了很多的工作，获得了很大的进展。

现在马上就要进入21世纪了。21世纪中国究竟要建设成什么样的高等教育？这是我们教育战线上的一个很重要的问题。最近我也在思考这个问题。我们要在21世纪把中国建设成一个高等教育强国，开创我国高等教育的新时期。我们有这个基础，更有这个需要。我想这有双重的意义。这个任务摆在我们的面前。包括学校，建设一个什么样的北京大学，建设一个什么样的天津高等教育，都值得大家来思考。这几年高等教育改革做了很多事情，我感觉有两件事情会给未来的高等教育产生重大影响。第一件事情，就是江泽民同志在北大100周年校庆时，提出要建设若干所世界一流的大学。根据江泽民同志的讲话精神，教育部制定了规划。这个项目的实行，对于中国高等教育事业的发展是具有标志性意义的。北京大学、清华大学这两个学校进行了一年多的讨论：哪些学科在短时间内达到世界一流；哪些学科经过努力可以达到世界一流；哪些学科是国内一流；如何来争取进入世界一流大学行列；一流大学的标志是些什么？经过一年多的讨论，教育部也进行了正式立项，给了他们很大的支持，并且还会采取一些措施，使两个学校学科更加综合。比如，北京大学、北京医科大学的合并大体已经基本谈成，今年年底、明年年初就要实施了。清华大学也有一些设想，需要有一批学校比较强的学科加入进来，共同建设世界一流的大学。当然，这要看国家的实力情况。但是这件事会给中国未来的高等教育事业产生重要的影响。

第二件事情，就是高等教育提出"素质教育"。"素质教育"是第三次全教会的主题。当时李岚清同志征求过教育部的意见，提出一个会解决一个问题。他希望能够把素质教育作为这个会议的主题。李岚清同志说，要作为一个政府行为来推动素质教育。这是一个非常重要的决策。基础教育提出要由应试教育转向素质教育，大力提倡素质教育。应该说从1994年、1995年开始，就提出了高等学校如何推进素质教育的问题。当然，更早的时候也有不少学校提出来。但真正从教育行政部门来推动这件事请，应该说是在1994年、1995年以后。一开始有很大的分歧，经过一段比较长时间的论证。我还专门到几个教育研究的博士点，和博士生导师讨论高等教育能不能提"素质教育"的问题。经过各方面的讨论基本形成了共识。特别是全教会以后，我想我们高教战线的同志应该坚定地推进素质教育。高等学校推进素质教育，我想有几点应该说清楚。第一，不能说高等教育就是素质教育。这个提法不确切。我们提出的是要加强素质教育，或者说促进素质教育。这两个提法是在探讨过程中形成的。在准备全教会的过程中，高教司请了一些研究高等教育的专家，共同探讨究竟怎么定义，后来大家一致的意见还是加强素质教育或推进素质教育，因为高等教育不能简单地、笼统地概括为素质教育。《高教法》有明确的规定，高等教育是一种专门的教育，分科类、分专业进行教育，不能简单地概括为素质教育。第二，高等教育所提出的素质教育有明确的内涵。一是思想道德素质，二是文化素质，三是业务素质，四是身体心理素质。思想道德素质是根本。江泽民同志在全教会上所做的发言特别提到思想政治素质。他认为思想政治素质是最重要的。文化素质是基础。一开始不大敢提文化素质是基础，当时曾经提出过基础性素质。经过很多专家的研究，大家认为，文化素质对于大学生来说是个基础素质。江泽民同志最近也有很精辟的论述。我们觉得江泽民同志对文化素质提得也非常高。他在金融干部会、全教会上提出，我们的干部和学生要学点历史、地理、政治，等等。他说如果没有这些知识的武装，我们就很难树立爱国主义、集体主义、社会主义的思想。他还讲到政治、历史、地理、艺术，这些东西能够影响一个人的人生轨迹。江泽民同志在金融干部会上和过去的一些讲话，我们要认真地学习。这对我们推动素质教育具有重要的指导作用。我们曾经定义过什么叫文化素质。当时讲，文化素质是指文史哲的基本知识、艺术的基本修养和当今国内外优秀的文化成果。一些教育专家表示，这样的一个定义是准确的。还有业务素质。在各个学科教育过程中，大家觉得也要培养一种素质。最近大家都看到了，许多学校把高等数学课改成大学数学，体系上也作了很大的改进，并且提出，数学要培养学生的理性思维素质和审美素质。丁实盛同志上次参加我们的研讨会也特别提到，要通过数学来提高学生的文化素质。有的教授提出，要通过物理的教学从小学培养学生的科学素质。也就是说在培养人才过程中，不仅要传授知识，同时要提高能力，培养素质。大家回顾一下，本世纪很早我们提出来大学要传授知识，后来在 50 年代、60 年代包括 70 年代提倡要培养能力。当时学校有一个很重要的话题，就是给学生猎枪还是干粮，叫做"干粮与猎枪的故事"，意思是说如果只传授学生知识就等于只给了他干粮，要是给了猎枪，学生掌握了一种能力，以后就会自己来寻求生存。经过这几年的探索，我们已经感觉到，使学生的知识和能力得以发挥作用的东西是素质。很多教育专家认为，从知识到能力是教育思想史上的一大突破，从能力到素质是教育思想史上的又一大突破，将对 21 世纪的高等教育产生重大影响。

（三）

建设高等教育强国，我觉得有几点需要强调，或者说要强化三个方面的意识。第一，要强化"国际意识"。有一种说法叫做"国际化"，过去毛泽东主席也讲过，在中国的词汇里面，"化"字就是彻头彻尾的意思。前几年在日本召开的亚太地区教科文组织的分片高教工作会议上，有很多国家都不大同意"国际化"这个提法。印度教育部长提出，如果说"国际化"，那就是"美国化"。世界的高等教育是有多种模式的，有欧洲的模式，美国的模式，东方的模式，不能都搞成美国模式。但是有一件事情值得我们重视，那就是这几年高等教育的国际交流、国际合作明显加快，特别是国际竞争在加剧，现在在抢学生，到国外去留学特别受欢迎，并且很多大学要求一个学生除了学习正常的知识以外，还要懂得一个国家，就是他们所提倡的"国际化"。叫不叫"国际化"

需要慎重地研究。但是我们要强化“国际意识”。校长论坛多年以前没有这么频繁。这几年的来访是非常多的，学校与国际上的交流也在增加。80年代我到日本东京大学签订协议的时候，学校和学校之间的协议还很少。现在每个学校都和几十个学校建立了联系，而且都有很多实质性的交流。发展中国高等教育必须强化国际意识。这点我们必须看到。特别是我们提出来要建设世界一流大学，并把它作为我们在21世纪里的发展目标。我们要有一两所学校跻身到世界一流大学里去，要有更多的学校在国际上有重要的影响，要有一批学科能够真正在世界一流的前沿上工作。我们还要有一批知名的学者在国际上有比较强的竞争能力。否则，我们很难说是高等教育的强国。包括国际组织。印度在世界银行、教科文组织里边工作的人很多。我们也应该有更多的人参加到这些组织里面去。这样就会使中国的声音更强。

第二，要强化“素质意识”，就是刚才所讲的“素质教育”的问题。我们需要很好地研究，需要很好地贯彻。这样才能提高整个民族素质，提高我们大学的适应能力，才能使我们的高等教育真正立于世界之林。素质教育的提出，有利于我们正确地理解“德、智、体、美”全面发展的教育方针。过去我们至少没有把德、智、体、美很好地联系起来，素质教育有利于我们把德智体美几个方面紧密结合起来，体现在我们的人才培养过程之中。素质教育是对教育方针的深刻的理解。素质教育也有利于贯彻党的教育方针。我们的教育专家韩墨良专门写了一篇文章，提出，“素质教育”有利于我们在工作中摸得着、看得到地贯彻党的教育方针。“素质教育”是教育思想、人才培养的一大突破。这几年我们开展文化素质教育，并以之为切入点，大力开展这方面的研究，取得了很好的成绩。文化素质教育不能概括为素质教育，素质教育也不能简单地认为就是文化素质教育。去年俄罗斯和乌克兰的教育部长来我国访问，请我们介绍一下目前所做的工作。听了这一段以后，他们非常有兴趣，向我们要材料。大家知道，牛津大学校长这次在北大讲了两个问题，第二个问题讲了加强人文素质的问题。这方面的意识在国际高等教育界正逐渐加强。我想在21世纪，我们要强化“素质意识”。

第三个方面，要强化“改革意识”。这几年我一直认为，改革非常重要，并且不能只停留在口头上，要在实际工作中推动改革。但是，改革又非常难。1993年我就说过，发展比较容易，改革非常难；只要条件具备一声令下就可以发展，改革就没有这么简单了。可能现在也是这样。今年我到巴黎去，和巴黎地区校长座谈的时候，他要我讲讲中国的情况，我就讲了改革的几个方面。听后他很感叹：中国的改革都是很大的改革。他们的改革基本上是学科的改革、教学的改革。科学和社会的发展要求教育不断地进行改革。有时体制是一个比较大的问题。比如，这几年我们提出，体制改革是关键，教学改革是核心，教育思想观念的改革是先导。但有时教学改革则是很关键的方面。像有的国家提出的面向21世纪的改革思路，基本上是学科教学的改革。各个时期可能重点不一样，但是改革是永恒的。所以，我们高等教育战线研究21世纪教育的时候必须强化“改革意识”，不要有厌倦和畏难情绪。改革每推进一步都非常困难，原因非常多，最重要的可能是教育思想观念的问题，就是旧的思路、思想，使人们经常在改革迈出步子的过程中缩手缩脚。中国的高等教育在长期的计划经济体制下形成了很多的东西，何况科学技术在向前发展，我们有更多的东西不适应，如果不改革的话，中国的高等教育就没有什么希望。现在各个学校都是单科设置的，北大是文、理科，清华是工科，都是这样的话，中国建设什么世界一流的大学？有的国家把一个大学有没有医学院作为衡量这个国家大学水平的标志。一流的大学都有医学院，一流的医学院也都在大学里边，这一点医学界也承认。但是我们现在的医科大学都是单科设置的。农科也是这样。并不是说要所有的农学院、医学院都合并到大学里。我只是说，如果这样下去，很难使我们的大学跻身到世界一流行列。所以，必须改革，更加强化整体改革意识才行。我们现在讲创新，不改革就不会创新。发展也是这样，不改革很难发展。

（四）

今后高等教育改革主要是三个方面的改革。第一个是体制改革，特别是高教管理体制改革和学校内部管理体制改革。中央各部门的高校可望今后两年之内大体解决。通过这次管理体制改革，使部分有条件的学校学科范围更加综合。但在这里我也要声明一下，舆论界有人指责我们搞“巨无霸”。我们并不赞成都搞成“巨无霸”。浙江大学是一个试点，因为浙江大学是同根生，很多专家也提出了合并，应该说浙江大学的试点还是很成功的。机构必须调整，不调整中国教育就没有希望。我们怎么跟世界一流的学科竞争呢？新一轮的内部管理体制改革，每个学校都在大幅度地调整，包括后面马上要进行的后勤社会化。这也是很难的，不是一下子就可以做到的。但是我们要不断地往前走。过去高校是“校长一走廊，处长一礼堂，科长一操场”。浙江大学通过内部管理体制改革，实行竞争上岗，比较好地解决了这个问题。内部管理体制改革和高教管理体制改革、教学改革是相互促进的。专业从503个调整到249个，这就带动了学校内部的专业重组，在重组过程中就有利于内部管理体制改革。在教学改革过程中，大家体会到学科过于单一对于学生的培养是不利的，对学校的发展也不利。不少学校希望自己的学科更加综合一点，所以现在希望通过合并调整一下学科的愿望比较普遍。这几年的一个特点，就是各方面的改革在互相促进，在互相推进整个改革。我们已经看到了前途，明后年我们要大力推进这件事。如果在三年或稍长一点的时间基本能够形成大体框架，对中国高等教育发展是非常有利的。相反，不改革是绝对没有希望的。

第二个是教学改革，特别是素质教育、教材更新、教育思想的改革。我们要研究教学方法上的改革，能不能通过考试改革进行？因为今年“3＋x”的试点效果非常明显，考试一改革，中学马上就变了。过去是叫做高考不改，教无宁日。现在是他跟着，有的环节我们要走的慢一点．以免他们跟不上。还有教育思想观念的改革。改革要逐渐走出中国的路子。高等教育带有民族性，如果世界高等教育都是一种模式，我看世界高等教育也就走进死胡同里去了。就像我们的高考，如果都是大一统，对中国高等教育的改革也是不利的，我们就希望打破。美国的教育和欧洲的教育是不一样的，欧洲的教育和东方的教育也是很不一样的，包括教育思想问题。我接触过很多欧洲的校长，他们都在力求保持欧洲传统的一些东西，当然也积极吸收国际上的一些先进的东西。我们中国的高等教育也有很多好的东西，同时也存在很多的问题。要通过改革，保留好的东西，学习国外先进的东西，逐渐走出自己的一些路子来。

第三是高考改革。今年高考改革取得了很好的成绩，社会反响是比较好的。今年考试的第一天我在福州，我非常担心今年考题的反响。题目出来以后反响还是比较好的。我们强调高考内容的改革是一个重点和难点。怎么个改法？就是要更加注重素质教育，注重能力的培养，要更加注重能力性题目和应用型题目。但是，改革的步骤要稳中求进，稳中求改。今年做了一些适当的探索，总的效果还是很理想的。语文考试题目，过去社会责备最多，什么话都说出来了。今年应该说有比较大的进展。基础司搜集了一部分学生的作文，我还将做得比较好的作文送给李岚清同志去看。这个暑假很多人都去看科普读物，有的报纸说是由于“法轮功”，也有不少说主要是由高考改革带来的，高考作文题目带来的。不光语文，数学的题目也是这样。大家觉得有两道题目比较难，实际上是应用型题目，好的学生照样答得好，靠死记硬背的学生就不一定答好。远程录取社会反响也比较好。这可不是一件简单的事情，风险很大。我们把卫星地面接收站都搬到天津来了，还专门给 CERNET 网管中心开了会，我说只许成功不许失败，一失败的话，我们整个的改革就完了。应该说，这个改革取得了很大的成绩。还有“3＋x”改革。头两年我们搞招生并轨，科目改革没有放在非常重要的位置。柳斌同志多次讲到，高考不改，教无宁日。这不是他一个人的意见，反映了基础教育战线的意见。这次全教会上提出，高考改革是中学贯彻素质教育的重要举措。李岚清同志讲到高考时，几乎都要讲到原来的高考有很多问题，对中学有一些不好的导向，对高等教育培养人才也是不利的。现在中学为了对付高考，进行大量的复习、知识点的练习，很疲惫。这些我们不承认也不行。80 多个生物学部委员两次联名向中央最高领导写信，提出，现在这种“3＋2”方式不行，未来的世纪是生物的世纪，你们为什么不考生物？很尖锐啊。地理学部委员也联名写信，因为没有考地理。这些问题我们也在思考，究竟怎么办？“3＋x”科目改革早些时候就提出来了，并不是这两年才提出来的。综合能力测试是这两年提出来的想法，但在保送生中进行了试点。所以，我们敢于推行“3＋x”改革。通过综合能力测试，我们希望能够尝试一下考核学生解决问题的综合能力和分析能力。在这方面，韩国做了很大的试点。现在好像还在做。经过保送生两年的试点，我们觉得在这方面还可以探索。保送生没有做什么准备。去年我专门看了 5 名学生写的一封信，他们说，考试下来，感到非常新。这样搞下去素质教育就有希望。李鹏同志在常委会开会时说，我看“3＋x”很好。柳斌同志是非常赞成这个方案的。当然，现在中学也提出了很多的问题。但是我们从来没有说过这是最好的方案，如果有人提出了更好的方案，都可以试验。但是目标是引导中学推进素质教育，不再死记硬背。我觉得过去的高考还有一个很大的弊端，就是大一统的形式。全国统一的题目，同一的科目，学校没有一点权力。这次我们希望能突破大一统的局面，三门课程高校都认为要考，其余科目就都希望有一点选择，这样生物就可以考了，地理也可以考了，数学文理也要并轨。这些都需要在改革进程中逐步探索。包括在录取的时候，过去是单独的一个总分，也有些问题。所以上海去年试点，“x”一条线，“3”一条线，要学校选择一下，因为学校在录取时除了总分，还有一个相关分数，但是那个相关分数只能在 120％中进行。现在有没有更好的方案拿出来呢？“3＋2”是最好的方案吗？我不敢这么讲，因为基础教育反映很强烈，不是一年了。对大学也是这样，中学培养不好，大学照样培养不好，大学特别是研究生还是要培养有创新能力的。我认为“3＋x”现在搞，但不能搞得太多，3＋综合＋两门，这不行，“3＋综合”最多再加一门。但有人说，综合是不是 8 门都在里面？不是这个意思，出题也不是这样，是综合能力，我们出题的指导思想就是这样。科目改革和内容改革是联系的，不是孤立的。高考内容的改革是重点、难点，不完全指单科，它包括综合能力。综合能力探索将来是行还是不行，我们还需要做很多的工作。我们应站在整个教育发展的高度，站在建设高等教育强国的高度上，来认识我们的高考改革。要跳出高考具体工作的思维方式，站在更高的高度，特别是全教会提出的素质教育思想，需要我们更好地理解。还有一个是两次考试改革。最近，李岚清同志更明确讲了春季和秋季招生。这个事情我们还在探索，我们还请了上海和天津进行论证。高考改革取得了很大成绩，但任务还很艰巨。改革的总的目标是，要使高考有利于培养出更高素质的人才。

副市长俞海潮在1999年天津市高等学校中等专业学校招生委员会、高等教育自学考试委员会第一次(扩大)会议上的讲话

1999年4月21日

一、认清形势,增强责任感

去年,在市委、市政府的领导下,在各部门、各区县、各单位的大力支持下,在市教育招生考试中心的具体组织下,我们圆满地完成了各项招生考试任务,提高了招生考试工作质量,做到了热点不热,基本上达到了社会满意、领导满意、学校满意、学生满意,实现了盛霖市长提出的"只能进步,决不能滑坡"的要求,去年的工作为今年的招生考试工作打下了良好的基础。应该看到,今年招生考试工作面临的形势严峻,任务艰巨。要完成好今年工作,必须统一思想,提高认识,增强责任感。

(一)统一思想,积极稳妥地推进高考制度改革。

经国务院领导批准,教育部颁布了普通高等学校招生考试制度改革的总体方案。其总的指导原则是实现三个"有助于",即:有助于高等学校选拔人才,有助于中学全面实施素质教育,有助于高等学校扩大办学自主权。按照这三项原则,主要从四个方面深化高考制度改革:一是改革高考科目设置。准备用三年左右的时间推行"3+x"科目设置方案。"3+x"的主体是"3+综"。所谓"3",是语、数、外;所谓"综",是理、化、生、政、史、地6门课的综合。最后实现的目标是文理不分科。这个改革力度很大。总体上讲,将有助于中学实施素质教育,也有助于高校选拔全面素质高的人才。二是改革高考内容。现在我们的高考侧重在知识方面,忽视了能力和素质的考查。所谓改革高考内容,就是将更加注重对考生能力和素质的考查。考试命题将从传统的"知识立意"转变为"能力立意"为主。这种转变将直接影响中学的整个教学活动,也是高考改革的重点和难点。三是改革高考形式。现行的一次性全国统考暂时不变,积极探索一年两次考试的方案。也就是说,要改变一次考试定终身的局面。岚清副总理反复强调,应该多给学生几次机会,所以,教育部要求天津搞试点,能不能让学生考两次,最后高校录取。这个问题难度也很大。四是改革录取方式,准备用三年时间实现全国高校招生网上录取。这是现代化信息技术在招生领域中的应用,也是高校招生手段的革命性变革。这四项改革,国务院已经批准。我们要坚决支持,毫不动摇。要坚持高考改革。按照市委、市政府的意见,市有关部门已经成立了全面实施高考改革的领导小组,正在这四个方面制定三年计划。

今年我市普通高校招生工作将进行四项重点改革:一是普通高校招生网上录取工作要取得突破性进展。实现在我市招生高校和录取学生总数"双过半"的目标。凡是在天津的高校必须实行网上录取。二是做好按新的管理模式和运行机制试办高等职业技术教育的招生工作。这是深化高等教育改革、发展高等教育事业具有战略意义的重大举措。我市承担招生任务的院校有20所,其中11所普通高校、9所成人高校。招生计划4800人。这项工作是我们争取来的,得到了峰岩书记的赞扬,认为是为天津老百姓办的一件大好事。三是按照教育部部署对保送生进

行综合能力测试。这一作法将使保送生制度兴利除弊，更加公正、健康地运转。四是做好 2000 年我市依据新教材命题单独考试的准备。我市从 1997 年承担了教育部高中新课程的试点，明年天津的考生将依据新教材命题，实行文理分科的“3+2”考试。

高考制度不仅影响高等院校对人才的选拔，而且对中小学教育具有导向作用。深化高考制度改革，是为适应 21 世纪科学技术突飞猛进的发展和知识经济初见端倪的新形势，为适应在实施科教兴国战略中加大教育的贡献力度的迫切要求，为适应培养全面素质高、创新意识和创新能力强的人才的迫切需要。我们要统一思想，提高对高考制度改革的必要性和紧迫性的认识，自觉地、积极地投身高考改革。

（二）加快发展，满足群众不断增长的教育需求。

近年来，我市群众要求接受高等教育的需求越来越旺盛。主要表现在：一是高考生源不断增长。尽管招生计划不断增加，仍不能满足需求。1998 年全市高考报名人数 30745 人，比 1997 年增加 4000 多人，增幅 16%。今年预计高考报名人数 34950 人，比去年增加 4200 余人。二是职后教育需求不断增长。近年来，我市各级各类成人高校报名人数每年都创新高，今年达到 58377 人，比去年增加 5526 人。三是高等教育自学考试的考生不断增加。今年全市将有 25 万人次左右的考生参加自学考试。

如何看待群众不断高涨的教育需求？应该肯定这是好现象、好形势。首先，它是提高国民素质的需要。随着经济发展、社会进步，我们要不断提高青年受教育的程度，不仅要普及义务教育，还要普及高中教育、普及高等教育，提高国民整体素质，增强国家整体实力。在九届人大二次会议分组讨论时，江总书记给天津提出了一个新任务：能不能带个头，学生高中段教育毕业后也不立即就业，要接受完高等职业技术教育后再就业。立昌书记已经将这项任务交给了市教委和市教育招生考试中心。其次，它是知识经济发展的趋势。随着知识经济的到来，知识更新的速度加快。即使是有大学文凭的人，也面临知识结构调整的任务。另外，它还是经济结构调整的必然。随着市场经济的转变，经济结构的调整，大批人员面临重新择业择岗，迫切需要充实自己，提高自身科学技术文化素质，从而适应社会竞争的需要。由此可见，教育需求的增长是经济发展、社会进步的迫切需要和必然趋势。在这种情况下，招生考试工作一定要努力拓宽途径，由“独木桥”变为“立交桥”，使我们现有的高等教育的多种形式——普通高校、成人高校、高等教育自学考试、电视大学“注册视听生”、高等教育学历文凭考试、网上大学、函授等，有更大的发展。各普通高校要挖掘潜力，充分利用现有办学条件，使更多的青年接受高等教育。

（三）迎接挑战，适应实施科教兴国战略的要求。

当前我们正面临 21 世纪的机遇和挑战。21 世纪是知识经济的时代。在这个时代，综合国力的竞争归根到底表现为人才的竞争和科技的进步。而这一切又都取决于人才的培养质量和数量。因而，我们确定了实施科教兴国、科教兴市的战略。高等教育在实施科教兴国战略中处于十分重要的历史地位，直接担负着为迎接 21 世纪挑战培养高素质、创造性人才的重任。招生考试工作应该在人才选拔方面起到把关作用，在人才培养方面起到导向作用，适应 21 世纪的挑战对人才的需要。

（四）高度重视，努力做好招生考试工作。

招生考试工作涉及的社会面大，政策性强，关系着广大考生和人民群众的直接利益，历来是社会关注、人民关心的热点问题，是关系全市保持安定团结的政治局面的大事。做好招生考试工作，是党和政府维护人民群众切身利益、落实党的全心全意为人民服务宗旨的体现。各级政府、各部门及其招生考试机构，必须从改革、发展、稳定的大局出发，从实践党的宗旨的政治高度，进一步提高认识，以对党、对人民高度负责的责任心，以开拓创新、知难而进的精神和科学、审慎的态度，做好工作，把好事办好、实事办实，让人民群众满意、高兴。

二、明确责任，开创新局面

做好招生考试工作，不仅是教育部门的事，各区县政府、各有关部门都有责任。

(一)要明确职责，密切配合。

市招生委员会和高等教育自学考试委员会是依据《中华人民共和国高等教育法》、国务院《高等教育自学考试条例》、原国家教委《普通高等学校招生暂行条例》和《普通中等专业学校招生条例》建立的。市委、市政府高度重视招生考试工作。去年新一届市委、市政府领导班子成立后，市委副书记、市长李盛霖同志亲自批准调整我市招生委员会和自考委员会成员。《高等教育自学考试条例》、《普通高等学校招生暂行条例》、《普通中等专业学校招生条例》都规定了省、自治区、直辖市高等教育自学考试委员会、普通高等学校招生委员会和普通中等专业学校招生机构的职责，即：贯彻执行国家有关高等教育自学考试、普通高等学校、中等专业学校招生工作的方针政策、法规、规章和业务规范；执行国家下达的招生计划；拟定自考开考专业，指定主考学校；组织考生报名、考核、体检、考试、录取工作；保护考生和招生工作人员的正当权益；调查处理招生工作中发生的重大问题；指导社会助学活动；检查成人高校教学质量等。各位委员要充分认识自己承担的职责和任务，站在全市的高度，统筹兼顾，相互协调，密切合作，保证招生考试各项工作顺利进行。一是要关心教育，关心招生考试工作。认真学习有关教育和招生考试工作的政策、法律、法规，为发展教育、深化招生考试制度改革献计献策。二是要全力做好各项保障工作。在全市统一考试期间，电力部门要保证供电，商业部门要保证物资供应，交通管理部门要疏导好交通，公安部门要维持好考点周围治安，卫生部门要做好考生体检及考试期间的防病工作等。三是要建立委员会定期会议制度。由招生考试办公室汇报国家有关文件、会议精神和我市招生考试工作情况，便于各位委员了解情况、检查监督，更好地做好我市各项招生考试工作。

(二)要周密安排，确保实施。

市招生考试办公室作为两个委员会的日常工作机构，担负着全市招生考试工作的具体组织实施工作，要加强管理，严格要求。一是要坚决贯彻执行国家和我市招生考试政策、法律、法规，保证政令畅通。要周密安排，确保高考四项改革内容在我市顺利实施；要全力开拓高等教育自学考试事业，做好开考高职专业的准备工作；要健全成人招生考试体系，探索中专招生不同办法，解决好各类学校不同生源。二是要强化服务意识，树立为考生、为招生院校、为社会服务的思想。还要注意研究高考制度改革带来的新问题，为市领导决策提供服务。三是要加大宣传力度，主动接受社会监督。要采取各种形式，广泛宣传国家和我市关于招生考试工作的政策、措施和工作程序，使社会明白，考生清楚。要狠抓考风考纪，细化管理办法，加大管理力度。要发挥纪检监察部门的职能作用，加大社会监督力度，为考生营造公正、公平、公开的竞争环境，使招生考试、录取工作更具透明度，取得社会和人民的信任。

(三)要加强领导，严格管理。

各区、县政府一贯重视教育，大力支持招生考试工作。在新一轮教育改革中，各区、县政府要继续支持各类国家级教育考试和高等教育改革，支持招生考试制度改革。一是要提高认识，加强领导。各区、县主要领导亲自过问，分管领导具体抓。二是要抓好招生考试机构和招生队伍的建设。各区、县,各有关单位要建立健全招生考试委员会及其工作机构,全面负责本地区、本部门的招生考试工作。要加强招生队伍建设,加强对招生工作人员的法制教育和严格执行规章制度的教育。三是要加强标准化、规范化、现代化考点的建设。要强化对监考、巡视等各类工作人员的培训、教育和管理工作,严格执行工作程序,保证招生考试各项工作规范有序地开展。

(四)要依法治教,搞好招生。

各高等学校、中专学校、成人学校要依照国家有关法律、法规,认真做好招生工作。一是按照国家核定的年度招生计划,做好招生工作。二是积极支持高考改革,积极配合做好网上录取等工作。三是严肃招生纪律。尤其是在使用调节权中,要正确用权,谨慎用权,防止发生权钱交易、以权谋私等问题。

全国考委副主任王明达同志在自学考试开考职业技术专业试验工作汇报会上的讲话

1999 年 5 月 27 日

这次听了天津市自考办关于开考高等职业技术专业的情况介绍很受启发，这项工作非常有意义。首先，可以利用自考的形式促进高等职业教育的发展，为整个国家教育结构的改变做出更多的贡献，也适应社会对高职人才的需求；其次，这个试验本身对自考也是个极大的推动。刚才老杨（杨学为）讲的意见我同意。因为我们现在开考的自考专业，有一些职业性很强，有一些职业性不一定很强，但是考虑到整个社会的需求，还是需要大量的职业性很强的应用人才。所以自考本身要发展，也必须满足多层次的需要。很多人都在讲中国高等教育要大众化，这个作为一种趋势是毫无疑问的。但是要大众化，必须伴随着高等教育结构要改变，要多样化。大家很多都在高校第一线工作，了解过去传统高等教育的培养目标对中国的影响之深。办学水平高的相当多的高校，不仅是说国家重点高校，也包括一些一般的高校，甚至于专科学校，追求的目标都是要不断地从专科到本科，本科还要有硕士点，硕士点少了还不行，还得要博士点等等。这个也是对的，也是国家需要的。但是如果所有的高校都按照这个方向去发展，把学术地位和学术水平作为追求目标，那我看就满足不了我们国家对多种专门人才的需求。国家对专门人才的需求有一部分是要有高水平的，甚至于这个学术要很高很高。我们希望能够得诺贝尔奖金，甚至于对整个人类认知世界能做出创造性的特殊贡献，如爱因斯坦。我们希望将来能够有这样的贡献。但是现阶段大量的还是解决我们经济发展中的现实问题，是我们整个教育战线大家都要共同努力的，培养各类专门人才以满足多种形式的需要。现在发展高等职业教育就是这种改变的一个很重要的内容，这不仅涉及到普通高校，对自考而言，利用国家重视高职这个机会我们加快改革来适应这个需要，也是一个很重要的动力。

天津自考办在研究发展高职的过程中，做了大量的社会调查，这本身就真正体现了高等职业教育很多特色，我听到以后很受启示和教育。正像有的老师说的那样，这次搞的 12 个专业不是有几个专家对几个学校比较熟悉，然后大家就开这个专业，而是到社会上看需求，根据天津的需求，根据全国的需求，选择国家急需的，也是生产、管理、服务、经营第一线所急需的 12 个专业，这本身就是办高职所应该遵循的原则。我们在起步阶段已经按照高职的规律来办，我听到以后非常高兴，天津的这个试验肯定会获得成功的。另外，天津组织了国内高校中很多热心于高职发展的教授，同时还和劳动部门、乡镇企业等管理部门紧密配合，使得专业的设置、专业和教学计划的制订，有很多新意，并且在比较短的时间内工作非常深入、非常认真，做了大量的国内外的情况分析和天津市市情的调查，我认为比较符合实际。特别是当前中国高等职业教育正在起步、大发展阶段，天津能够带这个头，不仅是为这 12 个专业本身能够办出高职特色，打下了一个相当好的基础，也不仅是自考发展高等职业教育，而是对整个中国发展高等职业教育，对整个包括我们现在提倡的依靠原有的专科、独立设置的成人高校、职业大学，通过改革办出高职特色的探索都会有启示意义。特别是我看到天津市有这么多专家热心于高职，天大、南开的这些国家重点高校的教授都来关注、参与、研究这件事，为我们将来改变中国高等教育结构,面向经济建设,提高社会生产水平确实会积累很好的经验的。

刚才这方面大家谈的很多了,时间关系我就不多讲了。在谈到天津市进行这项工作的意义的时候,我有一点建议。建议在提法上、将来在社会上宣传上,不要给人家一个印象,认为过去天津市开考的自考专业都不是高等职业教育,而这12个新开的专业才是高等职业教育。若不注意这个问题,对原来那些专业的改造、对这些专业的发展都不一定有利,所以对于这个问题我建议要有个准确提法。可以这么提,就是积极探索自考促进高职发展的路子,同时根据天津市的实际新开考了一批社会急需的高职专业,就是说利用自考的形式积极探索促进高职发展的路子。这确实是我们的目的。过去我们也这么做了,但做的不是这么自觉,这次确实是积极的。我是讲新开考了一批,我并没说原来的不是高职专业,而这是社会急需的,所以我们要花点儿精力新开考。我想这样宣传就比较容易各方面都照顾到,也符合实际。我们在研究专科办高职的时候一开始就遇到这个问题。当时就有两种意见:一种认为中国过去没有高职,现在我们要在新的形势下大力拓展高职,所以就想了很多办法要积极发展高职。后来觉得这样做也不完全符合形势,实际上中国很早就有高职了。要我看解放以前就有,不是说解放以后反而没有了,也不是说我们搞了50年好像就没有高职了。我当时就认为高专还有成人高校,就它的培养目标来讲,它就是培养高职人才。只是我们办的高职的特色体现还不够。但也不能笼统地讲体现都不够,有的专业,应该承认其特色有足够明显的体现。我们在研究这件事情时做了一些调查。比如北京电力专科学校的电力专科的高职,开的是相当理想的。它有个专业就是培养大机组组控室的值班人员,现在有30万至60万千瓦机组组控室,培养这么大的电热组控值班人员是非常典型的职业教育,它的岗位就是24小时值班,它就围绕这个,非常明确。高专或成人高校过去有一些缺点,有些专业高职特色体现不够,比如说有一些是本科的压缩型,按照本科的模式,那好好改过来就可以了,就是明确要求它,这可能跟以前部门领导中遇到过的这个问题,我们自考同样也要重视它。自考过去开考了很多专业,原来是400多,现在是200多,里面相当多的也是职业教育特色比较明显,办的也是不错的,不仅已经培养了一些我们现在所设想的、所希望的高职人才,发挥了很好的作用,并且也积累了一些经验。现在的问题是我们这方面做得还不够。所以我建议提法上不要形成这个印象。这是我最重要的建议。说到这个问题,这实质上是一个什么问题呢?就是说怎样理解高等职业教育的特色的问题。

过去我们办的不够,根据什么判断说它不够呢?又根据哪些方面说它又够了呢?所以我认为要深入研究这个问题,让社会比较了解,大家能够取得一致,还是涉及到我们如何理解高等职业教育,到底高等职业教育应该有什么特色的问题。我们说它办出了特色意味着什么?在专业设置上、在课程安排上等等,以及在实践教学过程当中怎么体现?所以第二点我想补充一下,着重谈一谈到底什么是高职,它应该有什么特色。对这个问题的认识不断地在发展,不断地在深化,总的来说认识越来越一致。我过去一直认为不要把高职说的太复杂,要通俗易懂,让绝大多数人一听就明白高职到底要干什么事,就便于掌握。如果说的很复杂,办的人也不知道到底是怎么回事,好像叫人觉得不可琢磨,那对他们工作没有好处。能不能做到是很重要的,我认为可以做到的。任何一个复杂的事情如果能够很简单地说出来,说明就抓到了它的本质。你如果没把握它的本质,那可能就越说越复杂。只要我们深刻地了解了高等职业教育的本质特征以后,我们可以比较简单地说清楚。我一直主张比较通俗地解释、界定高等职业教育,说清两个意思就可以,一个是什么是高等的,一个是什么是职业教育。简单地说就是职业教育的高等层次就是高等职业教育。什么是高等层次的教育呢?我们按照国际惯例,根据他学习的年限来界定,即现在国际上通用的在12年以后再接受的若干年的专业教育。总之,在12年或者13年以后这个阶段,有的也叫第三级教育,我们一般称为高等教育。在我们中国,通俗易懂,2、3年的就是专科层次,4、5年的就是本科层次,再以后的就是研究生层次。中国现在还没有人把学4年的叫做专科,说明根据学习年限判断是专科还是本科,这是很重要的一个因素,国际上也如此。当然国际上也有不同的说法,我们所说的专科,国际上可能是2、3年短学制的高等教育,有一种是4年的。德国学制甚至更长了,有的人认为6年以后就相当于硕士,相当于美国的Master。大体上各个国家对什么是高等层次的教育争论不休,没有把12年以前的叫高等教育。关键是什么是高层次的职业教育,这个分歧比较大,全世界看法也不一样。大体说来有两种看法,一种界定得很宽,一种界定得很窄。宽的中国也有,我国最早发展职业教育的黄炎培先生认为,职业教育是使无业者有业,使有业者乐业,这种教育就是职业教育。他这个界定我认为就比较宽,因为我们所有的教育总体上讲都是为了将来在社会上找一个职业,如果这样来界定,那职业教育太宽了,所有为了某种职业需要的教育都叫职业教育,那么几乎我们现在在座的高校搞的教育都是职业教育。还有一种比较窄,认为就是为了培养操作技能的、在第一线当工人的教育叫职业教育。在开始研究高等职业教育的时候,有人就说职业教育本身就不可能有高层次,就是培养在第一线当操作工的,怎么会有高层次呢?我们国内就有这种看法,甚至于在我们行政管理部门内部也有这种看法。在国际上看法也不一致。俄罗斯在苏联解体以前,对职业教育的界定基本上是比较窄的,就是培养技工的教育叫做职业教育。它有一个部叫职业技术教育部,主要管技工学校,中专都不算到职业教育里面去,中专算到高等教育部管,算专业教育。在英语中有两个词,一个是professional,还有一个是vocational,当时苏联就是这么做的。但是苏联解体以后不知什么原因,也发生了很大的变化,俄罗斯教育法中把所有专业教育都界定为职业教育。我当时还以为是翻译上的毛病,还专门找人研究,因为他用professional这一个词,翻译成专业教育也可以,但是后来他们专门搞这方面研究的人就翻译成职业。俄罗斯科学院的院长到中国来访问,我还问他这个事。他说他们就是有意要这么做的,并且他还参与了联合国教科文组织制定的职业教育解释的任务。他说为了强化高等教育的职业性,把所有专业教育都放到职业教育里边,职业性很强,而不能总追求学术性。我现在认为宽了也不好,窄了也不好。像黄炎培早期那种解释,把所有专业教育、所有为了就业需要的教育都叫做职业教育,我觉得太过宽了。如果我们搞不出什么特点,现在清华和天大办的教育和我们现在正在追求的这些总得说出它们的差别,如果都算在一类,都是一个特点,就没有差别了。全世界把高层次的专业教育大体上分为两类,第二类也就是B类就相当于我们所说的职业教育,与另外一类A类是有差别的。A类着重强调学术性,B类着重强调职业性。现在我们回到应如何建立职业教育的问题上。我认为要详细研究职业教育是怎么产生的,为什么教育界里造出职业教育这个词来,我们统统都叫教育不就行了吗?这是社会发展逐步形成的一个结果。原始社会为了吃饱饭去打猎、捡果实,社会分工出现,又出现职业。职业出现后并不一定就出现了职业教育,职业教育真正出现还是在农业社会以后,工业化程度发展以后才开始分化出现。这种教育培养的人有明显特点。有一种主要是在生产第一线从事实际工作,说的通俗一点就是干活的,他和主要从事研究的是不一样的。开始规模比较小,大家也不太注意,后来规模越来越大,特别是近代工业产生以后,到底怎么生产必须要经过专门培养,这类人越来越多,形成一个特殊的群体,人们就把这类教育划出来研究,后来就成为职业教育,历史上就是这么发展过来的。在中国也有个过程,开始也不叫职业教育,最早叫生计教育,为了吃饭养家糊口,后来强调发展工业,叫实业教育,后来又出现职业技术教育，也有叫技术教育的，强调技术性，要学点技术，最后统一到职业教育。所以通过这个简单的过程回顾，现在可以有一个比较通俗易懂的界定了，什么意思呢？就是说职业教育的特征不在它的办学形式，收费不收费，最主要是体现在培养目标上。这类教育和其他教育培养目标不一样，它的主要培养目标就是培养生产、服务、管理第一线的实用人才。凡是培养生产、服务、管理第一线的实用人才的教育就称为职业教育，当然也可以按照其他办法分。因此我认为抓它的主要特征就是生产、服务、管理第一线，最主要的是第一线的实用人才。第一线和实用是最主要的特征，生产、服务、管理算是工作领域，而这个特征是职业教育最显著地区别于其他教育一个特征，和学术研究搞设计就是不一样，培养的方式、教学的要求，包括刚才说的实习的长短，都与这个特征有关系，因为我要求实用。大家还可以问什么叫第一线，这还会在学术上继续研究，如果要给一个严格的界定，也不是不可以的。第一线我们通常是可以理解的，也可以研究，这种工作岗位在社会上很明显。有一类工作岗位要是离开了它，这些工作岗位的人不工作的话，社会生活、社会生产就要停止。例如没有汽车、飞机、火车驾驶员干活的话，社会生活就会全停止。但是有一类人包括我们这些在座的两天不干活，社会生活不会停止，所以明显不一样。总之，社会生活当中维持社会生活和社会生产运转的那些岗位基本上就属于在第一线。我讲的宜粗不宜细，在表述上到这个程度就可以了。不要把我们全中国现在1800多个岗位细分，没有必要花这个精力。第一类的基本上不在第一线，党政机关和企事业单位的领导岗位肯定不在第一线。针对为了承担某一种职业做准备的教育也并不都是职业教育。有一些职业不是通过教育能解决的，如劳动部规定的第一类职业是党政机关或企事业团体的领导干部。总理也是个职业，没有哪个学校说我培养的目标就是总理。有些职业不是通过学校教育就能够做到的，而是要通过教育以后打下广泛的基础，然后还要通过长期的社会实践，逐步成长才能担任。社会上有一类职业是这样的。教授也是这样，没有那个学校说我培养出来的学生就当教授。但是通过观察，劳动部规定的1800个职业中确实有一类职业通过学校的训练就可以上岗，汽车驾驶员、飞机驾驶员、注册会计师等职业是典型的，这些职业的职业性比较强。听说朱镕基过去在某一地方说过，注册会计师就是典型的职业教育。最近学位委员会在研究新增一个学位——农业技术推广专业的学位，这就是典型的职业教育。按这个思路，我们现在可以对高等职业教育做一个明确的界定，总的目标就是培养第一线的实用人才。因为岗位不一样，接受第一线的专业知识是不一样的，有的可能中等层次就够了，学习3年就可以掌握了，有的可能得学4年，有的可能得学6年。如飞机驾驶员，飞行学院一定要他学6年，不学6年，对他就不放心，他不能很好地承担这个岗位。所以短学制的专科，短学制的高等教育，因为学制很短，很难培养从事学术研究的人才，所以它只能培养第一线的实用人才。因此，专科层次一般都应该是高等职业教育。但是反过来不能说高等职业教育仅仅是专科。我举飞行学院的例子，现在学4年，不能算专科。至于将来出不出现更高层次，这个也是高等职业教育内涵随着社会生活、社会经济水平的发展、科学技术的进步也可能在不断的变化。我再说明我理解的高等职业教育就是培养生产、服务、管理第一线的实用人才，这种教育是职业教育。根据它的专业所需要的接受教育年限达到相当于普通高等教育学习年限的教育称为高等职业教育。至于有的人还要继续分，问这类实用人才还有什么特征，有的再细分为操作性的、技艺性的、工艺性的、技术性的等等。我认为作为教育行政管理在表述上宜粗不宜细，能够说第一线实用人才就可以了。比如说飞机驾驶员，有人说是技术性的，至于是操作性的、技术性的，现实生活中往往也难分。如果抓住了第一线的实用人才这个特点，在教学安排上应该有什么特点，应该如何体现这个目标，有何措施，我认为这是需要我们着急解决的事。

为什么把这类教育分出来，我认为是为了比较好地管理这类教育，更好地促进这类教育的发展。任何事情的发展都有前因后果，不是说谁灵机一动，坐在屋子里面想我非得造出一类教育来。它的出现还是根据比较明显的教育特色，培养实用人才的目标。现在我想重点研究怎么来体现第一线实用人才的特征。我过去在全国职教会总结中讲了六条，最重要的一条就是专业的设置。因为既然是生产第一线的实用人才，这个专业一定是社会生产、生活当中最必需的。这和我们过去办普通学校有点差别。普通学校很多都是根据有教师、有学科带头人、有这个水平，我就可以申请这个专业，对社会需求不太考虑。天津市论证的新专业符合高职的特色，这样详细深入地调查社会需求是非常正确的。第二个问题是教学内容的安排和教学计划的制定，相关的课程怎么设置。我过去讲了一个原则，因为是生产第一线实用人才，所以学习的内容必须是成熟的技术和管理规范。饭店管理应该是成熟的，如果还在研究和设想当中，绝对不能放到教学里面去，他出去要上岗。比如驾驶飞机，如果还有另外一种方法，可谁都没有试过，谁敢坐他驾驶的飞机？我并不是排斥新的，如果新的规范出来了，当然要更新，这是非常关键的。因此这就决定了课程设置的内容，选择什么课程一定是比较成熟的。还有一条也是职业教育的显著特征，就是说他完成学业离开学校以后，就应该马上能够定岗。我认为这是职业教育区别于其他教育形式的一个很典型的特点，我们一定要体现出来。高校毕业了，可以马上作老师，但不能马上作教授，他要自己再发展，这类教育还要靠长期自我积累才能达到标准。但职业教育不是这样，有的岗位可以直接从学校出去就用，因此要求他基本能够上岗。我总举这个例子，如果职业教育培养汽车驾驶员，培养出来还要实习5、6年才能驾驶汽车，那谁上你这个职业学校？这就是没办出特色。汽车构造讲很多、很好，但他不能开汽车，那你这个能叫职业教育吗？所以我说这个特点是非常重要的，这几个特点决定了我们要采取一系列措施，比如实训时间要长，要求他必须基本上熟悉上岗那些要求，不经过训练就上不了岗。就如刚才讲的饭店管理，前台和服务台都得熟悉，去了就能上岗，所以实习时间一定要非常长。其他一些特点我就不讲了。为了保证培训得到社会认同，要有相应资格职业证书，一定要双证书。而为了实现这个目的，要求教师，特别是专业教师，最好是双师型的人，又当总经理，又是教授，这样就可以交叉来进行。这个问题在这个框架下可以继续研究。抓住了这些本质特征，高等职业教育就可以办下去了，也可以认同。大家都按照这个目标去做就可以了，我们今天所讲的所有问题就都能满足了。

最后一个问题是怎么办出特色。大家讲了很多，我非常同意。关键的问题是办出特色，必须取得社会的认可，这是最重要的。如果没有特色，或者是你自己认为特色够了，社会不认同也不行。所以我们要围绕怎么能既办出特色又取得社会认同来一起动脑子。特别是全国考办首先要多花精力，虚心听取大家的意见，将来我们要继续来了解。你们做的很好，专业设置、课程计划都很好。现在比较关键的问题是紧紧围绕考生毕业以后就能上岗这个中心，在业务计划安排中要突出职业特点、职业能力的培养，这是社会认同不认同的一个比较关键的问题。一定要求能上岗，如果还没有大的把握，则说明教学还要改进。为了做到这一点，一个是基本知识要掌握，教材里的知识要基本必要和够用，这个我想大家也没有分歧，关键是怎么把职业能力继续分解。邢台高职有一套做法，把培养目标分解成80多个，汽车维修是它的主要培养目标。还有一条是实习基地的建设，特别是实训时间。我对自考其他方面都有信心，但对这条没有太大的把握，不知能不能得到社会认同。我听到有人说自考也要搞什么高职，有的人说不大可能，为什么呢？实训怎么解决？职业教育的一个很重要的特点就是一定要解决实训。天津已经想了很多办法了，利用现有的基地，还有学习香港那样的做法。我也建议你们到香港去看一看。它也是利用社会力量建立了培训中心，现代化的仪器设备不用每个地方都搞，面向社会开放，愿意学习的就到这儿来，包括计算机，还有现代制造技术。除了这些还能不能想些其他办法，希望大家都花点儿精力，包括现有学校里的设备怎么利用。另外一个比较关键的问题就是实训的指导和实训的考核。指导跟一本书不一样，如果没有很好的指导，还得自己去琢磨，事倍功半。指导很分散，也是自考很不好解决的一件事。还有实训的考核，考核采取书面形式还是在现场考？现场考，人力、成本等等都要考虑，一个一个来考，成本要很高，到底怎么考？如果不严格地考核，劳动部门也不认帐，怎么发资格证书呢？所以我感到这恐怕是我们开考能否成功比较关键的问题。其他诸如编教材、选专业都没有问题。

最后我简单说一下怎么体现达到高等职业教育的水平。从理论上认识它也并不复杂，也不一定要说得复杂。我认为水平主要通过这几方面说明就可以了：第一个是课程设置，比如说计算机应用专业，设置的课程跟普通专科或普通高校类似，有 C 语言、高等语言程序设计、网络操作系统等，首先通过课程设置保证水平。第二个课程内容还要有足够深度，不能只为了考试通得过，该学的、该掌握的都比较容易理解。再有一点是实践技能训练方面，让他能够顶岗。按照这个目标，如果能够顶岗，基本知识通过课程设置限制了，水平基本上就达到了。因为专业区别很大，不能笼统讲高等职业教育的水平。例如飞机驾驶员要学 4 年本科毕业，最重要的特征就是职业性强，能驾驶飞机，在各种复杂条件下，能够把最现代化的飞机开到任何地方去，这本身就体现了水平，这就评判了职业教育水平的高低是不是达到了层次。通过课程的设置、通过课程内容体现一定的水平，然后是实训能力的培养，如果这些都做好了，我们就有信心取得社会认同。社会欢迎这样的人，到了饭店就能运用自如地把饭店管好，就有相当的水平了。总之这个方向是完全符合国家需要的。

我最后强调一点，我们自考办的同志要认识到，这种探索不仅是我们自考本身发展的需要，我们做好了可能对整个国家高等职业教育做出一般学校做不出的贡献。为什么呢？高等职业教育适应了社会的需要。还有一个问题我今天没有讲，很多人还提出疑问，说现在专科已经不太能分得出去，你还要大力发展高职，那不就更分不出去了吗？但是我们了解到很多有特色的高职班分配确实不成问题，这个秘密在什么地方呢？有的人总不大理解，想来想去我认为至少有这样一个很重要的原因，就是专业适销对路。所以办高职和一般专科学校，很重要的一个差别是它专业设置的多变性。很多专科学校专业是稳定的，很难变，但是真正有职教特色的专业一定要多变。美国社区学院的职能，一个州立社区学院可以开 200 多个专业，应变性非常强，社会有需要马上就可以开，社会不需要了马上就停。美国靠的是集资。我们现在恐怕没有哪个学校能开这么多专业，那么灵活应变。而恰恰我们自学考试机构比一般高校更有优势，可以依靠社会各类高校的教育资源来迅速组织起一些国家急需、社会急需的专业。教师从哪里来？我们现在可以动员社会的力量。从这个意义上讲，自考在探索高等职业教育发展的路子当中可能还有它独到的优势，专业灵活性强，可以动员全国的力量开几百个这样的专业，还可能真容易办出特色，这方面大家还可以继续探讨。总之，自考在新形势下机遇很好，大有作为，我们大家共同努力吧。

教育部学生司司长瞿振元在全国网上录取试点院校培训会议上的讲话

1999 年 5 月 20 日 · 天津

来自全国 24 个省市 171 所高校的同志们聚集在这个地方，将一起进行网上录取的培训，为完成今年的网上录取任务而努力。关于高考改革的问题在有关会议上已做了多次说明，但根据当前的情况和对有些问题的理解，还有进一步统一认识的必要。因此，考虑了一下，今天主要讲两个问题。

一、关于进一步深化高考改革的问题。

在这一方面，中央领导同志很关心，教育部也很重视。教育部党组专门做了研究，达成了一致通过的方案，最后以今年教育部 3 号文件的形式予以颁发了。关于进一步深化高考改革的问题，将会在今年 6 月份召开的改革开放后的第三次全国教育工作会议上进一步强调。第三次教育工作会议的主题是全面推进素质教育。在推进素质教育的过程中，有一个很重要的环节就是要改革高校招生考试制度。据我了解，会议将要形成一个主文件，并且要以中共中央、国务院决定或意见的形式下发。从起草到现在已经 10 多稿了，其中自始至终保留着独立的一条，这就是高考改革。会议召开以后，这项工作无论在宣传舆论上还是工作进度上都将会加快步伐，加大力度。

高考改革将怎样进行？简单来讲，就是坚持“三个有助于”的指导思想，深化四个方面的改革，用三年左右的时间基本到位，为建设有中国特色的招生考试制度而努力。

关于“三个有助于”的指导思想。第一，要有助于高等学校选拔人才。这是高考的基本功能。第二，要有助于中学实施素质教育。我们的高考还有一定的指挥棒作用，或者说具有一定导向作用。应试教育的指导思想和教学模式是不可取的，但应试恐怕不可避免。但是怎么考，考什么，却对中学教学有导向作用。我们的考试应该是有助于中学实施素质教育。当然，整个来看，中学实施素质教育是中学内部矛盾运动的结果，如果不在中学内部转变教育思想观念，教学内容、教学方法上深化改革，要完全转变应试教育、搞好素质教育是很困难的。如果把中学实施素质教育的砝码都放在高考改革上，也是不可取的。但是我们要坚持正确的导向。第三，要有助于进一步扩大高等学校的办学自主权。按照高等教育法，高等学校有 7 项自主权。要贯彻高教法，进一步做好扩大高校自主权的工作。在招生问题上，高校的办学自主权主要反映在两个方面：一是按照国家核定的规模制定自己的招生计划，包括专业分布。二是在录取过程中，录取的决定权在高校。进一步扩大高校办学自主权的问题反映在招生考试工作方面，主要的考虑是在考试科目设置问题上，允许高校在一定范围内自主选择。“三个有助于”的原则体现在招生考试管理的各个环节，忽视了任何一个环节都是不完整的。

关于深化四个方面的改革。第一个方面的改革，是考试科目设置的改革，主要是用三年左右的时间，在全国有计划、有步骤、稳妥地推行“3＋x”的科目设置改革。“3”是指语文、数学和外语，每个考生必考，但其考试的内容将跟过去有所变化。比如说，数学将逐步走向不分文理科，广东今年就准备不分文理科。作为一种基础性、工具性的课程，也是培养学生严密的逻辑思维能力的课程,高中这样一个层次、水平大家都应该掌握。现在是分开的,我们要尊重教学实际,加以引导,逐步推进,但大的方向是明确的。外语要逐步增加听力,也要采取逐步推进的方法。中国这么大,东部、西部、南方、北方教学水平、教学条件都有很大差别,我们一定要尊重这种实际,各省市根据自己的情况逐步地加以推进,但外语教学的方向,总不能永远搞哑巴英语、聋子英语吧。语、数、外的科目设置与过去是一样的,但是在内容上要加以深化。关键是"x"。其内容包括理、化、生、政、史、地六门已经开设的课程,再加上在这些课程或部分课程基础上的综合能力考试。综合可以是理、化、生三门课程基础上的理科综合,政、史、地三门课程基础上的文科综合,也可以是不分文理的综合考试,即建筑在六门课程基础上的综合考试。如果说这三门综合考试适合于本科招生的话,还可以设适合于专科招生的综合考试。六种课程,四种可能的综合,这10种考试由招生的各高等学校来决定,在数量上可以是1,也可以是2。这是体现高考改革的一个具体机制,打破过去大一统的考试模式,形成把统一性和多样性更好地结合起来的考试模式。这样做就会增加工作的复杂性,增加省市招办的工作量。但如果方向正确,我们就应当干好。

第二个方面的改革,是考试内容的改革。高考改革最根本的、最重要的是考试内容的改革,这是这次高考改革的重点和难点,要花最多的精力来研究高考内容的改革。有学者曾经指出,作为世界上最早的考试——我国的科举考试,走向没落的主要原因是考试内容不行。科举考试内容脱离现实,总是四书五经,是引导人们的眼光向后看的,而且没有自然科学的内容。高考内容改革是高考改革的重点,也是引导中学实施素质教育的最主要之处。高考内容改革的指导性原则是:第一,考查的重点是学生的能力和素质,不是对学习过的知识的简单背诵和简单反射,要把以知识立意的命题方式转变为以能力立意的命题方式。第二,命题的范围既遵循教学大纲,又不拘泥于教学大纲。无论是教还是学,都要遵循教学大纲的基本要求,教师要按教学大纲认认真真地教,学生要按教学大纲扎扎实实地学。考试也遵循教学大纲,提供给学校的教学大纲,就是考试大纲,也是评价学校教学质量的大纲。考试不拘泥于教学大纲,主要是强调对已学知识的理解、掌握和运用的能力,包括在一门课程内前后所学知识的综合运用,也包括跨学科知识的综合运用,而不是要超越教学大纲。第三,在命题中要增加应用性、能力型题目的份量,因为最终的落脚点反映在命题上面。考试的内容要按照这样一个方向努力,没有时间表,从现实出发,逐步引导,逐步深化。相应地要求中学在教学内容上也按这样一个方向走。有的中学提出既然要搞综合考试,就要开一门综合课。我认为这在很大程度上还是以应试教育的观念和模式来对付我们的高考改革,并不符合我们改革的精神,会走偏方向。

高考形式的改革是我们要进行的高考改革的第三个方面。高考形式的改革是指一年考几次,怎么组织这些考试。现在的结论是,一次性全国统考的形式暂时不变,但是要积极探索多种形式、多次考试的问题。中央领导多次讲到跳高要跳多次,高考怎么一次考试定终身呢?能不能一年考两次?我们可以论证。如果一定范围能行,那么就在一定范围内试点。当然,高校管理体制还要进一步做调整,比如可以考虑专科层次的学校包括高等职业技术学校是否可以放到省市一级来管理,审批权也由国务院授权省市来加以决定。如果做这样一种改革的话,考试形式也要做相应的变化,不一定都要全国统考。还有一个学校或几个学校联合起来组织单独考试,行不行?我想如果有学校提出来单独考试或联合其他学校进行单独考试,经过我们批准可以进行,而且有条件我们还会给予一定的支持和帮助。总之,我们想搞得更开放一点。在国外有些学校也是这样做的。如法国巴黎一个有20多个学校的集团就组织单独考试,7000多人参加笔试,初录3000人,然后进行实验考试,最后录取2700人。在发达国家,一般高校高中毕业注册就可以上学,但是高层次的学校就业非常好的专业竞争也是很激烈的,面对这种竞争,考试方式也是多种多样的。我们的高考也可以多一点方式,要积极探索。但是中国这么大,有些问题不能一下子解决,要经过论证、试点,然后推广。当前情况下,一次性的全国统考形式暂时不变,其他方式积极探索。

第四个方面的改革是积极推进网上录取。这是录取手段的革命性变革。从80年代初计算机用于统计、打印,以后发展为计算机的管理、辅助录取,今天走到网上录取,是一个渐进的过程,今天我们要完成这一步,实现在招生手段上的革命性变化。我们计划用3年左右的时间,在全国基本建成高校招生网上录取系统。

深化高考改革主要是这四个方面的内容。其他一些问题在改革的过程中也要逐步加以完善,比如保送生制度、定向生制度,甚至大家提到的招收特殊人才的口子开得更大一点的意见,我们都要加以研究,也可以考虑极个别的学生不经高考入学。总的来讲,我们要以多方面的改革,体现不拘一格选人才,以培养高质量的人才,特别是高素质、有创新精神的人才来面向21世纪新技术革命的挑战。我们要建立的有中国特色的招生考试制度是要选拔和培养使我们中国富强起来、繁荣起来的有用之才。武汉会议以后,各省市都根据教育部的总的安排来制定具体实施的方案。我想把握这些事情的原则还是积极平稳。因为涉及到千家万户。高考招生要做就要认认真真做,做得社会没有意见。我想,经过大家的努力,风险也不会太大,是能够做好的。关于高考改革,今天我不厌其烦讲这么多,主要是想让大家把握高考改革的总的精神,不要轻信一些不实之言。比如有的报纸说,明年研究生招生要缴费。我今天正式地说一下,上研究生缴费的问题是可以论证的,但我们没有决定,我们也没有这样一个权力简单宣布,因为这要经过财政部、计委,甚至报岚清同志仔细研究,才能定下来,关系非常重大。我可以负责任地告诉大家,明年研究生招生肯定不收费。另外,考试方法、推荐免试办法也不会有大的变化。

二、关于网上录取问题。

网上录取的工作实际上也做了几年了,这件工作是很有意义的事情。这种意义主要体现在四个方面:第一,是有明显的经济效益。所有的高校到外面招生都要派人到处走,住宾馆,花很多钱。初步测算这方面的费用大致有两亿元。我们可以大大节省人力和财力。第二个方面,通过网上录取,可以更加公平公正。条子不大管用了。第三,可以在网上录取条件下进一步完善招生录取体制,即“学校负责,招办监督”的录取体制。过去学校的招生人员在外招生总的说是好的,这点必须肯定。但有的难免受不正之风的影响,对疑难问题的处理,有个人说了算的现象。在网上录取的环境下,疑难问题可以由校领导、纪委书记一起研究解决了。招办监督在现在仍然是必要的,是不可忽视的。招办是代表政府来处理这件事情的,地方民意是要反映和要尊重的。第四,为进一步深化高考其他方面的改革创造了条件。我们把网上录取做好,使得招生录取的时间更缩短一些,一年两次考试或多次考试就有可能成为现实。我们想建立的系统是包括录取、学校的学历学籍管理的工作,和毕业生的远程就业服务一体化的系统。这样的系统对于其他方面的改革也创造了很好的条件。

今年网上录取的工作目标要实事求是、切实可行。要兼顾数量和质量,把数量和质量统一起来。数量少一点,质量好一点。通过良好的工作质量,树立良好的社会形象。第一年的工作不在于弄得特别多,而要有信誉,这样我们后面的工作就好做了。

具体工作目标现在已经确定:天津、广西、北京、上海、辽宁、湖北、四川、云南、重庆9个省市自治区进行试点，一个共同的任务是现场网上录取，这是对我们工作人员的一种训练，要转变工作方式、行为习惯。去年天津是这样做的。至于异地的网上录取涉及195所高校。天津最多，有150所；北京74所；上海41所；广西27所；辽宁17所；四川13所。这是初步统计。其中12所学校对7省市全部网上录取。这是我们今年做的一个总体工作量。我们一定要做好。

我们的录取系统在1998年下半年成立了总课题组，1998年11月26日及1999年1月13日在天津开了两次总课题组会议。天津可以说是网上录取的基地。1999年3月8日至4月17日在清华大学进行了封闭开发，测试总体是可以的，修改后再次测试。对满足今年的网上录取工作，我们是有把握的。

为做好工作，特提出以下四点要求。

第一点要高度重视，周密组织。网上录取的技术性意义、使用的价值以及对我们其他方面改革的支撑作用，大家都是肯定的，因此，要重视这件事情，特别是领导同志要重视这件事情。技术进步也给我们的工作带来多方面的影响，在思想观念、组织形式、活动方式上都会有重要的变化。大家都习惯了纸介质的录取方式，心理上、思想上和习惯上都会有一个适应过程，甚至还会产生一些磨擦，我们都要主动适应它，一起去完善它，而不要相互埋怨。

第二要遵章操作，完善体制。网上录取对完善“学校负责，招办监督”的录取体制是有好处的，但是也有新的矛盾。大家都要按网上录取暂行办法的要求去做，学校还要和招办协商、细化。

第三要团结协作，相互支持。不论是招办还是学校，都有一个管理人员和技术人员相互团结、相互协作的问题，这很重要。进一步的发展是管理人员懂技术，技术人员懂管理，两支队伍走向结合。另一方面的合作是学校和各地招办之间的团结协作，相互理解、相互支持。在信息传递过程中，发生争论是正常的，不能以减少计划相威胁。希望各个高校以实际行动支持改革，体谅改革省市的压力。一些学校对体检标准提出一些新的附加要求，我也体谅学校的困难，但是我们还是要掌握这样一个原则，就是按照已经颁布的体检标准办，不附加高于这个标准的条件，对标准有看法可以提出修改意见，但现在已有的标准必须坚持。《高教法》里关于残疾人问题有明确的规定，保护他们的合法权益，我们都要遵守。关于专业代码和招生是按老专业宣传，还是按新专业宣传的问题，我们不要把专业目录调整看作是一件小事，它是同我们其他改革措施密切相关的，是整体推进里边的一个重要环节。专业目录调整带动了学科的重组、人事制度的改革，而且教育部正在按照专业目录的调整全面组织修订新的教学计划，要把过去教学改革的成果、教育思想讨论的成果固化到新的教学计划中，形成一种新的人才培养模式，形成21世纪的第一个教学计划。因此，应该这样来看，专业目录调整是一个大事。招生虽然是一个环节，但是很重要，宣传应该按照教育部1998年颁布的新的专业目录进行，按照新的代号进行。希望在这个环节上不要拖其他改革措施的后腿。要站在推进全国高教改革的角度看待这个问题。

第四要加强学习培训，提高工作队伍素质。这一点非常重要，适应新工作要求要靠学习。有些省市搞得比较好，比如四川省领导带头，招办利用一、三、五的晚上，加上礼拜六的上午进行培训，坚持了几个月的时间。一般来说，学校技术力量比较强，问题不大，但是技术人员要学点招生管理，招生管理人员要学点技术，在两个方面都有所长进。所以，加强学习培训应该成为下一阶段我们招生队伍面对的一个重要任务，非常现实地把它做好。

教育部学生司司长瞿振元在1999年全国普通高校招生总结会上的讲话

1999年10月28日·天津

1999年是我们高校招生和高考改革工作很不平凡的一年。在全教会精神的鼓舞下,我们以前所未有的速度扩大高校招生规模,以前所未有的力度推进高考制度改革,操作整体平稳,工作进展顺利,取得了使全国人民满意、使大家振奋的好成绩。可以说,高考招生制度的改革,为全面推进素质教育,全面贯彻全教会的精神,创造了良好的条件。1999年的全国高校招生和考试制度的改革将在中华人民共和国高等教育发展史上记下重重的一笔。这一丰硕成果,是在中央领导的亲切关怀下,在教育部党组的直接领导下,经过教育战线的广大干部和教师的共同努力获得的。特别是我们招生考试战线上的同志们锐意进取,大胆改革,付出了大量辛勤的劳动。在这里,我以教育部高校学生司的名义,对在座的各位代表并通过你们向所有在招生考试战线上工作的同志们致以崇高的敬意和亲切的慰问!

我们这次会议的主要任务是,总结和交流1999年高校招生和高考改革工作的成绩和经验,分析其中存在的问题,并且着力研究如何贯彻全教会精神,进一步加大高考改革的力度,推进我们的工作。会议还要表彰网上录取的先进单位。

围绕会议内容,我想谈四个问题。

一、关于深入贯彻全教会的精神

我们当前研究高校的招生,研究高等教育发展的规模,研究深化高考改革的问题,都必须放在全面深入贯彻全教会精神的大局中来考虑。这一次全国教育工作会议,是党中央、国务院召开的一次高规格的会议,是一次非常重要的会议,其意义、作用是长久的和深远的。我们应当全面把握全教会的精神,牢牢抓住全教会召开以后给我们教育改革和发展带来的难得的历史机遇,自觉地推动我们的工作。为了理解这一点,我愿意和同志们一起简要地回顾一下改革开放以来三次全教会的召开获得什么成绩,怎样使教育事业在每一次"全教会"精神的指引下取得新的进展。

我们现在经常讲三次"全教会"。要从建国以来说就是第五次了。第一次是在1949年的12月,毛泽东同志是很重视的,刚建国时事情那么多,但还是召开了第一次全国教育工作会议。

1958年召开了第二次全国教育工作会议。

1985年召开了全国教育工作会议,是在中央决定进行经济体制改革,建立社会主义有计划的商品经济,与此相适应要进行科技体制和教育体制改革的背景下召开的。在启动改革的时候召开的这次全教会,应该说这次会议就是教育体制改革的动员大会。这次全教会应当说是非常重要的。首先在指导思想上进一步明确了教育必须为社会主义现代化建设服务和社会主义现代化建设必须依靠教育的"两个必须"的指导思想。这是一个非常重要的指导思想,是我们对于教育本质、教育规律认识的一个升华。首先表现在我们从长期以"阶级斗争为纲"的指导思想下的教育转变到了以"经济建设为中心"的教育这样一个指导思想上来,使得经过极左思潮、"文化大革命"以后,经过拨乱反正取得的这样一个思想成果,在我们"两个必须"的指导思想里面固化下来。同时，我们过去讲的比较多的是教育要为社会主义建设服务，现在进一步提出社会主义现代化建设必须依靠教育，“两个必须”而不是一个“必须”，由过去的单向约束，变成了双向约束。这也是我们在教育思想理论上深化的一个标志。这次会议指出，教育体制改革的根本目的是什么，教育体制改革的根本目的是提高全民族的素质，多出人才，出好人才；在这次会议上，明确了基础教育特别是九年制义务教育要交给基层、交给地方，这是我们党的群众路线在教育管理中的一个重要运用和成功运用。如果没有这样一种教育体制的改革，普及义务教育的推进是相当困难的。单从 1985 年到 1992 年，由于这样一种教育体制的变化，多给基础教育的投入就有 1062 亿元，单靠国家财政能做到吗？做不到。正是这样一种教育管理体制的改革促进我们的基础教育得到很快发展。在这次会议上，把招生就业制度改革提到了前所未有的高度。中央《决定》有五个部分，其中第四个部分的大标题就是“改革高等学校的招生和就业制度、扩大高校的办学自主权”，把招生和就业问题作为中央文件的一个标题而出现，这样的重视，好像是过去没有，后来也没有的，只此一次。理由是招生和就业制度是高等教育联系社会、联系经济、联系科技的最直接的部分；它是教育的社会服务功能最直接体现的环节，希望能够通过招生就业制度的改革，使得我们高等教育体制更好地跟经济体制挂起钩来，适应起来 ，并且希望通过招生特别是就业情况的变化，观察我们高等教育与经济、科技的适应程度，以此来带动高等教育的教育思想、教学内容和教学方法的改革。在当时，招生就业制度的改革可以说是我们高等教育改革的突破口性质的环节。中央注意到并予以高度重视，进一步推进了高校招生和就业制度的改革，少量的自费生、定向生，都是在那个时候确定的。

1994 年召开的全国教育工作会议，是在十二大确立了建立社会主义市场经济体制和我国本世纪末和下世纪初的宏伟目标后，国务院制定了《中央教育改革和发展纲要》和与《纲要》相配套的实施意见的背景下召开的。这是一次动员全党为实现教育发展的蓝图进行精心施工的会议。这一次全国教育工作会议，在指导思想上进一步明确了将教育放在优先发展的战略地位。强调建设社会主义现代化必须依靠教育，必须把教育放在优先发展的战略地位。党中央、国务院把各省市党政第一把手请来开会，让大家统一思想，把教育放在优先发展的地位。并要求考察干部时，要考察对教育重视的程度，任用在教育方面取得成绩的干部。这是总书记在会议的主报告里讲的。这次会议继续明确了“普九”任务实施的重要性，并从战略上进行了部署，使得全党同志都明确了这个目标并为之而奋斗。在这次会议上，招生和就业制度的改革也再次被提上议事日程。主要是变“双包”为“双自”，招生和就业制度必须与社会主义市场经济体制相适应。

这次全教会把“科教兴国”作为基本国策，本届政府把“科教兴国”作为自己的最大任务的背景下召开的。为实施科教兴国战略，朱镕基同志亲自任“科教领导小组”的组长，多次召开会议，研究布置科学技术和教育工作；加大了对于教育的政府投入；召开了全国教育工作会议和技术创新会议，确立了“科教兴国”的“科”和“教”两个方面在今后一段时间内的指导思想。全教会提出，要进一步深化教育体制改革，全面实施素质教育。它强调了建设一个什么样的教育的问题。在“科教兴国”的总背景下，对我们的教育怎么办、我们应该建立什么样的教育、如何加强素质教育都做了周密的布置。素质教育联系着方方面面，是“牵一发而动全身”的问题。全面把握全教会的精神，我认为还应当把握住江泽民总书记在开幕的时候讲的一整段话，他说：“本次会议的主题是动员全党同志和全国人民以提高全民族素质和创新能力为重点，进一步深化教育体制和结构改革，全面推进素质教育，振兴教育事业，实施科教兴国战略，为实现党的‘十五大'所确定的宏伟目标而努力。"理解这样的一段话，应当思考为什么在当前的历史背景和现实条件下，研究教育必须从提高全民族素质和创新能力为重点。总书记提出这一重点，是从国内、国际的大环境出发，从展望21世纪出发，看到了经济上、国防上即将到来的激烈竞争，看到了要在竞争中获胜都离不开教育，而其中民族素质和创新能力尤为重要。这些思想对大家所从事的工作也非常具有指导意义，比如：如何以提高民族素质和创新能力为重点来考虑招生工作，包括确立人才选拔标准，都能够从总书记的讲话中得到启发。教育体制和结构的改革，要进一步深化，教育体制的改革毫无疑问应进一步加大力度、加快速度。如果一所学校长期处于体制不稳定的情况下，领导精力分散，怎样去搞好一个学校的教学和管理？我们要加快教育体制的改革，但总书记说了还要加快结构改革。如何理解结构改革？我们应当建立什么样的教育结构，包括地区结构，层次结构与大学、中学、小学结构，技术教育和普通教育的结构，成人和普通高校的结构等等。对结构改革而言，至关重要的就是我们的教育发展战略，"普九"仍然作为重中之重，继续加以推进，这是提高民族素质的基础性工作，但是"普九"的推进是有层次的，沿海、中部的一些省市已经实现了"普九"任务，在此基础上还要考虑高中阶段的发展。高中阶段有了发展以后，又要考虑高等教育如何发展，这都属于结构问题，也是我们确立教育发展战略时需要研究的。全面实施素质教育和振兴我们教育事业的任务是相当艰巨和繁重的，所以我觉得理解全教会精神，抓住主题词、关键词很重要，同时对主题词、关键词所联系的方方面面，特别是跟我们工作相联系的方面，要认真加以理解。这样在对全教会精神的整体把握上，能够更准确一些。同时要看到每次全教会之后，都给教育改革和发展提供了新的历史机遇。机遇是宝藏、是财富。但这种宝藏和财富不像地底下埋着的金矿、煤矿，不开采还能留着，机遇稍纵即失，在这个时间点上抓住了机遇，就能推进工作，我们应该牢牢抓住全教会后教育改革和发展的新的历史机遇，特别是对招生考试制度的改革提出了新的要求。对我们的工作，上级领导也非常关心。领导同志的支持、人民群众的支持，都给我们的工作创造了新的有利条件，我们应当抓住机遇，主动推进我们的工作，这是我想讲的第一个问题。

二、关于1999年招生计划的执行情况

1999年全国报考普通高等学校的人数共计341.8万人，比1998年增长6.8%。普通高校招生计划实际安排为153.7万人，比1998年增长41.7%。根据现在的统计，实际录取新生157万人，比1998年增长48.1%。另外电大普通班招生计划8万人，实际录取7.6万人，全国平均录取率为48.2%，比1998年增长了12个百分点。从总体看，招生计划的执行情况是比较好的，完成了全年的招生工作任务。

特别要提到的是，今年全国高校的扩招工作，在1998年的招生规模为108万人的基础上，年初安排了132万的招生规模。根据全教会精神，进一步扩大了高校的招生规模，确定了在年初的计划基础上又增加22万人的普通高校招生规模。另外还有成人高考，增加了10万人的规模，可以说今年高校扩招，是在时间特别紧张，任务十分繁重的情况下进行的。中央的各个部门包括国家计委、财政部、教育部相互支持，采取了一系列措施，进行了大量艰苦的工作。在6月初，教育部和国家计委根据党中央的决策，先后发出明传电报，并且召开全国高校扩招工作会议，部署有关工作。仅仅用了二十天左右时间就安排落实了全国33万人的招生计划。为了支持高校招生，缓解办学条件紧张的状况，国家计委、财政部又在不到一个月的时间内，安排落实了14.7亿元的国债资金，要求地方和中央部门以及学校配套投入共约37亿元，主要用于高校急需的学生生活设施和教学设施的建设。为了进一步利用高校资源，教育部以现有的资源为基础，按条件、程序加快审批了45所职业技术学院，其中11所是具有颁发学历资格的民办高校。各地政府对高校扩招工作给予高度重视，行动坚决，加强领导，狠抓落实，采取各种措施积极支持高校扩招。各高等学校顾全大局，克服困难，千方百计地挖掘学校现有的办学潜力，全力以赴地扩大招生，把党中央、国务院的决策落到实处。各地招生部门在思想准备、有关政策准备都不很充分的条件下，行动果断，积极协调，使整个招生工作有条不紊地进行。在各有关方面的共同努力下，今年的高校扩招工作比较平衡、顺利。目前各高校已经开学，学生已经入学完毕，迎新工作井然有序，学生报到高兴顺利，各项生活措施基本到位，新生安心上学，学校秩序稳定。以上情况说明教育行政系统是有能力和有效率的，招生系统广大干部、教师为此付出了大量辛勤的劳动，取得了明显的成绩，应当予以充分肯定和高度赞扬。这一方面的成绩是显然的，也得到了人民群众的拥护。同时，在扩招过程中我们也看到还存在一些亟待解决的问题，在今后的工作中应当加以避免。如在实际工作中出现了一些地方、学校“双轨制”、乱收费的问题，也有一些地方、学校，不顾主客观条件，盲目追求数量发展的倾向，对这些问题要有一个更加明确和清醒的认识。

教育究竟是不是经济的一个直接部门，是不是经济的一个直接分支，这似乎需要鉴定。毫无疑问，教育是有它的经济功能的，教育也是要讲投入和产出效益的；但是教育的功能是多方面的，它除了具有经济功能以外，同时还具有文化功能、社会功能和道德教化功能等。教育和整个社会的各个领域都有关联，教育保证了人类社会的延续，保证了人类历史上所积累的知识、技能、规范以及经验的传授，教育要造就使社会（包括经济领域）前进、进步、创新和变革的一代新人。它的任务是多方面的，如果只看它的经济功能，而忽视其它功能，就太片面了。按照小平同志的理论，按照十五大精神，教育应当是有中国特色的社会主义文化的组成部分，我们应当按照社会主义文化建设的规律，按照社会主义教育建设的规律，来办好教育事业。

教育作为一个相对独立的领域，和社会其它各个领域都有联系。那么教育究竟与经济、科技、社会的进步有怎样的联系呢？教育从根本上说还是要通过培养人来作用于科技，作用于经济发展和社会进步，这是教育最主要的功能。离开了这一点，学校也就失去了存在的价值。我们要自觉地把握教育的基本属性，自觉地按照教育规律去办好教育事业。在教育战线上工作的同志，对这些教育的基本问题，始终要保持一个清醒的认识。“双轨制”、乱收费的问题，确实在一些地方出现了，有的学校或者有的招生现场甚至很过分。如有一所还是不错的学校在一个地方的招生现场，贴出海报，说本校尚有少量名额，可到某地方来面议。对这种“双轨制”和乱收费的情况，李岚清同志多次作过批示，作过重要讲话。他反复强调不能搞“双轨制”，不准乱收费。他多次讲，对同一个学校、同一个层次、同一个专业学习的学生应当实行统一的收费标准，这是一个社会公正的问题。他特别讲到，社会主义根本不能允许搞社会不公正。他说，多年来费了很大的劲进行的招生并轨现在不能打乱。对招生并轨的问题，我去年就讲过，它把过去完全由国家包下来的局面打破了，使得我们把社会主义市场经济的规律和社会主义的公正更好地结合在一起。既收了学费，又不搞“双轨制”，这一成果应该加以肯定，加以巩固。国务院的一贯方针和举办高等教育的一条基本原则，就是不搞“双轨制”，不搞乱收费。应该按照这个原则去做。国务院明确，对乱收费中已经收的钱要上缴到归口的财政部门，也就是地方的上缴地方财政，中央的上缴中央财政，但这个钱还会用于高等教育。今后很明确：不许搞双轨制，不许乱收费；但今后可以根据各地的情况按照教育成本和各地群众的实际承受能力逐步适当提高收费标准，并加大对于贫困生的资助力度。还要加大各级政府对于高等教育的投入，使高等教育健康发展。

对于高等教育发展的规模问题，今年是发展非常快的，是建国以来正常年份下扩招规模最大的一年。高等教育当然应该积极发展，但是高等教育的发展也要考虑到若干制约条件。特别要考虑：第一，教育内部的结构问题，也就是整个教育发展的战略问题。基础教育、高中教育、高等教育和继续教育要有合适的比例。特别是我们这样一个国家，在“普九”任务很重的情况下，高等教育如何去发展，还是需要认真去研究的一个问题。高中生能够有多少人上学，也是我们教育内部结构需要考虑的问题。在高等学校的内部还有一个研究生、本科生、专科生的比例问题，不同的学校承担不同的任务，要根据条件制订一个合适的比例，考虑扩招问题或者高等教育规模继续发展的问题，教育内部的比例问题是非常重要的，要考虑上述条件的制约。第二，要考虑高等学校的办学条件，按照北京大学教科所的研究报告，高等学校的人均教学条件是相当紧张的。人均住房面积、人均教学面积、教学仪器设备条件、人均图书量、住宿面积在高等学校里面是相当紧张的，而且条件和设备存在着严重老化问题。特别是一些老学校的水、电相当紧张，而这些问题又不可能分散投资来解决，必须一次到位。哪有这么多钱？要考虑高等学校的实际困难，并努力寻找解决这些问题的办法。一靠投入，二靠改革。高校后勤社会化的改革方面需要迈出更大的步伐。第三，要考虑人民群众想上学的主观需求，但更要考虑社会生产力的状况对高等教育提出的客观需求，只讲人民群众想上学的主观愿望是不行的。我们要考虑社会生产力的状况、水平对人才的需求和就业问题。所以，在考虑发展的问题上，除了考虑人民群众主观需求以外，要更多地考虑社会提出的客观需求，而且从根本意义上讲要以客观需求为依据。我们一方面要满腔热情地积极支持高等教育的发展，另一方面我们要头脑冷静，实事求是，尽力而为，量力而行。

从高等教育发展来说，1992 年以来，高等教育事业的发展总的来讲是比较快的，也是健康的。1989 年的招生规模是 59.7 万，1998 年是 108 万，稳步发展，而且在发展过程中形成了一个正确的思路。这个思路就是坚持规模、结构、质量、效益相协调、相统一的发展思路。以牺牲质量为代价，以结构失调为代价，追求速度的发展，效果是不会好的。这方面的教训和苦果我们已经吃得太多了。但是在某个特定时期对规模、结构、质量、效益强调的重点是可以变化的，在某一个时期可以着重解决某一个方面的问题。在指导思想上要坚持这四个方面的协调和统一，从而使得高等教育既积极又健康地向前发展。所以，在高等教育发展的问题上，要坚持正确的高等教育发展观，积极健康地发展高等教育事业。

三、关于高考改革的进展情况

去年在南宁召开的会议可以说是高考改革的吹风会，今年在武汉召开的会议可以说是高考改革的动员会。全面展开高考改革就是在那个时候开始的，而且教育部已经下发了正式文件，武汉会议可以说就是一个贯彻教育部 3 号文件的会议。从此以后高考改革在各个方面全面展开。在全教会后，今年又召开了珠海会议来贯彻全教会精神，深化高考改革，远清部长参加了会议。对若干重要问题统一了思想，形成了会议纪要并印发各地。这一年来，我们在高考的科目设置、内容改革、考试形式、录取手段改革中，全面展开，操作平衡，开局良好。

关于高考科目设置的改革，今年广东首先进行了“3＋x”高考科目设置的改革试点工作，得到了兄弟省市和高校的支持，广东省的同志们做了艰苦细致的工作，解决了在试点过程中的若干矛盾。总的情况是好的，同时在总结今年高考改革工作的基础上，又提出了深化“3＋x”的改革方案。“3”是指语数外。对于本科层次的学校和参加本科层次的考生来说，“x”等于“2”，一个是限选科目，就是综合能力测试加一个由学校任选的科目。综合科目加进来，使这个方案更加完美。这项工作他们也进行了认真论证，并且与基础教育部门配合得很好。对综合能力测试，最近在考试中心的支持下，搞了模拟的卷子在中学里进行试点，反映比较好。除广东外，山西、吉林、江苏、浙江，对改革方案进行了充分论证，我们也一起参加了集体的讨论，给予他们的方案以肯定，支持他们进行高考改革的试点，并且已经在当地进行了宣传。从得到的反映看，大家也是肯定的，工作的进展是顺利的。

关于高考内容的改革，我们一直强调是新一轮改革的重点，强调更加注重对学生能力和素质的考查。考试的范围遵循教学大纲，但不拘泥于教学大纲，以及在命题方面要增加能力型和应用性题目的份量。考试中心组织的考试专家在今年的命题工作中，应该是体现了改革的要求和方向。今年命题的总体情况是比较好的。语文注重对运用语言能力的考查，基础知识和直接运用更多地结合起来，与现实生活结合起来；也有若干题目把思想性和文学性结合起来。比如说"我爱这片热土"，把爱国主义的思想要求和文学艺术要求结合在一起。特别是作文，评论反映很好。正是由于这篇作文《假如记忆可以移植》，在北京图书大厦引起了科普热，因为不少学生觉得光是死背老师教的东西不够，要学一些课外的东西，要多学一点科普知识。我觉得引起读书热总是个好事。包括上海命题，作文题目叫"开考时刻"，就是写"我"现在进入考场这个时候的心情、想法，比较真实地考核学生的写作能力，使他们觉得有情可抒，有话可讲，有理可论，我觉得这种命题对于引导素质教育有好处。

有些人觉得数学题难了一点，但是我看了做了以后，感觉所谓难一点的问题恰好反映了我们教育方面的弱点。有道题属于轧钢性质的问题，学生就觉得不好做，过一道辊子就减 20%，几道辊子滚下去那是什么结果？如果把这道题说穿了，就是一个"等比级数"的问题，我看大部分考生都会做。从现实问题里提炼出等比级数，在数学里叫建模的训练。这恰好是我们数学教育应该有的一种训练。但是建模的训练长期被忽视，没有这种训练，我觉得高中学完的知识带出去用处不大。当然我们在题目表述这个方面可以做得更好一些，命题专家还可以进一步进行研究，但总的方向是正确的。

物理的卷子第一次出现了证明题。如果单独讲牛顿定律，单独讲动量定律，可能我们的学生也都会，而且还很会解一些题目。但是很多学生都不太知道从牛顿定律到动量定律的推理过程，在物理里牛顿定律是基本的，动量定律是可以通过牛顿定律推导过去的，在教材里有这样的推导，所以设定了一个简单的情况来推导这样一个过程，完全是教材里的内容。重要的是，这是物理的思维训练，也起了一个很好的导向作用。

值得提到的一个例子是广东省对作文的评析。有几名中学生一贯认为自己的作文总是特别好，但这次成绩不高。因此，提出质疑，要求复议。广东省招生考试委员会组织专家进行复议，复议以后的结果认为卷子评分是完全正确的。广东省把考卷和专家的点评一起在报上登出，通栏标题是《应该反思的是我们的教育》，为什么呢？发现这个学生写作文也是有公式的，这就是我们的应试教育在作文答卷上的反映。英语也有这样的例子。广东的做法，我觉得很好，让社会知道，而且以这个方式引导基础教育，应该摆脱应试教育的思想观念，回到素质教育的轨道上来，回到改进教学内容和教学方法上来。

命题的改革也推动了教师更加研究教学。在湖北调研的时候，湖北的同志告诉我，武汉一个特级教师看了题目以后，很有想法。他觉得也要改善知识结构提高自己的水平，否则特级教师也不"特"，弄得不好还可能下岗。这个教师完全是以一种积极的态度对待当前的考试改革。

高考改革的原动力在哪里？在于基础教育全面实施素质教育的迫切要求。高考改革就是要引导中小学更好地实施素质教育。所以，我想今年高考的内容改革取得了很好的成绩。

关于考试形式的改革，也就是一年两次考试的问题，也是高考改革的一个重要方面。我们已经请天津和上海进行了一年两次考试的论证。当然，天津和上海提出的意见更多的还是本科与专科分开考。这方面的工作还要继续做。

录取方式的改革也是高考改革的一个重要方面。今年的进展是非常大的：有10个省市即天津、广西、北京、上海、重庆、辽宁、湖北、四川、云南、福建进行了网上录取的试点工作，参与网上录取的高等学校达到了478所，在网上录取的学生数达到20万人，其中参加远程录取的高等学校是199所，远程录取的学生数是10万。特别可喜的是天津市首次实现了网上远程录取学校数过半，达到了52.7%；网上远程录取学生数达到了67.5%。这确实是全国网上远程录取试点中具有标志性意义的成绩，鼓舞了整个战线的士气，增强了搞好网上录取的信心，意义非常重大。网上远程录取有几个第一：第一个实现网上远程录取的是广西壮族自治区，是在1996年；第一个实现网上远程录取"双过半"的是天津市；网上远程录取超过15000人的有北京、天津、广西、上海；现场计算机录取和远程网上录取最多的是四川省，6万人；四川、广西、天津、上海四个省区市基本上实现了无纸化录取；网上远程录取人数最多的高校是东北大学；远程网上录取占计划数比例最高的是上海交通大学；远程录取占跨省计划比例最高的是北京邮电大学。另外，北京市尽管还没有做到全面实现无纸化录取，但是对于远程网上录取如何做，针对北京市的情况分别了四个类型加以处理，今年的试点工作对于明年开展工作奠定了很好的基础。其它省市也都做了非常好的工作。今年网上远程录取的成绩是非常明显的，也得到了有关领导的充分肯定。周远清副部长在视察天津网上远程录取的时候讲，"我感觉网上远程录取是很大的改革，不仅节省时间、人力、物力，而且更加公正、公平，使我们的高考更加得到社会的信任。另外还会带动其它方面的改革，比如高考录取、组织、制度、方式的改革，为其它方面的改革也创造了良好的条件。这也是CERNET网管中心的最大用户，是现代化管理的一个最大的尝试，促进了高校信息化管理水平的提高。我觉得这是一个非常成功的试点。"他说天津市实现"双过半"在网上远程录取中是具有标志性意义的成绩，网上录取在全国推广有望。韦钰副部长在视察天津网上远程录取的时候讲，网上录取成功的意义是很大的，成绩也很大，应该充分肯定。网上录取是CERNET建立以后成功运用的一个典范。而且还将会促进学生管理的现代化，以及教育管理的信息化。我觉得这是给网上录取工作一个很高的评价。陈至立部长也写了祝贺网上录取初战告捷的批示。所有这些都给了我们以充分的肯定。

今年高考改革的几个方面都取得了明显的成绩。做这些工作的，一方面具有开创性，另一方面工作难度大。还要说一点，我们的高考改革是一个冒着很大风险的事情。搞得不好，考生、家长、社会的反映是会很强烈的。一点点问题都会引起很大的波动，所以我们招生考试战线的同志们，各省市教育行政部门和高校的同志们在这方面不仅说克服了很大的困难，而且说是顶着很大的风险，高兴的是我们做成功了，有了一个良好的开端。所以，高考改革的成绩应该充分地肯定，并坚持接着往前做。

四、当前和今后要抓紧的几项工作

第一项工作是本着尽力而为、量力而行的原则编制好2000年招生计划。这是我们行政部门包括计划部门、教育部门下面的计划分部门，以及我们的学校都要研究的一个问题。国家计委和教育部已经就有关工作发出正式通知，提出了编制2000年招生计划的原则要求，要按照这个文件精神去做。在规模的问题上教育部党组研究过，认为有两条是必须遵循的，第一条是明年的招生规模与今年的招生规模保持稳定，略有增长；第二条是明年高考的录取率和今年持平或略有增长。我还要强调的一条是，要增强大局意识和政治意识。对于招生计划的编制不能只从一个学校或者一个地区来考虑，要顾全大局，要从国家东、中、西部发展的角度做好工作。这是大局，是政治。今年我们的高考录取率已经有很大的增长了。刚才说的是48%，一些地方已经到了70%多，这是相当高的。岚清同志说，如果有些地方都是80%甚至90%，对中学没有一点竞争压力，他都不好好念书了。还要保持一些竞争压力，这也是素质教育的要求。但是我们还有一些西部地区高考录取率比较低，甘肃27.2%、宁夏28.4%、青海和内蒙刚刚30%。我记得去年有8个省市是在30%以下的，今年30%以下的只有两个了。应该说这是成绩。明年做到不再有30%以下的省市区。希望有关地方和高校要给予支持。不能像有些学校一转制就把大量招生计划放在本省市，不愿意拿出来支持西部。我觉得这样做就不好。应该多一些大局意识、政治意识。

第二方面的工作，就是振奋精神，抓住机遇，进一步加大高考改革的力度，全面实施素质教育。在高考改革的四个主要方面要进一步迈开步伐，步子尽可能还要大一点。深化改革、搞好改革，明年还要做得更好。第一是高考科目的改革。广东、山西、吉林、江苏、浙江，已经确立了方案，要精心组织实施。其它二十几个省市，也要加快运作。“3+x”科目设置方案，不可以太晚了。原来我们说三年左右基本实现，大部分省区市在后年进行科目改革，但现在就要运作，明年再做。高中教学怎么办？各地在研制具体方案的过程中，我觉得还是要把握科目改革的基本精神，把握“三个有助于”的指导思想，比如说我们比较多地强调了“3+x”的科目设置改革要给高等学校一定的自主权，让高等学校可以在一定范围选择，反映出学校的特点，打破过去大一统的考试模式，把统一性的要求和灵活性的要求结合起来。我希望对改革方案的编制能够在一开始就考虑得周全一些。从现在就开始做起来。第二是高考内容的改革，在今年的基础上，继续坚持正确的方向，稳步向前推进。“3+2”科目设置条件下所有科目的命题也要按照内容改革的要求去做。像今年做的那样，继续向前引导。对于试点省市的考试科目命题工作如何体现内容改革的要求，要组织命题专家认真去研究，使得内容改革进一步深化。关于一年两次考试的试点工作，我们已经请了两个市进行论证，其它一些地方也在积极地考虑。我想对于这项工作，我们还是要积极地向前推进。当然在研究过程中我们要考虑对于所有考生的公正、公平问题，两次考试是让一些失误的学生还有选择的机会，但并不是要造成很差的学生经过第二次考试考到很高层次的学校去。要考虑为解决少数学生因偶然因素失误的问题，也要考虑社会整体公正、公平。同时，又不造成多数考生负担过重问题。还要考虑给学校一定的自主权，又不能在一个地方造成招生大战，弄得中学无法进行正常教学，不利于中学实施素质教育。还有要跟教育体制的改革配套进行。比如说，我们现在提出的省属专科计划的制定与管理都交给各省市级政府，考试是否可以也由省里组织，省属的专科在省内组织一次考试、录取，可不可以？如果提出来，我们可以考虑批准。但是整体上要保持招生工作有序进行，所以要求各省市制订方案报教育部批准以后再实施。关于进一步做好网上录取工作，我们现在要抓紧运作。网络建设太慢了不行，信息技术的发展速度很快，不抓紧建设就跟不上信息化发展的步伐。所以，要加快这方面发展的步伐。在今年工作的基础上，我们提出的奋斗目标是明年争取做到“三个过半”，即参加网上录取试点的省区市过半，31个省市中至少有16个；参加网上录取的学校数过半，1022所高校中至少达到511所高校参加网上录取工作；网上录取的学生人数过半。在这里需要说明的是，我说的网上录取是计算机网络应用的一个总称，它分成两种方式，一个是远程网上录取，一个是现场网上录取，都是网上录取。3个"过半"的目标确实不轻松。希望有更多的省区市参加，特别是若干个招生大省。招生大省的效果与效益比较好，做起来效益大，此外是边远省区，如西藏、新疆，去一趟太难了，但如果采用网上录取手段以后，就可以解决问题，效益会很高。希望在这方面有更多的省市能够加入，已经试点的十个省市，要更多地向远程网上录取过渡。现场计算机录取形式在当前情况下还是必要的，但是已经试点的几个省市要更多地向远程网上录取发展。高校要有更多地参与，特别是教育部属学校要更积极地参与到网上录取的行列里来。当然跟随这个工作要有相适应的管理，包括招生工作的管理办法或者条例，在新的情况下要加紧进行修订，制订当前环境下适用的管理办法。当前高考改革的四个重要方面要进一步加大改革的力度，以高考改革来进一步推动全教会精神的落实，促进全面实施素质教育。

第三项工作是进一步加强管理。在当前情况下，改革正在向前推进，不完善的环节必然有，而且可能还不少，要靠加强管理来弥补，要靠加强人的觉悟来给予补充。管理是非常重要的，在这个问题上说，越是加强改革，在改革进展的过程中越需要加强管理。对招生考试工作来说，社会特别关注，希望招生考试战线永远是一片绿洲。稍微有点不注意，就会造成社会不公，就会出现很多意见。在这方面我们要认识加强管理的重要性，要防止在当前改革过程中可能出现的管理滑坡，避免忙于改革疏于管理，要用加强管理来弥补我们改革过程中的某些不完善环节。在加强管理上，一些省市已经做了很好的工作，像天津市教育招生考试中心长期加强队伍建设，讲"四个意识"，讲"三严作风"；广西壮族自治区招生考试院加强现代化考场建设，包括使用计算机网络阅卷提高效率，加强公正；北京市向招生工作人员印发招考工作中违纪案例，请大家学习；江苏、湖北等省对招生考试人员做出了纪律规定，印发了文件；许多省对已经发现的招生考试中的违纪现象，进行了严肃处理。所有这些都是好的，应当继续坚持。加强队伍建设，加强招生管理，还要和"三讲"教育结合起来，使招生考试的管理工作在新的条件下达到新的水平。

1999年我们取得的成绩确实是很大的，但是进一步推动高考招生制度改革的任务相当繁重，相当艰难，我们应当振奋精神，同舟共济，努力奋斗，力争把高校招生考试制度的改革提高到一个新的水平。

教育部考试中心主任杨学为在自学考试开考高职专业试验工作汇报会上的讲话

1999年5月27日

我认为这是件很好的事情。前年，乔主任给我打电话说要进行这方面的试验，我当时感到这可能会开辟自考的另一个大的发展方向，所以我表示积极的支持。但是到底怎么做我也搞不太清楚。听了上午各位老师特别是乡镇企业局两位领导的发言，我很有感触，认识到自学考试进行职业教育是社会的迫切需要。中专生毕业了，他们需要继续学习；职高生毕业了，也需要继续学习。从教育内部来说，也需要发展高等职业教育。办一所大学谈何容易，自考应该发挥自己的作用，所以社会需要没有问题。这应该是我们办教育的目的。长期以来到底为什么要办教育，或者学生上学的目的是什么，好像是已经非常清楚了，其实不然。早些年我跟建军一起去英国，发现英国的教育就是为就业而进行的，学生学习的目的非常清楚，就是全心全意为了工作念书。不像在中国，中国念书的目的是为了拿一本科证书或者什么证书，当国家干部。对什么干部英国他不管，非常地不一样。回来之后给当时的部领导写了一个感想，他们都有批示。我感到这好像还是个事儿，我自己的感受领导也还挺注意。所以，把社会需要作为我们自学考试的目的，这应该是非常明确的一件事情，天津做这个事情毫无疑问是对的。

自学考试进行高职教育意义重大。既然是社会需要，那么社会意义就很大；对教育的意义很大，对自考的意义也很大。对自考来说，这既是一个很大的挑战，也是我们发展的一个很好的机会。如果说普通高等学校那边限制的还比较厉害，正好给我们腾出个空间。不说都并轨了吗？都并轨了正好就给我们开了条轨，这应该说是自考发展的一个契机。但是职业教育和自考的那些专业不一样，那些专业全国通用性比较强、学术性比较强，应该说那些专业基本上是要给没有机会上大学的那些人一个获得相当于大学等值文凭的机会，有点像普通高等学校。如果办高职，应该是个性比较强，地方的作用比较强，行业作用比较强，这样的话对自考来说等于是另外一个发展方向。明达同志懂自考，又长期搞职业教育，肯定会在这方面有更深刻的阐述。经过多年的专业调整，我们把专业基本规范了。现在要发展的天津试点，浙江、江苏面向农村的试点，还有我们与司法部、公安部、林业局、机械公用学会这几个行业要搞的合作，应该是自考发展的新的方向，所以对自考来说也应该有很大的意义。但是自考搞职业教育有长处，也有短处。它的长处就是它在两个方面是开放的：首先是对一切资源开放。不管你是南开也好，是天大也好，是商学院也好，谁的资源我都可以通过自学考试制度把你拢集起来，用不着申办什么学校，盖房子，老师也没有编制，更不用管养老，要办就办，说不办了就算了。刚才说国家也都很强调要办高等职业教育，但是非常难，甚至比办一所普通高等学校都难。自考就没有这些困难。刚才老师们说现在高等学校里面教育资源还是有富余的，自学考试正好可以把这些所有富余的资源都集中起来，这是一个长处。另外一个长处，就是它对所有的学生又是开放的。那些中专生、职高生、普通高中毕业生谁来都可以，不像普通高等学校，如果不是普通高中毕业就不能去考。尽管说中专也可以去考，职高也可以去考，但事实上不可能考上。只有普通高中毕业，而且重点校的可能性比较大，一般学校的可能性很小。由竞争造成的限制是很厉害的。但是对自考来说就没有这些。自考开职教对职业高中毕业生来说特别需要，职业高中大多数人没有机会上普通高等学校，那么他们职业高中毕业就成为一个终结性的教育，这是不公平的。从这些学生出发，我们能开辟这个路子对他们也是一件好事。这都是自考的长处。还有就是可以面向乡镇企业，这是我前年去无锡时感到的。乡镇企业干部都是人家乡镇的人当的，他不能离开那个岗位，经理他不能让别人来当，就得他自己当。可是他需要充电，需要学习，又不能离开那把椅子，他离开这把椅子企业就不能办，他回来又没位儿了。既要学习，又不能离开，最适合的就是自考，这个优越性是任何一种教育形式都代替不了的。这两个开放，都使自学考试大有作为，可以发挥自己的长处。我相信从这两个开放出发，自学考试在办教育方面应该做出很大的贡献。但是自学考试也有致命的弱点。自学考试按照原来咱们的理解，这10多年来发展起来的模式是学生自己在家里学。最好学数学，像陈景润，不管在哪儿，有一个纸头儿，一只笔头儿，就研究起什么“猜想”。自学考试原来自己学习也还是可以的。但是搞职业教育完全不是这么一回事儿，它需要师傅，需要老师，需要实践的环节。无论是学习、实习，还是实践的考试，这都是过去我们自学考试最薄弱的地方。现在职业教育就是拣这个最薄弱处去发展，这是最大的问题。如果前面两个开放是自学考试最大的长处，是别的教育形式都不可比拟的长处的话，那么后面的这个弱点就是自考最大的弱点，比其他任何教育形式都短的弱点。我觉得这是很大的一个难处，是不好办的问题。如果说把职业教育作为我们一个新的发展方向的话，这个问题需要我们所有干自考的人去努力，需要我们去创造性地解决。如果我们把这个问题解决了，在这方面积累了经验，那么自学考试就开辟了新的天地了。如果说走不通，最后失败了，也没关系，证明本来就不能干这件事，以后也不用考虑了。不过，我相信现在还是有路可走的，这就是天津试验的意义。

我记得刚开始跟乔主任打电话的时候，我就说出路大概在于和行业的合作。我看咱们的很多论证报告里面叫“产教合作”。普通高等学校里面有“产学合作”这种形式。我们跟几个部门如司法部、公安部在探讨一种“产学合作”的方式，如果按照这个思路去考虑的话，开放到行业里去，是一种新的合作的模式，就可弥补自考的弱点，发挥自考的长处。我刚才非常粗略地翻了一下这些论证报告，几乎都有这个特点，这是自学考试搞职业教育的试验能够成功的最基本的可能。如果不走这个路子，还按原来办普通高校教育那种模式，自学考试搞职业教育是必败无疑的。应该说这是一个最基本的方式。之所以说它是一个最基本的方式，有以下几点：一是在培养目标、课程结构这些方面，自考部门主要是依靠行业，依靠用人部门来决定。如果咱们是“卖”学生的话，人家是“买”的，得听人家的。不是我们说你应该怎么样，而是咱们听人家说想要什么。反过来说，我们原来也不是就想诚心诚意害人家。但是我们脑子里有一些专业的模式呀，知识的结构呀，有一些原来普通高等学校那些框框，容易受这些框框的限制。在培养目标上、课程计划上，先有能力结构，然后再有课程计划，体现了我们目前一种新的教育观念。这些方面主要是靠用人部门。在助学和考试这两个方面也都要依靠行业。这里所谓的行业包括有些助学单位。特别是在实践环节上，刚才很多学校的论证提到自学考试在实践环节上多依靠部门。课程的模式，刚才乡镇企业局的局长和处长都说了叫做“8＋x”模块式。共用的是通用的，就像一棵树，在这个基础上有可能往上长各种各样的杈，这样更适合学习。这种模式的结构，还有多种证书的考试都体现了一种合作。从劳动局那儿拿证书，这对学生来说也很好，他就业的门路就多了，这体现了行业的需要，体现着产学合作和行业合作。我用“合作”这个词是指要在很大程度上依靠行业。但合作也不是说我们自考部门就无所作为了，在考试上、在发证上要进行把关。作为一个归口管教育的部门，在质量控制上还要对考生负责、对行业负责、对国家负责。要适应这种产学合作，对我们来说要转变教育思想、观念。很多老师都说过我们国家教育传统里有笔试职业教育的弱点。自考办职业教育也可能遇到这方面的问题，所以教育思想要变化。自学考试过去基本上都是以笔试为主的，实践环节是不很完善的。职业教育很大程度上是实践环节的考核。说你会炒菜，通过了很多笔试，会炒各种各样的菜，但是炒出来之后呢？谁都不能吃，因为没有操作技能，开这样的饭店非垮台不可。第二，在考试方法上有很大的变化。刚才广东自考办的同志说开始的规模多大，可能也是个问题。不是说我们不希望大，在试点的时候由于在具体环节上的限制，很可能大了不能把握质量。把握质量需要教育思想、教育方法都有一个转变，现在我自己思想里没有好好解决的问题就是质量。刚才乔主任说了质量，一方面我们要防止普通高等学校完全学术型的那种质量观点，他们偏重于学术，我们就要和它不一样。水平上他们有博士、硕士、本科、专科明确的标准，我们跟它也不应该一样。如果我们达不到那个形式或者跟那个不一样，就说我们降低标准了，就说你根本不是大专，根本不是高等教育，这个观点也是不对的。但是另外一方面，到底什么是职业教育的大专水平？孙明是专家，孙明这次来了之后提建议，说得特内行，比我们原来自考的人都内行。质量倒不在于有一个什么样的知识结构。具备哪些方面的能力，比如炒菜需要什么样的能力，做衣服需要什么样的能力，这个横的方面、结构的方面容易解决。不好解决的是纵向的水平，职业教育里什么是中专？什么是大专？以后也得有博士，也不能说职业教育就没有博士了。纵向的水平是需要探讨的，这个也不是咱们一家就能解决的。发了个大专证书，实际只有中专水平，重复了中专干过的那些事情，然后自己还挺高兴，这也不好，你不想降低水平，实际上也降低了水平，这个倒可以说是值得认真研究的问题。

总之，刚才建军也说，我们教育部自考办非常希望天津的试验能够取得成功。这对我们来说这儿也有个转变观念的问题，需要一副眼镜来看世界、看自考。为了这件事情，我们愿意在各方面尽我们的能力给予帮助。

教育部考试中心副主任王建军在自学考试开考高职专业试验工作汇报会上的讲话

1999 年 5 月 27 日

天津市进行的高等教育自学考试新职业技术专业试验，我接触已经很长时间了，最先开始是在长春，乔主任和占伦处长就提出来要做这个事情。今年我们几次到天津，都快成了热线了。天津做这件事情态度非常的积极，而且工作也非常地严谨，所做的这样一些工作很有意义，工作作风也非常值得我们全国考办学习。这次来一是了解情况，更重要的是学习，了解一下高等职业教育到底应该怎么办？什么是高职？高职的一些特点是什么？自学考试如何办高职？在这些方面我们要上课，要重学。同时，也要学习天津市自考办和在座的各个学校从事这项工作的一些工作方法和工作态度。天津在做这件事情的时候，据我们所知首先是收集国外有关职业教育的各种各样的资料，先反复地学习。第二件工作就是深入到实际当中去调查研究。在座的同志们，还有一些企业，包括一些行业，都做了大量的调查研究。第三件工作是在调研的基础上，根据社会的需要，组织专家进行了论证。这种工作方法、严谨的工作态度非常值得学习，也值得提倡。所做的开考职业教育的论证，对自学考试的人才培养模式和专业的建设也很有建设性的作用。

天津在做这件事情上有几个特点：一是在培养方式上采取了“三结合”的方式，企业、学校和考试部门三结合。从考试的方式来看，也是三结合，笔试、上机考试，还有实践性的一些考试，当中还包括一些大的作业，等等。还有一个三结合，是证书方面的三结合——自学考试的证书，职业技能方面的证书，再有一个是社会证书。我大概翻了一下这里边的一些考试计划，这几个三结合使高等教育、职业技术教育走出了一种新的模式。这种模式对自学考试的人才培养模式，从长远来看有非常好的预见作用。对这样一种创造性的劳动，全国考办要尊重。尊重天津市考办、尊重各位专家在做这件事情中所付出的创造性劳动。这种经验，这种好的工作方式，我们全国都要很好地提倡、很好地学习。当然大家所提到的问题，包括一些专业可能跟过去自考的一些现有专业是不一样的，课程的设置、课程的内容是有不同的，等等。既然是一种新的模式，我觉得这种不同应该是允许的。如果还和原来一模一样，走的还是原来的路子，我觉得就没有必要再搞试点。所以，全国考办要尊重这种创造性的劳动、这种创造的精神。

乔丽娟同志在1999年天津市高等学校中等专业学校招生委员会、高等教育自学考试委员会第一次(扩大)会议上的讲话

1999年4月21日

各位委员、同志们：

今天是两委调整后的第一次会议，我代表天津教育招生考试战线上的广大干部职工，对大家在百忙之中挤出时间，对我市招生考试工作进行专门的研究和讨论，表示热烈的欢迎和衷心的感谢。

下面，我就1999年全国有关招生考试工作会议精神以及今年我市招生考试工作意见、安排向会议汇报如下：

一、研究生招生工作

1999年4月2日—5日，全国研究生招生工作会议在杭州召开，对今年的研究生录取工作进行了部署。会议强调，录取工作仍继续坚持按需招生，德智体全面衡量、择优录取、保证质量、宁缺毋滥的原则。加强领导，严格纪律，保证录取质量。

1999年研究生报名工作于去年11月中旬进行，我市报名人数为7277人，比1998年增加956人。其中报考本市高等院校的有5555人，报考外地高校和科研单位的有1722人。今年全国各地报考天津市研究生招生单位的考生达到9374人，比去年增加1373人，增长17.2%。

今年报考MBA的考生人数为1046人，占考生总数的11.15%，占非应届生数的21.84%，比1998年的885人增加161人。

今年全国硕士研究生招生规模为65720人，比1998年增长19.4%。由于我市从1998年开始承担教育部高考录取方式改革(网上录取)的试点工作，因此教育部在招生计划上对我市又给予政策倾斜，在增加我市研究生招生计划337人的基础上，又增加了50个硕士生招生规模，1999年正式下达的硕士研究生招生规模达到2113人，比1998年增长22.4%。

为保证招生质量，减少环节，提高工作效率，对教育部规定由省市招办审批的线下生录取问题，作如下规定：

各招生单位的录取人数一般不得超过国家下达的硕士生招生规模。其中，录取统考线下生的人数一般不得超过本单位招生规模数的5%。若按此比例录取统考线下生后仍达不到本单位国家计划招生数的单位，可在保证质量的前提下，再适当录取一些统考线下生，但录取总数不得高于国家计划数。其他拟超过该比例的，以及考生成绩总分低于310分、单科成绩低于40分的，须报市招办审批。

根据教育部扩大免试保送生单位的规定，明年我市拟增加天津音乐学院、中医学院招收免试保送生。

二、普通高等学校招生工作

教育部《面向21世纪教育振兴行动计划》和《关于进一步深化普通高校招生考试制度改革

的意见》的实施，标志着普通高校招生考试新一轮改革已拉开了序幕。高考改革将在四个方面展开：一是高考科目设置改革。用三年左右时间推行“3+x”科目设置方案。二是高考内容的改革。总体上将更加注重考生能力和素质的考查。三是高考形式的改革。现行一次统考的形式暂时不变。积极探索一年两次考试的方案。四是录取方式的改革。重点是实施计算机网上录取。2001 基本建成全国招生网上录取系统。

1999 年 3 月 12—16 日，教育部在武汉召开了全国普通高校招生管理工作暨 1999 年招生工作会议，对今年的招生工作进行了部署。

今年改革的主要举措：一是以新的管理模式、新的运行机制试办高等职业技术教育。今年全国拿出 10 万名计划在北京、天津等 15 个省市试行用于招收与现行管理办法有所不同的高等职业技术教育的考生。二是进一步扩大招生院校的自主权。教育部直属高校和进入“211 工程”的中央部门院校(共 78 所)试行 2%的招生计划调节权。三是进一步完善保送制度。对保送生进行综合能力测试，测试成绩作为录取与否的重要依据。四是增加网上录取试点省市，天津网上录取实现“双过半”。五是广东率先实行“3+x”的科目设置改革。同时扩大试点范围，增加山西、江苏、浙江、吉林四个省在 2000 年实施科目设置改革。六是面向全社会公开征集高考试题。七是增加透明度，加强社会监督。

总的要求：一是进一步统一思想，提高对高考改革必要性和紧迫性的认识，自觉地、积极地投身改革。二是准确把握高考改革的精神，积极推进素质教育。三是制定积极稳妥的实施方案。加强领导，强化宣传，争取社会支持。四是加强管理，提高招生工作质量。

今年我市普通高校招生总体形势好，可用“招生计划增幅大，生源增幅大，录取比例有较大提高”概括：

今年我市总计划初步落实为 19740 人(不包括新高职计划)。

从招生院校的归属看，教育部属院校计划草案落实在我市的约为 5660 人；预计本市市属院校计划投放约 11000 人；划转地方管理的 9 个原中央部委院校的计划约 800 人；军队院校计划约 350 人；外省市地方院校计划约 700 人，部委院校保送生约 100 人，电大普通班计划约 1130 人。

以新的管理模式、新的运行机制试办的新高职招生计划为 4800 人，其中 3300 人用于招收全国统考考生。

据各区、县招生办公室预测，今年我市应届高中毕业生约 28350 人，往届生约 6600 人，共约 34950 人，比去年增加 4200 余人。

据此分析，我市招生比例约为 1:1.52。总的招生形势是好的，录取比例呈上升趋势。

按照“深化改革，科学管理，知难而进，开拓创新”的基本思路，1999 年我市普通高校招生将进行四项重点改革。

(一)网上录取工作要取得突破性进展。

普通高校招生要扩大网上远程录取的试点范围，实现远程录取“双过半”，即参加录取的学校过半，力争 150 所左右高校实现远程录取；录取新生过半，录取人数力争突破 10000 人。现场录取利用局域网进行网上录取，充分利用电子档案等信息资源，基本实现无纸化录取。

(二)全力做好以新模式、新机制试办的高职招生工作。

新高职教育是我国发展高等教育事业具有战略意义的重大举措，是一项重大的制度性创新，做好新高职招生工作意义重大。

(三)对保送生进行统一测试。

按照教育部文件的部署,今年我市对所有推荐的保送生进行综合能力测试,测试成绩作为是否录取的重要依据。

(四)做好2000年新教材单独考试的准备工作。

今年我市高考考生参加“3+2”考试,使用全国统考卷。2000年我市仍实行现行的“3+2”考试科目,依据两省一市新教材命题,应、往届生均使用按新教材命题的试卷(单独卷)。考虑到借读生的特殊性,具有我市户籍在外省市借读的应届生(知青子女)仍使用全国统考试卷(全国卷)。届时,使用单独卷、全国卷考生的录取分数线将分别划定。

为保证我市普通高校招生改革成功,拟采取的措施有:

第一,精心组织,确保网上录取“双过半”。

(1)我中心于1月发出商请院校网上远程录取函157封(不含坐落本市院校),截至3月20日统计,同意参加网上远程录取院校132所,共计168所次。各招生院校对网上录取表现出极大的热情。

(2)软件的开发工作进展基本顺利。拟在4月下旬参加由教育部召开的7个试点省市及12所试点高校网上录取工作会议后,与清华大学等单位进行模拟运行。5月中旬对天津市试点院校进行培训,5月20日对外省市试点院校进行培训,并将用户软件及手册发送各招生院校,在此基础上与参加网上录取院校进行首次联通。在6月中下旬进行第2次联通。在正式录取前,再与市招考中心的局域网连接试运行,以确保网上录取的顺利实施。

(3)为了压缩考生基本信息量,今年采取计算机化报名,由各中学及报名点将考生信息直接输入计算机,形成字符型报名表。报名软件的编制及培训工作已经完成。同时,对全市所有考生进行电子摄像。目前,第一批摄像工作已基本完成。

(4)录取现场设在考试中心院内,目前,双电源和中心局域网络正在落实和实施之中。要加强录取现场的管理,限制非录取工作人员进入现场,减少外界干扰。

(5)为保证志愿信息的准确,考生志愿采取表、卡合一的办法。

(6)抓紧制定网上录取实施细则。

第二,加强管理,完成新高职招生计划。

(1)招生计划4800人,其中3300人左右招收参加高考的统考生,1500人左右招收中等专业学校、职业学校和重点技工学校的应届毕业生。举办新高职教育试点院校有20所,其中,普通高校11所,成人高校9所。

(2)参加全国统考的高考考生,填报新高职院校志愿的时间在7月10—15日,与其他普通高校志愿一同填报。“三校生”考试由市招办组织,考试科目为4科,其中,数学、语文、外语,市招办统一命题,专业基础课由招生院校命题。考生在5月20日报名,填报志愿。考试时间为7月7—9日。

(3)阅卷工作由市招办组织,统一进行;专业课由学校负责,允许考生查分。高考考生和“三校生”分别划线。

(4)按照教育部意见,录取批次在普通专科录取后,单列一个批次(专科二批)进行。我市安排在国家指令性计划招生以后录取,时间大体在8月下旬。

第三,严格标准,严密程序,做好保送生综合测试工作。

(1)推荐保送条件不变,部委属院校为5A4B,师范院校为3A6B;部委属院校为等额推荐,师范院校为差额推荐。

(2)审核程序进行调整,由考生所在区县教委和招办进行审核,市招办审批。

(3)综合测试由天津师范大学具体组织,并负责阅卷。

(4)鉴于我市的情况,市招办不统一划线,只将成绩提供给院校,由院校确定是否录取。

第四,以科学管理为主线,不断完善招生政策。

坚持和完善A、B类重点和随重点院校的划分办法,录取批次不变。即:提前录取院校;重点及随重点录取院校(A、B类);一般本科院校;专科一批院校(含本科院校专科班、广播电视大学专科班);专科二批院校(新高职)。录取结束时间为9月上旬。

坚持各种政策照顾,推进素质教育。德育考核和照顾办法不变。农、林、水、地、矿、油及师范院校的录取办法不变。继续执行鼓励考生报考外地院校政策。完善艺术、体育特长生的招生办法。所有英语考生均参加听力测试。

三、成人高等学校招生工作

1999全国各类成人高校招生工作会议于1998年12月20—22日在昆明召开。会议明确了在教育部机构调整以后,成人高等学历教育将继续保持健康发展的势头。会议提出了1999年全国各类成人高校招生"稳中求改、稳中求进"的指导思想,修改了《招生规定》,确定了1999年的招生政策和办法,下达了跨省、区、市的招生计划。

1999年各类成人高校在津计划招生18342人,比去年增加786人,增长4.5%。

截止到目前的统计,各类成人高校招生报名人数达58384人,比去年增加5533人,增长10.5%。

高中起点本专科(含高职班)招生计划(15258)与报名人数(49718)之比为:1:3.26。

专科起点本科招生计划(3084)与报名人数(8666)之比为:1:2.81。

高中起点本专科计划中高职班招生计划(3125)与报名人数(14651)之比为:1:4.69。

根据全国会议精神,结合我市情况,今年我市各类成人高校招生考试改革推出的措施有:

一是简化报名手续和条件。考生持身份证和有关证件即可报名。师范类专升本不再限制教龄和行政干龄。

二是非师范类专升本专业课考试权下放。教育部不再组织统一命题和考试。

三是原则上不再办理资格生。

四是简化照顾加分政策。区县局以上级别先进、军警三等功荣立者、归侨子女、台湾省籍考生、烈士子女、少数民族聚居地区的少数民族、25周岁以上考生、报考艰苦行业专业考生照顾加分30分,散居在汉族聚居地区的少数民族考生和预考达到一定分数者照顾加分15分。

五是继续深化其他几项招生改革。①高职班继续招收应届中职毕业生和社会青年,招生计划有所增加;②下岗职工高职试点班扩大试点范围,在11所高校的12个专业进行,计划招生240人;③调整专业能力考试改革的试点范围;④缩小专业证书接学历的试点范围。

六是进行网上录取的试点。今年选择市内10所成人高校进行网上录取的试点工作,为明年成人高校招生大面积采用网上录取模式积累经验。

四、中等专业学校招生工作

今年我市初三在校生总数为130000人,参与高中阶段分流的人数为124460人。普通中专计划招生22500人,成人中专"普通班"计划招生3500人。两类中专计划招生数占分流人数的20.89%。

一是改变以往对生源地区不加限制的做法，利用生源地区这一杠杆加强调控，减少生源流失。对历年来计划完成较好、组织生源积极性较高的区县，适当增加招生计划。区县所属普通中专学校一般不再跨区县招生。

二是加大中专学校办学、教学、就业方面优势的宣传力度。

三是改革体育特长生招生办法，扩大招生学校的自主权。对在市、县级运动会取得一定名次，升学总分达到360分的考生，采取由招生学校测试、推荐，市教育招生考试中心审查，学校录取的办法。

四是继续做好计算机辅助录取工作，加快录取速度，提高工作效率。

五、高等教育自学考试工作

1999年3月30日—4月2日，全国考办年度工作会议在京召开。会议分析研究了自学考试面临的形势和任务，部署了1999—2000年的重点工作。会议还安排天津市教育招生考试中心作关于加强机构和队伍建设的重点发言。

1999年我市自学考试工作的重点是：贯彻落实《高教法》，以全面提高质量为核心，进一步完善自学考试制度，实现全国考委《自考改革与发展规划》中的有关目标，为提高我市劳动者素质，促进经济发展和社会进步做出新贡献。

1. 学习、宣传、贯彻《高等教育法》

今年是《高教法》实施第一年。《高教法》明确了自学考试在我国高等教育体系中的地位，为自考的改革和发展提供了法律依据。自考是高等教育的一种基本制度，要继续改革完善自学考试制度，坚持依法治考，加强宣传工作，提高社会对自学考试在“科教兴国”战略中的重要性的认识。

2. 开考高等职业技术专业

经过努力本市已成为全国自学考试高等职业技术专业实验区。目前实验方案已上报全国考办，并获得正式批准。试点专业的正式论证即将全面开始。考试大纲、教材的编制任务十分繁重。命题、助学和考核等方面都提出了许多问题，我们要以改革、进取的精神和科学、审慎的态度积极做好这项工作，争取今年开考首批试验专业。同时在专业设计和实践考核两个国家科研课题方面取得进展。

3. 积极推进面向农村开考工作，为我市率先实现农业现代化服务。

今年力争面向农村开考“农业综合生产技术”和“乡镇企业管理”2个专业6个专业方向，并建立起相应的社会助学网络。

4. 继续做好专业调整工作

按照教育部颁布的自学考试《专业目录》和《专业基本规范》，在去年专业清理和初步规范的基础上，今年4月份提出具体的专业调整实施方案，并逐步实现平稳过渡。与此同时，继续做好试题库建设。另外，计算机题库管理研究课题也要取得阶段性成果。

5. 全面贯彻德育方针，加强改进德育工作

自考作为高等教育的组成部分，必须认真、全面贯彻教育方针，使自考生树立起坚定的社会主义信念，全面提高自身素质。

依据全国考办政治课改革的方案，年初制订我市落实办法，从现在起开始宣传，明年上半年启动，自明年10月份考试时起，所有专业均按照改革后的公共政治课程安排考试。贯彻落实全国考委《在社会助学中加强德育工作的意见》，制订我市实施办法。继续进行关于自考生德育

工作的科研课题。出台《天津市高等教育自学考试奖励办法》。

6. 进一步实现考务科学管理

全面推行、完善自助报名系统。实现考务、考籍管理全面计算机化。系统培训区县考办管理人员。改进考试和阅卷巡检工作。规范考点建设。

7. 积极开展社会助学指导、监督,促进社会助学蓬勃开展

与教委成教处协商,制订《自学考试社会助学评估办法》。年内对90家注册助学单位进行普检,对部分助学单位进行评估试点。对高职专业的社会助学实行全方位管理,并进行新的助学体制的探索。启动并逐渐完善自学考试答疑网络。举办首届自考生文艺会演。

5月至8月开展以面向农村为重点的社会宣传活动。

4月和10月举办两次全市性咨询大会。

8. 拓展自学考试功能

做好与英国剑桥大学考试委员会合作的金融管理、商务管理二个专业的开考工作。探索与电视大学合作的新途径。做好全国公共英语等级考试体系(PETS)试点工作。试行计算机应用基础课程的无纸笔考试。探索自学考试与劳动技能鉴定和从业资格考试互通的途径。举行自学考试理论研讨会。

第四季度对优秀考生、先进工作人员、先进主考学校、先进助学单位和先进考点进行奖励。

六、保证措施

为保证以上各级各类招生考试工作的顺利推进、各项招生考试任务的圆满完成,今年我中心拟采取以下基本措施:

(1)加大宣传力度,增强透明度。一是利用各种媒体,加大招生考试政策和招生考试信息的宣传力度,深入开展“让群众明白活动”和“政务公开活动”,切实让群众了解招生考试政策,熟悉招生考试工作程序。二是继续坚持行之有效的“八公开”、“四监督”、“一允许”的政策。三是在《天津教育报》上公布享受政策照顾考生名单、保送生名单、考生录取名单,接受群众的质疑和举报,凡发现弄虚作假者,将严肃处理。四是利用电视台、声讯台播出录取情况和录取名单。五是建立教育招生考试公众信息服务系统,公布考试中心网址,考生可通过网络查询招生考试政策、信息。

(2)完善监督制约机制,约束招生考试行为。一是进一步完善“在监督中服务,在服务中监督”的纪检监察工作模式,探索在信息化形势下的新路子。二是完善信访工作制度,自觉接受人民信访的监督。三是严格执行有关规定,严肃招生考试工作纪律,完善制约机制,加强内部监督。

(3)积极推进考务管理现代化,严肃考风考纪。推进考务管理的现代化是提高工作效率,保证公平、公正的重要措施。今年我中心拟采取的措施有:一是考生全部由市教育招生考试中心统一进行电子摄像,并据此制作考生的电子档案和考生证件。二是采用带有防伪标记的考生证。三是继续进行电视监控考场的试点。四是加强巡考督检力量,加大巡检力度。五是针对考生今年类型多、人数增长大这一特点,要有针对性地抓好招考队伍、考试基地、阅卷基地建设,规范岗位职责,规范管理制度,规范工作标准,严肃考风考纪,严肃处理舞弊行为。

(4)加强队伍建设,提高队伍综合素质。一是强化“四个意识”(政治意识、全局意识、服务意识、自律意识)、“三严作风”(严格的管理、严谨的作风、严肃的态度),提高队伍的思想政治素质。二是加强招生考试队伍的培训力度,提高招生考试工作人员的业务素质,学习招生考试改

革的方针政策，特别是计算机及其网络知识，以适应招生考试管理手段现代化的需要。

(5)解放思想，转变观念，积极适应教育改革和发展的新形势。一是以邓小平理论为指导，提高对深化招生考试改革必要性和紧迫性的认识，自觉地、积极地投身改革。制定积极稳妥的实施方案，大力推进我市的招生考试改革。二是逐步建立以计算机技术和网络技术为支撑、以电子信息流转为核心的全新的招生考试管理模式。三是淡化“权力意识”，强化“服务意识”、“责任意识”，维护考生合法权益。这是在新形势下做好招生考试工作的一个重要的思想基础和前提。

综　述

招生考试工作概况

1999年，在市委、市政府和上级机关的领导下，天津市教育招生考试中心奋力拼搏，开拓进取，在招生考试工作上取得重要进展。

高校招生网上远程录取实现“双过半”。在1998年成功地进行了普通高校招生网上录取试点的基础上，1999年我市又进一步扩大了试点范围，全国313所在津招生的普通高校全部实现了网上录取。其中：远程录取实现了“双过半”的目标；来津现场招生的院校通过市教育招生考试中心的内部局域网也全部采用了计算机网上录取模式，基本实现了录取过程的无纸化。

高等教育自学考试取得重要突破。1999年4月15日，全国高等教育自学考试指导委员会批准天津市进行高等职业教育自学考试的试点工作。经过近两年的论证，首批拟定的12个试验专业为：应用电子技术、计算机技术与应用、电算会计、饭店管理、乡镇企业经营管理、机械制造与自动化、针灸推拿、服装设计、工程造价管理、建筑设计、农业综合技术、视觉传达设计。

深化各级各类招生考试改革。一是圆满完成以新的运行机制和新的管理模式试办高职专业院校的首次招生任务，共录取新生6656人，其中，录取普通高中考生5204人，“三校生”(中专、职高、技校)1452人。二是保送生制度改革获得成功。按照教育部的统一部署，1999年我市对保送生进行了综合能力测试，参加测试的保送生163人(获全国中学生学科奥林匹克赛区一等奖的学生除外)。这项改革的成功，将使保送生制度兴利除弊，进入更加公正、健康运转的轨道。三是成人招生考试工作完善了复习迎考体系，继续进行“下岗职工高职班”的试点工作，深化了高职班招生改革。四是中专招生工作首次进行了郊县考生预报到的措施，利用机读卡采集数据信息，加大了生源调剂的力度，使招生工作在非常严峻的形势面前，仍然保持了高效有序的招生局面。

社会考试发展强劲。1999年，本市开考了全国计算机等级考试、剑桥少儿英语学习系统培训考试、全国公共英语等级考试、全国计算机应用技术证书考试、全国证券从业资格考试五种社会考试项目。其中：全国计算机等级考试全年报考人数56625人次；剑桥少儿英语学习培训考试全年共培训学员11200人次；全国外语等级考试全市共有3757人参加(1—4级)考试，1884人考试合格取得证书；全国计算机应用技术证书考试全年报考10000余人；全国证券从业资格考试共573名考生参加了考试。

组考工作上了一个台阶，考风考纪明显好转。1999年，市教育招生考试中心进一步加强了考务管理和考风考纪建设。普通高校招生考试继续保持良好的考场纪律和考试秩序。自学考试考风考纪有了明显提高。成人高校招生考试的组织和管理更加科学、严密、规范，各环节的工作质量都上了一个新台阶。一是考生违纪率由1998年的0.41％降至0.30％，大大低于全国平均违纪率；二是试卷装订差错率0.59％，基本消除了试卷装订错误对考试工作的不良影响。

加强和改进宣传工作。1999年，对宣传工作的思路重新做了调整，努力加大为考生服务的力度：一是由天津教育报刊社独立编辑和发行《天津教育报·招生考试专刊》。报社为此专门成立了编辑部，加强了人力、物力的投入和技术上的支持，报纸信息量和稿件质量都有很大提高，版面、美术设计等方面也有了很大进步。二是《天津日报》、《今晚报》等媒体加大了对招生考试工作报道的力度和深度。三是在各类招生考试中开展了声讯服务项目，方便考生查询招生政策和各种考生信息；四是进一步加强了与广播电视等媒体的合作，以群众喜闻乐见的形式报道招生考试工作，宣传招生考试政策；五是进一步办好招生考试大型咨询服务活动。招生考试的宣传工作形成了多层次、多渠道和立体、纵深的宣传格局，受到广大考生和社会各界的欢迎。

狠抓党风廉政建设，确保招生公平公正。1999 年，面对招生考试信息化的新形势，市教育招生考试中心坚持“两手抓、两手都要硬”的工作方针，下大力气狠抓党风廉政建设，确保招生公平、公正。一是全面实行党风廉政责任制，层层签订责任书，落实党风廉政建设的职责和任务。二是针对招生考试形势的变化，进一步完善了“八公开”、“四监督”的规定，严格招生考试工作纪律。三是开发普通高校招生纪检监察子系统，实现在网上对招生录取工作进行全过程监督。四是深入开展以“讲学习、讲政治、讲正气”为主要内容的党风党性教育。根据招生考试工作的需要，1998 年底至 1999 年初，市教育招生考试中心在内部集中开展了两个多月的“三讲”教育，大大提高了招生考试队伍的素质，为保证 1999 年招生考试的健康运行起到了重要保证作用。1999 年 10 月初至 12 月底，根据市委的统一部署，作为第二批开展“三讲”教育的单位，市招考中心在处级以上干部中深入开展了以“讲学习、讲政治、讲正气”为主要内容的党风党性教育，进一步提高了领导干部讲学习、讲政治、讲正气的自觉性，在市招考中心内部形成了讲学习、讲政治、讲正气的良好氛围。

撰稿：孔　超　审稿：刘红军

普通高校招生考试

【概况】 1999 年我市普通高校招生工作按照“深化改革，科学管理，迎难而上，开拓创新”的基本思路，积极推进招生改革，圆满完成各项招生录取任务，取得比较好的成绩。1999 年全国 313 所普通高校在津实际录取新生 28064 人，比去年增招 10508 人，录取率为 79.06%。增招幅度和录取率在全国各省市中均处于前列。

【网上远程录取实现“双过半”】 “录取方式改革”是教育部新一轮高考改革的四项内容之一。教育部 1999 年 3 号文件确定：录取方式改革的重点是实施计算机网上录取；要在 2001 年基本建成全国高校招生网上录取系统。作为教育部的试点，1998 年天津市网上远程录取获得了初步成功。在教育部及天津市委、市政府的大力支持下，1999 年天津市教育招生考试中心又提出了普通高校招生全部实现计算机网上录取和网上远程录取实现“双过半”(即参加远程录取的院校所数和通过网上远程录取的新生人数均超过在津计划的一半)的奋斗目标。经过近一年的精心准备和艰苦工作，1999 年 8 月 1 日天津市普通高校网上录取工作正式开始，至 8 月 26 日，在津招生的 313 所院校全部实现了计算机网上录取，圆满完成了提前批次、艺体类、重点批次、一般本科批次和专科一、二批次等各批次院校招生任务。其中：坐落在全国 23 个省、市、区的 165 所高校实现了远程录取，占在津招生院校总数的 52.7%；远程录取新生 18942 人，占各院校在津招生总数的 67.5%，实现了远程录取“双过半”的目标。来津现场招生的院校通过市教育招生考试中心的内部局域网也全部采用了计算机网上录取模式，基本实现了录取过程的无纸化。我市网上远程录取“双过半”目标的实现引起各有关方面的高度关注。8月12日，重点批次院校网上录取工作完成之际，教育部副部长周远清，市委副书记刘峰岩，市委常委、市委教卫工委书记邢元敏，副市长俞海潮等同志到设在市教育招生考试中心的录取现场视察了我市普通高校招生网上录取工作。周远清副部长对我市网上录取试点工作所取得的成绩给予了很高的评价，称之为“是网上录取探索中具有标志性意义的成果”。8月23日，天津网上录取“双过半”完成之日，教育部学生司司长、全国网上录取总指挥瞿振元亲临现场参加庆祝仪式，并在祝词中指出：“天津市网上录取的成功，标志着全国高校招生制度改革在网上录取方面已经取得决定性的成功”。8月27日，教育部副部长韦钰又亲自来到天津市教育招生考试中心视察网上录取工作。韦钰副部长对天津市网上录取的成功也给予了很高的评价，称之为“CERNET建立以后成功运用的一个典范”。我市网上远程录取“双过半”目标的实现也引起各新闻媒体的高度关注。中央电视台在新闻联播节目中两次报道了天津市网上录取的情况，并播放了反映天津市网上录取的专题片《网上录取天地宽》；中国教育报三次在头版显著位置报道了天津市网上录取的情况，还用整版篇幅发表了反映天津市网上录取工作的长篇通讯《穿越时空的召唤》；光明日报也报道了天津市实现网上录取“双过半”的消息；天津市各新闻媒体报道天津市网上录取的情况达30多次。教育部还将反映天津市网上录取情况的专题片《网上录取天地宽》报送李岚清副总理。

【圆满完成新高职首次招生任务】 以新的运行机制和新的管理模式试办高职专业(简称新高职)是深化高等教育改革有战略性意义的重大举措。在市委、市政府的关注和指导下，我市新高职试点工作获得圆满成功，共录取新生6656人，其中，录取普通高中考生5204人，“三校(中专、职高、技校)生”1452人。

【保送生制度改革获得成功】 按照教育部的统一部署，1999年我市对保送生进行了综合能力测试，测试成绩作为录取与否的一个重要依据。1999年，我市参加测试的保送生163人(全市录取173人，获全国中学生学科奥林匹克赛区一等奖的学生免试)，最高分为76，最低分26，平均分为66。这项改革的成功，将使保送生制度兴利除弊，进入更加公正、健康运转的轨道。

【纪检监察工作实现上网监督】 普通高校招生工作关系群众切身利益，涉及千家万户，历来是社会关注的热点问题。从1996年起，由市纪检委、市委教卫工委纪检组和市教育招生考试中心纪委组成高校招生纪检监察领导小组进驻招生现场，实行现场监督，保证了招生工作的公平、公正、公开，维护了考生的合法权益，维护了高考这块“净土”在人民群众中的信誉。作为教育部高校招生录取改革的试点省市，1999年我市率先提出基本实现网上录取，其中参加远程录取院校和录取新生人数“双过半”的目标。此举引起了社会各界的广泛关注。为适应招生工作信息化的新形势，纪检监察领导小组也采取了一些新的措施。一是适应招生手段的变化，制定了高校招生工作中纪检监察部门的职责，完善了“八公开”、“四监督”等行之有效的监督措施和办法。二是在招生部门和有关高校技术人员的支持和帮助下，开发研制了“普通高校招生纪检监察子系统”，实行计算机网上同步监督。通过该系统，进驻招生现场的我市高校招生纪检监察人员可以适时查询高校招生录取工作及被录取考生情况，对各高校坚持录取标准及条件情况进行监督，从而实现了上网全过程跟踪监督。8月4日，教育部高校学生司司长瞿振元来津检查网上录取工作时，了解到我市纪检监察人员实现了上网监督的情况，当即给予了表扬。返京后，瞿振元司长经与监察部驻教育部监察局交换意见，正式发文(教育部教招字第[99051]

号)对天津市的这一探索给予了充分肯定。同时,要求天津市教育招生考试中心"通过今年的录取监察工作实践,不断总结经验,进一步完善和规范网上录取工作中的纪检监察工作。"市委副书记、市纪检委书记刘峰岩阅后批示:"这种学习、探索、创先争优的精神值得在全系统提倡。"

【教育部授予市教育招生考试中心"普通高校招生网上录取先锋"称号】 实施计算机网上录取,推进普通高校招生录取方式的改革,是新一轮高校招生考试制度改革的重要方面,也是落实《面向21世纪教育振兴行动计划》的重要举措。1998年,天津市教育招生考试中心积极参加教育部"全国普通高校招生计算机管理系统"的研制和试运行工作,成功地进行了异地远程录取的试点。1999年,全国313所普通高校在津全部实现了网上录取,其中远程录取率先实现了"双过半"的目标,即远程录取院校数过半(达52.7%)、远程录取新生数过半(达67.5%),取得了在全国网上录取试点工作中有标志性意义的成绩。为加快网上录取系统的建设,进一步推动高校招生考试制度改革,教育部决定对天津市教育招生考试中心在推进网上录取工作中取得的成绩予以通报表彰,并授予"全国普通高校招生网上录取先锋"称号。教育部《关于表彰天津市教育招生考试中心在普通高等学校招生网上录取工作中作出突出成绩的通报》指出:"天津市教育招生考试中心锐意创新、积极进取,为推动全国实施计算机网上录取工作作出了突出成绩。""天津网上录取试点的成功,使以纸介质档案信息流转为基础、人力密集型的招生管理模式将成为历史,以计算机及网络技术为支撑、以电子档案信息流转为基础、技术密集型的招生管理模式逐步建立;为在新形势下公平、公正地选拔高校新生,提供了全新的技术手段和管理办法,为推进大学生管理的现代化和教育管理信息化作出了积极贡献。网上录取的试点工作已经赢得了社会各界的高度认可和广泛好评。"教育部号召各省区市招生管理部门和招生工作者"认真学习天津的经验,学习他们争创一流、勇担风险的开拓精神,敢打硬仗、善打硬仗的拼搏精神,协作配合、团结一致的团队精神和科学管理、严谨务实的求实精神,把网上录取建设工作提高到一个新水平,为在全国尽快基本建成普通高校招生网上录取系统而奋斗努力。"中共天津市委副书记刘峰岩阅后批示:"出色的工作,光荣的称号,为天津争光,令人敬佩,值得发扬。"中共天津市委常委、市委教卫工委书记邢元敏批示:"招考中心为天津争了光,请你们再接再厉,把群众关心的教育招生考试工作做得更好。"

撰稿:孔　超　审稿:张景华

成人高校招生考试

【概况】 1999年我市成人高校招生工作按照市委、市政府提出的"万无一失,滴水不漏"的要求,严格执行招生政策,全面提高招生管理的科学化、规范化,较好地完成了各项招生任务。今年全市各类别、各层次的121所高校总计录取新生20343人,第二专业专科学历教育录取2300余人。由于贯彻了稳扎稳打、精心操作的方针,录取工作质量实现了三个提高:全市计划落实实现100%;第一志愿录取率大幅提高,达到90%以上,比1998年提高了约10个百分点;学校计划完成率普遍提高,全部完成招生的学校达到90%以上。

【各项招生改革顺利推进】 复习迎考体系进一步得到完善，考生文理平均分提高近30分，生源质量有明显提高。“下岗职工高职试点班”录取近百名下岗职工，在社会上产生了良好影响。资格生规模降至约200人，困扰成人高校招生多年的资格生问题基本得到解决。高职班招生政策显示了广阔前景，报名人数比去年激增56%，录取规模也明显超过去年。

【组考工作上了一个台阶】 今年我市成人高校招生考试的组织和管理更加科学、严密、规范，各环节的工作质量都上了一个新台阶。尤其是违纪率由1998年的0.41%降至0.30%，大大低于全国平均违纪率。试卷装订差错率0.59%，基本消除了试卷装订错误对考试工作的不良影响。在教育部召开的全国成人高校招生工作会议上，我市成人高校招生考试工作受到了表扬。市委副书记刘峰岩给予批示：“提倡争创一流工作的精神，为天津争光，无上光荣。”

撰稿：孔　超　审稿：田忠义

高等教育自学考试

【概况】 1999年，天津市高等教育自学考试开考了文学、法学、经济学、工学、理学等10个学科门类的93个专业，考试课程1321门次。在1月、4月、6月、10月分别组织了4次考试，共安排19个考区、26460个考场，报考总数为252734人次，共计报考661544科次。上半年本市参加高自考报名人数创历年本市报考人数之最，共有126236名考生，据全国考办统计，按本市人口之比(每万人)计算在25个省市中名列第三。参加10月份考试人数再创新高，总数为98253人，共计238777科次的考试。全年共毕业考生8048人，其中，本科662人，专科7386人。1999年秋季自学考试报名工作采用了新型报名软件系统。该系统实现了由考生自助式录入报名信息后，即时编排考场，考生现场可领取到考试通知单。该系统实行多级管理，软件应用由市考办、区县考办、助学单位3个级别构成，在网络上协同运行，实现了专业授权屏蔽和违纪屏蔽，各专业只能在规定区县进行报名，停考考生不能继续报考。这一系统的运用减轻了区县工作人员的劳动强度，减少了考生等候时间，加快了本市自考管理的科学化、现代化进程，走在了全国前列。1998年天津市高教自考办与天津教育报刊社联合试办《天津教育报·自考专栏》，1999年正式编辑出版《天津教育报·自考专刊》，并组成自学考试专刊编辑委员会。该刊为天津市唯一一份刊登自学考试信息的刊物，向广大读者宣传介绍全国及本市有关自学考试工作的方针、政策及考试信息，交流社会助学单位的助学经验，为自考生开设专业学习辅导。

【开考高等职业技术专业】 1999年4月15日，全国高等教育自学考试指导委员会(简称全国考委)批准天津市开展高等教育自学考试开考职业技术专业的试点工作，天津市成为全国开考高等职业技术专业的唯一一个试验区。这标志着全国自学考试进行高等职业技术教育的试验拉开了序幕。本市高教自学考试开考职业技术专业、进行高等职业技术教育试验的目的是，探索高等教育自学考试职业技术教育的专业建设、课程开发和课程测试理论，拓展高等教育自学考试功能，介入国家职业技术教育体系。试验主要研究的课题，包括考生状况分析、专业设计、课程开发、社会化学习模式、课程考试方式、专业评估6个方面。天津市高等教育自学考试委员会制定的《天津市高等教育自学考试开考职业技术专业试验方案》，以能力本位为导向，专业理论知识以必需、够用为度，加强实践、实训课程，课程设置采用模块式。在社会助学体系方面，力求构建能广泛汇集多种教育资源，多渠道、多形式的社会化助学体系。该方案拟定的试验周期从1999年至2002年底。首批拟定的12个试验专业为：应用电子技术、计算机技术与应用、电算会计、饭店管理、乡镇企业经营管理、机械制造与自动化、针灸推拿、服装设计、工程造价管理、建筑设计、农业综合技术、视觉传达设计。目前，高职专业的开考工作正在有条不紊地进行之中。

撰稿：赵尔健　孔　超

审稿：李占伦

中专学校招生考试

【概况】 1999年中专招生工作按照“改革是动力，发展是目的，稳定是前提”的思路，积极、稳妥地推进中专招生改革，努力促进中专学校的发展，维护社会稳定。1999年天津市普通中专、成人中专实际录取23292人，完成计划的87.25%。其中，普通中专计划招生23194人，实际录取19794人，完成计划的85.34%；成人中专计划招生3500人，实际录取3498人，完成计划的99.94%。

【加大为中专学校服务的力度】 一是今年首次进行了郊县考生预报到的措施，为中专学校节约了大量经费。二是举办第二届中专学校和中学校长、主任联谊会，加强中专学校与中学的沟通与了解。三是继续办好招生咨询大会和招生宣传工作，扩大中专学校的影响。这些措施受到中专学校的普遍欢迎。

【招生工作高效有序】 一是在艺体类招生工作中，首次利用计算机编排考场，利用机读卡采集数据信息，为文化考试的组织和管理奠定了良好的基础。二是加强与市教委、市计委、市公安局、市教育局各职能部门的联系和沟通，得到了他们的理解和支持。三是加强招生过程的计算机化管理，努力减少人为因素的干扰。

【政策符合实际】 一是在招收应届高中毕业生工作中，针对招生计划无法全面完成的严峻现实和各区县报档存在较大差异的情况，及时对招生办法进行了调整，以考生报考的第一志愿为投档学校，从而减少了流失情况的发生，保证了报到率。二是在普通中专‘成人班’招生中，实行“凡是参加今年中考且总成绩在360分(含360分)以上的学生报考普通中专“成人班”予以免试”。这一政策的出台，减少了考试人数，减轻了招生学校的工作量，节约了经费，受到招生学校的欢迎。三是在普通中专招生过程中，经与市教委计划处协商，及时安排调整计划，第一次把农村生源计划调剂到市区，既充分体现了计划的严肃性，又保证了较好地完成招生计划。由于以上措施得力，1999年的招生工作在非常严峻的形势面前，仍然保持了高效有序的招生局面。

撰稿：孔　超　审稿：孔庆来

社会考试与海外考试

【概况】 面向经济建设和社会发展的需要，开发、承办社会通用考试、从业资格考试是市教育招生考试中心的一项重要任务。1999 年，我市社会考试事业势头较好，各类考试项目的报考人数都创新高。①全国计算机等级考试。上半年全市报考人数为 26036 人，下半年报考人数为 30589 人，全年共计报考 56625 人次。②剑桥少儿英语学习系统。全年共培训学员 11200 人次。暑期举办了一次“剑桥少儿英语夏令营”活动，受到了小学员的热烈欢迎。剑桥少儿英语学习系统在与众多的英语学习培训项目的竞争中脱颖而出，以其富有趣味的教学内容、新颖开放的教学形式和科学先进的考核办法受到少年儿童的欢迎，取得良好的社会效益。③全国英语等级考试。1999 年，全国英语等级考试(1—4 级)在我市全面开考，全市共有 3757 人参加了 1(含 1 级 B)—4 级的考试，1884 人考试合格取得证书，合格率为 50%。④全国计算机应用技术证书考试。由于该项目找到了合适的考生群体，考生人数较去年有了较大的增长。全年报考人数 10000 余人。⑤预科学校培训考核。1999 年，我市成人高校预科生招生 1384 人，其中文史类 1007 人，理工类 209 人，医学类 168 人。⑥全国证券从业资格考试。1999 年，我市承担了全国证券从业资格考试(华北考区)的组考工作，共 573 名考生参加了考试。⑦承办全国少儿计算机考试项目。1999 年 11 月 19 日，教育部考试中心正式批准我市开考全国少儿计算机考试。

【获教育部剑桥少儿英语“优秀承办机构”称号】 剑桥少儿英语学习系统是英国剑桥大学考试委员会(University of Cambridge Local Examinatiaons Syndicate)为非英语母语国家少年儿童的英语能力的培养和提高，从而为他们迈进 21 世纪国际大社会奠定基础而设计的。1996 年，该系统由国家教委考试中心引进我国。1997 年 7 月，经国家教委考试中心批准，天津市教育招生考试中心承办了剑桥少儿英语学习系统在天津的推广工作，具体由社会考试服务中心负责实施。两年来，根据考试中心领导“以精品意识办好精品项目”的指示精神，按照“积极推进，稳步发展”的指导思想和“管理与服务并重，狠抓教学质量”的工作方针，积极、稳步地推进剑桥少儿英语学习系统在天津的推广工作，目前已进入健康发展的时期，取得了良好的社会效益，赢得了普遍的赞誉。1999 年 1 月 14 日，教育部考试中心发出通知，对获得“全国剑桥少儿英语学习系统 97－98 年度优秀承办机构”和“先进个人”称号机构和个人进行了通报表彰。市教育招生考试中心被评为剑桥少儿英语学习系统 97－98 年度优秀承办机构，陈月琴、郭彦俊被评为先进个人。

撰稿：孔　超　陈月琴　审稿：刘红军

综合管理

【推进招生考试科学研究工作】 1999年,市教育招生考试中心承担的市级立项课题“高等教育自学考试高等职业技术专业开发研究”和本中心立项课题“普通高校招生计算机管理系统的开发研究”取得了重要突破,研究成果成功地应用于招生考试工作的实践,并获得了显著的社会效益。积极组织和参与了教育部《中国考试》杂志社主办的《1999年考试研究论文专集》的投稿工作,题为“网上录取——招生考试领域的一场革命”、“高等教育自学考试课程设置新模式的思考”、“成人高考十四年获得空前社会效益”、“深入开展志愿指导工作的理性思考”和“拓展高等教育自学考试终身教育功能,迎接知识经济的到来”等5篇文章同时入选。10月中旬,台湾大考中心区雅伦博士等3位专家来津,海峡两岸招生考试界的专家、学者和工作人员,就大陆与台湾高考制度比较、考生志愿指导等问题举行了讲座,并进行了深入的研讨,不仅交流了工作经验和科研成果,而且增进了双方的了解和友谊。

撰稿:赵彤璐　孔　超　审稿:刘红军

【深入开展以“讲学习、讲政治、讲正气”为主要内容的党风党性教育】 根据招生考试工作的需要,1998年底至1999年初,市教育招生考试中心在内部集中开展了两个多月的“三讲”教育,大大提高了招生考试队伍的素质,为保证1999年招生考试的健康运行起到了重要保证作用。1999年10月初至12月底,根据市委的统一部署,作为第二批开展“三讲”教育的单位,市招考中心在处级以上领导干部中深入开展了以“讲学习、讲政治、讲正气”为主要内容的党风党性教育,进一步提高了领导干部讲学习、讲政治、讲正气的自觉性,在市招考中心内部形成了讲学习、讲政治、讲正气的良好氛围。

撰稿:董　彪　孔　超

文件选编

普通高校招生考试文件

关于1999年天津市研究生招生考试评卷工作领导小组组成人员的通知

津招委高字[1999]1号

南开大学、天津大学：

为了做好研究生入学全国统一考试试卷的评卷工作，确保评卷工作的顺利进行，我市成立研究生招生考试评卷工作领导小组，具体指导和协调评卷工作。评卷工作领导小组组成人员名单如下：

组　长：乔丽娟（市教委副主任、市教育招生考试中心主任）

副组长：岳　伟（市教育招生考试中心副主任）

逄锦聚（南开大学副校长）

胡晓唐（天津大学副校长）

成　员：张景华（市教育招生考试中心高招处处长）

吴功宜（南开大学研究生院副院长）

马玉太（天津大学研究生院副院长）

李建松（南开大学马列学院院长）

陈吉象（南开大学高等数学教学部主任）

王　功（南开大学研究生院管理处处长）

熊虹允（天津大学理学院副院长）

杨丰宁（天津大学外国语学院副院长）

钱桂荣（天津大学研究生院管理处处长）

一九九九年一月十五日

关于做好1999年普通高等院校招收免试保送生工作的通知

津招委高字[1999]2号

各有关高校招生办公室、各区(县)招生办公室、天津铁厂、大港油田招生办公室、各有关中学(中师):

根据国家教育部《关于1999年普通高等学校招收保送生的通知》精神,市招生委员会决定今年我市仍进行招收免试保送生工作,为使此项工作更加规范,现将有关事项通知如下:

一、今年我市普通高等学校招收免试保送生要严格按照教育部的有关规定和津招办(94)06号《天津市普通高等学校招收保送生的实施意见》执行。非经批准的高等学校不能招收保送生,推荐免试保送生的中学范围应严格按有资格推荐免试保送生的中学(中师)名单(见附件一)执行。

二、部委属普通高等院校招收免试保送生来源计划由教育部函告我办,下达至有关中学。市属普通高等院校招收免试保送生来源计划须在四月十日前报我办审核后下达到有关中学。保送计划一经下达,不再调整。

三、严格按照保送条件推荐和录取免试保送生,借读生一律不予推荐。推荐为部委院校保送生的,其会考等第应在5A4B以上,推荐为师范院校保送生的,其会考等第应在3A6B以上。中师、中专推荐保送生的文化成绩应是年级前三名。个别有特殊才能的应届高中毕业生,经市招生委员会批准,可适当降低会考等第。已被高等院校录取为保送生的考生,不得参加高考。

四、严格执行保送程序。免试保送生招生要严格按照工作日程(见附件三)进行。在四月底之前,有关高校不得派人到中学从事与保送生有关的活动。有关中学(中师)要坚持统一时间三榜公布,即在规定的时间张榜公布保送生预选名单、推荐名单和录取名单。市招办将免试保送计划及录取结果在《天津教育报》上公布。

五、今年被推荐的保送生必须参加教育部命题的综合能力测试。凡未参加综合测试的学生,不能被高校录取为保送生。综合能力测试由市招办统一组织。参加者须交纳测试费。综合测试时间是:5月10日上午9:00—11:30,地点:天津师范大学(南院)。

六、5月底以前市招办将测试成绩提供给有关高校,测试成绩作为录取的一个重要依据。高校应依据测试成绩,经德智体全面衡量,录取合格的保送生。

七、区(县)招生办公室及各有关部门要做好审查工作。对中学推荐的保送生要严格审核,实事求是地签署意见,要逐校检查学校三榜公布情况,并将情况报市招办。推荐人选确定以后,须填写由市招办统一印制的《保送生登记表》,经区县教委、区县招办等部门审查后,由中学负责寄(送)至招生院校。招生院校签署意见加盖公章后寄至市招办审批。

八、严肃招生纪律。在保送工作中,要坚持原则,秉公办事,坚决抵制不正之风。要加大工作透明度,对未按要求进行三榜公布的学校,来年将取消其推荐免试保送生资格。对违反规定招收免试保送生的,一经发现将严肃处理。

通信地址:天津市河西区宾水道47号

收件单位：天津市招生委员会办公室

联系电话：(022)23948620

传真：(022)23948616

E－mail：TJZKZXGZ@ PUBLIC. TPT. TJ. CN

附件一：天津市一九九九年普通高等学校招生有资格推荐免试保送生的中学(中师)名单(略)

附件二：天津市一九九九年免试保送生工作日程安排(略)

一九九九年三月三十一日

关于印发《天津市1999年普通高等学校招生工作的安排意见》的通知

津招委高字[1999]3号

各区县招生委员会、天津铁厂、大港油田招生委员会、各普通高等学校及有关单位：

我市1999年普通高等学校招生工作要高举邓小平理论伟大旗帜，认真贯彻党的十五大精神，继续执行原国家教委《普通高等学校招生暂行条例》及有关规定，按照教育部全国招生工作会议精神，以规范考务管理为切入点，以推进计算机远程录取为着力点，以公平、公正、公开招生为立足点，进一步深化改革，科学管理，知难而进，开拓创新，实现网上录取“双过半”，确保各类招生计划的完成，再创我市招生工作新局面。

现将《天津市1999年普通高等学校招生工作的安排意见》印发给你们，请遵照执行。

附件一：天津市1999年普通高等学校招生工作的安排意见

附件二：1999年招生工作日程表(略)

一九九九年五月二日

附件一：

天津市1999年普通高等学校招生工作的安排意见

根据原国家教委《普通高等学校招生暂行条例》和教育部《关于做好1999年普通高校招生工作的通知》，结合本市情况，特做如下安排意见。

一、报名

考生在报名时，可按文史、艺术(文)、体育(文)、理工、艺术(理)、体育(理)六大类报名，报名截止时间为5月10日。

具有本市正式户口(含蓝印户口)且符合其他报考条件的青年可以报考。考生须在规定的时间内进行电子摄像。市招生办公室将据此制成“一九九九年普通高等学校招生考试考生证”(简称考生证)。凡未进行摄像者不得进行高考体检、参加统考、录取等。考生报名时填写高考报名登记表,须按规定缴纳报名考试费。

借考考生的报名,按津高招办(1999)15号《关于1999年我市普通高等学校招生考试借考问题的通知》办理。

二、身体健康状况检查

考生的身体健康状况检查,应严格遵照教育部、卫生部颁发的教学(1998)6号《关于进一步加强普通高等学校招生体检管理工作的通知》、教育部教学司(1999)24号《普通高等学校招生体检标准》(修订)和天津市有关规定执行。

考生经体检合格(含限报专业的)并符合其他条件和手续者,方可发给考试用条形码。

体检工作于6月10日前完成(知青子女的体检须在6月20日前完成)。各区、县招生办公室应于6月12日以前,将考生体检表报市招生办公室。

三、政治思想品德考核

政治思想品德考核主要看本人表现。各中学、各基层单位对考生进行政治思想品德考核时,要严格执行原国家教委有关规定和我市制定的具体办法,要实事求是地、如实地对考生的政治态度、思想觉悟、道德品质等做出全面鉴定,要写实、具体、准确,特别对受过处分及其他有问题的,应予以注明。鉴于我市实行远程网上录取、现场基本实现无纸化录取的情况,为保证考生的利益,各报名单位要将上述鉴定意见录入计算机内。

考生的政治思想品德考核工作,应于6月20日以前完成。

录取院校在对考生的政治思想品德进行审查时,应严格掌握政治标准,全面衡量考生的政治思想表现情况,坚决按照政策办事,防止偏宽或偏严。

四、考试与评卷

(一)考试

考试科目:

文史、艺术(文)、体育(文)考生,考语文、数学、外语、政治、历史;

理工、艺术(理)、体育(理)考生,考语文、数学、外语、物理、化学。

外语考试语种,分英、俄、日、法、德、西班牙六个语种,由考生任选一种。

英语科实行标准化考试。各科目全部实行分卷考试(小语种试卷除外),即分主观题和客观题两部分,客观题部分采用“机读答题卡”答卷。每科目满分均为150分,五科满分共为750分。

考试时间:

普通高等学校招生考试按全国统一规定的时间于7月7日至9日进行,各科的具体考试时间见下表。

考试时间表

日期	7月7日	7月8日	7月9日	
上午	9:00—11:30 语文	9:00—11:00 数学	9:00—11:00 英语	11:30—12:00 英语听力测试
下午	3:00—5:00 化学、政治	3:00—5:00 物理、历史		

英语语种考生，外语除笔试外，还应进行英语听力测试（小语种考生进行口语测试）。成绩为合格、不合格两个等级，供需要外语口试的院校和专业在录取时参考。外语听力（口试）测试工作由市招生办公室统一组织。考生须缴纳测试费。外语院校（专业、系科）如需面试，需提出申请，市招办将在公布招生计划时予以注明。考生按照规定时间参加由院校组织的面试，面试结果为合格、不合格两个等级。

普通高等学校招生统一考试在市招生委员会领导下，由各区、县招生委员会负责组织实施。未经市招生委员会批准，考点不准设在县以下的地区。

各级招生委员会、招生办公室及各考点所属全体工作人员，要认真学习《中华人民共和国保守国家秘密法》和原国家教委、国家保密局的保密规定，认真学习和执行原国家教委制定的《普通、成人高等学校本、专科招生全国统一考试工作规则》、《高等学校招生全国统一考试管理处罚暂行规定》及天津市的有关规定，要切实加强考前的培训工作，监考人员未经培训不准上岗。要在统考工作中搞好宣传，采取措施切实加强考务管理，严肃考场纪律，做好试卷保密和保管工作，杜绝舞弊。

（二）评卷

在市招生委员会的领导下，由市招生办公室统一组织，并采取分科定点集中评阅的办法。各评卷点须成立评卷领导小组，由学校主管领导任组长。各学科评卷领导小组必须严格执行我市制定的评卷工作实施细则，组织好评卷工作。

考生考试成绩在市招生办公室统一规定的时间内，由各区、县招生办公室通知各报名单位，由报名单位通知考生本人。

为确保评卷质量，增强普通高校招生考试工作的透明度，便于社会监督，考生成绩公布后，允许考生查分。查分须经本人申请，按规定的程序办理。

查分工作由市招生办公室统一组织，具体办法另行规定。

五、填报志愿

考生于7月10日至7月15日填报提前录取院校、重点及随重点录取院校、一般本科录取院校、专科一批院校（含本、专科院校专科班、广播电视大学专科班）、专科二批院校（新高职）各批次院校（系科）专业志愿。

应届高中生高中会考不合格的考生不得填报上述志愿。高师预备班的应届毕业生第一志愿须报考师范院校。

上述填报志愿工作均须按规定时间完成，逾期不再办理。

考生的填报志愿工作，由考生所在中学或单位（街道、乡）具体负责组织，必须由考生本人填报学校（系科）专业志愿，他人不得包办代替，填报后的志愿经核对后不得更改。考生志愿以志愿卡的信息点为依据，如填涂有误，其后果考生自负。

六、关于考生档案

考生电子档案和纸介质档案是录取工作的依据，各有关单位一定要根据原国家教委的规定和我市《关于高考考生档案组建工作的暂行规定》，认真做好考生档案的组建工作，准确采集考生的基本信息。

要切实加强考生档案材料、信息的统一管理，以保证考生档案的完整、准确和正常运转。

七、体育、艺术院校及其他形式的小科类招生工作

报考体育和艺术院校专业（系科）的考生均参加全国统一招生考试，实行提前录取。体育、艺术院校专业（系科）的招生工作，分别按照《天津市普通高等体育院校（系科）招生实施办法》和《天津市普通高等艺术院校（系科）招生实施办法》等文件执行。

高等学校招收保送生、经国家教育部同意实行单独考试的院校（专业）招生，新高职招生，民航的招飞工作，由市招生办公室按照教育部文件精神和我市有关规定组织实施。

已被高等学校录取的保送生当年不得参加全国统考，否则取消其录取资格。

八、录取

录取新生工作，由市招生委员会组织有关高等学校分批进行。

普通高等学校录取新生必须贯彻德、智、体全面考核择优录取；以文化考试为主要入学考核形式；公平竞争、公正选拔的原则，认真执行国家教育部和市招生委员会制定的录取政策和有关规定。

今年我市普通高校异地网上录取要取得突破性进展，扩大网上远程录取的试点范围，实现远程录取"双过半"，现场录取基本实现无纸化。网上远程录取工作要按照教育部学生司制定的《普通高校招生计算机网上录取工作试行办法》的要求进行。

（一）录取批次

按提前录取院校、全国重点院校和随重点录取的院校、一般本科院校、专科一批院校（含本、专科院校专科班、广播电视大学普通专科班）、专科二批院校（新高职）的顺序进行录取。全国重点院校为"A"类院校；随重点录取的院校为"B"类院校。在重点院校和随重点录取的院校录取批次第一志愿中，考生可填报两个院校志愿，"A"类院校先录取；"B"类院校后录取。

（二）录取办法

专科一批以上各批次院校实行异地网上录取和现场录取两种办法，异地网上录取和现场录取均以电子档案为依据。专科二批采取现场录取的办法。

（三）录取体制

1. 在重点院校和随重点院校录取的学校，实行"学校负责、招办监督"的录取体制。具体提档比例由院校确定，院校依照考生高考成绩，德智体全面考核，择优录取，遗留问题由院校负责处理；市招生办公室实行监督。

2. 一般本科院校录取，实行"学校负责，招办监督"的录取体制。具体提档比例由院校确定，原则上不超过120%。院校依照考生高考成绩，德智体全面考核，择优录取，遗留问题由院校负责处理；市招生办公室实行监督。

3. 专科院校（本、专科院校专科班、电大普通专科班、新高职）录取，实行根据考生志愿，按院校招生计划的一定比例投档，由院校德智体全面考核择优录取。

4. 本科以上录取批次的院校，在学校录取最低分数段内，高校将有一定的选择余地。

5. 实行计算机异地网上录取的院校实行“学校负责、招办监督”的录取体制，遗留问题由院校负责处理。

6. 新高职招生、经国家教育部批准进行单独招生、单独考试的院校（专业），市招生办公室将划定最低录取分数线，同时划定本科单独招生的外语最低控制分数标准，以保证生源质量和高校培养的基本要求。因生源质量得不到基本保证而未完成单独招生计划的院校（专业），可在统考考生中录取。

（四）录取政策

1. 在录取定向生时，原则上应在录取学校批次控制分数线上录取，如分数线上完不成计划时，降分幅度不超过20分。

2. 对第一志愿报考农业、林业、师范、地质、矿业、石油院校考生实行加10分提供考生档案的办法，由院校审查，择优录取。

3. 农业、林业、师范、地质、矿业、石油院校录取时，原则上录取有志愿的考生。若第一志愿不足时，市招生办公室将提供二志愿、三志愿考生档案，由院校择优录取。如在本批录取控制线有志愿考生档案不足时，还可在同批线下20分以内录取第一志愿考生，如仍完不成计划须录取本批次服从志愿考生。

4. 一般本科第一志愿报考外地院校的考生实行加10分提供档案，由学校提出调档要求审查择优录取。

5. 高校要尊重考生的院校志愿和专业志愿，不得拒录非第一志愿考生。

6. 为促进我市考生外语水平的提高，满足高校录取时对考生外语成绩的要求，本科院校招生录取时将划定外语单科成绩最低控制分数标准。

7. 按照原国家教委教学司[1996]43号《关于同意清华大学等六校招收艺术特长生的通知》精神，对参加清华大学文化艺术冬令营、北京大学艺术节的考生，达到我市重点院校录取控制分数线，由院校提出提档要求，市招办可提供档案，学校审核录取。

8. 应届高中毕业生参加天津市教委组织的应届高中生冬令营并取得相应名次的考生，高考总分达到院校同批控制分数线，由院校提出调档要求，市招生办公室提供档案，院校审查录取。

（五）有关照顾政策

1. 应届高中毕业生，在高中阶段获市级优秀学生干部称号者，在高考总分基础上加20分，提供档案，由学校审查录取。

2. 应届高中毕业生中，在高中阶段曾两次或两次以上获市级三好学生称号者（其中一次须是98－99学年度），在高考总分基础上加10分，提供档案，由学校审查录取。

3. 实践经验丰富的优秀青年及有特殊贡献的公民，经市招生委员会批准，总分低于同批录取学校控制分数线以下20分以内的，可提供档案，由学校审查录取。

4. 应届高中毕业生中，在高中阶段参加市级以上体育竞赛获单项前五名的队员或集体项目前三名的主力队员，获国家二级运动员称号的考生，总分低于同批录取学校控制分数线以下20分以内，由学校提出调档要求，可提供档案，由学校审查择优录取。

5. 近两年参加重大国际比赛（由世界及国际体育组织主办的各种体育单项比赛、锦标赛、综合性比赛和运动会）以及由国家举办的全国性比赛（全国运动会、全国青少年运动会、全国中学生运动会、参加世界中学生体育比赛选拔赛以及全国竞赛计划中安排的各种全国性体育比赛）获前六名；近两年获运动健将、一级运动员称号的考生，总分低于同批录取学校控制分数线以下50分以内，由学校提出调档要求，亦可提供档案，由学校审查，择优录取。

6. 对下列考生，总分低于录取学校控制分数线以下10分以内，学校提出调档要求，可以提供档案，由学校审查录取。

荣立二等功的退役军人；

烈士子女；

应届高中毕业生，在高中阶段获得市级以上青少年数学、物理、化学、生物、信息学奥林匹克竞赛、青少年发明比赛、科学讨论会一、二等奖，获市级以上青少年生物百项活动成果评选、青少年科技活动成果展一、二等奖者。

归侨学生、华侨子女、归侨子女、港澳台同胞在内地子女和台湾省籍青年考生，报考华侨大学、暨南大学，其高考总分低于我市本科录取控制分数线10分以内，可择优录取入本科。这些考生在报考我市其它市属院校时，总分低于录取学校控制分数线以下10分以内，学校提出调档要求，可以提供档案，由学校审查录取。

7. 少数民族考生报考本市所属院校，总分低于录取学校分数线5分以内，学校提出调档要求可提供档案，由学校审查，择优录取。

8. 对下列考生，经市招生委员会批准，可适当降低分数提供档案，由学校审查录取。

应届高中毕业生中，在高中阶段获全国青少年数学、物理、化学、生物、信息学奥林匹克竞赛、全国青少年发明比赛和科学讲座会、全国发明展、国际发明展（博览会）及全国生物百项活动、全国青少年科技活动成果展览会金、银、铜牌者，品学兼优，全面发展获市青少年科技英才称号者；应届高中毕业生中政治思想品德方面有突出事迹者。

9. 对下列考生，在同等条件下优先录取。

应届高中毕业生中，在高中阶段获市级三好学生称号或获区级优秀学生干部者；

高中毕业会考政治科成绩等第为A，操行评定为A的“双A”生；

相关科目或平时成绩特别优秀者；

退出现役的义务兵；

应届高中毕业生中，在高中阶段参加全国艺术类比赛（如独唱、独奏、绘画等）个人单项获一、二、三等奖者；

第一志愿报考师范院校的高师预备班考生在师范院校录取时。

10. 对残疾考生的录取。

各高等学校应继续认真执行一九八五年原教育部、国家计委、劳动人事部、民政部《关于做好高等学校招收残疾青年和毕业分配工作的通知》，切实做好残疾考生的录取工作。

对参加单独招生、单独划线录取的院校（专业）的考生，在录取时一律不享受政策照顾条件。

凡享受按政策照顾的考生，必须在六月十日前向各区县招生办公室交验由有关行政部门出具的证明材料和获奖证书，逾期不再办理。考生的证明材料复印件，由区县招生办公室在报档时放进考生档案中。对各类享受政策照顾的高中、中专、职专、中技应届毕业生由所在学校分类张榜公布，接受社会监督。

市招生办公室将统一组织，对所有享受政策照顾考生的证明材料进行核查，今年的政策照顾考生名单、被录取的免试保送生名单等均通过《天津教育报》向社会公布，对弄虚作假、营私舞弊的，一经查出要严肃处理。凡采取不正当手段骗取政策照顾的考生取消当年考试、录取资格，市招生委员会要追究出具证明的当事人及有关领导的责任。

九、有下列情形之一者，不予录取：

有反对四项基本原则的言行，经教育而坚持不改的；

扰乱社会治安，走私贩私，贪污盗窃，或有其他刑事犯罪行为；

品质恶劣，道德败坏，或有流氓、偷摸行为，屡教不改；

曾有上述问题，经过两年以上考察，确已改悔，由所在单位证明，经市招生委员会批准，由学校审查决定是否录取。

十、新生入学复查

高等学校录取的新生，必须按入学通知书规定的日期，按时到校报到，无正当理由逾期不报到者，取消其入学资格。学校应于当年12月底前将其档案退回市招生办公室。

新生入学后，学校要认真进行复查，凡不符合条件或有舞弊行为的，取消入学资格，退回原单位。对于徇私舞弊以及违反有关法纪的考生，招生学校要及时报告有关领导部门和纪律检查部门，并视情节轻重追究有关人员的责任。

十一、加强领导 严肃纪律

普通高校招生是涉及千家万户的大事，关系到国家选才，关系社会的发展和稳定。各级领导、招生部门、教育行政部门、高等学校、中学、体检医院和出具证明的有关单位要增强法制观念，严格按政策办事，自觉反对和抵制不正之风。要认真、切实加强对招生工作的管理，采取有效措施抓好考风考纪建设，搞好廉政建设，并把它作为保证和促进教学健康发展，培养良好学风和教育战线反腐败、纠正不正之风的大事来抓。要加强对招生工作的领导，健全机构，充实力量，注意总结经验，提高管理水平。要建立健全规章制度，发扬党的优良传统和作风，遵守纪律，秉公办事。对于敢于抵制不正之风的人员要给予支持和鼓励；对于弄虚作假徇私舞弊的人员，要敢于揭发和处理，对于情节严重的要按党纪国法进行处罚。

关于印发《1999年天津市高等职业技术院校招生工作的实施意见》的通知

津招委高字[1999]4号

各区县招生办公室、天津铁厂、大港油田招生办公室、各有关高校招生办公室、各有关单位：

现将《一九九九年天津市高等职业技术院校招生工作的实施意见》印发给你们，请遵照执行。

按新的管理模式和运行机制试行招收高职生，是我市发展高等职业技术教育的一项重大的制度性创新，各试点院校、各区县招生办公室和有关单位要对这项工作高度重视，加强领导，精心组织，严格管理，积极探索，总结经验，圆满完成高职招生试点工作。

附件一：一九九九年天津市高等职业技术院校招生工作的实施意见

附件二：高职招生日程安排（略）

附件三：中等技工学校名单（略）

1999年5月8日

附件一

1999年天津市高等职业技术院校招生工作的实施意见

根据教育部、国家计委文件的精神，1999年我市将在部分普通高校、成人高校中试行专科层次学历的高等职业技术教育(简称新高职)招生。为使这项工作顺利进行，提出以下实施意见：

一、招生计划及有关政策规定

1. 举办高职招生的所有院校(专业)招生计划纳入国家计划，由市招生委员会办公室向社会公布。未经公布的计划不能招生。

2. 高等职业技术教育为专科层次的学历教育，国家承认其大专学历。有关政策规定按天津市教育委员会、天津市发展计划委员会津教委计[1999]21号文件《1999年我市按新的管理模式和运行机制试办高等职业技术教育的实施意见》执行。

二、报名条件

1. 符合报考1999年全国普通高等学校招生统一考试条件的考生。

2. 与试点院校的招生专业相关或相近专业的中等专业学校、中等职业学校和部分中等技工学校(名单附后)的应届毕业生，且符合下列条件：

(1)拥护四项基本原则，热爱祖国，遵纪守法，决心为社会主义现代化建设勤奋学习；

(2)在本市必须有正式常住户口(含蓝印户口)；集体户口在校生且户口迁移证迁出地为天津；

(3)身体健康；

(4)未婚，年龄不超过25周岁(1974年9月1日以后出生)。

三、报名及填报志愿

1. 参加1999年全国普通高等学校招生统一考试的考生填报志愿时间为7月10日—7月15日。考生凭考生证到区县招办规定的地点履行手续。

2. 中等专业学校、中等职业学校、中等技工学校应届毕业生在其学籍所在校履行报名、填报志愿手续。报名、填报志愿时间为5月20日—24日。凡是符合报名条件的学生可向学校申请，由学校审核学生的户口册、身份证、学历证书等，并需备有4张1寸半黑白近期免冠同版照片(用于报名表、体检表、准考证、准考证存根)。考生应交纳报名考务费。

各区县招办、接受报名的学校要严格履行报名手续、专人负责、逐一验证(考生的各种证件均需复印备查)，严格审查考生的报名资格，并做好考生的报名志愿信息的核对工作。对弄虚作假者，一经发现将按有关规定严肃处理。

四、体检

1. 参加1999年全国普通高等学校招生统一考试的考生其高考体检结论作为高职招生录取的依据。

2. 中等专业学校、中等职业学校、中等技工学校的考生体格检查工作，执行《普通高等学校招生体检标准》(修订)，按照《一九九九年天津市普通高等院校招生体检工作规定》津高招办字[1999]29号文件，由各区县招办具体安排组织实施。

五、考试

1. 参加1999年全国普通高等学校招生统一考试的考生的高考成绩，作为高职招生录取的依据。

2. 应届中等专业学校、中等职业学校、中等技工学校的考生必须参加由市招生办公室单独组织的考试。

(1)考试科目：语文、数学、英语、专业综合(技能考核)四科。其中语文、数学、英语为文化基础课。文化基础课实行主客观题分卷考试，各科考试成绩满分为150分。专业综合课成绩计为合格、不合格两种。

(2)文化基础课考试命题以市招生办公室审定的《天津市高等学校单独招生考试大纲》为依据，由市招生办公室组织。专业综合课(技能考核)，由市招生办公室根据教育部规定的中等专业学校、中等职业学校、中等技工学校教学要求及各招生专业的办学特点组织命题。

(3)考试时间：7月7日、8日 具体安排为：

7月7日：上午9:00——11:30 语文
下午3:00—— 5:00 英语
7月8日：上午9:00——11:00 数学
下午3:00—— 5:00 专业综合

(4)考试由市招生办公室在有关区、县设置考点，考务工作由有关区县招办负责。承担考试工作的区县招办要严格执行原国家教委关于《普通、成人高等学校本专科招生全国统一考试工作规则》和天津市1999年普通高等学校招生考试工作的有关规定。

六、评卷

评阅试卷工作由市招生办公室统一组织。

1. 三科文化基础课和专业综合课的评卷工作由市招生办公室分科定点、集中评卷。

2. 文化基础课和各专业综合课评卷工作，参照《一九九九年天津市普通高等学校招生统一考试评卷细则》执行。

3. 考生的考试成绩，由市招生办公室统一向考生公布。

4. 为确保评卷质量，便于社会监督，考生成绩公布后，按照有关规定允许考生查分。经本人申请后，按规定的程序办理。查分工作由市招生办公室统一组织，具体办法另行规定。

七、考生档案

1. 参加1999年全国普通高校招生统一考试的考生档案，按照高考有关规定执行。

2. 中等专业学校、中等职业学校、中等技工学校考生的档案由各区县招办负责组织，考生学籍所在学校负责组建。考生档案材料主要有高考报名表、体检表、户口册(复印件)、身份证(复印件)、毕业生登记表、在校学习成绩登记表等。

3. 中等专业学校、中等职业学校、中等技工学校的考生档案在6月中旬由学校报送区县招办。区县招办按规定时间(具体时间另行通知)报送市招生办公室。

八、录取

1. 根据德、智、体全面考核，以文化课成绩为主，择优录取的原则，按照考生的成绩，确定录取最低控制分数标准。

(1)依据参加全国普通高校招生统一考试的考生报名情况和成绩，市招生办公室划定高职招生的录取最低控制分数标准。

(2)在专业综合课成绩合格的基础上,市招生办公室将依据参加高职招生考试的三校生考生的考试成绩划定三科文化基础课录取最低控制分数标准。对于各种照顾对象按照普通高等学校招生规定照顾录取。

2. 录取工作由市招生办公室统一组织,招生院校采取现场录取的方式进行。参加全国普通高校招生统一考试的考生和中等专业学校、中等职业学校、中等技工学校的考生分别录取。录取时间为 8 月下旬。

3. 高等职业技术院校录取在专科二批进行。市招生办公室向招生院校提供档案。招生院校根据市招生办公室提供的考生档案,提出拟录取名单,经市招生办公室审核批准,签发录取通知书,并由区县招办下发至考生本人。

4. 各招生院校录取新生,需向市招生办公室交纳录取费 50 元/生。

5. 新生入学后,各招生院校要认真进行复查,凡不符合条件或有舞弊行为的,要按照原国家教委教学字(87)014 号文件《普通高等学校招生暂行条例》和第 18 号令《高等学校招生全国统一考试管理处罚暂行规定》的有关规定进行处理。

关于印发《1999 年天津市普通高等学校招生统一考试管理细则》、《1999 年天津市普通高等学校招生统一考试试题试卷保密和管理细则》的通知

津招委高字[1999]5 号

各区、县招生委员会、天津铁厂、大港油田招生委员会、各学科评卷领导小组:

全国普通高等学校招生统一考试是国家级考试,是为国家科学、公正选拔人才服务的一项重要工作,是国家意志和政府行为的体现。

今年我市普通高等学校招生全国统一考试工作必须认真执行原国家教委《普通高等学校招生暂行条例》、《普通、成人高等学校本、专科招生全国统一考试工作规则》,各级招生委员会要从维护改革、发展、稳定的大局出发,切实加强领导,加强政治思想工作。要实行岗位责任制,按照有关规定,精心组织,将各项措施落到实处。

需要着重强调的是,各级招生委员会和各学科评卷领导小组要结合教育部的要求,认真总结以往成功经验和存在的问题,进一步完善管理措施,堵塞漏洞,强化以法治考和考试实施全过程的规范化管理,必须在工作开始前加强对有关人员的培训,凡未经培训的人员一律不准上岗,有直系亲属参加本年度考试的专(兼)职考试工作人员不得接触试(答)卷及成绩管理工作。要组织有关人员认真学习《高等学校招生全国统一考试管理处罚暂行规定》,并向广大考生进行充分宣传。要切实加强试题试卷的保密和管理,务必做到万无一失。要严肃考风、考纪,净化考试环境,坚决杜绝舞弊和违反考试纪律事件的发生。

现将《1999 年天津市普通高等学校招生统一考试管理细则》、《1999 年天津市普通高等学

校招生统一考试试题试卷保密和管理细则》印发给你们，请严格遵照执行。

附一：1999年天津市普通高等学校招生统一考试管理细则

附二：1999年天津市普通高等学校招生统一考试试题试卷保密和管理细则

1999年6月18日

附一：

1999年天津市普通高等学校招生统一考试管理细则

根据原国家教委颁发的《普通、成人高等学校本、专科招生全国统一考试工作规则》，结合我市具体情况，特制定细则如下：

一、考区、考点、考场的设置

1. 以区、县为单位设置考区，天津铁厂、大港油田单独设置考区。

2. 非经市招生委员会批准，不得在区、县招生委员会所在地以外的地区另设考点、考场。

3. 每个考场的考生人数定额为三十人。

4. 考场内桌子的编排为单人、单桌、单行，每个考场排五行，每行六张桌子或排六行，每行五张桌子。

每个考场门前都要张贴本考场应试考生报考类别、考场编号、考生准考号起止号。在考桌的左上角横贴考生座位号码，应按座位号的顺序纵行“S”型排列座次（见附件一“考场座次编排示意图”）。

5. 考点、考场的设置情况须报市招生委员会办公室审核。

二、考区、考点、考场的人员配备

1. 考区主任由区、县人民政府主管区、县长担任。副主任由区、县教委（局）主管领导和招办主任担任（其职责见附件二）。

2. 考点主考、副主考要聘任中学校级或区科级以上干部担任（其职责见附件三）。

3. 考点下设监考、考务、试卷管理、保卫、后勤等若干小组（各组职责见附件四）。在考点门前及考场区域应设保卫人员值勤、巡逻。

4. 每个考场配备两名监考员（不得是当年高中毕业班任课教师），其中1人为主监考（其职责见附件五）。

5. 两名监考员必须分别来自于两个不同的单位。

6. 每个考点须配备流动监考员四至六名（注意男女均有）（其职责见附件六）。

7. 考点主考、副主考及监考人员由区、县、天津铁厂、大港油田招生委员会聘请。考点主考、副主考的名单报市招生委员会备案，由市招生委员会颁发聘书。考点主考、副主考工作证号码由市招生办公室编排。监考员监考证号码由区、县招生办公室根据监考员花名册集中统一编排，监考证号码共五位，前两位为区、县代码，后三位为顺序号。

8. 各考点要安排好司铃、考场卫生、饮水及存车等工勤人员。

三、考前准备工作

1. 七月四日前各区、县(含天津铁厂、大港油田,下同)考区要召集考点主考、副主考会议,由区、县领导同志(考区主任)进行动员,交待任务,宣布纪律。由区、县招办、考点分别培训考点主考、副主考和监考工作人员。逐条讲清考试的各项具体规定,明确各个岗位的职责及注意事项,应特别强调要把好关键性环节,确保不出问题。

试卷的封面、卷头式样,由市招生办公室提前发给,以便进行装订、密封的培训。

2. 考前布置考场时,应将桌椅(包括书桌内部)、墙壁、板报认真清理,不得留有任何纸张和字迹。然后张贴考场号及座位号,多余的课桌椅须移到考场外,经检查合格后,将考场加锁,并用区、县招办统一印制的封条封好。

3. 按照规定要求,考区要建好保密室(经检查合格,并有一委两局的合格证),试卷存放在保密室内,要做到防火、防盗、防雨水、防破坏,确保试卷的安全保密。

4. 区、县招办应在考前召集考生所在校、乡、街负责人开会,征求意见,了解考生思想情况,提出思想教育的要求,宣布有关纪律和规定。

5. 每个考点必须准备 2B 铅笔 5 支,削好供考生备用。

6. 要切实安排好考生的生活。各考点应配备医务人员,做好防暑降温工作,保证考生健康。

7. 各考点应公布考试时间表、考生守则、违纪处罚规定、各考场监考员监考证号码和考场编号,公布考区举报电话,张贴平面示意图,图中应标明考场、饮水处、医务室、问事处、小卖部、厕所、存车处等的位置,上述各项应于七月六日公布在考点入口处。在考点内应设置路标。

8. 考点门前必须悬挂由市招生办公室统一印制的标有“全国普通高等学校招生统一考试××考点”布标。

9. 各区县招委应对考点的供电、供水、通讯、交通、治安以及周围环境状况进行检查,并制定相应的措施,确保高考顺利的进行。

10. 七月五日前完成考前各项准备工作。七月五日至六日,市、区县招生委员会派人会同考点主考,对考点的各项准备工作,进行检查,务必做到全部落实。

11. 七月六日,各区、县可以组织考生熟悉考点情况,使考生了解自己所在的考场位置。

12. 从七月五日起,直至考试全部结束为止,各级招生委员会必须指定专人昼夜值班。各区、县招办应将值班人员姓名及电话于七月二日以前报市招生委员会办公室。

四、考试

1. 考点主考、副主考、监考员必须认真执行《普通、成人高等学校本、专科招生全国统一考试工作规则》及我市的各项规定。严格按照《天津市普通高等学校招生考试监考工作程序》进行操作(见附件七)。在考试过程中遇有偶发情况,应按《天津市普通高等学校招生考试考场偶发情况处理办法》(见附件八)进行处理。

2. 在今年高考的过程中,除应认真执行各项规定外,还要特别注意抓好以下六点:

(1)考前注意做好监考员和考生的培训工作,提醒考生切勿忘带 2B 铅笔和橡皮;

(2)组织好第一门课程的考试,这是稳定整个考试秩序的重要一环;

(3)考点主考必须准确掌握各项考试的时间要求,不得提前或拖延。请各区、县招办、各考点提醒监考员、考生及工作人员,务必注意;

(4)每门课程的开始和结束时,应按规定严格做好收发试卷工作,要准确无误;

(5)指导考生在答题卡指定位置贴上考试专用条形码，在卷二、答题卡填写姓名、准考号、考试科目；在答卷时应按主、客观题的不同要求作答；

(6)按规定要求装订、密封好试卷，切勿错装、倒装试卷。

3. 考生应按规定时间持考生证、身份证、考试专用条形码等进入考场，遵守考试纪律。

4. 除本考场的监考员、考生、主考、副主考和巡视员外，任何人不得进入考场，除执行任务的工作人员外，任何人不得在考场附近逗留观望。凡进入考场区域时，必须出示考生证或市、区县招办规定的证件，否则一律拒绝进入。

5. 监考员在每科考前45分钟准时到考点办公室报到。于考前25分钟(第一科考前30分钟)向主考(副主考)领取试题试卷，核对试卷袋上所印科目与应考科目是否相符，当时不拆封。

6. 考前20分钟(第一科考前25分钟)，监考员组织考生进入考场完毕。此时监考员要特别注意检查考生是否带2B铅笔等必要文具，如发现个别考生未带应及时请考场外工作人员到考点取备用铅笔交考生使用。

7. 监考员在宣读《考生守则》、《违反考试管理的行为和处罚规定》(见附件九)和宣布监考员号码的同时，要特别提醒考生注意，检查考生本人答题卡的题号顺序，按题号顺序答题。

8. 开考前十五分钟，监考员当众启封试卷袋，监考员一人发放答题卡，在发答题卡时应注意，要按照每个考场起号末两位“01”为题号横排卡，止号末两位“30”为题号纵排卡，单号为题号横排卡，双号为题号纵排卡的要求发放(见考场座次编排示意图)。并指导考生在规定位置贴上考试专用条形码，填写姓名，此时不准发放试题试卷。

9. 监考员在考场当众拆封试卷后，应对试卷的科目、页数、印刷情况进行检查，如发现试卷有差错，应按《1999年天津市普通高等学校招生统一考试试题试卷保密和管理细则》处理。

10. 开考前五分钟监考员开始分发试卷。发卷顺序为：卷二(主观题试题卷)、卷一(客观题试题)。将试卷发放到考生桌子的右上角。考生此时只能在卷二(主观题试卷)的密封线内的规定栏内填写准考号、姓名等，不准答卷，待开考铃响后方可答卷。

11. 发试卷后，考生应首先清点试卷页码有无缺页、检查试卷有无破损、试题有无漏印或字迹不清，如有问题应立即向监考员反映，及时解决。

12. 监考员要认真核对考生的准考号末尾两位与考桌上的座位号是否相符，考生证上与考场核对表的照片、身份证及本人是否一致。如果发现问题应立即查明，并通过场外流动监考员向考点主考汇报，及时处理。

13. 开考铃响后监考员要核对、检查考生填写的准考号与考试专用条形码的姓名是否一致。开考十五分钟后监考员对缺考试卷和空白试卷应分别在总分处和答题卡的姓名处填写“缺考”或“空白”，缺考考生的准考号也由监考员填写在相应的位置上。

14. 监考员应严格掌握考试时间，全神贯注地注意考场情况，严禁舞弊行为。在考试过程中，应有一位监考员在考场内巡视，另一位注视全场，二人勿同时走动。考试终了前15分钟，监考员应提醒考生注意掌握时间。考试结束信号发出后，要求考生立即停笔，将试卷翻放在桌上。此时，监考员应由一人注视全场，一人验收答题卡、试题、试卷及草稿纸，无误后，考生再依次离场。考生不准把答题卡、试题、试卷及草稿纸带出考场；如发现有带出考场的，必须立即追回，并按有关规定处理。

15. 每科考试结束后，监考员必须认真清点全部（包括缺考及空白）答卷、试题卷、答题卡及草稿纸的份数，要按照准考号末两位“01”至“30”的顺序，由小号到大号排列好，缺考及空白答卷、答题卡也必须插入原顺序位置，不得漏装。核对无误交考点主考检查后，将答题卡直接装入原袋内用红色密封签密封；将卷一(客观题的试题)装入印有科目名称的大袋内，交区、县招办保存；将卷二(主观题答卷)按规定装订密封好后，装入原袋内用红色密封签封好。监考员将封装好的答卷、填好的考场情况记录表，以及另行封装的卷一客观题试题、草稿纸交考点主考验收。

日语、俄语考生答题纸的密封办法与其它科目的卷二(主观题答卷)相同。语种混编考场的答卷封装应按不同语种发放的试卷数分别按要求密封装订成册，装入本考场同一答卷袋内。

16. 每科考完后，监考员必须检查课桌内部，清查考场，严防将考生答卷遗留在考场内。离开时，应关好门窗，整理好桌椅，封好考场。在考试期间考场应保持清洁，考场内不留任何字迹或纸张。

17. 必须严肃考试纪律。对高考中发现的违纪违法行为，必须追究责任，按原国家教委《高等学校招生全国统一考试管理处罚暂行规定》严肃处理。

各考点对违纪违法、重病以及其他重要情况，除及时按有关规定果断处理，并记入考场情况记录表外，应同时向区、县招生委员会报告处理情况。对考生或工作人员舞弊的，必须及时办理上报手续。

五、外语听力测试

英语听力测试按市招生办公室《1999 年天津市普通高等学校招生英语听力测试实施办法》办理。

附件一：考场座次编排示意图

附件二：考区主任、副主任职责

附件三：考点主考、副主考职责

附件四：考务组长职责

附件五：监考员职责

附件六：流动监考员职责

附件七：天津市普通高等学校招生统一考试监考工作程序

附件八：天津市普通高等学校招生考试考场偶发情况处理办法

附件九：考生守则

附件一：

考场座次编排示意图

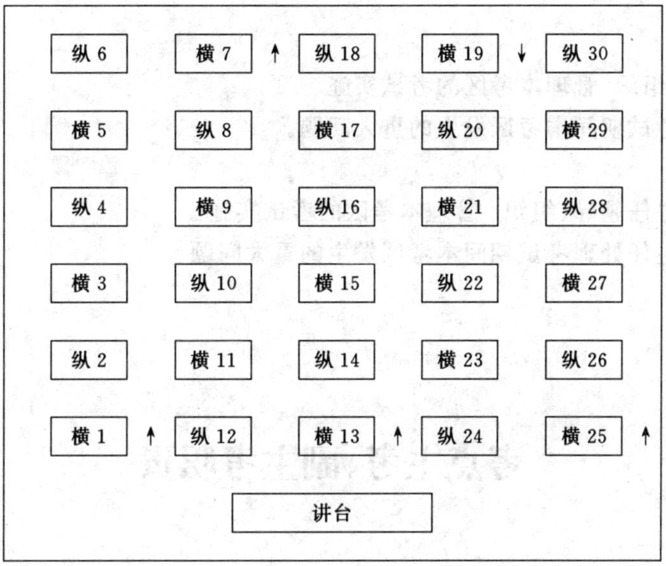

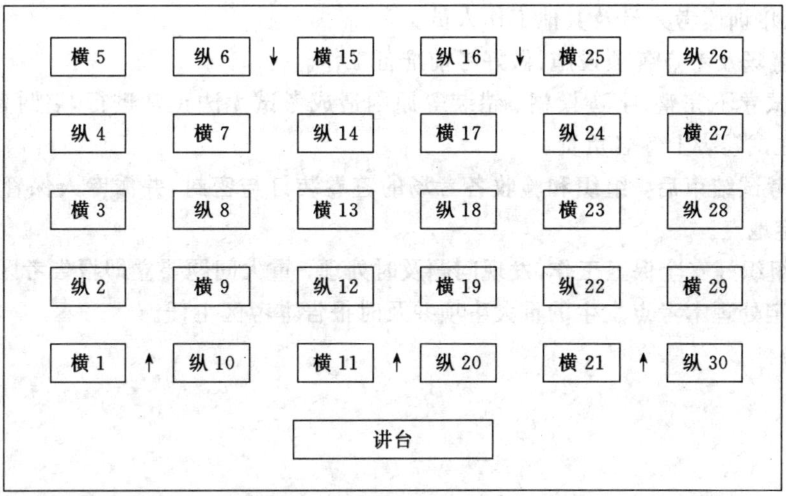

注："横"表示答题卡题号横排。"纵"表示答题卡题号纵排。

附件二：

考区主任、副主任职责

考区主任：

1．负责领导、组织、管理本考区的考试实施。

2．负责处理考试期间本考区发生的重大问题。

考区副主任：

1．协助考区主任领导、组织、管理本考区的考试实施。

2．协助考区主任处理考试期间本考区发生的重大问题。

附件三：

考点主考、副主考职责

1．主持本考点的考试，全面负责本考点的工作。

2．选聘、培训监考人员及其他工作人员。

3．布置考场及考点各项设施，做好考前准备工作。

4．如因试卷不完整、字迹模糊、错装等原因造成考试无法正常进行，启封备用卷，主考、副主考二人在试卷袋上签名负责。

5．每科考试结束后，组织和验收各考场的答卷装订与密封，并派专人保管与保卫，按时送到考区指定地点。

6．切实组织好安全保卫工作，发现问题及时处理，重大问题要立即报告考区主任。

7．按规定处理本考点发生的重大事项并及时报告本考区主任。

附件四：

考 务 组 长 职 责

1．负责上下联络及各组间的协调工作；

2．负责召开有关会议，安排考试管理，组织监考员和工作人员的业务培训；

3．负责指挥、监督、管理考务组工作人员开展工作；

4．负责掌握考试时间指挥司铃，按时准确打铃；

5. 负责填写考试报表，收集有关考试中需要保存的资料；

6. 协助主考、副主考处理考试中发生的问题。

考务工作人员职责

1. 准备考试必备的物品。如墨水、铅笔、橡皮以备考生使用。

2. 准备考试后密封试卷用品。如线绳、针、锥子、胶水、夹子等。

3. 考试结束后，协助主考、副主考验收试卷。一是收回考场记录表；二是点验考试卷Ⅰ、卷Ⅱ份数，排列顺序，有否倒排、漏排等现象；三是点验答题卡页数，查验无误后方可允许监考员进行密封试卷。

试卷保密组职责

1. 负责接送试卷，接送试卷按有关规定执行，必须是专人、专车、人不离卷；

2. 接送试卷必须严格履行交接手续，考点应设临时保管铁皮柜；

3. 考试期间，考点试卷保管人员须2人以上守卫试卷，不得离开保密室；

4. 考试结束当天将考生答卷、备用卷立即送回区、县招办保密室，不得在考点过夜。

医务室职责

1. 备好防暑降温、医疗保健等常用药品；

2. 负责考生、考试工作人员在考试中的医疗救护工作。

保卫组职责

1. 负责考点的安全保卫工作，做好门岗的保卫和进入考场区的验证工作；

2. 在考点及考场周围进行值勤巡逻；

3. 参与试卷的接送和保管工作。

后勤组职责

1. 负责考试中所需办公用品的准备工作；
2. 负责考点的开水供应；
3. 负责考点环境的布置及清洁卫生和课桌椅的调配工作；
4. 保障考场照明设备、降温设备的完好状况及电源的维护。

附件五：

监考员职责

主监考：

1. 全面负责本考场的工作；
2. 负责领取试卷、启封试卷、核对试卷；
3. 负责第一场考试开考前宣读《考生守则》、《违反考试管理的行为和处罚规定》；
4. 负责填写考场记录表；
5. 必要时通过场外流动监考员向主考、副主考报告要求场外协助解决的问题；
6. 监视考生考试。

副监考：

1. 负责验证组织考生有秩序地进退考场，收发考生试卷；
2. 开考后，再次进行验证，考场核对表与身份证、考生证与本人是否一致；
3. 检查考生姓名、准考号、考生用条形码在卷二、答题卡相应位置填写、粘贴是否正确；
4. 维护本考场的考试秩序，制止除主考、副主考、巡视员以外的其他人员进入考场；
5. 监视考生考试；
6. 整理、清点考生答卷、答题卡、草稿纸等。

附件六：

流动监考员职责

1. 负责考场的联络工作，随时保持与主考、副主考的联系，及时通报考场内遇到的问题；
2. 开考前负责引导考生进入考场；

3. 协助考场内监考员处理场内无法处理的问题；
4. 遇有特殊情况需替换场内监考员。

监考员"九不准"

1. 不准除主考、副主考、巡视员以外的任何人员进入考场；
2. 不准吸烟；
3. 不准阅读书报；
4. 不准谈笑；
5. 不准抄题、作题、念题或解释试题内容；
6. 不准检查考生答题情况；
7. 不准提前和拖延考试时间；
8. 不准以任何理由把试卷带出或传出考场；
9. 不准擅离职守。

附件七：

天津市普通高等学校招生统一考试监考工作程序

日　期	七月七日		七月八日		七月九日	
午　别	上　午	下　午	上　午	下　午	上　午	下　午
考试科目	语　文	化学、政治	数　学	物理、历史	外　语	
考试时间	9：00—11：30	3：00—5：00	9：00—11：00	3：00—5：00	9：00—11：00	
时　间	8：15	2：15	8：15	2：15	8：15	
工作内容	1. 监考员、工作人员到考务办公室签到，接受主考指示。 2. 校对钟表时间。					
时　间	8：30	2：35	8：35	2：35	8：35	
工作内容	1. 监考员到保密室领取试卷，主监考办理签收手续。 2. 全部领取完毕，核准当场考试科目无误，方可允许监考员集体离开保密室，直达考场。					
时　间	8：35	2：40	8：40	2：40	8：40	
工作内容	1. 打铃，考生开始进入考场。 2. 副监考在考场门口组织考生入场，并检查考生考生证(新高职和单考为准考证)、考试专用条形码、身份证。					
时　间	8：40					

工作内容	1. 主监考宣读"考生守则""违反考试管理的行为和处罚规定"及注意事项。 2. 提醒考生卷Ⅰ的答案填涂在答题卡上,卷Ⅱ的答案直接答在卷面上。					
时　　间	8:45	2:45	8:45	2:45	8:45	
工作内容	1. 主监考当众启封试卷袋,核对卷Ⅰ卷Ⅱ是否与当场考试科目相符,核对试卷的份数(30)及答题卡的页数(30),并检查试卷有无破损、漏印、印重、错误等。试卷袋所装材料是否齐全; 印有科目名称的大袋内袋:①该学科客观试题30份。②该学科主观试题中袋一袋(内装主观试题卷30份,牛皮纸封头、封卷用白纸、密封签、答案封面各一张、草稿纸30张,考场记录表一张)。③该学科答题卡小袋一袋(内装答题卡30张,密封签一张位于横、纵卡之间)。					
时　　间	8:50	2:50	8:50	2:50	8:50	
工作内容	1. 副监考分发答题卡,座位号为单号者发题号横排卡,座位号为双号者发题号纵排卡。 2. 答题卡发完后,主监考组织考生在答题卡上填写姓名、准考号,将考试专用条形码粘贴在规定位置上。 3. 副监考分发草稿纸。					
时　　间	8:55	2:55	8:55	2:55	8:55	
工作内容	1. 主监考注视全场。 2. 副监考分发卷Ⅱ。 3. 卷Ⅱ发完之后,主监考宣布:"请大家将自己的姓名、准考号填写在密封 的相应位置上。填写好以后请按折叠线折好。" 4. 副监考分发卷Ⅰ。 5. 卷Ⅰ发完后,主监考宣布:"请大家按卷首提示检查试卷页数是否完整,有无污染破损、漏印、字迹不清等,考试中如再发现此类问题由考生个人负责。"					
时　　间	9:00	3:00	9:00	3:00	9:00	
工作内容	1. 打铃,开考。主监考宣布:"可以开始答题"。 2. 主监考注视全场。副监考开始持考场核对表(新高职和单考为准考证存根)检查考生考生证(准考证)、身份证照片与本人是否相符,并检查考生姓名、准考号在答题卡和卷Ⅱ相应位置填写、粘贴是否正确。					
时　　间	9:15	3:15	9:15	3:15	9:15	
工作内容	1. 迟到的考生停止入场。 2. 主监考对缺考和空白试卷分别在试卷总分处和答题卡的姓名处填写"缺考"或"空白"字样,将缺考考生准考号填写在试卷和答题卡的相应位置上。					
时　　间	9:30	3:30	9:30	3:30	9:30	
工作内容	1. 允许考生离开考场;监考员对早交卷的考生试卷页数等进行检查,核对无误后,将试卷翻扣在桌上,方可允许考生退出考场。					
时　　间	11:15	4:45	10:45	4:45	10:45	
工作内容	1. 主监考提醒考生掌握时间,宣布:"距考试结束还有十五分钟"。"请检查一下卷Ⅱ的答案是否填涂在答题卡上"。 2. 主监考填写考场记录表。					
时　　间	11:30	5:00	11:00	5:00	11:00	

工作内容	1. 打铃，结束考试。 2. 主监考宣布："请大家停止答卷。按答题卡、卷Ⅱ、卷Ⅰ、草稿纸的顺序排好，请保持考场安静，坐好等待收卷。" 3. 主监考注视全场，副监考开始收卷，(四收：一收答题卡，二收卷Ⅱ，三收卷Ⅰ，四收草稿纸并按小号在上、大号在下的顺序排列好)。 4. 全部收齐清点无误后，方可允许考生离开考场。 5. 监考员将答题卡、卷Ⅱ按准考号顺序检查一遍(卷Ⅱ折叠是否正确，黑色检查标志是否都在同一位置)，检查无误后清理考场，关窗锁门。 6. 监考员携带答题卡、试卷Ⅱ、试卷Ⅰ、考场情况记录表及草稿纸到考务办公室交主考、副主考验收，验收合格后按装订要求装订密封。

此表发至每个监考员和工作人员。　　　　天津市高等学校中等专业学校招生委员会办公室制

附件八：

天津市普通高等学校招生考试考场偶发情况处理办法

序号	偶发情况	处理办法		
		监考员	考点主任	考区主任
1	考生忘记带考生证、身份证或遗失了考试专用条形码、考生证、身份证	先验证考生相貌，若与考场核对表所贴照片相符，可安排考生进场应试，并要求考生下一科考试必须带来，将情况报告考点主考，并记入考场情况记录表内，下科考试时注意查验。	掌握无考试专用条形码、"考生证"进场应试的考生情况。	应将情况向市招办汇报备案。
2	考生相貌与考场核对表的照片不符。	立即将情况通过场外监考员报告考点主考，该科考试结束后，将考生带到考点办公室，查明情况，听候处理，并将情况记入考场情况记录表内。	考试结束，会同考生所在单位核实情况，如确系代考，则取消考试资格，并报告考区主任，同时填写违纪考生审批表。	立即将情况报告市招办
3	领到试卷后发现试卷袋口或密封有异常迹象。	立即报告考点主考。	与监考员共同将异常情况记录在案，换备用试卷袋，考点主考负责查明原因并报告考区主任。	立即将情况报市招办。
4	试卷启封时，发现袋内所装试卷与当场所考科目不符。	立即将试卷装回原袋，通过场外监考员报告考点主考。	根据规定，启用考点备用卷，另派监考员。对接触装错科目试卷的监考员采取隔离措施，直到错装试卷科目考完为止。	立即报告市招办。
5	试卷启封后，发现有缺页、漏印、印重、破损等情况。	通过场外监考员向考点主考报告申请动用考点备用卷，并将情况记入考场情况记录表内和考场使用备用卷情况登记表。	根据规定可启用考点备用卷，并按规定填写备用卷使用情况表。	考试结束后，按规定将备用卷使用情况登记表交市招办。

序号	偶发情况	处理办法		
		监考员	考点主任	考区主任
6	开考15分钟后，考生发现试卷页码不对，漏印、印重、破损、污染或无意弄脏损坏、污染试卷、答题卡，要求更换。	通过场外监考员报告考点主考申请使用考点备用卷或答题卡。并将情况记入考场情况记录表内。	根据规定启用考点备用卷、备用答题卡，并按规定填写备用试卷、答题卡使用情况登记表。	考试结束后，按规定将备用卷使用情况登记表交市招办。
7	考试中考生文具出现无墨水等故障。	考生不离座位，监考员帮助排除故障，监考员难以解决时，应通知场外监考员帮助解决。	事先应指示考务组准备备用墨水、2B铅笔等必要文具。	
8	个别考生有抄袭、偷看、传递、夹带、到时不停止答卷等作弊行为。	立即坚决制止，并如实记入违纪考生处理审批表。	将情况如实向考区主任汇报并组织力量调查。	考试结束后，将违纪考生处理审批表报市招办。
9	考生发生晕场、疾病的情况。	通过场外监考员报告考点主考，并将情况记入考场情况记录表内。	指挥监督医疗组予以就地治疗或送至就近医院，如开考未超过30分钟，则实行隔离治疗，同时报告考区主任。	将情况报市招办备案。
10	考生因特殊病因，考试中途要求上厕所。	速与场外监考员联系，报告考点主考，并将情况记入考场情况记录表。	了解掌握情况，如确属特殊病因，待开考30分钟后，指派两名同性别场外监考员随其前往，须寸步不离。	将情况报市招办备案。
11	未列入本表中的偶发情况。	立即通过场外监考员报告考点主考。	根据有关文件规定进行处理或立即报告考区主任请示处理意见。	报告市招办请示处理意见。

此表发至每个监考员和工作人员。　　天津市高等学校中等专业学校招生委员会办公室制

附件九：

考生守则

一、凭考生证、身份证、考试专用条形码，按规定时间参加考试。

二、每科开考十五分钟后不得入场；开考三十分钟内不得离开考场。

三、卷一要求用2B铅笔答卷，卷二要求用书写蓝、黑颜色的钢笔、圆珠笔答卷；此外，除有关科目必备的直尺、圆规、三角板、橡皮外，其他任何物品不准带入考场。

四、考生对号入座，须将自己的《考生证》、《身份证》放在桌子左上角。只能在答题卡上填写姓名、准考号，在规定的位置贴上自己的考试专用条形码；在主观题答卷的密封线内写上姓名、准考号等，不得在答卷、答题卡其他地方做任何标记。

五、开考信号发出后才能开始答题。

六、在答卷的密封线外或答题卡规定的地方答题。

七、在考场内须保持安静，不得吸烟，不准喧哗，不准在考场外逗留。

八、考试中，不准交头接耳、左顾右盼、打手势、做暗号，不准夹带、偷看、抄袭或有意让他人

抄袭，不准传抄答案或交换试卷、答题卡。

九、考生提问，先举手，得到允许后，可提问有关试卷字迹不清、卷面缺损、污染等问题。

十、考试终了信号发出，考生须立即停笔，将答卷反扣桌上，待监考员将答卷、答题卡等收齐后，起立，依次退出考场，不准在考场逗留。

违反考试管理的行为和处罚规定

一、考生有下列情形之一的，扣除该科所得分的30%—50%；在两科以上有下列情形之一的，所考科目的考试成绩无效：

1. 携带规定以外的物品进入考场的；

2. 开考信号发出前答题的；

3. 考试终了信号发出后继续答题的；

4. 在考场内吸烟、喧哗或有其他影响考场秩序的行为，经劝阻仍不改正的；

5. 在试卷规定以外的地方写姓名、准考号的；

6. 用规定以外的笔答题的。

二、考生有下列情形之一的，取消当年考试资格，情节严重的，不准参加下一年度的全国统一考试：

1. 交头接耳、互打暗号、手势的；

2. 夹带的；

3. 接传答案的；

4. 交换答卷的；

5. 抄袭他人答卷的；

6. 有意将自己的答卷让他人抄袭的；

7. 考试期间撕毁试卷或答卷的；

8. 将试卷或答卷带出考场的；

9. 在评卷中被认为雷同卷的；

10. 有意在答卷中做其他标记的；

11. 有其他舞弊行为的。

三、考生有下列情形之一的，取消当年考试资格，并从下一年起两年内不准参加全国统一考试：

1. 扰乱报名站(点)、考场、评卷场及有关工作场所秩序的；

2. 拒绝、阻碍考试工作人员执行公务的；

3. 威胁考试工作人员安全或公然侮辱、诽谤、诬陷考试工作人员的；

4. 伪造证件、证明、档案以取得考试资格的。

四、考生由他人代考的，或偷换答卷、涂改成绩的，取消当年考试资格，并从下一年起三年内不准参加全国统一考试；其中是在职人员的，依照有关规定处理。

五、高等学校在校生代他人参加全国统一考试的，由其所在学校勒令退学或开除学籍；在校高中生代他人参加全国统一考试的，从该生毕业当年起两年内不准参加全国统一考试；在职人员代他人参加全国统一考试的，依照有关规定处理。

附二：

1999年天津市普通高等学校招生统一考试试题试卷保密和管理细则

普通高等学校招生统一考试的试题试卷，在考试之前是国家绝密级材料。做好高考试题、试卷的保密和管理，是关系到保守国家机密维护高考信誉的一项极其严肃的任务。各级领导和考试工作人员必须认真执行原国家教委颁发的《普通、成人高等学校本、专科招生全国统一考试工作规则》、原国家教委办公厅印发的《试卷保密室、答卷保管室管理办法》和《试卷印刷运送工作管理办法》，本着对国家机密绝对负责的精神，高度重视，慎之又慎，切实做好试题、试卷的管理和保密、保卫工作。为此制订管理细则如下：

一、各级招生委员会必须切实加强对高考试题、试卷保密和管理工作的领导。组织有关工作人员认真学习和执行有关文件的各项规定，进行保密教育；建设好存放试卷的保密室，制定行之有效的保密措施；实行严格的岗位责任制，指定专人负责，建立严密的管理制度和交接手续，并及时检查执行情况。有关工作人员要加强组织纪律性和工作责任心，自觉遵守并严格执行各项制度和保密规定（试卷保密保管人员守则见附件一），确保万无一失。

二、市招生办公室设试题、试卷管理组。各区、县（含天津铁厂、大港油田，下同）招生办公室及考点要建立试题、试卷管理小组，分别由区、县招生办公室、考点的一位负责同志任组长。保密保管人员，必须按规定条件选派政治可靠、工作认真负责，严守纪律、保密观念强、身体健康，今年没有直系亲属报考的同志担任。

试题、试卷管理人员，从接触试题、试卷之时起，直到各科考试全部结束为止，要集中食宿，统一管理，不准回家、会客、打电话、通信，不准单独行动，试题、试卷管理人员必须认真履行职责，严格遵守有关规定，不得擅离岗位、玩忽职守。

三、各科（除日、俄语外）的试题、试卷包装规格为：每科一个大的试卷袋，封面印有该科科目名称，在袋的封口处以黑色密封签密封，并加盖有市招生办公室密封章。袋内装：该学科主观题试卷一袋，袋的封面上印有“××科主观题”字样（内装30份主观题试卷、牛皮纸封头、封卷用白纸、红色密封签、答卷封面各一张），客观题答题卡一小袋，袋的封面上印有“××科客观题答题卡”字样（内装答题卡30份、红色密封签一张），客观题试题30份；考场情况记录表一张。

日、俄语科外包装规格同上，袋内装有该科试卷5份、牛皮纸封头、封卷用白纸、红色密封签、答卷封面各一张。

需要草稿纸的科目，草稿纸装在试卷袋内。

新高职和单独考试的语文、数学、外语三科为分卷考试，袋内装：该学科主观题试卷一袋，袋的封面上印有“××科主观题”字样（袋内分别装有6份、16份和30份主观题试卷，牛皮纸封头、封卷用白纸、红色密封签、答卷封面各一张），客观题答题卡一小袋，袋的封面上印有“××科客观题答题卡”字样（袋内分别装有答题卡6份、16份和30份、红色密封签一张），客观题试题6份、16份和30份；考场情况记录表一张。

新高职和单独考试的专业考试试卷均为主观题，袋内分别装有该科试卷6份、16份和30

份、牛皮纸封头、封卷用白纸、红色密封签、答卷封面各一张。

四、各区、县领取试题、试卷时，必须持本区、县招生委员会签发的“领取高考试卷介绍信”，介绍信上各项内容必须用钢笔按要求填写齐全、不得涂改。介绍信须由招生委员会主任签署并加盖公章方能有效。领取试卷须由招生办公室主任（或副主任）带队，保密员五至七人（天津铁厂不少于三人，汽车 2 辆），派专车按规定时间到指定的地点领取（领取试卷的时间、地点另行通知）并请公安人员协助护送。交接双方要当面清点、核对试卷数量，检查密封、包装，检查合格后，填写领取收据，并按收据栏目的要求签字。自交接手续办理完毕之时起，即由区、县招生委员会负责管理。

各级试题、试卷管理组（或小组）在发出试卷时，都要认真检查。凡试卷袋、密封签不符合规定要求或有破损的，一律不得发出。

在运送试卷时，必须有防雨装备。搬动试卷时，要轻拿轻放，以确保试卷袋完整无损。运送试卷的车辆应按规定的路线行驶，非试卷管理人员不能乘坐。在领取试卷后及途中必须做到人不离卷，且不得单人看管，以确保安全。

五、各区、县领回的试题、试卷和尚未评阅的答卷，都必须存放在保密室内，由试题、试卷管理小组负责日夜看管（须有三人同时看管），非试题、试卷管理小组人员严禁入内。

六、各区、县、考点直至考场，每次收发试题、试卷时，都必须有严格的交接手续，交接双方应在交接单上签字。

七、试题、试卷密封后直至该科考试启封前，任何组织或个人不得以任何借口擅自拆封。如发生泄密事故，应立即报市招生办公室，同时迅速隔离全部有关涉密人员，采取措施保护现场，防止扩散。并及时查明原因，提出对事故有关人员的处理意见向市招生委员会报告。

八、监考员在考场启封试卷时，如发现在试卷袋内有错装未考科目的试卷时，应立即将试卷装回袋内密封，在封条上签字，并报告考点主考。考点主考应立即换发应考科目的试卷，隔离原监考员，改换预备监考员，并向区县招生委员会报告。既要做到严格保密，又要保证考试的正常进行。区县招生委员会应将处理情况立即报市招生委员会。

九、考试时如需启用所考科目的备用试卷，必须经考点主考批准。启用时，考点主考必须在场，应注明启用原因、时间、地点和启用试卷的份数，填写《备用试卷使用情况登记表》并由启用人和考点主考、副主考二人签字。

十、考试结束后，各考点必须将分别集中封好的答题卡、试卷、试题、备用试卷及时交回由区、县试卷管理小组负责保管。试题、试卷一律不得在考点过夜。在考点存放试题、试卷期间，其管理和保密要求同第五条。

必须特别注意，在试卷袋上（除装答题卡的客观题答卷袋的有关内容按规定填写外）不要填写任何字迹。在密封试卷时，切勿发生漏封、倒装试卷或试卷顺序颠倒等现象。考点主考在验收时一定要认真检查，必须严格把关，确保试卷封装符合要求。验收后装入原试卷袋内，并将试卷袋用统一印制的红色密封签封好，在封签上、下两边左、右骑缝处各盖一统一规定的圆形“密”字章（继续使用去年的圆形“密”字章）。此章由考点主考（或副主考）管理，不得交试卷管理小组的人员保管。用毕交回区、县招生办公室妥善保存，不得移做他用。

草稿纸一律不与答卷合订，应另行装订封好，由考点交区、县招生办公室封存。

十一、各考点收到答卷，经核对无误，分科登记后，应立即交区、县招生办公室试题试卷管理小组。

十二、区、县招生办公室开列清单，按分科定点的规定，准时将答卷分别送交市招生办公室客观题评卷组和各学科评卷点的试卷调度保管组，当面点清无误，办理交接签收手续后，由学科评卷点试卷调度保管组负责管理。

十三、各学科评卷点评阅后的答卷，在登录成绩后，仍装入原试卷袋内，用统一印制的绿色回封签封好，加盖评卷领导小组公章。由区、县招生办公室清点签收后立即送交市招生办公室试卷保管组保管。答卷运回过程中的保密要求，与运送试卷的要求相同。

十四、外省市在津借考考生和大学少年班考生的答卷，应于七月十日(以邮戳日期为准)按人分别装入信封，密封后，连同考生有关材料，由区、县招生办公室以密件分别寄给其户口所在省、自治区、直辖市招生办公室或有关高等学校招生办公室。

十五、各区、县发至考点的各学科试卷，必须在该科考试后全部收回。

各区、县招生办公室在核对试卷项目、试卷的科别、数量完全无误后，于七月十日将市招办下发的各备用试卷与试卷使用核对表一并交市招生办公室。

十六、对失密泄密、营私舞弊、违法乱纪者，按原国家教委《普通高等学校招生暂行条例》和《高等学校招生全国统一考试管理处罚暂行规定》严肃处理。

附件一：

试卷保密保管人员守则

为做好普通高等学校招生考试试卷(答卷)的保密、保卫工作。保密保管人员应严格执行如下守则：

1. 保密保管人员上岗前应接受安全保密教育，学习有关的规章制度，熟悉试卷的收发手续；

2. 保密保管人员必须昼夜值班，每班三人以上，任何情况下值班现场不少于2人。做到人不离室、人不离卷。

3. 值班期间严禁会客、睡觉、饮酒、文娱活动、私自使用电话，存放试卷的保密室内严禁吸烟；

4. 禁止无关人员进入试卷保密室；

5. 不得以任何理由开启试卷密封包装，不准改动考生答卷；

6. 保密室屋门钥匙、铁柜的钥匙，双锁铁柜的两种钥匙，密码锁铁柜的密码和钥匙应分别由招办负责人与保密室负责人分别掌管，两人共同在场才能开启，不得转交他人或互相代管；

7. 制止违反保密规定的行为，拒绝他人索用试卷保密室门、柜钥匙，拒绝代领试卷；

8. 接收、发放试卷时必须严格履行交接制度，办理双方签字的交接手续；

9. 如发生试卷泄密、失盗、严重损毁、涂改等重大事件，应立即报告市招生办公室，同时报告当地公安局和保密局，并采取措施保护现场，防止扩散。

10. 保密保管人员不执行本守则，发生试卷泄密、失盗、损毁、涂改等重大事故，依法追究保密保管人员的直接责任。

关于做好今年高考工作
加强考风考纪的十二项措施

津招委高字[1999]6号

各区县招生委员会、天津铁厂、大港油田招生委员会、各学科评卷领导小组：

一年一度的普通高等学校招生全国统一考试即将开始，根据教育部关于在今年高考工作中加强考务管理、严肃考风考纪要求，各区、县招生委员会及考试工作有关部门，要加强对考试工作的管理，依法治考。为进一步提高考试质量，确保高考这一关系到党和政府形象、关系到群众切身利益的工作顺利进行，防止各种舞弊事件的发生，特提出如下措施，请认真遵照执行。

一、全国统一考试是国家意志和政府行为的体现，确保试卷（答卷）的安全、保密和正常的考试秩序是各区县人民政府招生考试机构和阅卷院校的责任。要把防止和杜绝试卷失、泄密和考试作弊特别是有组织、有预谋的集体舞弊事件作为重点，认真落实各级招生委员会、学科评卷领导小组和招生考试人员的岗位责任制，把各项有关规定落到实处。

二、根据教育部规定，考区主任由区县招生委员会主任（区县政府主管区、县长）担任。要按规定选定考点。全市各考点在考试期间要实行封闭式管理。进入考点必须凭考生证（准考证）和市、区县招办核发的有关证件，否则不能进入，以保障考点的正常秩序。

三、各考点、学科评卷点要认真执行监考员、评卷教师的选聘条件，严格禁止今年有直系亲属参加高考的人员参与考试、评卷工作。高三任课教师不得参加监考，同一考场的监考人员不得来自同一学校。

四、各区县招生委员会、各考点和各学科评卷点在工作开始前必须逐级对所有参加考试、评卷工作的人员进行严格的学习、培训，坚决克服麻痹大意思想，把今年的考务、评卷工作当成是第一次组织实施，使之做到熟悉规定、掌握要点、明确岗位、认真正确履行职责。凡未经培训合格的人员一律不准上岗工作，同时要加强对招生考试人员的职业道德教育，严格执行有关规定。监考员要做到“九不准”，阅卷工作人员要遵守“十不准”。

五、市、区县招生委员会在考试前都要设立并公布考风考纪举报电话。各考点在考前须向本考点考生公布监考员监考证号码。对发现和查处的违纪事件要逐级上报。

六、考生持考生证（准考证）、身份证参加考试。监考员要认真履行考生、考生证（准考证）、身份证及考场核对表（准考证存根）、照片的五对照，以防替考现象的发生。

七、加大监督、检查力度。市招生委员会将在考试期间派出考点巡视组进行巡视、监察工作。对各种违纪、舞弊案件发现一起，查处一起。

八、各区县、中学、街乡在考前要对全体考生进行以《考生守则》、《高等学校招生全国统一考试管理处罚暂行规定》为主要内容的考风考纪教育。

九、加强备用试卷管理，各考区、各考点要严格执行备用试卷启封使用的有关规定。于七月十日前连同考生答题卡一并交回市招办。

十、各区县招生委员会要按照有关规定对本区县试卷保密室进行检查，保密室须有“一委两局”的使用合格证。各学科评卷点对考生答卷的保管场所要按照有关规定加以落实，评卷期间对评卷场地要实行封闭式管理，严禁无关人员进入评卷场所，严禁非试卷保管人员进入考生答卷保管室。各区县、学科评卷点在试卷、答卷交接过程中都要严密交接办法，认真履行交接手续，确保试卷、考生答卷的安全。

十一、各学科评卷点要加强对阅卷工作的管理，尤其要注意在阅卷中发现的雷同卷、异常答卷情况，及时发现问题，上报市招生委员会办公室。对局部发现雷同卷的地区除按规定严肃处理外，并视情况取消该地区设置考点的资格。

十二、考试中，考生除按规定必须带进考室的物品外，严禁携带BP机、移动电话等无线通讯工具和录音机进入考点；考生在试(答)卷上严禁使用涂改液。对违反者，一律按违纪处理。

1999年6月22日

关于转发《天津市北辰区1999年普通高等学校招生统一考试职能小组及职责》的通知

津招委高字[1999]7号

各区县及大港油田、天津铁厂招生委员会：

1999年普通高等学校招生统一考试工作已经开始。北辰区招生委员会对招生考试工作极为重视，动手早，行动快。为确保工作顺利进行特向区招生委员会各成员单位印发了《天津市北辰区一九九九年普通高等学校招生统一考试职能小组及职责》的通知。现转发给你们，请你们参照北辰区的做法，认真落实副市长俞海潮同志在区县长会议上的讲话精神及市招委会的各项要求，结合本区县的实际情况，明确责任，落实各职能机构岗位职责，扎扎实实地做好今年普通高等学校的招生考试工作。

附：关于印发《天津市北辰区一九九九年普通高等学校招生统一考试职能小组及职责》的通知

1999年6月29日

关于印发《天津市北辰区一九九九年普通高等学校招生统一考试职能小组及职责》的通知

津辰政办发[1999]28号

区招生委员会各成员单位：

区招生委员会拟定的《天津市北辰区一九九九年普通高等学校招生统一考试职能小组及职责》，已经区政府领导同意，现印发给你们，请认真依照执行。

普通高校招生考试是涉及千家万户的大事，关系到国家选才，关系到社会的发展和稳定。区各有关职能部门要高度重视此项工作，尽职尽责，确保我区普通高校招生考试工作顺利进行。

附：天津市北辰区招生委员会成员名单

天津市北辰区人民政府办公室
一九九九年六月二十三日

天津市北辰区一九九九年普通高等学校招生统一考试职能小组及职责

一、试卷保密组：

成员单位：保密局、公安分局、教委、考点校（四十七中、北仓二中）

主要职责：

保密局：①按有关规定负责监督接送试卷（人不离卷）。

②检查保密室三铁（铁门、窗、柜）和四防（防火、防盗、防漏水、防破坏）落实情况。

公安分局：①协助教委于七月五日下午1:30指派治安科长一人和干警一人及专车去市招办领取试卷，安全到达区试卷保密室。

②考试期间对试卷管理人员保管试卷情况进行抽查。

③七月八日上午8:30、七月九日下午1:00、七月十日上午8:00指派一名干警协助区招办护送考生答卷到指定地点。

教委：①建立符合标准的试卷保密室。

②教育试卷保管人员模范遵守《试卷保密人员守则》。考试期间考区试卷保密室人员昼夜值班，每班3人以上，任何情况下值班现场不少于2人，人不离卷。值班期间，严禁会客、睡觉、饮酒、文娱活动和私自使用电话。保密室严禁吸烟。

考点校：①在考试期间安排2名试卷保管员守卫试卷，办理试卷交接手续。

②试卷装入铁柜。

③每科考试结束后将考生答卷、备用卷等立即送回区招办保密室，不得在考点过夜。

二、安全保卫组：

成员单位：公安分局、交通中队、市容委、工商局、新村街、教委、考点校。

主要职责：

公安分局：考试期间选派3名干警负责考点的安全保卫工作（四十七中2名，北仓二中1名）

①协助考点保卫人员做好门岗保卫和进入考点的验证工作，杜绝无证人员进入考点、考场。

②加强考场巡逻，负责让无关人员远离考点。

③严防考点校附近路段拦路抢劫、打架斗殴等事件发生，确保考生人身安全。

交通中队：①考试期间选派4名干警负责疏通通往考点的交通秩序，保证考生顺利到达考点。考生若有交通违章等情况发生，先保证考生按时参加考试，后进行违章处理。

②在京津公路四十七中校门两侧50米处，各安排1人，示意过往车辆减速，禁止鸣笛；在北医道与果园东路交叉口、北医道与高峰路交叉口各安排1人，严禁无证车辆驶入，禁止鸣笛。

市容委、工商局、新村街：负责清理考点周围的摊点，保证考生出入安全。

教委、考点校：①负责考点的门寻工作和考场区的验证工作。

②考生自行车定点整齐存放。

③每场开考后，负责打开楼道各安全出口大门，指派专人守卫。

三、医疗组：

成员单位：卫生局、考点校

主要职责：

卫生局：指派政治素质好、业务能力强的医师在考试期间坚守门诊（急诊）岗位，专职负责考生的诊治。

考点校：①备好防暑降温、医疗保健等常用药品。

②负责考生、考试工作人员在考试中的医疗救护工作。

四、后勤组：

成员单位：政府办公室、供电局、环保局、卫生局、考点校

主要职责：

政府办公室：①协调公交部门，安排好车次，为考生服务。

②协调文化局、新村街、集贤街、北仓镇，在考试期间暂停集结性娱乐活动。

③协调广电局，搞好宣传舆论工作。

供电局：提前检查线路，绝对保证考试期间不停电、安全用电。

环保局：在考生复习、考试期间控制噪音不超标，接到举报立即查处（公布举报电话）。

考点：①负责考试中所需办公用品的准备工作。

②负责考点的开水供应，安排好各校领队、考生、考生家长的休息地点和车辆存放。

③负责考点环境的布置、清洁卫生和桌椅调配工作。

④保障考场照明、降温设备的完好状况及电源的维护。

卫生局：①按《食品卫生法》检查考点附近早点部、餐馆的卫生情况。

②负责检查考点附近有考生居住的旅馆、招待所的卫生。

五、监督检查组（即：考风考纪领导小组）：

成员单位：区人大、区政协、区纪检、监察局、教委

主要职责：全面监督考试全过程的管理情况。

检查：①考点、考场的设置、监考员的配备是否符合规定；

②考生入场、发卷、收卷、开考、结束时间是否符合要求；

③各岗位人员是否尽职尽责等。

要求：1. 各职能小组成员单位的负责同志，要熟记单位的职责及岗位设置，按要求逐项落实到人；

2. 在考试期间全体工作人员（含公安干警、交警）、监考员每日上午 8 点、下午 2 点必须到岗位执行任务。

天津市北辰区招生委员会

一九九九年六月二十三日

天津市北辰区招生委员会成员名单

主任委员：穆瑞刚　副区长

副主任委员：张桂祥　区委常委，区委办公室主任兼区保密局局长

王俊明　区政府办公室主任

赵殿奎　区教委主任

康正宁　区教委副主任、考试中心主任

委　员：周继友　区市容委主任

李文汉　新村街主任

李加兴　区广电局局长

史建勋　北辰交通支队队长

李金友　区计委副主任

陈国岭　区监察局副局长

刘树棠　区公安分局副局长

王世明　区卫生局副局长

邢永恩　区环保局副局长

张秀芬　区工商局副局长

颜　保　区供电局局长

特邀区领导：邢燕子　区人大副主任

崔金爽　区政协副主席

关于加强录取场所管理，净化录取环境的通知

津招委高字[1999]8号

各有关高校、各区县招办、有关单位：

为保证一九九九年招生录取工作的顺利进行，根据教育部、市政府有关规定，现将加强录取场所管理，净化录取环境有关措施通知如下：

一、录取场所实行封闭管理，招生工作人员进入录取场所，必须佩戴由市高校招生办公室统一印制的工作证，并持有阅档证。未经市高校招生办公室领导批准，其他任何人不得进入录取场所。

二、录取现场内的招生工作人员严禁携带移动电话等无线通讯设备。

三、招生院校录取工作人员必须按规定时间开展工作，集体进入录取场所。在工作时间内，未经市高校招生办公室同意，招生院校工作人员不得离开录取现场。

四、招生录取工作人员要严格执行六不准，即：不准点名录取；不准私自提供考生档案；不准录取不符合录取条件的考生；不准拖延录取时间；不准随意公开考生的电子信息；不准私自接触考生及考生家长。

五、录取现场设立纪检监察组，专司录取现场各部门和招生学校的巡视、监察之职。纪检监察组负责检查录取现场招生录取工作人员执行招生纪律的情况，并对违反招生纪律的事件进行查处。

六、凡经市高校招生办公室核发批准录取的新生《录取通知书》，均由市高校招生办公室组织统一邮发。

七、公布市高校招生办公室的举报电话：23011050，23011053；设立群众来信来访接待站，工作地点：河西区体北道5号市体校院内，负责录取期间群众来信来访工作。同时，开通录取动向热线查询，电话号码为9500140999。

1999年7月26日

关于在普通高校招生录取期间对CERNET上网流量进行限制的通知

津招委高字[1999]9号

各有关高校：

计算机网上远程录取是教育部提出的普通高校高考制度改革四项重点内容之一。按照教

育部的要求，今年天津市普通高校招生录取工作将大面积实行计算机网上远程录取，并率先在全国实现网上远程录取“双过半”，即参加网上远程录取的院校所数过半，通过网上远程录取的新生人数过半。此项改革意义重大，教育部、市委、市政府对此十分关注，并给予了大力支持。

确保CERNET网络的畅通是取得计算机网上远程录取成功的必备条件。鉴于天津至北京之间的CERNET网络的速率较低（只有128K），将直接影响到招生信息的传输速度。为此，经市有关领导同意，在今年招生录取期间，将由CERNET天津地区主节点网管中心对各院校的上网流量做适当限制（各院校上网招生录取的IP除外），以确保计算机网上远程录取的成功。希望各院校予以支持，并做好工作安排。

1999年8月2日

关于南开中学理科实验班保送生的通知

津高招办字[1999]1号

南开中学：

经天津市招生委员会办公室请示，教育部学生司同意你校理科实验班继续试行招收保送生。现将教育部学生司的批复转给你们，请遵照执行。

你校实验班招收保送生的推荐条件及工作程序要按照天津市有关规定执行，招收保送生工作结束后，请将推荐保送生的总结报市招办。

附：教育部学生司的批复（复印件）

一九九九年一月五日

教育部学生司的批复

天津市招生委员会办公室：

你办《关于我市南开中学理科实验班保送生的请示》（津高招办字[1998]44号文）收悉。经研究，同意清华大学、南开大学、中国科技大学和南开中学1999年至2001年继续按教学司[115]号文件规定招收和推荐南开中学高中理科实验班学生为保送生。每年招收保送生工作结束后，请你办将上述四所大、中学校在南开中学招收和推荐保送生的情况报我司备案。

教育部高校学生司

1998年12月21日

关于转发教育部《关于1999年普通高等学校招收保送生工作的通知》的通知

津高招办字[1999]3号

各有关高等学校、中学及中等师范学校：

现将教育部教学司[1998]81号《关于1999年普通高等学校招收保送生工作的通知》转发给你们，请认真执行。1999年我市保送生工作的具体操作程序、推荐条件等实施办法另行通知。

附件：关于1999年普通高等学校招收保送生工作的通知

一九九九年一月六日

关于1999年普通高等学校招收保送生工作的通知

教学司[1998]81号

各省、自治区、直辖市招生委员会办公室，教育部直属高等学校：

为做好1999年普通高等学校招收保送生工作，现将有关事项通知如下：

一、保送生的条件和推荐程序、办法，各省（自治区、直辖市）招生办公室仍根据《普通高等学校招收保送生的暂行规定》[（88）教学字002号]确定的原则进行。

二、普通高等学校招收保送生的资格由教育部审定（学校名单见附件一），并向社会公布。未经公布的高校不得招收保送生。中学和中等师范学校推荐保送生的资格由所在省（自治区、直辖市）招生委员会会同普教主管部门确定，报教育部备案后向社会公布，并通知有资格招收保送生的高校。未经公布的中学、中等师范学校不能推荐保送生（获全国中学生学科奥林匹克竞赛省赛区一等奖的学生不受所在中学有否推荐资格的限制），各学科竞赛名称见附件二。

三、普通高等学校招收保送生的人数控制在学校当年招生计划3%以内（师范、外语院校控制在学校当年招生计划的5%以内）。面向全国招收保送生的高校，其招生来源计划于3月底前报我部高校学生司审核后统一下达至有关省（自治区、直辖市）招收保送生的高校，其招生来源计划于4月15日前报所在省（自治区、直辖市）招生委员会办公室审核并下达到有关中学。招生来源计划一经下达，不再调整。否则，各省（自治区、直辖市）招生委员会办公室不予办理录取审批手续。

四、1999年普通高等学校招收的保送生必须参加由教育部统一命题的综合能力测试（获全国中学生学科奥林匹克竞赛省赛区一等奖的学生除外）。综合能力测试实施办法见附件三。

五、保送生录取工作应认真贯彻德智体全面衡量、择优录取的原则，学生的综合能力测试成绩应作为录取的一个重要依据。

六、高等学校招收保送生的工作必须于6月底前结束，7月底前，各省（自治区、直辖市）招生委员会办公室、招收保送生的各高等学校分别将本地、本校招收保送生的名单报我部高校学生司，逾期不报又不申明情况的，将取消其招收保送生的资格。

七、严肃招生纪律。凡违犯国家招收保送生规定的学校和个人，其违规问题经核实后，将给予通报批评、取消招收或推荐保送生的资格，直至对责任人进行纪律处分。

八、本通知未尽事项请按《普通高等学校招收保送生的暂行规定》办理。请各省（自治区、直辖市）招生委员会办公室将本通知转发至本地区的高校和中学、中等师范学校。

附件：一、1999年有资格招收保送生的普通高等学校名单（略）

二、全国中学生学科奥林匹克竞赛名称

三、保送生综合能力测试实施办法

教育部高校学生司

一九九八年十一月二十四日

附件二：

全国中学生学科奥林匹克竞赛惯用名称

1. 全国高中数学联赛；
2. 第15届全国中学生物理竞赛；
3. 全国高中化学竞赛；
4. 全国第7届中学生生物竞赛；
5. 第15届全国青少年信息学（计算机）奥林匹克竞赛。

附件三：

保送生综合能力测试实施办法

一、各省（自治区、直辖市）招生办公室按中学推荐保送生的人数，向教育部考试中心申请试卷份额。测试和阅卷工作由各省（自治区、直辖市）招生办公室统一组织。

二、保送生综合能力测试时间全国统一定在5月10日上午9:00—11:30。各地不得擅自提前或推迟测试时间，更不得泄露试题内容。

三、评卷工作统一由各省(自治区、直辖市)招生办公室负责,并于5月31日前将测试成绩提供给有关高校,同时报教育部高校学生司本专科招生处。

关于1999年天津市硕士研究生入学全国统一考试有关工作的通知

津高招办字[1999]4号

各有关高等院校、有关区招生办公室:

招收攻读硕士学位研究生入学全国统一考试是国家级考试,是为国家科学、公正选拔高级人才服务的一项重要工作。研究生入学考试工作必须认真执行原国家教委教学[1996]24号文件《关于印发招收攻读硕士学位研究生管理规定及其实施细则的通知》的精神,加强考试组织工作的领导;精心组织,堵塞漏洞,将各项有效管理措施落到实处;加强试题、试卷的保密和管理工作,确保万无一失;要严肃考风考纪,净化考试环境,坚决杜绝舞弊和违反考试纪律的事件发生。各组织考试的院校和有关区的领导要切实做好研究生入学考试组织管理工作。

为了确保一九九九年天津市研究生入学全国统一考试工作的顺利进行,现将我市考试工作有关事宜通知如下:

一、加强研究生考试组织领导,做好试卷的保密和管理工作

1. 研究生入学全国统一考试统考试题属于国家绝密材料,各招生单位自行命制的试题属于国家机密级材料。各单位要组织有关人员学习和执行保密法和有关文件规定,做好保密教育工作,制定出相应的试卷保密保管制度。

2. 试卷要存放在机要保密室,做到“三铁”(铁门、铁窗和铁柜)和“三防”(防火、防盗、防水)。

3. 各考点和有关单位要建立试题试卷保管小组,由专门人员负责试题、试卷的保管工作,必须坚持昼夜值班,每班2人以上,严格禁止无关人员进入保密室。

4. 在试题试卷的移交、收发、保管和寄送等各环节,要严格履行程序,手续要严密,慎之又慎,清楚、准确、无误,确保试题、试卷的绝对安全。

5. 如发生试题、试卷泄密、失盗、严重损毁、涂改等重大事件,应立即报告市招生办公室,同时报告当地公安局和保密局,并采取措施保护现场,防止扩散。

二、严肃考风考纪,杜绝舞弊事件的发生

参加研究生考试的考生文化层次较高,相对容易管理,但确有少数考生对自己要求不严格,考风考纪不正,研究生考试作弊事件也时有发生,且手段更加隐蔽,各考点要引起警觉,加强考场管理,不可麻痹大意。

1. 考生进入考场必须携带准考证和身份证。监考员要认真核对。其他人员必须凭市招办或有关招办核发的证件进入考场,否则不能进入,以保证正常的考试秩序。

2. 监考员在考试前必须向考生宣读《考场规则》,说明有关注意事项,特别强调:考生进入考场,不得携带移动通讯设备(如手提电话、寻呼机等),一经发现按作弊论处;考生在考试期间必须保持安静，不准吸烟，不准上厕所。

3. 各考场如发现违纪事件，要及时上报考点负责人，按有关规定处理，发生重大事件要及时上报市招生委员会办公室。市招生委员会将在考试期间派出巡视员对考试组织实施工作进行巡视监察。

三、有关工作安排

1. 一九九九年硕士研究生入学全国统一考试将于1月30日至2月1日进行。每日考试时间为上午8:30至11:30，下午2:00至5:00。各考点要严格掌握考试时间，不得提前和延长。

2. 由国家教育部考试中心统一命题的试题由我办负责下发，其它业务课试题由招生单位寄发。英语实行主、客观题分卷考试，客观题需要用铅笔涂卡，英语答题卡请勿折叠或损坏。各考点准备一定数量的2B铅笔和橡皮，以防考生不备。监考人员和工作人员一律不得使用铅笔和橡皮。

3. 各考点派专人(2人以上)于1月25日(星期一)，携带介绍信，并备有专车到我办领取统考试题和试卷纸。

领取时间安排：

上午：南开大学、河北工业大学、和平区、南开区、红桥区、河西区、河北区、河东区、塘沽区

下午：天津大学、天津轻工业学院、天津纺织工学院、天津医科大学、天津师范大学、天津财经学院、天津音乐学院、天津美术学院

4. 各考点在考试前5天启封考生报考单位寄来的试题邮包(装有密封试题的小信封一律不准启封)，然后按"准考考生情况表"逐一进行核对，以考场为单位，按考生各学科应试时间进行整理。整理试题时必须认真核对小信封上的考生编号、考试科目和考试时间是否一致，密封是否异样，若发现问题，要及时联系解决。在整理各科试题后，可在小信封上编写考场号及座位号。考试完毕，由监考人员负责将试题、试卷纸装入原小信封密封。

5. 各考点于2月2日将考生各科目答卷(包括缺考科目)一起密封，同时将考生的考试情况填写在"准考考生情况表"备注栏内，与答卷通过机要一并寄送招生单位备查。草稿纸在每科考试结束后收回，待考试全部结束后由考点统一销毁。

6. 非考生本人原因(如试题寄错、漏寄、邮递故障等)影响考生考试的，由考点将考生姓名、报考单位、补考科目及补考原因写明，报我办审核，并经招生单位同意后进行补考。补考时间定于2月26日至28日进行，补考科目试题由招生单位提供。

一九九九年一月十一日

1999年天津市硕士研究生入学考试评卷工作实施意见

津高招办字[1999]5号

各学科评卷点、各招生单位：

招收攻读硕士学位研究生入学全国统一考试的评卷工作是研究生招生工作的重要环节。严格控制评卷误差，准确地测量每个考生的知识和能力水平，体现招生考试工作的公平、公正原则。为了做好今年的研究生评卷工作，促进招生考试管理科学化、规范化，根据原国家教委教学[1996]24号文件《关于印发招收攻读硕士学位研究生管理规定及其实施细则的通知》的要求，结合我市具体情况，提出以下实施意见：

一、加强领导，精心组织，确保评卷工作的顺利进行

在市招生委员会的领导下，成立硕士研究生评卷工作领导小组，领导小组由市教育招生考试中心主任、有关高校院校长、有关学科系主任和高招处处长等组成，具体领导天津市研究生的评卷工作，协调解决评卷中的问题。统考科目的评卷工作由市招生委员会办公室负责组织实施。招生单位自行命题的科目由本单位自行组织评阅，各招生单位也要成立研究生评卷领导小组，加强研究生业务课评卷工作的领导。

二、统考科目评卷点的设立

今年全国统一命题的考试科目(除医学类和外语小语种外)的评卷工作由市招办统一组织，经研究决定委托南开大学评阅政治理论(文、理)、数学三和数学四科目试卷；委托天津大学评阅英语主观题、数学一和数学二科目试卷；市招办负责英语客观题评卷以及上述统考科目的成绩登录、合成和统计工作。

三、有关具体工作要求

1. 各阅卷点和招生单位要选聘责任心强、业务水平高，遵守纪律，当年无亲属参加该科目考试的人员参加评卷工作。

2. 评卷工作必须在指定场地进行，做好试卷的保密和管理工作。评卷期间，指定专人认真做好试卷收发、传递和保管工作。试卷评阅后要当天收回，集中保管。试卷一律不准带出阅卷室。

3. 统考科目评卷工作要按教育部统一制定的评分标准和评分细则进行。阅卷点在评卷前组织有关评卷人员对统一命题试卷进行试评，熟悉和掌握统一评分标准，认真贯彻“严格、公正、准确”的原则，做到宽严适度，始终如一。业务课考试科目的评卷，一般按命题小组命题时确定的答案和评分标准进行评阅。

4. 各招生单位在评卷前，负责将政治理论(文)、政治理论(理)、数学一、数学二、数学三、数学四答卷按组号和序号顺序装订成册(不能混装)，每册不超过30份。用市招办提供的封面用专用封皮将密封线以上内容密封。英语客观题答题卡应以组号为单位，按序号顺序装一袋(袋内最多为30份)，同时将缺考考生编号(缺考考生包括保送生、单考生、MBA联考生等非统考考生)及小语种考生编号写在机读卡备注栏内，并上报缺考考生数据库软盘(内容含单位名称、单位代码、考生编号、考生姓名以及缺考考试科目)和清单。

5. 各有关单位在交接卷、卡、盘时，要认真检查密封、签字，核查数量、记录特殊情况，严格履行交接手续。

6. 评卷时一律使用红色笔。阅卷工作人员要爱护答卷及各种资料。不得损坏和遗失。

7. 考试成绩在上报教育部前，按国家秘密材料管理，任何人不得泄露，所有参加评卷的人员必须遵守保密法规。

8. 严守纪律，保守秘密，工作人员要做到六不准：

(1)非评卷工作人员，不准进入评卷场所；

(2)在规定地点评卷，试卷不准带出评卷室；

(3)不准私自进入试卷保管室和登分处；

(4)不准涂改考生答卷和成绩；

(5)不准将试卷登分的文件、资料带出工作场所；

(6)不准做规定以外的任何计算机操作。

9. 做好安全保卫工作，注意防火、防盗、防水、防破坏，确保试卷完整无损，万无一失。

10. 试卷评阅完毕后，各学科阅卷点要以书面形式写出试题评价分析报告一式三份(用16开纸打印好)，报市招办，然后上报教育部学生司和教育部考试中心。

11. 考试成绩由招生单位通知考生本人，试卷不得查阅。

四、工作时间安排

1. 各招生单位送卷时间为1999年3月1日(星期一)上午。送卷地点：

政治理论送南开大学马列教研室

数学三、四送南开大学管理系(经济学院七楼)

英语主观卷送天津大学外语系办公室(第五教学楼)

数学一、二送天津大学数学系(第十六教学楼)

英语客观题卡送天津市招生委员会办公室

2. 阅卷点评阅后的试卷于3月6日起开始移交市招办，试卷由市招办拆封，分数登录后试卷留市招办封存。

3. 其它全国统考试卷和业务课试卷的评卷工作结束后，各招生单位于3月10日前将上述科日的成绩库软盘(×××**SCJ.DBF数据库标准按更改过的教学司[1996]102号文件的要求)报市招办，我办将统考课的成绩并入成绩库以形成完整的考生初试成绩库，上报教育部。

4. 关于评卷费用：政治理论和数学(一～四)每份试卷3.00元，英语主观题每份2.00元，客观题每份2.00元标准执行。招生单位在送卷的同时将费用交送阅卷点，交市招办的阅卷费需要用支票，收费单位写明天津市教育招生考试中心。

一九九九年一月十二日

关于做好1999年天津市普通高等艺术院校(系科)招生工作的通知

津高招办字[1999]9号

各有关高等院校、各区县招生办公室:

按照教育部的总体改革方案,我市普通高等院校(包括艺术院校)的招生录取工作将试行网上录取,为确保此项工作的顺利实施,做好一九九九年普通高等艺术院校(系科)的招生工作,现就有关事宜通知如下:

1. 继续贯彻执行原国家教委有关文件和津高招办字[1998]1号《天津市普通高等艺术院校(系科)招生实施办法》。

2. 报名时间及办法:

报名时间

一九九九年普通高等艺术院校(系科)招生专业考试报名工作从三月一日开始,具体时间由院校确定并向社会公布;文化考试报名截止时间为五月十日。

报名办法

符合报考条件的考生,持所在中学或工作单位介绍信,到区县招生办公室(具体地点由区县招办确定)办理报名资格审查手续。资格认定后,区县招生办公室必须赋予每位考生报考的考生号(艺术类考生分艺术文和艺术理,考生号为十四位),并为考生开具介绍信(信上注明考生号,每名考生只能有一个唯一的考生号,介绍信不得复制),通知考生在规定的时间到指定地点摄像;考生持区县招生办公室的介绍信及其他相关证件,到招生院校所设的报名点办理专业考试报名手续。

专业考试合格的考生,于五月十日前持普通高等艺术院校签发的“高等艺术院校文化考试通知单”和户口册、身份证及考生证,到所在的区县招生办公室办理参加文化统考的报名手续。

3. 考试:

普通高等艺术院校(系科)的招生考试分为专业考试和文化考试两次进行。

专业考试

专业考试的考试科目和考试时间由招生院校确定(详见各院校招生简章),专业考试工作的组织实施由各招生院校负责,专业考试工作必须在五月十日前结束,各招生院校在专业考试后,须将专业考试成绩和参加文化统考名单(名单中必须填写考生号)报市招办及有关区县招办各一份,并及时通知考生本人。坐落我市的各普通高等艺术院校(系科)同时应将考生信息软盘按规定的格式报市招办。

文化考试

专业考试合格的考生(艺术院校招收的文化免试生除外)必须参加全国普通高等学校招生文化统一考试,考试时间为七月七日至九日;考生的文化成绩公布后,允许考生核查分数。

4. 填报志愿

考生在办理参加文化统考的报名手续时,凭“高等艺术院校文化考试通知单”填报专业志愿。考生在填报艺术院校志愿表、卡时，只能填报进行过专业考试并收到该校签发的“高等艺术院校文化考试通知单”的院校和专业；填报志愿结束以后，各区县招生办公室需在六月五日前将考生志愿表两份、志愿卡一份报送市招办。

5. 录取工作

坐落我市的普通高等艺术院校（系科）的录取工作，将和我市其他普通高等学校一样，全部采用计算机网上录取，市招办不再为各招生院校统一安排录取场所；各招生院校要按网上录取的要求，做好各项准备工作。

普通高等艺术院校的录取工作将从艺术类院校文化控制分数线公布之日起陆续开始，录取过程所需的用户手册、实施细则等，我办将另行通知。

附件：天津市一九九九年普通高等艺术院校（系科）招生工作日程表。（略）

一九九九年一月二十五日

关于1999年天津市对研究生评卷质量进行检查的通知

津高招办字[1999]12号

各学科评卷点、各研究生招生单位：

为了做好一九九九年研究生入学考试评卷工作，保证评卷质量，经研究决定：在评卷期间，市招办将派出研究生评卷质量检查小组，分赴各评卷点对统考课评卷质量进行检查。各研究生招生单位对业务课评卷质量进行自查，市招办进行抽查。

现将有关工作要求通知如下：

1. 市招办将检查每科统考课总量的40%（业务课抽查总量的10%），主要检查有无错判（客观题部分）、漏判、核分是否有误，不检查评分宽严度。

2. 如果在检查的试卷中没有发现错误，且在反馈的信息中没有问题的，将予以奖励。

3. 如果在检查的试卷中发现有3例以下（含3例）错误的，将由评卷点复查其余50%的试卷；

4. 如果在检查的试卷中发现有3例以上错误，将由评卷点重新复查全部试卷；

5. 如果在检查的试卷中发现有10例以上错误，将由评卷点重新复查全部试卷，且进行通报批评。

6. 研究生评卷质量检查小组将于3月1日开始工作，到评卷全部结束为止。

请各学科评卷点、各研究生招生单位认真执行教育部及市招办的有关规定，贯彻“严格、公正、准确”的原则，宽严适度，始终如一，全面做好今年的研究生入学考试评卷工作。

一九九九年二月八日

关于做好天津市1999年普通高等体育院校(系科)招生工作的通知

津高招办字[1999]13号

各有关高等院校、各区县招生办公室：

为进一步完善我市普通高等体育院校的专业考试和网上录取办法，做好1999年普通高等体育院校(系科)的招生工作，现就有关事宜通知如下：

1. 继续执行原国家教委、国家体委《普通高等学校体育专业招生规定》[89体科字20号]和津高招办字[1998]12号《天津市高等体育院校(系科)招生实施办法》等有关文件精神。

2. 报名及填报志愿

报名时间

体育院校专业考试报名时间3月20日至4月10日；文化考试报名时间为5月5日至5月10日。

考生持本人身份证、户口册和所在学校或单位同意报考证明信到所在区县报名点(具体地点由区县招办确定)办理体育院校专业考试报名手续，交纳报名考务费，按照区县招办规定的时间和指定地点进行摄像；区县招办报名点负责考生报名信息的采集；各区县招生办公室(或中学)要在4月16日前，将1999年普通高校招生考试考生证发放给报考考生，并将报考体育院校考生情况以软盘方式报送市招办。

体育专业考试合格的考生在5月10日前凭考生证到所在区县招生办公室办理参加文化统考手续。专业考试合格的考生在办理文化考试报名时，填报体育院校志愿，考生须填写志愿表、卡各一份。各区县招生办公室在6月5日前，将考生填报的普通高等体育院校志愿表、卡报送市招办。

体育专业考试不合格的考生(中师应届毕业生不能报考)，可凭考生证，到所在区县办理报考其他普通高等学校的文化考试报名手续。

3. 考试

普通高等体育院校体育教育(社会体育)专业的招生考试分为体育专业考试和文化考试两次进行。

体育专业考试

体育专业考试时间：4月24日—25日

体育专业考试地点：天津体育学院

报考普通高等体育院校的考生持考生证、本人身份证按规定的日期和地点参加体育专业考试。

体育专业考试由市招办统一安排，天津体育学院具体组织实施。体育专业考试测试内容为速度素质、综合性力量素质、下肢爆发力素质、耐力素质和灵敏度素质五项；体育专业考试总成绩满分为750分，体育专业考试成绩向考生公布。

体育专业考试结束后，市招办按招生计划数的三倍确定参加文化统考分数线；天津体育学院要在5月5日前将专业考试成绩和参加文化统考名单交有关区县招办和市招办各一份(同时上报市招办信息软盘),并由区县招办通知考生本人。

文化考试

文化统考时间:7月7日—9日

专业考试合格的考生,持条形码"明码"、考生证、身份证到所在区县指定的考场参加文史类或理工类的文化考试。

4. 录取

普通高等体育院校的招生录取工作由市招生办公室统一组织实施,实行"学校负责,招办监督"的录取体制。天津体育学院体育教育(社会体育)专业的招生工作继续实行计算机网上录取,招生院校应积极做好各项准备工作,确保录取工作的顺利实施。录取中所需的实施细则、用户手册,我办将另行通知。

普通高等体育院校实行提前单独录取,具体录取时间另行通知。重点院校先录取,一般院校后录取;被体育院校录取的考生,其他院校不再录取。

附件:天津市一九九九年高等体育院校(系科)招生工作日程表(略)

一九九九年二月九日

关于转发《关于进一步深化普通高等学校招生考试制度改革的意见》的通知

津高招办字[1999]14号

各普通高等学校、各区县招生办公室、天津铁厂及大港油田招生办公室:

现将教育部教学[1999]3号《关于进一步深化普通高等学校招生考试制度改革的意见》转发给你们,望认真学习,遵照执行,并根据文件的精神,做好普通高校招生考试改革的宣传和准备工作。

附件:关于进一步深化普通高等学校招生考试制度改革的意见

一九九九年三月四日

附件：

关于进一步深化普通高等学校招生考试制度改革的意见

教学[1999]3号

各省、自治区、直辖市教育委员会、教育厅、高校招生委员会，广东省高教厅，部属各高等学校：

普通高校招生考试制度自1977年恢复以来，在改革中发展并逐步走向完善。二十余年来，在科目设置、考试内容、考试形式、录取办法、计算机管理等方面，经历了较大的变化。高考制度的改革为高等学校科学、合理、有效地选拔人才，为引导中学全面贯彻教育方针，为考生提供相对公正、公平、公开的竞争方式创造了良好的条件，发挥了积极的作用。但是，也还存在着一些亟待解决的矛盾。面对二十一世纪科学技术突飞猛进的发展和知识经济初见端倪的新形势，面对在实施科教兴国战略中加大教育的贡献力度的迫切要求，教育必须进一步深化改革，以改革促发展。相应地，高校招生考试制度必须坚持改革，主动适应时代的特点及其对人才素质能力结构的要求，着力引导人才全面素质的提高和创新人才的培养，使高考的作用进一步完善。教育部学生司、基础教育司和考试中心在近一年联合调研的基础上提出了进一步深化普通高等学校招生考试制度改革的意见，已经教育部党组讨论通过并报经中央领导同志原则同意。关于进一步深化普通高等学校招生考试制度改革的意见如下：

一、高考改革的指导思想

在改革中要始终坚持有助于高等学校选拔人才、有助于中学实施素质教育、有助于高等学校扩大办学自主权的三项原则，把高校招生考试工作提高到一个新水平。

二、深化高考改革的主要内容

1. 高考科目设置改革。用三年左右的时间推行“3+x”科目设置方案。“3”指语文、数学、外语为每个考生必考科目，英语逐步增加听力测试，数学将来不再分文理科；“x”指由高等学校根据本校层次、特点的要求，从物理、化学、生物、政治、历史、地理六个科目或综合科目中自行确定一门或几门考试科目；考生根据自己所报的高等学校志愿，参加高等学校（专业）所确定科目的考试。综合科目是指建立在中学文化科目基础上的综合能力测试。根据目前状况，综合科目可分为文科综合、理科综合、文理综合或专科综合。它不是理、化、生、政、史、地等科目按一定比例的“拼盘”，而是一种考查学生理解、掌握和运用中学所学知识的能力测试。“3+x”突出“3+综合”，“3”也要突出能力、突出应用。鼓励开展综合能力测试，以支持中学实施素质教育，引导中学生全面学习、掌握中学阶段相应的基础知识、基本技能，并形成较强的能力。

2. 高考内容的改革。这是高考改革的重点和难点。要花大力气，长时间深入、细致地进行这项改革。总体上将更加注重对考生能力和素质的考查；命题范围遵循中学教学大纲，但不拘泥于教学大纲；试题设计增加应用性和能力型题目。各个考试科目的命题都应体现这些要求。要组织有关人员加强研究和实验，使之不断深化。命题要把以知识立意转变为以能力立意，转变传统的封闭的学科观念，在考查学科能力的同时，注意考查跨学科的综合能力。

3. 高考形式的改革。现行的一次性全国统考暂时不变。积极探索一年两次考试的方案，在试点的基础上待条件成熟时再实施。

4. 录取方式的改革。重点是实施计算机网上录取。利用中国教育科研网建立全国大学生招生远程寻取、学籍学历管理、毕业生远程就业服务一体化的信息系统。网上录取系统要做到信息编码统一、考生基础信息统一、同级界面统一、高校录取工作软件统一,并且与其他环节顺畅衔接。网上录取是高校招生手段的革命性变革,既有利于维护公平、公正,又可以节省人力、财力,并将带动高校招生考试其他方面的改革。

三、改革的实施步骤

1. 1999 年广东省即试行"3+x"科目设置方案并将进一步完善;2000 年将有六、七个省(自治区、直辖市)进行这项改革(1999 年上半年公布具体方案)。2001 年左右在全国推开"3+x"方案。

2. 在天津市、广西自治区网上录取试点的基础上,1999 年再增加六个省(自治区、直辖市)参加这项试验。2000 年争取一半左右的省市建立网上录取系统;2001 年基本建成全国招生网上录取系统。

3. 1999 年在全国对全部保送生进行综合能力测试,为以后高考综合科目的命题积累经验。

4. 继续深入进行考试科学与测量学的研究,进一步加强考试手段现代化的建设,以不断深化考试内容改革。

四、高度重视,精心组织,确保改革顺利进行

高校招生考试制度改革涉及的社会面大,关系着广大考生的直接利益,影响着中学和大学的教学活动,各级领导对此要高度重视,既要态度积极、满腔热忱,又要头脑冷静、步骤稳妥。各地要在确定改革实施步骤后,认真做好广泛的宣传工作,特别注意加强对中小学校长、教师、学生及家长的工作,以高考改革引导中学进一步实施素质教育。各高等学校在高考科目设置"x"部分的选择上,也要注意把有助于中学实施素质教育和有助于高校选拔人才统一起来。

各级政府和各高等学校要加强对网上录取工作的管理,保证必要的经费投入,确保以较快的速度建成一个全国范围内技术标准统一的信息系统,加快教育系统信息化建设的步伐。

为确保普教、高教及社会各方面协调一致地推进高考改革,教育部已成立了高考改革实施工作小组,共同研究、组织实施高考改革方案。各地教育行政部门应建立相应的工作小组,统一思想、明确任务、精心操作,积极稳妥地加快推进高校招生考试制度的改革。

一九九九年二月十三日

关于1999年我市普通高等学校招生考试借考问题的通知

津高招办字[1999]15号

各区、县及天津铁厂、大港油田招生办公室：

根据原国家教委颁发的《普通高等学校招生暂行条例》的有关规定，结合我市实际情况，现将1999年普通高等学校招生考试有关借考考生报名等问题通知如下：

一、因公集体长期在我市工作的外省、自治区、直辖市职工及其子女，申请在我市借考的，须持户口所在地区、县招生办公室同意、省级招生办公室批准后的证明，到所在地的区、县招生办公室办理借考手续。高考后两天内，由接受借考的区、县招生办公室将试卷密封，连同档案材料寄至借考考生户口所在地的省、自治区、直辖市招生办公室。

二、户口在我市，因公集体长期在外省、自治区、直辖市工作的职工及其子女，原则上回本市参加高考，不办理借考手续。个别路途遥远（指偏远省份）确有困难、要求在外地借考者，须征得户口所在区、县招办同意并报市招办审批后，由区、县招办出具同意借考证明，与接受借考的省、自治区、直辖市招生办公室联系，在借考地办理借考事宜。

三、户口在津、目前在外地就学的知青子女和其他考生，不得在外省、自治区、直辖市借考。

四、凡申请在我市借考的考生，均应在我市高考报名期间办理借考手续，截止日期为5月10日，逾期不再办理。

一九九九年三月四日

关于1999年普通高校招生网上录取配置设备等有关事宜的通知

津高招办字[1999]16号

各有关高等学校：

根据国家教育部《关于进一步深化普通高等学校招生考试制度改革的意见》，市招办决定在1998年进行网上录取工作试点的基础上，1999年坐落本市的普通高校将全部实行网上录取，现就网上录取所涉及的院校配置设备等有关事宜通知如下：

一、网上录取工作是教育部和天津市教委1999年的重点工作，是招生考试领域的重大改革之一。因此请各有关高等学校要高度重视，在配制设备、人员安排等方面要加大力度，确保工作的顺利实施。

二、各普通高等学校应配备专职的专业技术人员，负责学校录取现场的技术支持，人数可视学校招生情况自行安排。

三、网上录取系统是基于 WINDOWS95 和 POWERBUILDER 环境下设计的，各普通高等学校应根据工作量大小配置一定数量的较高档次的计算机（建议配置清单见附件）。

四、网上录取工作开始后，市招办与普通高等学校之间需保证通讯畅通，各普通高等学校招办在学校录取现场除配备一条联网线路（专线或拨号线路）外，还应有若干条联系用电话线路（选用移动电话或 ISDN 线路也可），同时还应配置传真机、复印机等辅助设备。

希望各普通高等学校，对网上录取工作提出建议和意见，并在工作中不断总结经验，圆满完成 1999 年的网上录取工作。

附件：建议配置设备清单

一九九九年三月四日

附件：

建议配置设备清单

1. 计算机：586CPU、主频 233 以上，内存 64M 以上，24 速以上光驱（配置数量根据招生数量而定）。

2. 调制解调器：速率 56K。

3. 打印设备：打印机（针式、行式、激光、喷墨任选）两台以上。

4. 高档 PC 机或专用服务器一台，586CPU，主频 350 以上，内存：64M 以上，24 速光驱（可做为服务器使用）。

5. 可选件：

（1）校园网环境，直接通过校园网上天津大学 CERNET 中心。

（2）学校录取现场的局域网络环境，根据工作量及学校录取场地设置局域网，加速信息流转，便于管理。

6. 电源设备：具有能较长时间供电且具稳压作用的 UPS 或双电源（功率视主要设备总和而定）。

以上是建议配置设备清单，各高等院校可根据实际情况进行选配。

关于印发《天津市1999年普通高等学校招生报名实施办法》的通知

津高招办字[1999]17号

各区、县招生办公室、天津铁厂、大港油田招生办公室及各有关单位：

为了做好今年我市普通高等学校招生报名工作，现将《天津市1999年普通高等学校招生报名实施办法》印发给你们，请遵照执行。

附：天津市1999年普通高等学校招生报名实施办法

一九九九年三月十三日

附：

天津市1999年普通高等学校招生报名实施办法

根据国家教育部及我市有关规定，我市1999年普通高等学校招生报名实施办法如下：

一、严格掌握报名条件

报考青年必须拥护四项基本原则，热爱祖国，遵纪守法，决心为社会主义现代化建设勤奋学习；高中毕业或同等学力；身体健康，未婚；有本市正式户口（含蓝印户口）；年龄不超过25周岁（1974年9月1日后生）。

报考外语专业（师范院校外语专业除外），年龄不超过23周岁（1976年9月1日后生）。

报考军事院校须是年龄不超过20周岁（1979年9月1日后生）的应届高中毕业生。

实践经验丰富的优秀青年，经所在单位推荐，市招生委员会批准，年龄可放宽到28周岁（1971年9月1日后生），婚否不限。

有特殊贡献的公民，经所在单位推荐，市招生委员会批准，其年龄、婚否不限。

公办教师只准报考师范院校；中等专业学校、技工学校毕业生工作满两年方可报名。中等专业学校、技工学校毕业生的报考及公安部所属高等院校的报名条件按国家有关规定执行（见附件一）。

应届高中生高中会考不合格的，允许报名参加高考，但当年不能填报高等院校志愿，高等院校也不予录取。

高等艺术、体育院校、单独招生院校（专业）和高等院校举办高等职业技术教育的报名条件按我市有关规定执行。

下列人员不得报名：

普通高等学校在校生和毕业生；

由国家承认学历的各类成人高等学校的在校生和毕业生；

中等专业学校、技工学校的在校生和应届毕业生；

中学在校生；

应届高中毕业生政治思想品德考核不合格者；

高中生凡未参加社会实践或社会实践不合格者；

高中毕业生凡未达到体育合格标准者(免修体育者除外)；

被普通高等学校开除学籍、勒令退学不满一年者(截止到今年 9 月 1 日)；

上一年已被普通高等学校录取而不报到者；

上一年已被普通高等学校录取，体检弄虚作假被取消入学资格者；

因舞弊而被取消报名资格或入学资格者；

因触犯刑律而被追诉或正在服刑者。

二、报名步骤和时间

第一步：考生按文史、艺术(文)、体育(文)、理工、艺术(理)、体育(理)六大类报名，报名截止时间为 5 月 10 日；

第二步：7 月 10 日起至 7 月 15 日止，考生填报普通院校各批次院校系科、专业志愿。

第三步：按新的管理模式和运行机制举办高等职业技术教育的院校招生的报名和志愿填报在 8 月中旬，具体时间另行通知。

以上均须在规定时间内完成，逾期不再办理。"考生报名登记表"及填涂的志愿一经核实签字后，均不得涂改。

三、报名手续

1. 符合报考条件的青年必须持户口册和本人身份证报名，在职职工报名还须持所在工作单位同意报考的证明信。户口在本市、在外省区借读的(知青子女)考生还须持所在中学的学历证明和省级会考成绩证明。

2. 符合报考条件的青年，可向所在学校、厂矿、机关、企事业单位、考生户口所在的乡、街道申请报名(应届考生在其学籍所在的中学、在职职工在其所在的工作单位)，经所在单位根据报名条件的规定，对其报考资格及其他有关手续认真进行审核后报区、县招生办公室设立的报名点，经审查合格后办理手续。

3. 区县招办要按规定赋予考生"考生号"，考生号由 14 位数字组成，考生号编制方法见附件二。

4. 报考考生须在规定的时间内进行电子摄像。市招办将据此制成"一九九九年普通高等学校招生考试考生证"(简称考生证)，考生凭考生证进行体检、参加高考等。

5. 考生报名时需填写"考生报名登记表"，报名者要按填表说明用蓝色或黑色墨水的钢笔正楷填写，字迹必须清楚，切勿错填、漏填。"考生报名登记表"由报考本人签字后，不得涂改。

6. "考生报名登记表"由报名点保管。"考生会考成绩、思想品德考核意见"，由报名点填写、负责人签字、盖章。

7. 区县招办按照市招办提供报名软件的内容，组织报名点将考生有关信息录入计算机。各区县招办、各报名点对录入的考生信息必须组织人员认真核对，特别要确保考生号、身份证号等信息无误。

8. 考生在报名时须按规定缴纳报名考试费、英语听力测试费(小语种考生缴纳口试费)。

9. 考生经体检合格(含限报专业的),且符合其他报名条件和手续者,发给考试用条形码。体检不合格的不发给考试用条形码,不退报名考试费及英语听力测试费(口试费)。

10. 凡属被推荐的免试保送生(含中等专业学校推荐的免试保送生),均须办理报名手续,按规定缴纳报名考试费。

报考体育、艺术院校(系科),经专业考试合格,并接到参加文化考试通知单的考生,在规定时间内到所在区、县招办办理参加高考文化报名手续。

报考体育院校经专业考试不合格的考生,如本人愿意报考其他普通高等院校又符合报考条件的,应在规定的报名时间内,持考生证到所在区、县招生办公室报名,报名手续与其他考生相同,不再缴纳报名考试费。

报考艺术院校经专业考试不合格的考生,如本人愿意报考其他普通高等院校各类院校,应根据报考条件,在规定的报名时间办理文化报名手续,并按规定缴纳报名考试费。

11. 5月25日前,各区、县招生办公室将考生报名信息、报名分类情况统计表,考点分布情况表,英语听力测试考点分布情况表,考点正、副主考名单,以软盘形式报送市招生办公室,以便汇总报名信息、统编准考证号。

12. 6月25日前,区、县招生办公室到市招生办公室领取考生考试用条形码、考场考生核对表、考试座位号。

13. 应届高中毕业生及应届高中生会考不合格考生的考试用条形码,可暂由所在学校负责保管,于考试之前两天发给考生。考生在收到考试用条形码后应妥善保存,切勿遗失或损坏,以便参加考试。

14. 7月1日前,各区、县招生办公室将被录取的免试保送生的考试用条形码上交市招生办公室。

四、做好报名工作的几项要求

1. 在报名前,市招生办公室向考生公布招生简章和健康检查标准。各级招生部门要大力宣传今年招生工作的各项规定,使报考青年人人明白。

2. 今年普通高校招生考试考生摄像是制作考生电子档案的重要环节,是确保网上录取成功的措施之一;同时也是维护高考的严肃性,遏止招生考试中的舞弊现象的重要手段。各区县招生办公室要认真组织,做好此项工作。凡未进行电子摄像者均不得参加高考(英语听力测试)、面试、录取。

3. 严格掌握报名条件和严密手续是做好此项工作的关键。因此,各区、县招生办公室要加强领导,选拔政策水平高、工作认真负责、作风正派的人员担任此项工作。各区、县招生办公室组织落实此项工作必须严肃认真,一丝不苟,准确无误,按时完成。要严格按照考务操作规范进行操作,切实做到熟悉报名条件,了解报名各项具体规定。各区、县招生办公室在办理报名手续时,必须逐项审查报考条件,特别注意审查考生户口册与身份证是否相符,考生姓名与户口册及身份证是否一致,严格把关。要努力提高工作质量,严防差错和漏洞,更不得积压报考材料,贻误考生的报名。

4. 从报名、体检起,各区、县招生办公室要根据招生工作的不同阶段积累相应的材料,保存考生的基础信息。对参加考生档案组建工作的人员进行必要的培训,按照考生档案材料的内容(附件五)及有关要求进行检查和验收,以防因档案材料欠缺、考生信息不准确影响考生录取。

5. 加强招生考试监督机制,坚决杜绝不正之风。今年的政策照顾考生名单、免试保送生名单等均通过《天津教育报》向社会公布,对弄虚作假、营私舞弊的,一经查出要严肃处理。

附件一:关于报考条件几个问题的补充说明

附件二:一九九九年天津市高考考生号编制办法

附件三:编排考场和准考证号的规定

附件四:关于对招生文件中涉及录取政策的考生有关证明的具体要求

附件五:关于考生档案材料的内容

附件一:

关于报考条件几个问题的补充说明

一、由于毕业分配时间不统一,1997 年的中等专业学校、技工学校的毕业生,可按工作满两年对待,经所在工作单位批准,今年可按规定报考高等院校。

二、公安部所属高等院校的报名条件,按公安部、原国家教委(88)公(教)字 24 号文件执行。

附件二:

一九九九年天津市高考考生号编制办法

一、考生号的组成及含义:

考生号由 14 位阿拉伯数字组成,其格式为:

1	2	3	4	5	6	7	8	9	10	11	12	13	14

1-2 为年份的后两位。如 1999 年,此两位应为"99"。

3-8 为行政区划代码。如和平区,此 6 位为"120101"。

区县行政区划代码表(国家标准)

120101 和平区　　120102 河东区(含铁厂)

120103 河西区　　120104 南开区

120105 河北区　　120106 红桥区

120107 塘沽区　　120108 汉沽区

120109 大港区(含大港油田)

120110 东丽区　　120111 西青区

120112 津南区　　120113 北辰区

120221 宁河县　　120222 武清县
120223 静海县　　120224 宝坻县
120225 蓟县

9 为考试类型代码。标准为：　1 全国统考
10 为科类代码。标准为：　　1 文史
3 艺术(文)
4 体育(文)
5 理工
7 艺术(理)
8 体育(理)

11—14 为顺序号码。

二、考生号的编制办法

1. 参加高考的考生(含保送生、飞行员),考试类型代码定义为:"1"。

2. 区县招办依据考生号的规定,为所辖中学、往届生和知青子女制订各科类考生号的起止范围(各中学、往届生和知青子女应得到六组起止号)。

3. 各有关中学,按本区县招办分配的考生号起止范围,为在本校报名的考生确定考生号,并做好记载。

4. 由于国家标准行政区划代码无大港油田和天津铁厂,所以,特规定大港油田使用大港区的行政区划代码,各类考生的顺序号从 7001 开始,天津铁厂使用河东区行政区划代码,各类考生的顺序号从 9001 开始。

三、工作要求

1. 在摄像前,各有关中学将考生号编排完毕,考生应持考生号参加摄像。

2. 考生号编排要准确,不能出现重复号码。

附件三:

编排考场和准考证号的规定

一、考场的编排

1. 分理工农医、文史两大类编排考场。

2. 各区县每大类(指理工农医、文史)只设一个有空号的尾考场。

3. 每个考场的考生一律为三十人。

4. 每个考场的起始准考证号的末尾两位数字均为"01",最后一个准考证号的末尾两位数字均为"30",每个考场内考生的准考证号应是连续的。

二、户口在本市的考生准考证号的编排

1. 全市统一由计算机随机编排准考证号。

2. 准考证号由九位数字组成。左起第一位数字为科类代码区别理工农医(4 字头)、文史

类(3字头)。第二、三位为考区代码,第四、五位为考点代码,第六、七位为考场代码,第八、九位为考生座位号。

3. 准考证号的编排原则为:以考生号为依据,在不打乱区、县范围的前提下,随机编排。排列顺序依次为:每大类(指理工农医、文史)的英语语种考生、小语种考生。

三、外地在津借考的考生准考证号的编排

外地在津借考的考生准考证号为五位数字。在有关区县设置考场。分别从"99001"编起,数字前冠以区县简称及报考科类。如东丽区文史类考生为"东丽文99001"。

四、艺术、体育类专业考试合格考生其参加高考准考证号的编排,同户口在本市参加普通高校招生考试的考生。

五、报考少年班的考生准考证号的编排

报考少年班的考生准考证号为四位数字。在有关区、县设置考场。分别从"9901"编起,数字前冠以区县的简称、报考类别(如"理")及"少"字。

以上第二、三、四、五项考生的考场编排方法,由有关区县参照第一项规定办理。

附件四:

关于对招生文件中涉及录取政策的考生有关证明的具体要求

一、少数民族考生,以考生户口册为准。并将户口页与身份证复印在一张16开纸上,装入考生档案。

二、台湾省籍青年,须持市台联的证明。

三、归侨、华侨子女、归侨子女、港澳同胞在内地子女,须持市侨务办公室证明。

四、应届高中毕业生中在高中阶段受市级以上表彰的优秀学生干部、三好学生和区级优秀学生干部,在高中阶段学生档案中,须有市教育局、区教育局正式批准手续。

五、应届高中毕业生中,在高中阶段参加市级以上体育竞赛获单项前五名或集体项目前三名的主力队员,本人须是在1996年9月1日至1999年6月10日具备此项条件的。属天津市中小学运动会各个项目的,须持市教育局证明;属其他全市性比赛项目的,须持市体育运动委员会证明。

考生获国家二级运动员称号的,须持区、县和市体育运动委员会证明和二级运动员证书,区、县招办须将二级运动员证书复印件装入考生档案。

参加近两年重大国际比赛以及由国家举办的全国性比赛获前六名,获运动健将、一级运动员称号的考生,须持市体育运动委员会证明。并将一级运动员、运动健将证书复印件装入考生档案。

六、应届高中毕业生中在高中阶段获全国或市青少年数学、物理、化学、生物学、信息学等奥林匹克竞赛金、银、铜牌获得者或一、二等奖者;全国或市青少年发明比赛、科学讨论会、生物百项活动及青少年科技活动成果展览金、银、铜牌或一、二等奖者;全国发明展、国际发明展(博览会)金、银、铜牌获得者及品学兼优全面发展的天津市青少年科技英才称号获得者须持市青少年科技活动领导小组办公室证明，获奖证书复印件装入考生档案。

七、烈士子女须有区、县级以上民政部门的证明。

八、荣立二等功以上的退役军人，应持有相应的军功证书（明），复印件装入考生档案。

九、有特殊贡献的公民及实践经验丰富的优秀青年，须有考生所在单位所属局级单位的推荐证明材料，须经市招生委员会批准。

十、应届高中毕业生中政治思想品德方面有突出事迹者，须有所在中学及市教育局推荐的证明材料，经市招生委员会批准。

十一、相关科目或平时成绩特别优秀的考生，须有所在中学及市教育局的推荐证明材料。

十二、应届高中毕业生，在高中阶段参加全国性艺术竞赛（独唱、独奏、绘画等），获个人单项一、二、三等奖者，获奖证书复印件装入考生档案。

附件五：

关于考生档案材料的内容

考生档案材料包括以下内容：

一、参加高考的档案材料

1. 报名登记表；

2. 报考志愿表（贴在考生档案皮上）；

3. 考生体格检查表；

4. 借宿证明（招走读生学校审查录取用）；

5. 1997年及其以前被高等学校录取而未报到的或曾被高等学校退学的考生，须具备相应的证明材料、学籍处理决定等；

6. 有关录取政策照顾的证明材料（见附件四）；

7. 高考成绩单（贴在考生档案皮上）；

8. 其它录取时所必须具备的材料。

二、高中阶段的档案材料

高中毕业生必须有高中阶段的档案材料

1. 高中毕业生登记表；

2. 天津市高三年级毕业生鉴定表；

3. 学生学年评语表；

4. 考试（考查）成绩登记表；

5. 体质测试表；

6. 健康检查表；

7. 高中毕业生家庭情况调查表；

8. 劳技课及社会实践课鉴定表（1988年及其以后毕业的高中毕业生必须具备）；

9. 1994年及其以后的高中毕业生须有高中毕业会考成绩表；

10. 中学生体育合格达标成绩登记表(免修体育课准予免修的批准手续和证明材料);

11. 有关奖惩材料;

12. 党员组织证明信;

13. 团员入团志愿书;

14. 其它。

此外,国家和集体所有制单位的职工,应由所在单位提供档案(副本)。

在外省区借读,户口在本市(知青子女)考生,档案材料的项目与我市考生相同。

考生档案袋由市招生委员会办公室统一印制。

考生档案的组建工作,应认真按照(92)津招委 05 号《天津市高考考生档案组建工作的暂行规定》进行。各区、县招生委员会办公室应加强对档案组建工作的培训及验收检查,确保录取工作的顺利进行。

关于报送 1999 年普通高校在天津招生来源计划的通知

津高招办字[1999]18 号

各有关高等学校:

为了加强普通高校招生来源计划的管理,做好招生来源计划的编报和宣传工作,让广大考生及时准确地了解你校在天津招生的专业和人数,方便考生填报志愿,现将我市《一九九九年普通高校在天津招生计划来源计划报表》及《普通高校招生信息标准》发给你们,请根据国家教育部核定的学校招生来源计划,按要求逐栏填写来源计划表,同时按信息标准报送来源计划软盘或通过 Internet 以电子邮件方式传送。报送截止时间为 4 月 30 日。现将报送招生来源计划的有关事项通知如下:

1. 严格按照国家教育部核定的招生计划,认真做好报送 1999 年普通高校在天津招生来源计划的工作。凡未列入国家教育部正式下达的招生来源计划,我市不安排招生。

2. “科类”栏内应注明“文史”、“理工”、“理科艺术”、“文科艺术”、“理科体育”或“文科体育”,本科与专科专业应分开填写,并注明学制。“文史”与“理工”专业也要分别填写,个别文理兼收的专业应将具体招生数分别按文、理列出,不能笼统填写。各专业科类必须准确无误。

3. 高校专业代码、专业名称应以国家教育部颁发的生源计划系统软件院校字典库中所列的标准填写。

4. 招收定向生的院校,应按照国家教育部招收定向生的政策,严格控制定向计划的定向范围。应落实定向单位和定向奖学金,凡是定向范围为招某单位考生或某人的定向计划不能安排招生。

5. 严格按照教育主管部门及各地物价部门的文件执行收费,收费应按年度收取,报表中收费标准的单位均为:元/学年。凡是学杂费以外的收费另请详细注明。各高校的专项奖学金设置情况填写在备注栏内,也可另加附页说明。

6."师范类别"填写"是"或"否"。"计划类别"填写并轨(非定向)、定向、电大、高职等。"住宿情况"应填写"住宿"或"走读",凡未注明或寓意不清,一律视为住宿,如收取住宿费请注明收费标准。

7.招生院校对考生有特殊要求的,请在备注栏内注明,应以国家教育部的有关规定为依据。保送生、高水平运动员和协作交换培养任务的院校,也应将招生人数情况在备注栏内注明。

8.我办将根据各院校报来的报表和国家教育部的有关规定公布招生计划。请各院校按通知要求和国家教育部有关编制计划的规定,务必于1999年4月30日前将报表寄至我办。五月初通过《天津教育报·招生考试导刊》向考生公布普通高校在天津的招生计划,招生来源计划一经公布不再调整。

收件单位:天津市招生委员会办公室计划统计科

通信地址:天津市河西区体院北宾水道47号

联 系 人:潘述明

联系电话:(022)23948617

邮政编码:300060

传　　真:(022)23948616

E—mail :TJZKZXGZ@public.tpt.tj.cn

附件一:天津市1999年普通高校招生计划信息标准(略)

附件二:一九九九年普通高校在天津招生计划来源计划报表(略)

一九九九年三月十七日

关于转发《关于征集高考综合能力测试试题的通知》的通知

津高招办字[1999]19号

各普通高校、各区县招生办公室、天津铁厂及大港油田招生办公室:

现将教育部考试中心[1999]27号文件《关于征集高考综合能力测试试题的通知》转发给你们,可根据文件精神向有关单位传达,注意正确引导,做好宣传工作。

附:关于征集高考综合能力测试试题的通知

一九九九年三月二十四日

关于征集高考综合能力测试试题的通知

教试中心[1999]27号

各省、自治区、直辖市考试院(局、管理中心)、普通高校招办,国务院有关部(委)教育司(局),教育部直属高校招办:

1977年恢复高考,拨乱反正,取得巨大成绩。1978年,邓小平同志在肯定考试作用的同时高瞻远瞩地指出:“要认真研究、试验,改进考试的内容和形式,使它完善起来。”20多年来,经过不断的改革和发展,高考制度日臻完善。但随着改革开放的不断深入,高考也暴露出许多矛盾。

最近教育部颁布了教学[1999]3号《关于进一步深化普通高等学校招生考试制度改革的意见》,确定了高校招生考试制度改革方案,将在考试科目、考试内容、考试形式、录取方式四个方面进一步改革,并以高考内容的改革作为重点。要更加注重能力和素质的考查,命题遵循中学教学大纲,但不拘泥于教学大纲,增加应用型、能力型题目,以利于高校选拔新生,有利于学生创新精神、创造能力的培养,也有利于中学实施素质教育。

高考内容改革主要体现在命题上。不仅在语文、数学、外语等科目考试中要体现改革要求,而且在“3+x”方案中将推行“综合科目”考试命题中也要体现这些要求。因此,我们准备花大力气、长时间、深入、细致地进行这项改革。

“综合科目”是指建立在中学文化科目基础上的综合能力测试。综合能力测试命题在我国刚刚起步,去年在部分省市进行了保送生“综合能力测试”,收到了良好的效果。但这仅仅是开始,缺乏系统的经验,国际上可供学习和借鉴的经验也十分有限,如何编制“综合科目”试题,是一项全新的任务。为搞好这项工作,教育部决定向全社会征集“综合科目”试题,同时征集语文、数学、外语等单科能力试题。征集的题目经筛选后进入教育部考试中心题库,供命题专家参考选择。教育部考试中心作为组织与承办单位,为把征题工作落到实处,现将有关事项通知如下:

1. 请依据征题要求(附后)编制试题,命题遵循高中教学大纲,但不拘泥于教学大纲。

2. 试题力求有所创新,不得从社会上流行的习题集中直接抄录。

3. 这次征集活动由教育部考试中心组织承办,请将试题打印后(含图)寄到或通过Email发到教育部考试中心本专科招生考试命题处。

联系地址:100080北京海淀区海淀路167号,教育部考试中心本专科招生考试命题处,并请注明“征题”。

Email:zhnl@mail.neea.edu.cn(该电子函件地址接受提交的题目)

高考征题WWW站点:http://www.neea.edu.cn/ahn1在该站点可以查阅到高考改革及与综合能力测试有关的政策、方针、征题的具体要求等,并可提出意见,参加讨论。

4. 试题请自留底稿,恕不退稿。试题如被采用、部分采用或进入题库,将通知拟题人。拟题人应注意保密,不再使用该试题。

5. 试题如被采用将予以奖励。多次参加征题,且题目优秀者,将聘请参加命题工作。

向社会征集高考试题是在整个高考内容改革中的一项重要的具体措施，请各级招生考试部门在认真学习教育部教学[1999]3号文件的基础上，注意正确引导并进一步做好宣传工作。

附：关于征集高考综合能力测试试题的要求

教育部考试中心
一九九九年三月一日

附：

关于征集高考综合能力测试试题的要求

一、考试目标及内容：

综合科目

“综合科目”是指建立在中学文化科目基础上的综合能力测试。它不是理、化、生、政、史、地等科目按一定比例的“拼盘”，而是考查学生理解、掌握和运用中学所学知识的能力。这对中学实施素质教育，防止中学过早地分科、偏科，会产生积极的促进作用。当然中学生是有个性的，在学习上会有一定的倾向性，因此，可以有文科倾向的综合能力测试，称作文科综合；也可以有理科倾向的综合能力测试，称作理科综合；还可以有不分文理科的综合和专科层次的综合。

同现行大学入学统一考试侧重于学科知识和学科能力的考核相比较，“综合能力测试”多以现实生活中的有关理论问题和实际问题立意命题，要求更加真实和全面地模拟现实。试题要求学生的，主要不是对事物的局部或某一侧面进行描述，而是注重对事物整体的结构、功能和作用的认识，以及对事物变化发展过程的分析理解。就知识和能力的关系而言，现行大学入学统一考试各个学科所涉及的知识，多以基础性、典型性和单一性呈现出来，所强调的能力，主要是学科能力；“综合能力测试”所涉及的知识，以多样性、复杂性和综合性呈现出来，所强调的能力，主要是运用多学科的知识，分析和解决问题的能力。

1．测试目标：

1)理解事物发展变化过程的能力。

2)综合运用知识的创新意识和能力。

3)体现基本的科学精神和人文精神。

2．测试内容(含物理、化学、生物、历史、地理、经济、哲学、政治等学科)：

1)了解基本的自然科学和社会科学的现象、规则、定律、规律的内容及意义。

2)理解自然科学和社会科学的主要概念与结论。

3)能通过简单实验观察自然现象；较完整地描述社会现象。

4)能认识数据、公式、图形之间的关系；能发现相同的自然现象或社会现象之间的区别；能把握不同的自然现象或社会现象之间的联系。

5)根据图表、数据解释说明有关概念或能图示相关概念。

6)能阅读、理解、选择、使用适当的资料；提取有效信息说明和解释相关问题。

7)能通过数据、图表等把握事物的特征、规则或关系;应用所学知识对自然现象或社会现象进行系统的分析和多角度、多层面的描述。

8)能分析自然现象和社会现象变化发展的原因;透过现象把握本质。

9)能根据事实作出科学的和有效的判断、归纳、推理。

10)正确评价人与自然、社会的关系。

11)体现经济繁荣、社会公正、生态安全的可持续发展的价值取向。

语文

语文科着重测试写作、阅读和语言表达三项能力。

1. 写作能力包括语言思维的综合能力和记叙文、议论文、说明文和常见应用文的写作能力。

2. 阅读能力包括理解文章中重要词语和句子的含义,辨别和筛选文章中重要信息,归纳文章的内容要点和中心思想,分析文章的结构,概括作者的观点态度,以及初步的鉴赏和评价能力。

3. 语言表达能力包括语言运用规范、简明、连贯、得体四个方面。

规范:语言运用符合语法规范。

简明:辨别和清除语句中多余的词语和句子。

连贯:语言运用中上下文文意的衔接连贯。

得体:语言运用符合场合、对象的要求。

数学

数学科的考试,测试中学数学基础知识、基本技能、基本思想和方法,考查逻辑思维能力、运算能力、空间想象能力,以及运用所学数学知识和方法分析问题和解决问题的能力。

数学科知识的要求由低到高分为三个层次,依次是了解、理解和掌握、灵活和综合运用。数学科的能力要求为:

1. 逻辑思维能力:会对问题或资料进行观察、比较、分析、综合、抽象与概括;会用演绎、归纳和类比进行推断;能准确、清晰、有条理地进行表述。

2. 运算能力:会根据概念、公式、法则,进行数、式、方程的正确运算和变形;能分析条件,寻求与设计合理、简捷的运算途径;能根据要求对数据进行估计和近似计算。

3. 空间想象能力:能根据条件画出正确的图形,根据图形想象出直观形象,能正确地分析出图形中基本元素及其相互关系;能对图形进行分解、组合与变形。

4. 分析和解决问题的能力:能阅读、理解对问题进行陈述的材料;能综合应用所学数学知识、思想和方法解决问题,包括解决在相关学科生产、生活中的数学问题,并能用数学语言正确地加以表述。

英语

高考英语科以考查考生的语言交际能力为主,同时考查考生对语言知识的掌握情况。

语言交际能力一般是指在特定的语言情景中运用语言进行听、说、读、写的能力。在听、说、读、写这四项中,听和读为接受能力,说和写为产出能力,听和说、读和写又可以构成互动能力。目前,仅听、读和写为高考考生的必考内容,说则依据各高校的要求而定,一般说来外语类考生必须参加说(口语)的考试。

听力部分要求考生能够听懂熟悉的日常生活中发音清楚、语速较慢的简短对话或独白;阅读部分要求考生能够读懂简单的通知、介绍和广告及通俗易懂的英文书刊或报纸；写作部分要求考生在熟悉知识背景的情况下，可以用英文与外国人交流，包括交换特定的信息，诸如：时间、事件、地点等。语言知识部分要求考生能够适当运用基本的语法知识，掌握教学大纲中规定的词汇以及相关词组。

二、命题要求

1. 总要求

1)试题科学、规范；测试目标明确。

2)题目的立意、情境、设问的角度及方式科学、可信、新颖、灵活。

3)题目表述方式合理、有效；题干及设问准确、简洁。

4)难度合理。有较好的区分度，一般在0.3以上。

2. 选择题

1)题干围绕一个中心，选项和题干的关系一致。

2)干扰项有效，能反映考生的典型错误。

3)各选项的结构、长度大体一致。

4)正确选项分布均匀。

3. 非选择题

1)题目设计体现运用已有知识解决新问题的能力考查要求。

2)考查主要的、重要的、较高层次的学科能力。

3)答题量与赋分值合理。

4. 参考答案和评分标准

1)参考答案科学、规范、简洁。鼓励考生有创见地答题。

2)评分标准可操作性强；易于控制评分误差。

3)参考答案与评分标准的关系一致。

关于申请增加1999年天津市研究生招生规模的请示

津高招办字[1999]20号

教育部学生司研究生招生处：

根据3月29日教育部下发的1999年研究生复试基本要求，我办进行了统计，按照复试标准的要求，我市合格生源数量达到了2484人，实际招生规模仅为2113人(新下达的硕士生招生规模)，缺口较大。

从天津市的发展看，我市急需高素质的人才，同时，为了维护社会稳定，减轻招生压力，恳请教育部再增加1999年天津市研究生招生规模50人。

妥否，请批示。

一九九九年三月三十一日

关于转发《关于做好1999年普通高校招生工作的通知》的通知

津高招办字[1999]21号

各区县招生办公室、各有关高校招生办公室：

现将教育部教学[1999]5号《关于做好1999年普通高校招生工作的通知》转发给你们，请遵照执行。

附：关于做好1999年普通高校招生工作的通知

一九九九年四月一日

关于做好1999年普通高校招生工作的通知

教学[1999]5号

各省、自治区、直辖市教育委员会、教育厅、高校招生委员会，广东省高教厅，国务院有关部委教育司(局)，部属各高等学校：

为做好1999年普通高校招生工作，现就有关事项通知如下：

一、1999年普通高等学校招生工作要继续认真执行国家招生政策规定，坚持德智体全面考核、择优录取和公平、公正的基本原则，加强领导、深化改革、强化管理，确保圆满完成招生工作任务。

在认真做好常规性工作的同时，要加大高考改革的力度，按照教育部《关于进一步深化普通高等学校招生考试制度改革的意见》(教学[1999]3号)的要求，积极稳妥地推进各项改革措施的落实。

二、今年进行高考科目改革和计算机网上录取试点的省(自治区、直辖市)及有关高校要精心组织、广泛宣传，保证必要的经费投入，各有关方面要积极支持配合，确保试点成功。非试点的省(自治区、直辖市)和高校也要为今后的改革工作做相应的准备。

计算机网上录取试行办法将由我部高校学生司另行通知。

三、严格执行国家下达的招生计划和招生来源计划。各省(自治区、直辖市)招生办公室必须按照教育部的要求，统一向社会公布招生来源计划。招生来源计划一经公布，未经我部高校学生司批准不得变更。

因国务院机构改革而实行中央与地方共建、以地方管理为主的普通高等学校，仍实行面向全国招生，其较1998年度国家招生计划增量部分优先安排在学校所在省（自治区、直辖市）招生，在其他省（自治区、直辖市）招生计划不得较1998年度减少。

四、今年部分省（自治区、直辖市）经批准试行按新的管理模式和运行机制举办高等职业技术教育（以下简称“新高职”），其招生对象主要是本省（自治区、直辖市）参加全国统一高考的考生。录取工作须安排在该省（自治区、直辖市）普通专科录取之后单列一个批次进行。新高职从中等职业技术学校招收的少量应届毕业生须按原国家教委《关于招收应届中等职业技术学校毕业生举办高等职业技术教育试点工作的通知》（教学[1997]9号），参加由省级招生部门负责组织的考试、考核和录取。

五、1999年具有2%招生计划调节权的高等学校（具体名单见教发[1999]1号文件附件八），其2%招生计划调节数应集中在录取期间视有关省（自治区、直辖市）生源情况使用，原则上只用于该校在有关省（自治区、直辖市）按生源计划数120%调档内的考生。

六、今年在全国对全部保送生进行综合能力测试。保送生招收办法按《关于1999年普通高等学校招收保送生工作的通知》（教学司[1998]81号）执行。

七、巩固招生并轨改革成果，防止出现变相“双轨”现象。各省（自治区、直辖市）在划定录取批次时，应将同一学校同一层次（本科或专科）招生计划安排在同一批次完成，不得利用批次的划分照顾定向、共建、联合办学等录取。严格按照原国家教委规定的范围、比例和录取标准做好定向招生工作。各地各单位不得利用定向招生形式向学生收取规定标准以外的费用。

八、保护考生的正当权益。高等学校不得提出超越国家招生政策规定的标准并以此决定考生是否录取；不得拒绝录取符合条件且服从调剂的非第一志愿高分考生。

九、由于《普通高等学校本科专业目录》（1998年颁布）于今年起执行，《普通高等学校招生体检标准》（1998年修订）会有所调整，1999年高校招生体检工作有关事项将另行通知。

十、进一步认真开展招生执法监察工作。加强对招生工作人员的教育和管理，严肃查处违纪违法事件。除查处有关责任人外，因此所招收的学生一律不得入学，对已入学的坚决予以清退。增加招生工作透明度，及时公布录取结果，自觉接受社会、舆论和纪检（监察）部门的监督。

录取工作结束后，各省（自治区、直辖市）招办可公布在当地招生的各高校录取考生的总人数及平均分等。

十一、加强录取场所的管理，除招生部门、纪检（监察）和录取工作人员之外，其他人员均不得进入。各省（自治区、直辖市）及进行计算机网上录取的高校，要注意防范计算机病毒，保证信息系统安全。

十二、各省（自治区、直辖市）招生办公室须按规定的时间和要求，将考生报名、考试成绩汇总、录取工作安排、录取场所地址和联系电话、录取结果等情况及时上报我部高校学生司。

十三、录取工作必须在9月上旬结束，之后一律不得补录。9月15日前不能开学的高等学校，必须报经我部批准。

一九九九年三月二十三日

关于1999年天津市硕士研究生录取阶段工作要求的意见

津高招办字[1999]22号

各研究生招生单位：

一九九九年硕士研究生招生经过全国统一考试，现已进入录取阶段。这是1999年最早进行高层次学历教育的录取工作。为了做好工作，天津市招生委员会办公室成立了一九九九年硕士研究生录取工作领导小组，小组成员有天津市教委副主任、教育招生考试中心党委书记、主任乔丽娟同志、天津市教育招生考试中心党委副书记、纪检书记马玉奎同志、普通高校招生处张洪奎同志。为使录取工作顺利有序地进行，努力做到"万无一失，滴水不漏"，确保社会稳定，现对今年我市硕士研究生录取工作提出以下要求：

1. 各招生单位要成立以主管院(校)长为主要负责人的研究生录取工作领导小组，负责本单位1999年硕士研究生录取工作。

2. 以"三讲"精神为指导，做好录取工作，自觉遵守廉政纪律，维护社会稳定。

3. 今年有直系亲属参加研究生考试的同志，不再负责硕士研究生录取工作。

4. 录取工作要严格按程序办事，重大问题要集体研究决定，避免个人行为。

5. 严格按教育部要求和有关规定录取，做到"公平、公正、公开"，不允许超越规定录取不符合政策的考生。

6. 不得涂改考生试卷和有关录取材料。

7. 认真接待考生来信来访，做好考生思想工作。

8. 有特殊问题要及时与市招办联系沟通，确保录取工作的顺利进行。

工作时间安排：

4月12日　各招生单位报录取领导小组成员名单

4月15日　开始上网查询可调剂生源信息

4月26日　报市招办破格复试情况登记表(附件一)和审批表(附件二)

5月10日　各招生单位二志愿调剂截止

5月1日至5月15日　各招生单位对拟录取名单自检

5月15日　报市招办拟录取名单数据库(招生单位代码+NLQ.DBF)和拟录取情况统计表(S18)

5月15日至20日　市招办汇总天津市拟录取名单数据库，统计拟录取情况，进行省市级招办录取自检；各招生单位准备全国录取检查相应材料(请示报告、情况说明、原始证明材料等)。

天津市招办E－mail：TJZKZXGZ@public.tpt.tj.cn

附件一：一九九九年天津市硕士研究生破格复试人员情况登记表(略)

附件二：一九九九年天津市硕士研究生破格复试审批表(略)

一九九九年四月八日

关于转发教育部《关于印发〈普通高校招生体检标准〉(修订)的通知》的通知

津高招办字[1999]27号

各区县招生委员会办公室、各有关部门：

现将教育部教学司[1999]24号文件《关于印发〈普通高校招生体检标准〉(修订)的通知》转发给你们，请认真遵照执行。

新修订的普通高校招生体检标准对体检限报专业做了详细的规定，并要求全体考生均应进行转氨酶和乙型肝炎表面抗原检验，在指导考生填报志愿时，按文件精神执行。

附件：关于印发《普通高校招生体检标准》(修订)的通知

一九九九年四月二十一日

关于印发《普通高校招生体检标准》(修订)的通知

教学司[1999]24号

各省、自治区、直辖市普通高等学校招生委员会，部属各高等学校：

鉴于普通高等学校本科专业目录已有较大变动，因此《普通高等学校招生体检标准》(教学[1998]6号)从1999年起按新的专业目录作相应的修订。现将修订后的《普通高等学校招生体检标准》(见附件)发给你们，请遵照执行。

1999年普通高等学校招生考生体格检查表(教学司[1999]10号附件三)中要求所有的考生均应进行转氨酶(A.L.T)和乙型肝炎表面抗原(HBsAg)检验，该项检验是针对《普通高等学校招生体检标准》中第一款第5条的规定提出的，请认真组织实施，按相应要求执行。

附件：《普通高等学校招生体检标准》(修订)

教育部高校学生司

一九九九年四月二日

附件：

《普通高校招生体检标准》(修订)

一、有下列疾病或生理缺陷者，不能录取：

1. 先天性心脏病(经手术治愈者除外)、频发性期前收缩、心电图不正常、心肌病及其他器质性心脏病。

2. 血压超过18.66/12kpa(140/90毫米汞柱)，低于11.46/7.46kpa(86/56毫米汞柱)。单项收缩压超过21.33kpa(160毫米汞柱)，低于10.66kpa(80毫米汞柱)，舒张压超过12kpa(90毫米汞柱)，低于6.66kpa(50毫米汞柱)。

3. 结核病，除下列情况，均不能录取：

1)原发型肺结核、浸润型肺结核，已硬结稳定。结核性胸膜炎已治愈，或治愈后遗有胸膜肥厚者。

2)一切肺外结核(肾结核、骨结核、腹膜结核等)、血行播散型肺结核，治愈后两年以上未复发，经二级以上医院(或结核病防治所)专科检查无变化者。

3)淋巴腺结核已临床治愈无症状者。

4. 支气管扩张病。幼年时患过支气管哮喘病，上高中后仍复发者。

5. 慢性肝炎病人并且肝功能不正常者(肝炎病原携带者，但肝功能正常者除外)。

6. 各种恶性肿瘤。各种结缔组织疾病(胶原疾病)。内分泌系统疾病(如糖尿病、尿崩症、肢端肥大症等)。血液病(单纯缺铁性贫血除外)。

7. 慢性肾炎。急性肾炎治愈不足两年。

8. 有癫痫病史、精神病史、癔病史、夜游症。

9. 肺切除超过一叶；肺不张一叶以上。

10. 类风湿脊柱强直。慢性骨髓炎。

11. 青光眼；视网膜、视神经疾病(陈旧性或稳定性眼底病除外)。

12. 两上肢或两下肢不能运用者。

13. 除上述各项外，有影响健康和学习的疾病，能否报考，由各省、自治区、直辖市根据本地区的特点和专业要求研究确定。

二、有下列疾病或生理缺陷者，不能录取的专业：

1. 切除一肺叶二年以上，肺功能恢复良好，或其他主要脏器(如肝、脾、肾、肠、胃等)做过较大手术二年以上功能恢复良好者；凡有心肌炎、胃或十二指肠溃疡、慢性支气管炎、关节炎等病史(14岁前患过上述各种疾病确已治愈，不在此例)；甲状腺机能亢进已治愈一年，无症状者，不能录取到地矿类、水利类、交通运输类、公安技术类、乐器类、体育类、海洋科学类、大气科学类、水产类各专业及土木工程、测绘工程、船舶与海洋工程、森林工程、木材科学与工程、林学、农学、植物保护、草业科学、水土保持与荒漠化防治、法医学等专业。专科专业不能录取到烹饪工艺、西餐工艺、面点工艺、烹饪与营养、表演、舞蹈学、考古学、地质学、建筑工程、交通土建工程、工业设备安装工程、铁道与桥梁工程、公路与城市道路工程、公路与桥梁、铁道工程、工业与民用建筑工程等专业。

2. 先天性心脏病“房、室间隔缺损”手术治愈二年以上(间隔缺损小于0.5厘米,生长、发育、营养状况良好能参加体育锻炼。经二级甲等以上医院专科确定,无需手术者除外);“动脉导管未闭”已手术治愈一年以上,目前心功能、体质状况良好,不能录取的专业同第二部分第1条。

3. 重度下肢静脉曲张者,不能录取的专业同第二部分第1条。

4. 任何一下肢不能运用;两下肢不等长超过5厘米;脊柱侧弯超过4厘米;两下肢均跛行;显著胸廓畸形者,不能录取的专业同第二部分第1条。

5. 皮肤过敏症;幼年时患过支气管哮喘,上高中后未复发者。不能录取到化工类、药学类专业及香料香精工艺专业。

6. 色弱,不能录取到化工类、化工与制药类、药学类、生物科学类、地质学类各专业,医学各专业。生物工程、特种能源工程与烟火技术、食品科学与工程、氢化工程、林产化学、农学、园艺、植物保护、茶学、林学、园林、蚕学、生物医学工程、生物工程、动物科学、动物医学、野生动物与自然保护区管理、农业资源与环境、水产养殖学、海洋渔业科学与技术、材料化学、环境工程、生态学、心理学、应用心理学、高分子材料与工程、过程装备与控制工程、侦察学、学前教育、特殊教育、体育教育、运动训练、运动人体科学、民族传统体育、考古学、海洋科学、海洋技术等专业,专科专业与以上各专业相同或相近的专业。

7. 色盲,不能录取的专业同色弱外,还包括绘画、美术学、艺术设计、摄影、动画、博物馆学、应用物理学、天文学、地理科学、应用气象学、材料物理、矿物加工工程、资源勘探工程、冶金工程、无机非金属材料工程、交通运输、油气储运工程等专业。专科专业与以上各专业相同或相近专业。

8. 不能准确识别红、黄、绿、蓝、紫,各种颜色的导线、字母、数码、几何图形、信号灯者不能录取的专业除色弱、色盲外还包括经济学类、管理科与工程类、工商管理类、公共管理类、农业经济管理类、图书档案学类各专业。计算机科学与技术专业。

9. 裸眼视力任何一眼低于5.0者不能录取到飞行技术、航海技术、消防工程、刑事科学技术、侦察等专业。专科海洋船舶驾驶专业及与以上专业相同相近专业。

10. 裸眼视力任何一眼低于4.8者不能录取到运动训练、民族传统体育表演。专科专业:烹饪与营养、烹饪工艺等专业。

11. 屈光不正(近视眼或远视眼,下同)任何一眼矫正到4.8,镜片度数大于400度,不能录取到海洋技术、海洋科学、测控技术与仪器、核工程与核技术、生物医学工程、服装设计与工程,飞行器制造工程等专业。专科专业与以上相同或相近专业。

12. 任何一眼矫正到4.8,镜片度数大于800度,不能录取到地矿类、水利类、土建类、动物生产类、水产类、材料类、能源动力类、化工与制药类、武器类、农业工程类、林业工程类、植物生产类、森林资源类、环境生态类、心理学类、环境与安全类、环境科学类、电子信息科学类、材料科学类、地质学类、大气科学类、及地理科学、测绘工程、交通运输、轮机工程、交通工程、油气储运工程、船舶与海洋工程、生物工程、草业科学、动物医学各专业及医学各专业。专科专业与以上相同或相近专业。

13. 一眼失明另一眼矫正到4.8,镜片度数大于400度,不能录取到工学、农学、医学、法学各专业及应用物理学、应用化学、生物科学、生物技术、地质学、生态学、环境科学、海洋科学、海洋技术、心理学、应用心理学等专业。专科专业与以上相同或相近专业。

14. 两耳听力均在3米以内或一耳听力在5米另一耳全聋，不能录取到法学各专业、外国语言文学各专业、及外交学、新闻学、侦察学、学前教育、音乐学、录音艺术、土木工程、交通运输、运动科学、动物医学各专业，医学各专业。

15. 嗅觉迟钝或丧失，不能录取到医学各专业，化学类、生物科学类、地质学类、大气科学类、海洋科学类、环境科学类、环境生态类、心理学类、公安技术类、植物生产类、动物生产类、森林资源类、草业科学类、动物医学类、水产类各专业，及食品科学与工程专业。专科专业：面点工艺、西餐工艺、烹饪与营养、烹饪工艺等专业。专科专业与以上各专业相同或相近专业。

16. 严重口吃，口腔有生理缺陷及耳鼻喉科疾病之一而妨碍发音者，不能录取到通信工程、生物医学工程、交通运输、飞行技术、航海技术、医学各专业。汉语语言文学各专业，新闻学、广播电视新闻、音乐学、戏剧学、广播电视编导，公安学类各专业、教育学类各专业、法学、外文学、国际经济与贸易等专业。专科专业与以上相同或相近的专业。

17. 男性考生身高低于170厘米，女性考生身高低于160厘米不能录取到体育学各专业。

18. 男性考生身高在165厘米以下，女性考生身高在155厘米以下不能录取到航海技术专业。

19. 肝炎病原携带者或乙型肝炎表面抗原检验阳性者不能报考学前教育、航海技术、飞行技术。专科专业：面点工艺、西餐工艺、烹饪与营养、烹饪工艺，食品科学与工程专业。

20. 行路步态跛行，着装后脊柱侧弯、驼背；面部，有较大面积(3×3厘米)疤痕、血管瘤或白癜风、黑色素痣等不能报考教育学类各专业，公安学类各专业，外交学、法学、外国语言文学类各专业，广播电视新闻、新闻学、音乐表演、表演等专业。专科专业与以上相同或相近专业。

附录：

体检工作操作规程

1. 心脏听诊：心脏收缩期杂音按六级划分，考生卧位安静时听诊肺动脉瓣膜区达到三级，其它瓣膜区达到二级，改变体位反复听诊心脏杂音确属生理性者，可作“正常”结论。

2. 期前收缩每分钟6次以上应立即做下蹲试验，运动后早搏消失，或偶有1—2次，心电图正常，可作“正常”结论。如每分钟仍在6次以上，做“不正常”结论(以体检当日测量为准)。不完全性右束支传导阻滞确无心病变者可做“正常”结论。

3. 听诊测量血压时舒张压以变音为准，由于精神紧张，血压超过16.66/12kpa(140/90毫米汞柱)，同时伴有心率快的受检者，嘱其休息一刻钟至半小时测第二次，选其中低值，记入体检表，如仍不正常，适当休息，多测几次，但必须以体检当日血压为准。

4. 肝、脾检查以平卧平静呼吸为准。

5. 色觉检查用《喻自萍色盲本》或空军后勤部卫生部编印的色觉检查图，必须由专科护士或医师检查。

6. 单颜色识别能力检查(单种颜色分别认识能力)：1)医生从红、黄、绿、蓝、紫各种颜色的导线或采用红、黄、绿、蓝、紫各种颜色的字母、数码、几何图形、信号灯从中任选出一种让考生识别。在5秒钟内讲出颜色名称；2)医生任意讲出一种颜色名称让考生在5秒种内从红、黄、绿、蓝、紫各种颜色导线或从红、黄、绿、蓝、紫各种颜色的字母、数码、几何图形、信号灯中准确找出该颜色的导线字母、数码、几何图形、信号灯。以上两种方法交替进行。将能认出的颜色在其名称上作“　”符号，记入体检表(识别彩色图案及彩色数码能力正常者不必检查此项)。

7. 视力检查统一采用标准对数视力表，用5分记录法记录检查结果，任何一眼裸眼视力低于4.8者，需要矫正镜片测视力，矫正不到4.8者应查眼底。眼底仅见近视特征无其他异常者，增加镜片度数远视力即有所提高。可将实际检查矫正视力及矫正度数，记入体检表。视力仍达不到第一部分第12条要求者选报文科专业。

8. 测听力：用耳语，左右耳分别进行，测听距离5米。

9. 嗅觉：用醋、酒精(如果没有酒精，可改用白酒)、水三种，全能辨别为正常，能辨别1—2种为迟钝，三种全不辨别者为丧失(体检时患感冒者，约定一周后复查)。

关于下发天津市1999年免试保送生计划的通知

津高招办字[1999]28号

各区县招生办公室、铁厂招生办公室、大港油田招生办公室：

现将天津市一九九九年免试保送生计划从网上下发给你们，请你们及时通过各有关中学(中师、中专)向全体应届高中(中专、中师)毕业生公布。

附件：天津市一九九九年保送生计划

一九九九年四月二十六日

天津市1999年免试保送生计划的通知

北京大学	计划	5人
和平区	耀华中学	1
和平区	市一中	1
河北区	天津外院附中	1
河西区	实验中学	1
南开区	南开中学	1
北京航空航天大学	计划	2人

河北区	市二中	1
和平区	市一中	1
北京外国语大学	计划	8 人
河北区	外院附中	8
东南大学	计划	1 人
和平区	市一中	1
复旦大学	计划	1 人
和平区	市一中	1
哈尔滨建筑大学	计划	2 人
河西区	天津建筑工程学校	2
南开大学	计划	28 人
和平区	耀华中学	4
和平区	市一中	5
和平区	第二南开中学	2
和平区	五十五中学	1
和平区	二十中学	1
河北区	市二中	1
河北区	天津外院附中	1
河东区	市七中	1
河西区	新华中学	1
河西区	实验中学	1
红桥区	市五中	1
南开区	南开中学	5
南开区	南开大学附中	2
南开区	一零九中学	1
油田	油田实验中学	1
清华大学	计划	8 人
和平区	耀华中学	1
和平区	市一中	2
南开区	南开中学	5
天津城建学院	计划	4 人
河东区	天津园林学校	2
南开区	天津建材学校	2
天津大学	计划	12 人
大港区	大港一中	1
和平区	市一中	1
和平区	耀华中学	1
河北区	市二中	1
河东区	市七中	1

河西区	新华中学	1	
河西区	实验中学	1	
红桥区	市三中	1	
南开区	南开中学	1	
南开区	天津大学附中	1	
南开区	一零九中学	1	
油田	油田实验中学	1	
天津师范大学	推荐计划 85 人	计划 69 人	
宝坻县	宝坻一中	2	
北辰区	四十七中学	1	
北辰区	九十六中	1	
北辰区	天津师范学校	1	艺术特长生
大港区	大港一中	1	
东丽区	一百中学	1	
东丽区	程林中学	1	
和平区	耀华中学	3	
和平区	市一中	4	
和平区	第二南开中学	1	
和平区	二十中学	1	
和平区	五十五中学	1	
和平区	汇文中学	1	
和平区	九十中学	1	
和平区	天津幼儿师范学校	1	
和平区	五十五中学	1	思想政治教育专业
和平区	天津幼儿师范学校	1	艺术特长生
和平区	耀华中学	1	艺术特长生
河北区	市二中	2	
河北区	十四中学	2	
河北区	五十七中学	1	
河北区	铁路一中	1	
河北区	五十七中学	1	思想政治教育专业
河北区	第二幼儿师范学校	1	艺术特长生
河东区	市七中	2	
河东区	四十五中学	1	
河东区	三十二中学	1	
河东区	五十四中学	1	
河东区	一零二中学	2	
河东区	三十二中学	1	思想政治教育专业
河西区	新华中学	3	

河西区	实验中学	4	
河西区	四中	1	
河西区	四十二中学	1	
河西区	海河中学	1	
河西区	天津第二师范学校	1	
河西区	海河中学	1	思想政治教育专业
红桥区	市五中	1	
红桥区	市三中	2	
红桥区	民族中学	2	
红桥区	五十一中学	1	
红桥区	八十中学	1	
红桥区	民族中学	1	思想政治教育专业
蓟县	蓟县一中	2	
津南区	咸水沽一中	1	
静海县	静海一中	1	
南开区	南开中学	4	
南开区	一零九中学	2	
南开区	二十五中学	1	思想政治教育专业
南开区	四十三中学	1	
南开区	三十一中	1	
南开区	天津外语师范学校	1	
南开区	二十五中学	1	
宁河县	芦台一中	2	
塘沽区	塘沽一中	1	
塘沽区	塘沽二中	1	
汉沽区	汉沽一中	1	
铁厂	铁厂二中	1	
武清县	杨村一中	1	
西青区	杨柳青一中	2	
油田	油田实验中学	1	
天津外国语学院	计划	21人	
和平区	市一中	5	
河北区	天津外院附中	12	
河西区	实验中学	2	
河西区	新华中学	2	
浙江大学	计划	4人	
和平区	耀华中学	2	
和平区	市一中	1	
南开区	南开中学	1	

中国科技大学	计划	8人
和平区	市一中	1
南开区	南开中学	7

1999年天津市普通高等学校招生体检工作规定

津高招办字[1999]29号

各区县卫生局、各区县招办、各体检医院、各有关单位：

普通高等院校招生体检工作是招生工作的重要内容。体检结果是高等学校对考生德、智、体全面考核、择优录取的重要依据之一，它关系到国家能否选拔到合格人才，也关系到每个考生的切身利益，是一项重要、严肃的工作。各级招生、卫生部门要提高认识，高度重视。一九九九年我市普通高等学校招生体检工作，遵照教育部、卫生部颁发的《关于进一步加强普通高等学校招生体检管理工作的通知》(教学[1998]6号文件)精神，按照教育部颁发的《普通高等学校招生体检标准》(修订)(教学司[1999]24号文件)执行。为了切实做好普通高等学校招生体检工作，现将实施办法规定如下：

一、加强领导，精心组织

1. 各区县招生、卫生部门要加强对高考体检工作的领导，要明确分工，各负其责，精心组织，周密安排。

2. 高考的体检工作应在市卫生局指定的二级甲等以上医疗单位进行。

3. 各体检医院应由一名院级领导同志主持高考体检工作。选派政治思想好、工作责任心强、作风正派、业务熟悉的医务人员参加高考体检工作。高考体检工作的队伍应保持相对稳定，上一年参加体检工作的技术骨干医生不得少于1/2。主检医生必须由具有副主任医师以上职称的医生担任。各科由一名主治医师负责本科的体检。

二、体检组织准备工作

为保证高考体检工作质量，体检前必须做好以下几点：

1. 各体检医院要在体检前组织参加体检的医务人员认真学习和掌握《普通高等学校招生体检标准》(修订)，严格做好岗前培训，熟练掌握体检标准和操作规程，要求严肃认真、实事求是，不偏宽、不偏严，不错检、漏检，结论准确。达到体检方法统一、结论规范。

2. 要选择环境安静、光线、通风条件好的场所进行高考体检。在医院体检时应与门诊分开。体检医院要建立健全各项规章制度，在体检时要保持良好的秩序，注意安全，排除外界干扰。

3. 体检工作所需的器材要备足备齐，器械要注意消毒，仪器要经常校正。

4. 体检前学校要对考生提出纪律要求，组织考生学习《普通高等学校招生体检标准》(修订)，体检表中“既往病史”及其以上各栏均由考生本人如实填写，要求字迹清楚。参加统考考生在照片栏贴上彩色摄像照片，学校有关部门及学校医务室要进行审查核实。

参加新高职招生考试的中专、职校、中技考生、单考考生在照片栏背面贴1寸半黑白近期免冠同版照片。学校有关部门及学校医务室要进行审查核实，在照片左侧加盖学校骑缝章。

三、体检

1. 体检时间

我市高考体检时间五月十五日开始至六月十日，各区县招办应在规定的时间完成本区县应届高中毕业生、应届中专、职校、技工学校毕业生、往届高中毕业生、在职职工及其他人员的体检。具体体检时间，由各区县招办与体检医院商定。

在外地上学的知青子女及漏检考生的体检由区县招办与体检医院商定后进行，但必须于六月二十日前结束。

2. 检查项目及收费标准

一九九九年普通高等学校招生体检项目包括：一般性检查、胸部透视、转氨酶(A.L.T)和乙型肝炎表面抗原(HBsAg)检查。我市今年高考总的体检费用定为20元。

3. 体检方法

参加高考考生应凭考生证出入医院体检场所，考生需在报名所在区县的指定医院进行体检(体检医院见附件一)，在非指定医院体检无效。

应届高中毕业生、应届中等专业学校、职业学校、技工学校毕业生由所在学校派干部带队前往指定医院检查。检查结束后体检表由医院汇总交区县招办，待体检信息采集后再分发各校保存，不得交给考生本人。对限报专业的考生必须在填报志愿前由学校通知考生本人。

往届高中毕业生、知青子女、在职职工及其他人员由区县招办组织体检。体检结束后，体检表由医院汇总交区县招办妥善保存，不得交给考生本人。对限报专业者，于填报志愿前，由区县招办通知考生本人。

体检人员要严格执行有关规定，体检时，医生要核对所查考生、考生证和体检表上的照片是否一致，严防冒名替检，发现问题及时报告处理。体检时，考生体检表应由工作人员传递，专人保管，体检结束后统一交区县招办，不得交考生本人自带。

体检医生要树立对国家负责、对考生负责的高度责任感，正确对待高考体检，严格执行体检标准，秉公办事，如实记录，客观公正地反映考生的真实身体状况。

建立高考体检工作责任制。体检项目要固定到人，明确职责。各科检查完毕，体检负责医生签字，主检医生要综合各科结果，全面审核，严格把关，作出准确的合格、合格限报或不合格的结论并签全名。体检中若发现有疑难问题，要及时会诊，集体讨论，统一意见后再作结论。

体检完毕，各类学校必须指定专人对体检表逐项进行复查(非应届生的体检表由区县招办复查)。若发现漏填、漏检或不明确结论的，应通过区县招办及时与原体检医院联系复查，不得私自涂改，一旦发现涂改现象，体检表作废。经复查需要更改时，复查医生签名并加盖医院公章方能生效。

各区县招办需在六月十二日将体检表、体检统计表报送市招生办公室；补检考生的体检表在六月二十二日报送市招生办公室。考生体检合格者(含限报专业)准予考试。不合格者不发考试用条形码、准考证，取消考试资格。

四、体检表的填写要求

1. 体检表上的各项体检内容均由有关体检医生逐项填写清楚。一律使用黑色墨水笔填写。填写要规范。由于数字信息要由计算机处理，凡用数字表示的(如视力、听力、血压、心率等)应写清楚数字。凡属正常的写“正常”二字，不能用符号代替；各科检查项目最后“其他”栏，检查正常的，应填写“无”，凡属不正常的，应写清疾病名称或检查结果。

2. 体检结论应由主检医生签署。主检医生在签署意见前，要检查各项体检是否有遗漏、填写是否准确，再根据各科检查及肝功能化验结果，确定体检结论。体检结论应在数字识别框中用数字表示，专业限报的应在后面的数字识别框内填写限报的各项数码如“19”、“09”、“10”、“17”等。并由主检医生签名，加盖医院公章。医生签名要写全名，字迹要清楚。如无体检结论或无主检医生签名、未盖体检医院体检专用公章者则该体检表无效。

3. 体检后如需补查某些项目时，由体检医院根据体检标准的有关规定提出意见，并及时进行补查。

五、报考军事院校考生的体检

根据原国家教委、总政治部(1990)政联字第4号文件精神和军事院校从地方招收应届高中毕业生工作的补充规定，凡报考军事院校及武装警察部队所属院校的考生，除参加普通高等院校招生体检外，其他需补检项目，另行安排。

六、肝功能检查

根据《普通高等学校招生体检标准》(修订)的要求，所有考生均应进行转氨酶(A.L.T)和乙型肝炎表面抗原(HBsAg)检验。检查办法，区县招办与体检医院具体商定。化验单由检查医生签名，加盖医院公章方可生效。主检医生根据化验结果，在体检表体检结论的数字识别框中只体现专业限报的考生。化验单随体检表由医院汇总后交区县招办。对肝功能化验限报专业的考生，考生所在单位必须在填报志愿前通知考生本人。

我市各类报挡分数线划定后，区县招办将上线考生的肝功能化验单随体检表一起装入考生档案。

七、加强监督检查 严肃招生纪律

各区县招办、区县卫生局、体检医院都要设立举报电话，接受群众监督。各区县招办及区县卫生局同当地纪检监察部门对体检医院进行体检工作检查，加强监督。要坚决防止和反对不正之风的干扰，对在体检中弄虚作假的应追究责任。体检时，如发现考生与体检表上照片不符，冒名顶替或换照片，更换体检表，私改检查结论等舞弊行为，应及时报告，查明情况，按高考舞弊处理。

新生入学后，各校都要进行体检复查，对体检复检不合格的，要取消录取资格，并报告市招办，市招办将按有关规定会同卫生行政部门、纪检部门追究体检医生及相关人员的责任。

附件：一九九九年各区县体检医院一览表

天　津　市　卫　生　局

天津市招生委员会办公室

一九九九年四月二十六日

附件一：

1999年各区县体检医院一览表

区 县	检查医院	区 县	检查医院
和平区	医大总医院 公安医院	津南区	咸水沽医院
河东区	三中心医院	北辰区	北辰医院 北辰中医医院
河西区	河西医院 天津医院	塘沽区	塘沽医院
河北区	第一医院 第二医院	蓟县	县医院 蓟县中医医院
南开区	一中心医院 南开医院	武清县	县医院
红桥区	二中心医院 民族医院	宁河县	县医院
宝坻县	县医院	静海县	县医院 静海县中医医院
汉沽区	汉沽医院	涉县铁厂	本厂医院
东丽区	东丽医院	大港区	大港医院 华北油田职工总医院
西青区	西青医院	大港油田	大港油田医院

1999年天津市部分院校(专业)单独考试、单独招生工作的实施办法

津高招办字[1999]30号

一九九九年我市部分高等学校(专业)继续实行单独考试、单独招生。该项考试是普通高等学校统一招生考试工作的组成部分，是选拔性考试。根据教育部的有关规定，一九九九年天津大学、天津农学院、天津师范大学(含原天津师范高等专科学校)和天津职业大学部分专业继续实行单独考试、单独招生的办法。为使这项工作进一步规范，结合我市的具体实际，特制定本实施办法。

一、招生计划

参加单独考试的所有专业招生计划纳入国家计划，由市教委正式下达，市招生办公室向社会公布。

二、报考条件及招生对象

考生须符合国家教育部和我市规定的报考普通高校的基本条件。年龄不超过 25 周岁（1974 年 9 月 1 日后出生），未婚。

1. 中等专业学校、中等职业学校的优秀应届毕业生，报考天津大学计算机科学与技术专业（原计算机及应用专业）本科职教师资班，采取推荐报名考试的办法。由市教委、市教育局职教处负责在有关中等专业学校、中等职业学校中组织推荐。

2. 中等职业学校优秀应届毕业生报考天津职业大学各专业采取推荐报名考试的办法。推荐工作由市教育局负责组织，在有关中等职业学校相同或相近专业的应届毕业生中，按天津职业大学单考招生计划数的一定比例，确定推荐考生。

3. 中等幼儿师范学校、幼教职业中学的优秀应届毕业生；具有上述学历且现从事幼教工作者；具有高中毕业或同等学力并从事幼教工作 2 年以上者，可报考天津师范大学幼儿教育专业。

4. 中等外语师范学校及中师外语班应届毕业生可报考天津师范大学（原天津师范高等专科学校）英语教育专业（专科）。

5. 农业职业高中、农业中专、农业广播学校优秀应届毕业生可报考天津农学院农学（农林经济管理）本科专业。

三、报名时间及报名办法

1. 报名时间：五月二十日至二十四日。

2. 中等专业学校、中等职业学校应届毕业生可向所在学校提出报名申请，学校负责到所在区县招办办理集体报名手续。

3. 在职职工及其他人员到所在区县招办直接办理报名手续。

4. 各区县招办、各有关学校要严格考生的资格审查工作，认真核对考生的报考信息。

5. 考生在办理报名手续时，须备有考生的户口册、居民身份证、学历证书、4 张 1 寸半黑白近期免冠同版照片及院校招生简章规定的有关证件。并备有相应的复印件。

6. 考生需交纳报名考务费。

四、体检

1. 考生体检由接受报名的区县招办负责组织，按照《普通高等学校招生体检标准》（修订）执行。

2. 考生体检合格并符合报考条件的，由区县招办签发准考证。对体检不合格的考生不发准考证，不退报名考务费。

五、命题与考试

单独招生考试的命题与考试工作由市招生办公室负责组织实施。

1. 考试科目：各专业入学考试科目共为四科：语文、数学、英语三科文化基础课及专业综合课。文化基础课实行主客观分卷考试。

2. 考试命题工作依据天津市招生委员会审定的《天津市高等学校单独招生考试大纲》。

3. 专业综合课的考试内容及范围，由招生院校自定（详见各校招生简章）。

4. 各科考试成绩满分为150分,四科满分为600分。

5. 考试时间:七月七、八日。具体安排为:

7月7日:上午 9:00—11:30 语文

下午 3:00— 5:00 英语

7月8日:上午 9:00—11:00 数学

下午 3:00— 5:00 专业综合

6. 市招生办公室在有关区县设置考点。考务工作由有关区县招办负责。承担考试工作的区县招办要严格执行原国家教委关于《普通、成人高等学校本专科招生全国统一考试规则》和天津市一九九九年普通高等学校招生工作有关规定。

六、评卷

评阅试卷工作由市招生办公室统一组织。

1. 文化基础课评卷工作由市招生办公室统一组织,集中评卷。各招生院校承担专业综合课评卷工作。

2. 文化基础课和专业综合课的评卷工作,应聘请责任心强、水平高的教师担任,并加强复查。评卷教师必须恪守原国家教委制定的《评卷人员守则》。

3. 各招生院校需在7月16日前将专业综合课成绩以磁(软盘)、纸两种介质形式上报市招生办公室(数据库结构:考生号14位字符型,成绩3位数字型,无小数点)。

4. 考生的考试成绩,由市招生办公室统一向考生公布。允许考生查分,查分办法另行通知。

七、录取

1. 市招生办公室统一组织录取。根据德、智、体全面考核,择优录取的原则,按照考生的成绩,确定录取最低控制分数标准。划线的原则是:市招生办公室将依据各专业考生的考试成绩,分别划定各专业录取最低控制分数标准。

2. 在生源不足的情况下,单考招生计划不能完成的部分,可调剂到统招计划中执行。

3. 本科专业录取时,市招生办公室将划定本科专业外语最低分数标准。

4. 接受报名的区县招办,应根据各专业划定的最低控制分数线,报送上线考生档案。各区县招办要严格组档工作,规范档案管理。

5. 市招生办公室根据划定的各专业录取最低控制分数标准和考生的考试成绩,向招生院校提供考生档案,招生院校提出拟录取名单,经市招生办公室审核后,签发录取通知书,并由区县招办下发至考生本人。

6. 新生入学后,各招生院校要进行复查,凡不符合条件或有舞弊行为的,取消入学资格,退回原单位。对于徇私舞弊和违反法纪的考生,按有关规定处理。

八、以备案形式的单独招生工作按市招生办公室有关规定办理。

附件一:1999年单独招生考试考生号编制办法。(略)

附件二:1999年单独招生考试日程安排。(略)

一九九九年四月二十六日

关于印发《天津市1999年普通高等学校招生统一考试评卷工作实施细则》的通知

津高招办字[1999]38号

各学科评卷领导小组：

普通高等学校招生全国统一考试的试卷评阅工作是高校招生重要的环节之一，是做好招生录取工作的基础。严格控制评卷误差，准确地测量每一名考生的知识和能力水平，体现招生考试工作的公平、公正原则，既能保证高校择优录取合格人才，确保新生质量；又能为改进中学教学提供有关信息。为进一步做好我市普通高考评卷工作，促进考试管理的科学化、规范化，根据原国家教委《普通、成人高等学校本、专科招生全国统一考试工作规则》的精神，我市制定了《天津市1999年普通高等学校招生统一考试评卷工作实施细则》，现印发给你们，请严格遵照执行。

附件：《天津市1999年普通高等学校招生统一考试评卷工作实施细则》

1999年6月10日

附件：

天津市1999年普通高等学校招生统一考试评卷工作实施细则

今年我市普通高等学校招生统一考试的评卷工作，要认真执行原国家教委《普通、成人高等学校本、专科招生全国统一考试工作规则》和《天津市1999年普通高等学校招生工作的安排意见》，在市高等学校中等专业学校招生委员会的领导下，实行“分科定点统一评卷”的办法，由各承担评卷任务的高等学校具体组织实施。

为切实搞好今年我市普通高等学校招生统一考试评卷工作，特制定评卷实施细则如下：

一、组织领导

1. 在市高等学校中等专业学校招生委员会的领导下，成立天津市普通高等学校招生考试评卷委员会(简称评卷委员会)，评卷委员会由市高校招生办公室主任、承担评卷工作的有关高等学校的主管副校(院)长组成。市评卷委员会下设评卷工作小组和秘书组。评卷工作小组由有关学校教务处长、系主任组成，具体领导全市的评卷工作，及时协调、解决评卷工作中的问题；评卷委员会秘书组设在市高校招生办公室，评卷的日常工作由市高校招生办公室负责处理。

2. 各评卷点成立学科评卷领导小组。学科评卷领导小组组长由学校主管教学的副校(院)长担任，副组长由有关处、系领导同志担任，成员由本学科的教授或副教授及中学的特级教师担任，负责组织本学科的评卷工作。

3. 学科评卷领导小组的任务：

(1)组织和领导评阅试卷工作。

(2)评价试题(包括选择题)。结合评卷工作对试卷中考查的知识、能力各部分内容的计分比例、题型，对每道试题的科学性、难度、区分度做出分析、评价，对今后改进命题工作提出意见和建议。

(3)评价考生答卷情况，从考生答卷情况分析中学教学状况并提出改进建议。

4. 各学科评卷领导小组下设评卷组、业务指导研究组、评卷复查组、调度保管组、复核过录组、保卫组、后勤组。

5. 学科评卷小组组长职责：

(1)领导和组织本学科的评卷工作。

(2)在学习、掌握教育部制订的参考答案和评分标准的基础上，制订执行细则。

(3)检查执行教育部参考答案与评分标准(含评分执行细则)的情况，纠正执行过程中的偏差。

(4)培训评卷教师。在正式评卷前进行试评，使每个评卷教师正确、熟练掌握评分标准。

(5)负责本学科的评卷质量，裁决评卷过程中有关执行评分标准的分歧意见。

(6)按时完成评卷任务。

(7)评卷结束后，对本学科考生答卷情况进行分析，做出对试题、试卷的定性分析报告，并对试卷、评分标准、参考答案提出意见，经市高校招生办公室报教育部考试中心。

6. 在评卷开始前两天，各学科评卷领导小组应对准备工作进行一次全面的检查，发现问题及时解决，以确保评卷工作按时进行。

二、评卷工作的人员配备

1. 评卷教师的聘请

评卷教师的水平是确保评卷质量的关键。各学科评卷点要严格按照评卷教师的条件，认真做好评卷教师的选聘工作。

(一)评卷教师应具备下列条件：

(1)有较高的本学科业务水平的大学教师及教龄三年以上的高中现任教师。

(2)坚持党的基本路线，工作责任心强。

(3)遵守纪律。

(4)身体健康，能胜任评卷工作。年龄一般在25—55岁。

(5)今年无直系亲属参加高考(单考、新高职)。

(二)各评卷点选聘、审定评卷教师时，必须严格掌握选聘教师条件，不符合条件者一律不得选聘。对历年来评卷质量好、效率高和评卷工作经验丰富的骨干教师，可由评卷点提出名单，向其所在单位直接聘请。凡聘请高等学校教师的，须经有关院校的教务处协助审定；聘请中学教师的，须经有关区、县教育局协助审定；并由上述教师所在单位通知教师本人，未经所在单位同意不能聘请。

(三)各学科聘请评卷教师的比例是：大学教师占60%，中学教师占40%。教授、副教授、讲师(含中学高级教师和一级教师)占评卷教师总数的60%以上。

(四)聘请评卷教师的名单，需经学科评卷领导小组研究后确定。

2. 工作人员的配备

工作人员由学科评卷领导小组负责配备，名额应本着精干的原则由评卷点自定。要严格掌握条件，选择作风正派、工作认真、责任心强、遵守纪律、身体健康、今年没有直系亲属参加高考（单考、新高职）的同志担任。

3. 评卷工作各组人员名单，于6月25日前报市高校招生办公室。

三、非选择题评卷要求

1. 非选择题（含作文与论述题等）采用人工评卷。

2. 在评卷前要对评卷人员进行培训，根据教育部制定的参考答案和评分标准，制定出评分细则，统一评分要求。

3. 论述题由两人分别评卷，在一定幅度内取两个分数的平均数，超出一定幅度的由评卷组讨论确定。

4. 作文评分采用分项分等评分方法进行评分。其它题目每人一题单独评阅。疑难问题由评卷组讨论解决。

5. 评卷教师一律用红芯圆珠笔评阅记分，评卷教师不得带其它笔进入评卷点。一本试卷评完后，评卷人须在封面指定位置签署该题评卷人姓名。

6. 记分要准确、工整。用阿拉伯数字记分。

（1）评卷记分，只记得分，不记因答题有错误而应扣除的分数，在有错误的地方可作"—"记号。完全答错或未答的，记大型"0"记号。

（2）每题的得分，应写在本试题的记分栏内，同时记入卷首分题成绩栏内。大题中的小题得分，如无记分栏可写在试题的番号之首，评卷教师应在所评的题首签上自己的姓名。所记分数必须清楚、正规，记分后不得涂改。需要更正的，由题组长和评卷教师共同签字。

7. 计算分数时，对每题和小题中小数点以后的分数不作四舍五入。分卷考试的科目在主、客观题试卷分别合分时也不作四舍五入，只在每科累计总分时才作四舍五入处理。

8. 如发现试卷中有严重政治错误，须经学科业务指导研究组和评卷领导小组审定确认后，在有错误的地方划"＝"记号，并在试卷成绩栏内作"×"记号，同时另作记载，由学科评卷领导小组提出意见后报市高校招生办公室处理。

9. 对有异常情况的试卷（如雷同、字迹前后不一致，在密封线外写有考生姓名、考号或标记等）先评分，同时填写《试卷问题处理记录表》，由评卷领导小组裁定，报市高校招生办公室复核。确有舞弊行为的，经市高等学校中等专业学校招生委员会批准后，按《高等学校招生全国统一考试管理处罚暂行规定》严肃处理。

在评卷过程中，如发现有倒装、漏封、密封压住答题等现象的试卷，须及时报本学科评卷领导小组，并将试卷退回试卷调度保管组按规定处理。

10. 认真做好复查工作。各题组都要组织复查教师对已评过的试卷逐份认真进行复查。

复查教师应认真复查掌握评分标准的情况，核对本题卷面分数，纠正错评、漏评、偏宽、偏严等问题。复查教师对该题负有最后评定的责任。在复查中，如发现评阅错误必须及时纠正，并由本题复查教师和题组长共同在改正之处签字。如意见不统一，应请示学科评卷领导小组裁定，再由复查教师和题组长共同签字，予以改正。

复查无误后，应在试卷封面指定位置签字。

11. 业务指导研究组应在学科评卷领导小组的领导下，指导和研究本学科的评卷工作，对评卷中的重要或疑难问题搞好咨询，提出改进措施和建议，确保评卷工作质量。

12. 评卷工作必须严格执行教育部制订的参考答案和评分标准，不得提高和降低，不得擅自更改。有不同意见，须经市高校招生办公室报教育部考试中心，经同意后方可改动。

13. 评卷过程中，评卷领导小组应组织评卷复查组对所评试卷进行抽样复查，复查是否有错评、漏评、核分有误等问题。发现问题及时更正。复查数量不低于评卷总量的20%。

以上工作均须在试卷拆封前完成，试卷一经拆封，任何人不得改动试卷。

四、客观题评卷要求

1. 客观题采用计算机等设备评卷。

2. 成立客观题评卷领导小组，组织客观题评卷工作。

3. 培训评卷工作人员，做好计算机、光电阅读器(OMR)等设备的调试工作。

4. 编制评卷软件。评卷软件须经过试运行。在正式评卷中，任何人不得擅自修改。

5. 制定严格的评卷工作程序和工作纪律。

评卷工作人员的工作用笔为红色圆珠笔，不准携带其它笔、橡皮、软盘等进入评卷场所。

任何人不得修改答题卡的内容。对有问题的答题卡进行技术处理时，须两人以上同时在场；如需复制无法阅读的答题卡，原答题卡应保留备查。

建立责任制。各班(组)要有工作记录，班(组)之间要履行严格的交接手续，并由专人负责数据文件的管理。任何人不得擅自修改、拷贝数据文件。必须进行技术性修改时，要填写登记表，写明修改前后的数据，并要有客观题阅卷组负责人在内的两人以上同时在场。

6. 标准答案输入计算机须由两名专职人员负责，保证准确无误；标准答案在计算机中的存贮必须采取技术手段加密，防止人为改动。

7. 阅卷过程中，应有专职技术人员负责维护计算机、光电阅读器(OMR)等技术设备。

8. 阅卷过程中，要加强计算机磁盘使用的管理，防止计算机病毒的破坏。

9. 加强客观题评卷的质量检查。

10. 选择题评卷结束后，应将考生成绩按要求存入磁盘，制作备份盘，保存好数据。

五、试卷分数的复核、过录工作

1. 领取试卷

由组长负责办理领取手续。在向试卷调度保管组领取试卷时，应认真检查试卷密封是否完好，如发现问题，应由试卷调度保管组负责查明原因，并按有关规定及时处理。

2. 拆封试卷

(1)拆封前，必须认真核对试卷卷面分数，对各题的小题分、试卷的各题分、总分等进行全面复核。经复查无误后才能拆封。如发现试卷中有分数不清、总分加错、漏评等问题，必须做好记录，记下试卷号以及评卷教师姓名等，然后由组长向评卷组提出，由评卷组组长负责处理。更改时由评卷组组长和复查教师共同签字方能生效。

(2)拆封必须按规定时间(7月16日)进行，不得提前拆封。

(3)拆封时，不要将装订线全部拆开，应拆至能看到考生准考号为止，以确保试卷顺序的完整，防止丢失。

(4)拆封后，必须首先核对试卷份数，检查每份试卷页码以及试卷是否按考生准考号顺序排列，如发现考生准考号码不清楚、漏填、试卷页码颠倒等问题，应立即通知市高校招生办公室联络员，说明情况，并填写《试卷问题处理记录表》，提出处理意见，由市高校招生办公室联络员会同复核过录组长，共同更正，登分人员不得擅自处理。如涉及考生得分问题，由登分员会同复核过录组长共同密封后，由试卷保管组长转评卷组处理。

(5)拆封以后任何人未经市高等学校中等专业学校招生委员会批准不准擅自改动评卷结果，如发现此类情况按国家有关规定处理，并追究有关领导责任。

3. 登分

(1)“考生成绩机读卡”分为“A”、“B”两种。登记的依据是考生的试卷卷面分数。过录每个考生的成绩时，必须分别从试卷直接将总分过录到“A”、“B”两种机读卡上，以便进行核对。登分组分为两个大组，一组负责填涂“A”卡，一组负责填涂“B”卡。每大组可分为若干小组，每小组三人，一人负责念分，一人登分，一人负责涂黑分数相应的信息点，每袋试卷分数登完后，三人交换试卷、机读卡，核对一次。不准由一人念分两人“A”、“B”两卡同时填涂，更不能“A”、“B”两卡相互抄录。

(2)每一张“考生成绩机读卡”登记一袋试卷（每袋试卷30份）。

(3)登分开始时，登分员应在“考生成绩机读卡”的表头“科目”栏涂黑考试科目。“首考号处”填涂第一位考生准考号（见例卡）。

(4)“考生成绩机读卡”的“分数”栏有三个格，从右至左为小数位、个位、十位。考生成绩不足位数的应在不足位数格内填写“0”。如果考生成绩为“0”分，应在个位、十位格内都填写“0”，如考生系缺考应在该考生的“分数”栏内填上“缺考”二字。缺考与得“0”分都将对应的信息点“0”涂黑，小数位没有分的，要在格上填写“0”但不涂信息点（见例卡）。

(5)在遇有准考号码是空号时，应在空号的分数栏内划一横线，信息点可不涂黑（见例卡）。

(6)登分时，必须字迹清楚，正规填写，准确无误，不得潦草。登分一律使用蓝黑钢笔，涂信息点使用黑色水彩笔。登过的分数不得任意涂改，如必须修改时，可使用修正液覆盖，覆盖要均匀充分，不要留有黑色笔迹。修正后要加盖修正人印章，盖章须用红色印油，印台、印油应是新的，没有黑色杂质。分数核对完毕后，填涂人员在表下部指定位置签字。登分人员不得翻阅不属于自己登分的试卷、成绩机读卡。

4. 登分后的复核

(1)登分人员将已填涂完的“考生成绩机读卡”交给组长，由组长或指定人员再进行核对，主要用A、B两种卡进行对照，检查考生准考号码与过录的考生成绩是否一致。经核对无误后，在机读卡下方有关栏内签字。

(2)已登分的试卷，应装入原试卷袋内，按顺序排好。每天工作结束时，由登分人员将试卷袋封好后由组长负责将试卷退回调度保管组。

(3)已登分的“考生成绩机读卡”按规定时间和数量，交到指定地点（另见送数据计划）。各学科评卷点应指定两名联络员负责此项工作。

六、试卷的抽样调查

根据教育部关于对试卷进行抽样调查的安排，各学科要在登分后，试卷返回市高校招生办公室之前，组织教师做好试卷抽样调查工作。各学科评卷领导小组要加强领导，保证质量，注意积累经验。此项工作结束后，须将抽样调查的材料速报市高校招生办公室（具体安排另文规定）。试卷由抽样调查组长领、退，领、退时应做好交接手续。

七、试卷的收发、调度和保管

1. 试卷调度保管组负责试卷的收发、调度、保管和保密工作。

2. 检查各区、县招办送来的试卷袋的份数和试卷密封是否完好无损。凡不符合规定的，应由试卷所属区、县招办予以纠正，否则不予接收，更不能发给评卷组。试卷经调度保管组负责人审核全部合格后，交接双方在交接单上签字盖章。

3. 试卷调度保管组将市高校招生办公室随机编排的试卷代号分别粘贴在试卷袋和答卷封面的指定位置上。保管人员不得在试卷上做其他任何标记。各区县的起止号码，由试卷调度保管组组长掌握并不得泄露。

4. 试卷调度保管组，要按进度要求，把每天所要评阅的试卷随机调给各题组。

5. 各题组长领卷时，要办理交接手续，填写领、退试卷单，注明试卷的袋数、份数，由领卷人签字，领、退单由试卷调度保管组保存。

6. 各题组所评阅的试卷，必须由题组长于当天的上、下午下班前送回调度保管组集中保管，送回试卷时由调度保管组人员验收后在领、退单上签字。各题组长领取、送回试卷时均应严格检查试卷封面有无缺漏及拆封现象，试卷封面与试卷袋的号码是否相符，发现问题应及时报告。

评阅过程中试卷传递必须通过调度保管组，各评卷题组之间不准相互传递。

7. 每题评完后，评卷教师和复查教师都要在答卷封面上按所规定的格式签名。保管人员在接收试卷时应检查验收。

8. 复核过录组使用试卷时，按上述有关规定办理交接手续。

9. 在评卷过程中，遇有倒装、漏装、密封线压住答题的试卷，学科评卷领导小组应及时报市高校招生办公室，经批准由试卷保管组会同市高校招生办公室派往评卷点的联络员共同拆封，重新装订，由试卷保管组长和联络员签字，注明拆、装时间，并将情况作详细记录，填写《试卷问题处理记录表》。严禁评卷人员或保管人员等私自拆封。

10. 评卷全部结束后，试卷调度保管组要将试卷用绿色“试题试卷回封签”封好加盖评卷点(代)章，待区县招办取回。

11. 切实做好安全保卫工作，保持室内整洁，注意防火、防盗、防水、防破坏，确保试卷完整无损，万无一失。

12. 试卷保管工作纪律。

(1)自接收试卷之时起，由试卷保管组人员日夜轮流值班看管，每班不得少于三人。值班人员要尽职尽责，严格执行试卷保管、保密制度，遵守保密纪律。各评卷点要聘请校内公安(保卫)人员参加夜间值班。试卷保管人员要爱护试卷，保证试卷完整无损，严防损坏卷面、填错代号、丢失损坏卷页等现象发生。

(2)试卷保管人员不得私自拆封试卷，拆封试卷前不得查看密封线内的内容。

(3)试卷保管人员不得向评卷人员泄露试卷所属区、县。

(4)试卷保管室系机密场所，保管室内不准会客，不准在室外谈论发放情况。非保管人员严禁进入试卷保管室。

(5)调度保管组值班人员，在值班期间，要做好值班记录，把情况、问题以及如何处置等记录在值班记录本上，并由值班人员签名。

(6)要认真执行原国家教委办公厅制订的《试卷保密室、答卷保管室管理办法》的有关规定，答卷保管室应设在三层楼以上的房间内。

八、评卷工作人员应遵守以下守则

1. 准确掌握评分标准，按时完成任务。

2. 爱护答卷及各种资料，不得损坏答卷。

3. 评卷一律使用红墨水钢笔或红芯圆珠笔。记分要清楚，如更改，必须有组长和复核人员签字或盖章。

4. 严守纪律，保守秘密，严格执行评卷人员十不准：(1)非评卷工作人员不准进入评卷场所；(2)在规定的地点评卷，答卷不准带出阅卷室；(3)评卷工作人员不准带包进入评卷场所；(4)评卷情况不得外传，工作时间不准会客和打电话；(5)不准私自进入试卷保管室和登分处；(6)不准查询考生分数；(7)不准撬看考生姓名、考号；(8)不准涂改考生答卷和成绩；(9)不准将试卷、统分的文件、资料带出工作场所；(10)不准使用非红色笔进行评卷。

5. 保证评卷场所的安全、安静。评卷教师和评卷工作人员进入评卷场所必须佩带工作证。

九、考生答卷、答题卡按国家秘密材料管理，不得遗失和损坏；考生成绩在通知考生前，按国家秘密材料管理，任何人不得泄露。所有参加评卷工作人员必须遵守国家保密法规。

十、关心评卷教师和工作人员的生活，做好防暑降温工作，确保评卷教师和工作人员的身体健康。

十一、各评卷点对今年全国普通高等学校招生统一考试各学科的命题应有组织地进行分析，在评卷过程中，注意收集教师的意见；评卷结束后，对本学科考生答卷情况进行分析，做出对试题、试卷的定性分析报告，并对试卷、评分标准、参考答案提出意见，于7月25日前报市高校招生办公室。

十二、评卷工作结束日期：7月21日。

关于印发《1999年天津市普通高等学校招生英语听力测试实施办法》的通知

津高招办字[1999]39号

各区县及天津铁厂、大港油田招生办公室、各有关单位：

现将《1999年天津市普通高等学校招生英语听力测试实施办法》印发给你们，请遵照执行。

附件：1999年天津市普通高等学校招生英语听力测试实施办法

1999年6月10日

附件：

1999年天津市普通高等学校招生
英语听力测试实施办法

为适应高考改革形势的发展，促进我市外语水平的整体提高，市高校招生办公室决定：从今年起，全体考生（英语语种）须参加英语听力测试。英语听力测试工作由市高校招生办公室实行统一命题，统一考试时间，统一评卷的办法，由区县招生办公室具体组织实施。为做好英语听力测试工作，现制定如下实施办法：

一、听力测试报名

参加英语听力测试的考生，在高考报名的同时进行英语听力测试报名。小语种（非英语）考生同时进行外语口试报名。

二、英语听力测试的内容形式

英语听力测试的内容和形式，见《一九九九年天津市普通高等学校招生英语听力测试说明》；小语种考生采用面试的方法进行口试。

英语听力测试的命题工作，由市高校招生办公室组织。

三、英语听力测试的时间和地点

1. 英语听力测试于7月9日上午11:30—12:00进行，试题在天津人民广播电台经济频道（1071千赫）播送，考生在区、县招办所设考场参加考试。

2. 考生必须准时参加英语听力测试，逾期不再补试。

四、英语听力测试工作的组织实施要求

1. 测试工作的准备

由市高校招生办公室公布英语听力测试的样题、样带（录音磁带），使考生了解有关测试的要求和答题的方法。

英语听力测试的考点应设在环境安静、外界干扰小的中学。各考场在考前必须准备好音质较好的收音机一台，考试时放置于考场的正前方讲桌上，并准备好备用电源（电池）。

2. 领取试卷

各区、县招生办公室在领取高考试卷的同时领取英语听力测试试卷。

3. 英语听力测试的组织与操作程序

（1）考生必须按考试时间准时凭考试专用条形码、考生证、身份证进入考场，迟到者（测试开始的标志音乐响起）一律不得入场，开考后至考试结束前考生一律不准提前退出考场。

（2）考生进入考场只准带必需的文具，如钢笔、圆珠笔、铅笔、橡皮及带有耳机的收音机等（非带耳机的收音机不准带入考场），不准携带外语书籍及其它物品。考生要边听录音边答题，答题必须用2B铅笔直接填涂在答题卡上，答在试题卷上的一律无效。

（3）广播电台只播放一遍试题，中途不停播，不重播。如遇有播出信号干扰，监考员不必调试收音机，由电台负责调整。

（4）英语听力测试的实施

测试前10分钟（上午11:20）监考员开始分发答题卡，考生座位号为单号者发题号横排卡，考生座位号为双号者发题号纵排卡。监考员指导考生正确填写姓名、准考号，在答题卡规定位置贴上考试专用条形码。之后，监考员调试好收音机，并要求携带收音机的考生调试好自己的收音机。

测试前5分钟(上午11:25)监考员一人开始分发试卷，考生接到试题后立即核查试卷是否有印刷不清之处，页码是否正确，如有问题监考员应立即予以更换或说明。

上午11:30开始测试，监考员、考生都必须保持考场的安静，考生不得提问，监考员不得重复播放试题内容。

(5)试题播出前有标志音乐，每道题给考生的答题时间是12秒，考试全部结束时有结束语和标志音乐。

(6)考试结束的标志音乐响起后，考生应立即停止答题，并将试题卷及答题卡翻放。监考员立即开始收卷及答题卡。收卷及装订试卷的要求与高考科目的卷一(客观题)部分的要求相同。

(7)考试结束后，各考点应将经考点主考验收合格密封好的答题卡立即送交区、县招生办公室。各区、县招生办公室按规定时间将答题卡送交市高校招生办公室客观题评卷组(体院北宾水道47号)。上述移送过程中的保管、交接与高考其它科目试卷的手续相同。

(8)英语科听力测试监考要严格执行《天津市高校招生英语科听力测试监考工作程序》(见附件)。

4. 评卷

由市招生办公室客观题评卷组采用计算机统一评卷。

附：天津市高校招生英语科听力测试监考工作程序

天津市高校招生英语科听力测试监考工作程序

日　期	七月九日
午　别	上　午
考试科目	英语听力测试
考试时间	11：30—12：00
时　间	11：10
工作内容	1. 监考员、工作人员到考务办公室签到，接受主考指示。 2. 监考员领取试题卷、主监考办理签收手续，核准无误后监考员集体离开保密室，直达考场。
时　间	11：15
工作内容	1. 打铃，考生开始入场。 2. 副监考组织考生进入考场。 3. 主监考核对试题卷份数(30)，答题卡数(30)，考场记录表一份。
时　间	11：20

工作内容	1. 副监考分发答题卡，座位号单号者发题号横排卡，座位号双号者发题号纵排卡。 2. 主监考指导考生在答题卡上填写姓名、准考号，在规定位置粘贴考试用条形码。 3. 主监考提醒考生一定要边听播音边答题，并将答案直接涂在答题卡的相应位置上，答在试题卷上无效。 4. 主监考调整好收音机，并指导携带收音机的考生调整好自己的收音机。（天津人民广播电台经济频道1071千赫）
时　　间	11：25
工作内容	1. 副监考发试题卷，将试卷发到考生考桌上。 2. 主监考指导考生，检查试题卷的页码是否正确，有无印刷不清之处。
时　　间	11：30
工作内容	1. 考场肃静，迟到者停止入场，注意听广播。
时　　间	12：00
工作内容	当收音机中播出："听力测试试题播送完毕，请考生停止答卷"指示后，考生停止答卷。当播出"监考员开始收卷"的指示后： 1. 主监考注视全场。 2. 副监考立即收卷（二收：一收答题卡；二收试题卷），全部收齐清点无误后方可允许考生离开考场。 3. 监考员将答题卡按准考号（小号在上，大号在下）顺序排列好，并填写好考场记录，交主考、副主考验收合格后按规定密封好。

本程序发至监考员和工作人员　　　　天津市高等学校中等专业学校招生委员会办公室制

关于天津市1999年普通高等学校招生考试评卷委员会组成人员名单

津高招办字[1999]44号

各学科评卷领导小组：

根据天津市普通高等学校中等专业学校招生委员会津招委(1999)5号文件精神，现将天津市1999年普通高等学校招生考试评卷委员会组成人员名单通知你们，今年的高考评卷工作将在评卷委员会的具体领导下进行。

高考评卷委员会组成人员名单

主　任　乔丽娟（市教委副主任、市教育招生考试中心主任）

副主任　岳　伟（市教育招生考试中心副主任）

委　员　郁道银（天津大学副校长）

逄锦聚（南开大学副校长）

王桂林（天津师范大学副校长）

孟庆国（天津职业技术师范学院副院长）

张景华（市教育招生考试中心高招处处长）

评卷工作组成员：武星（天大校长助理）、姜恩永（天大理学院院长）、熊洪允（天大理学院副院长）、袁满雪（南大教务处长）、陈洪（南大中文系主任）、张国刚（南大历史系主任）、张中学（师大教务处副处长)、王秀阁(师大政法系主任)、陈旭(师大化学与生命科学学院副院长)、白人立(师大外国语学院副院长)、刘卫东(师大中文系副主任)、黄银忠(技术师院教务处副处长)、黄春生(技术师院基础课部主任)、杨宏生(高招处计统科科长)

评卷工作秘书组成员:余永玲(高招处)、柴文革(天大招办)、刘立松(南大教务处)、林东(师大招办)、王建国(高招处)

1999年6月28日

关于填报高考志愿有关问题的通知

津高招办字[1999]45号

各区县招生办公室、天津铁厂及大港油田招生办公室:

为做好今年的高考志愿填报工作,保证高校招生录取的顺利进行,现就填报志愿的有关问题通知如下:

一、高考考生填报志愿时间为7月11日至7月15日,考生一次填报"提前录取院校"、"重点和随重点录取院校"、"一般本科院校"、"专科一批录取院校"、"专科二批录取院校"五个录取批次志愿,逾期不再补报。市高招办将于7月11日在天津市体育中心举行全市高考填报志愿咨询大会。

二、各区县招办要加强对考生填报志愿工作的指导,在考生正式填涂志愿卡前须组织考生进行试填。要求每位考生按照《天津教育报(招生考试导刊)》公布的1999年全国普通高校在天津招生的院校、专业、招生计划填报志愿。

三、为了确保采集志愿信息的准确,考生填报志愿采用的方式为每位考生填涂两张志愿卡。考生志愿卡上的信息点是录取的唯一依据。考生必须使用黑色墨水笔填写志愿卡,要保持卡面整洁,以免影响机器识读,要认真、慎重、准确填涂,由于涂点错误所造成的后果,由考生自负。

四、"重点和随重点录取院校"批次的录取顺序为:"第一志愿A"、"第一志愿B"、"第二志愿"、"第三志愿",其中"第三志愿"的①、②为平行志愿。

五、各志愿栏内的"愿否到本校其它专业",考生须表明是否愿意到该院校的其它专业。愿意服从分配的考生,须将"愿否到本校的其它专业"信息点涂黑;不填涂的,视为不服从。各批次志愿栏的每栏最后均有"如上面志愿学校未录取,是否愿意到本批其它院校",考生须表明是否愿意服从到该批次其它院校。愿意服从分配的考生,须将"如上面志愿学校未录取,是否愿意到本批其它院校"信息点涂黑;不填涂的,视为不服从。

六、志愿卡中"是否具备走读条件"是指考生填报需要"走读"的院校和专业时,考生须具备走读条件,除填写"借宿证明"外,必须将"是否具备走读条件"信息点涂黑。志愿卡中"是否有徒手画"一项,是指考生填报档案中需有素描、徒手画、写生作品等内容的专业志愿时,考生除向组档单位(中学或区县招办)提供作品外,需将志愿卡中的"是否有徒手画"信息点涂黑。

七、各区县招办须在规定时间组织考生填报高考志愿,考生志愿一经填报,任何人不得以任何理由涂改。区县招办须在7月16日上午将本区县全部考生的"普通高等学校招生考生志愿卡(一)"、"普通高等学校招生考生志愿卡(二)",分卡(一)、卡(二)以考生号顺序排列报市高招办,同时报送未报志愿考生名单。

1999年6月28日

关于1999年天津市普通高等学校招生录取工作的通知

津高招办字[1999]46号

各有关高等学校:

现将我市1999年普通高等学校录取工作有关事项通知如下:

一、录取时间安排

1. 提前录取院校

军事院校、公安院校、北京电子科技学院、国际关系学院、大连海事大学、上海海运学院、武汉交通科技大学、集美大学、广州航海高等专科学校、中国民航飞行学院、宁波大学、大连水产学院于8月3日报到,8月4日录取。中国青年政治学院、国防科技大学等实行远程录取的院校请于8月3日晚20:00时前将学校调阅考生档案比例以传真方式发至我办。

2. 重点院校和随重点录取院校

重点院校于8月6日17:00时前报到;实行远程录取的院校请于8月6日22:00时前将学校调阅考生档案比例以传真方式发至我办。

随重点录取院校于8月7日17:00时前报到。实行远程录取的院校请于8月7日19:00时前将学校调阅考生档案比例以传真方式发至我办。

3. 一般本科院校,于8月12日17:00时前报到。实行远程录取的院校请于8月12日22:00时前将学校调阅考生档案比例以传真方式发至我办。

4. 专科一批院校(包括本科院校专科专业及电视大学普通专科班)于8月19日17:00时前报到。实行远程录取的院校请于8月19日晚22:00时前将学校调阅考生档案比例以传真方式发至我办。

5. 艺术体育院校、专科二批院校报到、录取时间另行通知。

二、录取办法及要求

1. 1999年天津市普通高等学校招生录取工作实行网上录取,采用计算机远程广域网和现场局域网两种模式的录取方式。招生院校在本校或天津市录取现场录取,招生人员通过计算机审阅考生电子档案录取新生,录取现场不再提供纸介质档案。

2. 招生院校应选派熟悉招生政策、秉公办事、作风正派、遵守纪律,有一定计算机操作能力，今年无直系亲属参加高考的同志参加录取工作。如派出招生人员在二人以上的应指派一名负责人。录取前各院校应对录取人员进行工作培训。

3. 我市根据教育部《普通高等学校招生计算机网上录取工作试行办法》制定了《1999年天津市普通高等学校招生计算机录取工作实施方案》(见附一)，请参加远程录取的院校据此进行录取。各有关院校在提出调档比例前，要及时接收天津高校招生办公室从网上发布的有关信息。

4. 为确保招生录取现场的工作秩序，我市招生录取期间实行录取现场封闭式管理，录取工作人员必须佩带由我办统一电子摄像后印制的“录取工作证”进入录取场所。

由于录取场地条件限制，请院校按下列要求选派参加录取人员：院校招生10人以下派一名；11人至60人的院校派二名；各院校来我市录取人员名单(姓名、性别、年龄、职务)于七月底前报我办。

5. 按照教育部有关规定，进行网上远程录取的院校须交纳网上远程招生费。我市物价部门规定的收费标准是：招收100人以下(含100人)30元/生；招收100人－500人(含500人)20元/生；招收500人以上10元/生。

委托我办及其他院校代招的院校，务必于七月底前函告我办，并将通知书等有关材料寄至我办或代招单位。委托我办代招的院校交纳代招费50元/生。

上述款项可在录取前汇至天津市教育招生考试中心帐户。

招收电大普通专科班、高职班的招生院校需交录取费50元/生。请录取院校到录取现场办理。

6. 各院校录取人员请按规定的时间报到，请勿提前或迟到。报到地点：天津宾馆后五楼。报到当日上午9点至11点，下午2点至5点在天津站、天津西站有专车迎接。如未赶上专车，可按下列路线乘公共汽车：

天津站：乘13路公共汽车至天津宾馆；

天津西站：乘24路汽车到天津站，再换乘13路公共汽车至天津宾馆。

7. 各院校录取人员应携带身份证、学校介绍信、新生入学通知书、信封、新生报到须知等所需物品。录取人员一律集中食宿，食宿费自理。如院校录取工作人员未能按时报到(从录取开始24小时之内)，我办将按该校在津招生计划数预留档案，有关院校应予以录取。

我办录取期间联系电话：022－23948616 022－23948620 022－23948601

天津宾馆 022－28359000 转

传真：022－23948616 23948602

E－mail：TJZKZXGZ@ PUBLIC. TPT. TJ. CN

天津市教育招生考试中心帐户开户行：工行天津分行佟楼分理处，帐号：608－249406828

附一：1999年天津市普通高等学校招生计算机录取工作实施方案

附二：参加天津市1999年远程录取院校名单(略)

1999年7月5日

附一：

1999年天津市普通高等学校招生计算机录取工作实施方案

普通高等学校招生实行计算机网上录取，是落实"面向二十一世纪教育振兴行动计划"的重要举措，顺应了科学技术和社会发展的要求，有利于高校招生更好地贯彻公平、公正的原则。根据教育部《普通高等学校招生计算机网上录取工作试行办法》，结合本市的情况，特制定本实施方案。

一、录取体制和模式

根据天津市招生委员会规定，今年天津市普通高校招生录取将采用计算机远程录取和现场局域网录取两种模式，招生院校将通过广域和局域网络用计算机审阅考生电子档案，完成录取工作。

普通高等学校计算机网上录取新生必须贯彻德、智、体全面考核，择优录取，以文化考试为主，公平竞争、公正选拔的原则。实施计算机网上录取，是为了更好地体现公正、公平、择优的录取原则，也是为了更好地贯彻执行"学校负责，招办监督"的录取体制，即：在政治思想品德考核和身体健康状况检查合格、统考成绩达到同批录取控制分数线的考生中，调阅考生档案材料数、录取与否，由学校决定（按照教育部的规定，学校调档比例一般不超过计划数的120%），遗留问题由学校负责处理；市高校招生办公室实行监督。其中，考生档案材料以电子档案（图像信息和数字信息）的形式，由市高校招生办公室负责向招生院校提供。

二、录取批次

今年我市招生录取批次为：

1. 提前录取院校；

2. 重点院校和随重点录取院校（本批次第一志愿为A、B两个志愿，A为重点院校志愿，先录取，B为随重点录取院校志愿，后录取；本批次从第二志愿开始，重点院校和随重点院校将同时进行录取）；

3. 一般本科院校；

4. 专科一批（普通高等专科院校、本科院校专科班和市广播电视大学普通专科班）；

5. 专科二批（新高职）。

普通高等艺术、体育院校提前单独录取。

三、录取时间

7月29日—8月7日，普通高等艺术、体育院校录取；

8月3日—5日，提前录取院校录取；

8月6日—10日，重点院校录取；

8月12日—17日，一般本科院校录取；

8月19日—24日，专科一批录取。

四、录取系统

我市普通高等学校招生计算机远程录取系统，是经教育部审定的"普通高校招生系统99

年版”，它是建立在“信息高速公路”平台基础上的，通过中国教育科研网（CERNET 网）可以进行异地远程和现场录取的计算机管理信息系统，是适合我市普通高等学校招生工作特点的，对招生录取各环节和各部门进行全方位控制和综合管理的信息系统。

五、录取程序

1. 在录取前，各招生院校要成立由校（院）长、纪检书记、招办主任等人员组成的录取领导小组（并配备专职的计算机技术人员），全面负责本校录取工作。同时，各高校应加强对录取场所和工作人员的管理，杜绝人为因素的干扰，做好登录口令的保密工作，保证网络的安全，确保录取工作的公正性、严肃性和安全性。

2. 各招生院校应配备相应的计算机设备（586 计算机、传真机、打印机等）以确保录取工作的正常进行，同时应设有专人负责通讯联络，在录取工作尚未结束之前，应有专人昼夜值班，确保信息的畅通。由于学校的原因，造成考生电子信息传递时间的延误而形成遗留问题的，由学校负责。

3. 为减少普通高等学校的往返，节省经费，提高工作效率，在录取工作开始前，各招生院校（坐落本市的院校除外）需将新生入学通知书（含新生入学须知等相关材料）寄至市高校招生办公室，市高校招生办公室根据双方在录取中达成一致的录取名单代为填写并寄发至考生本人。

4. 录取前，市高校招生办公室将通过网络及时把我市普通高等学校的各批次录取控制分数线、具体的录取时间、考生报考的第一志愿分布情况和考分等情况，提供给各招生院校；学校据此以传真方式向市高校招生办公室提出调阅档案的数量或比例以及所需享受政策照顾考生的种类（见附件三）。市高校招生办公室应立即予以审核，通过后，将及时把考生的电子档案提供给各招生院校。现场录取的招生院校根据市招办提供的信息，提出调档比例。

5. 在录取过程中，各招生院校需调增招生计划时，应及时以传真形式提供给市高校招生办公室。市高校招生办公室在本批次院校录取结束前，予以答复。

6. 普通高等学校在接收到市高校招生办公室提供的考生电子档案后，应认真进行审阅。普通高等学校录取新生时，对各志愿（含专业志愿）的考生都要认真对待，既尊重考生第一志愿，又不要歧视非第一志愿的考生，当考生德智体状况大体相同时，应尊重考生第一志愿；当本批控制分数线以上第一志愿的考生档案不足时，招生学校不得拒绝接受非第一志愿的考生，否则，市高校招生办公室将代为录取。

第一志愿考生档案充足的院校，市高校招生办公室一次投足档案。学校招生计划数在 100 人以上的学校于接收考生电子档案后 12 小时之内；学校招生计划数在 100 人以下的学校于接收考生电子档案后 8 小时之内，须向市高校招生办公室提出初步审查录取意见。对经学校招生领导小组集体决定不予录取的考生名单，应及时提交市高校招生办公室。学校从接收考生的电子档案后 24 小时之内必须清档。超过 24 小时不清档而造成遗留问题，由学校解决。

对应接收考生电子档案而不接收的院校，从通知接收考生电子档案时间起，超过 8 小时，由市高校招生办公室按院校招生计划的 100％留档；从通知接收考生电子档案时间起，超过 12 小时，由市高校招生办公室按院校招生计划数留足档案，并视为已录取，剩余档案即进行周转。在 12 小时之内接收考生电子档案，阅档时间仍按通知接收考生电子档案时间算起，24 小时之内清档。

第一志愿不足的院校，阅档时间从接收考生电子档案满计划数时算起，但对不符合录取条件的考生，各招生院校也应及时将此类考生的名单，提交市高校招生办公室。

各招生院校必须在清档后12小时内，将已录取考生的专业安排情况提交市高校招生办公室审查后，办理结档。

7. 我市录取工作采用“志愿清”的方式进行，招生院校在确定退档名单时，应按学校的志愿由低分到高分的顺序退档。招生学校的前一个志愿录取尚未结束之前，则后一个志愿不能开始；后一个志愿一经开始，就不能再退出前一个志愿考生档案。对于专业志愿不服从调剂的考生以及由于身体条件等方面不符合国家教育部有关文件所规定标准的考生，亦可退档。

为便于接待考生查询，参加远程录取的招生院校在办理退档手续时，均应按照规定的格式，将不予录取的考生名单及原因，以传真方式报市高校招生办公室。在录取现场的院校则填写退档表。

8. 考生被普通高等学校录取后，各招生院校应充分考虑考生的专业志愿，参照录取系统提供的专业排序方式（见附件二），也可根据院校情况自行确定专业排序方式，最终确定考生的录取专业。

9. 录取结束后，市高校招生办公室负责代为各招生学校填写并寄发录取通知书（坐落本市院校除外），同时，将录取通知书存根、录取新生名单及录取新生的档案寄至各招生学校。各招生学校应妥为保存有关信息（特别是已退档的考生信息），不得擅自公开，如因此造成不良后果，由招生学校负责。

10. 招生学校录取结束后，应按照市高校招生办公室规定的收费标准，以电汇方式交纳相应的费用。

六、注意的问题

1. 普通高等学校要按照教育部和天津市有关规定，德、智、体全面衡量择优录取考生。要以高度负责的精神，录取（或退档）每一名考生。招生院校要对录取和退档结果负责。对最后一个分数段的考生要德、智、体全面衡量再决定取舍，要取之合理，退之有据。对高分考生的退档要特别慎重，没有充分理由，学校不得退档。

2. 除教育部或经教育部同意在男女比例、体检标准作出明确规定外，院校不得自行另立标准。如有特殊需要，应提前通知我办，向社会予以公布。

3. 对政策加分、降分或优先录取照顾的考生本着择优录取的原则，一视同仁。政策照顾录取的考生，只享受一种最高分照顾，不重复享受。

对残疾考生要按国家“三部一委”文件要求执行。

4. 各招生院校在办理退档手续时，须逐人逐项在“退档表”中加以列示，并在录取院校意见栏内，将本校各专业录取的最低分数及政策照顾录取考生的情况加以反映，以便使录检人员了解学校、系科、专业录取情况，对照检查退档是否合理；对退档不合理的，提请学校复议，学校应予研究。

5. 为确保录取工作的严肃性，招生院校在办理退档和录取手续时，应固定一名负责同志掌握用户名和口令，并专门负责上载和下载。

6. 各招生院校要公布招生监督信访电话，切实做好考生的信访接待工作。

附件：

一、录取工作流程图

二、专业排序方式

三、录取照顾政策

附件一：

录取工作流程图

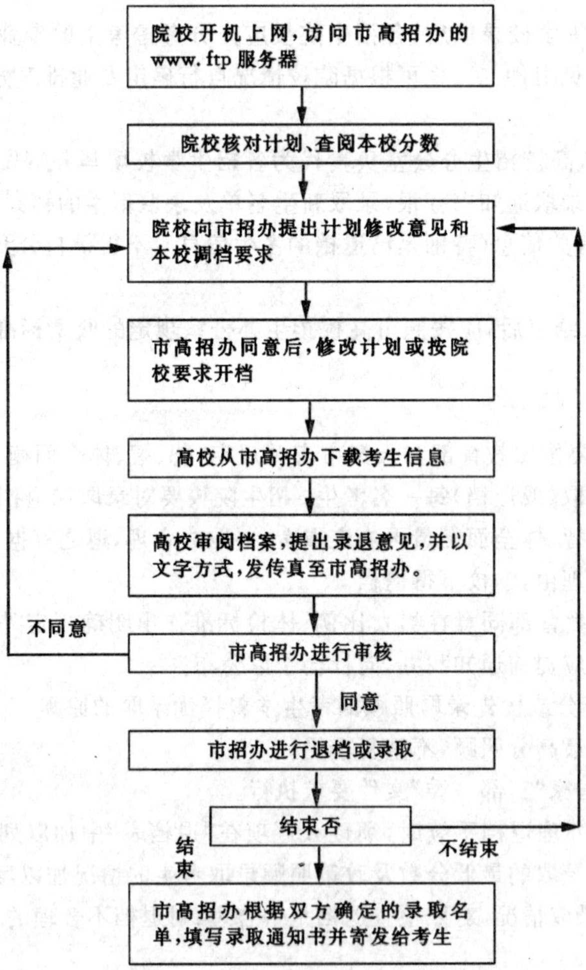

附件二：

专业排序方式

考生被普通高等学校录取后，各招生院校应充分考虑考生的专业志愿。建议以如下的排序方式来加以确定：

一、招生院校第一志愿录满的情况下：

1. 招生院校第一志愿已录满的情况下，按考生的第一专业志愿顺序，由高分到低分来确定考生录取的专业，在不能保证考生第一专业志愿的前提条件下，再分别按照考生所报的第二、三及服从专业志愿的顺序，并根据其高考成绩，从高分到低分来最终确定考生应录取的专业。

2. 招生院校第一志愿已录满的情况下，按考生的第一专业志愿顺序，由高分到低分来确定考生录取的专业，在不能保证考生第一专业志愿的前提条件下，按照考生所报的第二、三及服从专业志愿的顺序，在考虑专业顺序级差分的基础上，根据换算后的成绩从高到低来最终确定考生的专业志愿（相邻专业志愿的级差分可选择 5 分、10 分、20 分或根据学校的具体情况自定；专业志愿每滞后一级，考生成绩依所选择的级差分值进行递减一次，依此类推）。

二、招生院校第一志愿不能录满的情况下：

1. 招生院校第一志愿的考生，其专业的确定可选择“一”中的任何一种方式来确定；第二、三及服从志愿考生的专业志愿，只能在尚未录满的专业中，按照考生的学校志愿和专业志愿的顺序，根据考生的高考成绩从高到低来确定。

2. 招生院校第一志愿的考生，其专业志愿的确定可选择“一”中的任何一种方式来确定，第二、三及服从志愿考生的专业志愿，在确保前一院校志愿考生正常录取的前提下，考虑考生学校志愿的级差分，按换算后的成绩从高到低来最终确定考生的录取专业（院校的志愿级差分可选择 30 分、40 分、50 分或根据学校的具体情况自定；院校志愿每滞后一级，考生成绩依所选择的级差分值递减一次，依此类推）。

附件三：

录取照顾政策

1. 应届高中毕业生，在高中阶段获市级优秀学生干部称号者，在高考总分基础上加 20 分，提供档案，由学校审查录取。

2. 应届高中毕业生中，在高中阶段曾两次或两次以上获市级三好学生称号者（其中一次须是 98—99 学年度），在高考总分基础上加 10 分，提供档案，由学校审查录取。

3. 实践经验丰富的优秀青年及有特殊贡献的公民，经市招生委员会批准，总分低于同批录取学校控制分数线以下20分以内的，可提供档案，由学校审查录取。

4. 应届高中毕业生中，在高中阶段参加市级以上体育竞赛获单项前五名的队员或集体项目前三名的主力队员，获国家二级运动员称号的考生，总分低于同批录取学校控制分数线以下20分以内，由学校提出调档要求，可提供档案，由学校审查择优录取。

5. 近两年参加重大国际比赛（由世界及国际体育组织主办的各种体育单项比赛、锦标赛、综合性比赛和运动会）以及由国家举办的全国性比赛（全国运动会、全国青少年运动会、全国中学生运动会、参加世界中学生体育比赛选拔赛以及全国竞赛计划中安排的各种全国性体育比赛）获前六名；近两年获运动健将、一级运动员称号的考生，总分低于同批录取学校控制分数线以下50分以内，由学校提出调档要求，亦可提供档案，由学校审查，择优录取。

6. 对下列考生，总分低于录取学校控制分数线以下10分以内，学校提出调档要求，可以提供档案，由学校审查录取。

荣立二等功的退役军人；

烈士子女；

应届高中毕业生，在高中阶段获得市级以上青少年数学、物理、化学、生物、信息学奥林匹克竞赛、青少年发明比赛、科学讨论会一、二等奖，获市级以上青少年生物百项活动成果评选、青少年科技活动成果展一、二等奖者。

归侨学生、华侨子女、归侨子女、港澳台同胞在内地子女和台湾省籍青年考生，报考华侨大学、暨南大学，其高考总分低于我市本科录取控制分数线10分以内，可择优录取入本科。这些考生在报考我市其它市属院校时，总分低于录取学校控制分数线以下10分以内，学校提出调档要求，可以提供档案，由学校审查录取。

7. 少数民族考生报考本市所属院校，总分低于录取学校分数线5分以内，学校提出调档要求，可提供档案，由学校审查，择优录取。

8. 对下列考生，经市招生委员会批准，可适当降低分数提供档案，由学校审查录取。

应届高中毕业生中，在高中阶段获全国青少年数学、物理、化学、生物、信息学奥林匹克竞赛、全国青少年发明比赛和科学讲座会、全国发明展、国际发明展（博览会）及全国生物百项活动、全国青少年科技活动成果展览会金、银、铜牌者，品学兼优，全面发展，获市青少年科技英才称号者；应届高中毕业生中政治思想品德方面有突出事迹者。

9. 对下列考生，在同等条件下优先录取。

应届高中毕业生中，在高中阶段获市级三好学生称号或获区级优秀学生干部者；

高中毕业会考政治科成绩等第为A，操行评定为A的“双A”生；

相关科目或平时成绩特别优秀者；

退出现役的义务兵；

应届高中毕业生中，在高中阶段参加全国艺术类比赛（如独唱、独奏、绘画等）个人单项获一、二、三等奖者。

10. 一般本科第一志愿报考外地院校的考生实行加10分提供档案，由学校审查择优录取。

11. 对第一志愿报考农业、林业、师范、地质、矿业、石油院校的考生实行加10分提供考生档案的办法，由院校审查，择优录取。

农业、林业、师范、地质、矿业、石油院校录取时，原则上录取有志愿的考生。若第一志愿不足时，市高校招生办公室将提供二志愿、三志愿考生档案，由院校择优录取。如在本批录取控制线有志愿考生档案不足时，还可在同批线下20分以内录取第一志愿考生，如仍完不成计划须录取本批次服从志愿考生。

关于公安部所属院校招生面试工作的通知

津高招办字［1999］50号

各区县及天津铁厂、大港油田招生办公室、有关高校招生办公室：

1999年公安部所属院校招生工作仍按公安部及天津市有关文件执行。为做好公安院校招生的面试工作，现将有关事项通知如下：

一、面试时间

面试时间统一在7月28日上午8点至下午5点进行。

二、面试范围

凡第一志愿报考公安部所属中国人民公安大学、中国刑事警察学院、武警部队学院、公安海警高等专科学校，且达到本、专科控制分数线以上（具体面试范围，招生院校与市招办商定后另行通知）的考生须携带身份证、考生证、分数通知单、钢笔、运动鞋到指定地点进行面试，不参加面试的考生视为放弃志愿。面试合格考生数与计划招生之比应达到三比一以上。

三、面试地点

天津市公安学校（河西区紫金山路77号）

四、面试内容

公安院校面试内容依照教育部教学司（1991）34号《关于公安部所属普通高等学校招生面试工作实施办法的通知》进行。面试结果分为合格、不合格两种。面试成绩当天通知考生。

五、面试名单的报送

面试结束后，公安院校招生人员应在8月3日前将“面试合格考生的名册”、“面试情况记录表”、“体格检查记录表”送交市高招办，作为录取依据装入考生档案。

为了便于考生反映或咨询有关情况，公安院校在天津公安局政治部教育处设立咨询电话。电话号码：23112833

附：报考军事、公安院校考生花名册（样表）（略）

1999年7月19日

关于 1999 年天津市高考(含高职、单考)考生申请复查分数的通知

津高招办字[1999]52 号

各区、县招生办公室、天津铁厂、大港油田招生办公室：

今年，我市将继续允许参加高考的考生(含高职、单独考试的考生，以下同)在成绩公布后进行查分。为做好高考查分组织工作，现将有关事宜通知如下：

一、查分范围：

高考考生查分，只限在接到分数通知后，复查试卷各题分和全卷分有无漏判、漏登、错登、错加等项目，不涉及评分标准宽严程度的掌握。

高职、单独考试的专业课不允许查分。

二、查分时间

在接到高考分数通知单后，考生对自己的分数如有疑问，须在 7 月 27 日前向报名所在单位或区、县招办办理申请查分手续，逾期不再办理。市高招办不接受考生本人的查分申请。

三、查分程序

1. 考生申请查分时，须出示考生证，填写“查分申请单”，写清姓名、考生号、准考号、所查科目，同时交纳考试查询费，每科次 10 元。

2. 各区、县招办须于 7 月 28 日 8 时前，将“查分申请单”、各科查询统计表及软盘送交市招办。

3. 市高招办本着对考生负责、对国家选拔人才负责的精神，组织人员进行复查。复查后，市高招办对复查无误的考生成绩，在其“查分申请单”的回执中，加盖“经核查无误”字样章，经区、县招办通过考生单位通知考生本人。

4. 经核查确有问题的，市高招办将会同有关评卷点进行甄别，确属有误的，予以更正，重新打印更正后的考生成绩单，由区、县招办通知考生本人，并退还考生该科目的考试查询费。

5. 在成绩正式通知考生前，不允许任何人查询各科分数。

1999 年 7 月 19 日

关于做好1999年普通高校录取新生户口工作的通知

津高招办字[1999]53号

各有关高等学校：

为做好1999年普通高校录取新生户口、粮食关系迁移的申报工作，现对录取新生户口、粮食关系的申报程序，时间安排及有关要求通知如下：

一、各高等学校应加强对录取新生户口工作的领导，高校招生部门应积极给予协作，提供招生的计划及录取考生的数据统计情况，配合户口管理部门做好此项工作。

二、各高校户口管理部门，在申报工作开始前应提前做好准备，按要求印制表册，印刷的表册应规范统一。要做好申报前的自查工作，对新生的户口迁移证、粮食关系、录取通知书等证件逐一认真核对。对各类证件中姓名不一致的考生，应向市招办出具考生的户口迁移证。户口性质是农业还是非农业应以粮食关系为准，必须认真核对清楚。原始证件不清楚的应提前进行核实。

三、根据天津市公安局津公户[1998]547号《关于加强大中专院校、技校学生户口管理工作的通知》精神，从今年开始本市各区(市内六区、新四区、塘沽、汉沽、大港)非农业户口可以不办理户口迁移。其它生源地区户口的管理办法仍按原规定办理。

四、根据天津市高等学校中等专业学校招生委员会与天津市公安局《关于高等职业技术教育学生户籍管理等问题的通知》(津公户[1999]450号)精神，高等职业技术教育招收的学生，一律不办理户口迁移，入学前为我市农业户口的学生，各高校应按照文件的具体要求，提前做好组织工作，按时到我办及市公安局办理农转非申报手续。

五、我市市属普通高校招收的定向生(定向招生、定向就业)、对等交换计划及招收的外省市专科生由市公安局户政处直接登记，具体手续按市公安局要求办理。上述考生的户口迁移证右上角贴一张近期一寸免冠照片。

六、按规定时间报送有关统计，各类统计数据应准确清楚。按照户口、粮食管理部门的要求，各校应一次性集体办理户口，各部门不接待学生单独个人办理户口的要求。请各高校在报各种数据统计前一定要核对清楚，不要漏报，以免造成遗留问题。

七、根据市财政、物价局财综字[1997]18号和津价费[1997]154号文件，市计委农转非办公室今年继续收取"农转非"卡片工本费，每张卡片收取六元，各单位严格执行收费标准，不得私自加价。卡片工本费由转非本人承担，各高校在领取卡片时须带支票转帐(收款单位填写市计划委员会)将费用结清。

八、按规定填写《1999年新生(含研究生、二学位)户口来源统计表》(附件一)，此表务必于十月六日报送至我办，届时我办将与市计委联合办公。同时领取"农转非"卡片，并缴纳卡片工本费。另外请各高校招生办公室，同时将招生计划执行情况《一九九九年普通高校招生计划执行情况统计》(附件三)报我办。

九、各高校按照市区、五县、四郊、塘汉大、外省市及其相应的农业、非农业、市属院校的定向生、对等交换计划及招收的外省市专科生分别填写《高等学校及科研单位新生申报户口登记表》(附件二),一式四份,提前做好登记造册的工作。填写的表册应工整清楚,不要涂改。并将录取新生入学通知书、"农转非"卡片按登记造册的顺序排列,于10月20日至10月29日之间按规定时间(时间安排另行通知)来我办办理申报审核手续。到市公安局、市粮食局办理手续的时间及所带的审核材料,请高校与上述单位咨询预约。

附件一:《1999年新生(含研究生、二学位)户口来源统计表》(略)

附件二:《高等学校及科研单位新生申报户口登记表》(略)

附件三:《1999年普通高校招生计划执行情况统计》(略)

1999年9月15日

关于做好2000年天津市招收攻读硕士学位研究生推荐免试生工作的通知

津高招办字[1999]54号

有关高等院校:

根据教育部《关于做好2000年招收攻读硕士学位研究生工作的通知》(教学[1999]13号)的要求,2000年不增批新的推荐免试单位。具有推荐免试权的高等学校,必须在教育部下达的推荐免试生限额数内进行推荐,各招生单位不得自行增加或转让。各单位推荐应届本科毕业生免试为硕士研究生工作于1999年10月31日前结束。推荐名单必须张榜公布。

现将推荐免试生工作的有关事宜通知如下:

1. 有推荐资格的学校确定推荐名单后,请于1999年11月1日前,将加盖学校公章的推荐免试生名单(附表一)报市招办,做为办理报名手续的依据,同时领取报名登记表和报名卡。

2. 推荐免试生的报名工作于11月1日至4日进行,由学校集体办理报名手续。推荐免试生报名时需要交纳报名考务费155元/人(其中135元交市招办,其余由推荐学校收取),近期一寸半身免冠照片一张,贴在"推荐登记表"上。

3. 推荐登记表封面须经推荐学校所在省(区、市)高校招生办公室盖章有效,否则,接收单位不予接收。接收单位请于12月13日前报送接收推荐免试生名单(附表二),做为办理录取手续的依据。

4. 各有关招生单位若接收推荐免试生,每个招生的学科专业必须留有一定数量的招生计划,供公开报考的考生使用。

附表一:2000年天津市高等学校推荐本科毕业生免试为硕士研究生名单(略)

附表二:2000年天津市招生单位接收推荐免试为硕士研究生名单(略)

1999年9月30日

关于做好2000年天津市招收攻读硕士学位研究生报名工作实施意见

津高招办字[1999]57号

各研究生招生单位、有关区招生办公室：

硕士研究生招生考试工作是我国最高学历层次的全国统一招生考试工作。随着报考硕士研究生的人数增长速度加快，研究生招生工作量逐年增加，招生工作任务日趋繁重，现代化的管理手段将逐步应用到研究生招生管理各环节中。根据教育部文件精神，我市从2000年开始实行计算机机读卡采集报名信息工作，同时将进一步扩展计算机网络在研究生招生工作中的应用范围，并逐步建立一整套具有天津特色的研究生招生计算机管理系统，使研究生招生工作标准化、管理规范化、手段现代化，各项工作更加严密规范。

为了做好2000年硕士研究生招生考试报名工作，规范各项制度的管理，根据教育部《关于做好2000年招收攻读硕士学位研究生工作的通知》(教学[1999]13号)和原国家教委《关于印发招收攻读硕士学位研究生管理规定及其实施细则的通知》(教学[1996]24号)的文件精神，做好2000年硕士学位研究生招生实行机读卡采集报名信息工作(教学司[1999]50号文件)，现就报名工作提出以下实施意见。

一、报名时间和报名地点

报名时间：1999年11月8日至14日

报考南开大学、天津大学、天津轻工业学院、天津纺织工学院、天津师范大学、天津财经学院、天津医科大学、天津音乐学院、天津美术学院的考生直接到各高校报名。

报考天津市其他高等院校的考生请到指定地点报名，报考科研单位和外省市高等院校的考生，可到各区报名点报名，否则一律不予接收。

1. 和平区招生办(和平区五十五中学)，同时接收报考天津外国语学院、天津中医学院考生，以及南开大学应届本科生报考外地院校的考生。

2. 南开区招生办(南开区五马路华家场东人街4号教育局内)，同时接收报考天津理工学院、天津城建学院的考生，以及天津大学应届本科生报考外地院校的考生。

3. 红桥区招生办(大丰西胡同2号)，同时接收报考天津商学院和河北工业大学的考生。

4. 河西区招生办(河西区隆昌路3号教育局内)，同时接收报考天津体育学院的考生。

5. 河北区招生办(河北区教育局中山路205号)。

6. 河东区招生办(河东区张贵庄路50号河东电大院内)，同时接收报考军事交通学院、中国民航学院的考生。

7. 塘沽区招生办(塘沽区上海道98号教育局内)。

报考单独考试和MBA的考生直接到招生单位报名。

被普通高校推荐的免试生在市招生办公室集体办理有关报名手续。

报考研究生的各类考生必须按规定时间到指定地点报名，逾期不予办理。

二、报名准备工作

1. 各报名点按规定准备硕士生报名信息卡、考生报考填涂手册、考生报考登记表;使用号码机对报名信息卡进行编号(4位数从0001至9999),并在“报考登记表”上加盖试题接收单位名章。

2. 各报名点准备报名必备的计算机、光电阅读器、打印机、双层窄行压感复写打印纸、硕士研究生报考专用信封(各区报名点由市招办提供,高校报名点自备,每个考生3个5号标准信封);一定数量削好的2B铅笔、橡皮和小刀,供考生填涂信息卡时使用;

3. 报名点要张贴“2000年全国攻读硕士学位研究生招生简章”和“考生须知”,“考生须知”应注明考生报名所需材料和报名工作程序等。

三、报名点的组织和工作职责

报名点可设5个工作区,各工作区的主要职责如下:

1. 招生专业目录阅览处:提供全国硕士研究生招生专业目录供考生查阅,并于报名前3天开放,接待考生查阅。

2. 验证、购买报考材料处:检验考生的报考证明、身份证明和学历证明,应届本科毕业生持学校教务部门的介绍信,其他人员持档案关系所在单位人事部门的介绍信;收取考生的报名考务费155元/生和报考材料费10元/套,发给考生信息卡和填涂手册。

3. 读卡处:准备计算机、光电阅读器、打印机、打印纸;考生填涂的信息卡在此阅读,通过计算机打印出“考生报名情况登记卡”(复打纸一式2份),读后的信息卡留存该处,并按信息卡编号顺序排放,便于查找。

读卡时,系统对考生报名信息进行逻辑检查,填涂有误的信息卡,将显示可能错误类型,读卡的结果不显示、不打印、不存盘,信息卡交考生本人修改,修改正确后再进行读卡。

4. 领表处:考生将计算机打印出的“考生报名情况登记卡”上空白栏目补填清楚,并签字确认信息准确无误后,交“考生报名情况登记卡”(第一面),换取“报考登记表”、“准考证”和3个5号标准信封,“考生报名情况登记卡”第二面交考生本人,随报考材料一同寄往报考的招生单位。

5. 咨询处:负责招生政策和报考工作的咨询(报考人数少的可与1合并)。

四、关于考生编号

1. 根据教育部文件规定,对于参加全国统考生、单独考试的考生,考生编号一律采用长度为15位的数字码(其中不得含有英文字母或空格)。考生编号的第1—5位必须是考生第一志愿报考单位的单位代码,第6位必须是招生年度的尾数号,第7—11位招生单位自定义,第12—13位为01—99的考场顺序号,第14—15位为01—30的座位序号,MBA的考生编号第7—11位为99999,其它同上。

2. 推荐免试生的考生编号一律采用长度为15位的数字码(其中不得含有英文字母或空格)。其中,第1—5位必须是接收单位的单位代码,第6位必须是年度的尾数号,第7—11位必须是推荐学校的单位代码,第12—15位为顺序号,编号由接收单位编制。

3. 对于2000年以前已录取的保留入学资格的硕士生,若本年度返回,其考生编号延用当时的考生编号。若有重号现象,请上报市招办协商解决。

五、体检

为了提高体检工作的有效性,从招收2000年硕士生起,考生的体检工作在复试时进行,由招生单位自行组织，体检医院必须是县级以上医院。

六、有关工作要求

1. 2000年硕士研究生招生首次实行机读卡采集报名信息，这是研究生招生工作中的一项重大变化，请各报名点严格执行教育部及天津市的有关规定，加强领导，高度重视，做好组织工作；要指定专人负责此项工作，对工作人员进行上岗培训，确保研究生报名工作的顺利进行。

2. 报名开始后，各报名点要有专人指导考生填写报名表、卡，耐心解答考生的问题。报名卡填写必须准确无误，特别是报考单位及统考科目栏，必须与报考登记表填写一致，否则不予安排考试。

3. 在区报名点报名的考生报考材料（包括考生填写好的“报考登记表”、“准考证”、3个报考专用信封和打印的“考生报名情况登记卡”（第二面），以及学历证复印件等有关材料）一律由考生本人直接寄送到所报考的招生单位。

4. 各招生单位接到考生报考材料后，要根据有关规定认真审查报考资格（单考生的报考资格由市招办统一进行检查），对符合条件者发准考证，不符合条件和手续的不发准考证。

5. 各报名点必须在11月20日前报送以下数据库和统计表：

****SBM.DBF 数据库；

****S3.DBF 数据库和表 S3（考生报考情况统计表）；

****S6.BDF 数据库和表 S6（统考课试卷份数统计表）。

附件一：2000年天津市硕士研究生招生工作进程表（略）

1999年11月3日

关于《2000年天津市加快网上录取建设的方案》的报告

津高招办字[1999]58号

高校学生司：

现将《2000年天津市加快网上录取建设的方案》呈上，请审阅。

1999年11月9日

2000年天津市加快网上录取建设的方案

在各级领导的大力支持下，1999年我市普通高校招生全部实现了计算机网上录取，其中网上远程录取实现了院校所数和招生人数“双过半”，受到了教育部的通报表彰。2000年，我市要在远程录取“双过半”的基础上，以创新促发展，向管理要质量，进一步提高网上录取工作的质量和水平。

一、提高计算机网络管理水平，特别是进一步提高系统和网络运行的安全性和可靠性。

二、提高考生电子档案的制作质量，丰富考生信息，采用新技术，进一步提高考生信息采集的准确性和可靠性。

三、完善录取规则，进一步提高网上录取组织管理工作的科学化、规范化程度。

四、积极创造条件，争取更多的招生院校实行网上远程录取。

1999 年 10 月 28 日

关于印发《2000 年天津市高等职业技术院校招收“三校生”的实施意见》的通知

津高招办字[1999]61 号

各区县招生办公室、天津铁厂、大港油田招生办公室、各有关高校招生办公室、各有关单位：

现将《2000 年天津市高等职业技术院校招收“三校生”的实施意见》印发给你们，请遵照执行。

各区县招生办公室和有关单位要对这项工作高度重视，加强领导，精心组织，严格管理，积极探索，总结经验，圆满完成“三校生”高职招生工作。

附件：2000 年天津市高等职业技术院校招收“三校生”的实施意见

1999 年 12 月 7 日

附件：

2000 年天津市高等职业技术院校招收“三校生”的实施意见

高等职业技术院校按新的管理模式和运行机制招收中等专业学校、中等职业学校、中等技工学校的毕业生(以下简称“三校生”)不仅促进了我市高等教育的发展，更好地适应了经济建设和社会进步的需要，同时也为应用型人才的成长开辟了新的渠道。为做好此项工作，特提出以下实施意见。

一、报名

1. 报名条件：

拥护四项基本原则，热爱祖国，遵纪守法，决心为社会主义现代化建设勤奋学习；

在本市必须有正式常住户口(含蓝印户口);集体户口的毕业生且户口迁移证迁出地为天津;

身体健康;

未婚,年龄不超过25周岁(1975年9月1日以后出生)。考生除具备的基本条件外,还应是:

1999年和2000年普通中等专业学校、中等职业学校的毕业生;

1999年允许报考的22所中等技工学校和2000年取得劳动职业资格证书的所有中等技工学校的毕业生。

2. 报名时间:3月6日—3月10日。

3. 报名办法:

符合报名条件的2000年应届毕业"三校生"可向其学籍所在学校提出报名申请。符合报名条件的1999年毕业"三校生"向其原学籍学校提出报名申请。考生报名时按照自己所学专业和市普通高校招生办公室(以下简称市高招办)公布的高等职业技术院校招生专业类别进行报名,需备有4张1寸近期免冠同版彩色照片,并交纳报名考务费。

考生学籍或原学籍所在校负责审核报名考生的户口册、身份证、学历证书、职业资格证书等,指导考生认真填涂报名卡,按要求及时上报区县招办。

各区县招办、接受报名的学校要严格审查报名手续,专人负责,逐一验证(考生的各种证件均需复印备查)。严格审查考生的报名资格,考生专业类别一经确定不能更改。对弄虚作假者,一经发现将按有关规定严肃处理。

二、体检

"三校生"考生体格检查工作,执行《普通高等学校招生体检标准》(修订),参照天津市体检工作规定,由各区县招办具体安排组织实施。考生经体检合格(含限报专业的)、且符合其他报名条件和手续者发给考试准考证。体检不合格的不发给考试准考证,不退报名考务费。

三、考试

"三校生"考生必须参加全市统一文化考试和所报专业类别的专业综合考试。

1. 考试形式:分为文化考试和专业综合考试两部分。

2. 考试科目:分为语文、数学、英语、专业综合四科。各科满分均为150分,四科满分共为600分。语文、数学、英语为文化基础课,实行主客观题分卷考试。考试命题以市高招办审定的《天津市高等学校单独招生考试大纲》、《天津市高等学校单独招生考试大纲补充意见》、《天津市高等学校单独招生专业综合考试大纲》为依据。

3. 考试时间:

4月8日:专业综合

4月15日:上午8:30—11:00 语文

下午13:30—15:30 英语

下午16:00—18:00 数学

4. 考试组织:

文化考试由市高招办在有关区县设置考点。专业综合考试由高招办委托有关招生院校组织考试。考务工作由有关区县招办、招生院校招办负责。有关单位要严格执行原国家教委关于《普通、成人高等学校本专科招生全国统一考试工作规则》和天津市普通高校招生考试工作的有关规定。

四、评卷

评阅试卷工作由市高招办统一组织，实行分科定点、集中评卷。评卷工作参照天津市有关规定执行。考生的考试成绩，由市高招办统一向考生公布。

为确保评卷质量，便于社会监督，考生成绩公布后，按照有关规定允许考生查分。经本人申请后，按规定的程序办理。查分工作由市高招办统一组织，具体办法另行规定。

五、填报志愿

"三校生"考生填报志愿在考试成绩公布后进行，时间为：5月10日—5月12日。

"三校生"考生可根据自己的成绩填报四个院校志愿。第一志愿、第二志愿、第三志愿必须与其所报名、参加专业综合考试所属专业类别相一致的院校专业志愿，第四志愿为服从志愿。

填报志愿工作均须按规定时间完成，逾期不再办理。

考生的填报志愿工作，由各区县招生办公室、接受报名的学校具体负责组织，必须由考生本人填报学校专业志愿，他人不得包办代替，填报后的志愿不得更改。考生志愿以志愿卡的信息点为依据，如填涂有误，其后果自负。

六、考生档案

"三校生"考生的档案由各区县招办负责组织，由考生报名所在学校负责组建。考生档案材料主要有高考报名表、体检表、户口册（复印件）、身份证（复印件）、毕业生登记表、在校学习成绩登记表及相关的政策照顾材料等。达到报档范围的考生档案在5月中旬由学校报送区县招办。区县招办按规定时间报送市高招办。

七、录取

1. 高等职业技术院校录取新生必须贯彻德、智、体全面考核择优录取，以文化考试为主要入学考核形式，公平竞争、公正选拔的原则，认真执行国家教育部和市招生委员会制定的录取政策和有关规定。对于各种照顾对象按照普通高等学校招生规定照顾录取。

2. 市高招办划定各专业类别考生报档范围，按照各专业类别参加考试的考生数与计划数1.3∶1比例确定，录取时在各专业类别报档范围内录取，服从志愿调剂先在本专业类别调剂。在跨专业类别调剂时，将以文化科三科总成绩为依据，从高分到低分调剂。

3. 录取工作由市高招办统一组织，招生院校采取现场录取的方式进行录取，时间为6月上旬。招生院校根据市高招办提供的考生档案，提出拟录取名单，经市高招办审核批准，签发录取通知书，通过邮政速递发至考生本人。

4. 各招生院校录取新生，需向市高招办交纳录取费50元/生。

5. 被新高职院校录取的新生，其他院校不再录取。

6. 新生入学后，各招生院校要认真进行复查，凡不符合条件或有舞弊行为的，要按照原国家教委教学字(87)014号文件《普通高等学校招生暂行条例》和《高等学校招生全国统一考试管理处罚暂行规定》的有关规定进行处理。对不报到的新生，各招生院校要按照学籍管理有关规定在规定时间将考生档案退回市高招办。

关于印发《2000年天津市招收攻读硕士学位研究生全国统一考试、试题试卷保密和管理及评卷工作实施意见》的通知

津高招办字[1999]63号

各研究生招生单位、有关区招生办公室：

招收攻读硕士学位研究生入学全国统一考试是国家级考试，是为国家科学、公正选拔高级人才服务的一项重要工作。研究生入学考试工作必须认真执行原国家教委教学[1996]24号文件《关于印发招收攻读硕士学位研究生管理规定及其实施细则的通知》的精神，加强考试管理；严格试题试卷保密保管工作，确保万无一失；认真做好评卷工作，精心组织，堵塞漏洞，将各项有效管理措施落到实处。要严肃考风考纪，坚持杜绝舞弊和违反考试纪律的事件发生，创造公平、公正的竞争环境。

现将《2000年天津市招收攻读硕士学位研究生全国统一考试管理实施细则》、《2000年天津市招收攻读硕士学位研究生全国统一考试试题试卷保密和管理实施细则》、《2000年天津市招收攻读硕士学位研究生全国统一考试评卷工作实施意见》和《攻读硕士学位研究生招生考务规则》印发给你们，请各单位加强领导，认真贯彻落实有关规定要求，组织有关工作人员进行培训，切实做好研究生入学考试、试题试卷保密保管及评卷等组织管理工作。

附件一：2000年天津市招收攻读硕士学位研究生全国统一考试管理实施细则

附件二：2000年天津市招收攻读硕士学位研究生全国统一考试试题试卷保密和管理实施细则

附件三：2000年天津市招收攻读硕士学位研究生全国统一考试评卷工作实施意见

附件四：攻读硕士学位研究生招生考务规则

1999年12月18日

附件一：

2000年天津市招收攻读硕士学位研究生全国统一考试管理实施细则

为切实搞好硕士研究生入学全国统一考试工作，特制定以下实施意见。

一、考试时间

1999年1月22日至1月24日。

二、考点、考场的设置和人员的配备

1. 各设报名点的单位负责安排考试地点；要集中统一设置考场，在标准教室内，每个考场安排30名考生(单桌、单行)，每个考场监考人员不得少于2名；如果使用大教室或阶梯教室考试，必须隔行隔双位安排考生，10至15名考生配备1名监考员。同时，每个考点还要配备若干名流动监考人员。

2. 每个考点要张贴考点标志、考场标志、考场规则、考生守则、监考规则、考试科目、考试时间、考场及服务设施示意图。每个考场门前要张贴本考场编号、座位号、考生报考单位；考桌粘贴考生编号、座位号。

3. 考点实行主考负责制，每个考点设主考一人，副主考二人，全面负责考点的各项工作。考点主考由分管研究生招生考试的区教育局(区教委)主管局长(主任)或高等学校的主管校(院)长担任。

4. 考点要设立考务办公室、试题保管收发、监考、宣传保卫、后勤联络等若干组(考生少的考点，要设专人负责)，实行岗位责任制，公工负责各项考务工作。

5. 考点工作人员要选聘政治思想好、作风正派、业务熟悉、工作负责、纪律性强、当年无亲属参加考试的人员担任，高校考点不能选聘在校研究生担任工作。

6. 考点、考场的设置情况须报市高校招生办公室审核。主考、副主考以及重要工作人员名单要报市招办备案。

7. 报考单独考试的考生到市招办指定的考点参加考试。

三、考试准备工作

1. 外省市招生单位将准考考生情况表、业务课试题直接寄送到各有关报名点。

2. 统考科目试题由市招办统一按上报数目配发。

3. 各招生单位向外省市寄送业务课试题时，必须注意印刷试题的质量，分发、装订要认真查对，按时寄发，寄发前由各招生单位招办负责人检查签发。

四、严肃考风考纪，杜绝舞弊事件的发生

随着研究生招生规模的逐年扩大，报考研究生的人数逐年递增，加强研究生招生考试管理，严肃考风考纪，事关研究生招生的声誉，关系到高校选才质量，各考点要引起高度警觉，加强考场管理，切不可麻痹大意。

1. 考生进入考场必须携带准考证、身份证和工作证、学生证。监考员要认真核对。其他人员必须凭市招办或有关招办核发的证件进入考场，否则不能进入考场，以保证正常的考试秩序。

2. 监考员在考试前须向考生宣读《考场规则》，说明有关注意事项，特别强调：考生进入考场，不得携带移动通讯设备(如手提电话、寻呼机等)，以及书籍、复习资料和草稿纸，一经发现按作弊论处；考生在考试期间必须保持安静，不准吸烟，不准上厕所。

3. 各考场如发现违纪事件，要及时上报考点负责人，填写违纪考生处理审批表，按有关规定处理；发生重大事件要及时上报市招办。市招办将在考试期间派出巡视员对考试组织实施工作进行巡视监察。

五、有关工作要求

1. 2000年硕士研究生入学全国统一考试将于2000年1月22日至1月24日进行。日考试时间为上午8:30至11:30，下午2:00至5:00。各考点要严格掌握考试时间，不得提前或延长。

2. 由国家教育部考试中心统一命题的试题由我办负责下发，其它业务课试题由招生单位寄发。英语实行主、客观题分卷考试，客观题需要用铅笔涂卡，答题卡请勿折叠或损坏。各考点要准备一定数量的2B铅笔和橡皮，以供考生备用。监考期间，监考教师和工作人员一律不得使用铅笔和橡皮。

3. 各考点派专人(2人以上)按通知的时间，携带介绍信，并配专车到我办领取统考试题和试卷纸。

领取统考试卷时间安排：

1月17日上午：南开大学

1月17日下午：天津大学

1月18日至20日：和平区、河东区、河西区、南开区、河北区、红桥区、塘沽区、天津轻工业学院、天津纺织工学院、天津医科大学、天津师范大学、天津财经学院、天津音乐学院、天津美术学院

4. 各考点应在考试前5天启封考生报考单位寄来的业务课试题邮包(装有密封试题的小信封一律不准启封)，然后按《准考考生情况表》逐一进行核对，以考场为单位，按考生各学科应试时间进行整理。整理试题时必须认真核对小信封上的考生编号、考试科目和考试时间是否一致，密封是否异样，若发现问题，要及时联系解决。在整理各科试题后，可在小信封上编写考场号及座位号。

5. 在考试前2天，根据《准考考生情况表》，在统考试题的小信封上填写考生编号和报考单位，并按考场、考试科目、考试时间及考生座位顺序整理各科试题。

需要特别强调的是：在考试前，任何人不得以任何理由拆启小信封。

6. 考试前半小时，所有考点工作人员到位。考前10分钟，考生凭准考证、身份证和工作证、学生证等证件，经监考员同意进入考场，对号入座。监考员对考生宣布《考场规则》，并说明有关必要的注意事项。考前5分钟由监考员提醒考生根据试题小信封封面记载核对所报考的专业、考生编号、考试科目、时间是否与准考证相符，并指导考生填写试卷封面上有关项目。开考信号发出后，由考生拆封试题，进行答题。

7. 每科考试结束后，监考人员要逐个收回考生的试题、答卷纸、草稿纸及原试题小信封，经检查核对无误后，密封送试题收发员验收。对于缺考考生的试题，由监考员在试题信封正面明显处写上“缺考”字样后，原封退交试题收发员。

8. 统考科目考试期间，如需使用备用试卷，由考点主考或副主考填写《天津市硕士研究生入学全国统一考试备用试卷使用情况登记表》，考试结束后各考点将此表与其他备用试卷一并上报市招办。

9. 各考点于考试结束后将考生各科目答卷(包括缺考科目)一起密封，同时将考生的考试情况填写在“准考考生情况表”备注栏内，与答卷通过机要一并寄送招生单位备查。草稿纸在每科考试结束后收回，待考试全部结束后由考点统一销毁。

10. 非考生本人原因(如试题寄错、漏寄、邮递故障等)影响考生考试的，由考点将考生姓名、报考单位、补考科目及补考原因写明，报我办审核，并经招生单位同意后进行补考。补考时间定于2000年2月19日至21日进行，补考科目试题由招生单位提供。

附件二：

2000年天津市招收攻读硕士学位研究生
全国统一考试试题试卷保密和管理实施细则

研究生入学全国统一考试统考试题属于国家绝密材料，各招生单位自行命制的试题属于国家机密级材料。各单位必须严格遵守国家《保密法》和有关文件的规定，做好保密教育工作，制定出相应的试卷保密保管制度，确保研究生试卷的绝对安全。

1. 各招生单位、考区和考点要切实加强试题、试卷保密和管理工作的领导。组织有关人员认真学习《保密法》及有关规定，建设好存放试卷的保密室，制定行之有效的保密措施，建立严密的管理制度和交接手续，并及时检查执行情况。

2. 对参加命题工作的教师要严格管理，命题人员的姓名对外保密。命题人员不得参加有关研究生入学考试的辅导、补习活动，不得向任何人透露试题内容和命题工作情况。

3. 试卷保密保管人员，必须按规定条件选派政治可靠、工作认真负责，严守纪律、保密观念强、身体健康，当年没有直系亲属报考的人员担任。试题、试卷管理人员必须认真履行职责，严格遵守有关规定，不得擅离岗位、玩忽职守。

4. 试卷要存放在机要保密室，做到“三铁”(铁门、铁窗和铁柜)和“三防”(防火、防盗、防水)。

5. 各考点和有关单位要建立试题试卷保管小组，由专门人员负责试题、试卷的保管工作。各单位在领取统考试卷以后，必须按规定将试卷存放到机要保密室，坚持昼夜值班，每班2人以上，严格禁止无关人员进入保密室。要特别注意防火、防盗，做好试卷的安全保卫工作，千万不可麻痹大意。如遇到问题要及时上报有关部门和市招办。

请各单位将昼夜值班表及电话报市招办。市招办值班电话:23948617

6. 考试时需要启用备用试卷，必须经考点主考批准。启用时，考点主考或副主考必须在场，填写《天津市硕士研究生入学全国统一考试备用试卷使用情况登记表》，注明启用原因、时间、地点和试卷份数，由包括主考或副主考在内的人签字有效。考试结束后各考点将此表与其他未启用的备用试卷一并上报市招办。

7. 严格履行试卷交接手续。在试题试卷的移交、收发、保管和寄送等各环节，要严格履行程序，手续要严密，慎之又慎，清楚、准确、无误，确保试题、试卷的绝对安全。

8. 试卷保密保管人员应严格执行如下守则：

(1)保密保管人员上岗前应接受安全保密教育，学习有关的规章制度，熟悉试卷的收发手续；

(2)保密保管人员必须昼夜值班，每班2人以上，任何情况下值班现场不得少于2人。做到人不离室，人不离卷，卷在人在；

(3)值班期间严禁会客、睡觉、饮酒、文娱活动、私自使用电话，存放试卷的保密室内严禁吸烟；

(4)禁止无关人员进入试卷保密室；

(5)不得以任何理由开启试卷密封包装，不准改动考生答卷；

(6)保密室房门钥匙、铁柜的钥匙、双销铁柜的两种钥匙、密码锁铁柜的密码和钥匙应分别由招办负责人与保密室负责人分别掌管,两人共同在场才能开启,不得转交他人或互相代管;

(7)制止违反保密规定的行为,拒绝他人索用试卷保密室门、柜钥匙,拒绝代领试卷;

(8)接收、发放试卷时必须严格履行交接制度,办理双方要履行签字交接手续;

(9)如发生试卷泄密、失盗、严重损毁、涂改等重大事件,应立即报告市招生办公室,同时报告当地公安局和保密局,并采取措施保护现场,防止扩散;

(10)保密保管人员不执行本守则,发生试卷泄密、失盗、损毁、涂改等重大事故,依法追究保密保管人员的直接责任。

附件三:

2000年天津市招收攻读硕士学位研究生入学全国统一考试评卷工作实施意见

招收攻读硕士学位研究生入学全国统一考试的评卷工作是研究生招生工作的重要环节。严格控制评卷误差,准确地测量每个考生的知识和能力水平,体现招生考试工作的公平、公正原则。为了做好今年的研究生评卷工作,促进招生考试管理科学化、规范化,根据原国家教委教学[1996]24号文件《关于印发招收攻读硕士学位研究生管理规定及其实施细则的通知》的要求,结合我市具体情况,提出以下实施意见:

一、加强领导,精心组织,确保评卷工作的顺利进行

在市招生委员会的领导下,成立硕士研究生评卷工作领导小组,领导小组由市教育招生考试中心主任、有关高校院校长、有关学科系主任和高招处处长等组成,具体领导天津市研究生入学考试的评卷工作,协调解决评卷中的问题。各招生单位也要成立研究生评卷领导小组,加强研究生业务课评卷工作的领导。统考科目的评卷工作由市招办负责组织实施。招生单位自行命题的科目由本单位自行组织评阅。

二、统考科目评卷点的设立

今年全国统一命题的考试科目(除医学类和外语小语种外)的评卷工作由市招办统一组织,经研究决定委托南开大学评阅政治理论(文、理)、数学三和数学四科目试卷;委托天津大学评阅英语主观题、数学一和数学二科目试卷;市招办负责英语客观题评卷以及上述统考科目的成绩登录、合成和统计工作。

三、有关工作要求

1. 各评卷点和招生单位要选聘责任心强、业务水平高,遵守纪律,当年无亲属参加该科目考试的人员参加评卷工作。

2. 评卷工作必须在指定场地进行,做好试卷的保密和管理工作。评卷期间,指定专人认真做好试卷收发、传递和保管工作。试卷评阅后要当天收回,集中保管。试卷一律不准带出评卷室。

3. 统考科目评卷工作要按教育部统一制定的评分标准和评分细则进行。评卷点在评卷前要组织有关评卷人员对统一命题试卷进行试评,熟悉和掌握统一评分标准,认真贯彻“严格、公正、准确”的原则，做到宽严适度，始终如一。业务课考试科目的评卷，一般按命题小组命题时确定的答案和评分标准进行评阅。

4. 各招生单位在评卷前，负责将政治理论(文)、政治理论(理)答卷按组号和序号顺序装订成册(不能混装)，每册不超过30份。用市招办提供的专用封皮将密封线以上内容密封。英语客观题答题卡应以组号为单位，按序号顺序装一袋(袋内最多为30份)，同时将缺考考生编号(缺考考生包括保送生、单考生、MBA联考生等非统考考生)及小语种考生编号写在机读卡备注栏内，并上报缺考考生数据库软盘(内容含单位名称、单位代码、考生编号、考生姓名以及缺考考试科目)和《缺考考生情况统计表》。

5. 数学科试卷不装，由市招办提供密号；编写好密号以后，请将数学卷封面右半部分裁下，将带密号、按考生编号后4位组号序号顺序排列、30份装一纸袋(最多不超过30份，与整理英语、政治试卷方法相同)整理好的答卷，分别送天津大学或南开大学数学评卷点，将带有密号和考生编号的数学卷封面右半部分在送英语答题卡时送市招办留存，登分时还原使用。

6. 各有关单位在交接卷、卡、盘时，要认真检查密封、签字，核查数量，记录特殊情况，严格履行交接手续。

7. 评卷时一律使用红色笔。评卷工作人员要爱护答卷及各种资料，不得损坏和遗失。

8. 按照教育部的规定，研究生入学考试统一评卷工作及各单位业务课的评卷工作必须按规定时间完成。各招生单位要严格成绩管理，不准随意改动评阅的试卷和成绩，否则将严肃查处。

9. 考试成绩在上报教育部前，按国家秘密材料管理，任何人不得泄露，所有参加评卷的人员必须遵守保密法规。

10. 严守纪律，保守秘密，工作人员要做到六不准：

(1)非评卷工作人员，不准进入评卷场所；

(2)在规定地点评卷，试卷不准带出评卷室；

(3)不准私自进入试卷保管室和登分处；

(4)不准涂改考生答卷和成绩；

(5)不准将试卷登分的文件、资料带出工作场所；

(6)不准做规定以外的任何计算机操作。

11. 做好安全保卫工作，注意防火、防盗、防水、防破坏，确保试卷完整无损，万无一失。

12. 试卷评阅完毕后，各学科评卷点要以书面形式写出试题评价分析报告一式三份(用16开纸打印好)，报市招办，然后上报国家教育部学生司和国家教育部考试中心。

13. 考试成绩由招生单位通知考生本人，试卷不得查阅。

四、工作时间安排

1. 各招生单位送卷时间为1999年2月15日(星期二)上午。送卷地点：

政治理论送南开大学马列教研室

数学三、四送南开大学管理系(经济学院七楼)

英语主观卷送天津大学外语系办公室(第五教学楼)

数学一、二送天津大学数学系(第十六教学楼)

英语客观题卡送天津市招办。

2. 评卷点评阅后的试卷于2月21日起开始送交市招办，试卷由市招办拆封，分数登录后试卷留市招办封存。

3. 其它全国统考试卷和业务课试卷的评卷工作结束后，各招生单位于3月5日前将上述科目的成绩库软盘(*****SCJ.BDF数据库标准按更改过的教学司[1996]102号文件的要求)报市招办，我办将统考课的成绩并入成绩库以形成完整的考生初试成绩库，上报教育部。

4. 关于评卷费用：按政治理论和数学(一至四)每份试卷5.00元，英语主观题每份3.00元，客观题每份2.00元标准执行。招生单位在送卷的同时将费用送交评卷点，交市招办的评卷费需要使用支票的，收费单位写明天津市教育招生考试中心。

附件四：

攻读硕士学位研究生招生考务规则

考场规则

1. 考生应在考试前一天到考试地点了解考场有关注意事项。

2. 考生进入考场，不得携带任何书籍(包括外语词典等工具书)、报纸、稿纸和移动通信设备(如手提电话、寻呼机等)。只准带必需的文具，如钢笔、圆珠笔、铅笔、绘图仪器和电子计算器(无字典和编程序功能)，或根据招生单位的通知携带所需要的用具。

3. 考生在每科考前十分钟，凭准考证进入考场，对号入座。入座后将准考证放在桌面左上角，以便检查。考生须随身携带本人居民身份证和工作证、学生证，以备查对。

4. 不到规定的开考时间，考生不得拆启试题。

5. 考生除在试卷上规定填写的项目外，不得作其他任何标记，否则试卷作废。

6. 考生答题一律用书写蓝色和黑色文字的钢笔或圆珠笔书写，字迹要工整、清楚。答题书写在草稿纸上的一律无效。

7. 考生对试题内容有疑难时，不得向监考人员询问。如遇试题分发错误和字迹模糊问题，可举手询问。

8. 考生迟到三十分钟不得入场。考试三十分钟后，才准交卷出场。

9. 考生在考场内必须保持安静，不准吸烟。交卷后，不得在考场附近逗留、谈论。

10. 考生不准交头接耳，不准偷看、夹带、抄袭或者有意让他人抄袭答题内容，不准接传答案或者交换答卷等。

11. 考试终了时间一到，考生应立即停止答卷，并将试题和试卷纸装入原信封内，经监考人员核查无误后，离开考场，试题、试卷纸和草稿纸不准带走。

监考规则

1. 监考人员要认真做好考场的监督、检查工作，对考生进行必要的思想教育，保证考试工作顺利进行。既要严肃认真地维护考场纪律，又要态度和蔼，热情地关怀考生。

2. 监考人员在每科考试前30分钟到考试办公室领取试题、试卷封面纸、答卷纸、草稿纸等，并在考试前15分钟进入考场，对号分放在考生的桌面上。每科考试开始前5分钟向考生宣读《考场规则》。每科考试开始后，监考人员要逐个检查考生准考证号、座位号与试卷号是否一致，考生与准考证及本人居民身份证或工作证、学生证上的照片是否相符。

3. 监考人员对试题的内容不作任何解释，但考生对试题印刷文字不清之处提出询问时，如有可能，可予答复。

4. 监考人员发现考生舞弊时，要立即请示考点负责人。

5. 监考人员要爱护、关心考生，发现考生生病，应当及时通知考场外的工作人员陪同考生去治疗，不能坚持考试的，应说服考生停考。

6. 监考人员在考场内不准吸烟、阅读书报和谈笑，不准抄题、做题，不准将试卷传出考场。

7. 考试时间终了前15分钟，监考人员应提醒考生注意，终了时间一到，应当逐个收齐考生的试题、试卷纸及原试题信封，并检查无误后将试题、试卷纸装入原试题小信封内密封后，送交试题收发员验收。草稿纸在每科考试结束后收回，交考点有关负责人统一销毁。

8. 监考人员有权制止非本考场的监考人员及其他人员进入考场。

9. 监考人员要认真执行考场规则，不准擅离职守，要认真做好考场记录。妥善处理考场内发生的偶发事件，并及时向考点负责人请示汇报。

10. 监考人员不得违反考场纪律和徇私舞弊，违反者按攻读硕士学位研究生招生管理规定第四十二条处理。

评卷规则

1. 评卷人员要严格执行评分标准和执行细则，认真贯彻“严格、公正、准确”的原则，并做到宽严适度、始终如一。

2. 评卷小组在评卷时，应先组织试评，掌握尺度以后，再分题到人流水作业，评完一题，在题号前及试卷封面登分位置记载该题分类，并签上评卷人姓名。遇有疑难问题，可由评卷小组集体讨论，然后定分。

3. 评卷一律使用红色笔，记分数字要准确、工整，如有更改，应有更改人签字。记分使用阿拉伯数字，只记得分，不记扣除分。

4. 评卷小组要指定专人负责领送试卷。领送试卷时，要严格检查试卷封面及密号等，如发现问题要及时送试卷保管组处理。评卷时要爱护试卷及各种资料，做到完好无损。

5. 试题本身有误，应由单位的招生领导小组和评卷组长共同研究、妥善处理。重大错误及处理意见应报省级高校招生办备案。

6. 在评卷过程中，应组织专人做好复查工作，确保评卷工作质量。对个别试卷评阅的错漏现象，以及登分、记分错误，复查后需要更改的，必须由招办负责人、评卷小组组长和原评卷人联合签名，并说明缘由。

7. 评卷人员要严过纪律，保守秘密，不得向外泄漏评卷情况。不得涂改考生答卷和成绩，不得查阅考生成绩。在规定地点评卷，并按时完成。试卷不准带回阅卷室，各评卷组不互相交换评阅情况，不得翻阅他人评阅或复查的试卷。

8. 评卷过程中发现评卷人员和工作人员违反本规则，应立即停止其工作，并报本单位有关部门处理。情节严重者，应报所在省级高校招生办处理。

巡视员职责

为了加强对研究生招生全国统一考试工作的组织领导，监督、检查原国家教委印发的《招收攻读硕士学位研究生管理规定及其实施细则》及我市有关规定的贯彻落实，确保考试工作的顺利进行，在考试期间，选派一定数量的巡视员，组成巡视组，巡视、检查、督促、指导考试实施工作。

一、巡视员要熟悉研究生考试的政策、规定，工作认真负责，不徇私情，能够严肃制止、查处考试中的违纪事件。

二、巡视员的工作职责

1．检查考试的组织工作

(1)考点领导的组成与工作责任分工

(2)考试期间的值班安排

2．检查统考试卷的安全、保密、保管工作

(1)试卷保密室建设状况

(2)保密保管人员值班守卫情况

(3)试卷的分发和答卷的回收制度及执行情况

3．检查考点、考场设备

(1)考点的设置情况，考试环境的布置情况

(2)考试环境布置情况(醒目处是否张贴：考试规则、考试科目及时间表、考场编号及平面图、各项辅助服务设施指示标志、监督举报电话、暖气冷热情况等)

(3)考点各项服务设施设置情况

4．检查考试工作人员培训及上岗情况

(1)培训时间、内容、形式、规模

(2)检查考试工作人员上岗操作情况

5．检查监考工作实施情况

(1)考试规则和监考规则的执行情况

(2)监考人员及考试工作有关人员工作情况

(3)试卷的领取、拆封、分发、回收，答卷的整理、装订、密封等操作情况

(4)考场纪律情况

三、巡视工作结束后，对以上检查情况，巡视员要填写“考点情况评定表”，在考试结束两日内交到市招办。

高等教育自学考试文件

津高自委字[1999]1号

全国高等教育自学考试指导委员会：

现将《天津市高等教育自学考试开考职业技术专业试验方案》报上，请予审批。

附：《天津市高等教育自学考试开考职业技术专业试验方案》

一九九九年三月二十五日

天津市高等教育自学考试
开考职业技术专业试验方案

一、目的

高等教育自学考试开考职业技术专业试验的目的是：

探索高等教育自学考试职业技术教育的专业建设、课程开发和课程测试理论；拓展高等教育自学考试功能，介入国家职业技术教育体系。

试验主要研究的课题为：

●高等教育自学考试职业技术专业考生状况分析

●高等教育自学考试职业技术教育的专业设计

●高等教育自学考试职业技术专业的课程开发

●高等教育自学考试职业技术专业的社会化学习模式

●高等教育自学考试职业技术专业的课程考核方式

●高等教育自学考试职业技术教育的专业评估

二、意义

高等职业技术教育是世界经济发展和高新技术发展的必然结果。发展职业技术教育是促进经济、社会发展和劳动就业的重要途径，不仅关系着经济发展的速度、产品的质量和服务水平，关系着劳动力资源的优化配置，而且关系着社会稳定和社会主义精神文明建设。职业技术教育作为教育事业的重要组成部分，对调整教育结构，广开成才之路，对促进义务教育的普及，提高教育整体效益，对全面落实教育方针，增进教育与经济的紧密结合都具有重要的作用。

当前，加快改革开放和现代化建设步伐，实现两个根本性转变和教育的两个重要转变，实施科教兴国战略的新形势，对职业技术教育提出了更迫切的需求。在人们的知识和技能取代了机器而成为生产力发展的决定因素时，在以引进技术和科研成果转化为主要革新手段的发展中国家,因技术工人素质欠缺和管理水平低下,致使产品不理想,设备利用率低,已经成为制约经济发展的主要因素。因此,落实职业技术教育的重要战略地位,大力发展职业技术教育是跨世纪的重要使命。

国家教委、国家经贸委和劳动部《关于实施〈职业教育法〉加快发展职业教育的若干意见》提出了实现跨世纪发展职业教育的奋斗目标:要进一步调整结构,推进以初中后为重点的不同阶段的教育分流,建立、健全职业学校教育与职业培训并举,并与其它教育相互沟通、协调发展的职业教育体系。

根据需要积极有步骤地发展高等职业技术教育,是国家教育发展的战略举措;统筹规划、合理布局、面向基层、办出特色、积极试点、逐步规范是国家发展高等职业技术教育的基本方针;充分利用现有教育资源,通过对高等专科学校、职业大学和独立设置的成人高校,改革办学模式,调整专业方向、培养目标和改组、改制,以及根据地方、行业的需求和学校办学条件,利用重点中专学校举办高职班或转制作补充,是国家发展高等职业技术教育的基本路径。

高等职业技术教育是高等教育的组成部分。联合国教科文组织1997年10月第29届大会通过了新修订的《国家教育标准分类》,对于从初等、中等教育阶段到高等教育阶段,每一阶段教育中的升学教育课程、职业教育课程和培训教育课程的性质均予以明确区分。这不仅反映了国际社会已经把职业教育状况作为判断一个国家综合国力的重要指标,而且对于我国职业技术教育的层次定位具有重要指导意义。

原国家劳动部《关于进行劳动预备制度试点工作的通知》要求,为缓解就业压力,调节劳动力供给,提高青年劳动者全面素质,从1997年起,对新生劳动力就业前追加1至3年职业培训和相关教育,使其掌握一定职业技能后再进入就业岗位。1997年天津市出台了具体实施方案,要求把城镇高中毕业后不能升入更高一级学校学习,并有就业愿望的青年组织起来,参加1至3年职业培训和相关教育,取得相应的职业资格,为参与市场竞争,就业上岗做好准备。同时,有步骤地组织农村初、高中毕业不能升入更高一级学校学习,并准备向非农业生产转移或进城务工的青年参加这一制度。

高等教育自学考试制度自80年代初试行以来,以其开放、灵活的特点和其权威性、科学性、组织管理的严密性赢得了社会的广泛认同。1998年8月29日第九届全国人民代表大会常务委员会第四次会议通过的《中华人民共和国教育法》明确规定:"国家实行高等教育自学考试制度。经考试合格的,发给相应的学历证书或者其它学业证书。"以国家法律形式把高等教育自学考试作为中国高等教育的基本制度之一确定下来。高等教育自学考试发展至今,其功能已随着改革的不断深化,由学历教育向继续教育、终身教育方向拓展。自学考试介入职业技术教育将成为自学考试事业发展的又一增长点,并且完全符合全国考委"九五"发展规划提出的"拓展考试功能,提高教育质量"的战略方针。

高等职业技术教育的目的是培养活跃在生产服务第一线,掌握成熟技术和管理规范,从事技术应用、技术管理和服务的,具有较扎实理论和较强动手能力的实用人才。这与以专科教育为主,专业设置以体现应用性为特色的高等教育自学考试,在培养目标和培养规格上有相通之处,而高等职业技术教育的专业设置与社会需求密切结合,更加重视实际操作能力的培养等特点,作为自学考试的有效补充,将为其注入新的活力。

天津市作为经济、教育相对发达的地区,按照可持续发展战略,在面向21世纪的社会经济发展整体规划中必然有赖于吸引高科技人才的优惠政策,而且必须依靠一支庞大的规格多样、类型齐全、训练有素的技术队伍。这种人才需求需要相应的教育体制予以支持，而在市场作为资源配置基础的新形势下，乃至呈现一体化趋势。这种发展趋势必然要求建立面向地方、灵活多样的高等职业教育制度。

国务院将天津定位为北方重要的经济中心、现代化国际港口城市。天津市委七届二次会议提出了“依靠科技进步、提高整体素质、实现加快发展、增强经济实力”的方针。为确保总体目标实现，天津市委、市政府已经确定，要以对高质量的高、中级职业技术人才需求为动力，以建设各市区的社区学院、各区县的职教中心和若干行业的高级职业技术学院为骨干和重点，在3至5年内建设起高标准的职业教育新体系。

三、可行性

目前，天津市的高等职业技术教育在全国处于领先地位。天津市职业技术师范学院、天津职业大学是两所专门化的职业教育普通高等院校。前者还是国家劳动和社会保障部属管的全国唯一一所培养职业技术教育师资的学校，师资力量雄厚，教学实验、学习条件优越，且具有较为丰富的高等职业技术教育经验。

天津大学高等职业技术教育学院是1989年全国首批在四所普通高等院校成立的职教学院之一。1995年开始招收本科生，培养双师型师资。现在南开大学等其它普通高等院校也都十分重视高等职业技术教育，正积极筹备建立高等职业技术教育学院。

天津市有20余所普通高等院校均设有继续（成人）教育学院（处），具有稳定的管理人员和教师队伍，积累了丰富的办学经验。

天津市39所独立设置的行业和社区职业大学，其师资队伍和实验、学习条件切近职业技术教育的要求，更有培养学用一致的应用型人才的办学经验。

此外，还有相当一批企事业单位、科研院所，储备有相当数量能够胜任技能课程教学的师资和优越的实训场所。

所有这些都为自学考试开考高等职业技术专业的试验提供了强大的资源支持。

全市有中等职业学校454所，在校生为218500人，具体分布情况见下表：

学校类别	学校数量（所）	在校学生（人）
普通中专	77	67600
职业高中	125	64000
技术学校	143	42000
成人中专	99	40000
中等师范	10	4825

无论从教育资源的社会储备数量和高等职业技术教育的适学对象看，条件都是充实的，具有深厚的发展潜力。

自1996年以来，天津市教育招生考试中心发生了巨大变化，领导力量、职工素质、管理水平、工作条件等方面都取得长足的进步，有力地促进天津市高等教育自学考试事业的发展。天津市高自考现有在籍考生26万人，每次考试近10万人参加。近两年，年均7000余人毕业。专业调整进展顺利，专业调整后专业数量将由现在的86个约减为53个。市自考办有工作人员22人，平均年龄34岁，其中19人具有硕士、学士学位，且专业分布合理。自实行聘任制度以来，市自考办人员整体思想文化素质高，工作积极性高涨，事业心很强，具有完全可以信赖的办考力量。

四、理论支持

国内外资料表明，广义的能力本位教育(Competency based education，简称CBE)是实施职业技术教育较为有效的模式。

CBE兴起于本世纪五六十年代，随着系统论、行为科学、教育目标分类学和教育心理学等学科的发展，经过加拿大等国家教育工作者的创造性发展，逐渐成为一种比较系统、完整的教育思想体系和教学方法体系。同时流行于北美地区和澳大利亚、新西兰、英国等英语国家。我国也于90年代初经加拿大学者介绍，接触了CBE理论。国内一些职业技术院校相继在教改实践中学习与借鉴了CBE思想和方法。

能力是CBE的核心，也是CBE最重要的前提性假设。它反映的是综合从业能力，而非传统的再现知识的才能，包括从事某一职业所必须具备的知识、技能、行为意识等。

CBE的表现形式不是单一的，不同的能力观决定了不同的CBE形式。能力观概括有三种：(一)原子能力观把能力看作是任务本位的或行为主义的。能力被设想成一系列孤立的行为，这些行为与完成一项项被细致地分解了的工作任务相联系。这种能力观忽视任务之前的联系和基本素质的重要性。(二)整体能力观认为知识、批判性思维能力等一般素质为迁移或养成特殊素质提供了基础，因而强调一般素质，忽视具体的工作情景。(三)折衷前两个观点的整合能力观则强调知识、技能、态度和价值等素质的整合，及其在具体的工作情境中的应用，亦即强调理论联系实际的能力。

除整体能力观外，现实中有与其他两种能力观相对应的两个CBE形式：原子CBE和整体CBE。(一)原子CBE一般运用DACUM法，即根据职业能力标准，得到一份罗列得十分详细的任务明细表(DACUM表)。在设计教育课程时往往倾向于直接与DACUM表相关联。其课程结构通常是模块式的，一个课程模块对应一项或若干项明细表中所列的工作任务。其中，学习目标是具有可测量的行为目标，评价就是对照一系列行为标准，直接测量行为是否达标。(二)整合CBE同样采用DACUM法对工作任务进行分析，但这种分析的结果仅仅为整合提供一个背景。人们必须根据专业工作需具备的三种典型的专业准备条件，即一般性知识、技能，专业性知识、技能，工作经验等对DACUM法的分析结果作抽象概括，从而编制出独特的问题本位课程。整合CBE认为能力是比操作行为抽象的东西，只能通过操作行为进行推断，而不能直接测量出来。于是，其评价意味着收集信息、证据，然后对照准则(而非标准)判断是否达到了规定的要求。

通过比较两种CBE形式在DACUM法和评价方法分别表现出的特点，不难得出其各自的适用范围。原子CBE适用于面向成人的、由企业提出定制要求的训练再生性技能的技能教育；整合CBE则比较适合培养中、高级技术员、技师等技术型人才的职业技术教育。

基于以上对三种能力观和两种CBE形式的认识，本方案选择整合CBE指导我们的试验。

然而，能力本位教育并不是尽善尽美的。强调职业技术教育课程以完善受教育者人格、提升受教育者素质为目标，用人格本位思想充实与完善能力本位课程观念与模式的理论和实践，已经受到职业技术教育学者的关注。人格本位教育体系反映在课程设置中，包括知识技能、智慧与方法和以道德为核心的人格三层结构。通过三方位教育使受教育者学会学习、学会创造，获得终身学习的能力。由于专业和课程的设置不是绝对的，它将随着社会的发展而变化，所以注重培养学生适应未来的能力是十分必要的。本方案在采用整合CBE的同时，注意汲取人格本位教育模式的营养，丰富能力本位教育的内涵。

总之，在借鉴能力本位理论的基础上，结合中国国情和高等教育自学考试的特点，通过积极实践，形成职业技术教育课程体系构筑理论是本项试验重点研究的课题之一。

五、专业设置

高等教育自学考试职业技术专业根据社会职业岗位对人才素质的需求和教育基本规律设置。

社会职业分类是职业技术教育专业设置的前提。职业技术教育专业设置是社会职业分类转化为教育分类的过程。

由于教育资金投入和教育产业效益的双重制约，以较少的职业技术专业为繁多的社会职业岗位培养适销对路的人才是职业技术教育专业设置必须首先妥善解决的课程。

本方案解决这一课题的步骤是：

（一）由于国家职业分类大典尚在编制之中，目前只能根据《中华人民共和国国家标准GB6565-86：职业分类和代码》，分析有关职业的内在联系，按行业门类对社会职业予以评价。

（二）在社会职业分析、评价的基础上，建立相应明确的专业技术界域。

（三）将所涉及的社会职业予以分类，然后归并入相对应的专业技术界域，从而形成职业技术教育的专业。并在此基础上设计专业的名称、目标、课程体系和测试方式。

本方案对职业技术教育专业的设置采取如下策略：

（一）适应社会亟须策略

一般说来，社会生产力决定着社会产业结构，社会产业结构决定着劳动就业结构，劳动就业结构制约着教育结构，而教育结构又决定了专业设置的取向。我们正处于经济全球化趋势加快、科学技术迅猛发展、知识经济已见端倪、经济体制进入大调整的形势之下，对于天津这样一个受计划经济影响较深的老工业城市来说，当前最重要的攻坚任务在于如何尽快地优化经济结构，提高经济整体素质。其中最根本的办法就是依靠科技进步，加快人才培养。

现在，教育需求已经成为人们除衣食之外最重要的生存需要。社会经济的人才需求和劳动群众的教育需求达到空前的一致。职业技术教育的专业设置一方面要适应这种一致性需求，同时也要理性地引导劳动者的正确教育消费。

（二）统一指向性与适应性策略

指向性的含义是专业口径和课程范围直接地、紧密地结合职业现实要求，使受教育者在尽可能短的时间内胜任确定的职业岗位工作，表现为直接功利性。其缺陷在于应变能力差。适应性的含义是专业口径的范围和课程范围能适应由于社会经济结构变化和科学技术发展而导致的职业岗位变换和劳动者自身继续学习的需要。其缺陷在于知能专一性差。

经验和现实都表明，职业技术专业必须兼顾以上两方面。因此，本方案的专业设置思想在强调职业取向的同时，并不完全否定专业的学科性和学术性，在认同能力本位的前提下，并不否定学科体系的渗透。

（三）沟通策略

沟通策略的要旨是充分发挥高等教育自学考试开放、灵活的特点，发挥四个方面的作用：1. 介入国家拟构筑的初等、中等和高等职业技术教育体系，在该体系中扮演活跃的角色。尤其要着力探索沟通中等和高等职业技术教育的作用。2. 适应普通教育和职业教育一体化的国际发展趋势，在实现普通教育和职业教育的整合过程中成为积极因素。3. 与行业和劳动人事部门的执业资格认定、从业资格认定、职业技能鉴定等教育活动沟通。4. 与发达国家职业技术教育沟通，在高等教育自学考试职业技术教育国际化方面开辟出一条路径。

(四)专业改造策略

遴选我市现开考专业、《高等教育自学考试专业目录》和《高等教育自学考试专业基本规范》中应用性倾向强烈，而且实践性课程和实践环节考核较多的专业加以改造，形成在新理念支持下的职业技术专业。

(五)相对稳定策略

相对稳定策略是指专业设置应考虑人才供需的持续性。从另一方面说，它是由职业技术教育的办学效益决定的。办学效益取决于投入和产出两大因素。专业设置相对稳定可以有效利用教育资源，降低教育成本，保证教育质量，增加教育竞争能力。

六、专业设计

本方案的专业设计包括三方面内容：

(一)确定专业培养目标

职业技术教育是根据国民经济各部门和社会发展的需要，对受教育者进行专门知识和技能教育，以实现就业目的的有计划、有目的的活动。抑或说，职业技术教育的终极目的是使受教育者获得具有完成职业任务能力的职业资格。但职业技术教育与他种形式教育一样，均以人作为对象，所以职业技术教育目标的本质还是人的职业素质养成和提升。从这一认识出发，职业技术专业的教育目标应该包含以下三个核心要素：1. 职业伦理、态度和行为；2. 职业知识；3. 职业技能。

(二)职业分析

职业分析的对象是联系紧密的职业群体。为了完成这一职业群体的相应工作任务，须将应该具有的职业伦理、态度和行为，职业知识结构，职业技能结构等内容明确解析出来，职业分析的主要目的是获得职业技术专业课程体系，并且为职业技术专业的课程目标、课程内容、学习方式等提供依据。(见下图)

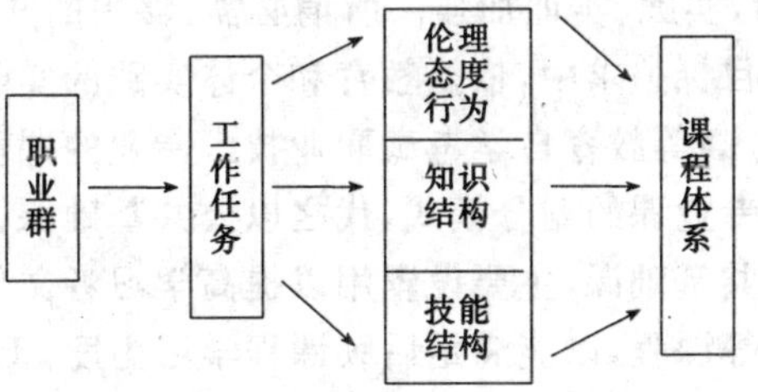

(三)专业课程体系

专业课程体系是从专业整体性出发确定构成专业课程的范围、地位和顺序而形成的结构框架。

形成职业技术专业课程体系和课程类型根本依据在于职业导向，即按照专业培养目标而确定的人才培养规格和学习时限设计的整体课程序列。

本方案课程体系一般表现为两种范式：

1. 纵向模块范式

2. 纵向—横向模块范式

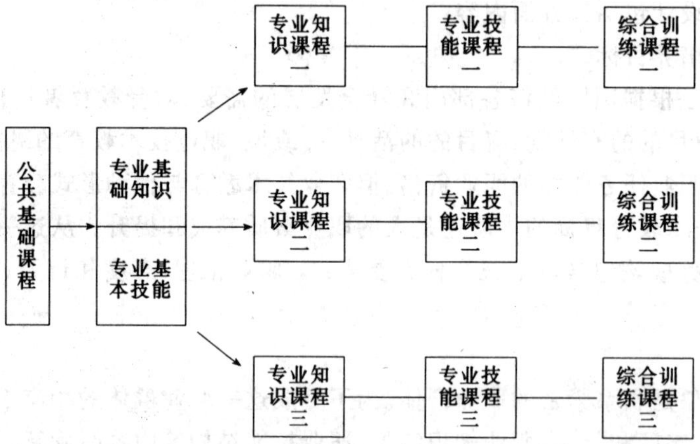

本方案的专业设计以能力本位为导向,其课程体系具有以下两个特点:

1. 知识理论必需、够用,实践、实训加强。所谓必需、够用的知识理论,是深入分析职业的需求、在能力形成和发展的目标追求中,依据教育和个体实践的实际需要对学科本身的系统性和完整性进行取舍的结果。高等教育自学考试职业技术专业的课程结构不再沿用普通高等学校中公共课、专业基础课和专业课的划分模式,代之以公共基础课、专业知识课、专业技能课和综合训练课的板块形式。公共基础课,主要设置用以提高学习者文化素养和职业伦理、态度、行为的课程。高等数学、英语等课程,以能满足后续课程学习为度,不做过高要求。专业知识课,体现其针对性和实用性。从培养职业能力、继续学习能力和较宽的职业适应能力出发,不要求概念、定理的推导或追根溯源,主要关注其应用范围、方法和范例。专业技能课,体现了知识理论的应用性和知与用、理论与实践的有机结合,是知识理论从抽象形态的储存向具体的应用形态储存转化的载体。此类课程不仅能提高学生的专业技能,还能提高学生分析问题和解决问题的能力,因此,应该得到加强。综合训练课,则是上述三类课程的交融深化,是学生就业准备的关键环节,必须要关注。本方案的专业设计,尽可能考虑利用教育部门、劳动人事部门和行业部门颁发的权威性学能、技能证书。理论与实践学分的比例一般在 2∶1——1∶1 之间。自然,实践、实训课程的增加意味着测试管理难度的增加,故需在测试管理和测试方法方面进行改革创新。

2. 设置课程选考模块。在专业论证中，有的采用纵向——横向模块范式（见附件二）。采用模块化课程结构形式可以灵活地适应劳动力市场供需变化，还可以满足包容性较强专业的课程有机组合。

七、课程开发

课程开发是规范学习者课程学习活动的创造性设计过程。本方案所称的课程开发是指具体课程目标、标准、结构体系和习得方式等。

以职业为导向的整合能力本位的课程开发主要根据社会经济发展和劳动力市场的需求确定。

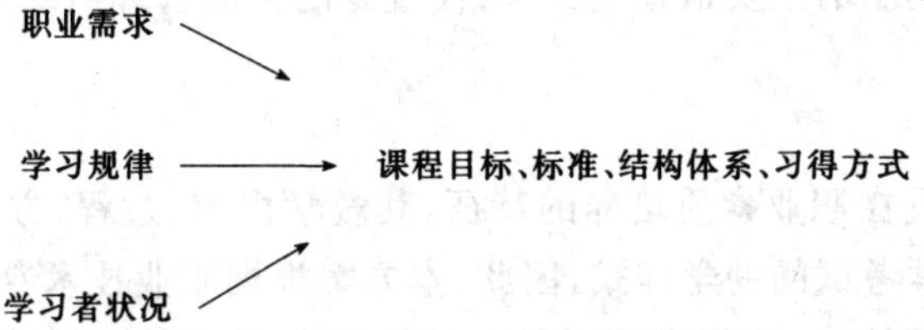

课程目标是专业目标的解析。专业课程结构体现的是专业培养目标的第一层面，课程目标体现的是专业培养目标的进层层面。

课程标准（大纲）是职业活动、学科知识和学习经验的综合反映。课程标准是课程开发的核心。能力本位的课程和学科本位的课程有很大区别：

课程性质	课程特点		
能力本位	指向性	应用性	综合性
学科本位	普遍性	学术性	系统性

本方案课程标准的制订原则上采纳整合能力本位的课程观念，尽力体现其相应的特点。这些特点主要体现在课程内容和内容构造方式上，即对课程内容进行优化和重组，而不大可能充分表现在课程名称上（参见附件二）。需要说明的是，在课程开发过程中，也并不忽视知识理论。而且从能力本位模式的本身来看，它不仅不排斥知识理论，而且知识理论还是整个目标体系的基本支撑点。

课程测试的本质是测试、评价课程目标实现状况的活动。课程目标是课程测试的出发点和依据。

职业技术教育专业的课程测试尤其要坚持教考分离的根本原则，保证考试质量；着力探索知识、能力测试的改革。测试坚持以外部封闭式试卷为主要形式，同时根据需要和可能大胆进行测试方法和测试技术方面的探索。

本方案拟采纳的主要课程测试方法为：

课程类型	测试方法		成绩评价方式	施测部门
理论知识	试卷测试	封闭式	量化	教育考试主管部门
		开放式		
		封闭、开放式		
技能实训	技能鉴定;执业、从业资格认定;学能认定		证书	教育、劳动、人事、行业部门
	实践性测试	过程测试	等级	教育考试管理部门
		结果性测试	量化	
		过程、结果性测试	等级、量化	
	实习		等级	教育考试管理部门

技能实训测试质量控制的主要措施是:(一)设置专门化的管理组织;(二)建立专业化的课程考评员队伍。

八、社会助学体系

鉴定职业技术教育重在职业素质培养的特征,其教学内容、过程、方式以及情境等方面均有别于以往高等教育自学考试的助学样式。因此,本方案根据职业技术专业的设计理念和教学实施活动应具备的客观环境,构建能广泛汇集各种教育资源,多渠道、多形式的大社会化助学体系。这一助学体系的要素是:

(一)广泛的适学对象。

职业技术专业的适学对象主要包括普通高中毕业生、普通中等专业学校毕业生、中等职业学校毕业生、高级技工学校毕业生和各类寻求继续教育的人员。自学考试职业技术教育的适学对象极具广泛性。对于适学对象而言,其直接教育功能表现为:1. 为普通中学毕业生提供就业准备教育;2. 为各类中等职业学校毕业生继续深造开拓路径;3. 为其他社会成员提供高等职业技术教育机会。

(二)多元的助学主体。

职业技术教育活动需要丰富多样的教育资源予以支持。这些教育资源贮存于社会各行各业。因此,助学主体多元化成为必然取向。目的是借助自学考试这一载体,最大限度地发掘社会现有教育资源,进而发挥其集合效益。

职业技术专业的社会助学主体主要构成成分为:

1. 普通高等学校—职业技术学院

—成人教育学院

2. 社区学院

3. 行业学院

4. 中等职业学校—重点普通中专学校

—重点职业专业学校

—高级技术工人学校

5. 行业、企业教育(培训)中心

(三)产学结合。

企业与学校联合办学,发挥各自优势,形成优势互补、互为依托的格局。职业技术教育的最终目的是为社会各个部门培养应用型人才,而企业作为用人单位,其生产过程本身就是一个良好的学习情境。受教育者在这种情境中主动地应用习得的各种知能，对于实现专业培养目标应该是有效的。

（四）社会化学习

社会化的学习是指受教育者通过各种相关社会教育途径完成学业的课程。主要方式为：1. 取得劳动人事部门的技能鉴定证书，行业部门的执业、从业资格证书和教育部门颁发的学能证书；2. 在教育主管部门认可的场所完成实践课程学业；3. 在便于学习的社会助学机构中完成相关课程学业；4. 借助各种传播媒体完成学业。

九、管理

（一）主要法律依据：

《中华人民共和国教育法》、《中华人民共和国行政处罚法》、《中华人民共和国高等教育法》、《中华人民共和国职业教育法》、《中华人民共和国保守国家秘密法》、《高等教育自学考试暂行条例》、《社会力量办学条例》。

（二）组织与职责：

组织	职责
1. 试验领导小组 └─职业技术教育专家咨询小组	试验规划、组织、控制、评估 接受咨询、提供决策服务
2. 专业委员会	专业策划、控制、评估
3. 课程小组	课程策划、控制、评估
4. 技能考核管理小组 └─测试专家咨询小组	技能考核、监督、指导、评估 接受咨询，提供技术服务

十、总体部署

（一）试验周期：1998 年 2 月至 2002 年 12 月

（二）阶段工作安排

1998 年 2 月——1998 年 6 月	调查研究，搜集资料，人员培训
1998 年 6 月——1999 年 9 月	专业论证，编制课程大纲
1999 年 6 月	进行社会宣传，助学单位资格审定，招收考生
2000 年 1 月	举行首次考试
2001 年 6 月	中期评估
2002 年 6 月——2002 年 10 月	周期考试结束
2002 年 10 月——2002 年 12 月	专业评估
2003 年 3 月	试验结束；完成研究课题

（三）首批试验专业

1. 应用电子技术

2. 计算机技术与应用

3. 电算会计
4. 饭店管理与服务
5. 农业综合技术
6. 乡镇企业经营管理
7. 工程造价
8. 针灸推拿
9. 视觉传达(装潢)设计
10. 服装设计
11. 物业管理
12. 现代制造技术

[附件一]

天津市高等教育自学考试
高等职业技术专业专业论证报告纲要

一、专业开设的必要性

(一)本市及相关地区行业专业人才需求分析

1. 相应行业在社会和经济发展中所处地位、状况及发展趋势。

2. 行业从业人员职业素质状况、人才需求和就业预测。

(二)设置本专业对于社会经济发展的意义

(三)适学对象分析

二、专业开设的可行性

(一)本专业及相关专业基本情况。包括学术地位、办学规模、办学层次、专业设置及有无高职专业的办学经验等。

(二)本专业及相关专业师资总体情况。拟参与高自考高职专业助学等工作的师资具体情况(附表格三)。

姓名	性别	年龄	职称	职务	专业方向	讲授课程	实习课程	专业相关社会兼职	备　注

(三)实习、实验条件

实验室、自有技能学习场所、社会实习基地。

三、专业设计

(一)专业培养目标(任务)

(二)职业、职业群分析

(三)职业能力结构分析(附表格一)

××专业能力分析与分解表

职业能力	专项能力	能力要素	课程设置	测试目标

(四)课程设置

1. 课程结构体系

包括公共基础课程、专业知识课程、专业技能课程及综合训练或毕业设计等板块。

专业课程总学分为100—110学分,其中知识课程一般不少于18门,不低于70学分;专业技能课程一般不少于30—40学分。(附表格二)

××专业课程一览表

课程类别	顺序	课程名称	学分	指导教学学时分配			考期	测试方法
				总学时	理论教学学时	实践教学学时		

2. 课程说明

课程培养目标、主要内容、教学方法、测试方法和教材(名称、主编、出版社、出版时间)。

(五)社会化办学模式

1. 社会化助学体系

2. 产教结合方式

社会设备资源利用,行业技术人员参与教学。

3. 取得技能证书、从业资格证书或学能证书的类别、层级。

四、专业委员会

主要成员应包含行业专家、企业管理者和学科专家。

序号	姓名	性别	工作单位	职务	职称	社会兼职	备注

天津市高等教育自学考试委员会

一九九九年三月

关于开考高等教育自学考试工商企业管理(独立本科段)等两个专业的通知

津高自委字[1999]2号

南开大学、天津师范大学、各区县教委、各助学单位、天津铁厂教委:

为适应我市社会主义经济建设和社会发展的需要,提高工商企业管理人员和教育工作者的素质,决定于自1999年下半年开考高等教育自学考试工商企业管理专业(独立本科段)和教育学专业(独立本科段),并遴选南开大学为工商企业管理专业(独立本科段)主考学校、天津师范大学为教育学专业(独立本科段)主考学校。望你们做好考试准备工作。

附件一:高等教育自学考试工商企业管理专业(独立本科段)考试计划

附件二:高等教育自学考试教育学专业(独立本科段)考试计划

附件三:一九九九年十月考试课程安排

一九九九年三月二十一日

附件:一

高等教育自学考试工商企业管理专业(独立本科段)考试计划(专业代号:582)

一、指导思想

高等教育自学考试工商企业管理专业(独立本科段)是为了适应我国当前对经济管理专门人才的需要而设置的,在总体上与全日制普通高等学校相应专业的水平相一致。同时,为体现高等教育自学考试开放、灵活的特点,在专业设置上突出了较强的针对性和实用性,并注重考核应考者对基本理论、基本知识和基本技能的掌握以及分析、解决实际问题的能力。

二、学历层次与规格

本专业为高等教育专科基础上的本科层次。

工商企业管理专业(独立本科段)的培养规格在总体上与全日制普通高校同类专业的本科水平相一致,考试课程不少于12门,总学分不少于73学分。

本专业课程采用学分计算,每门课程考试采用百分制计分,60分为及格。凡单科成绩及格者,发给单科合格证书并取得该课程学分。凡本专业所规定的全部课程成绩合格并达到规定学分,通过毕业论文答辩,政治思想及职业道德经鉴定合格者,发给本科毕业证书,国家承认其学历。同时,其学业水平达到国家规定的学业标准,按照《中华人民共和国高等教育法》第二十二条和《中华人民共和国学位条例》的规定,由有学位授予权的主考学校授予学士学位。

三、专业培养目标及基本要求

专业培养目标：培养适应社会主义市场经济需要的，能在各类企业或相应业务部门独立从事管理工作的高层次专门人才。

专业基本要求：系统掌握现代企业管理的基础理论、基本知识、基本技能和方法；熟悉我国的有关方针、政策和法规；能独立分析和解决有关实际问题。

四、考试课程和学分

类别	序号		课程名称	学分
	必考	加考		
共同课	1		中国革命史	4
	2		英语(二)	14
			日语	
			俄语	
	3		高等数学(二)(线性代数、概率论与数理统计)	9
	4		管理系统中计算机应用	4
	5		管理学原理	6
专业课	6		国际贸易理论与实务	6
	7		财务管理学	6
	8		金融理论与实务	6
	9		企业经营战略	6
	10		组织行为学	4
	11		质量管理	4
	12		企业管理咨询	4
	13		毕业论文	未计学分
共计	73学分			
专科接考本科加考课		14	生产与作业管理	6
		15	市场营销学	5
		16	企业会计学	6
		17	政治经济学(财经类)	6
		18	企业管理概论	5

实践性环节及要求：

1. 管理系统中计算机应用上机考核1学分；

2. 撰写毕业论文并答辩。

说明：

1. 工商企业管理类专业专科毕业生可直接报考本专业；

2. 经济管理类非本专业专科毕业生报考本专业，须加考生产与作业管理(6)、市场营销学(5)、企业会计学(6)三门课程；

3. 其他专业专科毕业生报考本专业，须加考政治经济学(财经类)(6)、企业管理概论(5)、生产与作业管理(6)、市场营销学(5)、企业会计学(6)五门课程；

4. 已通过原经济类专业考试计划中财务管理学(4学分)课程的考生，报考本专业时可顶

替财务管理学(6 学分);

五、自学用书

1. 中国革命史

《中国革命史》,何沁主编,武汉大学出版社 1993 年版

《中国革命史自学考试大纲》,全国考委 1993 年

2. 英语(二)

《大学英语自学教程》(上、下)(全国考委组编),高远主编,高等教育出版社 1998 年版

《英语(二)自学考试大纲》,全国考委 1998 年

3. 日语

《标准日本语》初、中级,光村主编,人民教育出版社

4. 俄语

《俄语》(1—2 册),叶素,外语教学研究出版社

5. 高等数学(二)

《高等数学(二)第一分册.线性代数》(全国考委组编),姚慕生、高汝熹主编,武汉大学出版社 1989 年版

《高等数学(二)第二分册.概率统计》(全国考委组编),唐国兴主编,武汉大学出版社 1991 年版

《高等数学(二)第一分册.线性代数自学考试大纲》全国考委 1998 年

《高等数学(二)第二分册.概率统计自学考试大纲》全国考委 1998 年

6. 管理系统中计算机应用

《管理系统中计算机应用》(全国考委组编),汪星明主编,武汉大学出版社 1997 年版

《管理系统中计算机应用自学考试大纲》全国考委 1997 年

7. 国际贸易理论与实务

《国际贸易理论与实务》(全国考委组编),冷柏军主编

8. 管理学原理

《管理学原理》(全国考委组编),杨文士、李晓光编著,中国财政经济出版社 1998 年版

《管理学原理自学考试大纲》全国考委 1994 年

9. 财务管理学

《财务管理学》(全国考委组编),王庆成主编,中国财政经济出版社 1998 年版

《财务管理学自学考试大纲》全国考委 1995 年

10. 金融理论与实务

《金融理论与实务》(全国考委组编)

11. 企业经营战略

《企业经营战略》(全国考委组编),刘仲康主编,武汉大学出版社 1997 年版

12. 组织行为学

《组织行为学》(全国考委组编),孙彤主编,高等教育出版社 1990 年版

《组织行为学自学考试大纲》全国考委 1989 年

13. 质量管理

《质量管理》(全国考委组编),杨文士主编,武汉大学出版社 1996 年版

《质量管理自学考试大纲》全国考委

14. 企业管理咨询

《企业管理咨询》(全国考委组编),刘仲康主编

15. 生产与作业管理

《生产与作业管理》(全国考委组编),施礼明主编

16. 市场营销学

《市场营销学》(全国考委组编),郭国庆主编,武汉大学出版社 1996 年版

《市场营销学自学考试大纲》全国考委 1996 年

17. 企业会计学

《企业会计学》(全国考委组编),方正生主编,中国财政经济出版社 1998 年版

《企业会计学自学考试大纲》全国考委 1995 年

18. 企业管理概论

《企业管理概论》(全国考委组编),谭道明主编,武汉大学出版社 1996 年版

《企业管理概论自学考试大纲》全国考委 1996 年

19. 政治经济学(财经类)

《政治经济学原理》(1998 年版)(全国考委组编),卫兴华、顾学荣主编,经济科学出版社 1998 年版

《政治经济学(财经类)自学考试大纲》全国考委 1998 年

附件二:

高等教育自学考试教育学专业
(独立本科段)考试计划
(专业代号:583)

一、指导思想

教育学专业(独立本科段)自学考试是为了适应我国社会主义教育事业发展的需要,充分发挥高等教育自学考试开放、灵活的特点和优势,为培养各类学校骨干教师和教育、教学研究部门的科研人员,提高他们的素质和学历层次,从而提高教育教学质量而设置的。

遵照国家高等教育自学考试的有关规定和教育学专业教学计划的要求,考虑到自学者主要来自专科毕业的师范生和部分来自非师范毕业的专科生的实际,同时,还根据各类学校进一步提高骨干教师的素质和学历层次的需要以及提高教育教学科研人员的水平的具体情况,教育学专业的自学考试注重考核自学者教育学学科的基本理论和基础知识及其所掌握的基本教育研究方法,注意培养自学者用所学理论知识和方法解决教育实际问题的能力。

二、学历层次和规格

本专业为高等教育专科基础上的本科层次。

教育学专业(独立本科段)的培养规格在总体上与全日制普通高校同类专业的本科水平相一致,考试课程不少于 13 门,总学分不低于 74 学分。高等教育自学考试教育学专业(独立本科段)课程采用学分计算,各门课程考试采用百分制计分,60 分为及格。凡单科成绩合格者,发给

单科合格证书，并取得该课程学分。凡本专业所规定的全部13门课程的考试成绩合格并达到规定总学分，思想品德经鉴定合格、毕业论文达到规定要求者，发给本科毕业证书，国家承认其学历。同时，其学业水平达到国家规定的学业标准，按照《中华人民共和国高等教育法》第二十二条和《中华人民共和国学位条例》的规定，由有学位授予权的主考学校授予教育学学士学位。

三、专业培养目标及基本要求

本专业培养中小学骨干教师及相应的教育教学研究人员。要求自学者努力学习马克思主义、毛泽东思想和邓小平理论，树立爱国主义、集体主义和社会主义思想，遵守法律、法规，具有良好的思想品德和职业道德，热爱教育事业，对教育、教学工作和教育科研工作有事业心和责任感，积极为社会主义现代化建设服务。

在业务学习方面，要求自学者系统掌握教育学科的基本理论、基础知识和基本技能；了解教育学科新发展；掌握基本的教育研究方法；具有运用教育学知识分析和解决教育实际问题的能力，能胜任小学和初级中学教学和研究工作。掌握一门外国语。

四、考试课程及学分

类别	序号		课程名称	学分	备注
	必考	加考			
必考课	1		中国革命史	4	
	2		英语(二)	14	
			日语		
			俄语		
	3		教育统计与测量	6	
	4		中外教育简史	6	
	5		心理卫生与心理辅导	4	
	6		发展与教育心理学	6	
	7		教育学原理	6	
	8		课程与教学论	6	
	9		德育原理	4	
	10		教育管理原理	6	
	11		教育科学方法论	4	
	12		教育法学	4	
选考课	13		认知心理	4	选考一门
			比较教育	4	
	14		毕业论文		未计学分
共计	74学分				
加考课		15	教育学	8	
		16	心理学	4	

实验性环节及要求：

教育与教学改革实验：结合所学相关知识，参加教育教学改革实验，并写出总结报告。

说明：

1. 报考条件：

(1)教育学、教育管理专业专科毕业生可以直接报考本专业;

(2)师范教育类非教育学、教育管理专业专科毕业生报考本专业时,需加考教育学(8 学分);

(3)非师范教育类专科毕业生报考本专业时,需加考心理学(4 学分)、教育学(8 学分),并通过 6 周的教育实习。

2. 撰写毕业论文,需由主考学校组织有关专家进行答辩,通过后方为有效。

五、自学用书

1. 中国革命史

《中国革命史》,何沁主编,武汉大学出版社 1993 年版

《中国革命史自学考试大纲》全国考委 1993 年

2. 英语(二)

《大学英语自学教程》(上、下)(全国考委组编),高远主编,高等教育出版社 1998 年版

《英语(二)自学考试大纲》全国考委 1998 年

3. 日语

《标准日本语》初、中级,光村主编,人民教育出版社

4. 俄语

《俄语》(1—2 册),叶素,外语教学研究出版社

5. 教育统计与测量

《教育统计与测量》,漆书青主编,广东高等教育出版社 1999 年

《教育统计与测量自学考试大纲》全国考委

6. 中外教育简史

《中外教育简史》,刘德华、张斌贤主编,广东高等教育出版社 1999 年

《中外教育简史自学考试大纲》全国考委

7. 心理卫生与心理辅导

《心理卫生与心理辅导》,何艳茹主编,辽宁大学出版社 1999 年

《心理卫生与心理辅导自学考试大纲》全国考委

8. 发展与教育心理学

《发展与教育心理学》,沈德立主编,辽宁大学出版社 1999 年

《发展与教育心理学自学考试大纲》全国考委

9. 教育学原理

《教育学原理》,成有信主编,广东高等教育出版社 1999 年

《教育学原理自学考试大纲》全国考委

10. 课程与教学论

《课程与教学论》,钟启泉主编,广东高等教育出版社 1999 年

《课程与教学论自学考试大纲》全国考委

11. 德育原理

《德育原理》,梁绿琦主编,辽宁大学出版社 1999 年

《德育原理自学考试大纲》全国考委

12. 教育管理原理

《教育管理原理》,孙绵涛主编,广东高等教育出版社 1999 年
《教育管理原理自学考试大纲》,全国考委
13. 教育科学方法论
《教育科学方法论》,裴娣娜主编,辽宁大学出版社 1999 年
《教育科学方法论自学考试大纲》全国考委
14. 教育法学
《教育法学》,劳凯声主编
《教育法学自学考试大纲》全国考委
15. 认知心理
《认知心理》,高玉祥主编,辽宁大学出版社 1999 年
《认知心理自学考试大纲》全国考委
16. 比较教育
《比较教育》,王英杰主编 广东高等教育出版社 1999 年
《比较教育自学考试大纲》全国考委

附件三:

一九九九年十月考试课程安排

专业名称	1999 年 10 月 30 日 上午 8:30 第二天上午	1999 年 10 月 30 日 下午 2:00 第二天下午	1999 年 10 月 31 日 上午 8:30 第三天上午	1999 年 10 月 31 日 下午 2:00 第三天下午
582 工商企业管理(本)	0020 财务管理学 ★ 0234 企业管理概论 0441 组织行为学 0359 英语(二)	0003 高等数学(二)	0011 中国革命史 ★0235 企业会计学	★0009 政治经济学(财经类) 0101 管理系统中计算机应用
583 教育学(本)	0543 教育管理原理 0359 英语(二)	0536 教育统计与测量	0011 中国革命史	0544 教育科学方法

注:带"★"符号的课程为专接本加考课。

关于发布《天津市高等教育自学考试奖励办法》（试行）的通知

津高自委[1999]5号

各主考学校成人教育学院（处）、各区县招生考试中心（自学考试办公室）、各助学单位、天津铁厂教委自学考试办公室：

为提高高等教育自学考试的教育质量和管理水平，推进自学考试事业的持续发展，制定了《天津市高等教育自学考试奖励办法》（试行），现印发给你们。请你们及时将文件精神传达给有关单位和人员，并力争按照评比条件确定工作准的。今后，将据此开展评比、奖励工作。

附件：《天津市高等教育自学考试奖励办法》（试行）

一九九九年五月六日

附件：

天津市高等教育自学考试奖励办法（试行）

第一条 为了鼓励自学成才者和为高等教育自学考试工作做出贡献的集体和个人，促进高等教育自学考试事业的发展，根据国务院《高等教育自学考试暂行条例》，制定《天津市高等教育自学考试奖励办法》（试行）（以下简称"奖励办法"）。

第二条 奖励设立优秀毕业生、先进主考学校、先进区县自考办、先进助学单位、先进考点和先进工作者等六个称号和奖项。

第三条 天津市高等教育自学考试的毕业生，具有申请或被推荐为优秀毕业生的资格；从事天津市高等教育自学考试管理、社会助学和科学研究的集体或个人，具有申请或被推荐为先进主考学校、先进区县自考办、先进助学单位、先进考点或先进工作者的资格。

第四条 热爱祖国、守法遵纪，并且具备下列条件之一者，可以获得毕业生的奖励：

一、全部课程考试成绩优异。

二、获得市级以上劳动模范、先进生产（工作）者、新长征突击手、三八红旗手等称号，获得五一劳动奖章或荣立中国人民解放军、中国人民武装警察部队、中国人民警察二等功以上。

三、有重大发明、创造、研究成果或提出重大改革措施并取得显著业绩。

四、有其他特殊贡献或突出事迹。

第五条 具备下列条件，可以获得先进主考学校的奖励：

一、学校领导重视，管理机构健全，管理制度完善，管理人员充足并且业务精熟，素质较高。

二、积极协助天津市高等教育自学考试委员会（以下简称"市自考委"）做好专业建设工作。

三、模范遵守命题、阅卷等方面的法规、规定，严格遵守《中华人民共和国保守国家秘密法》和《教育工作中国家秘书及其密级具体范围的规定》。

四、积极承担命题工作，按要求推荐命题教师，严格命题教师管理，支持命题教师工作，督促按时完成任务。

五、积极承担阅卷工作；阅卷工作领导有力，组织周密，纪律严明，操作规范；阅卷质量较高，按时完成任务。

六、实践性环节考核组织严密，管理严格，操作规范。

七、积极协助天津市高等教育自学考试委员会办公室（以下简称“市自考办”）做好毕业生审核工作。

八、积极进行科学研究。

九、无违法、违纪行为和责任事故。

第六条 具备下列条件，可以获得先进区县自考办的奖励：

一、区、县领导重视，管理机构健全，管理制度完善，管理人员充足且配备合理。

二、工作人员素质较高，业务精熟，热心服务，重视工作研究，勇于改革创新。

三、工作场所和设施能适应事业发展的需要，管理手段先进。

四、考点建设达标率高。

五、考试实施组织严密，培训到位，操作规范，执法严格，考风良好。

六、考籍管理科学、规范。

七、试卷的运送、保管，严格遵守有关保密法规、规定。

八、积极从事宣传、咨询活动。

九、上报资料和统计数据完整、规范、准确、及时。

十、无违法、违纪行为和责任事故。

第七条 具备下列条件，可以获得先进助学单位的奖励：

一、管理机构健全，管理制度完善，岗位职责落实到位，管理人员素质较高。

二、助学指导思想端正，热心为学生服务，做到以育人为本。

三、关注学生素质培养，重视学生的政治思想品德教育和守法遵纪教育。

四、模范遵守社会助学的法规、规定，无违法、违纪行为。

五、教学场所固定、符合标准，教学设施完备，并且能不断改善。

六、教师队伍稳定，素质较高。

七、助学质量较高，具有一定的社会信誉。

八、学生管理规范、严格。

九、积极从事高等教育自学考试的宣传，招生和助学中无误导、欺骗行为。

十、重视教育、教学研究。

第八条 具备下列条件，可以获得先进考点的奖励：

一、积极承担考试工作。领导重视，管理严格，组织健全，安排周密，人员充足，培训到位。

二、环境严肃、整洁，标示明确；考场布置规范。

三、考点主任和监考、巡视、保卫等岗位工作人员认真按照规范程序和操作标准履行职责。

四、严格执法，考试纪律良好。

五、承担考试工作两年以上。

六、无违法、违纪行为和责任事故。

第九条 具备下列条件,可以获得先进工作者的奖励:

一、热心高等教育自学考试事业,业务精熟,富于创新精神,并取得显著成绩。

二、守法遵纪,廉洁公正,热心为考生服务,帮助考生成才,受到普遍选誉。

三、从事高等教育自学考试相关工作两年以上。

第十条 优秀毕业生、先进主考学校、先进区县自考办、先进助学单位、先进考点和先进工作者的奖励每两年授予一次。

第十一条 每次授予优秀毕业生、先进主考学校、先进区县自考办、先进助学单位、先进考点和先进工作者的奖励时,根据当时的实际情况制订具体实施办法。

第十二条 符合本奖励办法第四条第一款者,由市自考办向市自考委推荐。

符合本奖励办法第四条第二、三、四款之一者,由本人、本人所在工作单位或助学单位向市自考委申请或推荐,同时提供业绩资料和证明文件。

第十三条 先进工作者由高等教育自学考试主管部门、主考学校和助学单位向市自考委申请或推荐,同时提供业绩资料。

第十四条 先进主考学校、先进区县自考办、先进助学单位和先进考点由市自考办向市自考委推荐并由被推荐单位提供业绩资料。

第十五条 优秀毕业生、先进主考学校、先进区县自考办、先进助学单位、先进考点和先进工作者的奖励由天津市高等教育自学考试委员会评审、批准、授予。

第十六条 奖励贯彻精神鼓励为主,结合物质鼓励的原则,颁发证书和奖品或奖金。

第十七条 优秀毕业生、先进主考学校、先进区县自考办、先进助学单位、先进考点和先进工作者的奖励名额根据奖励条件确定。

第十八条 弄虚作假者由授予单位撤销其奖励,收回证书和奖品或奖金,并建议有关单位或主管部门给予行政处罚。

第十九条 本奖励办法自 1999 年开始施行,先此下发的有关文件同时停止施行。

第二十条 本奖励办法由市自考委负责解释。

关于开考高等教育自学考试中英合作商务管理(专科)与金融管理(专科)专业的通知

津高自委字[1999]7 号

南开大学、天津财经学院、各区县教委、各助学单位、天津铁厂教委:

为了适应我国社会主义市场经济发展的需要,给工商企业界人士以及希望在商务管理和金融管理方面发展的人员提供具有国际标准的专业教育和资格认证,促进高等教育自学考试的改革与发展,经原国家教委批准,全国高等教育自学考试指导委员会(以下简称全国考委)决定与英国剑桥大学考试委员会(以下简称 UCLES)合作开考高等教育自学考试商务管理、金

融管理专业。全国高等教育自学考试指导委员会批准天津市作为首批试验地区之一开考这两个专业。为此,将有关事项通知如下:

一、商务管理和金融管理两个专业均属高等教育专科学历层次,主要培养适应社会主义市场经济发展需要,德才兼备,能从事商务或金融管理工作,具有一定创新思想、创新能力和实际工作能力的专业人才。专业主要面向在职工商、金融管理人员,以及具有高中毕业水平并有志从事工商、金融管理工作的人员。

二、商务管理和金融管理两个专业的中方公共课程为邓小平理论概论、政治经济学(财经类)和大学语文。商务管理专业的中英合作课程(以下简称"合作课程")为商务交流、企业组织与环境、数量方法、经济学、会计学、管理信息技术、财物管理、商务英语、商法、市场营销、人力资源管理、国际贸易实务。金融管理专业的合作课程为商务交流、企业组织与环境、数量方法、经济学、会计学、管理信息技术、财物管理、商务英语、金融法、管理会计、财物报表分析、金融概论。

三、课程考试成绩合格的考生,可获得课程合格证书。其中,合作课程合格证书由全国考委和 UCLES 联合签发。获得商务交流、企业组织与环境、数量方法、经济学、会计学、管理信息技术、财物管理、商务英语、商法或金融法等九门课程合格证书的考生,由 UCLES 签发剑桥商务管理证书。

15 门专业课程考试全部合格,思想品德符合要求的考生,发给该专业高等教育自学考试专科毕业证书,同时由 UCLES 授予相应专业的剑桥高级商务管理证书或剑桥高级金融管理证书。

四、天津市高等教育自学考试委员会遴选南开大学为商务管理专业主考校,天津财经学院为金融管理专业主考校。

五、参与合作课程助学的机构,应在普通高校、成人高校和其它具有办学资格,办学态度端正,社会信誉好的高等教育机构中确定。助学机构应向市考办提出申请,经市考办审批后方可助学。

六、全国考委组织专家编写、翻译和出版课程考试大纲、教材及其它自学辅助材料。每门课程为考生提供包含上述资料的学习包。

七、参加商务管理和金融管理考试的考生,应在规定时间到主考校办理考试报名手续。报名时间和报名费、考务费数额另行通知。

八、专业考试计划中的邓小平理论概论、政治经济学(财经类)、大学语文三门课程参加每年 4 月、10 月的高等教育自学考试全国统一考试。

每年 1 月、7 月进行合作课程考试。具体时间为 1 月第二周的星期六、星期日;7 月第三周的星期六、星期日。合作课程具体考试安排如下:

商务管理专业课程	金融管理专业课程	考试安排
企业组织与环境(101)	企业组织与环境(101)	自 2000 年 1 月开始,每年 1 月考一次
商务交流(102)	商务交流(102)	自 2000 年 1 月开始,每年 1 月考一次

商务管理专业课程	金融管理专业课程	考试安排
数量方法(104)	数量方法(104)	自 2000 年 7 月开始,每年 7 月考一次
经济学(105)	经济学(105)	自 2000 年 7 月开始,每年 7 月考一次
商务英语(115)	商务英语(115)	自 2001 年 1 月开始,每年 1 月考一次
会计学(108)	会计学(108)	自 2001 年 1 月开始,每年 1 月考一次
商法(107)	金融法(116)	自 2001 年 1 月开始,每年 1 月考一次
管理信息技术(110)	管理信息技术(110)	自 2001 年 7 月开始,每年 7 月考一次
市场营销(111)	管理会计(117)	自 2001 年 7 月开始,每年 7 月考一次
财务管理(112)	财务管理(112)	自 2002 年 1 月开始,每年 1 月考一次
人力资源管理(113)	财务报表分析(118)	自 2002 年 1 月开始,每年 1 月考一次
国际贸易实务(114)	金融概论(119)	自 2002 年 1 月开始,每年 1 月考一次

九、合作课程的首次开考时间为 2000 年 1 月 8 日,共安排两门课程考试。上午 8:30～11:00考企业组织与环境,下午 2:00～4:30 考商务交流。

1. 企业组织与环境课程学习包:

《企业组织与环境课程考试大纲》,全国高等教育自学考试指导委员会,高等教育出版社 1999 年版

指定教材:《管理基础》,E. C. Eyre 著,蓝伯雄、钱小军等译,高等教育出版社 1998 年版

自学辅导书:《企业组织与环境》,马龙龙编著,高等教育出版社 1999 年版

2. 商务交流课程学习包:

《商务交流》,全国高等教育自学考试指导委员会,高等教育出版社 1999 年版

指定教材:《商务交流》,Nicky Stanton 著,王秀村等译,高等教育出版社 1998 年版

自学辅导书:《商务交流》,王秀村、彭龙编著,高等教育出版社 1999 年版

附件:高等教育自学考试中英合作商务管理(专科)与金融管理(专科)专业考试计划

1999 年 6 月 23 日

附件：

高等教育自学考试中英合作商务管理（专科）与金融管理（专科）专业考试计划

一、指导思想

根据改革开放，培养跨世纪人才的需要，在“教育要面向现代化，面向世界，面向未来”方针指导下，充分发挥我国高等教育自学考试的优势，吸收西方有关领域的新知识、新方法，培养具有一定创新意识和创新能力的商务管理与金融管理方面应用性、职业性的专业人才。

二、学历层次及规格

中英合作的商务管理专业和金融管理专业均属高等教育专科学历层次。

两个专业的考试课程（模块）采用学分计算，课程考试合格者发给课程合格证；其中合作课程合格证由教育部高等教育自学考试办公室和英国剑桥大学考试委员会（UCLES）联合签发。

获得8门合作课程（企业组织与环境、商务交流、数量方法、经济学、会计学、管理信息技术、财务管理、商法或金融法）合格证和英语课程合格证的考生，UCLES负责颁发剑桥商务管理证书。

获得本专业15门课程合格证，思想品德经鉴定符合要求的考生，发给高等教育自学考试专科毕业证书，同时，由UCLES授予剑桥高级商务管理证书或剑桥高级金融管理证书。

三、培养目标与基本要求

商务管理与金融管理两个专业，培养和造就适应社会主义市场经济发展的需要，德才兼备，能从事商务或金融管理工作，并具有一定创新意识和创新能力的专门人才。

要求考生努力学习马克思主义、毛泽东思想和邓小平理论，遵纪守法；能正确地理解和掌握商务或金融管理的基本理论、各门课程的基本知识和基本业务技能，并具有一定的分析和解决实际问题的能力。

四、课程（模块）与学分

商务管理专业					金融管理专业			
类别	序号	课程（模块）名称	学分		类别	序号	课程（模块）名称	学分
共同课	1	邓小平理论概论	3		共同课	1	邓小平理论概论	3
	2	政治经济学（财经类）	6			2	政治经济学（财经类）	6
	3	大学语文（专）	4			3	大学语文（专）	4
	4	英语	7			4	英语	7

商务管理专业			
类别	序号	课程(模块)名称	学分
专业课	5	企业组织与环境	4
	6	商务交流	4
	7	数量方法	6
	8	经济学	5
	9	会计学	6
	10	管理信息技术	4
	11	财务管理	6
	12	商法	5
	13	市场营销	5
	14	人力资源管理(二)	4
	15	国际贸易实务	6
总计			75

金融管理专业			
类别	序号	课程(模块)名称	学分
专业课	5	企业组织与环境	4
	6	商务交流	4
	7	数量方法	6
	8	经济学	5
	9	会计学	6
	10	管理信息技术	4
	11	财务管理	6
	12	金融法	5
	13	管理会计	3
	14	财务报表分析	5
	15	金融概论	6
总计			74

五、课程(模块)说明与自学用书

(一)共同课

1. 邓小平理论概论(与自考财经类专科同)

2. 政治经济学(财经类)(与自考财经类专科同)

3. 大学语文(专)(与自考财经类专科同)

4. 英语

英语课程采用教育部考试中心和UCLES合作的商务英语证书(Business English Certificate,简称BEC)考试的1级,合格标准的BEC1的C等,免口试。自学用书与BEC1考试相同。

(二)专业课

以下课程5—19的自学用书,以学习包的形式提供。学习包的内容包括:课程自学考试大纲、教材、辅导书、声像媒体。课程考试大纲由中、英专家共同编制,全国考委审定:教材由全国考委组织专家翻译或编写;辅导书、声像媒体由全国考办组织专家编写。学习包由全国考办负责出版、供应。

5. 企业组织与环境(模块101)

本课的主要内容:

(1)企业组织

(2)企业环境

(3)企业组织的管理

(4)设置目标与管理控制系统

(5)各种企业组织类型与非盈利组织

(6)员工

(7)全面质量管理

学习成果：

在课程结业时，考生应能够做到：

(1)理解各种企业组织的共同特征

(2)描述企业组织的人事结构和功能

(3)描述各种类型的国内与国际企业组织(包括各种国际贸易协定)

(4)说明各种环境因素如何影响企业

(5)理解企业内部的计划与决策原则

(6)描述影响员工动机的因素

(7)描述不同情况下各种管理模式和它们的适用性；制定出企业与金融组织内部有效交流的提纲

6. 商务交流(模块 102)

本课程目标是使学生掌握、提高在商务与金融活动中所必备的交流知识和交流技巧，其主要内容：

(1)交流过程

(2)群体交流

(3)演讲技巧应用

(4)有效的商务文件

(5)视图交流

学习成果：

在课程结业时，考生应能够做到：

(1)理解交流的基本原理，充分认识有效的交流在商务和金融活动中的重要性

(2)利用各种通讯工具与目标听众进行有效交流

(3)掌握组织和参加会议技巧

(4)掌握准备报告和其他书面交流材料的专用技术

(5)掌握演讲技巧、倾听技巧、非语言交流技巧

(6)运用表格、图形及视觉辅助设施准备和有效演示统计信息和数据

(7)运用现代信息技术进行有效的商务交流

7. 数量方法(模块 104)

本课程的目的在于使考生能处理数据资料，以便在决策过程中有所帮助，其主要内容：

(1)数据的整理与描述

(2)概率论介绍

(3)随机变量及其分布

(4)抽样方法与抽样分布

(5)参数估计

(6)假设检验

(7)回归分析

(8)时间序列分析

(9)指数

学习成果：

在课程结业时，考生应能够做到：

(1)收集、整理、概括以及合理地呈现数据资料

(2)在计算中使用基本的概率理论

(3)用统计分析的方法分析数据

(4)确定两个变量之间是否存在线性关系

(5)实施简单的决策分析

(6)掌握简单的抽样方法，正确处理抽样中的常见问题

(7)运用估计与预测技巧去解决实际的商务与金融问题

(8)使用简单的线性序列模型

(9)运用指数分析去解释或预测经济现象

8. 经济学(模块 105)

本课程向考生介绍在现代商务与金融领域里经济学的原理与重要性，其主要内容：

(1)经济学的性质

(2)微观经济学：市场理论

(3)微观经济学：厂商理论

(4)宏观经济学：国民经济

(5)国际经济

学习成果：

在课程结业时，考生应能够做到：

(1)描述经济学的主要问题

(2)解释市场的概念及其供给和需求规律

(3)解释弹性概念含义，并进行相关计算

(4)解释政府对市场进行干预的原因

(5)计算企业的成本、收入与利润

(6)说明完全竞争、垄断、不完全竞争与寡头垄断市场的理论

(7)计算短期与长期均衡点

(8)描述有关厂商的各种理论

(9)描述政府对公共部门所采取的微观经济政策

(10)描述收入循环流程、国内生产总值、国民生产总值与国民收入的概念

(11)分析总产出、就业与通货膨胀模型

(12)描述资金、利息率与银行制度的作用

(13)讨论政府宏观经济政策目标及其相应的财政、货币和供给政策

(14)叙述国际贸易理论的要点

(15)描述国际贸易平衡与现金和资本帐户表示的国际收支平衡状况

(16)以中国为例，分析国际收支平衡表的有关数据

(17)讨论汇率制度的不同类型

(18)讨论影响经济发展的各种因素

9. 会计学(模块 108)

本课程是随后模块112、17、118、119的基础，其主要内容：
(1)财务会计的作用、范围和目的
(2)会计循环
(3)概念、惯例与法律框架
(4)保存帐户记录
(5)组织类型与其相应的会计
(6)成本与成本会计
学习成果：
在课程结业时，考生应能够做到：
(1)从历史的角度来回顾会计学的界定、使用与惯例
(2)使用适当的方法记录会计交易
(3)编制简单损益表、资产负债表、奖金流量表
(4)应用基本工具去分析简单的财务表
(5)评价管理会计的作用、范围与实践
(6)使用财务信息去实施测量、决策、计划和控制
(7)理解财务指标和决策方法的局限性
(8)象重视管理会计过程一样重视人的作用
10. 管理信息技术(模块110)
本课程向考生介绍商务与金融组织信息技术的应用，其主要内容：
(1)信息系统的管理功能与战略作用
(2)计算机及其基本功能
(3)情报沟通、网络与信息加工方法
(4)计算机软件的应用
(5)用计算机存贮资料的商务功能
(6)管理信息系统建立与运行
学习成果：
在课程结业时，考生应能够做到：
(1)理解信息技术在商务与金融组织中的重要性
(2)解释有效管理信息技术与各种管理信息系统的重要性
(3)使用恰当的信息技术术语
(4)描述计算机及其功能的主要类型
(5)了解计算机系统及其功能的主要组成部分
(6)解释信息传输过程
(7)应用不同程序语言
(8)了解软件包及其应用的范围
(9)描述计算机的商务功能所带来的影响
11. 财务管理(模块112)
本课程以模块105、108为基础，其主要内容：
(1)企业环境

(2)投资决策
(3)筹资决策
(4)其它决策
学习成果：
在课程结业时，考生应能够做到：
(1)描述企业组织的不同类型
(2)掌握投资评估的基本方法及其相关问题
(3)实际运用投资评估的几种方法
(4)了解在投资决策中如何评估风险水平
(5)掌握企业长期筹资的不同及其资金成本
(6)了解二级资本市场及其效率
(7)掌握资金结构及财务杠杆的内容
(8)股利政策
(9)中短期筹资的不同来源
(10)掌握营运资金的管理
(11)了解公司重组(包括公司接管与购并)的有关内容
(12)掌握小企业的组织管理方面的有关内容

12. 商法(模块 107)

本课程的目的在于使学生理解商法的基本理论，同时对中国商法在实际中的运用有基本的了解。其主要内容：
(1)商法概述
(2)合伙企业法
(3)公司法
(4)证券法
(5)破产法
(6)代理法
(7)合同法
(8)票据法
(9)海商法
(10)保险法
学习成果
在课程结业时，考生应能够做到：
(1)理解商法的特点与基本原则
(2)掌握中国合伙法的主要制度
(3)掌握有限责任公司和股份有限责任公司的主要制度
(4)解释证券法的一般理论
(5)解释中国破产法的特点和基本制度
(6)掌握代理法的主要内容
(7)掌握合同法的基本理论和主要制度

(8)理解各种票据的特点和中国票据法的主要制度
(9)理解海商法的一般原理和中国海商法的基本内容
(10)理解保险法的一般理论和中国保险法的基本内容
13. 市场营销(模块 111)
本课程向学生介绍市场营销在商务管理中的目的和过程，其主要内容：
(1)市场营销介绍
(2)市场研究
(3)产品定价与促销
(4)产品销售与分销渠道
(5)消费者行为
(6)顾客管理与售后服务
学习成果：
在课程结业时，考生应能够做到：
(1)解释销售与市场营销的区别
(2)认识到营销产品与营销服务的区别
(3)解释市场研究的重要性
(4)描述与实施一系列市场研究方法
(5)理解影响决策的一系列因素
(6)描述与解释产品生命周期
(7)针对各种商业形势采用广告与定价战略
(8)描述各种零售方式
(9)说明存货控制的重要性并叙述存货控制系统的要点
(10)应用产品分销渠道和储存方法的主要原则
(11)解释影响消费者购买行为的因素
(12)处理消费者投诉和其他有关顾客管理方面的问题
14. 人力资源管理(模块 113)
本课程向学生介绍在商务活动中人力资源管理的原则，其主要内容：
(1)人力资源管理的相关方面
(2)雇员资源化
(3)人力资源开发
(4)雇员关系
(5)雇员报酬
(6)人事与发展的一体化
学习成果：
在课程结业时，考生应能够做到：
(1)描述人力资源管理的不同模式并评估在不同情况下它们的适用性
(2)解释影响人力资源管理的因素
(3)阐明对公司效率与人力资源政策及策略之间关系的评价
(4)评价人力资源规划的有效性及其与总体组织目标的关系

(5)了解人力资源战略如何导致有效管理的变化

(6)描述雇员招聘与选择的方法

(7)说明衡量雇员绩效的重要性及方法

(8)说明雇员激励及各种体制的重要性

15. 国际贸易实务(模块114)

本课程提供给考生一个对国际贸易的总体视角和一些国际贸易实务中的具体细节,其主要内容:

(1)国际贸易的背景

(2)国际贸易法的主要方面

(3)商业计划与国际贸易战略

(4)进出口程序与履约

学习成果:

在课程结业时,考生应能够做到:

(1)了解国际贸易发生的具体情况

(2)当不同国家做生意时,应认识到适应商业与市场营销策略及方法的必要性

(3)描述国际贸易的变化模式

(4)说明主要贸易国家、贸易集团和地区性贸易集团的发展变化

(5)贯彻政治、经济、社会、文化与技术相结合的分析方法

(6)描述政府在国际贸易与各种贸易团体及协定中的作用

(7)叙述国际贸易法的主要方面

(8)描述出口程序及相关各方的作用

16. 金融法(模块116)

本课程以法学和金融学为基础,向考生介绍金融法律制度,其主要内容:

(1)金融体制与金融法制

(2)银行法

(3)货币法

(4)票据法

(5)证券法

(6)信托法

(7)保险法

(8)金融刑法

学习成果:

在课程结业时,考生应能够做到:

(1)描述各国金融体制及金融立法概况与趋势

(2)理解金融与金融法的法质、地位、体系与其本原则

(3)了解银行与非银行金融机构的组织体系

(4)了解银行与非银行金融机构的设立、变更与终止的规则

(5)了解中央银行货币政策与金融监管制度

(6)掌握商业银行、证券商、保险公司、信托投资公司等金融机构的存款、贷款、投资、信托

投资公司等金融机构的存款、贷款、投资、信托、保险、证券承销与经纪等业务规则

(7)说明各类金融合同(存款合同、贷款合同、信托合同、保险合同、证券承销合同、证券经纪合同等)基本制度及其签订和履行的注意事项

(8)说明票据的法律特征与功能

(9)运用以事实为根据,以法律为准绳的原则,分析各类金融纠纷条件与犯罪条件,并提供解决方案。

17. 管理会计(模块 117)

本课程是模块 108 的延伸与扩展,其主要内容:

(1)决策信息

(2)成本性态

(3)标准成本会计及预算控制

(4)行为及其它问题

学习成果:

在课程结业时,考生应能够做到:

(1)进一步理解在模块 108 课上学到的管理会计的原则、目的与实务

(2)运用管理会计信息并理解相关概念

(3)确定管理会计的作用并针对不同情况恰当运用管理会计的技巧与方法

(4)提高管理者的财务控制能力,并使之掌握对决策过程的评价

18. 财务报表分析(模块 118)

本课程提供财务报表分析的背景知识,使考生能够对企业的财务状况及未来前景进行估价,其主要内容:

(1)会计学的标准框架

(2)对外公布的财务报表

(3)比率分析与诠释

(4)其它应考虑的问题

(5)国际比较

学习成果:

在课程结业时,考生应能够做到:

(1)描述并解释财务报告标准框架的界定

(2)诠释财务信息以便估价组织的财务状况

(3)了解财务报告的理论依据并诠释公布的财务信息以便估价组织或集团的实力

(4)解释会计政策选择如何影响财务报表及其程度

(5)阐明对常规的财务会计模型界定及替代的理解

19. 金融概论(模块 119)

本课程概要介绍金融与资本市场的基本知识。它以模块 105、108、112、117、118 等课程为基础,其主要内容:

(1)金融与资本市场概述

(2)银行系统

(3)货币与债券市场

(4)外汇市场与国际贸易方面的金融问题
(5)股票交易
(6)衍生金融工具与证券市场
(7)保险市场
学习成果：
在课程结业时，考生应能够做到：
(1)解释在现代经济中金融与金融服务日益增长的重要性
(2)描述和说明各种金融团体或中介，尤其是银行及其所提供的服务的作用
(3)了解国内和国际金融市场的各种类型及其对投资者和借贷者提供的服务
(4)了解风险问题及在金融市场各个领域进行风险管理的必要性
(5)解释政府管制、取消管制及再管制的原因及方法
(6)理解金融系统及其与商务作为一个整体的内在联系

关于乡镇企业管理局申请建立高等教育自学考试办公室的批复

津高自委字[1999]8号

天津市乡镇企业管理局：

你局《关于建立天津市乡镇企业高等教育自学考试办公室的申请》(津乡企[1999]29号)已收悉。经研究，同意在乡镇企业管理局设立高等教育自学考试办公室(简称乡镇企业局自考办)。

1. 乡镇企业局自考办在自考业务上接受天津市高等教育自学考试办公室的领导。

2. 乡镇企业局自考办要认真履行国家自考办和市自考办赋予的职责，认真做好高等教育自学考试向农村发展的工作。

3. 在工作中遇有其他问题要及时上报。

此复

附：《关于建立天津市乡镇企业局高等教育自学考试办公室的申请》

1999年6月29日

附件：

关于建立天津市乡镇企业局高等教育自学考试办公室的申请

津乡企[1999]29号

天津市高等教育自学考试委员会：

为切实搞好“乡镇企业经营管理”专业开考工作，推动高等教育自学考试事业在我市农村的发展，根据全国高等教育自学考试指导委员会《关于天津市开展高教自学考试职业技术专业试点的批复》(考委[1997]7号)中“充分利用现有的各种教育资源，积极与有关部门合作”的要求，我局拟建立“天津市乡镇企业局高等教育自学考试办公室”(以下简称“乡镇企业局自考办”)，负责我市乡镇企业系统高等教育自学考试的具体组织实施工作。

乡镇企业局自考办设在市乡镇企业局教育处，由6名工作人员组成，主任、副主任分别由教育处处长、副处长兼任。

乡镇企业局自考办接受市高等教育自学考试办公室业务领导，其主要职责是：

1. 贯彻执行全国高等教育自学考试指导委员会和我市高等教育自学考试委员会的方针、政策、规定。

2. 组织、管理天津市乡镇企业系统高等教育自学考试的社会助学活动。

3. 参与本系统之外办学单位进行“乡镇企业经营管理”专业助学资格的审定工作。

4. 负责与专业主考学校具体任务的协调联络工作。

5. 组织“乡镇企业经营管理”专业辅导、教师培训和教学研究工作。

6. 负责“乡镇企业经营管理”专业课程考试大纲、教材和辅助学习材料的发行工作。

7. 与其他有关部门协调、落实涉及乡镇企业系统自考毕业生的政策。

8. 对考生进行学风考纪教育，协助市自考办和区、县自考办做好考试实施和考务管理工作。

9. 承担市考办交给的其它有关工作。

天津市乡镇企业管理局(章)

一九九九年六月二十一日

关于发布天津市高等教育自学考试面向普通高等院校开考专业考试计划的通知

津高自委字[1999]9号

各主考学校、各区县教委、各助学单位、天津铁厂教委：

现将依据全国考委《高等教育自学考试专业目录与专业基本规范》修订的面向普通高等院校开考的各专业考试计划印发给你们，望遵照执行。

以下面向普通高等院校开考的专业自1999年下半年起停止接受新考生：

101	计算机及应用	121	广播与电视技术
124	会计(会计电算化)	129	计算机及应用
130	通信技术	133	机械制造及自动化
135	房地产开发与经营	138	计算机及应用
143	电子技术	145	计算机及应用
155	房地产经营管理(物业管理)		
157	纺织工程	158	服装艺术设计

附件：1. 说明

2. 广告专业等28个专业考试计划

1999年7月2日

附件1：

说　明

一、凡说明栏内标注为“自2000年起按本计划实施考试”的，要求新考生自2000年1月起，按该计划规定的课程名称、考试大纲和使用教材参加考试，所有考生自2001年7月起(中药学专业自2001年12月起)按该计划办理毕业审核。

凡说明栏内标注为“自2001年起按本计划实施考试”的，要求新考生自2001年1月起，按该计划规定的课程名称、考试大纲和使用教材参加考试，所有考生自2002年7月起按该计划办理毕业审核。

二、自2000年4月考试起，各专业新考生参加改革后公共政治课程的考试。

三、英语课程自2000年6月考试起，使用全国统一考纲和统编教材，试卷将兼顾新老教材的内容。

广告专业

主考校：天津师范大学　　学科：新闻学　　学历层次：专科　　专业代号：102

类别	序号	课程名称	学分	教材名称	主编	出版单位及时间	考纲编写单位及时间	原计划设置课程
公共课	1	马克思主义哲学原理	3	《马克思主义哲学原理》	赵家祥	1999年11月	全国考委1999年8月	
	2	邓小平理论概论	3	《邓小平理论概论》	钱淦荣	1999年11月	全国考委1999年8月	国外新闻与广告概况（概论）或现代企业管理学
	3	法律基础与思想道德修养	2	《法律基础与思想道德修养》	巩献田	1999年11月	全国考委1999年12月	
	4	大学语文	4	《大学语文》应用专科	徐中玉	华东师范大学出版社1994年	全国考委	
	5	英语	7	《大学英语自学教程》上册	高远	高等教育出版社1998年	全国考委1998年	
	6	计算机应用基础	4	《微型计算机应用基础》	杨明福	机械工业出版社1996年	全国考委1996年	实用写作
专业基础课及专业课	7	市场营销学	5	《市场营销学》	郭国庆	武汉大学出版社1996年	全国考委	市场营销原理
	8	新闻学概论	6	《新闻学概论》	项德生	2000年	全国考委	
	9	广告学	4	《广告学》	陈宝琼	武汉大学出版社1995年	全国考委	
	10	广告法规与管理	4	《广告法规与案例》《广告管理学》	徐小君	中国广播电视出版社1996年	天津考委	现代汉语或广告法规与广告管理
	11	广告心理学	4	《广告心理学基础》	马谋超	北京师范大学出版社1992年	天津考委	传播学
	12	广告策划	6	《广告策划与创意原理》	孙瑞祥	天津社会科学院出版社1996年	天津考委	广告策划与创意
	13	广告文案写作	4	《现代广告写作》	李宏传	蓝天出版社1992年	天津考委	广告文案与新闻写作
	14	广告摄影	5	《实用广告摄影技法》	顾晓明	上海远东出版社1993年	天津考委	摄影广告或新闻与广告摄影
	15	报纸编辑	6	《报纸编辑学教程》	郑兴东	武汉大学出版社1992年	全国考委	
	16	广告设计基础	6	《商业广告设计教程》	王亚非 韩晓芳	辽宁美术出版社1998年	天津考委	平面设计与出版印刷
	17	广告媒体分析	5					公共关系学
总学分			78					

说明：1. 自2001年起，按本计划实施考试。

2. “英语”可用高等教育自学考试公共“日语”或公共“俄语”课程顶替。

临床医学专业

主考校：天津医科大学　　学科：医药　　学历层次：专科　　专业代号：103

类别	序号	课程名称	学分	教材名称	主编	出版单位及时间	考纲编写单位及时间	原计划设置课程
公共课	1	马克思主义哲学原理	3	《马克思主义哲学原理》	赵家祥	1999年11月	全国考委 1999年8月	
	2	邓小平理论概论	3	《邓小平理论概论》	钱涂荣	1999年11月	全国考委 1999年8月	医用生物学或医用化学
	3	法律基础与思想道德修养	2	《法律基础与思想道德修养》	巩献田	1999年11月	全国考委 1999 年 12月	
	4	大学语文	4	《大学语文》应用专科	徐中玉	华东师范大学出版社1994年	全国考委	
	5	英语	7	《大学英语自学教程》上册	高远	高等教育出版社 1998年	全国考委 1998年	英语(医学)
	6	计算机应用基础	4	《微型计算机应用基础》	杨明福	机械工业出版社1996	全国考委 1996年	
专业基础课及专业课	7	#人体解剖组织学	6	《人体解剖组织学》			全国考委 2000年	人体解剖学和组织与胚胎学
	8	#病原微生物与免疫学基础	6	《病原微生物与免疫学基础》	袁育康		全国考委 2000年	微生物与免疫学和寄生虫学
	9	#生理学	4	《生理学》			全国考委 2000年	
	10	#生物化学	4	《生物化学》	章有章		全国考委 2000年	
	11	#病理学(含病理生理学)	6	《病理学(含病理生理学)》	吴秉铨		全国考委 2000年	
	12	#药理学	4	《药理学》	金有豫		全国考委 2000年	
	13	诊断学	7	《诊断学》	吴军时		全国考委 2000年	
	14	内科学(含传染病学)	8	《内科学(含传染病学)》			全国考委 2000年	
	15	外科学	8	《外科学》			全国考委 2000年	
	16	儿科学	4	《儿科学》	许积德		全国考委 2000年	
	17	妇产科学	4	《妇产科学》	俞淑		全国考委 2000年	
	18	预防医学(含流行病学)	4	《预防医学(含流行病学)》	叶葶葶		全国考委 2000年	五官科学
	19	医学心理学	5	《医学心理学》	吴佩诚		全国考委 2000年	
	20	临床考核						
总学分			93					

说明：1. 自2001年起，按本计划实施考试。

2. “英语”可用高等教育自学考试公共“日语”或公共“俄语”课程顶替。

6. 标有“#”符号的课程含实践环节考核，应取得《课程合格证》和《实践环节考核合格证》。

市场营销专业

主考校：天津商学院　　学科：经济管理　　学历层次：专科　　专业代号：105

类别	序号	课程名称	学分	教材名称	主编	出版单位及时间	考纲编写单位及时间	原计划设置课程
公共课	1	马克思主义哲学原理	3	《马克思主义哲学原理》	赵家祥	1999年11月	全国考委 1999年8月	
	2	邓小平理论概论	3	《邓小平理论概论》	钱淦荣	1999年11月	全国考委 1999年8月	
	3	法律基础与思想道德修养	2	《法律基础与思想道德修养》	巩献田	1999年11月	全国考委 1999年12月	
	4	大学语文	4	《大学语文》应用专科	徐中玉	华东师范大学出版社1994年	全国考委	
	5	英语	7	《大学英语自学教程》上册	高远	高等教育出版社1998年	全国考委 1998年	
	6	计算机应用基础	4	《微型计算机应用基础》	杨明福	机械工业出版社1996年	全国考委	BASIC语言
专业基础课及专业课	7	政治经济学(财)	6	《政治经济学原理》	卫兴华	经济科学出版社1998年	全国考委	
	8	高等数学(一)	6	《高等数学(一)》	高汝熹	武汉大学出版社1992年	全国考委	
	9	基础会计学	5	《基础会计学》	王俊生	中国财政经济出版社1997年	全国考委	
	10	市场营销学	5	《市场营销学》	郭国庆	武汉大学出版社1996年	全国考委	市场营销原理
	11	企业管理概论	5	《企业管理概论》	谭道明	武汉大学出版社1996年	全国考委	企业管理原理或商业企业管理概论
	12	国民经济统计概论	6	《国民经济统计概论》	陈允明	中国人民大学出版社1995年	全国考委	统计学
	13	谈判与推销技巧	4	《谈判与推销技巧》	王洪耘	2000年	全国考委	国际贸易实务或工商业务谈判
	14	公共关系学	4	《公共关系学》	廖为建	2000年	全国考委	现代商品学概论或商品学概论或公共关系
	15	广告学	4	《广告学》	陈宝琼	武汉大学出版社1995年	全国考委	价格学
	16	经济法概论(财经类)	4	《经济法概论》(财经类)	潘静成 刘文华	中国财政经济出版社1996年	全国考委	
	17	消费心理学	5	《消费心理学》	安体富	2000年	全国考委	财政与信贷或财政与金融
	18	市场调查与预测	6	《市场调查与预测》	车礼	武汉大学出版社1993年	全国考委	市场预测与决策
总学分			83					

说明：1. 自2000年起，按本计划实施考试。
2. “英语”可用高等教育自学考试公共“日语”或公共“俄语”课程顶替。

旅游管理专业

主考校:南开大学　　学科:经济管理　　学历层次:专科　　专业代号:106

类别	序号	课程名称	学分	教材名称	主编	出版单位及时间	考纲编写单位及时间	原计划设置课程
公共课	1	马克思主义哲学原理	3	《马克思主义哲学原理》	赵家祥	1999年11月	全国考委 1999年8月	
	2	邓小平理论概论	3	《邓小平理论概论》	钱淦荣	1999年11月	全国考委 1999年8月	
	3	法律基础与思想道德修养	2	《法律基础与思想道德修养》	巩献田	1999年11月	全国考委 1999年12月	
	4	大学语文	4	《大学语文》应用专科	徐中玉	华东师范大学出版社 1994年	全国考委	饭店前台与客房管理或前台与客房管理
	5	英语(二)	14	《大学英语自学教程》上、下册	高远	高等教育出版社 1998年	全国考委 1998年	英语(旅游英语)和旅游专业英语
	6	计算机应用基础	4	《微型计算机应用基础》	杨明福	机械工业出版社 1996年	全国考委	公共关系学
专业基础课及专业课	7	政治经济学(财)	6	《政治经济学原理》	卫兴华	经济科学出版社 1998年	全国考委	
	8	旅游学概论	5	《旅游学概论》	李天元	南开大学出版社 1991年	天津考委	
	9	旅游经济学	5	《旅游经济学》	林南枝	南开大学出版社 1994年	天津考委	
	10	旅游市场学	4	《旅游市场学》	林南枝	南开大学出版社	天津考委	
	11	旅游与饭店会计	6	《旅游企业会计学》	马桂顺	东北财经大学出版社 1996年	天津考委	饭店财务管理
	12	旅游心理学	4	《旅游心理学》	甘朝有	南开大学出版社 1997年	天津考委	
	13	饭店管理概论	5	《旅游饭店经营管理》	施涵蕴	南开大学出版社 1990年	天津考委	饭店管理
	14	旅游法规	4	《旅游法原理与实务》	王健	南开大学出版社 1998年	天津考委	旅游法
	15	中国旅游地理	5	《旅游地理学》	梁本源	上海人民出版社 1997年	天津考委	饭店餐饮管理
	16	旅游社经营与管理	5	《旅行社管理》	杜江	南开大学出版社 1997年	天津考委	
	17	导游业务	4	《导游业务》	国家旅游局人教司	旅游教育出版社 1990年	天津考委	
总学分			79					

说明:1. 自2000年起,按本计划实施考试。

2."英语(二)"可用高等教育自学考试公共"日语"或公共"俄语"课程顶替。

英语(外贸英语方向)专业

主考校:南开大学、天津外国语学院、天津师范大学　学科:外国语言文学　学历层次:专科　专业代号:108

类别	序号	课程名称	学分	教材名称	主编	出版单位及时间	考纲编写单位及时间	原计划设置课程
公共课	1	马克思主义哲学原理	3	《马克思主义哲学原理》	赵家祥	1999年11月	全国考委1999年8月	
	2	邓小平理论概论	3	《邓小平理论概论》	钱淦荣	1999年11月	全国考委1999年8月	英语翻译
	3	法律基础与思想道德修养	2	《法律基础与思想道德修养》	巩献田	1999年11月	全国考委1999年12月	
	4	大学语文	4	《大学语文》应用专科	徐中玉	华东师范大学出版社1994年	全国考委	现代汉语语法与修辞
	5	计算机应用基础	4	《微型计算机应用基础》	杨明福	机械工业出版社1996年	全国考委	
专业基础课及专业课	6	综合英语(一)	10	《综合英语》(一)	徐克容	外语教研出版社1998年	全国考委	外贸基础英语(一)或基础英语
	7	综合英语(二)	10	《综合英语》(二)	徐克容	外语教研出版社1995年	全国考委	外贸基础英语(二)或外贸基础英语(三)或综合英语
	8	听力	8	《英语初级听力》	何其莘	外语教研出版社1995年	天津考委	英语听力(一)
	9	口语	8	《英语初级口语》	吴福祯	外语教研出版社1993年	天津考委	英语口语或英语口语(一)或国际贸易或经贸地理
	10	阅读(一)	6	《阅读》(一)	俞宏亮	高等教育出版社1998年	全国考委	英语听力(二)
	11	阅读(二)	6	《阅读》(二)	张奎武	高等教育出版社1998年	全国考委	外贸口语
	12	英语写作基础	4	《英语写作基础》	杨俊峰	辽宁大学出版社1997年	全国考委	国际金融或英语报刊阅读
	13	英语国家概况	4	《英语国家概况》	余志远	外语教研出版社1996年	全国考委	市场营销学或英语国际商务事务
	14	国际贸易实务	6	《国际贸易实务》	黎孝先	中国人民大学出版社1996年	全国考委	英语进出口业务
	15	外贸函电	4	《外贸函电》	诸葛霖	中国人民大学出版社1997年	全国考委	英语国际商务函电或英语写作
	16	国际商法	4	《国际商法》	冯大同	中国人民大学出版社1994年	全国考委	国际商务会计或基础会计学
总学分			86					

说明:自2000年起,按本计划实施考试。

化工工艺专业

主考校:天津大学、天津理工学院 学科:化工 学历层次:专科 专业代号:111

类别	序号	课程名称	学分	教材名称	主编	出版单位及时间	考纲编写单位及时间	原计划设置课程
公共课	1	马克思主义哲学原理	3	《马克思主义哲学原理》	赵家祥	1999年11月	全国考委1999年8月	哲学、政治经济学和中国革命史任选二门课
	2	邓小平理论概论	3	《邓小平理论概论》	钱淦荣	1999年11月	全国考委1999年8月	
	3	法律基础与思想道德修养	2	《法律基础与思想道德修养》	巩献田	1999年11月	全国考委1999年12月	
	4	大学语文	4	《大学语文》应用专科	徐中玉	华东师范大学出版社1994年	全国考委	线性代数
	5	英语	7	《大学英语自学教程》上册	高远	高等教育出版社1998年	全国考委1998年	
	6	高等数学(工专)	7	《高等数学》上、下册	陆庆乐	高等教育出版社1990年	全国考委	
	7	计算机应用基础	4	《微型计算机应用基础》	杨明福	机械工业出版社1996年	全国考委	微机应用基础或计算机应用或Fortran语言
专业基础课及专业课	8	文献检索	3	《科技文献检索示例与习题》	王德义	天津大学出版社1994年	天津考委	普通物理
	9	#无机化学	5	《无机化学简明教程》	杨宏孝	天津大学出版社1997年	天津考委	普通化学
	10	#有机化学	5	《有机化学导论》	高鸿宾	天津大学出版社1988年	天津考委	
	11	#分析化学	5	《分析化学》	陈玄杰	高等教育出版社1995年	天津考委	
	12	#物理化学	4	《物理化学》	肖衍繁 李文斌	天津大学出版社1997年	天津考委	
	13	#化工原理	6	《化工原理》上、下册	陈常贵	天津大学出版社1996年	天津考委	
	14	工程制图	4	《工程制图》	崔永军	中国电力出版社1998年	全国考委	机械制图(非机类)
	15	化工机械基础	4	《化工设备设计基础》	顾芳珍	天津大学出版社1994年	天津考委	电工技术基础
	16	企业管理概论	5	《企业管理概论》	谭道明	武汉大学出版社1996年	全国考委	管理概论
	17	化工设计概论	4	《化工设计概论》	黄璐	化工出版社1999年	天津考委	化工设计与经济
	18	化工工艺	4	《化工工艺学导论》	廖巧丽	化工出版社2000年	天津考委	
	19	##化工基础实验	4	《化工技术基础实验》	冯朝伍	天津大学出版社	天津考委	
总学分			83					

说明:1. 自2001年起,按本计划实施考试。
2. 标有"#"号的课程含实践环节考核,应取得《课程合格证》和《实践环节考核合格证》。
3. "##"的课程为非试卷考试课程。
4. "英语"可用高等教育自学考试公共"日语"或公共"俄语"课程顶替。

工业外贸专业

主考校:天津大学　　学科:机械　　学历层次:专科　　专业代号:113

类别	序号	课程名称	学分	教材名称	主编	出版单位及时间	考纲编写单位及时间	原计划设置课程
公共课	1	马克思主义哲学原理	3	《马克思主义哲学原理》	赵家祥	1999年11月	全国考委 1999年8月	国际经济贸易地理或公司理财
	2	法律基础与思想道德修养	2	《法律基础与思想道德修养》	巩献田	1999年11月	全国考委 1999年12月	
	3	邓小平理论概论	3	《邓小平理论概论》	钱淦荣	1999年11月	全国考委 1999年8月	
	4	大学语文	4	《大学语文》应用专科	徐中玉	华东师范大学出版社1994年	全国考委	
	5	英语	7	《大学英语自学教程》上册	高远	高等教育出版社1998年	全国考委 1998年	
	6	计算机应用基础	4	《微型计算机应用基础》	杨明福	机械工业出版社1996年	全国考委	微机应用软件
专业基础课及专业课	7	高等数学(一)	6	《高等数学(一)》	高汝熹	武汉大学出版社1992年	全国考委	管理数学
	8	国际商法	4	《国际商法》	冯大同	中国人民大学出版社1994年	全国考委	
	9	国际市场营销学	5	《国际市场营销学》	吴世经	中国人民大学出版社1995年	全国考委	市场营销学
	10	外贸函电	4	《外贸函电》	诸葛霖	中国人民大学出版社1997年	全国考委	外贸函电与会话
	11	国际金融	6	《国际金融》	刘舒年	中国人民大学出版社1995年	全国考委	
	12	国际贸易	4	《国际贸易》	陈同仇	中国人民大学出版社1994年	全国考委	国际贸易与合作
	13	经贸外语	4					外贸会计或外贸统计
	14	国际贸易实务	6	《国际贸易实务》	黎孝先	中国人民大学出版社1996年	全国考委	西方经济学或宏微观经济学
	15	国际技术贸易	4	《国际技术贸易》	王玉清	2000年	全国考委	经济法概论或经济法学或经济法与合同管理
	16	企业管理概论	5	《企业管理概论》	谭道明	武汉大学出版社1996年	全国考委	涉外企业管理或管理学与涉外企业管理
	17	基础工业工程	5	《基础工业工程》	范中志	机械工程出版社	全国考委	
	18	物流工程	4	《物流工程学》	齐二石	天津大学出版社	天津考委	
总学分			80					

说明:1. 自2000年起,按本计划实施考试。

2."英语"课程可用高等教育自学考试公共"日语"或公共"俄语"课程顶替。

工商企业管理(国际企业管理方向)专业

主考校:南开大学　学科:经济管理　学历层次:专科　专业代号:115

类别	序号	课程名称	学分	教材名称	主编	出版单位及时间	考纲编写单位及时间	原计划设置课程
公共课	1	马克思主义哲学原理	3	《马克思主义哲学原理》	赵家祥	1999年11月	全国考委 1999年8月	
	2	邓小平理论概论	3	《邓小平理论概论》	钱淦荣	1999年11月	全国考委 1999年8月	管理经济学
	3	法律基础与思想道德修养	2	《法律基础与思想道德修养》	巩献田	1999年11月	全国考委 1999年12月	
	4	大学语文	4	《大学语文》应用专科	徐中玉	华东师范大学出版社1994年	全国考委	
	5	英语	7	《大学英语自学教程》上册	高远	高等教育出版社1998年	全国考委 1998年	外贸英语
	6	计算机应用基础	4	《微型计算机应用基础》	杨明福	机械工业出版社1996年	全国考委 1996年	计算机应用
专业基础课及专业课	7	政治经济学(财)	6	《政治经济学原理》	卫兴华	经济科学出版社1998年	全国考委	国际企业财务管理或财务管理学
	8	高等数学(一)	6	《高等数学(一)》	高汝熹	武汉大学出版社1992年	全国考委	
	9	基础会计学	5	《基础会计学》	王俊生	中国财政经济出版社1997年	全国考委	
	10	经济法概论(财经类)	4	《经济法概论》(财经类)	潘静成 刘文华	中国财政经济出版社1996年	全国考委	国际商法
	11	企业管理概论	5	《企业管理概论》	谭道明	武汉大学出版社1996年	全国考委	管理学原理
	12	生产与作业管理	6	《生产与作业管理》	施礼明	2000年	全国考委	生产作业管理
	13	国际企业管理	5	《国际企业管理》	徐子建	2000年	全国考委	涉外企业管理或国际企业管理概论
	14	国际贸易理论与实务	6	《国际贸易理论与实务》	冷柏军	2000年	全国考委	
	15	市场营销学	5	《市场营销学》	郭国庆	武汉大学出版社1996年	全国考委	国际市场学或国际市场营销学
	16	企业会计学	6	《企业会计学》	方正生	中国财政经济出版社1996年	全国考委	西方财务会计
	17	国民经济统计概论	6	《国民经济统计概论》	陈允明	中国人民大学出版社1995年	全国考委	国际金融
总学分			83					

说明:1. 自2001年起,按本计划实施考试。

2."英语"可用高等教育自学考试公共"日语"或公共"俄语"课程顶替。

经济法学(涉外经济法方向)专业

主考校:南开大学　　学科:法学　　学历层次:专科　　专业代号:116

类别	序号	课程名称	学分	教材名称	主编	出版单位及时间	考纲编写单位及时间	原计划设置课程
公共课	1	马克思主义哲学原理	3	《马克思主义哲学原理》	赵家祥	1999年11月	全国考委 1999年8月	
	2	邓小平理论概论	3	《邓小平理论概论》	钱淦荣	1999年11月	全国考委 1999年8月	
	3	法律基础与思想道德修养	2	《法律基础与思想道德修养》	巩献田	1999年11月	全国考委 1999年12月	
	4	大学语文	4	《大学语文》应用专科	徐中玉	华东师范大学出版社 1994年	全国考委	司法应用文写作
	5	计算机应用基础	4	《微型计算机应用基础》	杨明福	机械工业出版社 1996年	全国考委	计算机应用
	6	英语	7	《大学英语自学教程》上册	高远	高等教育出版社 1998年	全国考委 1998年	
专业基础课及专业课	7	法理学	7	《法理学》	沈宗灵	北京大学出版社 1999年	全国考委	法学基础理论
	8	刑法学	7	《刑法学》	高铭暄	北京大学出版社 1998年	全国考委	
	9	宪法学	4	《宪法学》	魏定仁	北京大学出版社 1995年	全国考委	
	10	税法	3	《税法》	严振生	北京大学出版社 1999年	全国考委	刑事诉讼法
	11	民法学	7	《民法学》	郑　立	北京大学出版社 1994年	全国考委	
	12	民事诉讼法学	5	《民事诉讼法》	柴发邦	北京大学出版社 1998年	全国考委	民事诉讼法
	13	经济法概论	6	《经济法学》(新编本)	杨紫烜	北京大学出版社 1994年	全国考委	经济法学
	14	公司法	4	《公司法》	顾功耘	北京大学出版社 1999年	全国考委	国际法
	15	国际经济法概论	6	《国际经济法概论》	陈　安	北京大学出版社 1994年	全国考委	国际经济法学
	16	合同法	4	《合同法》	王利明	北京大学出版社 1999年	全国考委	国际私法
	17	国际贸易法	4	《国际贸易法》	冯大同	北京大学出版社	天津考委	
总　学　分			80					

说明:1. 自2001年起,按本计划实施考试。
2."英语"可用高等教育自学考试公共"日语"或公共"俄语"课程顶替。

工商企业管理(公司管理方向)专业

主考校:南开大学 学科:经济管理 学历层次:专科 专业代号:117

类别	序号	课程名称	学分	教材名称	主编	出版单位及时间	考纲编写单位及时间	原计划设置课程
公共课	1	马克思主义哲学原理	3	《马克思主义哲学原理》	赵家祥	1999年11月	全国考委 1999年8月	
	2	邓小平理论概论	3	《邓小平理论概论》	钱逊荣	1999年11月	全国考委 1999年8月	公司劳动管理
	3	法律基础与思想道德修养	2	《法律基础与思想道德修养》	巩献田	1999年11月	全国考委 1999年12月	
	4	大学语文	4	《大学语文》应用专科	徐中玉	华东师范大学出版社1994年	全国考委	现代应用文写作
	5	英语	7	《大学英语自学教程》上册	高远	高等教育出版社1998年	全国考委 1998年	
	6	计算机应用基础	4	《微型计算机应用基础》	杨明福	机械工业出版社1996年	全国考委	计算机基础
专业基础课及专业课	7	政治经济学(财)	6	《政治经济学原理》	卫兴华	经济科学出版社1998年	全国考委	
	8	高等数学(一)	6	《高等数学(一)》	高汝熹	武汉大学出版社1992年	全国考委	财政学
	9	基础会计学	5	《基础会计学》	王俊生	中国财政经济出版社1997年	全国考委	
	10	生产与作业管理	6	《生产与作业管理》	施礼明	2000年	全国考委	西方经济学
	11	国民经济统计概论	6	《国民经济统计概论》	陈允明	中国人民大学出版社1995年	全国考委	国际贸易
	12	市场营销学	5	《市场营销学》	郭国庆	武汉大学出版社1996年	全国考委	市场学
	13	现代公司经济概论	5	《现代公司经济导论》	张仁德	南开大学出版社1995年	天津考委	
	14	企业会计学	6	《企业会计学》	方正生	中国财政经济出版社1995年	全国考委	公司理财或财务管理学
	15	企业管理概论	5	《企业管理概论》	谭道明	武汉大学出版社1996年	全国考委	公司公共关系学或公共关系
	16	经济法概论(财经类)	4	《经济法概论》(财经类)	潘静成 刘文华	中国财政经济出版社1996年	全国考委	公司法
	17	跨国公司经营与管理	5	《跨国公司经营与管理》	何自力	南开大学出版社1995年	天津考委	
总学分			82					

说明:1. 自2001年起,按本计划实施考试。

2."英语"可用高等教育自学考试公共"日语"或公共"俄语"课程顶替。

金融(金融管理方向)专业

主考校:南开大学　　学科:经济管理　　学历层次:专科　　专业代号:118

类别	序号	课程名称	学分	教材名称	主编	出版单位及时间	考纲编写单位及时间	原计划设置课程
公共课	1	马克思主义哲学原理	3	《马克思主义哲学原理》	赵家祥	1999年11月	全国考委 1999年8月	计算机实用软件或WINDOWS操作技术
	2	法律基础与思想道德修养	2	《法律基础与思想道德修养》	巩献田	1999年11月	全国考委 1999年12月	
	3	邓小平理论概论	3	《邓小平理论概论》	钱淦荣	1999年11月	全国考委 1999年8月	管理信息系统
	4	大学语文	4	《大学语文》应用专科	徐中玉	华东师范大学出版社1994年	全国考委	财经应用文写作
	5	英语	7	《大学英语自学教程》上册	高远	高等教育出版社1998年	全国考委 1998年	
	6	计算机应用基础	4	《微型计算机应用基础》	杨明福	机械工业出版社1996年	全国考委	计算机基础或计算机系统导论
专业基础课及专业课	7	政治经济学(财)	6	《政治经济学原理》	卫兴华	经济科学出版社1998年	全国考委	
	8	高等数学(一)	6	《高等数学(一)》	高汝熹	武汉大学出版社1992年	全国考委	经济管理数学
	9	国民经济统计概论	6	《国民经济统计概论》	陈允明	中国人民大学出版社1995年	全国考委	社会经济统计概论
	10	货币银行学	6	《货币银行学》	王克华	武汉大学出版社1996年	全国考委	
	11	基础会计学	5	《基础会计学》	王俊生	中国财政经济出版社1997年	全国考委	金融会计学
	12	#FOXBASE数据库	4	《FOXBASE+关系数据库系统》	郑甫京	清华大学出版社1991年	天津考委	
	13	银行信贷管理学	6	《银行信贷管理学》	吴慎之	武汉大学出版社1996年	全国考委	国际金融
	14	商业银行业务与经营	6	《商业银行业务与经营》	庄毓敏	2000年	全国考委	国际结算
	15	证券投资与管理	5	《证券投资与管理》	任淮秀	2000年	全国考委	国际贸易实务
	16	经济法概论(财经类)	4	《经济法概论》(财经类)	潘静成 刘文华	中国财政经济出版社1996年	全国考委	C语言
	17	计算机网络	4	《计算机网络基础》	吴功宜	南开大学出版社1996年	天津考委	计算机实用软件或WINDOWS操作技术
总学分			81					

说明:1. 自2001年起,按本计划实施考试。

2."英语"可用高等教育自学考试公共"日语"或公共"俄语"课程顶替。

3. 标有"#"号的课程含实践环节考核,应取得《课程合格证》和《实践环节考核合格证》。

会计(企业会计方向)专业

主考校:南开大学　学科:经济管理　学历层次:专科　专业代号:119

类别	序号	课程名称	学分	教材名称	主编	出版单位及时间	考纲编写单位及时间	原计划设置课程
公共课	1	马克思主义哲学原理	3	《马克思主义哲学原理》	赵家祥	1999年11月	全国考委1999年8月	
	2	邓小平理论概论	3	《邓小平理论概论》	钱淦荣	1999年11月	全国考委1999年8月	审计学
	3	法律基础与思想道德修养	2	《法律基础与思想道德修养》	巩献田	1999年11月	全国考委1999年12月	
	4	大学语文	4	《大学语文》应用专科	徐中玉	华东师范大学出版社1994年	全国考委	财经应用文写作
	5	英语	7	《大学英语自学教程》上册	高远	高等教育出版社1998年	全国考委1998年	
	6	计算机应用基础	4	《微型计算机应用基础》	杨明福	机械工业出版社1996年	全国考委	计算机应用
专业基础课及专业课	7	政治经济学(财)	6	《政治经济学原理》	卫兴华	经济科学出版社1998年	全国考委	
	8	高等数学(一)	6	《高等数学(一)》	高汝熹	武汉大学出版社1992年	全国考委	公司组织管理
	9	基础会计学	5	《基础会计学》	王俊生	中国财政经济出版社1997年	全国考委	
	10	经济法概论(财经类)	4	《经济法概论》(财经类)	潘静成 刘文华	中国财政经济出版社1996年	全国考委	
	11	中国税制	4					财政与金融
	12	中级财务会计学	8	《中级财务会计学》	杨金观	2000年	全国考委	财务会计学
	13	国民经济统计概论	6	《国民经济统计概论》	陈允明	中国人民大学出版社1995年	全国考委	社会经济统计概论
	14	成本会计学	5	《成本会计学》	贺南轩	中国财政经济出版社1995年	全国考委	
	15	管理会计学	6	《管理会计学》	余绪缨	中国财政经济出版社1994年	全国考委	
	16	财务管理学	6	《财务管理学》	王庆成	中国财政经济出版社1995年	全国考委	
	17	会计电算化	5	《会计电算化教程》	王景新等	清华大学出版社1999年	全国考委	西方财务会计
总学分			84					

说明:1. 自2001年起,按本计划实施考试。
2."英语"可用高等教育自学考试公共"日语"或公共"俄语"课程顶替。
3. 会计电算化课程必须取得全国考委计算机应用技术证书考试(NIT)合格证书。

经济法学(经济贸易法方向)专业

主考校:天津师范大学　学科:法学　学历层次:专科　专业代号:120

类别	序号	课程名称	学分	教材名称	主编	出版单位及时间	考纲编写单位及时间	原计划设置课程
公共课	1	马克思主义哲学原理	3	《马克思主义哲学原理》	赵家祥	1999年11月	全国考委 1999年8月	
	2	邓小平理论概论	3	《邓小平理论概论》	钱浛荣	1999年11月	全国考委 1999年8月	
	3	法律基础与思想道德修养	2	《法律基础与思想道德修养》	巩献田	1999年11月	全国考委 1999年12月	
	4	大学语文	4	《大学语文》应用专科	徐中玉	华东师范大学出版社1994年	全国考委	公共关系学
	5	英语	7	《大学英语自学教程》上册	高远	高等教育出版社1998年	全国考委 1998年	
	6	计算机应用基础	4	《微型计算机应用基础》	杨明福	机械工业出版社1996年	全国考委	基础会计学
专业基础课及专业课	7	法理学	7	《法理学》	沈宗灵	北京大学出版社1999年	全国考委	法学基础或法学概论
	8	民法学	7	《民法学》	郑　立	北京大学出版社1994年	全国考委	
	9	宪法学	4	《宪法学》	魏定仁	北京大学出版社1995年	全国考委	海关实务与法规
	10	税法	3	《税法》	严振生	北京大学出版社1999年	全国考委	国际金融
	11	经济法概论	6	《经济法学》(新编本)	杨紫烜	北京大学出版社1994年	全国考委	经济法学或经济法
	12	民事诉讼法学	5	《民事诉讼法》	柴发邦	北京大学出版社1998年	全国考委	民事诉讼法
	13	合同法	4	《合同法》	王利明	北京大学出版社1999年	全国考委	证券市场或国际私法
	14	国际经济法概论	6	《国际经济法概论》	陈　安	北京大学出版社1994年	全国考委	国际贸易法或国际商法
	15	刑法学	7	《刑法学》	高铭暄	北京大学出版社1998年	全国考委	国际营销学或国际市场营销学
	16	公司法	4	《公司法》	顾功耘	北京大学出版社1999年	全国考委	涉外企业管理
	17	国际贸易理论与实务	6	《国际贸易理论与实务》	冷柏军	2000年	全国考委	
总学分			82					

说明:1. 自2001年起,按本计划实施考试。

2."英语"可用高等教育自学考试公共"日语"或公共"俄语"课程顶替。

经济法学专业

主考校：天津商学院　　学科：法学　　学历层次：专科　　专业代号：123

类别	序号	课程名称	学分	教材名称	主编	出版单位及时间	考纲编写单位及时间	原计划设置课程
公共课	1	马克思主义哲学原理	3	《马克思主义哲学原理》	赵家祥	1999年11月	全国考委1999年8月	财政税收法或企业法
	2	法律基础与思想道德修养	2	《法律基础与思想道德修养》	巩献田	1999年11月	全国考委1999年12月	
	3	邓小平理论概论	3	《邓小平理论概论》	钱淦荣	1999年11月	全国考委1999年8月	
	4	大学语文	4	《大学语文》应用专科	徐中玉	华东师范大学出版社1994年	全国考委	财政税收法或企业法
	5	英语	7	《大学英语自学教程》上册	高远	高等教育出版社1998年	全国考委1998年	
	6	计算机应用基础	4	《微型计算机应用基础》	杨明福	机械工业出版社1996年	全国考委	计算机应用
专业基础课及专业课	7	法理学	7	《法理学》	沈宗灵	北京大学出版社1999年	全国考委	法学基础理论
	8	民法学	7	《民法学》	郑　立	北京大学出版社1994年	全国考委	
	9	宪法学	4	《宪法学》	魏定仁	北京大学出版社1995年	全国考委	
	10	税法	3	《税法》	严振生	北京大学出版社1999年	全国考委	金融法
	11	经济法概论	6	《经济法学》(新编本)	杨紫煊	北京大学出版社1994年	全国考委	经济法学
	12	民事诉讼法学	5	《民事诉讼法》	柴发邦	北京大学出版社1998年	全国考委	诉讼法或民事诉讼法
	13	合同法	4	《合同法》	王利明	北京大学出版社1999年	全国考委	国际私法
	14	国际经济法概论	6	《国际经济法概论》	陈　安	北京大学出版社1994年	全国考委	国际经济法学
	15	刑法学	7	《刑法学》	高铭暄	北京大学出版社1998年	全国考委	
	16	公司法	4	《公司法》	顾功耘	北京大学出版社1999年	全国考委	法律逻辑或普通逻辑
	17	行政法与行政诉讼法	5	《行政法与行政诉讼法》	江明安	高等教育出版社1997年	全国考委	法制史或知识产权法
总　学　分			81					

说明：1. 自2001年起，按本计划实施考试。

2. “英语”可用高等教育自学考试公共“日语”或公共“俄语”课程顶替。

房地产经营与管理专业

主考校：天津商学院、天津城市建筑学院　学科：经济管理　学历层次：专科

专业代号：127

类别	序号	课程名称	学分	教材名称	主编	出版单位及时间	考纲编写单位及时间	原计划设置课程
公共课	1	马克思主义哲学原理	3	《马克思主义哲学原理》	赵家祥	1999年11月	全国考委 1999年8月	
	2	邓小平理论概论	3	《邓小平理论概论》	钱淦荣	1999年11月	全国考委 1999年8月	
	3	法律基础与思想道德修养	2	《法律基础与思想道德修养》	巩献田	1999年11月	全国考委 1999年12月	
	4	大学语文	4	《大学语文》应用专科	徐中玉	华东师范大学出版社1994年	全国考委	现代应用文写作
	5	英语	7	《大学英语自学教程》上册	高远	高等教育出版社1998年	全国考委 1998年	
	6	计算机应用基础	4	《微型计算机应用基础》	杨明福	机械工业出版社1996年	全国考委 1996年	FOXBASE 数据库
专业基础课及专业课	7	政治经济学(财)	8	《政治经济学原理》	卫兴华	经济科学出版社1996年	全国考委	
	8	高等数学(一)	6	《高等数学(一)》	高汝熹	武汉大学出版社1992年	全国考委	
	9	建筑工程概论	6	《建筑概论》	杨永祥	中国建筑工业出版社1990年	天津考委	建筑概论
	10	建筑工程定额与预算	4	《建筑工程定额原理与概预算》	杨　劲	中国建筑工业出版社1987年	天津考委	
	11	房地产经济学	4	《房地经济学》	王春生	大连理工大学出版社1994年	天津考委	
	12	房地产会计学	4	《房地产会计》	武玉荣	北京经济学院出版社1994年	天津考委	
	13	房地产市场学	4	《房地产市场学》	范翰章	大连理工学院出版社1994年	天津考委	
	14	工程制图	4	《土建制图》《画法几何》	陈玉华	同济大学出版社1991年	天津考委	
	15	房地产法	4	《房地产法学》	王风晓	大连理工大学出版社1994年	天津考委	
	16	房地产经营管理	6	《房地产经营管理》	刘亚臣	大连理工大学出版社1994年	天津考委	房地产开发与经营
	17	房地产评估	5	《房地产估价》	柴　强	首都经济贸易大学出版社1993年	天津考委	房地产估价
	18	房地产投资分析	4					房地产技术经济学
总学分			81					

说明：1. 自2001年起，按本计划实施考试。

2. “英语”可用高等教育自学考试公共“日语”或公共“俄语”课程顶替。

房屋建筑工程专业

主考校:天津城市建筑学院　　学科:土建　　学历层次:专科　　专业代号:134

类别	序号	课程名称	学分	教材名称	主编	出版单位及时间	考纲编写单位及时间	原计划设置课程
公共课	1	马克思主义哲学原理	3	《马克思主义哲学原理》	赵家祥	1999年11月	全国考委 1999年8月	
	2	邓小平理论概论	3	《邓小平理论概论》	钱淦荣	1999年11月	全国考委 1999年8月	
	3	法律基础与思想道德修养	2	《法律基础与思想道德修养》	巩献田	1999年11月	全国考委 1999年12月	
	4	大学语文	4	《大学语文》应用专科	徐中玉	华东师范大学出版社1994年	全国考委	
	5	计算机应用基础	4	《微型计算机应用基础》	杨明福	机械工业出版社1996年	全国考委	算法语言
	6	英语	7	《大学英语自学教程》上册	高远	高等教育出版社1998年	全国考委 1998年	
	7	高等数学(工专)	6	《高等数学》上、下册	陆庆乐	高等教育出版社1990年	全国考委	
专业基础课及专业课	8	土木工程制图	5	《土木工程制图》	宋兆全	2000年	全国考委	工程制图
	9	#建筑材料	3	《建筑材料》	王世芳	2000年	全国考委	
	10	#工程测量	5	《工程测量》	邹永廉	2000年	全国考委	
	11	#工程力学(土)	6	《工程力学(土)》	刘明威	2000年	全国考委	建筑力学
	12	结构力学	5	《结构力学》	郭长城	2000年	全国考委	
	13	#土力学及地基基础	4	《土力学及地基基础》	杨小平	2000年	全国考委	土力学地基与基础
	14	#房屋建筑学	4	《房屋建筑学》	刘建荣	武汉大学出版社1990年	全国考委	
	15	建筑工程定额与预算	4	《建筑工程定额原理与概预算》	杨　劲	中国建筑工业出版社1987年	天津考委	抗震结构设计
	16	#钢筋混凝土及砌体结构	7	《混凝土及砌体结构》	程文瀼	2000年	全国考委	钢筋混凝土结构和砌体结构
	17	#建筑施工	7	《建筑施工》	方先和	2000年	全国考委	
	18	毕业考核						
总　学　分			79					

说明:1. 自2001年起,按本计划实施考试。
2."英语"可用高等教育自学考试公共"日语"或公共"俄语"课程顶替。
3. 标有"#"号的课程含实践环节考核,应取得《课程合格证》和《实践环节考核合格证》。

日语(外贸日语方向)专业

主考校:天津外国语学院　　学科:外国语言文学　　学历层次:专科　　专业代号:137

类别	序号	课程名称	学分	教材名称	主编	出版单位及时间	考纲编写单位及时间	原计划设置课程
公共课	1	马克思主义哲学原理	3	《马克思主义哲学原理》	赵家祥	1999年11月	全国考委1999年8月	
	2	邓小平理论概论	3	《邓小平理论概论》	钱淦荣	1999年11月	全国考委1999年8月	
	3	法律基础与思想道德修养	2	《法律基础与思想道德修养》	巩献田	1999年11月	全国考委1999年12月	
	4	大学语文	4	《大学语文》应用专科	徐中玉	华东师范大学出版社1994年	全国考委	现代汉语语法与修辞
	5	计算机应用基础	4	《微型计算机应用基础》	杨明福	机械工业出版社1996年	全国考委	计算机
专业基础课及专业课	6	基础日语(一)	8	《标准日本语》(初)	中日专家合著	人民教育出版社	天津考委	基础日语
	7	基础日语(二)	8	《标准日本语》(中)	中日专家合著	人民教育出版社	天津考委	综合日语
	8	日语语法	6	《日语语法》	皮细庚	上海外语语音出版社	天津考委	基础会计学或国际商务会计
	9	日本国概况	4	《日本概况》	姜三真	吉林教育出版社	天津考委	
	10	阅读(一)	6	《大学日语泛读》	刘喜本	大连海事大学出版社	天津考委	
	11	阅读(二)	6	《日语阅读文选》	季林根	上海外语教育出版社	天津考委	日语报刊阅读
	12	日语听力	6	《日语听力(1—4)》	北外日语系编写组	北外研社	天津考委	日语听力(一)和日语听力(二)
	13	日语口语	6	《阿阳在日本》《日语生活会话》《日语会话》	许英淑 胡国伟 北外日语系编写组	吉林科技出版社 上海外语教育出版社 北外研社	天津考委	日语口语(一)和日语口语(二)
	14	日语写作	6	《日语写作》《日语应用写作》	胡传乃 原版	北京大学出版社 原版	天津考委	日语涉外写作
	15	日语商贸实务	4	《实用国际商务日语》	张正立	河北科技出版社	天津考委	日语国际商务实务或日语翻译
	16	日语进出口业务	4	《外贸业务日语》	张新华	青岛海洋出版社	天津考委	
总学分			80					

说明:1. 自2001年起,按本计划实施考试。

供热通风与空调工程专业

主考校:天津大学　　学科:土建　　学历层次:专科　　专业代号:141

类别	序号	课程名称	学分	教材名称	主编	出版单位及时间	考纲编写单位及时间	原计划设置课程
公共课	1	马克思主义哲学原理	3	《马克思主义哲学原理》	赵家祥	1999年11月	全国考委 1999年8月	
	2	邓小平理论概论	3	《邓小平理论概论》	钱逊荣	1999年11月	全国考委 1999年8月	建筑概论或暖通微机测控
	3	法律基础与思想道德修养	2	《法律基础与思想道德修养》	巩献田	1999年11月	全国考委 1999 年12月	
	4	高等数学(工专)	7	《高等数学》上、下册	陆庆乐	高等教育出版社1990年	全国考委	
	5	大学语文	4	《大学语文》应用专科	徐中玉	华东师范大学出版社1994年	全国考委	建筑概论或暖通微机测控
	6	英语	7	《大学英语自学教程》上册	高远	高等教育出版社1998年	全国考委 1998年	
	7	计算机应用基础	4	《微型计算机应用基础》	杨明福	机械工业出版社1996	全国考委 1996年	BASIC语言
专业基础课及专业课	8	房屋建筑学	4	《房屋建筑学》	刘建荣	武汉大学出版社1990年	全国考委	传热学
	9	机械制图	7	《机械制图》	虞洪述	西安交通大学出版社1993年	全国考委	机械制图(非机类)
	10	电子技术及其自动控制	5				全国考委	电工技术基础
	11	#流体力学及泵与风机	5	《流体力学泵与风机》	王松岭	中国电力出版社1999年	全国考委	工程流体力学或流体力学泵与风机
	12	工程力学(机)	5	《工程力学》(机)	张德润	机械工业出版社1993年	全国考委	
	13	#热工学	7	《热工理论基础》	刘芙蓉	建筑工业出版社1996年	天津考委	工程热力学
	14	供热工程	4	《供热工程》	贺　平	建筑工业出版社1993年	天津考委	
	15	工业通风与除尘	3	《工业通风》	孙一坚	建筑工业出版社1994年	天津考委	工业通风
	16	锅炉及锅炉房设备	5	《锅炉及锅炉房设备》	同济大学	建筑工业出版社1986年	天津考委	锅炉设备
	17	空气调节及制冷技术	5	《空气调节及制冷技术》《空气调节》	彦启森 赵荣义	建筑工业出版社 1985年 1994年	天津考委	空调工程和制冷工程
	18	管道工程施工与概预算	4					暖通自动化
总学分			82					

说明:1. 标有"#"号的课程含实践环节考核,应取得《课程合格证》和《实践环节考核合格证》。
2."英语"可用高等教育自学考试公共"日语"或公共"俄语"课程顶替。
3. 第14、16、17三门含课程设计,考生任选两门进行课程设计。
4."机械制图"含机械制图、计算机绘图、公差;"公程力学(机)"含理论力学、材料力学。
5. 自2001年起,按本计划实施考试。

国际贸易(国际商务方向)专业

主考校:南开大学　　学科:经济管理　　学历层次:专科　　专业代号:142

类别	序号	课程名称	学分	教材名称	主编	出版单位及时间	考纲编写单位及时间	原计划设置课程
公共课	1	马克思主义哲学原理	3	《马克思主义哲学原理》	赵家祥	1999年11月	全国考委 1999年8月	市场营销学和国际经济合作与实务
	2	法律基础与思想道德修养	2	《法律基础与思想道德修养》	巩献田	1999年11月	全国考委 1999年12月	
	3	邓小平理论概论	3	《邓小平理论概论》	钱淦荣	1999年11月	全国考委 1999年8月	
	4	大学语文	4	《大学语文》应用专科	徐中玉	华东师范大学出版社1994年	全国考委	财政应用文写作
	5	计算机应用基础	4	《微型计算机应用基础》	杨明福	机械工业出版社1996年	全国考委	
专业基础课及专业课	6	高等数学(一)	6	《高等数学(一)》	高汝熹	武汉大学出版社	全国考委	涉外经济法
	7	财政经济学(财)	6	《政治经济学原理》	卫兴华	经济科学出版社1998年	全国考委	
	8	基础会计学	5	《基础会计学》	王俊生	中国财政经济出版社1997年	全国考委	
	9	国际贸易实务	6	《国际贸易实务》	黎孝先	中国人民大学出版社1996年	全国考委	
	10	国际商法	4	《国际商法》	冯大同	中国人民大学出版社1994年	全国考委	
	11	国际金融	6	《国际金融》	刘舒年	中国人民大学出版社1995年	全国考委	
	12	基础英语	12	《英语》(上、下册)	关顺昌 黄震华	中国人民大学出版社1993年	全国考委	外贸基础英语
	13	涉外企业管理	5	《涉外企业管理》	杨灿英	南开大学出版社1992年	天津考委	
	14	国际贸易	4	《国际贸易》	陈同仇	中国人民大学出版社1994年	全国考委	外贸单证
	15	国际结算	4	《国际结算》	苏宗祥	中国金融经济出版社1993年	天津考委	
	16	海关业务	4	《中国海关通关实务》(修订本)	郑俊田	中国对外经济贸易出版社1994年	天津考委	
	17	外贸函电	4	《外贸函电》	诸葛霖	中国人民大学出版社1997年	全国考委	外贸英文书信
总学分			82					

说明:自2001年起,按本计划实施考试。

保险专业

主考校:南开大学　　学科:经济管理　　学历层次:专科　　专业代号:144

类别	序号	课程名称	学分	教材名称	主编	出版单位及时间	考纲编写单位及时间	原计划设置课程
公共课	1	马克思主义哲学原理	3	《马克思主义哲学原理》	赵家祥	1999年11月	全国考委 1999年8月	
	2	邓小平理论概论	3	《邓小平理论概论》	钱淦荣	1999年11月	全国考委 1999年8月	
	3	法律基础与思想道德修养	2	《法律基础与思想道德修养》	巩献田	1999年11月	全国考委 1999年12月	
	4	大学语文	4	《大学语文》应用专科	徐中玉	华东师范大学出版社1994年	全国考委	财经应用文写作
	5	英语	7	《大学英语自学教程》上册	高远	高等教育出版社1998年	全国考委 1998年	
	6	计算机应用基础	4	《微型计算机应用基础》	杨明福	机械工业出版社1996年	全国考委	计算机应用
专业基础课及专业课	7	政治经济学(财)	6	《政治经济学原理》	卫兴华	经济科学出版社1998年	全国考委	
	8	高等数学(一)	6	《高等数学(一)》	高汝熹	武汉大学出版社1992年	全国考委	
	9	货币银行学	6	《货币银行学》	王克华	武汉大学出版社1996年	全国考委	
	10	经济法概论(财经类)	4	《经济法概论》(财经类)	潘静成 刘文华	中国财政经济出版社1996年	全国考委	经济法学
	11	国民经济统计概论	6	《国民经济统计概论》	陈允明	中国人民大学出版社1995年	全国考委	民法学
	12	保险学原理	5	《保险学原理》	陈继儒 张拴林	中国财政经济出版社1997年	全国考委	
	13	人身保险学	6	《人身保险学》	李继熊	中国财政经济出版社1997年	全国考委	人身保险
	14	财产保险学	6	《财产保险学》	郝演苏	中国财政经济出版社1997年	全国考委	财产保险
	15	船舶保险	3	《船舶保险》	李继熊	2000年	全国考委	海上保险
	16	财政学	4	《财政学》	赵春新	中国财政经济出版社1996年	全国考委	社会保险
	17	保险企业经营管理学	4	《保险企业经营管理学》	蔡文远	中国财政经济出版社1997年	全国考委	风险管理
	18	基础会计学	5	《基础会计学》	王俊生	中国财政经济出版社1997年	全国考委	保险会计学
总学分			86					

说明:1. 自2001年起,按本计划实施考试。

2."英语"可用高等教育自学考试公共"日语"或公共"俄语"课程顶替。

应用生物技术专业

主考校:南开大学、天津师范大学　学科:轻工纺织食品　学历层次:专科　　专业代号:146

类别	序号	课程名称	学分	教材名称	主编	出版单位及时间	考纲编写单位及时间	原计划设置课程
公共课	1	马克思主义哲学原理	3	《马克思主义哲学原理》	赵家祥	1999年11月	全国考委 1999年8月	
	2	邓小平理论概论	3	《邓小平理论概论》	钱淦荣	1999年11月	全国考委 1999年8月	
	3	法律基础与思想道德修养	2	《法律基础与思想道德修养》	巩献田	1999年11月	全国考委 1999年12月	
	4	大学语文	4	《大学语文》应用专科	徐中玉	华东师范大学出版社1994年	全国考委	资源生物学
	5	英语	7	《大学英语自学教程》上册	高远	高等教育出版社1998年	全国考委 1998年	
	6	计算机应用基础	4	《微型计算机应用基础》	杨明福	机械工业出版社1996年	全国考委	计算机基础
	7	高等数学(工专)	7	《高等数学》上、下册	陆庆乐	高等教育出版社1990年	全国考委	商业经济学
专业基础课及专业课	8	#无机及分析化学	5	《无机及分析化学》	陈荣三	高等教育出版社	天津考委	无机化学
	9	#有机化学	5	《有机化学导论》	高鸿宾	天津大学出版社1988年	天津考委	
	10	应用生物统计	3	《生物统计》	杜荣骞	高等教育出版社1998年	天津考委	分析化学
	11	#生物化学	6	《生物化学简明教程》	聂剑初	高等教育出版社1998年	天津考委	
	12	#微生物学	4	《微生物学》	杨颐康	高等教育出版社1986年	天津考委	
	13	发酵工艺学	5	《微生物工程概论》	刘如林	南开大学出版社1995年	天津考委	食品微生物检测或食品微生物学
	14	环境生物技术	4	《现代生物技术》	张丰德	南开大学出版社1996年	天津考委	食品化学分析或食品分析
	15	酶学	4	《酶工程》	郭勇	轻工业出版社1994年	天津考委	食品添加剂
	16	普通生物学	5	《简明生物学》	钟怡诚	南开大学出版社1995年	天津考委	营养与食品卫生学
	17	市场营销学	5	《市场营销学》	郭国庆	武汉大学出版社1996年	全国考委	
总学分			76					

说明:1. 标有"#"号的课程含实践环节考核,应取得《课程合格证》和《实践环节考核合格证》。
2."英语"可用高等教育自学考试公共"日语"或公共"俄语"课程顶替。
3. 自2001年起,按本计划实施考试。

工业分析技术专业

主考校：南开大学、天津师范大学　学科：化工　学历层次：专科　专业代号：148

类别	序号	课程名称	学分	教材名称	主编	出版单位及时间	考纲编写单位及时间	原计划设置课程
公共课	1	马克思主义哲学原理	3	《马克思主义哲学原理》	赵家祥	1999年11月	全国考委1999年8月	
	2	邓小平理论概论	3	《邓小平理论概论》	钱淦荣	1999年11月	全国考委1999年8月	电子技术基础
	3	法律基础与思想道德修养	2	《法律基础与思想道德修养》	巩献田	1999年11月	全国考委1999年12月	
	4	大学语文	4	《大学语文》应用专科	徐中玉	华东师范大学出版社1994年	全国考委	
	5	英语	7	《大学英语自学教程》上册	高远	高等教育出版社1998年	全国考委1998年	
	6	计算机应用基础	4	《微型计算机应用基础》	杨明福	机械工业出版社1996年	全国考委	微机应用基础
	7	高等数学(工专)	7	《高等数学》上、下册	陆庆乐	高等教育出版社1990年	全国考委	微积分
	8	物理(工)	6	《物理》(工)	丁俊华 祁有龙	辽宁大学出版社1999年	全国考委	环境监测
专业基础课及专业课	9	＃无机化学	5	《无机化学简明教程》	杨宏孝	天津大学出版社1997年	天津考委	
	10	＃有机化学	5	《有机化学导论》	高鸿宾	天津大学出版社1988年	天津考委	
	11	＃分析化学	5	《分析化学》	华东化工学院	高等教育出版社1989年	天津考委	
	12	＃物理化学	4	《物理化学》	消衍繁 李文斌	天津大学出版社1997年	天津考委	
	13	＃仪器分析	4	《仪器分析》	朱明华	高等教育出版社1993年	天津考委	
	14	有机分析	4					
	15	工业分析	4					食品化学
	16	化学分离法	4	《化学分离法》	秦启宗	原子能出版社1984年	天津考委	
	17	化工基础	5	《化工基础》	上海师大 福建师大	高等教育出版社1989年	天津考委	非水滴定或环境化学
总学分			76					

说明：1. 标有“＃”号的课程含实践环节考核，应取得《课程合格证》和《实践环节考核合格证》。

2.“英语”可用高等教育自学考试公共“日语”或公共“俄语”课程顶替。

3. 自2001年起，按本计划实施考试。

旅游管理(导游方向)专业

主考校:天津师范大学 学科:经济管理 学历层次:专科 专业代号:149

类别	序号	课程名称	学分	教材名称	主编	出版单位及时间	考纲编写单位及时间	原计划设置课程
公共课	1	马克思主义哲学原理	3	《马克思主义哲学原理》	赵家祥	1999年11月	全国考委 1999年8月	
	2	邓小平理论概论	3	《邓小平理论概论》	钱淦荣	1999年11月	全国考委 1999年12月	
	3	法律基础与思想道德修养	2	《法律基础与思想道德修养》	巩献田	1999年11月	全国考委 1999年8月	
	4	大学语文	4	《大学语文》应用专科	徐中玉	华东师范大学出版社1994年	全国考委	
	5	英语(二)	14	《大学英语自学教程》上、下册	高远	高等教育出版社1998年	全国考委 1998年	英语和导游英语
	6	计算机应用基础	4	《微型计算机应用基础》	杨明福	机械工业出版社1996年	全国考委	
专业基础课及专业课	7	政治经济学(财)	6	《政治经济学原理》	卫兴华	经济科学出版社1998年	全国考委	外国文化史或世界文化概况(概论)
	8	饭店管理概论	5	《旅游饭店经营管理》	施涵蕴	同济大学出版社1990年	天津考委	饭店管理或旅游学概论
	9	旅游经济学	5	《旅游经济学》	林南枝	南开大学出版社1994年	天津考委	中国通史
	10	旅游市场学	4	《旅游市场学》	林南枝	南开大学出版社	天津考委	中国古代建筑艺术
	11	旅游与饭店会计	6	《旅游企业会计学》	马桂顺	东北财经大学出版社1996年	天津考委	文物鉴赏与保护
	12	旅游心理学	4	《旅游心理学》	甘朝有	南开大学出版社1997年	天津考委	旅游美学
	13	中国物质文化史	5	《中国古代物质文化》	王玉哲	高等教育出版社1990年	天津考委	
	14	宗教与民俗	4	《中国民俗概观》《佛道文化通览》	杨存田 张映勤	北京大学出版社1994年 天津社科院出版社1995年	天津考委	公关礼仪
	15	中国旅游地理	5	《旅游地理学》	梁本源	上海人民出版社1997年	天津考委	旅游地理
	16	旅行社经营与管理	5	《旅行社管理》	杜江	南开大学出版社1997年	天津考委	旅行社经营管理
	17	导游业务	4	《导游业务》	国家旅游局人教司	旅游教育出版社1990年	天津考委	
总学分			79					

说明:1. 自2001年起,按本计划实施考试。

2.“英语(二)”可用高等教育自学考试公共“日语”或公共“俄语”课程顶替。

制浆造纸工艺专业

主考校:天津轻工业学院　学科:轻工纺织食品　学历层次:专科　专业代号:150

类别	序号	课程名称	学分	教材名称	主编	出版单位及时间	考纲编写单位及时间	原计划设置课程
公共课	1	马克思主义哲学原理	3	《马克思主义哲学原理》	赵家祥	1999年11月	全国考委1999年8月	
	2	邓小平理论概论	3	《邓小平理论概论》	钱淦荣	1999年11月	全国考委1999年12月	普通物理
	3	法律基础与思想道德修养	2	《法律基础与思想道德修养》	巩献田	1999年11月	全国考委1999年8月	
	4	大学语文	4	《大学语文》应用专科	徐中玉	华东师范大学出版社1994年	全国考委	
	5	英语	7	《大学英语自学教程》上册	高远	高等教育出版社1998年	全国考委1998年	
	6	高等数学(工专)	7	《高等数学》上、下册	陆庆乐	高等教育出版社1990年	全国考委	
	7	计算机应用基础	4	《微型计算机应用基础》	杨明福	机械工业出版社1996	全国考委	
专业基础课及专业课	8	#无机化学	5	《无机化学简明教程》	杨宏孝	天津大学出版社1997年	天津考委	
	9	#有机化学	5	《有机化学导论》	高鸿宾	天津大学出版社1988年	天津考委	
	10	#分析化学	5	《分析化学》	陈玄杰	高等教育出版社1995年	天津考委	
	11	化工原理	4	《化工原理》上、下册	陈常贵	天津大学出版社1996年	天津考委	
	12	机械制图(非机类)	4	《机械制图》	唐树忠	天津大学出版社1994年	天津考委	
	13	#植物纤维化学	3	《植物纤维化学》	邬义明	轻工业出版社1991年	天津考委	
	14	制浆造纸过程测控	4	《制浆造纸过程测量与控制》	钱承茂	轻工业出版社	天津考委	
	15	制浆工艺学	5	《制浆原理与工程》	陈嘉翔	轻工业出版社1990年	天津考委	制浆原理与工程
	16	造纸工艺学	5	《造纸原理与工程》	隆言泉	轻工业出版社1994年	天津考委	造纸原理与工程
	17	制浆造纸设备	5	《制浆造纸机械与设备》	华南工学院	轻工业出版社1981年	天津考委	制浆造纸机械与设备
	18	##制浆造纸实验技术	3	《制浆造纸实验》	屈维均	轻工业出版社1990年	天津考委	
	19	毕业设计						
总学分			78					

说明:1. 标有"#"号的课程含实践环节考核,应取得《课程合格证》和《实践环节考核合格证》。
2. 标"##"的课程为非试卷考试课程。
3. 自2000年起,按本计划实施考试。
4. "英语"可用高等教育自学考试公共"日语"或公共"俄语"课程顶替。

化工工艺(无机化工工艺方向)专业

主考校:天津轻工业学院　学科:化工　学历层次:专科　专业代号:151

类别	序号	课程名称	学分	教材名称	主编	出版单位及时间	考纲编写单位及时间	原计划设置课程
公共课	1	马克思主义哲学原理	3	《马克思主义哲学原理》	赵家祥	1999年11月	全国考委1999年8月	
	2	邓小平理论概论	3	《邓小平理论概论》	钱浍荣	1999年11月	全国考委1999年12月	普通物理
	3	法律基础与思想道德修养	2	《法律基础与思想道德修养》	巩献田	1999年11月	全国考委1999年8月	
	4	高等数学(工专)	7	《高等数学》上、下册	陆庆乐	高等教育出版社1990年	全国考委	
	5	大学语文	4	《大学语文》应用专科	徐中玉 钱谷融	华东师范大学出版社1994年	全国考委	
	6	英语	7	《大学英语自学教程》上册	高远	高等教育出版社1998年	全国考委1998年	
	7	计算机应用基础	4	《微型计算机应用基础》	杨明福	机械工业出版社1996	全国考委	
专业基础课及专业课	8	工程制图	4	《工程制图》	崔永军	中国电力出版社1998年	全国考委	机械制图(非机类)
	9	#无机化学	5	《无机化学简明教程》	杨宏孝	天津大学出版社1997年	天津考委	
	10	#有机化学	5	《有机化学导论》	高鸿宾	天津大学出版社1988年	天津考委	
	11	#物理化学	4	《物理化学》	肖衍繁 李文斌	天津大学出版社1997年	天津考委	
	12	#化工原理	6	《化工原理》上、下册	陈常贵	天津大学出版社1996年	天津考委	
	13	#分析化学	5	《分析化学》	陈玄杰	高等教育出版社1995年	天津考委	制盐工业分析
	14	水盐体系相图	3.5	《水盐体系相图》	李宝存	自编	天津考委	
	15	无机分离工程	3.5	《无机分离工程》	吕怀鉴	自编	天津考委	
	16	化工设计概论	4	《化工设计概论》	黄璐	化工出版社1999年	天津考委	
	17	化工工艺	7	《制盐工艺学》 《盐业化学工程学》	制盐室 毛源辉	自编 天津社科院出版社1994年	天津考委	盐化工程学和制盐工程学
	18	盐田生物	2	《盐田生物》	王中秋	自编	天津考委	
	19	##化工基础实验	4	《化工技术基础实验》	冯朝伍	天津大学出版社	天津考委	
总学分			83					

说明:1. 标有"#"号的课程含实践环节考核,应取得《课程合格证》和《实践环节考核合格证》。
2. 标"##"的课程为非试卷考试课程。
3. "英语"可用高等教育自学考试公共"日语"或公共"俄语"课程顶替。
4. 自2001年起,按本计划实施考试。

工业电气自动化技术专业

主考校:天津轻工业学院 学科:电工电子信息 学历层次:专科 专业代号:152

类别	序号	课程名称	学分	教材名称	主编	出版单位及时间	考纲编写单位及时间	原计划设置课程
公共课	1	马克思主义哲学原理	3	《马克思主义哲学原理》	赵家祥	1999年11月	全国考委1999年8月	
	2	邓小平理论概论	3	《邓小平理论概论》	钱淦荣	1999年11月	全国考委1999年12月	管理概论
	3	法律基础与思想道德修养	2	《法律基础与思想道德修养》	巩献田	1999年11月	全国考委1999年8月	
	4	高等数学(工专)	7	《高等数学》上、下册	陆庆乐	高等教育出版社1990年	全国考委	
	5	大学语文	4	《大学语文》应用专科	徐中玉	华东师范大学出版社1994年	全国考委	
	6	英语	7	《大学英语自学教程》上册	高远	高等教育出版社1998年	全国考委1998年	
专业基础课及专业课	7	计算机基础与程序设计	4	《计算机基础与程序设计》	曲俊华	中国电力出版社1999年	全国考委	计算机应用基础和C语言(BASIC语言)
	8	线性代数	3	《线性代数》	魏战线	辽宁大学出版社1999年	全国考委	机械基础
	9	工程制图	4	《工程制图》	崔永军	中国电力出版社1998年	全国考委	机械制图(非机类)
	10	#电工原理	7	《电工原理》	张洪让	中国电力出版社1999年	全国考委	电工技术基础
	11	#电子技术基础	6	《电子技术基础》	熊宝辉	中国电力出版社1999年	全国考委	
	12	自动控制原理与系统	6	《自动控制原理与系统》	孔凡才	机械工业出版社1994年	全国考委	家用电器
	13	#电机与拖动基础	6	《电机与拖动基础》(第二版)	李发海 王岩	清华大学出版社1994年	天津考委	电机与控制
	14	#电力电子技术	3	《半导体变流技术》	高玉奎	兵器工业出版社1997年	天津考委	传感器技术
	15	#工厂电气控制技术	3	《工厂电气控制技术》	方承远	机械工业出版社1992年	天津考委	电气控制
	16	企业供电	3	《工厂供电》	刘介才	机械工业出版社1991年	天津考委	工厂供电
	17	#微型计算机原理及应用	4	《微型计算机原理与应用》	孙德文	中国电力出版社2000年	全国考委	单片机原理及应用
总学分			75					

说明:1. 标有"#"号的课程含实践环节考核,应取得《课程合格证》和《实践环节考核合格证》。

2."英语"可用高等教育自学考试公共"日语"或公共"俄语"课程顶替。

3. 自2001年起,按本计划实施考试。

食品工艺专业

主考校:天津轻工业学院　学科:轻工纺织食品　学历层次:专科　专业代号:153

类别	序号	课程名称	学分	教材名称	主编	出版单位及时间	考纲编写单位及时间	原计划设置课程
公共课	1	马克思主义哲学原理	3	《马克思主义哲学原理》	赵家祥	1999年11月	全国考委 1999年8月	
	2	邓小平理论概论	3	《邓小平理论概论》	钱淦荣	1999年11月	全国考委 1999年8月	
	3	法律基础与思想道德修养	2	《法律基础与思想道德修养》	巩献田	1999年11月	全国考委 1999年12月	
	4	高等数学(工专)	7	《高等数学》上、下册	陆庆乐	高等教育出版社 1990年	全国考委	
	5	大学语文	4	《大学语文》应用专科	徐中玉	华东师范大学出版社 1994年	全国考委	
	6	英语	7	《大学英语自学教程》上册	高远	高等教育出版社 1998年	全国考委 1998年	
	7	计算机应用基础	4	《微型计算机应用基础》	杨明福	机械工业出版社 1996年	全国考委	
专业基础课及专业课	8	#有机化学	4	《有机化学导论》	高鸿宾	天津大学出版社 1988年	全国考委	
	9	食品生物化学	4	《简明生物化学教程》	聂建初	高等教育出版社 1988年	天津考委	化工原理
	10	#食品化学	6	《食品化学》	黄丽梅	中国人民大学出版社	天津考委	
	11	工程制图	4	《工程制图》	崔永军	中国电力出版社 1998年	全国考委	机械制图(非机类)
	12	#食品微生物学	5	《食品微生物学》	天津、无锡轻院	轻工业出版社 1985年	天津考委	
	13	食品营养与卫生	3	《食品营养学》《食品卫生学》	刘志皋 杜雅纯	轻工业出版社 1990年	天津考委	无机化学
	14	食品分析与检验	4	《食品分析》	吴　平	轻工业出版社 1988年	天津考委	食品分析
	15	食品工艺学	6	《食品工艺学》上、中、下册	肖家捷	轻工业出版社 1988年	天津考委	
	16	食品工厂设备	3	《食品工厂机械与设备》	肖振金	轻工业出版社 1994年	天津考委	食品设备
	17	食品工厂设计	3	《食品工厂设计基础》	无锡轻院	轻工业出版社 1995年	天津考委	食品保藏原理
	18	##食品工艺实验	2	《食品工艺实验》	天津轻院	天津轻院	天津考委	化工基础实验
总学分			74					

说明:1. 标有"#"号的课程含实践环节考核,应取得《课程合格证》和《实践环节考核合格证》。
2. 标"##"的课程为非试卷考试课程。
3. "英语"可用高等教育自学考试公共"日语"或公共"俄语"课程顶替。
4. 自2001年起,按本计划实施考试。

中药学专业

主考校：天津中医学院　　学科：医药　　学历层次：专科　　专业代号：154

类别	序号	课程名称	学分	教材名称	主编	出版单位及时间	考纲编写单位及时间	原计划设置课程
公共课	1	马克思主义哲学原理	3	《马克思主义哲学原理》	赵家祥	1999年11月	全国考委1999年8月	
	2	邓小平理论概论	3	《邓小平理论概论》	钱淦荣	1999年11月	全国考委1999年12月	
	3	法律基础与思想道德修养	2	《法律基础与思想道德修养》	巩献田	1999年11月	全国考委1999年8月	
	4	计算机应用基础	4	《微型计算机应用基础》	杨明福	机械工业出版社1996年	全国考委	
专业基础课及专业课	5	医古文	6	《医古文》	段逸山	上海科技出版社1984年	全国考委	
	6	中医基础理论	8	《中医基础理论》《中医诊断学》	印会河 邓铁涛	上海科技出版社1984年	全国考委	
	7	基础化学	6	《基础化学》	巫壁辉	上海科技出版社	天津考委	
	8	中药学	6	《中药学》	凌一揆	上海科技出版社1984年	全国考委	
	9	方剂学	5	《方剂学》	许济群	上海科技出版社	全国考委	
	10	#有机化学	8	《有机化学》	张执候	上海科技出版社	天津考委	
	11	#中药化学	8	《中药化学》	肖崇厚	上海科技出版社1987年	天津考委	
	12	药用植物学	6	《药用植物学》	丁景和	上海科技出版社	天津考委	
	13	#中药鉴定学	9	《中药鉴定学》	任仁安	上海科技出版社1986年	天津考委	
	14	#中药炮制学	4	《中药炮制学》	徐楚江	上海科技出版社1985年	天津考委	
	15	#中药药剂学	9	《中药药剂学》	曹春林	上海科技出版社1986年	天津考委	
	16	中药药理学	4	《中药药理学》	王筠默	上海科技出版社1985年	天津考委	
	17	中药经营学	3	《中药市场营销学》	张永清	中国中医药出版社1995年	天津考委	
总学分			94					

说明：1. 标有"#"号的课程含实践环节考核，应取得《课程合格证》和《实践环节考核合格证》。
2. 自2000年起，按本计划实施考试。

关于开考高等教育自学考试公共关系专业(专科)的通知

津高自委字[1999]10号

南开大学、各区县教委、各助学单位、天津铁厂教委：

为适应社会主义经济建设和社会发展的需要，造就和选拔面向21世纪的公共关系专门人才，根据考委[1999]8号文，决定于2000年上半年开考高等教育自学考试公共关系专业(专科)，遴选南开大学为主考学校，望你们做好考试准备。

附件一：高等教育自学考试公共关系专业(专科)考试计划

附件二：公共关系专业和公共关系与现代秘书专业部分课程替换表

附件三：2000年4月公共关系专业考试安排

1998年8月21日

附件一：

高等教育自学考试公共关系专业(专科)考试计划

一、指导思想

高等教育自学考试公共关系专业(专科)是为了适应我国社会主义现代化建设对公共关系专门人才的需要而设置的。该专业根据自学考试的特点，在着重考核自学者基本理论、基础知识的基础上，适当加强对所学知识的实际应用能力的考核。

二、学历层次和规格

高等教育自学考试公共关系专业为高等教育专科层次，其专业培养规格要求在总体上与普通高等学校同类专业水平一致，考试课程不少于17门，总学分不低于70学分。

本专业各门课程采用学分计算，各门课程考试采用百分制计分，60分为及格。凡单科考试成绩及格者，发给单科合格证书，并取得该课程学分。凡取得本专业全部17门课程的合格成绩，学分累计达70学分，思想品德经鉴定符合要求者，发给本专业自学考试大学专科毕业证书。

三、培养目标和基本要求

培养适应社会主义市场经济要求的、从事策划咨询、形象设计、沟通协调等公共关系工作，并具有较强实际工作能力和初步研究能力的专门人才。

在政治思想方面,要求应考者努力学习马克思列宁主义、毛泽东思想、邓小平理论,树立爱国主义、集体主义和社会主义思想,遵守法律、法规,具有良好的思想品德。

在业务知识和能力方面,要求学习掌握专业必备的基本理论、基本知识和基本技能,具备宣传表达、组织协调和社会交往能力并能较好地应用公关原理分析和解决实际问题的能力。

四、考试课程及学分

类别	序号	课程名称	学分
必考课	1	马克思主义哲学原理	3
	2	邓小平理论概论	3
	3	法律基础与道德修养	2
	4	大学语文(4学分)	4
	5	公共关系学	4
	6	传播学概论	6
	7	公关心理学	4
	8	公共关系实务	4
	9	公共关系策划	6
	10	公共关系写作	4
	11	公关语言	4
	12	广告学(新闻类)	4
	13	市场营销学	5
	14	现代管理学	6
	15	计算机应用基础	4
选考二门	16	英语(一)	7
	17	中国文化史	6
	18	档案管理学	6
	19	公关谈判学	4
	20	秘书学	6
	21	外国文化史	6

五、课程说明

1. 马克思主义哲学原理

《马克思主义哲学原理》 赵家祥主编 经济科学出版社 1999 年版

2. 邓小平理论概论

《邓小平理论概论》 钱淦荣主编 中国财政经济出版社 1999 年版

3. 法律基础与道德修养

《法律基础与道德修养》 巩献田主编 高等教育出版社 1999 年版

4. 大学语文(4 学分)

《大学语文》(应用专科) 徐中玉主编 华东师范大学出版社 1994 年版

5. 公共关系学

《公共关系学》(修订本) 熊源伟主编 安徽人民出版社 1997 年版

6. 传播学概论

《传播学概论》 吴文虎主编 预计2000年2月出版

7. 公关心理学

《人际关系社会心理学》 王康乐主编 南开大学出版社1986年版

8. 公共关系实务

《现代公共关系实务》 陈金美主编 湖南师范大学出版社1993年版

9. 公共关系策划

《公共关系策划》 熊源伟主编 中山大学出版社

10. 公共关系写作

《公关文秘实用写作》 李瑞山主编 内蒙古人民出版社1999年版

11. 公关语言

《公关语言艺术》 孙连芬主编 知识出版社1993年版

12. 广告学(新闻类)

《广告学》(新闻类) 丁俊杰主编 预计2000年9月出版

13. 市场营销学

《市场营销学》 郭国庆主编 武汉大学出版社1996年版

14. 现代管理学

《现代管理学》 刘熙瑞主编 预计2000年2月出版

15. 计算机应用基础

《微型计算机应用基础》 杨明福主编 机械工业出版社1996年版

16. 英语(一)

《大学英语自学教程》(上) 高远主编 高等教育出版社1998年版

17. 中国文化史

《中国文化史》 张凯主编 燕山出版社

18. 档案管理学

《档案管理学》 邓绍兴主编 中国人民大学出版社1989年版

19. 公关谈判学

《实用谈判学》 田志华主编 中国青年出版社

20. 秘书学

《秘书学》 高潮主编 中国政法大学出版社1989年版

21. 外国文化史

《外国文化史》 俞久洪主编 天津社会科学院出版社

附件二

公共关系专业和公共关系与现代秘书专业部分课程替换表

公共关系专业课程	公共关系与现代秘书专业课程
马克思主义哲学原理	按“关于公共政治课调整的意见”（津高自办字[1999]8号文）执行
邓小平理论	
法律基础与思想道德修养	
大学语文（4学分）	大学语文（4学分）
公共关系学	公共关系学原理
公关心理学	人际关系心理学
公共关系实务	公关实务
公共关系写作	公关实用写作
公关语言	公共语言学
广告学（新闻类）	现代广告学
中国文化史	中国文化史
档案管理学	档案管理学
公关谈判学	公关谈判学
秘书学	秘书学
外国文化史	外国文化史

附件三：

2000年4月公共关系专业开考课程

专业	4月23日 上午8:30 第一天上午	4月23日 下午2:00 第一天下午	4月29日 上午8:30 第二天上午	4月29日 下午2:00 第二天下午	4月30日 上午8:30 第三天上午	4月30日 下午2:00 第三天下午
公共关系	公共关系学	公关心理学	中国文化史	公关语言	档案管理学	马克思主义哲学原理

关于印发高等教育自学考试法律等四个专业考试计划的通知

津高自委字[1999]11号

各主考院校、各区县教委、各助学单位、天津铁厂教委：

为了更好地适应我国经济建设和社会发展对培养人才的需要，全国高等教育自学考试指导委员会在认真研究和充分论证的基础上，制定了《高等教育自学考试专业基本规范》，并在此基础上对已开考的专业考试计划进行了修订。修订后的专业考试计划在保证其基本素质教育的基础上较好地体现了自学考试的特点和专业的学历规格要求。天津市高等教育自学考试委员会依据全国考委公布的专业考试计划对我市开考的部分专业考试计划进行了调整，现将调整后的高等教育自学考试法律(本科)、汉语言文学(本科)、秘书(专科)、小学教育(专科)等四个专业的考试计划印发给你们，请遵照执行。

上述四个专业的新旧专业考试计划的过渡工作将在2000年底完成，2001年起按此次公布的专业考试计划安排课程考试和办理毕业审核。

附件一：高等教育自学考试法律专业(本科)考试计划
附件二：法律专业(本科)段新旧考试计划课程替换表
附件三：高等教育自学考试汉语言文学专业(本科)考试计划
附件四：高等教育自学考试秘书专业(专科)考试计划
附件五：秘书专业(专科)新旧专业考试计划课程替换表
附件六：高等教育自学考试小学教育专业(专科)考试计划
附件七：小学教育专业(专科)新旧专业考试计划课程替换表

1999年8月21日

附件一：

高等教育自学考试法律专业(本科)考试计划

一、指导思想

高等教育自学考试法律专业的设置要求，在总体上与全日制普通高等院校法律专业的水平相一致，要求毕业证书获得者在政治思想上能够坚持四项基本原则，遵纪守法，积极促进社会主义民主与法制的建设。

二、培养目标与基本要求

基础科段：以马克思主义、毛泽东思想和邓小平理论为指导，培养德才兼备的应用型法律专门人才。要求掌握本专业所必需的基础理论、基本知识和基本技能；熟悉我国主要法律、法规以及有关的方针政策，具有一定的分析和解决法律实际问题的能力。

本科阶段：以马克思主义、毛泽东思想和邓小平理论为指导，培养从事政法机关和其他部门法律实际工作以及法律教育、研究工作的高层次专门人才。要求系统掌握本专业的基础理论、基本知识和基本技能；熟悉我国法律、法规以及国家的有关方针、政策；了解外国法律和法学动态，具有较强的分析和解决法律实际问题的能力。本科毕业生一般要求掌握一门外国语。

三、学历层次和规格

本专业各门课程均采用学分制。各门课程考试合格后，发给单科合格证书。

本专业设可衔接的基础科段和本科段，基础科段各门课程均为本科要求。

专科毕业：凡取得法律专业考试计划基础科段规定的14门课程的合格成绩，学分累计达70学分以上，思想品德经鉴定符合要求者，发给专科毕业证书。

本科毕业：凡已获得法律专业专科学历，并取得本科段所规定的15门课程的合格成绩，学分累计不少于65学分，且毕业论文合格，思想品德经鉴定合格者，发给本科毕业证书。

凡全部课程（含外语）考试和毕业论文成绩合格的本科毕业生，按照《中华人民共和国学位条例》的规定，由国务院已授权的主考院校授予学士学位。

四、考试课程与学分

（一）基础科段

序号	课程名称	学分	备注
1	马克思主义哲学原理	3	基础科段必考课程14门，累计70学分
2	邓小平理论概论	3	
3	法律基础与思想道德修养	2	
4	大学语文	6	
5	法理学	7	
6	宪法学	4	
7	中国法制史	5	
8	刑法学	7	
9	民法学	7	
10	刑事诉讼法学	4	
11	民事诉讼法学	5	
12	行政法学	5	
13	经济法概论	6	
14	国际法	6	

(二)本科段

序号		课程名称	学分	备注
必考	选考			
1		毛泽东思想概论	2	本科段必考课12门，选考课列出7门，可从中任选3门，累计学分不少于65学分。 基础科段与本科段累计135学分以上。
2		马克思主义政治经济学原理	3	
3	任选一种	英语(二) 日语 俄语	14	
4		法律文书写作	3	
5		国际私法	4	
6		国际经济法概论	6	
7		合同法	4	
8		公司法	4	
9		劳动法	4	
10		环境法与资源保护法	4	
11		知识产权法	4	
12		婚姻家庭法	4	
	1	外国法制史	4	
	2	中国法律思想史	4	
	3	国际贸易法	5	
	4	票据法	3	
	5	保险法	3	
	6	公证与律师制度	3	
	7	房地产法	3	

说明：

(一)凡取得国家承认的各类高等学校的法律、经济法学、行政法学、律师等专业专科毕业证书者，可直接报考法律专业本科段。

(二)其它专业的专科、本科毕业生报考法律专业本科段时，需加考法理学(7)、宪法学(4)、刑法学(7)、民法学(7)、民事诉讼法学(5)五门课程。

(三)自学考试律师专业专科毕业生，报考法律专业本科时，不得再报考“法律文书写作”和“婚姻家庭法”课程，必须在选考课中另行选考两门课程；原报考律师专业(独立本科段)的考生，已通过的“中国法制史”课程，可替代一门法律专业本科段的选考课。

(四)凡已通过国际金融法、国际投资法、犯罪学、罗马法、国际关系史、自然科学概论、法医学、外国宪法、专利法与商标法、西方法律思想史等课程考试，取得单科合格证的，可分别顶替本计划中的选考课。

(五)年龄在40岁以上的考生可申请免考外语，但必须加考三至四门课程，其学分不少于14学分。

五、考试方式和时间

(一)各门课程考试的答卷时间一般应为150分钟。必考课、选考课一律采用百分制评分，

60分为及格。

(二)毕业论文是本科段学习的必修内容,本科应考者在全部课程考试合格后必须撰写毕业论文。论文题目范围由主考院校选定公布,应考者任选其中一题写作,篇幅一般在8000字左右。论文必须由应考者本人独立完成,且观点明确,结构合理,论述有据,文字通顺。论文由主考院校组织审阅和答辩,论文成绩采用五级计分制评定,即优秀、良好、中等、及格和不及格。

六、主要课程使用考纲和教材

1. 马克思主义哲学原理

《马克思主义哲学原理自学考试大纲》 全国考委制定

《马克思主义哲学原理》(全国考委组编) 赵家祥主编 经济科学出版社1999年版

2. 邓小平理论概论

《邓小平理论概论自学考试大纲》 全国考委制定

《邓小平理论概论》(全国考委组编) 钱淦荣主编 中国财政经济出版社1999年版

3. 法律基础与思想道德修养

《法律基础与思想道德修养自学考试大纲》 全国考委制定

《法律基础与思想道德修养》(全国考委组编) 巩献田主编 高等教育出版社1999年版

4. 毛泽东思想概论

《毛泽东思想概论自学考试大纲》 全国考委制定

《毛泽东思想概论》(全国考委组编) 罗正楷主编 武汉大学出版社1999年版

5. 马克思主义政治经济学原理

《马克思主义政治经济学原理自学考试大纲》 全国考委制定

《马克思主义政治经济学原理》(全国考委组编) 卫兴华主编 武汉大学出版社1999年版

6. 大学语文

《大学语文自学考试大纲》 全国考委制定

《大学语文》(应用专科)(全国考委组编) 徐中玉主编 华东师范大学出版社1994年版

7. 英语(二)

《英语(二)自学考试大纲》 全国考委制定

《大学英语自学教程》(上、下册) (全国考委组编) 高远主编 高等教育出版社1998年版

8. 法理学

《法学基础理论自学考试大纲》 全国考委制定

《法理学》(全国考委组编) 沈宗灵主编 北京大学出版1999年版

9. 宪法学

《宪法学自学考试大纲》 全国考委制定

《宪法学》(全国考委组编) 魏定仁主编 北京大学出版社1994年版

10. 中国法制史

《中国法制史自学考试大纲》 全国考委制定

《中国法制史》(全国考委组编) 叶孝信主编 北京大学出版社1996年版

11. 刑法学

《刑法学自学考试大纲》 全国考委制定

《刑法学》（全国考委组编） 高铭暄主编 北京大学出版社1998年版

12. 民法学

《民法学自学考试大纲》 全国考委制定

《民法学》(第二版)（全国考委组编） 郑立、王作堂主编 北京大学出版社1994年版

13. 刑事诉讼法学

《刑事诉讼法学自学考试大纲》 全国考委制定

《刑事诉讼法学》（全国考委组编） 王国枢主编 北京大学出版社1998年版

14. 民事诉讼法

《民事诉讼法学自学考试大纲》 全国考委制定

《民事诉讼法学》（全国考委组编） 柴发邦主编 北京大学出版社1998年版

15. 行政法学

《行政法学自学考试大纲》 全国考委制定

《行政法学》（全国考委组编） 罗豪才主编 北京大学出版社1996年版

16. 经济法概论

《经济法概论自学考试大纲》 全国考委制定

《经济法学》(第二版)（全国考委组编） 杨紫煊、徐杰主编 北京大学出版社1994年版

17. 国际法

《国际法自学考试大纲》 全国考委制定

《国际法》（全国考委组编） 端木正主编 北京大学出版社1997年版

18. 法律文书写作

《法律文书写作自学考试大纲》 全国考委制定

《法律文书写作》（全国考委组编） 宁致远主编 北京大学出版社1999年版

19. 国际私法

《国际私法自学考试大纲》 全国考委制定

《国际私法》（全国考委组编） 李双元主编 北京大学出版社1991年版

20. 国际经济法概论

《国际经济法学自学考试大纲》 全国考委制定

《国际经济法概论》（全国考委组编） 陈安主编 北京大学出版社1994年版

21. 合同法

《合同法自学考试大纲》 全国考委制定

《合同法》（全国考委组编） 王利明主编 北京大学出版社1999年版

22. 公司法

《公司法自学考试大纲》 全国考委制定

《公司法》（全国考委组编） 顾功耘主编 北京大学出版社1999年版

23. 劳动法学

《劳动法自学考试大纲》 全国考委制定

《劳动法》（全国考委组编） 李景森主编 北京大学出版社1995年版

24. 环境法与资源保护法

《环境法与资源保护法自学考试大纲》 全国考委制定

《环境法学》（全国考委组编） 金瑞林主编 北京大学出版社 1999 年版

25. 知识产权法

《知识产权法自学考试大纲》 全国考委制定

《知识产权法》（全国考委组编） 吴汉东主编 北京大学出版社 1998 年版

26. 婚姻家庭法

《婚姻法学自学考试大纲》 全国考委制定

《婚姻法学》（全国考委组编） 杨大文主编 北京大学出版社 1991 年版

27. 外国法制史

《外国法制史自学考试大纲》 全国考委制定

《外国法制史》（全国考委组编） 由嵘主编 北京大学出版社 1989 年版

28. 中国法律思想史

《中国法律思想史自学考试大纲》 全国考委制定

《中国法律思想史》（全国考委组编） 杨鹤皋主编 北京大学出版社 1988 年版

29. 票据法

《票据法自学考试大纲》 全国考委制定

《票据法》（全国考委组编） 姜建初主编 北京大学出版社 1998 年版

30. 保险法

《保险法自学考试大纲》 全国考委制定

《保险法》（全国考委组编） 覃有土主编 北京大学出版社 1998 年版

31. 公证与律师制度

《公证与律师制度自学考试大纲》 全国考委制定

《公证与律师制度》（全国考委组编） 陈光中主编 北京大学出版社 1993 年版

32. 房地产法

《房地产法自学考试大纲》 全国考委制定

《房地产法》（全国考委组编） 程信和主编 北京大学出版社 1999 年版

33. 国际贸易法

《国际贸易法自学考试大纲》 全国考委制定

《国际贸易法》（全国考委组编） 王传丽主编 法律出版社出版 1998 年版。

附件二：

法律专业（本科）新旧考试计划课程替换表

新计划课程名称及学分		旧计划课程名称及学分	
法理学	7	法学基础理论	7
宪法学	4	宪法	4

新计划课程名称及学分		旧计划课程名称及学分	
刑法学	6	刑法	7
民法学	7	民法	6
民事诉讼法学	5	民事诉讼法	4
刑事诉讼法学	4	刑事诉讼法	4
行政法学	5	行政法	4
经济法概论	6	经济法	6
国际经济法概论	6	国际经济法	4
婚姻家庭法	4	婚姻法	3

附件三：

高等教育自学考试
汉语言文学专业(本科)考试计划

一、指导思想

高等教育自学考试汉语言文学专业的设置要求，在总体上与全日制普通高等学校汉语言文学专业的水平相一致；同时，在保证基本素质教育的基础上，根据社会需要和自学考试的特点，注重考核应考者的基本知识、基本理论和基本能力。

二、培养目标和基本要求

本专业以马克思主义、毛泽东思想和邓小平理论为指导，培养和造就适应社会主义市场经济建设需要的，具有较好语言、文学素养和应用能力的专业人才。

专科(基础科段)：初步了解语言、文学的基本原理、掌握本专业的基本理论、基本知识、基本技能，具有一定的分析问题和解决问题的能力。有较好的自学能力和书面表达能力。

本科：深入理解、掌握本专业的基本原理、基本知识和基本技能，具有较强的分析问题和解决问题的能力。有较强的自学能力和书面表达能力，初步具有从事科学研究的能力。

三、学历层次与规格

本专业各门课程采用学分制，每门课程考试合格后，发给单科合格证书。

专科(基础科段)毕业：凡取得本计划所规定的汉语言文学专业基础科段13门课程合格成绩，累计达70学分，思想品德经鉴定符合要求者，发给高等教育自学考试汉语言文学专业专科毕业证书。

本科毕业：在本专业专科毕业的基础上，凡取得本计划所规定的汉语言文学专业本科段11门(或11门以上)课程合格成绩，累计达65学分，毕业论文经答辩合格，思想品德经鉴定符合要求者，发给高等教育自学考试汉语言文学专业本科毕业证书。

学位授予：凡外语成绩合格的本科毕业生，按《中华人民共和国学位条例》，由国务院已授权的主考高校授予学士学位。

四、考试课程与学分

层次	序号		课程名称	学分	备注
	必考	选考			
基础科段	1		马克思主义哲学原理	3	基础科段必考课12门，选考课任选1门，总计70学分以上
	2		邓小平理论概论	3	
	3		法律基础与思想道德修养	2	
	4		文学概论	7	
	5		中国现代文学作品选	6	
	6		中国当代文学作品选	5	
	7		中国古代文学作品选(一)	6	
	8		中国古代文学作品选(二)	6	
	9		外国文学作品选	6	
	10		现代汉语	7	
	11		古代汉语	8	
	12		写作	7	
		1	普通逻辑	4	
		2	教育学	4	
		3	心理学	4	
		4	计算机应用基础	4	
		5	英语(一)	7	
本科段	1		毛泽东思想概论	2	本科段必考课9门。选考课任选2门或2门以上，不少于8学分。总计65学分以上。 基础科段与本科段累计135学分以上
	2		马克思主义政治经济学原理	3	
	3	任选一种	英语(二)	14	
			日语		
			俄语		
	4		美学	6	
	5		中国现代文学史	6	
	6		中国古代文学史(一)	7	
	7		中国古代文学史(二)	7	
	8		外国文学史	6	
	9		语言学概论	6	
		1	杜甫研究	4	
		2	鲁迅研究	3	
		3	比较文学	3	
		4	中国文学批评史	4	
		5	中国文化概论	5	
		6	新时期小说研究	3	
毕业考核			毕业论文		不计学分

说明：

1. 凡属国民教育序列、国家承认学历的各类高等教育汉语言文学类专业专科毕业生，可直接报考本专业本科段；非汉语言文学专业专科及专科以上毕业生，参加本专业本科段的考试，须加考本专业基础科段的中国现代文学作品选、中国古代文学作品选(一)、古代汉语三门课程。

2. 年龄在40岁以上的应考者，可以申请免考本科段的外语课程，但必须加考三门选考课，且不授予学位。

3. 在本计划实行以前，凡考试成绩合格，通过中国现代文学作品选课程者，可免考中国现代文学作品选、中国当代文学作品选两门课程；通过外国文学课程者，可免考外国文学作品选课程；通过中国通史、中国小说史、训诂学、中国当代文学与专题研究、西方美学史、诗经研究、楚辞研究、李白研究、宋词研究、莎士比亚研究、红楼梦艺术研究、文字学等选考课程，可分别顶替本计划中的选考课。

五、考试方式和时间

1. 本专业各门课程一般均采用闭卷笔试的方法，按百分制计分，60分为合格。考试答卷时间均为150分钟。

2. 在本科段的全部课程考试成绩合格后可申请进行毕业论文。毕业论文的题目由主考院校公布，应考者任选一题撰写。亦可由应考者自选论题，但须经主考院校同意。论文以一万字左右为宜，要求主题鲜明，观点正确，联系实际，层次清楚，语言流畅，字迹工整。论文须经审查答辩后评定成绩。评定成绩采用五级评定制方法，即优秀、良好、中等、及格、不及格。凡经发现毕业论文为抄袭或他人代写者，应取消其获得本科学历资格。毕业论文考核不及格者不能获得本科学历。

六、主要课程使用考纲和教材

1. 马克思主义哲学原理

《马克思主义哲学原理自学考试大纲》 全国考委制定

《马克思主义哲学原理》（全国考委组编） 赵家祥主编 经济科学出版社1999年版

2. 邓小平理论概论

《邓小平理论概论自学考试大纲》 全国考委制定

《邓小平理论概论》（全国考委组编） 钱淦荣主编 中国财政经济出版社1999年版

3. 毛泽东思想概论

《毛泽东思想概论自学考试大纲》 全国考委制定

《毛泽东思想概论》（全国考委组编） 罗正楷主编 武汉大学出版社1999年版

4. 马克思主义政治经济学原理

《马克思主义政治经济学原理自学考试大纲》 全国考委制定

《马克思主义政治经济学原理》（全国考委组编） 卫兴华主编 武汉大学出版社1999年版

5. 法律基础与思想道德修养

《法律基础与思想道德修养自学考试大纲》 全国考委制定

《法律基础与思想道德修养》（全国考委组编） 巩献田主编 高等教育出版社1999年版

6. 英语(一)、英语(二)

《英语(一)自学考试大纲》 全国考委制定

《英语(二)自学考试大纲》 全国考委制定

《大学英语自学教程》(上、下册) 高远主编 高等教育出版社1998年版

7. 日语

《标准日本语》(初、中级) 光村主编 人民教育出版社

8. 俄语

《俄语》(1、2 册) 叶素主编 外语教学研究出版社

9. 文学概论

《文学概论自学考试大纲》 全国考委制定

《文学概论》(全国考委组编) 童庆炳主编 武汉大学出版社 1999 年版

10. 中国现代文学作品选

《中国现代文学作品选自学考试大纲》 全国考委制定

《中国现代文学作品选》(全国考委组编) 钱谷融、吴宏聪主编 华东师范大学出版社 1999 年版

11. 中国当代文学作品选

《中国当代文学作品选自学考试大纲》 全国考委制定

《中国当代文学作品选》(全国考委组编) 钱谷融、吴宏聪主编 华东师范大学出版社 1999 年版

12. 中国古代文学作品选(一)、中国古代文学作品选(二)

《中国古代文学作品选自学考试大纲》 全国考委制定

《中国古代文学作品选》(全国考委组编) 徐中玉主编 华东师范大学出版社 1999 年版

13. 外国文学作品选

《外国文学作品选自学考试大纲》 全国考委制定

《外国文学作品选》(全国考委组编) 刘建军主编 华东师范大学出版社 1999 年版

14. 现代汉语

《现代汉语自学考试大纲》 全国考委制定

《现代汉语》(全国考委组编) 林祥楣主编 语文出版社 1999 年版

15. 古代汉语

《古代汉语自学考试大纲》 全国考委制定

《古代汉语》(全国考委组编) 郭锡良主编 语文出版社 1992 年版

16. 写作

《写作自学考试大纲》 全国考委制定

《写作》(全国考委组编) 王光祖、杨荫浒主编 华东师范大学出版社 1989 年版

17. 美学

《美学自学考试大纲》 全国考委制定

《美学》 (全国考委组编) 朱立元主编 华东师范大学出版社 1999 年版

18. 中国现代文学史

《中国现代文学史自学考试大纲》 全国考委制定

《中国现代文学史》(全国考委组编) 吴宏聪、范伯群主编 武汉大学出版社 1991 年版

19. 中国古代文学史(一)、中国古代文学史(二)

《中国古代文学史自学考试大纲》(一)(二)全国考委制定

《中国古代文学史》(一)(二)(全国考委组编) 陈洪主编 华东师范大学出版社 2000 年版

20. 外国文学史

《外国文学史自学考试大纲》 全国考委制定

《外国文学史》(全国考委组编) 夏仲翼主编 华东师范大学出版社2000年版

21. 语言学概论

《语言学概论自学考试大纲》 全国考委制定

《语言学概论》(全国考委组编) 邢公畹主编 语文出版社1992年版

22. 杜甫研究

《杜甫诗选注》 萧涤非选注 人民文学出版社1979年版

《杜甫研究》(修订本) 萧涤非主编 齐鲁书社1980年版

23. 鲁迅研究

《鲁迅论稿》 王国绶主编 天津社会科学院出版社1999年版

《鲁迅选集》(1—4卷) 人民文学出版社1983年版,1995年辽宁第二次印刷

24. 比较文学

《比较文学理论与实践》 孟昭毅、翟津壮著 天津人民出版社1997年版

25. 中国文学批评史

《中国文学批评史》(上、中、下册) 王运熙、顾易生主编 上海古籍出版社1981年版

26. 中国文化概论

《中国文化概论》 李中华主编 华文出版社1994年版

27. 新时期小说研究(待定)

28. 普通逻辑

《普通逻辑自学考试大纲》全国考委制定

《普通逻辑原理》(全国考委组编) 吴家国主编 高等教育出版社1989年版

29. 计算机应用基础

《计算机应用基础自学考试大纲》全国考委制定

《微型计算机应用基础》(全国考委组编) 杨明福主编 机械工业出版社1996年版

30. 教育学

《教育学》 罗正华主编 中央电视大学出版社1989年版

31. 心理学

《心理学》 叶奕乾主编 中央电视大学出版社1990年版

附件四：

高等教育自学考试
秘书专业(专科)考试计划

一、指导思想

高等教育自学考试秘书专业(专科)是为了适应社会主义建设事业的需要,充分发挥高等教育自学考试开放、灵活的特点和优势,培养大批适应社会主义市场经济体制的从事秘书工作的专门人才而设置的。

二、学历层次和规格

本专业为高等教育专科层次。高等教育自学考试秘书专业(专科)的培养规格在总体上与全日制普通高等学校相应专业专科水平一致,共设置16门课程,总学分不少于75学分,同时,根据高等教育自学考试具有较强的针对性和实用性的特点,注重考核应考者对秘书专业基本理论,基本知识和基本技能的掌握,以及运用基本理论和基本知识分析问题和解决问题的能力。本专业课程采用学分计算,各门课程考试采用百分制计分,60分为及格。凡单科考试合格者,发给单科合格证书,并取得该课程学分。凡取得本专业考试计划中规定的16门课程的合格成绩,学分累计达75分以上,思想品德鉴定符合要求者,发给高等教育自学考试秘书专业专科毕业证书。

三、培养目标与基本要求

本专业培养能在党政机关、企事业单位和其他社会组织中从事一般辅助性管理工作的秘书专门人才。要求自学者努力学习马克思主义、毛泽东思想和邓小平理论,树立爱国主义、集体主义和社会主义思想,遵守法律法规,具有良好的思想品德和职业道德;在业务知识和能力方面,要求掌握秘书工作必备的基础理论、基本知识和基本技能,具备较好的阅读理解和听知能力和一定的口头和文字表达能力,掌握现代办公技能以及一定的管理协调和交际能力。

四、考试课程

类别	序号	课程名称	学分	备注
必考课程	1	马克思主义哲学原理	3	
	2	邓小平理论概论	3	
	3	法律基础与思想道德修养	2	
	4	大学语文(专)	4	
	5	现代汉语基础	4	
	6	法学概论	6	
	7	当代中国政治制度	6	
	8	秘书学概论	6	
	9	公文写作与处理	6	
	10	机关管理	6	
	11	秘书实务	6	

类别	序号	课程名称	学分	备注
	12	公共关系学	4	
	13	办公自动化原理及应用	5	
选考课程	1	英语(一)	7	任选三门不得少于14学分
	2	文学概论	7	
	3	写作	7	
	4	市场营销学	5	
	5	档案管理学	6	
	6	普通逻辑	4	

说明：

含实验的课程及实验所占学分:《办公自动化原理及应用》(2学分)。

五、主要课程使用考试大纲和教材

1. 马克思主义哲学原理

《马克思主义哲学原理自学考试大纲》 全国考委制定

《马克思主义哲学原理》(全国考委组编) 赵家祥主编 经济科学出版社1999年版

2. 邓小平理论概论

《邓小平理论概论自学考试大纲》 全国考委制定

《邓小平理论概论》(全国考委组编) 钱淦荣主编 中国财政经济出版社1999年版

3. 法律基础与思想道德修养

《法律基础与思想道德修养自学考试大纲》 全国考委制定

《法律基础与思想道德修养》(全国考委组编) 巩献田主编 高等教育出版社1999年版

4. 大学语文(专)

《大学语文自学考试大纲》 全国考委制定

《大学语文》(全国考委组编) 徐中玉主编 华东师范大学出版社1994年版

5. 英语(一)

《英语(一)自学考试大纲》 全国考委制定

《大学英语自学教程》(上、下册) (全国考委组编) 高远主编 高等教育出版社1998年版

6. 法学概论

《法学概论自学考试大纲》 全国考委制定

《法学概论》 (全国考委组编) 吴祖谋主编 武汉大学出版社1999年版

7. 当代中国政治制度

《当代中国政治制度自学考试大纲》 全国考委制定

《当代中国政治制度》 (全国考委组编) 预计2000年出版

8. 秘书学概论

《秘书学概论自学考试大纲》 全国考委制定

《秘书学概论》 (全国考委组编) 预计2000年出版

9. 公文写作与处理

《公文写作与处理自学考试大纲》 全国考委制定

《公文写作与处理》（全国考委组编） 预计 2000 年出版

10. 机关管理

《机关管理自学考试大纲》 全国考委制定

《机关管理》（全国考委组编） 预计 2000 年出版

11. 秘书实务

《秘书实务自学考试大纲》 全国考委制定

《秘书实务》（全国考委组编） 预计 2000 年出版

12. 公共关系学

《公共关系学自学考试大纲》 全国考委制定

《公共关系学》（全国考委组编） 预计 2000 年出版

13. 办公自动化原理及应用

《办公自动化原理及应用自学考试大纲》 全国考委制定

《办公自动化原理及应用》（全国考委组编） 孙淑杨主编 中国人民大学出版社 1999 年版

14. 文学概论

《文学概论自学考试大纲》 全国考委制定

《文学概论》（全国考委组编） 童庆炳主编 武汉大学出版社 1999 年版

15. 市场营销学

《市场营销学自学考试大纲》 全国考委制定

《市场营销学》（全国考委组编） 郭国庆主编 武汉大学出版社 1996 年版

16. 写作

《写作自学考试大纲》 全国考委制定

《写作》（全国考委组编） 王光祖、杨荫浒主编 华东师范大学出版社 1998 年版

17. 档案管理学

《档案管理学自学考试大纲》 全国考委制定

《档案管理学》（全国考委组编） 冯惠玲主编 中国人民大学出版社 1999 年版

18. 普通逻辑

《普通逻辑自学考试大纲》 全国考委制定

《普通逻辑》（全国考委组编） 吴家国主编 高等教育出版社 1989 年版

附件五：

秘书专业（专科）新旧专业考试计划课程替换表

新计划课程名称及学分		旧计划课程名称及学分	
大学语文（专）	4	古代汉语	10
现代汉语基础	4	现代汉语	8
秘书学概论	6	文书学	7
公文写作与处理	6	秘书应用写作	7
机关管理	6	行政管理学	8

附件六：

高等教育自学考试小学教育专业（专科）考试计划

一、指导思想

小学教育专业是适应我国社会主义教育发展，提高小学教师学历层次的迫切需要而设置的。按照邓小平同志关于“教育要面向现代化，面向世界，面向未来”的指导方针，立足当前，着眼未来，培养一批师德高尚、业务精良的小学教师，以适应下世纪基础教育改革与发展的需要。

二、培养目标与基本要求

高等教育自学考试小学教育专业主要培养达到高等师范专科教育专业学历水平的小学教师。其基本要求是：掌握本专业所必需的基本理论、基础知识和基本技能，具有较强的小学教育能力，具备小学教师的基本素质，能胜任小学教育、教学工作。根据本专业的特点，在着重考核考生的基础知识、基本理论的同时，要适当加强对所学知识的实际应用和小学教育的研究能力。

三、学历层次与规格

专业的课程考试水平与普通高校同类的专科课程结业水平相一致。本专业的各门课程考试均采用学分制。

取得单科成绩合格者，发给单科合格证书，并取得该课程的学分；凡取得本专业所规定的全部课程的合格成绩，学分累计达 70 学分以上，政治思想品德经鉴定合格者，发给大学专科毕业证书，国家承认学历。

四、考试课程及学分

序号	课 程 名 称	学分	备 注
1	马克思主义哲学原理	3	
2	邓小平理论概论	3	
3	法律基础与思想道德修养	2	
4	大学语文(专)	4	
5	科学、技术、社会	5	
6	计算机应用基础	4	
7	现代教育技术	4	
8	教育原理	6	
9	小学教育心理学	5	
10	小学语文教学论	5	
11	小学数学教学论	5	
12	小学科学教育	4	
13	小学班主任	4	
14	小学教育科学研究	4	
15	中外文学作品导读	8	
16	汉语基础	4	
总计		70～73	

说明:凡 2000 年前取得高等教育自学考试秘书专业或汉语言文学专业课程单科合格证的,可按下表免考小学教育专业(专科)相应课程。

序号	秘书(专科)或汉语言文学(专科、本科)	学分	小学教育(专科)	学分
1	现代汉语	8	汉语基础	4
2	中国现当代作品选	8	中外文学作品导读	8
3	中国古代文学作品选(一)(二)	12	小学班主任	4
4	写作	6	小学教育科学研究	4
5	文学概论	6	大学语文(专)	4
6	中国通史(本科段)	8	小学数学教学论	5

五、实践性环节及考核要求

教育实习(六周):通过教育实习,巩固所学专业知识,培养从事小学教学、科研和班主任工作的能力。

1. 实习内容:在小学上 6—8 节课,并撰写实习报告,由主考学校按合格和不合格评定成绩。

2. 有一年以上小学教学实践经验的教师,可免实习,但应撰写实习报告,由主考学校按合格和不合格评定成绩。

六、考试方式和时间

1. 各科考试一律采用笔试,按百分制计分,60 分为及格。答卷时间一般为 150 分钟。

2.《计算机应用基础》采用上机考核方式进行。《现代教育技术》要求结合实际会操作两种教育技术,但应在笔试通过以后,由主考学校按优秀、良好、中等、合格、不合格等五级制评定成绩。

七、课程使用考纲和教材

1. 马克思主义哲学原理

《马克思主义哲学原理自学考试大纲》 全国考委制定

《马克思主义哲学原理》(全国考委组编) 赵家祥主编 经济科学出版社 1999 年版

2. 邓小平理论概论

《邓小平理论概论自学考试大纲》 全国考委制定

《邓小平理论概论》(全国考委组编) 钱淦荣主编 中国财政经济出版社 1999 年版

3. 法律基础与思想道德修养

《法律基础与思想道德修养自学考试大纲》 全国考委制定

《法律基础与思想道德修养》(全国考委组编) 巩献田主编 高等教育出版社 1999 年版

4. 大学语文(专)

《大学语文自学考试大纲》 全国考委制定

《大学语文》(应用专科)(全国考委组编) 徐中玉主编 华东师范大学出版社 1994 年版

5. 科学·技术·社会

《科学·技术·社会自学考试大纲》 全国考委制定

《科学·技术·社会》(全国考委组编) 徐辉主编 北京师范大学出版社 1999 年版

6. 计算机应用基础

《计算机应用基础自学考试大纲》 全国考委制定

《微型计算机应用基础》(全国考委组编) 杨明福主编 机械工业出版社 1996 年版

7. 现代教育技术

《现代教育技术自学考试大纲》 全国考委制定

《现代教育技术》(全国考委组编) 乌美娜主编 辽宁大学出版社 1999 年版

8. 教育原理

《教育原理自学考试大纲》 全国考委制定

《教育原理》(全国考委组编) 柳海民主编 中国人民大学出版社 1998 年版

9. 小学教育心理学

《小学教育心理学自学考试大纲》 全国考委制定

《小学教育心理学》(全国考委组编) 章志光主编 中国人民大学出版社 1999 年版

10. 小学语文教学论

《小学语文教学论自学考试大纲》 全国考委制定

《小学语文教学论》(全国考委组编) 崔峦主编 中国人民大学出版社 1999 年版

11. 小学数学教学论

《小学数学教学论自学考试大纲》 全国考委制定

《小学数学教学论》(全国考委组编) 周玉仁主编 中国人民大学出版社 1999 年版

12. 小学科学教育

《小学科学教育自学考试大纲》 全国考委制定

《小学科学教育》(全国考委组编) 赵学漱主编 北京师范大学出版社 1998 年版

13. 小学班主任

《小学班主任自学考试大纲》 全国考委制定

《小学班主任》（全国考委组编） 翟天山主编 北京师范大学出版社 1999 年版

14. 小学教育科学研究

《小学教育科学研究自学考试大纲》 全国考委制定

《小学教育科学研究》（全国考委组编） 杨小微主编 北京师范大学出版社 1998 年版

15. 中外文学作品导读

《中外文学作品导读自学考试大纲》 全国考委制定

《中外文学作品导读》（全国考委组编） 叶鹏主编 中国人民大学出版社 1998 年版

16. 汉语基础

《汉语基础自学考试大纲》 全国考委制定

《汉语基础》（全国考委组编） 陈绂、白荃主编 中国人民大学出版社 1999 年版

附件七：

小学教育专业（专科）新旧专业考试计划课程替换表

序号	新专业考试计划	旧专业考试计划		
		文史方向	教育管理方向	数理方向
1	大学语文	文艺理论基础或教育统计与测量	大学语文	大学语文
2	科学、技术、社会	普通心理学	普通心理学	普通心理学
3	计算机应用基础	计算机应用基础	计算机应用基础	计算机应用基础
4	现代教育技术	现代教育技术应用或儿童心理学	现代教育技术应用或儿童心理学	现代教育技术应用或儿童心理学
5	教育原理	小学教育学	小学教育学	小学教育学
6	小学教育心理学	小学教育心理学	小学教育心理学	小学教育心理学
7	小学语文教学论	小学语文教学论	小学语文教学论	初等数论
8	小学数学教学论	中国史概要或中国教育史	中外教育史或中国教育史	小学数学教学论
9	小学科学教育	自然科学概论	自然科学概论	自然科学概论
10	小学班主任	中国古代文学选讲	学校管理学	概率与数理统计或教育统计与测量
11	小学教育科学研究	写作与作文评改	教育科学研究方法	
12	中外文学作品导读	中国现当代文学选讲	教育政策与法规	高等数学 A
13	汉语基础	现代汉语	教育统计与测量	高等数学 B 或中国教育史

关于天津市高等教育自学考试新开考计算机技术与应用等十二个职业技术专业的通知

津高自委字[1999]12号

各有关主考院校、各区县教委、各区县教育招生考试中心、各助学单位及天津铁厂教委：

为贯彻落实中共中央、国务院《关于深化教育改革全面推进素质教育的决定》和教育部《面向21世纪教育振兴行动计划》，全国高等教育自学考试指导委员会批准天津市开展高等教育自学考试职业技术专业的试点工作。

积极发展高等职业技术教育是提高国民科技文化素质，促进经济、社会发展和社会主义精神文明建设的重要途径。作为高等教育事业的重要组成部分，高等教育自学考试开展职业技术教育，对于调整教育结构、广开成才之路；对于充分使用教育资源、提高教育整体效益；对于促进素质教育、培养社会亟需人才都具有重要作用。

一、高等教育自学考试职业技术专业为高中后教育，其专业考试计划是在高中文化教育基础上设计的。

二、高等教育自学考试职业技术专业培养具有必要的理论知识和较强的实践能力，生产、建设、管理、服务第一线和农村亟需的专业人才。职业技术专业的专业设计和课程设置与社会需求密切结合，考生按专业考试计划的规定取得相应课程合格证、实践考核合格证书和有关部门考试的合格证书，思想品德合格，颁予高等教育自学考试毕业证书。

三、高等教育自学考试职业技术专业对培养考生的职业技术有较高的要求。从事助学活动的教育机构必须具备足够的职业技能训练和实习的师资、场所、设施，以保证落实专业考试计划。

四、根据专业考试计划的特点，高等教育自学考试职业技术专业实行多主考学校。

遴选天津大学、南开大学、天津职业大学、天津职业技术师范学院、天津师范学院、天津理工学院、中国民航学院、河北工业大学、天津纺织工学院、天津财经学院、天津商学院为计算机技术与应用专业（专科）主考学校；

遴选天津大学、南开大学、天津职业大学、天津职业技术师范学院、天津师范大学、天津理工学院、河北工业大学、中国民航学院为应用电子技术专业（专科）主考学校；

遴选天津大学、天津职业师范学院、天津理工学院、河北工业大学、天津纺织工学院、天津轻工业学院为机械制造及自动化专业（专科）主考学校；

遴选天津财经学院、天津商学院、天津大学、南开大学为电算会计专业（专科）主考学校；

遴选天津城市建设学院、天津财经学院、天津师范大学、天津理工学院为物业管理专业（专科）主考学校；

遴选天津理工学院、天津大学为工程造价管理专业（专科）主考学校；

遴选天津商学院为饭店管理专业（专科）主考学校；

遴选天津纺织工学院、天津美术学院、天津轻工业学院为服装设计专业（专科）主考学校；

遴选天津大学为建筑设计专业（专科）主考学校；

遴选天津中医学院为针灸推拿专业(专科)主考学校;

遴选天津财经学院为乡镇企业经营管理专业(专科)主考学校;

遴选天津农学院为农业综合技术专业(专科)主考学校。

五、高等教育自学考试职业技术专业的考试时间安排在每年的1月、4月和6月、10月。

六、高等教育自学考试职业技术专业使用天津市高等教育自学考试委员会指定的考试大纲、课程教材和辅导材料。

七、开展高等教育自学考试职业技术专业试验是一项具有重大意义的创新性工作,各参与试验的教育机构要加强此项工作的领导和研究,全面掌握、跟踪试验进展情况,及时总结经验,解决试验过程中出现的问题,并积极进行科学研究。

附件一:计算机技术与应用专业等12个专业的考试计划

附件二:2000年1月、4月、6月、10月新高职专业统一考试时间安排表(略)

一九九九年十一月十日

附件一:

计算机技术与应用专业考试计划

(专业代号:401)

一、指导思想

计算机技术与应用专业是根据市场经济和社会发展对实用人才的迫切需要,对应考者进行专业知识和技能教育,为实现岗位从业能力而设置的。在专业设置上突出了较强的针对性和实用性,着重考核基本知识和基本理论,重视理论联系实际,强化专业技能训练。

二、专业培养目标

本专业培养掌握计算机系统基础知识、基本原理和使用计算机系统的基本技能,具有从事计算机软件应用、维护和一定的开发能力,具有计算机硬件系统的维护能力和适应计算机新技术的应用型技术人才。

三、职业岗位群

本专业适合下列岗位群:

1. 网络信息资源建设:信息服务行业中从事网上信息获取和发布、出版电子信息、进行交互式讨论及从事 Hompage 制作等。

2. 计算机信息管理:专业印刷排版、网上信息获取和发布、文秘及办公室的工作人员、图文印刷等。

3. 网络工程:计算机网络产品的选型、网络工程的施工、网络系统的维护等。

4. 电子信息产品营销:计算机及相关产品的营销、微型计算机维护与维修、微机系统管理、微型计算机硬件技术支持等。

5. 电脑图形设计与制作：工艺美术、装潢、广告、图文印刷、影视图像、计算机多媒体技术等。

四、学历层次

本专业为大学专科层次。自学者按规定取得相应课程合格证、实践考核合格证和相应社会考试证书，思想品德经鉴定合格者，颁发专科毕业证书。

五、课程设置和学分

类别		序号	课程名称	学分	取得证书
必考课	公共课	1	邓小平理论概论	3	课程合格证书
		2	法律基础与思想道德修养	2	课程合格证书
		3	英语	7	全国公共英语二级笔试合格成绩通知单
		4	高等数学(专)	5	课程合格证书
	专业基础课	5	电路基础	6	课程合格证书
		6	微机原理与接口技术	5	课程合格证书
		7	操作系统概论	5	课程合格证书和实践考核合格证书
		8	C语言程序设计	5	课程合格证书和实践考核合格证书
		9	数据结构导论	4	课程合格证书
	专业技术课	10	计算机安全概论	3	课程合格证书
		11	常用软件使用	6	实践考核合格证书
		12	多媒体技术	4	课程合格证书和实践考核合格证书
		13	计算机网络技术	5	课程合格证书
		14	数据库应用技术	5	课程合格证书和实践考核合格证书
		15	VB程序设计	4	实践考核合格证书
		16	微机维护与维修	4	课程合格证书和实践考核合格证书
选考课(任选一个模块)	模块一	17	信息高速公路概论	4	课程合格证书
		18	Java编程基础	4	实践考核合格证书
		19	Web页制作技术	4	实践考核合格证书
	模块二	17	计算机在现代管理中的应用	4	课程合格证书
		18	常用办公设备的运用与维护	4	实践考核合格证书
		19	专业排版软件应用	4	实践考核合格证书
	模块三	17	网络系统集成技术	4	课程合格证书
		18	综合布线技术	4	课程合格证书
		19	网络管理技术	4	课程合格证书
	模块四	17	市场营销实务	4	课程合格证书
		18	经济法概论	4	课程合格证书
		19	微机高级维修技术	4	实践考核合格证书
	模块五	17	电脑美术设计	4	课程合格证书
		18	图像制作技术(Photoshop)	4	实践考核合格证书
		19	图形制作技术(3D MAX)	4	实践考核合格证书

类别		序号	课程名称	学分	取得证书
必考课	综合训练课	20	计算机技术与应用综合训练 1	10	取得劳动和社会保障部颁发证书:模块1、3系统维修员证书、模块2、4、5网络操作员证书
		21	计算机技术与应用综合训练 2	10	取得劳动和社会保障部颁发证书:模块1、3网络管理师证书、模块2高级排版操作员证书、模块4系统维修师证书、模块5高级图像制作员证书
合　计				105	

六、课程说明与自学用书

(一)邓小平理论概论(课程说明略)

自学用书:

《邓小平理论概论自学考试大纲》(全国高等教育自学考试指导委员会 1999 年制订)

《邓小平理论概论》(全国高等教育自学考试委员会组编)钱淦荣主编　中国财政经济出版社　1999 年 9 月

(二)英语(课程说明略)

自学用书:

《全国公共英语二级考试大纲》(教育部考试中心 1999 年编)

(三)高等数学(专)(课程说明略)

自学用书:

《高等数学(专)自学考试大纲》(天津考委编)

《高等数学》(修订版)上、下册　滕桂兰、杨万禄编　天津大学出版社出版　1996 年

(四)法律基础与思想道德修养(课程说明略)

自学用书:

《法律基础与思想道德修养自学考试大纲》(全国高等教育自学考试指教指导委员会制订)

《法律基础与思想道德修养》(全国高等教育自学考试指导委员会组编)　巩献田主编　高等教育出版社　1999 年

(五)电路基础

本课程使学生具有一定的电子电工知识及一定的阅读与分析典型电路图的能力。本课程的主要内容包括:电路的基本理论、变压器工作原理、三相交流电路、常用电子仪器使用、基本门电路、组合逻辑电路和时序逻辑电路的工作原理及功能。

自学用书:

《电路基础自学考试大纲》(天津考委编)

(六)微机原理与接口技术

本课程使学生掌握微型计算机组成的基本知识,具有组装计算机及选择计算机接口板卡的能力。本课程的主要内容包括:计算机系统概论、微型计算机系统组成及工作原理、接口板卡、指令及汇编程序设计的基本知识。

自学用书:

《微机原理与接口技术自学考试大纲》(天津考委编)

(七)操作系统概论(课程说明略)

自学用书:

《操作系统概论自学考试大纲》(天津考委编)

(八)C语言程序设计

本课程使自学应考者初步掌握程序设计的基本方法、技能和程序调试的基本技术,并能用C语言进行编程设计。本课程的主要内容包括:数据类型和运算、数组、编程控制语言、函数,预编译处理、指针、结构与共同体,枚举和类型定义,用C语言进行程序设计。

自学用书:

《C语言程序设计自学考试大纲》(天津考委编)1999年8月

(九)数据结构导论

本课程使学生具备数据管理的能力,主要内容包括:数据的组织形式、内存存储结构形式、抽象数据结构形式以及在数据结构中的各种实现。

自学用书:

《数据结构导论自学考试大纲》(天津考委编)

(十)计算机安全概论

通过本课程的学习,使学生了解计算机安全的概念,学会一般防范技术的应用以及应该遵循的法律和规则。本课程的主要内容包括:计算机物理安全、计算机病毒与防治、信息保密与维护、知识产权与伦理等。

自学用书:

《计算机安全概论自学考试大纲》(天津考委编)

(十一)常用软件使用

通过本课程的学习,使学生达到熟练应用办公软件进行日常事务处理的能力。本课程的主要内容包括:Windows界面下流行软件的使用,并对部分软件熟练操作。

自学用书:

《常用软件使用自学考试大纲》(天津考委编)1999年8月

《计算机文化基础——Windows98+Office97版》 杨振山、龚沛曾主编 高等教育出版社1998年1版

《大学计算机应用基础教程》 张基温、赵忠教等编著 科学出版社1999年1版

《Microsoft Office 97即学即会》 丁平、雷勇刚、熊鹰译 北京大学出版社1998年1版

(十二)多媒体技术

通过本课程的学习,使学生具有多媒体计算机硬件的安装与配置能力,以及初步开发多媒体应用系统的能力。本课程的主要内容包括:多媒体的基本概念,常用附加卡的安装及调试,开发工作的使用。

自学用书:

《多媒体技术自学考试大纲》(天津考委编)

(十三)计算机网络技术

通过本课程的学习,使学生具有一定的局域网安装、配置和管理能力,Internet基本操作能力。本课程的主要内容包括:计算机网络基本知识,学习一种典型局域网网络操作系统的使用,了解因特网的基本知识和基本操作。

自学用书：

《计算机网络技术自学考试大纲》(天津考委编)

(十四)数据库应用技术

通过本课程的学习，使学生具备构建小型数据库管理系统以及对管理系统分析、运行的能力。本课程的主要内容包括：数据库的基础知识，典型数据库管理系统的应用，以及数据库语言的程序设计方法。

自学用书：

《数据库应用技术自学考试大纲》(天津考委编)

(十五)VB 程序设计

通过本课程的学习，使学生初步掌握面向对象和事件的编程技术，具备使用 VB 开发简单的 Windows 应用程序的能力。本课程的主要内容包括：用可视化语言进行程序设计的方法，介绍 VB 与其它高级程序设计语言或数据库管理系统的接口。

自学用书：

《VB 程序设计自学考试大纲》(天津考委编)

(十六)微机维护与维修

通过本课程的学习，使学生具有一定的计算机组装、检测、维护及维修的综合能力。本课程的主要内容包括；微机系统分析和选型组装知识、微机的故障诊断、检测方法、维护与保养技术以及机房设计与管理知识。

自学用书：

《微机维护与维修自学考试大纲》(天津考委编)

(十七)信息高速公路概论

通过本课程的学习，使学生了解信息高速公路对信息化社会以及社会进步的主要影响。本课程的主要内容包括：信息高速公路的发展，信息高速公路的基础构架，以及信息高速公路的有关政策、法规。

自学用书：

《信息高速公路概论自学考试大纲》(天津考委编)

(十八)Java 编程基础

通过本课程的学习，使学生初步掌握了 JAVA 语言编程技术，初步具备开发 Web 交互程序能力。本课程的主要内容包括：Java 语言基本知识、程序设计方法以及关键技术。

自学用书：

《Java 编程基础自学考试大纲》(天津考委编)

(十九)Web 页制作技术

通过本课程的学习，使学生掌握主页制作的常用工具，具备主页制作的能力。本课程的主要内容包括：制作 Web 的几种工具。

自学用书：

《Web 页制作技术自学考试大纲》(天津考委编)

(二十)计算机在现代管理中的应用

通过本课程的学习，使学生初步掌握现代管理思想并具备使之在计算机上妆步得以实现的能力。本课程的主要内容为：管理信息系统的基本概念。

自学用书：

《计算机在现代管理中的应用自学考试大纲》(天津考委编)

(二十一)常用办公设备的运用与维护

通过本课程的学习，使学生具有独立运用常用办公设备进行信息管理的能力。本课程的主要内容包括：介绍扫描仪、数码相机、摄像机、激光打印机、彩色喷墨打印机、激光照排机、复印机、传真机等常用办公设备的工作原理以及维护。

自学用书：

《常用办公设备的运用与维护自学考试大纲》(天津考委编)

(二十二)专业排版软件应用

通过本课程的学习，使学生具有一种专业排版软件的应用能力。本课程主要内容包括：一种典型的专业排版软件使用方法。

自学用书：

《专业排版软件应用自学考试大纲》(天津考委编)

(二十三)网络系统集成技术

通过本课程的学习，使学生具备启动网络系统的正常运行，完成网络系统的日常管理能力。本课程的主要内容包括：网络系统集成的基本概念，完成一个符合工程规范的网络系统的软硬件安装与调试。

自学用书：

《网络系统集成技术自学考试大纲》(天津考委编)

(二十四)综合布线技术

通过本课程的学习，使学生了解智能大厦综合布线的原理、技术，具有智能大厦综合布线系统的实施能力。本课程的主要内容包括；综合布线的基本概念，主要应用技术，以及一个智能大厦综合布线的实现。

自学用书：

《综合布线技术自学考试大纲》(天津考委编)

(二十五)网络管理技术

通过本课程的学习，使学生具备网络设备及网络软件的更新换代、完成网络软硬件维护的能力。本课程的主要内容包括：网络系统的资源管理、用户管理及设备管理等日常管理工作。

自学用书：

《网络管理技术自学考试大纲》(天津考委编)

(二十六)市场营销实务

通过本课程的学习，使考生掌握市场营销管理的过程，明确市场营销环境、消费者需求与企业市场营销组合的关系，提高运用营销战略、策略的能力。本课程的主要内容包括：市场营销管理过程、市场营销环境、消费者购买行为、市场细分化等。

自学用书：

《市场营销实务自学考试大纲》(天津考委编)

(二十七)经济法概论

通过本课程的学习，使学生较全面地了解经济法的基本知识，以增强学生的法律意识，提高守法、用法的自觉性。本课程的主要内容包括：重点讲授公司法、合同法、担保法、票据法、竞争法、工业产权法、税收征收管理法、土地管理与环境法、产品质量法、消费者权益保护法、仲裁与诉讼制度等。

自学用书：

《经济法概论自学考试大纲》(天津考委编)1999 年 8 月

《经济法律教程》 朱慈蕴主编 中国财政经济出版社 1999 年版

(二十八)微机高级维修技术

通过本课程的学习，使学生具有芯片级的维护、维修知识、具备电子信息产品的市场营销能力。本课程的主要内容包括：微型计算机系统的安装、调试和芯片的维护、维修工作。

自学用书：

《微机高级维修技术自学考试大纲》(天津考委编)

(二十九)电脑美术设计

通过本课程的学习，使学生掌握电脑美术设计的基本原理、常用图形图像处理设备的使用方法。本课程的主要内容包括：立体构图基本知识和计算机彩色模式及基本配色原理，常用图形图像处理设备(如鼠标、扫描仪、打印机、绘图仪等)使用的相关知识。

自学用书：

《电脑美术设计自学考试大纲》(天津考委编)

(三十)图像制作技术(Photoshop)

通过本课程的学习，使学生具有 Photoshop 软件的基本使用能力。本课程主要内容为：图像处理软件 Photoshop 的基本使用。

自学用书：

《图像制作技术(Photoshop)自学考试大纲》(天津考委编)

(三十一)图形制作技术(3D MAX)

通过本课程的学习，使学生具有三维动画制作软件(3D MAX)的基本使用能力，3DMAX 和 Photoshop 软件配合使用的能力，以及三维静态图像和动画的创意和设计工作。本课程主要内容包括：三维图形制作软件 3D MAX 的基本使用，3D MAX 和 Photoshop 软件的配合作用。

自学用书：

《图形制作技术(3D MAX)自学考试大纲》(天津考委编)

(三十二)《综合训练 1》《综合训练 2》采用国家劳动和社会保障部职业技能鉴定中心制定，全国计算机及信息高新技术考试相应技能培训和鉴定标准。

应用电子技术专业考试计划

(专业代号：402)

一、指导思想

应用电子技术专业是根据市场经济和社会发展对实用人才的迫切需要，对应考者进行专业知识和技能教育，为实现岗位从业能力而设置的。在专业设置上突出了较强的针对性和实用性，着重考核基本知识和基本理论，重视理论联系实际，强化专业技能训练。

二、专业培养目标

本专业培养掌握电子技术基础理论知识，具有较熟练的实际操作技能，能够从事电子设备及系统的生产、维修、营销、管理等技术工作，且具有适应新技术发展能力的应用型技术人才。

三、职业岗位群

本专业适合下列岗位群：

1. 工业企业相关行业的电子设备及系统的装配、调试、质量检测、产品开发等生产第一线技术工作；

2. 物业管理、社区服务、娱乐场所等社会各部门的电子设备及系统的操作、管理和维修服务；

3. 家用电器、电子以及工业电子产品的营销和售后服务；

4. 技工学校、职业高中等中等职业学校的电子技术专业实验、实习指导工作。

四、学历层次

本专业为大学专科层次。自学者按规定取得相应课程合格证、实践考核合格证和相应社会考试证书，思想品德经鉴定合格者，颁发专科毕业证书。

五、课程设置和学分

类别		序号	课程名称	学分	取得证书
必考课	公共课	1	邓小平理论概论	3	课程合格证书
		2	法律基础与思想道德修养	2	课程合格证书
		3	英语	7	全国公共英语二级笔试合格成绩通知单
		4	高等数学(专)	5	课程合格证书
		5	计算机应用基础	4	全国计算机等级考试一级证书
	专业知识课	6	市场营销实务	4	课程合格证书
		7	机械制图(非机械类)	4	课程合格证书
		8	电工基础	6	课程合格证书
		9	低频电子线路	6	课程合格证书
		10	数字电子线路	6	课程合格证书
		11	高频电子线路	6	课程合格证书
		12	单片机原理与应用	6	课程合格证书和实践考核合格证书
		13	C语言程序设计	5	课程合格证书和实践考核合格证书
		14	电子线路CAA/CAD	5	实践考核合格证书
		15	电视技术	6	课程合格证书

类别		序号	课程名称	学分	取得证书
选考课(任选一个模块)	模块一	16	通信原理	4	课程合格证书
		17	通信系统	5	课程合格证书
		18	宽带网络技术	4	课程合格证书
	模块二	16	电声设备	4	课程合格证书
		17	录像技术	5	课程合格证书
		18	家用电器与技术	4	课程合格证书
	模块三	16	常用仪器与仪表	4	课程合格证书
		17	传感器与检测技术	5	课程合格证书
		18	显示器件原理及应用	4	课程合格证书
必考课	综合训练课	19	电子工艺操作技能训练	5	实践考核合格证书
		20	电类等级工训练	18	取得劳动和社会保障部颁发证书:无线电调试中级证书或国家电子产品维修工中级证书或仪器仪表工中级证书
合　计				111	

六、课程说明与自学用书

(一)邓小平理论概论(课程说明略)

自学用书:

《邓小平理论概论自学考试大纲》(全国高等教育自学考试指导委员会 1999 年制订)

《邓小平理论概论》(全国高等教育自学考试委员会组编)钱淦荣主编　中国财政经济出版社　1999 年 9 月

(二)计算机应用基础(课程说明略)

《全国计算机等级考试大纲》(教育部考试中心 1998 年编)

(三)英语(课程说明略)

自学用书:

《全国公共英语二级考试大纲》(教育部考试中心 1999 年编)

(四)高等数学(专)(课程说明略)

自学用书:

《高等数学(专)自学考试大纲》(天津考委编)

《高等数学》(修订版)上、下册　滕桂兰、杨万禄编　天津大学出版社出版 1996 年版

(五)法律基础与思想道德修养(课程说明略)

自学用书:

《法律基础与思想道德修养自学考试大纲》(全国高等教育自学考试指教指导委员会制订)

《法律基础与思想道德修养》(全国高等教育自学考试指导委员会组编)　巩献田主编　高等教育出版社　1999 年

(五)法律基础与思想道德修养(课程说明略)

自学用书:

《法律基础与思想道德修养自学考试大纲》(全国高等教育自学考试指导委员会制订)

《法律基础与思想道德修养》(全国高等教育自学考试指导委员会组编)　巩献田主编　高等教育出版社 1999 年版

(六)市场营销实务

通过本课程的学习,使自学应考者掌握市场营销管理的过程,明确市场营销环境、消费者需求与企业市场营销组合的关系,提高运用营销战略、策略的能力。本课程的主要内容包括:市场营销管理过程、市场营销环境、消费者购买行为、市场细分化等。

自学用书:

《市场营销实务自学考试大纲》(天津考委编)

(七)机械制图(非机械类)

通过本课程的学习,使自学应考者学会运用基本理论、基本知识和基本技能绘制和阅读简单的工程图样,培养他们空间想象能力及分析问题、解决问题的能力,能绘制简单的工程图。本课程的主要内容包括:工程制图的基本知识、基本规定,正确使用绘图仪器的方法,具备绘制和阅读简单的工程图能力,初步掌握用计算机绘图的方法,能绘制简单工程图。

自学用书:

《机械制图》(非机械类)自学考试大纲)《天津考委编)1999 年 8 月

《机械制图》唐树忠、宋志杰等合编　天津大学出版社 1994 年版

《机械制图习题集》张素琴、郑筠等合编　天津大学出版社 1994 年版

(八)电工基础

通过本课程的学习使自学应考者建立电路模型的概念,掌握电路分析的普遍分析方法,使他们具有对常用电工设备的基本电路的分析能力和解决实际问题的能力。本课程主要介绍基本电路的构成、电路的基本定律以及分析计算电路的一般分析方法、正弦稳态电路的相量法分析和一阶电路的暂态分析,建立磁路的概念,掌握三相变压器、异步电动机等常用电气设备的基本工作原理及其在电力拖动中的应用。

自学用书:

《电工基础自学考试大纲》(天津考委编)1999 年 8 月

《电路理论基础》　康巨珍编著　天津科技翻译出版公司 1996 年版

(九)低频电子线路

使自学应考者获得低频电子线路方面的基本知识和基本技能,培养学生分析问题、解决问题和理论联系实际的能力。本课程主要内容包括:半导体基础及半导体器件、放大电路基础、集成运算放大电路、理想运放及应用、负反馈放大电路、功率放大电路、波形发生和变换电路、直流电源。

自学用书:

《低频电子线路自学考试大纲》(天津考委编)

(十)数字电子线路

使自学应考者获得数字电子技术方面的基本知识和基本技能,培养分析问题、解决问题和理论联系实际的能力,为今后深入学习电子技术的某些领域,以及为电子技术在专业中的应用打好基础。本课程主要内容包括:逻辑代数基础、门电路、组合逻辑电路、触发器、时序逻辑电路、脉冲波形的产生和整形、半导体存储器、可编程逻辑器件、D/A 转换器、A/D 转换器。

自学用书：

《数字电子线路自学考试大纲》(天津考委编)

(十一)高频电子线路

通过本课程的学习，使自学应考者掌握高频电子线路常用单元电路的工作原理、性能和特点，掌握高频电子线路的基本分析和计算方法，能比较熟练地掌握高频电子线路常用测试仪器使用方法和基本测试技术。本课程主要内容包括：高频小信号放大器分析、非性电路分析方法、高频振荡电路、幅度调制与解调、角度调制与解调、高频功率放大器分析、反馈控制电路、高频Q表的使用、小信号调谐放大器性能测试、振荡电路实验、高频功率放大器实验、振幅调制器实验、二极管包络检波器实验、变容二级管频率调制器实验。

自学用书：

《高频电子线路自学考试大纲》(天津考委编)

(十二)单片机原理与应用

通过理论教学和实际操作，使自学应考者了解MCS—51系列单片机组成原理，能熟练应用汇编语言编制一般的应用程序，掌握常用接口器件的联接方法及应用，使他们具有一定的单片机应用技能。本课程主要内容包括：单片机基础知识、8051系列单片机结构原理、指令系统、汇编语言程序设计知识、中断与定时技术、串行口及通信技术、接口技术及应用程序举例等。

自学用书：

《单片机原理与应用自学考试大纲》(天津考委编)

(十三)C语言程序设计

通过本课程使自学应考者初步掌握程序设计的基本方法、技能和程序调试的基本技术，并能利用C语言编程。本课程主要内容包括：数据类型和运算、数组、编程控制语言、函数、预编译处理、指针、结构体与共同体、枚举和类型定义，用C语言进行程序设计。

自学用书：

《C语言程序设计自学考试大纲》(天津考委编)

(十四)电子线路CAA/CAD

通过本课程学习使自学应考者了解电子CAD发展概况，用CAA软件进行模拟电路、数字电路仿真，用CAD软件设计印刷电路板。本课程主要内容包括：电路原理图的计算机绘制、元器件的模型、模拟电路的仿真(包括瞬态分析、交流分析)、数字电路的逻辑仿真、计算机辅助设计印刷电路板。

自学用书：

《电子线路CAA/CAD自学考试大纲》(天津考委编)

(十五)电视技术

通过本课程的学习使自学应考者掌握电视接收机的一般工作原理、方框图及正确操作、维护知识，并具备一定的维修能力。本课程的主要内容包括：彩色电视接收机基本工作原理、电路分析、开关电源、彩色遥控技术及彩电接收机的维修知识。

自学用书：

《电视技术自学考试大纲》(天津考委编)

(十六)通信原理

通过本课程学习，使自学应考者了解通信的基本概念和方法，达到中级通信技术水平。本课程的主要内容包括:通信的基本概念和常用技术,包括信号和随机信号、基带传输、同步技术、调制、解调、模拟通信、数字通信概念、扩大频、跳频概念及初步技术等。

自学用书:

《通信原理自学考试大纲》(天津考委编)

(十七)通信系统

通过本课程的学习,使自学应考者对现代通信技术和系统建立整体概念,掌握其方框图,了解工作原理,学会安装、调试、使用。本课程的主要内容包括:微波通信的传输原理、微波中继通信、卫星通信、移动通信、光纤通信、计算机通信等。

自学用书:

《通信系统自学考试大纲》(天津考委编)

(十八)宽带网络技术

通过本课程的学习,使自学应考者掌握CATV的组成、原理和工程计算方法,了解以宽带通信技术为代表的当代通信的最新技术。本课程的主要内容包括:CATV的组成、原理和工程设计方法,SDH、ATM、FDDI、X25、帧中继和TCP/IP通信技术、数字图像通信、WDM、CDMA等技术。

自学用书:

《宽带网络技术自学考试大纲)(天津考委编)

(十九)电声设备

本课程是应用电子技术专业的一门专业课。通过该课程的学习,自学应考生应达到以下基本要求:了解声音的物理本质及人类听觉的一般特点,掌握常用电声器件(传声器和扬声器)的工作原理及使用、维护的一般知识,熟练掌握常用电声设备(磁带录音机、立体声广播接收机)的组成原理,电路分析及维修、调试技术。本课程的主要内容包括:了解电声设备的最新技术(如CD唱机、DAT系统),掌握电声基本知识,人耳听觉的特点、立体声原理、声—电转换器件的原理与使用、磁带录音机原理及维修、调频立体声的广播与接收、数字音响设备的基本原理,学会磁带录音机性能的测试,收音机的调试等。

自学用书:

《电声设备自学考试大纲》(天津考委编)

(二十)录像技术

通过该课程的学习,使自学应考者了解磁带录像机及数字视频设备的原理、应用及维护技术。本课程的主要内容包括:磁带录像机概述,视频高录系统,视频重放系统及伺服系统,数字视频的基本概念,VCD、SVCD、DVD的电路分析。

自学用书:

《录像技术自学考试大纲》(天津考委编)

(二十一)家用电器与技术

学习家用电器中电机与拖动、制冷与空调的原理,培养学生对家用电器中电机与拖动、制冷与空调装置的设计、组装与技术服务的能力。本课程的主要内容包括:家用电机与拖动基础、电风扇、洗衣机、制冷原理、电冰箱及小型冷藏设备、空调原理、空调器。

自学用书:

《家用电器与技术自学考试大纲》(天津考委编)

(二十二)常用仪器与仪表

使自学应考者了解常用仪器的工作原理、框图,掌握它们的正确使用方法、维护知识及常见故障的排除。本课程的主要内容包括:示波器、信号发生器、电压表、频率计、功率计、频谱分析仪、万用表等。

自学用书:

《常用仪器与仪表自学考试大纲》(天津考委编)

(二十三)传感器与检测技术

使自学应考者了解常用光电传感器的工作原理,掌握使用条件,掌握光电检测中的信号处理和常用电路,学习光电检测智能化数据采集系统。本课程的主要内容包括:常用光电传感器的工作原理、光电检测的常用电路及其应用、智能化采集系统举例等。

自学用书:

《传感器与检测技术自学考试》(天津考委编)

(二十四)显示器件原理及应用

通过本课程的学习使自学应考者了解电子信息技术领域中常用的显示器件的基本原理及使用方法,为今后从事有关应用电子技术工作和显示器件选择、使用、维修方面打好扎实基础。本课程的主要内容包括:液晶、发光二极管、电致发光显示、等离子体显示、显像管和摄像管等各种显示器件的结构、工作原理、制作工艺、驱动方法及实际应用技术。

自学用书:

《显示器件原理及应用自学考试大纲》(天津考委编)

(二十五)电子工艺操作技能训练

使自学应考者初步接触电子产品的生产实际,了解和掌握一般电子工艺知识和技能;培养一定的动手能力,并通过实际工作对其进行工作作风的培养。通过理论学习和实际操作训练达到以下要求:了解常用元器件及材料的类型、型号、规格、符号、主要性能和一般选用原则,以及各类元器件的量测方法;了解印刷电路的制作工艺及生产流程,掌握印刷线路的手工和计算机设计方法;熟悉电子装焊工艺知识,掌握手工电子焊接,并装焊一至二种电子产品;了解安全用电知识,学会安全操作要领,培养严谨的科学作风和良好的工作作风。本课程的主要内容包括:安全用电的重要性、电子装焊调试工作中的安全问题、常用电子元器件及识别量测方法、印刷电路板设计、电子装焊技术、电子产品组装及维修技术。

自学用书:

《电子工艺操作技能训练自学考试大纲》(天津考委编)

(二十六)电类等级工训练

本课程是技能培养的一个主要手段,自学应考者通过本课程的学习,应掌握无线电装接、调试及音像设备、制冷设备等家用电子产品的基本原理、使用、维修技能,取得中级以上技能等级工证书。

《电类等级工训练》采用国家劳动和社会保障部制定,全国职业资格考试相应工种鉴定规范。

机械制造及自动化专业考试计划

（专业代号：403）

一、指导思想

机械制造及自动化专业是根据市场经济和社会发展对实用人才的迫切需要，对应考者进行专业知识和技能教育，为实现岗位从业能力而设置的。在专业设置上突出了较强的针对性和实用性，着重考核基本知识和基本理论，重视理论联系实际，强化专业技能训练。

二、专业培养目标

本专业培养掌握现代制造技术基础理论知识，具有较强的现代机械设备操作维护能力，并能进行一定生产组织管理，可适应现代制造技术快速发展的应用型技术人才。

三、职业岗位群

本专业适合下列岗位群：

各类切削机床（包括数控机床）的操作、编程、维护，有关技术改造，各类生产业务及行政管理等工作。

四、学历层次

本专业为大学专科层次。自学者按规定取得相应课程合格证、实践考核合格证和相应社会考试证书，思想品德经鉴定合格者，颁发专科毕业证书。

五、课程设置和学分

类别	序号	课程名称	学分	取得证书
公共课	1	邓小平理论概论	3	课程合格证书
	2	法律基础与思想道德修养	2	课程合格证书
	3	英语	7	全国公共英语二级笔试合格成绩通知单
	4	高等数学（专）	5	课程合格证书
	5	计算机应用基础	4	全国计算机等级考试一级证书
专业知识课	6	金属加工认识学习	2	实践考核合格证书
	7	工程图学及计算机绘图	9	课程合格证书和实践考核合格证书
	8	工程力学	4	课程合格证书
	9	工程材料	2	课程合格证书
	10	电工及电子技术基础	4	课程合格证书
	11	机械设计基础	5	课程合格证书和实践考核合格证书
	12	互换性与测量技术	4	课程合格证书和实践考核合格证书
	13	流体传动与控制	2	课程合格证书

类别	序号	课程名称	学分	取得证书
专业技术课	14	生产管理基础	2	课程合格证书
	15	机械制造基础(1)	3	课程合格证书和实践考核合格证书
	16	机械制造基础(2)	4	课程合格证书和实践考核合格证书
	17	机电设备传动与控制	3	课程合格证书
	18	微机原理及PLC应用	5	课程合格证书和实践考核合格证书
	19	数控机床	5	实践考核合格证书
综合训练课	20	相关工种技能训练	10	实践考核合格证书
	21	重点工种技能培训	21	任取一项劳动和社会保障部颁发证书:车、钳、铣、刨插、磨、镗、钻工种中级证
	22	数控技术技能训练	6	劳动和社会保障部颁发证书:数控机床中级证书
合计			112	

六、课程说明与自学用书

(一)邓小平理论概论(课程说明略)

自学用书:

《邓小平理论概论自学考试大纲》(全国高等教育自学考试指导委员会1999年制订)

《邓小平理论概论》(全国高等教育自学考试委员会组编)钱淦荣主编　中国财政经济出版社1999年版

(二)英语(课程说明略)

自学用书:

《全国公共英语二级考试大纲》(教育部考试中心1999年编)

(三)高等数学(专)(课程说明略)

自学用书:

《高等数字(专)自学考试大纲》(天津考委编)1999年8月

《高等数字》(修订版)上、下册　滕桂兰、杨万禄编　天津大学出版社出版1996年版

(四)法律基础与思想道德修养(课程说明略)

自学用书:

《法律基础与思想道德修养自学考试大纲》(全国高等教育自学考试指导委员会制订)

《法律基础与思想道德修养》(全国高等教育自学考试指导委员会组编)　巩献田主编　高等教育出版社1999年版

(五)计算机应用基础(课程说明略)

《全国计算机等级考试大纲》(教育部考试中心编)1998年

(六)金属加工认识学习

通过本课程的学习,使自学应考者建立各种机械加工的感性认识。本课程的主要内容包括:各种金属加工设备、方法、特性及相关问题的认知。

自学用书:

《金属加工认识学习自学考试大纲》(天津考委编)1999年8月

《金工学习》 孔德音主编 机械工业出版社 1998 年版

(七)工程图学及计算机绘图

通过本课程的学习,使自学应考者具有一定的空间想象、分析及图示空间几何问题的能力,能读、画中等复杂程度的零件图、装配图,能使用计算机熟练绘制机械图样。本课程的主要内容包括:画法几何基础知识及运用,绘制机械图样的基本知识与技能,部件测绘,AUTO-CAD 的基本知识与应用。

自学用书:

《工程图学及计算机绘图自学考试大纲》(天津考委编)1999 年 8 月

《机械工程制图》上册 陈东祥、谢有才、叶时勇主编 天津大学机械制图教研室 1999 年

《机械工程制图》下册 韩群生、杨惠兰、唐树忠主编 天津大学机械制图教研室 1999 年

《机械工程制图习题集》 唐树忠主编 天津大学机械制图教研室 1999 年

(八)工程力学

通过本课程的学习,使自学应考者掌握工程力学的基本概念和基本分析方法,并具有一定的实验能力。本课程的主要内容包括:质点、质点系和刚体机构运动的基本规律,杆件的刚度、强度和稳定性。

自学用书:

《工程力学自学考试大纲》(天津考委编)1999 年 8 月

《工程力学》 张德润、董文夫主编 机械工业出版社 1993 年版

(九)工程材料

通过本课程的学习,使自学应考者了解常用工程材料的力学性能,掌握其热处理和表面处理的特点与应用,熟悉选择原则。本课程的主要内容包括:常用工程材料的性能、应用场合、加工工艺要求,热处理及表面处理的基本知识及常用方法,选用工程材料的原则。

自学用书:

《工程材料自学考试大纲)(天津考委编)

(十)电工及电子技术基础

通过本课程的学习,使自学应考者获得电工与电子技术的基本理论,了解现代制造技术领域内常用电器、电机、主要电子元件及其组成的典型环节的应用场合。本课程的主要内容包括:电路的基本概念和定律、直流电路的分析方法、正弦交流电的表示方法和计算,了解三相交流电路和线性电路的暂态分析、简单的磁路,了解变压器和三相异步电动机,了解简单的电机控制电路及电工仪表的使用,掌握半导体元器件及基本放大电路,了解直流放大、远算放大电路、门电路、逻辑组合电路和时序逻辑电路。

自学用书:

《电工及电子技术基础自学考试大纲》(天津考委编)

(十一)机械设计基础

通过本课程的学习,使自学应考者掌握常用机械的特点、工作原理和基本分析方法、设计方法,掌握通用机械零件的特点、原理、设计计算方法和使用维护知识。本课程的主要内容包括:机械结构、运动分析、机械综合和机械动力学的基本知识和基本方法,通用机械零件的基本知识和设计计算方法及维护。

自学用书:

《机械设计基础自学考试大纲》(天津考委编)

(十二)互换性与测量技术

通过本课程的学习,使自学应考者能合理动用公差与配合国家标准,掌握与现代制造技术有关的测量技术。本课程的主要内容包括:互换性原理,公差与配合标准及应用,测量技术的基础知识,常用测量方法、应用场合及数据处理。

自学用书:

《互换性与测量技术自学考试大纲》(天津考委编)

(十三)流体传动与控制

通过本课程的学习,使自学应考者熟悉现代制造技术领域内设备中应用的流体传动与控制系统,并进行分析。本课程的主要内容包括:流体传动的基本原理、工作方式、结构特点、控制过程及其应用,掌握流体传动的各动力元件、控制元件的工作原理与基本结构,掌握调速回路、压力回路等典型油路的分析方法。

自学用书:

《流体传动与控制自学考试大纲》(天津考委编)

(十四)生产管理基础

通过本课程的学习,使自学应考者获得一定的生产组织质量监测、经济核算等管理基础知识。本课程的主要内容包括:生产计划管理、质量管理、经济核算知识。

自学用书:

《生产管理基础自学考试大纲》(天津考委编)

(十五)机械制造基础(1)

通过本课程的学习,使自学应考者能运用金属切削的基本原理与方法,解决生产中出现的实际问题。本课程的主要内容包括:金属切削的基本规律,金属切削机床的选用原则及维护常识,现代制造技术加工的常用刀具的结构、分类、选用及设计。

自学用书:

《机械制造基础(1)自学考试大纲》(天津考委编)

(十六)机构制造基础(2)

通过本课程的学习,使自学应考者掌握现代制造技术的基础理论及工艺设计。本课程的主要内容包括:现代制造技术的基础理论,机械加工工艺规程的制订,夹具设计原理,机械加工的精度、表面质量及装配工艺,典型零件加工方法,特种加工及精密加工的基本方法。

自学用书:

《机械制造基础(2)自学考试大纲》(天津考委编)

(十七)机电设备传动与控制

通过本课程的学习,使自学应考者了解机电设备的控制原理和方法、控制电机的类型及工作特点、电机控制的基本内容和目的。本课程的主要内容包括:机电设备的基本控制内容,控制电机的控制内容和典型控制环节,典型机电设备控制系统举例。

自学用书:

《机电设备传动与控制自学考试大纲》(天津考委编)

(十八)微机原理及 PLC 应用

通过本课程的学习,使自学应考者了解微机的组成和功用、可编程控制器(PLC)的原理及应用，掌握微机的基本操作和PLC的编程。本课程的主要内容包括：微机及PLC的工作原理，用微机进行汉字输入和文档处理，编写简单的机械工作过程控制的梯形图。

自学用书：

《微机原理及PLC应用自学考试大纲》（天津考委编）

（十九）数控机床

通过本课程的学习，使自学应考者掌握数控加工的设备与技术的基本知识，数控加工的方法、途径及应用。本课程的主要内容包括：数控机床的组成、坐标系及主要功能，常用数控功能代码的含义及运用，中等复杂零件的数控加工工艺和加工程序的编制，通用自动编程系统的运用。

自学用书：

《数控机床自学考试大纲》（天津考委编）

（二十）相关工种技能训练

掌握金属削加工各传统工种的基本操作技能，掌握电工基本操作技能。内容包括：车、钳、铣、刨、磨及电工的基本操作技能。

自学用书：

《相关工种技能考核大纲》采用国家劳动和社会保障部制定，全国技能职业资格考试相应工种鉴定规范。

（二十一）重点工种技能训练

通过本课程的学习，某一传统工种的操作技能达到中级工水平。本课程的主要内容包括：参见《中华人民共和国职业技能鉴定规范（考核大纲）》

自学用书：

《重点工种技能考核大纲》采用国家劳动和社会保障部制定，全国职业资格考试相应工种鉴定规范。

（二十二）数控技术技能训练

通过本课程的学习，使学生达到数控加工中级工水平。

自学用书：

《数控技术技能考核大纲》采用国家劳动和社会保障部制定，全国职业资格考试工种鉴定规范。

电算会计专业考试计划

（专业代号：404）

一、指导思想

电算会计专业是根据市场经济和社会发展对实用人才的迫切需要，对应考者进行专业知识和技能教育，为实现岗位从业能力而设置的。在专业设置上突出了较强的针对性和实用性，着重考核基本知识和基本理论，重视理论联系实际，强化专业技能训练。

二、专业培养目标

本专业培养适应市场经济需要的,能够在计算机环境下进行网络收集、传递会计信息的应用型技术人才。

三、职业岗位群

本专业适合下列岗位群:

1. 运用计算机核算的企事业单位财务部门;
2. 银行、保险公司、结算中心、财务部门;
3. 涉外企业会计部门;
4. 各会计师事务所;
5. 会计软件公司。

四、学历层次

本专业为大学专科层次。自学者按规定取得相应课程合格证、实践考核合格证和相应社会考试证书,思想品德经鉴定合格者,颁发专科毕业证书。

五、课程设置和学分

类别	序号	课程名称	学分	取得证书
公共课	1	邓小平理论概论	3	课程合格证书
	2	法律基础与思想道德修养	2	课程合格证书
	3	英语	7	全国公共英语二级笔试合格成绩通知单
	4	大学语文	4	课程合格证书
	5	经济应用数学	5	课程合格证书
	6	计算机应用基础	4	全国计算机等级考试一级证书
专业知识课	7	现代生产经营管理	3	课程合格证书
	8	经济法概论	4	课程合格证书
	9	基础会计学	5	课程合格证书
	10	财务会计学	6	课程合格证书
	11	成本会计学	4	课程合格证书
	12	财务管理学	5	课程合格证书
	13	税务会计与纳税筹划	4	课程合格证书
专业技术课	14	计算机网络原理与应用	3	课程合格证书和实践考核合格证书
	15	Office 在财会中应用	4	课程合格证书和实践考核合格证书
	16	数据库原理与应用	8	课程合格证书和实践考核合格证书
	17	电算会计工作原理	4	课程合格证书
	18	电算会计流程设计	3	课程合格证书
	19	电算会计实施	4	实践考核合格证书
综合训练课	20	会计实验	8	实践考核合格证书
	21	电算会计软件操作	10	·实践考核合格证书 ·取得财政部颁发证书:会计电算化中级证书或全国计算机应用技术(NIT)考试证书
	22	电算会计综合实习	8	实践考核合格证书
合计			108	

六、课程说明与自学用书

(一)邓小平理论概论(课程说明略)

自学用书:

《邓小平理论概论自学考试大纲》(全国高等教育自学考试指导委员会 1999 年制订)

《邓小平理论概论》(全国高等教育自学考试委员会组编)钱淦荣主编　中国财政经济出版社 1999 年版

(二)法律基础与思想道德修养(课程说明略)

自学用书:

《法律基础与思想道德修养自学考试大纲》(全国高等教育自学考试指导委员会制订)

《法律基础与思想道德修养》(全国高等教育自学考试委员会组编)　巩献田主编　高等教育出版社 1999 年版

(三)大学语文(课程说明略)

自学用书:

《大学语文(应用专科)自学考试大纲》(全国高等教育自学考试指导委员会制订)

《大学语文自学考试大纲使用说明》天津考委 1999 年 8 月编

《大学语文(应用专科)》(全国高等教育自学考试指导委员会组编)　徐中玉主编　华东师范大学出版社 1994 年版

(四)英语(课程说明略)

自学用书:

《全国公共英语二级考试大纲》(教育部考试中心 1999 年编)

(五)经济应用数学

本课程是本专业的一门重要公共课,为后续课程提供数学基本理论和基本方法,使学生具有较熟练的运算能力。

自学用书:

《经济应用数学自学考试大纲》(天津考委编)1999 年 8 月

《文科高等数学》上册　刘光旭编著　南开大学出版社 1995 年版

《线性代数讲义》(天津市高等教育自学考试委员会组编)　杜瑞文编　1999 年 8 月

(六)计算机应用基础(课程说明略)

《全国计算机等级考试大纲》(教育部考试中心 1998 年编)

(七)现代生产经营管理

了解企业的生产经营管理知识。为用好管理型财务软件奠定基础。本课程的主要内容包括:主要介绍企业的生产管理与组织方法、生产过程与生产计划方法、网络计划与优化、物料需求计划(MRP)与制作资源计划(MRPⅡ)、准时化生产(JIT)、计算机集成制造系统(CIMS)、劳动组织与劳动定额、物资管理、设备管理、企业购、存管理、市场营销管理。

自学用书:

《现代生产经营管理自学考试大纲》(天津考委编)

(八)经济法概论

通过本课程的学习,使学生较全面地了解经济法的基本知识,以增强学生的法律意识,提高守法、用法的自觉性。本课程的主要内容包括:重点讲授公司法、合同法、担保法、票据法、竞争法、工业产权法、税收征收管理法、土地管理与环境法、产品质量法、消费者权益保护法、仲裁与诉讼制度等。

自学用书：

《经济法概论自学考试大纲》(天津考委编)1999年8月

《经济法律教程》 朱慈蕴主编 中国财政经济出版社1999年版

(九)基础会计学

本课程的主要内容包括：会计概念、对象、职能、目标、会计准则、会计方法；会计要素及会计等式；会计科目与帐户；复式记帐；会计凭证；会计帐簿；财产清查；会计换算形式；会计报表等。

自学用书：

《基础会计学自学考试大纲》(全国考委编)1997年

《基础会计学》 王俊生 中国财经出版社1997年版

(十)财务会计学

本课程的主要内容包括：财务会计概念、会计信息质量特征；货币资金核算；应收及预付款项的核算与管理；存货核算与管理；投资核算与管理；固定资产、在建工程核算与管理；无形资产、递延资产及其他资产核算与管理；流动负债核算与管理；长期负债核算与管理；所有者权益核算与管理；收入、费用和利润核算与管理；会计报表编制与分析；外币业务核算；债务重组会计处理，所得税会计核算；商品期货业务核算；合并会计报表基本方法；破产清算会计处理方法等。

自学用书：

《财务会计学自学考试大纲》(天津考委编)

(十一)成本会计学

通过本课学习使学生掌握会计基本能力中的成本核算与成本控制方法。本课程的主要内容包括：企业成本核算的要求和一般程序；生产费用在各种产品之间的分配和归集；生产费用在完工和在产品之间的分配和归集；成本核算的基本方法及辅助方法；变动成本与标准成本法；行业成本核算。

自学用书：

《成本会计学自学考试大纲》(天津考委编)

(十二)财务管理学

通过本课程学习使学生掌握资金的管理方法及对资金使用状况进行分析评价。本课程的主要内容包括：资金筹集管理；资产管理；投资管理；成本管理；销售收入与利润管理；企业清存；财务分析。

自学用书：

《财务管理学自学考试大纲》(天津考委编)

(十三)税务会计与纳税筹划

通过该门课的学习，使学生了解我国现行税法，掌握各种税的计算及其会计处理方法和旨在减轻税务的纳税筹划方法。本课程主要内容包括：我国税制构成要素、税务登记与纳税申报方法、增值税、消费税、关税、出口退(免)税、营业税、所得税、资源税、农业税、农业特产税等基本内容、计算方法、会计处理方法、纳税申报表的填制方法和税务筹划的意义、方法等。

自学用书：

《税务会计与纳税筹划自学考试大纲》(天津考委编)

(十四)计算机网络原理应用

本课程讲述计算机网络原理及其应用，旨在使学员系统地了解计算机网络原理与网络概貌，同时熟练地掌握如下网络应用技能：网络模式选择与网络构建基本步骤；运用典型网络操作系统 Netware、Windows NT 规划管理网络；各种网络应用与服务在现代财经工作中的运用。本课程的主要内容包括：计算机网络概述、传输介质、连接设备及常用 LAN 的构建、网络拓扑结构：物理拓扑、逻辑拓扑、Ethernet、Token Ring 结构介质访问方式、网络协议模式：ISO/OSI 简介、TCP/IP 与 IPX/SPX、典型 NOS：Netware 与 Windows NT、网络服务与因特网、现代网络技术简介：ATM、FR、Fast Ethemet、FDDI、ISDN。

自学用书：

《计算机网络原理与应用自学考试大纲》(天津考委编)

(十五)Office 在财会中应用

本课要求熟练掌握 OFFICE 基本操作、OFFICE 各个组件的适用环境、特点及组件间通过 OLE 的协同操作，重点要求掌握 OFFICE 面向财经管理工作的各种应用手段。本课程的主要内容包括：OFFICE 概述与基本操作；Word 高级应用：格式、样式、模板、用 OLE 制作复合文档等；Excel 高级应用：建立财经报表、数据分析、简单管理模型的建立与分析 Access 管理数据。

自学用书：

《Office 在财会中应用自学考试大纲》(天津考委编)

(十六)数据库原理与应用

本课程主要内容包括：(数据库原理、VISUAL FOXPRO5.0 程序设计)基本规定、表达式、函数、数据库定义、数据库操作、程序控制命令、输入/输出格式命令、表示生成器、报表生成器、教学生成器、项目管理器。

自学用书：

《数据库原理与应用自学考试大纲》(天津考委编)

(十七)电算会计工作原理

熟练掌握财务与企业管理软件原理，结构和功能。本课程主要内容包括：主要介绍财务与企业管理软件原理的特点、结构和功能。包括采购的原理、生产成本系统原理、销售业务系统原理、库存与存货核算系统原理、会计总帐工资及固定资产系统原理。

自学用书：

《电算会计工作原理自学考试大纲》(天津考委编)

(十八)电算会计流程设计

了解 BPR 的概念、作用，学会设计企业的业务流程。本课程的主要内容包括：企业业务流程重组与制度设计：使用核算型会计软件无需对企业流程重组，而使用管理型软件必须对手工业务流程进行重新设计，以适应集成化的计算机管理的需求。主要包括采购业务流程设计、生产业务流程设计、销售业务流程设计、成本核算流程设计。

自学用书：

《电算会计流程设计自学考试大纲)(天津考委编)

(十九)电算会计实施

学会企业计算机会计的全部实施方法。本课程主要内容包括:主要介绍电算会计实施的理念、实施过程(计划、管理培训、业务需求调查、解决方案制定、软件选择、操作培训、安装技术、初始化方法、试运行测试、双轨运行、单轨运行并验收、运行评价)。

自学用书:

《电算会计实施自学考试大纲》(天津考委编)

(二十)会计实验

针对基础会计学、财务会计、成本会计的主要内容进行手工模拟实验,从凭证填制、收集、帐务处理、报表编制的全程序实习。

自学用书:

《会计实验自学考试大纲》(天津考委编)

(二十一)电算会计软件操作

通用财务软件操作方法,用友软件操作方法、金碟软件操作方法、MRP/ERP 软件演示。

自学用书:

《电算会计软件操作自学考试大纲》(天津考委编)

《会计电算化中级证书考试大纲》(财政部编)

《全国计算机应用技术(NIT)考试大纲》(教育部考试中心)

(二十二)综合实习

自学用书:

《综合实习自学考试大纲》(天津考委编)

工程造价管理专业考试计划

(专业代号:405)

一、指导思想

工程造价管理专业是根据市场经济和社会发展对实用人才的迫切需要,对应考者进行专业知识和技能教育,为实现岗位从业能力而设置的。在专业设置上突出了较强的针对性和实用性,着重考核基本知识和基本理论,重视理论联系实际,强化专业技能训练。

二、专业培养目标

本专业培养具有一定的经济管理理论及建设工程技术基础,掌握在市场经济条件下能运用现代管理技术与手段合理确定、有效控制工程造价技术与方法,有较强操作能力的工程经济的应用型技术人才。

三、职业岗位群

本专业适合下列岗位群:

1. 设计院:投资估算、可行性研究、设计概算、编制标底。

2. 施工企业:投标价确定、施工图预算、工程结算、工程合同管理、索赔管理。

3. 中介咨询业：可行性研究、估算、概算、预算、结算、合同价纠纷处理。

4. 房地产开发商：投资概算、预算、标底价确定、结算与索赔管理。

5. 建设单位：标底审查、结算审查、合同与索赔管理。

6. 建设行政主管部门从事定额、造价管理工作。

四、学历层次

本专业为大学专科层次。自学者按规定取得相应课程合格证、实践考核合格证和相应社会考试证书，思想品德经鉴定合格者，颁发专科毕业证书。

五、课程设置和学分

类别	序号	课程名称	学分	取得证书
公共课	1	邓小平理论概论	3	课程合格证书
	2	法律基础与思想道德修养	2	课程合格证书
	3	英语	7	全国公共英语二级笔试合格成绩通知单
	4	大学语文	4	课程合格证书
	5	经济应用数学	5	课程合格证书
	6	计算机应用基础	4	全国计算机等级考试一级证书
专业知识课	7	施工企业会计	4	课程合格证书
	8	应用统计学	3	课程合格证书
	9	工程建设定额	4	课程合格证书和实践考核合格证书
	10	微观经济学	3	课程合格证书
	11	工程经济学	4	课程合格证书
	12	合同法与工程合同管理	4	课程合格证书
	13	施工企业财务管理	4	课程合格证书
	14	工程造价确定与控制	6	课程合格证书
	15	工程项目管理	4	课程合格证书
专业技能课	16	工程计量	7	课程合格证书和实践考核合格证书
	17	工程造价实用软件	2	实践考核合格证书
	18	土建工程技术	6	课程合格证书
	19	安装工程技术与计量	6	课程合格证书
	20	工程造价案例	6	课程合格证书
综合训练课	21	工程造价管理实务	18	取得省（市）定额站颁发证书：预算员（师）证书
合计			106	

六、课程说明与自学用书

（一）邓小平理论概论（课程说明略）

自学用书：

《邓小平理论概论自学考试大纲》（全国高等教育自学考试指导委员会1999年制订）

《邓小平理论概论》(全国高等教育自学考试委员会组编)钱淦荣主编 中国财政经济出版社 1999 年版

(二)大学语文(课程说明略)

自学用书:

《大学语文(应用专科)自学考试大纲》(全国高等教育自学考试指导委员会制订 1994 年制订)

《大学语文自学考试大纲使用说明》天津考委 1999 年 8 月编

《大学语文(应用专科)》(全国高等教育自学考试指导委员会组编) 徐中玉主编 华东师范大学出版社 1994 年版

(三)英语(课程说明略)

自学用书:

《全国公共英语二级考试大纲》(教育部考试中心 1999 年编)

(四)法律基础与思想道德修养(课程说明略)

自学用书:

《法律基础与思想道德修养自学考试大纲》(全国高等教育自学考试指导委员会制订)

《法律基础与思想道德修养》(全国高等教育自学考试指导委员会组编) 巩献田主编 高等教育出版社 1999 年版

(五)经济应用数学

本课程是本专业的一门重要公共课,为后续课程提供数学基本理论和基本方法,使学生具有较熟练的运算能力。

自学用书:

《经济应用数学自学考试大纲》(天津考委编)1999 年 8 月

《文科高等数学》上册 刘光旭编著 南开大学出版社 1995 年版

《线性代数讲义》(天津市高等教育自学考试委员会组编) 杜瑞文编 1999 年 8 月

(六)计算机应用基础(课程说明略)

《全国计算机等级考试大纲》(教育部考试中心 1998 年编)

(七)施工企业会计

通过本门课程的学习,可以使自学应考者对如何合理、节约地使用基本建设资金,控制基本建设规模,降低基本建设成本,提高基本建设资金的使用效率等问题有深入地了解,使学生作为将来的造价工程师有更全面的业务知识。本课程的主要内容包括:会计学基本原理(包括会计原则、会计等式、会计循环等)、投资核算、货币和应收款项核算、工资核算、固定资产核算、其他资产核算、成本费用核算、收入利润核算、报表的编制。

自学用书:

《施工企业会计自学考试大纲》(天津考委编)

(八)应用统计学

通过本课程的学习,使学生掌握统计学原理的应用,掌握工程造价信息的整理和运用,从而为学生掌握工程造价的合理确定与有效控制打下良好的基础。本课程的主要内容包括:概率与数理统计、样本与抽样、数据处理与分析方法、工程造价信息的内容、工程造价信息的整理和运用。

自学用书：

《应用统计学自学考试大纲》(天津考委编)

(九)工程建设定额

使学生掌握在社会主义市场经济条件下工程建设定额管理的内容和原理，主要是为学习工程造价的确定与控制打下良好的基础。本课程的主要内容包括：工程建设定额的一般概念、劳动定额、机械消耗定额、材料消耗定额、施工定额、预算定额、概算定额、费用定额、投资估算指标和建设工期定额的编制、管理、内容和应用。

自学用书：

《工程建设定额自学考试大纲》(天津考委编)

(十)微观经济学

本课程的主要内容包括：供求理论和均衡价格、消费者理论、生产与成本理论、市场结构理论、分配理论、微观经济政策。

自学用书：

《微观经济学自学考试大纲》(天津考委编)

(十一)工程经济学

本课程将工程经济中的基本原理和方法，与可行性研究中经济分析的实践相结合，系统地阐述了工程项目方案的经济评价、比选的依据和方法，对新建、技改、设备更新和合资经营等主要工程项目形式的特殊性及其国民经济评价，以及价值工程方法均做了综合性的介绍。通过本门课程的学习，可使学生对工程经济的理论与方法，对工程项目的可行性研究有较好的理解。本课程的讲授对于学生学习“工程造价的确定与控制”、“工程造价管理实务”均有很大的帮助。本课程的主要内容包括：工程经济学基本概念、含时间因素的货币等值计算、投资方案的评价判据、投资方案的比较和选择、工程项目的现金流量与经济要素的估计、设备更新方案的比较、费用—效益分析、敏感度和风险分析、价值工程。

自学用书：

《工程经济学自学考试大纲》(天津考委编)

(十二)合同法与工程合同管理

帮助自学应考者建立合同法基础，掌握工程招投标、工程合同管理、索赔管理等造价工程师基本业务知识，并为学习项目管理打下基础。本课程的主要内容包括：法律基本原理、合同法、合同仲裁与诉讼、工程招投标、勘察设计合同管理、施工合理管理、监理合同管理、FIDIC 合同管理、索赔管理等。

自学用书：

《合同法与工程合同管理自学考试大纲》(天津考委编)1999 年 8 月

《工程合同管理》(天津考委组编)　尹贻林等著　中国人民大学出版社 1999 年版

(十三)施工企业财务管理

通过本课程的学习，使自学应考者掌握一定的财务管理基础知识，了解我国施工企业财务管理的现状及发展趋势，通过理论的定性定量分析与实践操作介绍，使学生具备财务管理的基本理论知识，为后续课程的学习及今后从事实际工作创造必要的条件。本课程的主要内容包括：企业财务管理总论，企业资金的筹集，流动资产管理，固定资产管理，无形资产、递延资产和其他资产的管理，企业对外投资，成本和费用管理，营业收入、利润及利润分配，企业的外币业务,企业往来结算,企业清算,财务报告与财务评价。

自学用书:

《施工企业财务管理自学考试大纲》(天津考委编)

(十四)工程造价确定与控制

工程造价的确定与控制是造价工程师的基本业务内容,本课程介绍自可行性研究直至竣工止各阶段造价的确定与控制内容,通过本课程学习,将使学生具备成为造价工程师的基本条件。本课程的主要内容包括:工程造价管理的一般概论、工程造价的构成、工程造价计价依据、投资决策阶段、设计阶段、招投标阶段、施工阶段和竣工各阶段工程造价的确定与控制。在实践环节中,安排学员到各定额站及施工企业学习概预算编制和造价管理的技能。

自学用书:

《工程造价确定与控制自学考试大纲》(天津考委编)

(十五)工程项目管理

项目管理中的三大控制技术和合同管理均为造价工程师的最基本业务内容,本课程除合同管理不包括在内外,对工程投资控制、质量控制、进度控制等都做了详细介绍,使学员掌握项目管理的基本原理和三大控制的基本方法,构成造价工程师的主要专业知识。本课程的主要内容包括:工程项目管理概论、项目前期工作、招投标与风险管理、项目控制概论、施工项目的成本控制、施工项目的进度控制、施工项目的质量控制与安全管理、世界银行的项目管理、工程项目风险管理。

自学用书:

《工程项目管理自学考试大纲》(天津考委编)

(十六)工程计量

本课程的主要内容包括:投影基本知识、点、线、面投影,曲线、曲面投影,轴侧投影,建筑施工图,结构施工图,道路施工图,工程构造(包括房屋建筑、道桥、隧道、矿山等构造),建筑面积计算规则,土建预算工程量计算规则,道桥预算工程量计算规则,隧道、矿山预算工程量计算规则。(附)给排水及管理工程图,电气工程图。

自学用书:

《工程计量自学考试大纲》(天津考委编)1999 年 8 月

《工程计量讲义》赵荣江等编　天津考委组编　1999 年版

(十七)工程造价实用软件

本课程的主要内容包括:工程造价管理领域常用软件(计算机图形、表格处理、计算机计算工程量、计算机快速报价、计算机进行概预算、数据维护等)。

自学用书:

《工程造价实用软件自学考试大纲》(天津考委编)

(十八)土建工程技术

本课程是工程造价管理专业的一门专业基础课,目的是使学生掌握土建工程技术与计量方面的基本知识和基础理论,为工程造价确定与控制的学习打下良好的基础。本课程的主要内容包括:建筑材料概述,建筑钢材,木材,气硬性和水硬性材料,混凝土、砂浆、灰土拌合料,砖、石、瓦,防水材料,建筑塑料与装饰材料,地基与基础施工,钢筋混凝土工程施工,装配框架、大模、升板、滑模施工,装饰工程施工,工程机械,流水施工与网络技术,施工组织设计。课堂讲授运用媒体及网络信息实行生动的情景教学，现场观察工程材料的运用和施工组织设计的过程，以提高对工程材料、工程施工技术的理解和掌握能力。

自学用书：

《土建工程技术自学考试大纲》(天津考委编)

(十九)安装工程技术与计量

本课程对建设工程中安装部分的工程知识、施工技术、施工工序和方法以及工程计量等技术与经济问题进行了较详细的介绍，以期能够使学生掌握安装工程概预算人员所具备的知识和能力，达到在建设工程项目中合理使用人力、物力和建设资金，加强工程造价管理，提高安装工程概预算质量，取得最大投资效益和目的。本课程的主要内容包括：安装工程材料基本知识、设备基本知识、施工技术基本知识、施工组织设计、工程量计算规则和方法。

自学用书：

《安装工程技术与计量自学考试大纲》(天津考委编)

(二十)工程造价案例

本课程通过十个方面的综合介绍，从经济、技术、合同、财务等方面阐述了工程造价实务问题的分析与处理的理论与方法。本课程为前面讲述的许多课程的综合，在学习过程中，主要侧重的是理论与实践结合的环节。本课程的主要内容包括：本课程主要学习计算和审查本专业工程的工程量，编制和审查工程投资估算、设计概算、施工图预算，标底价、投标报价、工程结算、决算的评价和分析，工程造价纠纷典型案例分析，建设、设计和施工方案的技术经济分析和典型案例分析，编制和审查补充定额，建设项目财务评价，进口材料、设备估价，工程项目承发包方案，工程索赔案例分析。

自学用书：

《工程造价案例自学考试大纲》(天津考委编)

(二十一)预算员(师)考核

通过本课程的学习，可使自学应考者在工程造价管理方面综合分析、解决问题的能力得到一定的提高。本课程安排了大量的实践环节，在学习过程中，主要侧重的是实际操作能力的培养。本课程的主要内容包括：本课程为实践课程，将在各个实习单位学习与工程造价管理工作有关的内容，重点是计算和审查本专业工程的工程量，编制和审查工程设计概算、施工图预算，标底价、投标报价、工程结算、决算的评价和分析，工程造价纠纷典型案例分析，编制和审查补充定额，工程项目承发包方案，工程索赔案例分析。课程结束后，考生参加预算员(师)考试。

《预算员(师)考核大纲》采用各省建委预算员(师)标准

物业管理专业考试计划

（专业代号:406）

一、指导思想

物业管理专业是根据市场经济和社会发展对实用人才的迫切需要，对应考者进行专业知识和技能教育，为实现岗位从业能力而设置的。在专业设置上突出了较强的针对性和实用性，着重考核基本知识和基本理论，重视理论联系实际，强化专业技能训练。

二、专业培养目标

本专业培养具有较高文化素养、良好职业道德、丰富的专业知识、掌握现代物业管理技术和技能的应用型技术人才。

三、职业岗位群

本专业适合下列岗位群：

1. 住宅小区的规划与物业经营管理；
2. 饭店、商厦、写字楼物业管理；
3. 企事业单位的物业管理；
4. 社区规划与物业管理；
5. 房地产开发经营的具体业务工作；
6. 基层房地产开发经营的具体业务工作；
7. 房地产估价；
8. 房地产经纪人；
9. 中等学校相关专业师资。

四、学历层次

本专业为大学专科层次。自学者按规定取得相应课程合格证、实践考核合格证和相应社会考试证书，思想品德经鉴定合格者，颁发专科毕业证书。

五、课程设置和学分

类别	序号	课程名称	学分	取得证书
公共课	1	邓小平理论概论	3	课程合格证书
	2	法律基础与思想道德修养	2	课程合格证书
	3	英语	7	全国公共英语二级笔试合格成绩通知单
	4	大学语文	4	课程合格证书
	5	经济应用数学	5	课程合格证书
	6	计算机应用基础	4	全国计算机等级考试一级证书

类别	序号	课程名称	学分	取得证书
专业知识课	7	房屋建筑结构与工程识图	6	课程合格证书
	8	管理概论	3	课程合格证书
	9	社会心理学	3	课程合格证书
	10	物业管理概论	4	课程合格证书
	11	物业管理经济	3	课程合格证书
	12	物业管理法规	4	课程合格证书
	13	物业理财	4	课程合格证书
	14	物业管理信息系统	5	实践考核合格证书
专业技能课	15	房屋设备维护	6	课程合格证书
	16	公共关系理论与实务	4	课程合格证书
	17	房地产开发经营	4	课程合格证书
	18	房地产估价	3	课程合格证书
	19	小区规划设计	3	实践考核合格证书
	20	物业管理实务	6	课程合格证书
综合训练课	21	物业管理综合实习	22	实践考核合格证书和取得劳动和社会保障部颁发证书:物业管理员上岗证
合　计			105	

六、课程说明与自学用书

(一)邓小平理论概论(课程说明略)

自学用书:

《邓小平理论概论自学考试大纲》(全国高等教育自学考试指导委员会 1999 年制订)

《邓小平理论概论》(全国高等教育自学考试委员会组编)钱淦荣主编　中国财政经济出版社 1999 年版

(二)法律基础与思想道德修养(课程说明略)

自学用书:

《法律基础与思想道德修养自学考试大纲》(全国高等教育自学考试指导委员会制订)

《法律基础与思想道德修养》(全国高等教育自学考试指导委员会组编)　巩献田主编　高等教育出版社 1999 年版

(三)大学语文(课程说明略)

自学用书:

《大学语文(应用专科)自学考试大纲》(全国高等教育自学考试指导委员会制订)

《大学语文自学考试大纲使用说明》天津考委 1999 年 8 月编

《大学语文(应用专科)》(全国高等教育自学考试指导委员会组编)　徐中玉主编　华东师范大学出版社 1994 年版

(四)英语(课程说明略)

自学用书:

《全国公共英语二级考试大纲》(教育部考试中心 1999 年编)

(五)计算机应用基础(课程说明略)

《全国计算机等级考试大纲》(教育部考试中心 1998 年编)

(六)经济应用数学

本课程是本专业的一门重要公共课,为后续课程提供数学基本理论和基本方法,使学生具有较熟练的运算能力。

自学用书:

《经济应用数学自学考试大纲》(天津考委组编)1999 年 8 月

《文科高等数学》上册　刘光旭编著　南开大学出版社 1995 年版

《线性代数讲义》(天津考委组编)　杜瑞文编　1999 年 8 月

(七)房屋建筑结构与工程识图

通过本课程学习,使学生掌握房屋建筑结构和工程识图的基本知识,为物业管理专业课的学习奠定基础。本课程的主要内容包括:培养自学应考者工程读图能力,掌握房屋构造的基础知识和工程识图的基本方法。

自学用书:

《房屋建筑结构与工程识图自学考试大纲》(天津考委编)1999 年 8 月

《房屋结构构造与识图》　孙沛平、周韬主编　中国物价出版社 1996 年版

(八)管理概论

通过本课程学习,使自学应考者较为全面地了解现代管理的基本理论和方法,并能运用于实际工作。本课程的主要内容包括:系统讲授现代管理的基本理论,包括组织行为学、领导科学、经营管理、人力资源管理、质量管理、企业文化等内容。

自学用书:

《管理概论自学考试大纲》(天津考委编)1999 年 8 月

《企业管理概论》　谭道明主编　武汉大学出版社 1996 年版

《企业管理概论》　王恒毅主编　中国建材工业出版社 1993 年版

(九)社会心理学

通过本课程学习,使自学应考者提高认知社会、认识自我的能力,形成良好的心理素质,为从事以人为本的物业管理工作奠定思想基础。本课程的主要内容包括:本课程针对物业管理以人为本、以服务为核心的特点,从心理学角度,结合中国国情,重点讨论社会认知过程与形态、社会感情与动机、社会态度、大众心理等内容。

自学用书:

《社会心理学自学考试大纲》(天津考委编)

(十)物业管理概论

通过本课程学习,使自学应考者掌握物业管理基本专业知识,对物业管理有个宏观的认识,为后续专业课程学习奠定基础。本课程的主要内容包括:重点讲授物业管理的理论、策划、前期准备、启动、日常运转等内容。

自学用书:

《物业管理概论自学考试大纲》(天津考委编)

(十一)物业管理经济

通过本课程学习，使自学应考者掌握物业管理基本经济规律，为后续物业管理课程学习奠定经济理论基础。本课程的主要内容包括：重点讲授物业管理的产生与发展及其在国民经济中的地位和作用、物业管理市场、物业管理供给与需求、物业管理价格、物业管理规模以及物业管理与城市生态环境、物业管理与基础设施、物业管理与服务经济、中外物业管理比较研究等内容。

自学用书：

《物业管理经济自学考试大纲》(天津考委编)

(十二)物业管理法规

通过本课程学习，能使自学应考者基本具备物业管理的法律知识。本课程的主要内容包括：比较系统、完整地学习领会改革开放以来全国人大、建设部和部分地方人大、政府颁布的关于房地产管理、物业管理及其相关方面的政策、法令、法规、管理条例。

自学用书：

《物业管理法规自学考试大纲》(天津考委编)

(十三)物业理财

通过本课程学习，使自学应考者基本掌握财务会计基本技能、树立良好的物业理财的观念。本课程的主要内容包括：包括会计核算基础、财务会计的基本知识、财务管理。

自学用书：

《物业理财自学考试大纲》(天津考委编)

(十四)物业管理信息系统

通过本课程学习，使自学应考者从总体上掌握物业管理信息系统的分析、设计和实现的方法，了解管理信息系统的新发展，能够从系统化管理的角度分析和设计物业管理信息系统。本课程的主要内容包括：管理信息系统的概念、结构、总体规划、系统分析和设计、系统实现和评价的基本理论和方法。

自学用书：

《物业管理信息系统自学考试大纲》(天津考委编)

(十五)房屋设备维护

通过本课程学习，使自学应考者掌握房屋基本设施系统的设置原理，施工程序，维护原则。系统掌握各类物业设施的养管技能。本课程的主要内容包括：系统学习室内外的给排水、暖通、空调及电气工程施工和维护的基本知识。

自学用书：

《房屋设备维护自学考试大纲》(天津考委编)

(十六)公共关系理论与实务

通过本课程学习，使自学应考者掌握现代物业管理工作中应恪守的礼仪规范，增强与业主及客户的沟通能力。本课程的主要内容包括：本课程依据现代公共关系理论、现代文明标准以及服务行业的特点，对物业管理工作中公共关系思想、要素进行深入探讨，学习现代公关人员的仪态、服饰、谈吐及相关的礼仪规范。

自学用书：

《公共关系理论与实务自学考试大纲》(天津考委编)

(十七)房地产开发经营

通过本课程学习，使自学应考者掌握房地产开发经营全过程的基本知识、基本技能及其与物业管理的相互关系，将有助于提高物业管理人员的综合决策能力。本课程的主要内容包括：学习房地产开发投资和与之相关的市场研究、开发程序、可行性、工程建设与验收、房地产开发投资经济效果评价等知识。

自学用书：

《房地产开发经营自学考试大纲》(天津考委编)

(十八)房地产估价

通过本课程学习，使自学应考者系统掌握房地产估价的原则与程序，基本估价方法，为扩展物业管理经营领域服务。本课程的主要内容包括：房地产估价的基本理论与基本方法。

自学用书：

《房地产估价自学考试大纲》(天津考委编)

(十九)小区规划设计

通过本课程学习，使自学应考者能够从规划设计大局认识物业建设与管理的特点，增强环境意识和综合管理能力。本课程的主要内容包括：小区规划设计的基本原理和方法，并按现代物业理念组织小区规划设计实践。

自学用书：

《小区规划设计自学考试大纲》(天津考委编)

(二十)物业管理实务

通过本课程学习，使自学应考者了解中外著名物业管理公司的经营运作模式，掌握住宅物业、商业物业、工业物业等典型物业的管理技能和方法。本课程的主要内容包括：系统学习住宅小区物业、商业物业、工业物业的管理内容和特点，了解物业管理公司运行中经常遇到的问题，学习解决问题的方法，形成现代物业管理理念。

自学用书：

《物业管理实务自学考试大纲》(天津考委编)

(二十一)物业管理综合实习

通过亲身实践了解和掌握现代大型商厦、写字楼的物业管理工作特色和服务对象的特点以及大型涉外饭店的前厅、客房的物业管理和服务工作的动作方式。

自学用书：

《物业管理综合实习自学考试大纲》(天津考委编)和国家建设部制定物业管理员上岗证标准

饭店管理专业考试计划

（专业代号:407）

一、指导思想

饭店管理专业是根据市场经济和社会发展对实用人才的迫切需要，对应考者进行专业知识和技能教育，为实现岗位从业能力而设置的。在专业设置上突出了较强的针对性和实用性，着重考核基本知识和基本理论，重视理论联系实际，强化专业技能训练。

二、专业培养目标

本专业培养掌握饭店业、餐饮业、娱乐业服务与管理所需的基本知识和基本技能，具有较强的动手能力，从事管理与服务第一线工作的应用型技术人才。

三、职业岗位群

本专业适合下列岗位群：

各类饭店、酒店、餐饮服务业、娱乐业管理服务岗位。

四、学历层次

本专业为大学专科层次。自学者按规定取得相应课程合格证、实践考核合格证和相应社会考试证书，思想品德经鉴定合格者，颁发专科毕业证书。

五、课程设置和学分

类别	序号	课程名称	学分	取得证书
公共课	1	邓小平理论概论	3	课程合格证书
	2	法律基础与思想道德修养	2	课程合格证书
	3	英语	7	全国公共英语二级笔试合格成绩通知单
	4	大学语文	4	课程合格证书
	5	计算机应用基础	4	全国计算机等级考试一级证书
专业知识课	6	旅游学概论	3	课程合格证书
	7	旅游心理学	3	课程合格证书
	8	饭店管理原理	4	课程合格证书
	9	饭店市场营销	3	课程合格证书
	10	饭店人力资源管理	3	课程合格证书
	11	饭店督导原理	4	课程合格证书
	12	食品营养与卫生	3	课程合格证书

类别	序号	课程名称	学分	取得证书
专业技术课	13	饭店前台管理	3	课程合格证书和实践考核合格证书
	14	饭店餐厅管理	8	课程合格证书和实践考核合格证书
	15	饭店客房管理	6	课程合格证书和实践考核合格证书
	16	饭店康乐管理	3	课程合格证书
	17	饭店财务管理	4	课程合格证书
	18	专业英语	8	取得国家旅游局颁发证书:职业英语(饭店专业)初级证书
	19	烹调原理	3	·课程合格证书 ·实践考核合格证书或劳动和社会保障部颁发证书:厨师初级证书
	20	酒水知识与酒吧经营	6	课程合格证书和实践考核合格证书
	21	物业管理综合实习	2	课程合格证书
综合训练课	22	饭店管理综合训练	18	实践考核合格证书和取得劳动和社会保障部颁发证书(下列证书中二个):餐厅服务员三级证书、调酒师中级证书、客房服务员三级证书、前厅服务员初级证书 注:取得上述劳动和社会保障部颁发证书,可免考专业技能课中相应实践考核合格证书
合　计			104	

六、课程说明与自学用书

(一)邓小平理论概论(课程说明略)

自学用书:

《邓小平理论概论自学考试大纲》(全国高等教育自学考试指导委员会1999年制订)

《邓小平理论概论》(全国高等教育自学考试委员会组编)钱淦荣主编　中国财政经济出版社1999年版

(二)法律基础与思想道德修养(课程说明略)

自学用书:

《法律基础与思想道德修养自学考试大纲》(全国高等教育自学考试指导委员会制订)

《法律基础与思想道德修养》(全国高等教育自学考试指导委员会组编)　巩献田主编　高等教育出版社1999年版

(三)英语(课程说明略)

自学用书:

《全国公共英语二级考试大纲》(教育部考试中心1999年编)

(四)计算机应用基础(课程说明略)

《全国计算机等级考试大纲》(教育部考试中心1998年编)

(五)大学语文(课程说明略)

自学用书:

《大学语文(应用专科)自学考试大纲》(全国高等教育自学考试指导委员会制订)

《大学语文自学考试大纲使用说明》天津考委 1999 年 8 月编

《大学语文(应用专科)》　全国高等教育自学考试指导委员会组编　徐中玉主编　华东师范大学出版社 1994 年版

(六)旅游学概论

本课程的主要内容为:本课程系统介绍旅游学的基本知识、基本原理、国内外旅游业的发展等内容。以课堂教学为主。

自学用书:

《旅游学概论自学考试大纲》(天津考委编)1999 年 8 月

《旅游学概论》　田里　南开大学出版社 1998 年版

(七)旅游心理学

本课程的主要内容为:本课程运用心理学的基本原理分析研究消费者在购买商品或服务时产生的心理活动,并通过对这类心理活动产生机理和规律性的认识,引导消费者的合理消费行为,为消费者提供运用的产品及服务。

自学用书:

《旅游心理学自学考试大纲》(天津考委编)

(八)饭店管理原理

通过本课程的学习,使学生能够运用饭店管理原理解决实际问题。本课程的主要内容为:研究现代饭店的经济活动过程中的管理关系及发展变化规律,由一系列的管理理论、管理原则、管理形式、管理方法、管理制度组成的。同时,既有饭店的科学管理理论、新的经营理念和饭店发展趋势的论述,又有实际服务程序、服务标准和服务技能的介绍。

自学用书:

《饭店管理概论》　黎洁　南开大学出版社 1998 年版

(九)饭店市场营销

通过本课程的学习,能够运用饭店营销理论解决饭店实际问题。本课程的主要内容为:主要学习消费者购买行为分析,营销管理程序和营销因素组合,市场细分和目标市场的选择及定位,营销调研和销售预测,产品和服务策略,定价、渠道、促销策略,营销管理体制和营销控制。

自学用书:

《饭店市场营销自学考试大纲》(全国考委编)

(十)饭店人力资源管理

通过本课程的学习,使学生掌握饭店人力资源管理的概念、特点、方法,并能够解决饭店的实际问题。本课程的主要内容为:主要学习饭店的劳动组织,员工激励、招聘、选拔、提升、奖励、处分等管理手段;职工培训、工作业绩评估与劳动报酬。

自学用书:

《饭店人力资源管理自学考试大纲》(天津考委编)

(十一)饭店督导原理

通过本课程的学习,掌握饭店督导管理的原则方法,能够解决饭店经营中的实际问题。本课程的主要内容为:主要讲授饭店中层管理中的督查、指导与落实工作,包括:督导管理的原则、方法和手段,督导层人员的职责与素质要求,宾客关系管理,服务意识与职业道德,员工激励,管理艺术与工作评估。

自学用书：

《饭店督导原理自学考试大纲》(天津考委编)

(十二)食品营养与卫生

本课程的主要内容为：食品营养成份的基本构成，装饰性菜肴与营养，均衡饮食与保健性菜肴，食品受微生物污染的预防，服务工作控制点的卫生管理，清洁卫生和保养控制点的卫生管理，餐饮业的法律管理。

自学用书：

《食品营养与卫生自学考试大纲》(天津考委编)

(十三)饭店前台管理

通过本课程的学习，使学生掌握前台管理的基本知识、方法，解决前台管理的实际问题。本课程的主要内容为：前台基本管理理论；前台管理概述、前台区域环境设计与设施设备、前台工作中的人际交流、饭店房价管理。前台工作运作与管理；前台预订、接待、问询、礼宾、商务及收银与收审计工作管理。前台工作中的计算机化管理与发展。

自学用书：

《饭店前台管理自学考试大纲》(天津考委编)

(十四)饭店餐厅管理

通过本课程的学习，掌握餐厅服务规范和管理程序，灵活处理前厅在经营管理过程中可能出现的问题。本课程的主要内容为：餐饮部的组织及岗位职责和工作计划，菜单的筹划与设计、餐饮采保管理，中、西餐厅管理，宴会的组织与管理，管事部的管理，餐饮推销与促销活动。

自学用书：

《饭店餐厅管理自学考试大纲》(天津考委编)

(十五)饭店客房管理

通过本课程的学习，掌握饭店客房管理的基本概念、特点、方法，解决饭店客房管理中的实际问题。本课程的主要内容为：客房部的组织管理及岗位职责和工作计划，客房区域环境设计与设施设备，客房接待服务及清洁保养工作管理，客房洗衣与布件管理，客房部物资设备选购与管理，客房部安全工作管理，房务预算与客房费用控制。

自学用书：

《饭店客房管理自学考试大纲》(天津考委编)

(十六)饭店康乐管理

通过本课程的学习，掌握饭店娱乐经营主要项目的设备设施特征、服务操作方法、娱乐营销方法。本课程的主要内容为：康乐部在饭店管理中的地位与作用、康乐项目分类与管理、康乐部岗位职责与运动操作标准、康乐运动与保健、康乐运动常见问题的处理。

自学用书：

《饭店康乐管理自学考试大纲》(天津考委编)

(十七)饭店财务管理

通过本课程的学习，掌握饭店财务管理的基本原理、方法，能够解决饭店财务管理中的实际问题。本课程的主要内容为：本课程主要讲授饭店财务管理基本概念、基本原理，分析饭店经营中出现的各种财务问题，如投资、融资、成本费用控制等，使学员能够掌握饭店财务工作的特点，提高解决财务问题的能力。

自学用书：

《饭店财务管理自学考试大纲》(天津考委编)

(十八)专业英语

通过本课程的学习，能够进行饭店英语会话，表达较流畅，能够写作函件、通知等，达到G-TELP中级水平。本课程的主要内容为：针对国家旅游局G-TELP考试中心的要求，学习饭店职业英语的听力、语法、阅读及口语表达等内容。

自学用书：

《中国饭店职业英语初级标准》国家旅游局制定

(十九)烹调原理

本课程的主要内容为：食物介绍与食物基本成份分析，厨具分类与使用，灶具分类与使用，食品雕刻与烹饪技法，菜肴与装盘技术，菜肴与营养保健，烹饪原料介绍，菜肴工艺制作技法，食品雕刻制作技法，面点制作技法，菜肴质量标准控制。

自学用书：

《烹调原理自学考试大纲》(天津考委编)

(二十)酒水知识与酒吧经营

本课程的主要内容为：酒吧部的组织管理，酒吧的种类与特点，酒水、饮料的分类与中、西方各酒介绍，鸡尾酒配制，酒水服务与控制，酒水的配制、陈列、贮存与成本控制。

自学用书：

《酒水知识与酒吧经营自学考试大纲》(天津考委编)

(二十一)饭店设备维修与保养

本课程的主要内容为：饭店设备管理的意义与任务，饭店设备的选择和评价，饭店设备的日常管理的合理使用，饭店设备的维护和修理，设备改革和更新。

自学用书：

《饭店设备维修与保养自学考试大纲》(天津考委编)

(二十二)饭店管理综合训练自学考试大纲

自学用书：

《饭店管理综合训练自学考试大纲》(天津考委编)和相应证书采用国家劳动与社会保障部制定标准。

服装设计专业考试计划

(专业代号：408)

一、指导思想

服装设计专业是根据市场经济和社会发展对实用人才的迫切需要，对应考者进行专业知识和技能教育，为实现岗位从业能力而设置的。在专业设置上突出了较强的针对性和实用性，着重考核基本知识和基本理论，重视理论联系实际，强化专业技能训练。

二、专业培养目标

本专业培养具备一定的适应市场新产品开发能力，能够独立完成服装款式设计、服装纸样设计，掌握服装制作技术与生产工艺过程，从事服装设计的应用型技术人才。

三、职业岗位群

本专业适合下列岗位群：

1. 从事服装设计、加工、培训等工作；
2. 服装行业中的管理人员；
3. 服装商业从业人员，从事服装市场推广与策划；
4. 中等职业技术学校教师，从事服装专业教学、实验工作。

四、学历层次

本专业为大学专科层次。自学者按规定取得相应课程合格证、实践考核合格证和相应社会考试证书，思想品德经鉴定合格者，颁发专科毕业证书。

五、课程设置和学分

类别	序号	课程名称	学分	取得证书
公共课	1	邓小平理论概论	3	课程合格证书
	2	法律基础与思想道德修养	2	课程合格证书
	3	英语（服装）	3	全国公共英语一级笔试合格成绩通知单
	4	大学语文	4	课程合格证书
	5	计算机应用基础	4	全国计算机等级考试一级证书
专业知识与技术课	6	素描（服装）	4	实践考核合格证书
	7	平面构成	4	实践考核合格证书
	8	色彩构成	4	实践考核合格证书
	9	基础图案	3	实践考核合格证书
	10	中外服装史	3	课程合格证书
	11	服装材料学	4	课程合格证书
	12	服装市场营销	2	课程合格证书
	13	服装生产管理	2	课程合格证书
	14	服装效果图	5	实践考核合格证书
	15	服装造型设计	6	实践考核合格证书
	16	创意服装设计	2	实践考核合格证书
	17	服装纸样原理	5	课程合格证书
	18	女装纸样设计	6	实践考核合格证书
	19	男装纸样设计	4	实践考核合格证书
	20	服装纸样放缩	3	实践考核合格证书
	21	服装 CAD	4	实践考核合格证书
	22	服装制作基础	6	实践考核合格证书
	23	女装制作工艺	6	实践考核合格证书
	24	男装制作工艺	8	实践考核合格证书

类别	序号	课程名称	学分	取得证书
综合训练课	25	服装设计毕业设计与实践	10	实践考核合格证书和取得劳动和社会保障部颁发证书：服装制作工种二级证书
合　计			107	

六、课程说明与自学用书

(一)邓小平理论概论(课程说明略)

自学用书：

《邓小平理论概论自学考试大纲》(全国高等教育自学考试指导委员会1999年制订)

《邓小平理论概论》(全国高等教育自学考试委员会组编)钱淦荣主编　中国财政经济出版社1999年版

(二)法律基础与思想道德修养(课程说明略)

自学用书：

《法律基础与思想道德修养自学考试大纲》(全国高等教育自学考试指导委员会制订)

《法律基础与思想道德修养》(全国高等教育自学考试指导委员会组编)　巩献田主编　高等教育出版社1999年版

(三)英语(服装)(课程说明略)

自学用书：

《全国公共英语一级考试大纲》(教育部考试中心1999年编)

(四)大学语文(课程说明略)

自学用书：

《大学语文(应用专科)自学考试大纲》(全国高等教育自学考试指导委员会制订)

《大学语文自学考试大纲使用说明》　天津考委1999年8月编

《大学语文(应用专科)》　全国高等教育自学考试指导委员会组编　徐中玉主编　华东师范大学出版社1994年版

(五)计算机应用基础(课程说明略)

《全国计算机等级考试大纲》(教育部考试中心1998年编)

(六)素描

培养学生的造型能力，并兼顾艺术规律和技能技巧的传授(以人体比例、人体动态为主)。本课程的主要内容包括：人体结构、人体动态、透视规律、表现技法等，通过素描静物、素描头像、素描胸像、全身素描及速写来训练。

自学用书：

《素描自学考试大纲》(天津考委编)1999年8月

《素描教程》　解基程编著　中国纺织出版社

(七)平面构成

以培养学生的平面设计能力为主，具体集中在图形的设计、图形的组合、艺术规律的运用及材料运用和肌理表现等方面。本课程的主要内容包括:点、线、面的设计和组合,骨骼的运用和变化,对比手法的运用,肌理的表现,统一调和的方法及综合运用能力的训练。

自学用书:

《平面构成自学考试大纲》(天津考委编)1999年8月

《平面构成教程》 张立编著 中国纺织出版社1999年版

(八)色彩构成

以培养学生的色彩运用能力为主,兼顾图形设计、艺术设计规律的运用及整体色彩的处理。本课程的主要内容包括:色彩的要素特性、色立体、色彩的对比、色彩的调和、色彩的情感表现与传达、色彩的综合运用能力。

自学用书:

《色彩构成自学考试大纲》(天津考委编)

(九)基础图案

使学生掌握图案的基础知识和各类图案纹样专用设计上的实际应用,能够运用图案的造型规律及美的形式法则对自然物象进行概括、条理、归纳、取舍及变形、夸张,并学会图案的各种肌理的表现方法。本课程的主要内容包括:了解传统纹样、单独纹样、适合纹样、二方连续等基本的图案形式,并掌握风景、花卉、动物、人物等四大变化。

自学用书:

《基础图案自学考试大纲》(天津考委编)

(十)中外服装史

传授中西服饰各历史时期服饰特点,使学生掌握中西服饰发展的脉络,增加艺术积淀和修养,使学生在头脑中建立服饰形象库,为服饰设计提供借鉴。本课程的主要内容包括:中国历代服饰文化、西洋各文化阶段服饰文化。

自学用书:

《中外服装史自学考试大纲》(天津考委编)

(十一)服装材料学

培养学生运用面料的能力。本课程的主要内容包括:了解基本服装材料的种类与鉴别,了解纱线及织物的规格标志与识别,了解面料特性的检测方法及一便标准和服装材料的选用。

自学用书:

《服装材料学自学考试大纲》(天津考委编)

(十二)服装市场营销

培养学生进行服装市场研究的能力。本课程的主要内容包括:服装市场的调研,服装市场的分析,服装市场策划的程序与方法。

自学用书:

《服装市场营销自学考试大纲》(天津考委编)

(十三)服装生产管理

培养学生具有服装企业组织管理的能力。本课程的主要内容包括:了解服装企业的特征及管理模式,服装企业的生产过程及管理方法。

自学用书:

《服装生产管理自学考试大纲》(天津考委编)

(十四)服装效果图

培养学生运用服装画的各种表现方法和技巧,按理定的造型美学要素、原则来表达设计思维及意图。本课程的主要内容包括:掌握人体动态比例及细节的表现,面料肌理的表现及运用不同技法对服装设计的理念进行写实与抽象的表现。

自学用书:

《服装效果图自学考试大纲》(天津考委编)

(十五)服装造型设计

培养学生具有服装造型审美和创作能力。本课程的主要内容包括:了解服装造型的演化规律、设计规律,建立服装整体美的概念,运用服装造型学、结构学、色彩学原理,进行服装造型设计。

自学用书:

《服装造型设计自学考试大纲》(天津考委编)

(十六)创意服装设计

培养学生运用所学服装设计理论进行时装的创意设计。本课程的主要内容包括:形式要素的组合与时尚理念的表达及艺用服装的设计等。

自学用书:

《创意服装设计自学考试大纲》(天津考委编)

(十七)服装纸样原理

通过本课程的学习,使学生对纸样的作用和意义有更深的认识,能够运用所学纸样原理,依照服装局部结构的要求,独立完成各种衣身、衣袖、衣领、裙、裤的纸样变化。本课程的主要内容包括:学习服装的人体测量,通用服装规格标准及制图的基本知识,掌握服装各部位的结构特点、设计原理及变化规律,学会裤子与裙子的纸样设计方法。

自学用书:

《服装纸样原理自学考试大纲》(天津考委编)

(十八)女装纸样设计

在纸样原理基础上,通过女装纸样的学习,使学生对女装纸样设计有全面深刻的理解,依照服装整体结构要求,能独立完成各种款式的纸样设计。本课程的主要内容包括:学习女装廓形、长度及松度的变化,掌握女装纸样的设计方法和设计技巧,根据服装规格表和效果图完成标准的服装纸样。

自学用书:

《女装纸样设计自学考试大纲》(天津考委编)

(十九)男装纸样设计

在纸样原理、女装纸样学习的基础上,通过对男装纸样的进一步学习,使学生对纸样有所理解,能够运用所学的理论,依照整体结构要求,独立完成男装的各种款式纸样设计。本课程的主要内容包括:了解男装的廓形及结构变化规律,掌握男装的分类及纸样设计方法。

自学用书:

《男装纸样设计自学考试大纲》(天津考委编)

(二十)服装纸样放缩(课程说明略)

自学用书:

《服装纸样放缩自学考试大纲》(天津考委编)

(二十一)服装 CAD

培养学生应用服装 CAD 系统的能力。本课程的主要内容包括:学会利用计算机软件进行服装款式设计和服装结构设计,了解应用微机进行纸样放缩和排料的方法。

自学用书:

《服装 CAD 自学考试大纲》(天津考委编)

(二十二)服装制作基础

培养学生的缝制技巧,使学生了解服装制作原理和缝制过程,掌握缝纫机的正确使用方法,了解和掌握服装主要部件的制作过程和方法。本课程的主要内容包括:缝纫机的正确使用方法、服装领子、口袋、门襟、袖口等部件的制作方法。

自学用书:

《服装制作基础自学考试大纲》(天津考委编)

(二十三)女装制作工艺

培养学生服装加工工艺分析及制作能力,使学生掌握服装配里、配衬和面料整形技术,了解不同款式时装的缝制技巧,掌握华服的一般缝制要领和诀窍。本课程的主要内容包括:在女装纸样设计课程的基础上,通过女装的缝制工艺流程,熟悉不同材料的缝制特点,完成成衣制作。

自学用书:

《女装制作工艺自学考试大纲》(天津考委编)

(二十四)男装制作工艺

培养学生运用不同服装面料制作男西装的能力,使学生熟悉加工工艺流程,懂得工艺处理的方法,能够分析解决西服加工过程中出现的各种问题。本课程的主要内容包括:在男装纸样设计课程的基础上,学习并掌握男装的缝制方法,完成典型男装的成衣制作。

自学用书:

《男装制作工艺自学考试大纲》(天津考委编)

(二十五)毕业设计与实践

学生需完成毕业设计任务书的各项任务,包括纸上作业与样衣两部分:纸上作业需完成调研报告(内容可涉及服装市场、服装生产、服装教育等方面),毕业设计效果图,1:5 纸样设计图,产品说明书等;样衣要求与设计一致,由学生自己制作。

自学用书:

《毕业设计与实践自学考试大纲》(天津考委编)和劳动和社会保障部制定服装制作工种二级标准。

建筑设计专业考试计划

（专业代号:409）

一、指导思想

建筑设计专业是根据市场经济和社会发展对实用人才的迫切需要，对应考者进行专业知识和技能教育，为实现岗位从业能力而设置的。在专业设置上突出了较强的针对性和实用性，着重考核基本知识和基本理论，重视理论联系实际，强化专业技能训练。

二、专业培养目标

本专业培养掌握较为系统的基本理论与基本知识，具有一定的绘图能力、艺术修养与建筑方案设计能力和较强的施工图设计与计算机绘图能力的建筑设计专业技术人才，能够从事建筑设计、室内装修设计、房地产开发以及基建部门的技术管理工作的实用型技术人才。

三、职业岗位群

本专业适合下列岗位群：

1．从事建筑设计院、所的中小型建筑方案设计、施工图设计；

2．建筑装修企业的室内装修设计；

3．房地产开发部门的策划、管理工作；

4．政府或集团公司的基本建设管理机构的技术管理工作。

四、学历层次

本专业为大学专科层次。自学者按规定取得相应课程合格证、实践考核合格证和相应社会考试证书，思想品德经鉴定合格者，颁发专科毕业证书。

五、课程设置和学分

类别	序号	课程名称	学分	取得证书
公共课	1	邓小平理论概论	3	课程合格证书
	2	法律基础与思想道德修养	2	课程合格证书
	3	英语	7	全国公共英语二级笔试合格成绩通知单
	4	大学语文	4	课程合格证书
	5	高等数学(专)	5	课程合格证书
	6	计算机应用基础	4	全国计算机等级考试一级证书

类别	序号	课程名称	学分	取得证书
专业技能课	7	画法几何及阴影透视	6	课程合格证书
	8	建筑学原理	4	课程合格证书
	9	建筑材料及构造	5	课程合格证书
	10	工地实习	2	实践考核合格证书
	11	建筑基础	4	实践考核合格证书
	12	小型建筑(别墅、茶室等)设计	4	实践考核合格证书
	13	力学结构	5	课程合格证书
	14	中小型建筑(幼儿园、火车站等)设计	4	实践考核合格证书
	15	认识实习	2	实践考核合格证书
	16	建筑画	4	实践考核合格证书
	17	城市规划原理	4	课程合格证书
	18	中外建筑史	6	课程合格证书
	19	计算机绘图设计	6	实践考核合格证书
	20	中型建筑(科技活动中心、旅馆等)设计	4	实践考核合格证书
	21	建筑物理	4	课程合格证书
	22	建筑设备	4	课程合格证书
	23	建筑法规与经济概论	4	课程合格证书
	24	水彩	2	实践考核合格证书
	25	素描(建筑)	4	实践考核合格证书
	26	中大型建筑(博物馆小区规划等)设计	4	实践考核合格证书
综合训练课	27	建筑设计毕业设计及调研	9	实践考核合格证书
合计			116	

六、课程说明与自学用书

(一)邓小平理论概论(课程说明略)

自学用书:

《邓小平理论概论自学考试大纲》(全国高等教育自学考试指导委员会1999年制订)

《邓小平理论概论》(全国高等教育自学考试委员会组编)钱淦荣主编 中国财政经济出版社1999年版

(二)法律基础与思想道德修养(课程说明略)

自学用书:

《法律基础与思想道德修养自学考试大纲》(全国高等教育自学考试指导委员会制订)

《法律基础与思想道德修养》(全国高等教育自学考试指导委员会组编) 巩献田主编 高等教育出版社1999年版

(三)英语(课程说明略)

自学用书:

《全国公共英语二级考试大纲》(教育部考试中心1999年编)

(四)高等数学(专)(课程说明略)

自学用书:

《高等教学(专)自学考试大纲》(天津考委编) 1999年8月

《高等数学》(修订版)上、下册 滕桂兰、杨万禄编 天津大学出版社出版1996年版

(五)计算机应用基础(课程说明略)

《全国计算机等级考试大纲》(教育部考试中心1998年编)

(六)大学语文(课程说明略)

自学用书:

《大学语文(应用专科)自学考试大纲》(全国高等教育自学考试指导委员会制订)

《大学语文自学考试大纲使用说明》 天津考委 1999年8月编

《大学语文(应用专科)》 全国高等教育自学考试指导委员会组编 徐中玉主编 华东师范大学出版社1994年版

(七)画法几何及阴影透视

课程目标:为绘制建筑工程图、建筑阴影透视奠定投影理论基础,提供基本理论和方法,发展建筑空间的思维能力。本课程的主要内容包括:掌握讲授点、线面的空间概念及建筑的阴影及透视关系。通过作业的练习掌握。

自学用书:

《画法几何及阴影透视自学考试大纲》(天津考委编)1999年8月

《土木工程图读绘基础》 王桂梅主编 高等教育出版社1999年版

《画法几何及阴影透视》下册 许松照主编 中国建筑工业出版社1997年版

(八)建筑学原理

通过本课程的学习,使学生正确认识和理解建筑,明确建筑师的基本素养和职责,掌握各类建筑设计的基本理论、基本知识和方法。正确理解建筑设计中有关的方针及技术政策,进一步树立正确的设计思想。本课程的主要内容包括:建筑设计的有关方针、技术政策,住宅的套型设计,农村、低层、多层住宅设计,住宅标准及经济问题,公共建筑、高层建筑的平面空间组织、立面体型处理与环境设计。使学生懂得建筑设计是综合性的学科,需要不断充实各方面知识,懂得恰当处理建筑设计中的功能要求、技术条件与艺术形象三者的关系,是作好建筑设计的基础。

自学用书:

《建筑学原理自学考试大纲》(天津考委编)

(九)建筑材料及构造

通过本课程的学习,使学生能根据建筑方案、设计图,正确地选用建筑材料,进行一般民用建筑施工图及详图设计。本课程的主要内容包括:本课程主要讲述建筑物的基本构造设计原则和用法,以及常用及新型建筑材料的性能及其用途,辅以在建筑设计教学中绘制主要详图的作业,以及与工地认识实习的配合,以加深对讲授内容更深入、更直观的了解,为今后进行建筑施工图设计打好基础。

自学用书:

《建筑材料及构造自学考试大纲》(天津考委编)

(十)工地实习

本课程配合建筑材料、建筑构造的理论教学,组织去建筑工地现场参观讲解,加深学生的感性认识,达到理论联系实际的目的。本课程的主要内容包括:深入工地,通过对大量建筑施工全过程的参观、讲解,了解建筑设计与施工的密切关系,了解建筑施工程序、施工技术、组织材料等的内容,掌握建筑材料的发展趋势、新材料的性质,建筑详图表达的构造做法等。

自学用书:

《工地实习自学考试大纲》(天津考委编)

(十一)建筑基础

建筑基础是建筑设计的初步课程,培养学生掌握绘图基本功与表现技法,设计构思能力的启蒙,以及对建筑理论方面的概括了解。本课程的主要内容包括:字体练习,铅笔线练习,墨线练习,色彩及渲染技法练习,环境设计,小建筑测及模型制作练习,以及小型公共建筑设计。

自学用书:

《建筑基础自学考试大纲》(天津考委编)1999 年 8 月

《建筑初步》(教材) 田学哲主编 建筑工业出版社

(十二)小型建筑设计

建筑设计为建筑学专业主干课程,配合建筑设计原理的理论指导及建筑基础的基本训练贯穿于第二学期至第五学期的专业教学。设计课题的安排,规模由小到大,属中小型建筑,功能由简单到较为复杂,通过辅导设计,制作工作模型和成果模型使其掌握建筑设计的基本过程与方法,学习建筑空间组合与建筑处理的基本手法,掌握建筑图的表现方法,并循序渐进地加入工程技术方面的相关课程,增加绘制建筑详图的内容,培养学生综合设计的能力。本课程的主要内容包括:通过简单功能、体量的组合,使学生初步理解建筑设计的过程和方法,建立初步的尺度与环境概念。

自学用书:

《小型建筑设计自学考试大纲》(天津考委编)

(十三)力学结构

掌握建筑结构的基本概念,为学生在建筑设计时结合平面——空间组合能正确进行结构体系的选型。本课程的主要内容包括:结构的受力概念,承重构件的相关关系,结构构件的受力概念,结构构件的实际应用以及正确处理结构体系,形式与建筑设计的关系。

自学用书:

《力学结构自学考试大纲》(天津考委编)

(十四)中小型建筑设计

本课程的主要内容包括:学习类型建筑功能组织和设计方法,加强在建筑设计中构造技术知识的运用。

自学用书:

《中小型建筑设计自学考试大纲》(天津考委编)

(十五)认识学习

结合各年级的建筑设计教学,组织认识学习,以扩大对各类建筑的认识,以提高对建筑设计一些共同规律的体会,增强其思维能力。本课程的主要内容包括:选择与建筑设计相关的,具有典型性的建成建筑组织学生现场参观,剖析设计特点,增加感性认识的基础上,提高其建筑设计的能力。

自学用书：

《认识学习自学考试大纲》(天津考委编)

(十六)建筑画

学习建筑绘画程序和基本技法。运用已学的基础绘画知识，培养独立作建筑画的能力。本课程的主要内容包括：讲课及观看录相，了解建筑绘画的方法和步骤；临摹建筑画；熟悉步骤和调色方法，学习建筑画技法；制作小色稿的讲课和练习；了解小色稿的作用、制作方法以及方案比较；创作建筑绘画，在制作小色稿的基础上，在教师指导下完成。

自学用书：

《建筑画自学考试大纲》(天津考委编)

(十七)城市规划原理

通过本课程的学习，使学生在对城市总体规划有一般了解的基础上，为今后能参与居住小区规划工作打下基础。本课程的主要内容包括：了解城市和城市发展的基本因素，不同历史时期城市的生产和发展以及现代城市规划学科的产生和发展；了解城市规划任务，城市规划的工作阶段以及城市总体规划、详细规划编制的方法；了解城市的总体布局，包括了解工业、对外交通运输、生活居住用地及道路交通用地布置和城市的关系；具有进行居住区规划所必须的基础理论和基本知识，明确居住区规划的要求和原则、规划设计的一般方法；了解城市公共中心、街道建筑群规划的要点。

自学用书：

《城市规划原理自学考试大纲》(天津考委编)

(十八)中外建筑史

通过本课程的学习，使学生吸取中国传统建筑的历史经验，了解继承与革新的辩证唯物主义和历史唯物主义的关系，提高学生的建筑修养和思维能力。强调建筑的文化意义及其发展脉络的系统联系。本课程的主要内容包括：了解中国传统建筑的发展和演变过程；掌握不同历史时期的典型实例，并能认识和区别不同历史时期建筑的风格特征；掌握和运用中国传统建筑创作思想、优秀的设计手法和传统经验；掌握中国传统建筑在不同时期的技术成就。以欧美等西方国家建筑演变为主线，具体建筑分析要求展示建筑形式与社会文化背景和结构技术的关系，建筑空间的特征及装饰性要素的特征。教学过程史论结构，古代部分侧重典型风格特征及其价值，近现代部分则强调各阶段建筑环境的矛盾与各流派的建筑理论观念。

自学用书：

《中外建筑史自学考试大纲》(天津考委编)

(十九)计算机绘图设计

通过本课程的学习，使学生能配合建筑设计，用CAD完成有关的绘图和设计。本课程的主要内容包括：AUTO CAD 3D Studio.

自学用书：

《计算机绘图设计自学考试大纲》(天津考委编)

(二十)中型建筑设计

本课程的主要内容包括：较复杂空间、功能的组合，强调设计的创意以及环境设计观念与城市设计的意识。

自学用书：

《中型建筑设计自学考试大纲》(天津考委编)

(二十一)建筑物理(课程说明略)

自学用书：

《建筑物理自学考试大纲》(天津考委编)

(二十二)建筑设备(课程说明略)

自学用书：

《建筑设备自学考试大纲》(天津考委编)

(二十三)建筑法规与经济概论(课程说明略)

自学用书：

《建筑法规与经济概论自学考试大纲》(天津考委编)

(二十四)水彩

通过室内外写生来诱发、提高学生的色彩感受力，培养正确的观察方法，掌握艺术规律及表现的技能。本课程的主要内容包括：水彩技法训练，通过不同色彩，不同质地的静物写生，深入研究各种色彩变化；熟悉用色、用水、用笔等水彩技法，训练用水彩表现形体空间，质感、量感的能力。建筑风影水彩写生：由简到繁地研究建筑与环境的整体关系，着重解决用水彩表现建筑，配景等技法问题。

自学用书：

《水彩自学考试大纲》(天津考委编)

(二十五)素描

通过本课程的学习，启迪学生审美意识，提高艺术修养，使学生对自然形态具有正确的观察，整体地认识形态及准确的表现能力。本课程的主要内容包括：分析素描：培养学生的空间想象力、理解并表现准确的形体结构关系和透视关系。明暗素描：是素描训练的主体。训练学生掌握形体的造型规律，正确观察分析对象；透视、构图、形体、比例、明暗、质感、空间感要基本正确，追求画面的完整。建筑风景素描写生：了解室外景物的透视变化规律和明暗变化规律，提高概括、组织处理画面的能力；学习各种建材和配景的表现方法。幻灯讲课与写生：配合建筑风景写生，围绕构图、取景、画面处理等重点进行室内集中训练。

自学用书：

《素描自学考试大纲》(天津考委编)1999 年 8 月

《建筑美术试用教材(素描)》 杨义辉等编著 陕西人民美术出版社 1994 年版

(二十六)中大型建筑设计

本课程的主要内容包括：初步掌握多层单位住宅功能空间布局特征，基本类型结构形式。了解住宅设计主要经济指标，掌握住宅造型设计的基本方法和规律。熟悉住宅设计规范，强调技术，构造节点，培养综合设计能力。

自学用书：

《中大型建筑设计自学考试大纲》(天津考委编)

(二十七)毕业设计及调研

自学用书：

《毕业设计及调研自学考试大纲》(天津考委编)

针灸推拿专业考试计划

（专业代号:410）

一、指导思想

针灸推拿专业是根据市场经济和社会发展对实用人才的迫切需要，对应考者进行专业知识和技能教育，为实现岗位从业能力而设置的。在专业设置上突出了较强的针对性和实用性，着重考核基本知识和基本理论，重视理论联系实际，强化专业技能训练。

二、专业培养目标

本专业培养掌握中医基本理论，具备必要的现代医学知识，能熟练运用针灸推拿技能，从事医疗、康复、保健和运动医学的应用型技术人才。

三、职业岗位群

本专业适合下列岗位群：

1．医院的针灸科、按摩科、骨伤科、康复科、理疗科及老年病科的医务人员；

2．广大农村的乡医、社区医疗服务部门及企事业单位的医务工作者；

3．疗养院、敬老院、康复中心等部门的医务工作者；

4．体育训练中心、运动队从事针灸、推拿及康复治疗的医务工作者。

四、学历层次

本专业为大学专科层次。自学者按规定取得相应课程合格证、实践考核合格证和相应社会考试证书，思想品德经鉴定合格者，颁发专科毕业证书。

五、课程设置和学分

类别		序号	课程名称	学分	取得证书
必考课	公共课	1	邓小平理论概论	3	课程合格证书
		2	法律基础与思想道德修养	2	课程合格证书
		3	英语	7	全国公共英语二级笔试合格成绩通知单
		4	计算机应用基础	4	全国计算机等级考试一级证书
	专业基础及操作技能课	5	医学心理学	3	课程合格证书
		6	中医基础理论	4	课程合格证书
		7	正常人体解剖学	6	课程合格证书
		8	生理学	4	课程合格证书
		9	方药学	8	课程合格证书
		10	中医诊断学	5	课程合格证书
		11	经络腧穴学	6	课程合格证书和实践考核合格证书
		12	针法灸法学	4	课程合格证书和实践考核合格证书
		13	神经病学	3	课程合格证书
		14	推拿手法功法学	3	课程合格证书和实践考核合格证书
		15	西医内科学基础	8	课程合格证书
		16	针灸临床治疗学	9	课程合格证书和实践考核合格证书
		17	推拿临床治疗学	6	课程合格证书和实践考核合格证书
		18	中医骨伤科学	3	课程合格证书和实践考核合格证书
选考课(任选一个模块)	模块一	19	老年病学	3	课程合格证书
		20	小儿推拿学	3	课程合格证书和实践考核合格证书
		21	急救医学	3	课程合格证书和实践考核合格证书
	模块二	19	运动医学	4	课程合格证书和实践考核合格证书
		20	康复医学	3	课程合格证书和实践考核合格证书
		21	急救医学	2	课程合格证书和实践考核合格证书
	模块三	19	康复医学	3	课程合格证书和实践考核合格证书
		20	老年病学	3	课程合格证书
		21	护理学	3	课程合格证书和实践考核合格证书
	模块四	19	护理学	3	课程合格证书和实践考核合格证书
		20	急救医学	2	课程合格证书和实践考核合格证书
		21	营养学	3	课程合格证书
必考课	综合训练课	22	针灸推拿毕业实习	18	实践考核合格证书和劳动和社会保障部颁发证书;全国按摩师资格考试中级证书
合计				114	

六、课程说明与自学用书

(一)邓小平理论概论(课程说明略)

自学用书:

《邓小平理论概论自学考试大纲》(全国高等教育自学考试指导委员会1999年制订)

《邓小平理论概论》(全国高等教育自学考试委员会组编)钱淦荣主编　中国财政经济出版社1999年版

(二)法律基础与思想道德修养(课程说明略)

自学用书:

《法律基础与思想道德修养自学考试大纲》(全国高等教育自学考试指导委员会制订)

《法律基础与思想道德修养》(全国高等教育自学考试指导委员会组编)　巩献田主编　高等教育出版社1999年版

(三)计算机应用基础(课程说明略)

《全国计算机等级考试大纲》(教育部考试中心1998年编)

(四)英语(课程说明略)

自学用书:

《全国公共英语二级考试大纲》(教育部考试中心1999年编)

(五)医学心理学

系统讲授心理学基础知识和医学心理学临床技能。使学生能够通过观察、晤谈和心理测量来进行心理功能评估或心理诊断,用心理治疗技术单独或于其他治疗相结合来治疗心理或生理障碍。

自学用书:

《医学心理学自学考试大纲》(天津考委编)

(六)中医基础理论

系统讲授阴阳五行、藏象、精神、气、血、精液的生理、病理,以及疾病的病因、病机。预防方面的基本理论和基础知识,为进一步学习专业课打下基础。

自学用书:

《中医基础理论自学考试大纲》(天津考委编)1999年8月

《中医基础理论》　印会河主编　上海科学技术出版社1984年版

(七)正常人体解剖学

系统讲授人体的结构,着重讲授各重要器官及主要神经血管的体表投影及常用的肌性、骨性标志。局部解剖学讲授人体各主要局部结构的相互关系,为针灸定穴和推拿奠定基础。

自学用书:

《正常人体解剖学自学考试大纲》(天津考委编)1999年8月

《正常人体解剖学》　邱树华主编　上海科学技术出版社1986年版

(八)生理学

讲授人体生命活动的基本特征、各系统的正常功能、调节机制及其相互关系与协调。在掌握人体生理学基本内容的基础上,侧重于中枢神经生理与电生理学。

自学用书:

《生理学自学考试大纲》(天津考委编)

(九)方药学

通过250味中药的讲授,重点掌握活血化瘀,理筋止痛类药物,使学生能够正确运用中药的性能、功效和配伍及应用。通过方剂学基础理论和临床常用代表方剂的讲授,使学生掌握立法组方的基本理论和150首常用方剂的组成、主治、配伍意义和临床应用的基本规律。

自学用书:

《方药学自学考试大纲》(全国考委编)

(十)中医诊断学

通过讲授中医诊法与八纲、气血、液、脏腑、六经、卫气营血、三焦辨证、中医病历的书写要求,使学生掌握中医诊断疾病的基础理论、基础知识和方法。

自学用书:

《中医诊断学自学考试大纲》(天津考委编)

(十一)经络腧穴学

系统讲授经络的起源和发展,经络的循行分布和经络在生理、病理诊断治疗上的作用。通过讲授和训练,使学生掌握全部经穴和主要经外奇穴的定位和主治功能。

自学用书:

《经络腧穴学自学考试大纲》(天津考委编)

(十二)针法灸法学

通过讲授和训练,使学生掌握针灸各种基本操作技术,熟悉各种补泻手法,了解近代有关针灸的新疗法。系统了解和掌握自然疗法,其中包括气功诊疗,全息诊疗,经络诊疗,行为疗法,精神心理疗法,饮食疗法,洗浴疗法等。

自学用书:

《针法灸法学自学考试大纲》(天津考委编)

(十三)神经病学

通过讲授,系统掌握神经疾病的病史采集和检查方法。联系临床实际,掌握神经系统常见病、多发病和危重病的诊断和防治技能。

自学用书:

《神经病学自学考试大纲》(天津考委编)

(十四)推拿手法功法学

通过讲授和课堂练习,能够系统的了解推拿的操作手法和要领,掌握常用手法的操作要领,并运用推拿方法防治常见病。

自学用书:

《推拿手法功法学自学考试大纲》(天津考委编)

(十五)西医内科学基础

通过讲授、实验及教学实习,使学生掌握常见症状学、问诊、检体诊断、实验室诊断的基础知识和操作方法以及医学常用影象诊断学(X线、心电图、超声等检查方法)、病历书写等。系统讲授西医内科学的基础知识,使学生掌握西医内科常见疾病的诊断、治疗和预防,初步掌握常见急重症的处理原则。

自学用书:

《西医内科学基础自学考试大纲》(天津考委编)

(十六)针灸临床治疗学

本课程系统讲授内科病症的病因病机、辨证论治，使学生掌握内科常见病、多发病的防治技能及某些疑难病、危重症的中药处理方法及针灸治疗和抢救方法。

自学用书：

《针灸临床治疗学自学考试大纲》(天津考委编)

(十七)推拿临床治疗学

通过讲授，使学生了解中医内科、妇科及儿科疾病的基本理论，能够系统的了解内科、妇科及儿科常见疾病的诊断，并熟悉、掌握各科推拿的操作手法及要领，并运用推拿方法预防和治疗各科常见病。

自学用书：

《推拿临床治疗学自学考试大纲》(天津考委编)

(十八)中医骨伤科学

通过讲授，使学生概括了解中医骨伤科学的基本理论，为进一步学好骨伤推拿治疗学打下基础。

自学用书：

《中医骨伤科学自学考试大纲》(天津考委编)

(十九)老年病学

讲授老年人的生理、病理特点及老年常见病的防治。

自学用书：

《老年病学自学考试大纲》(天津考委编)

(二十)小儿推拿学

通过学习，能够系统的了解儿科常见疾病的诊断，熟悉和掌握儿科推拿的操作手法及常用手法的操作要领，并运用推拿方法预防和治疗儿科常见病。

自学用书：

《小儿推拿学自学考试大纲》(天津考委编)

(二十一)急救医学(课程说明略)

自学用书：

《急救医学自学考试大纲》(天津考委编)

(二十二)运动医学

通过运动医学讲授，使学生概括了解软组织、骨关节的损伤机理及治疗与预防。测试方法：笔试、操作合格。

自学用书：

《运动医学自学考试大纲》(天津考委编)

(二十三)康复医学

康复医学是医学的一个重要分支，是促进病、伤、残患者康复的医学学科。通过学习，掌握病人的康复治疗原则和方法，以提高人的整体功能、生活质量为目标，包括身体、精神心理和社会生活各方面能力。

自学用书：

《康复医学自学考试大纲》(天津考委编)

(二十四)护理学

系统讲授护理学基本理论,掌握护理记录的书写,一般治疗护理常规、护理技术常规及护理常规,熟悉常见病及老年病等的护理知识及操作。

自学用书:

《护理学自学考试大纲》(天津考委编)

(二十五)营养学

讲授营养学基本理论,掌握与康复医学、运动医学相关的营养学知识。

自学用书:

《营养学自学考试大纲》(天津考委编)

(二十六)毕业实习

自学用书:

《毕业实习自学考试大纲》(天津考委编)和劳动和社会保障部制定全国按摩师资格考试中级标准

乡镇企业经营管理专业考试计划

(专业代号:411)

一、指导思想

乡镇企业经营管理专业是根据市场经济和社会发展对实用人才的迫切需要,对应考者进行专业知识和技能教育,为实现岗位从业能力而设置的。在专业设置上突出了较强的针对性和实用性,着重考核基本知识和基本理论,重视理论联系实际,强化专业技能训练。

二、专业培养目标

本专业培养适应市场经济和农村经济发展需要,掌握一定专业基本理论和基础知识,具有较强的企业经营管理能力和相应的专业技能的应用型技术人才。

三、职业岗位群

本专业适合下列岗位群:

(一)企业管理方向

1. 区县、乡镇两级乡镇企业主管部门的管理岗位;

2. 乡镇企业厂长、经理岗位;

3. 乡镇企业中层管理岗位。

(二)会计方向

1. 区县、乡镇两级乡镇企业主管部门分管财务工作的领导岗位;

2. 区县、乡镇两级乡镇企业主管部门财务、会计岗位;

3. 企业厂长、经理(负责财务会计工作)岗位;

4. 企业财务部门管理岗位;

5. 企业财务会计岗位。

(三)营销方向

1. 区县、乡镇两级乡镇企业主管部门经营销售管理岗位;

2. 企业厂长、经理(负责经营销售工作)岗位;

3. 企业经营销售业务岗位。

四、学历层次

本专业为大学专科层次。自学者按规定取得相应课程合格证、实践考核合格证和相应社会考试证书,思想品德经鉴定合格者,颁发专科毕业证书。

五、课程设置和学分

(一)乡镇企业经营管理专业企业管理方向课程一览表

类别	序号	课程名称	学分	取得证书
公共课	1	邓小平理论概论	3	课程合格证书
	2	法律基础与思想道德修养	2	课程合格证书
	3	计算机应用基础	4	全国计算机等级考试一级证书
专业知识课	4	乡镇企业法规与政策	3	课程合格证书
	5	经济法概论	4	课程合格证书
	6	财经应用文写作	3	课程合格证书
	7	企业管理基础	5	课程合格证书
	8	经济学基础	4	课程合格证书
	9	会计与财务	5	课程合格证书和实践考核合格证书
	10	国际贸易理论与实务	5	课程合格证书
专业技能课	11	股份经济与企业集团	5	课程合格证书
	12	企业经营管理	5	课程合格证书
	13	生产管理	5	课程合格证书
	14	技术创新	5	课程合格证书
	15	质量管理	4	课程合格证书
	16	人力资源管理	3	课程合格证书
综合训练课	17	编制企业管理制度	3	课程合格证书
	18	制定企业生产作业现场管理方案	2	实践考核合格证书
合 计			70	

(二)乡镇企业经营管理专业会计方向课程一览表

类别	序号	课程名称	学分	取得证书
公共课	1	邓小平理论概论	3	课程合格证书
	2	法律基础与思想道德修养	2	课程合格证书
	3	计算机应用基础	4	全国计算机等级考试一级证书

类别	序号	课程名称	学分	取得证书
专业知识课	4	乡镇企业法规与政策	3	课程合格证书
	5	经济法概论	4	课程合格证书
	6	财经应用文写作	3	课程合格证书
	7	企业管理基础	5	课程合格证书
	8	经济学基础	4	课程合格证书
	9	基础会计学	5	课程合格证书
	10	金融学基础	3	课程合格证书
	11	审计学基础	4	课程合格证书
专业技能课	12	财务会计学(乡镇)	4	课程合格证书
	13	成本会计学(乡镇)	6	课程合格证书
	14	税务会计与纳税筹划	4	课程合格证书
	15	电算化会计	4	取得财政部颁发证书:会计电算化初级证书
	16	财务管理学	5	课程合格证书
	17	计算技术	3	取得劳动和社会保障部颁发证书:珠算技术等级鉴定四级证书
综合训练课	18	会计实践	4	实践考核合格证书
合计			70	

(三)乡镇企业经营管理专业企业营销方向课程一览表

类别	序号	课程名称	学分	取得证书
公共课	1	邓小平理论概论	3	课程合格证书
	2	法律基础与思想道德修养	2	课程合格证书
	3	计算机应用基础	4	全国计算机等级考试一级证书
专业知识课	4	乡镇企业法规与政策	3	课程合格证书
	5	经济法概论	4	课程合格证书
	6	财经应用文写作	3	课程合格证书
	7	企业管理基础	5	课程合格证书
	8	经济学基础	4	课程合格证书
	9	消费心理学	4	课程合格证书
	10	公共关系学	3	课程合格证书
	11	会计与财务	5	课程合格证书和实践考核合格证书

类别	序号	课程名称	学分	取得证书
专业技能课	12	市场营销学	5	课程合格证书
	13	市场调查与预测	4	课程合格证书
	14	企业定价方法与策略	4	课程合格证书
	15	企业广告	3	课程合格证书
	16	商务谈判与推销技巧	4	课程合格证书
	17	国际贸易理论与实务	5	课程合格证书
综合训练课	18	营销实践	5	实践考核合格证书
合计			70	

六、课程说明与自学用书

(一)邓小平理论概论(课程说明略)

自学用书:

《邓小平理论概论自学考试大纲》(全国高等教育自学考试指导委员会99年制订)

《邓小平理论概论》(全国高等教育自学考试委员会组编)钱淦荣主编　中国财政经济出版社1999年版

(二)法律基础与思想道德修养(课程说明略)

自学用书:

《法律基础与思想道德修养自学考试大纲》(全国高等教育自学考试指导委员会制订)

《法律基础与思想道德修养》(全国高等教育自学考试指导委员会组编)　巩献田主编　高等教育出版社1999年版

(三)计算机应用基础(课程说明略)

《全国计算机等级考试大纲》(教育部考试中心1998年编)

(四)乡镇企业法规与政策

通过学习乡镇企业法规与政策,深刻领会党中央关于加快乡镇企业改革、调整与发展的精神,以保证和促进乡镇企业的健康发展。本课程的主要内容包括:重点学习乡镇企业法、改革开放以来党对乡镇企业的主要方针和政策,学习十五届三中全会通过的《中共中央关于农业和农村工作若干重大问题的决定》和江泽民总书记视察江苏乡镇企业的重要讲话。

自学用书:

《乡镇企业法规与政策自学考试大纲》(天津考委编)

(五)经济法概论

通过本课程的学习,使学生较全面地了解经济法的基本知识,以增强学生的法律意识,提高守法、用法的自觉性。本课程的主要内容包括:重点讲授公司法、合同法、担保法、票据法、竞争法、工业产权法、税收征收管理法、土地管理与环境法、产品质量法、消费者权益保护法、仲裁与诉讼制度等。

自学用书:

《经济法概论自学考试大纲》(天津考委编)1999年8月

《经济法律教程》 朱慈蕴主编 中国财政经济出版社 1999年3月第一版

(六)财经应用文写作

通过本课程的学习,使学生了解财经应用文的写作特点和要求,掌握财经应用文的写作技巧和程序。本课程的主要内容包括:重点讲授经济合同、市场调查预测报告、财务报告、可行性研究报告、招投标书、商品广告。

自学用书:

《财经应用文写作自学考试大纲》(天津考委编)1999年8月

《现代实用经与作》 欧阳周 中南工业大学出版社 1995年版

(七)企业管理基础

通过本课程的学习,使学生了解和掌握管理的基本原理,认识管理的性质和职能,能运用管理的基本方法与技术,为学生在今后的各专业课程的学习中奠定一定的理论基础,同时也为实际工作提供一定的指导和参考。本课程的主要内容包括:第一部分:管理概述。主要阐述管理的概念、性质和任务,管理学的研究对象和方法,管理理论的演进与发展,管理的基本原理。第二部分:管理的五大职能,即计划、组织、人员配备、领导、控制。分别阐述各职能的概念、内容、原理及执行的方法、手段。第三部分:企业的基础工作。阐述基础工作的特点、要求和内容等。

自学用书:

《企业管理基础自学考试大纲》(天津考委编)

(八)经济学基础

使学生了解现代经济学的基础知识与基本原理,了解社会主义市场经济体制的基本规律和运行机制,掌握能为企业决策提供指导作用的相关经济理论及适用方法。本课程的主要内容包括:供求理论与市场机制,生产与成本理论及应用,市场结构与企业定价决策,宏观经济模型及度量,国民收入理论,宏观财政政策与货币政策,通货膨胀与就业理论等。

自学用书:

《经济学基础自学考试大纲》(天津考委编)

(九)会计与财务

通过学习使学生掌握会计要素(资产、负债、所有者权益、收入、费用、利润)的基本含义,财务报表的意义、作用及其分析方法。本课程的主要内容包括:会计要素,会计基本平衡原理和公式,财务报告的种类、作用、项目,财务指标的分析等。

自学用书:

《会计与财务自学考试大纲》(全国考委编)

(十)国际贸易理论与实务

通过学习使学员了解国际贸易的基本理论,了解国际贸易的一些规范性要求,以及国际贸易的实际业务和基本方法。课程内容:主要讲授国际贸易的基本理论、国际贸易的作用与政策、国际贸易术语、合同条款、合同的签订和履行、贸易方式等。

自学用书:

《国际贸易理论与实务自学考试大纲》(天津考委编)

(十一)股份经济与企业集团

通过学习使学员掌握现代公司制的主要形式，掌握乡镇企业常用的企业制度模式。本课程的主要内容包括：主要讲授股份经济的实况、现代公司制的主要形式、股份有限公司、有限责任公司、股份合作制企业，企业集团组建与机构设置，以及建立现代企业制度的实施步骤。

自学用书：

《股份经济与企业集团自学考试大纲》（天津考委编）

（十二）企业经营管理

通过学习使学员了解企业经营战略的重要性，掌握在市场竞争条件下，制定战略计划和经营决策的理论和方法。了解企业经营的基本理论、现代市场营销观念、市场营销战略与策略的内容，掌握企业经营的基本方法，使学员能够为乡镇企业的基本经营活动进行科学管理。本课程的主要内容包括：主要讲授企业经营战略、经营计划、企业经营决策与投资技术经济分析、营销策划与营销组合，促销技术及其管理，经营管理费用的预算与控制、经营诊断等。

自学用书：

《企业经营管理自学考试大纲》（天津考委编）

（十三）生产管理

该课程以政治经济学、会计学、统计学等课程为基础，向学生介绍在社会主义市场经济条件下，现代工业企业在生产管理方面的基本理论及在生产过程中所采用的现代管理方法，使学生通过学习尽快熟悉和掌握工业企业的生产管理基本知识和技能，以适应现代工业企业突飞猛进的需要，将中国的乡镇企业生产管理水平得以不断提高。本课程的主要内容包括：生产管理概论、工厂布置、生产过程组织、流水生产、劳动定额和劳动组织、生产计划、生产作业计划、网络计划、生产控制、物资管理等。

自学用书：

《生产管理自学考试大纲》（天津考委编）

（十四）技术创新

通过学习使学员充分认识技术创新在经济发展中的作用，掌握技术创新的基本理论和基本方法。掌握新产品开发的方法，提高新产品开发能力，促进乡镇企业工艺技术。本课程的主要内容包括：主要讲述技术创新的主要内容与本质、创新的基本过程与主要技术以及技术创新的战略与应采取的政策措施，新产品开发的策略、规划、方法，以及相关知识产权的保护、管理、专利、专有技术的开发与利用。

自学用书：

《技术创新自学考试大纲》（天津考委编）

（十五）质量管理

通过对质量的学习，使学员树立质量意识，了解质量管理对企业的重要性，掌握质量管理的基本理论和一定的质量控制方法。本课程的主要内容包括：质量管理发展历史，全面质量管理的基本观点、基本过程、基本程序和基础工作，质量管理模式，质量管理和质量保证国际标准（ISO9000 系列标准）和质量管理方法等。

自学用书：

《质量管理自学考试大纲》（天津考委编）

（十六）人力资源管理

通过本课程学习，了解人力资源的开发、利用和管理，从理论与实践的结合上，理解人力资源管理的重要性。本课程的主要内容包括：重点学习人力资源的概念，职位分类，人力资源评聘、考核、晋升、奖惩和人才流动，业务员制度，人力资源的教育培训等。

自学用书：

《人力资源管理自学考试大纲》（天津考委编）

（十七）编制企业管理制度（课程说明略）

自学用书：

《编制企业管理制度自学考试大纲》（天津考委编）

（十八）基础会计学

本课程的主要内容包括：会计的基本理论、基本方法和基本技能，包括会计的职能、要素、原则、方法，会计等式，借贷记帐法，借贷记帐法的应用，帐户分类，会计凭证，帐簿，会计核算形式，财产清查，会计工作的组织等。

自学用书：

《基础会计学自学考试大纲》全国考委编 1997 年

《基础会计学》 王俊生 中国财经出版社 1997 年版

（十九）金融学基础

使学员树立金融观念，学会分析企业金融形势、参与金融市场的方法。本课程的主要内容包括：联系我国金融体系发展及其运动规律，讲授货币、信用、银行的产生、货币政策以及国际金融形势。

自学用书：

《金融学基础自学考试大纲》（天津考委编）

（二十）审计学基础

掌握货币资金审计。购进、生产和销售业务的审计，利润审计和会计报告审计的基本方法。本课程的主要内容包括：主要讲授审计的性质和职能，企业审计中财政财务收支审计、财经法纪审计、经济效益审计和经济责任审计的基本内容和要求。

自学用书：

《审计学基础自学考试大纲》（天津考委编）

（二十一）财务会计学

该课程是本专业的一门专业核心课程，通过本课程的学习，使学生具备会计核算的基本能力。本课程的主要内容包括：包括会计核算基本前提和会计核算一般原则，资产、负债、所有者权益、收入、费用、利润等要素的确认、计量、记录及会计报表的编制等。

自学用书：

《财务会计学自学考试大纲》（天津考委编）

（二十二）成本会计学

该课程是会计专业的专业知识课，使学生具备成本计算与成本管理能力。本课程的主要内容包括：成本计算原理，成本计算方法（包括品种法、分批法、分步法、分类法）、成本管理方法包括目标成本管理、标准成本制度等。

自学用书：

《成本会计学自学考试大纲》（天津考委编）

（二十三）税务会计与纳税筹划

通过该门课的学习，使学生了解我国现行税法，掌握各种税的计算及其会计处理方法和旨在减轻税务的纳税筹划方法。本课程的主要内容包括：我国税制构成要素、税务登记与纳税申报方法、增值税、消费税、关税、出口退(免)税、营业税、所得税、资源税、农业税、农业特产税等基本内容、计算方法、会计处理方法、纳税申报表的填制方法和税务筹划的意义、方法等。

自学用书：

《税务会计与纳税筹划自学考试大纲》(天津考委编)

(二十四)电算化会计

了解计算机会计工作的特殊性，学会在计算机环境下处理日常会计工作。本课程的主要内容包括：计算机会计基本概念、计算机会计工作理论、计算机会计软件操作方法、计算机会计工作实施与管理。

自学用书：

《电算化会计考核大纲》(国家财政部编)

(二十五)财务管理学

具备从事企业财务管理工作的基本能力。本课程的主要内容包括：企业筹资管理、投资管理和股利分配决策等。

自学用书：

《财务管理学自学考试大纲》(天津考委编)

(二十六)计算技术

使学员熟练掌握珠算的计算技术。本课程的主要内容为珠算计算技巧和计算技术。

自学用书：

《计算技术考核大纲》劳动和社会保障部编

(二十七)消费心理学

了解消费心理与消费行为的基础知识，提高应用消费理论，指导企业营销实践的能力。本课程的主要内容包括：消费心理基础知识、消费者心理规律及个性特征、消费心理与企业营销、消费心理的发展变化趋势。

自学用书：

《消费心理学自学考试大纲》(天津考委编)

(二十八)公共关系学

本课程培养企业公共关系人员和业务人员的公关活动策划能力和开展各类公关活动能力。本课程的主要内容包括：公共关系职能、外部公共关系、公关活动的策划等。

自学用书：

《公共关系学自学考试大纲》(天津考委编)

(二十九)市场营销学

通过本课程的学习，使学员掌握市场营销管理的过程，明确市场营销环境、消费者需求与企业市场营销组合的关系，提高运用营销战略、策略的能力。本课程的主要内容包括：市场营销管理过程、市场营销环境、消费者购买行为、市场细分化与目标市场选择、市场营销组合策略等。

自学用书：

《市场营销学自学考试大纲》(天津考委编)

(三十)市场调查与预测

培养学员分析、研究和预测市场与销售的能力,使学员能为企业决策者提供可行性方案和信息。本课程的主要内容包括:市场调整与预测的概念与程序,市场调查与预测的内容、方法,市场调查与预测在乡镇企业中的运用。

自学用书:

《市场调查与预测自学考试大纲》(天津考委编)

(三十一)企业定价方法与策略

了解企业定价的基本原理,掌握现代企业制度和调整价格的实施方法和策略。本课程的主要内容包括:价格基础知识、企业定价与市场形成价格、企业定价程序与目标、企业定价方法、企业定价策略、定价案例分析。

自学用书:

《企业定价方法与策略自学考试大纲》(天津考委编)

(三十二)企业广告

使学员掌握企业广告的基础知识,培养学员实际策划广告和运用广告促进企业产品销售的能力。本课程的主要内容包括:企业广告策划、广告创意、广告文案写作、广告作品设计与创作、广告作品发布与实施。

自学用书:

《企业广告自学考试大纲》(天津考委编)

(三十三)商务谈判与推销技巧

掌握商品交易中的演讲、谈判能力和推销技巧,以适应乡镇企业促销的需要。本课程的主要内容包括:商务谈判的原则、方法与策略,商务谈判过程,谈判技巧,推销战略与策略,推销技术与技巧。

自学用书:

《商务谈判与推销技巧自学考试大纲》(天津考委编)

(三十四)会计实践

使学员掌握处理、编制各种会计业务报表和企业财务制度,撰写财务分析报告实践知识。本课程的主要内容包括:在会计模拟实验室或企业会计岗位处理、编制各种会计业务报表和企业财务制度,撰写财务分析报告的实践活动。

自学用书:

《会计实践自学考试大纲》(天津考委编)

(三十五)制定并实施企业生产作业现场管理方案

自学用书:

《制定并实施企业生产作业现场管理方案自学考试大纲》(天津考委编)

(三十六)营销实践

营销实践使学员掌握经营销售的实际能力。本课程的主要内容包括:结合本企业行业特点和产品特点,进行市场调研并写出调研报告,在此基础上,制定企业营销策略。

自学用书:

《营销实践自学考试大纲》(天津考委编)

农业综合技术专业考试计划

（专业代号：412）

一、指导思想

农业综合技术专业是根据市场经济和社会发展对实用人才的迫切需要，对应考者进行专业知识和技能教育，为实现岗位从业能力而设置的。在专业设置上突出了较强的针对性和实用性，着重考核基本知识和基本理论，重视理论联系实际，强化专业技能训练。

二、专业培养目标

（一）植物生产方向

本专业培养热爱农业、熟悉植物科学基础知识，比较全面地了解植物生产原理、掌握作物、果树、蔬菜的栽培、保护、加工等技术理论并能熟练操作，具有一定经营管理及市场营销能力的应用型技术人才。

（二）园林花卉方向

本专业培养热爱园林事业、熟悉植物科学基础知识、比较全面地了解园林植物生产原理，掌握园林树木、花卉的栽培、保护及盆景、插花创作技术理论，并能熟练操作，具有一定经营管理及市场营销能力的应用型技术人才。

（三）动物养殖与防病方向

本专业培养热爱畜牧业，熟悉动物科学基础知识，比较全面地了解畜禽养殖，掌握畜禽的养、繁殖、疫病防治以及畜产品加工等技术理论并能熟练操作，具有一定经营管理及市场营销能力的应用型技术人才。

三、职业岗位群

本专业适合下列岗位群：

（一）植物生产方向

1. 从事农业基层生产单位的栽培、植物保护等技术工作；
2. 基层农业技术推广工作；
3. 农业管理部门的技术管理及规划工作；
4. 农业企业的经济管理工作；
5. 农产品开发、加工技术工作；
6. 农产品营销工作。

（二）园林花卉方向

1. 从事基层园林生产单位的园林植物栽植养护工作；
2. 基层园林技术推广工作；
3. 基层园林管理部门的技术管理及规划工作；
4. 园林企业的经济管理工作；
5. 园林产品开发及小型园林工作项目设计工作；
6. 园林产品的营销工作。

(三)动物养殖与防病方向

1. 从事基层畜牧生产单位的养与繁殖工作;

2. 基层畜禽疫病防治工作;

3. 基层畜牧技术推广工作;

4. 畜产品加工;

5. 畜牧业经济管理工作;

6. 畜产品的营销工作。

四、学历层次

本专业为大学专科层次。自学者按规定取得相应课程合格证、实践考核合格证和相应社会考试证书,思想品德经鉴定合格者,颁发专科毕业证书。

五、课程设置和学分

(一)农业综合技术专业植物生产方向课程一览表

类别	序号	课程名称	学分	取得证书
公共课	1	邓小平理论概论	3	课程合格证书
	2	法律基础与思想道德修养	2	课程合格证书
专业知识课	3	化学基础	5	课程合格证书和实践考核合格证书
	4	植物学与植物生理基础	4	课程合格证书和实践考核合格证书
	5	土壤肥料学	5	课程合格证书
	6	育种原理与种子学	5	课程合格证书和实践考核合格证书
	7	农业经济法概论	3	课程合格证书
专业技能课	8	设施农业	4	课程合格证书和实践考核合格证书
	9	栽培学原理	7	课程合格证书
	10	农业生态基础	4	课程合格证书
	11	植物虫害防治原理	4	课程合格证书
	12	植物病害防治原理	4	课程合格证书
	13	农产品加工原理	5	课程合格证书
	14	农业经济学	4	课程合格证书
	15	农业推广学	4	课程合格证书
	16	市场学与农产品营销	4	课程合格证书
综合训练课	17	植物栽培技术	10	实践考核合格证书
	18	植物病虫害防治技术	10	实践考核合格证书
	19	农产品加工技术	10	实践考核合格证书
	20	植物生产综合实习	10	任取一项劳动和社会保障部颁发证书:农艺工、果树工和蔬菜工中级证书
合　计			107	

(二)农业综合技术专业园林花卉方向课程一览表

类别	序号	课程名称	学分	取得证书
公共课	1	邓小平理论概论	3	课程合格证书
	2	法律基础与思想道德修养	2	课程合格证书
专业知识课	3	化学基础	5	课程合格证书和实践考核合格证书
	4	植物学与植物生理基础	4	课程合格证书和实践考核合格证书
	5	土壤肥料学	5	课程合格证书
	6	育种原理与良种繁育	5	课程合格证书和实践考核合格证书
	7	农业经济法概论	3	课程合格证书
专业技能课	8	园林树木学	4	课程合格证书和实践考核合格证书
	9	园林树木栽植养护	4	课程合格证书
	10	花卉学	7	课程合格证书
	11	园林工程与设计	4	课程合格证书
	12	园林虫害防治原理	4	课程合格证书
	13	园林病害防治原理	4	课程合格证书
	14	盆景与花卉装饰	5	课程合格证书
	15	园林经济管理	4	课程合格证书
	16	市场学与农产品营销	4	课程合格证书
综合训练课	17	园林栽培技术	10	实践考核合格证书
	18	园林病虫害防治技术	10	实践考核合格证书
	19	园林产品加工利用技术	10	实践考核合格证书
	20	园林花卉综合实习	10	任取一项劳动和社会保障部颁发证书:花卉工、育苗工、绿化工和植保工中级证书
合　计			107	

(三)农业综合技术专业动物养殖与防病方向课程一览表

类别	序号	课程名称	学分	取得证书
公共课	1	邓小平理论概论	3	课程合格证书
	2	法律基础与思想道德修养	2	课程合格证书
专业知识课	3	化学基础	5	课程合格证书和实践考核合格证书
	4	家畜解剖与生理	4	课程合格证书和实践考核合格证书
	5	动物营养与饲料	5	课程合格证书
	6	兽医基础	5	课程合格证书
	7	农业经济法概论	3	课程合格证书

类别	序号	课程名称	学分	取得证书
专业技能课	8	家畜环境卫生	4	课程合格证书
	9	畜牧学	7	课程合格证书
	10	特种畜禽养殖	4	课程合格证书
	11	畜禽疫病诊断	4	课程合格证书
	12	畜禽疫病防治原理	5	课程合格证书
	13	畜产品加工原理	4	课程合格证书
	14	农业推广学	4	课程合格证书
	15	畜牧业经济学	4	课程合格证书
	16	市场学与农产品营销	4	课程合格证书
综合训练课	17	畜禽饲养技术	10	实践考核合格证书
	18	疫病防治技术	10	实践考核合格证书
	19	畜产品加工技术	10	实践考核合格证书
	20	动物养殖与防病综合实习	10	任取一项劳动和社会保障部颁发证书:家畜饲养工、家禽饲养工、兽医化验员、兽医防治员、动物检疫检验员、饲料检验化验员中级证书
合计			107	

六、课程说明与自学用书

(一)邓小平理论概论(课程说明略)

自学用书:

《邓小平理论概论自学考试大纲》(全国高等教育自学考试指导委员会 1999 年制订)

《邓小平理论概论》(全国高等教育自学考试委员会组编)钱淦荣主编　中国财政经济出版社 1999 年版

(二)法律基础与思想道德修养(课程说明略)

自学用书:

《法律基础与思想道德修养自学考试大纲》(全国高等教育自学考试指导委员会制订)

《法律基础与思想道德修养》 (全国高等教育自学考试指导委员会组编) 巩献田主编　高等教育出版社 1999 年版

(三)化学基础

学习与后续专业课程相关的无机化学、有机化学、分析化学、生物化学等学科的基本知识,以支持和保证后续专业课程的学习。

自学用书:

《化学基础自学考试大纲》(天津考委编)1999 年 8 月

《化学基础》 郑爱玲编　中国计量出版社 1996 年版

《分析化学》 郑爱玲编　中国计量出版社 1996 年版

(四)植物学与植物生理基础

了解植物种子、幼苗、细胞、组织、器官的基本构成、主要类型及生物学特性,掌握植物分类的基础知识,熟悉植物生态群落和植被的有关原理,了解细胞结构与功能,植物生长发育的一般规律以及植物与环境的关系等基本原理,为学习植物生产类专业课程打好基础。

自学用书：

《植物学与植物生理基础自学考试大纲》(天津考委编)

(五)土壤肥料学

全面了解土壤、肥料与植物营养的关系，掌握土壤的结构、分类、肥料的种类及其在植物营养中的作用，熟练掌握各类肥料的施用方法和农业分析的基本方法。

自学用书：

《土壤肥料学自学考试大纲》(天津考委编)1999 年 8 月

《土壤肥料学》 王荫槐主编　中国农业出版社 1992 年版

(六)育种原理与种子学

学习和了解育种学的基本原理和育种基本技术要点，以及种子的结构、生物学特性，掌握种子的贮藏、调制、催芽和播种的技术要点，配合其他专业课程的学习。

自学用书：

《育种原理与种子学自学考试大纲》(天津考委编)

(七)农业经济法概论

了解国家关于土地、水、自然资源、环境保护、农村经营、动植物生产、种子、农药、技术推广等方面的法律规定，提高守法用法的自觉性，促进农村基层的法制建设。

自学用书：

《农业经济法概论自学考试大纲》(天津考委编)1999 年 8 月

《农业经济法规讲义》于俊文、宋家明主编　天津高等教育自学考试委员会组编 1999 年版

(八)设施农业

全面了解农业保护设施的类型、结构、性能及其作用，掌握主要保护设备的设计原则、场地布局和调节方法，熟练掌握主要保护地栽培作物的生物学特性及栽培技术。

自学用书：

《设施农业自学考试大纲》(天津考委编)

(九)栽培学原理

了解主要农作物(作物、果树、蔬菜)的分类、生物学特性、作物产量与生产潜力等基本原理，掌握各主要品种的栽培技术要点。

自学用书：

《栽培学原理自学考试大纲》(天津考委编)

(十)农业生态基础

了解农业生产各部门之间相互作用的原理，熟悉农业产业结构优化组合的机制，掌握农业生产规划的一般方法。

自学用书：

《农业生态基础自学考试大纲》(天津考委编)

(十一)植物虫害防治原理

熟悉昆虫的分类及为害特征，了解作物、果树、蔬菜虫害发生的原因，学习虫害的诊断方法，掌握主要作物、果树、蔬菜品种常见虫害的防治方法。

自学用书：

《植物虫害防治原理自学考试大纲》(天津考委编)

（十二）植物病害防治原理

了解作物、果树、蔬菜病害发生的原因，学习病害的诊断方法，掌握主要作物、果树、蔬菜品种常见病害的防治方法。

自学用书：

《植物病害防治原理自学考试大纲》（天津考委编）

（十三）农产品加工原理

了解蔬菜、果品、粮油产品的贮藏原理及方式，掌握蔬菜、果品、粮油产品的品质鉴定、采后处理及主要品种的贮藏及加工技术。

自学用书：

《农产品加工原理自学考试大纲》（天津考委编）

（十四）农业经济学

了解企业管理的一般原理，研究农业企业的特点及经营规律，掌握产业结构调整、经济责任制、投入产出分析、经济往来、产品设计等方面的基本方法。

自学用书：

《农业经济学自学考试大纲》（天津考委编）

（十五）农业推广学

了解农业推广工作的一般要求，掌握农业推广体系的运作程序和主要的推广手段，并结合专业课程的学习，研究农业推广的特点和规律，促进农业科学技术在农村基层的普及。

自学用书：

《农业推广学自学考试大纲》（天津考委编）

（十六）市场学与农产品营销

了解市场的形成及市场分析、调查、预测的基本原理，掌握主要的市场营销策略及各种具体策略的应用，研究农产品销售的一般特点，指导农业生产以及产品加工销售工作。

自学用书：

《市场学与农产品营销自学考试大纲》（天津考委编）1999 年 8 月

《市场学原理与农产品贸易》　赵锐主编　中国农业出版社 1995 年版

另附讲义

（十七）植物栽培技术

通过生产车间实习，学习并熟练掌握无土栽培的基本原理及主要植物品种的无土栽培技术。通过现场实习，结合植物品种的生长环节，熟练掌握主要作物、果树、蔬菜品种的栽培技术。

自学用书：

《植物栽培技术自学考试大纲》（天津考委编）

（十八）植物病虫害防治技术

通过实验室实习和现场操作，熟练掌握常见病虫害的鉴别技术和防治技术。

自学用书：

《植物病虫害防治技术自学考试大纲》（天津考委编）

（十九）农产品加工技术

通过车间实习，熟悉并掌握蔬菜、果品及粮油产品的贮藏加工技术。

自学用书：

《农产品加工技术自学考试大纲》(天津考委编)

(二十)育种原理与良种繁育

全面了解育种学的基本原理和园林苗木的繁殖、培育的理论,掌握园林苗圃的建立,园林苗木的繁殖和培育、大苗培育、苗木出圃及化学除草等的理论依据和技术措施。

自学用书:

《育种原理与良种繁育自学考试大纲》(天津考委编)

(二十一)园林树木学

全面了解乔灌木及木质藤本的系统分类、生物学特性、生态学特性、观赏性和园林用途等基本理论和基本知识,掌握全国珍贵树种及当地主要观赏树种 60—80 种,重点掌握 10—20 种最常见的的园林树种和用工具书鉴定树种的基本技能。

自学用书:

《园林树木学自学考试大纲》(天津考委编)

(二十二)园林树木栽植养护

全面了解园林树木的分类、发育规律、各种环境因子对园林树木的影响以及园林树木的功能,掌握园林树木栽植的基本理论和应用技术、园林树木的整形修剪和土肥水管理的技术要点。

自学用书:

《园林树木栽植养护自学考试大纲》(天津考委编)

(二十三)花卉学

全面了解我国花卉的现状、种质资源、分类、生长发育、环境因子、繁殖栽培、应用等理论知识及病虫害防治措施,掌握名贵花卉及主要观赏花卉的形态特征、种类、生态习性、繁殖、栽培等基本理论和管理技术要点。

自学用书:

《花卉学自学考试大纲》(天津考委编)

(二十四)园林工程与设计

全面了解工程原理、设计、施工技术和养护管理的基本理论知识,重点掌握土方、给排水、水景、园路、假山、种植、供电等工程的设计施工,以及养护管理的技术要点。

自学用书:

《园林工程与设计自学考试大纲》(天津考委编)

(二十五)园林虫害防治原理

熟悉昆虫的分类及为害特征,掌握园林植物虫害的鉴别、预防原理和防治技术要点。

自学用书:

《园林虫害防治原理自学考试大纲》(天津考委编)

(二十六)园林病害防治原理

全面了解园林植物病害的发病机理及分类等理论知识,掌握园林植物病害的鉴别、预防原理和防治技术要点。

自学用书:

《园林病害防治原理自学考试大纲》(天津考委编)

(二十七)盆景与花卉装饰

全面了解盆景与插花的分类、盆景与插花艺术的基本理论和基本知识,掌握盆景和插花创作技术要点与养护管理措施以及应用。

自学用书：

《盆景与花卉装饰自学考试大纲》(天津考委编)

(二十八)园林经济管理

全面了解园林经济管理的一般原理，掌握国家及有关行政管理部门对各类园林绿化指标的规定和园林绿化经济管理的基本手段。

自学用书：

《园林经济管理自学考试大纲》(天津考委编)

(二十九)园林栽培技术

通过生产车间实习，学习并熟练掌握无土栽培的基本原理及主要园林植物品种的无土栽培技术。通过现场实习，结合园林植物品种的生长环节，熟练掌握主要品种的栽培技术。

自学用书：

《园林栽培技术自学考试大纲》(天津考委编)

(三十)园林病虫害防治技术

通过实验室实习和现场操作，熟练掌握常见病虫害的鉴别技术和防治技术。

自学用书：

《园林病虫害防治技术自学考试大纲》(天津考委编)

(三十一)园林产品加工利用技术

通过车间实习，掌握树桩盆景、山石盆景、切花、插花、花卉装饰作品的构思、设计、选材、制作、养护及命名等实用技术。

自学用书：

《园林产品加工利用技术自学考试大纲》(天津考委编)

(三十二)家畜解剖与生理

全面了解家畜的生物学特性及肌体构造，熟悉各器官及组织在家畜生命运动过程中的作用，了解家畜各组织器官的生理机理，熟悉家畜发育生长的生命运动过程，为学好后续专业课程打好基础。

自学用书：

《家畜解剖与生理自学考试大纲》(天津考委编)

(三十三)动物营养与饲料

了解饲料与畜体的关系，熟悉各类营养物质对家畜生长发育的作用，学习饲料营养价值的测定方法。

自学用书：

《动物营养与饲料自学考试大纲》(天津考委编)

(三十四)兽医基础

熟悉畜禽病理学原理，了解常用药物的化学成份及构成，熟悉药物对动物机体生长发育过程的干扰作用，掌握各种主要药物的配制及使用方法。

自学用书：

《兽医基础自学考试大纲》(天津考委编)

(三十五)家畜环境卫生

了解家畜生长发育与环境因素的关系，熟悉家畜生长对环境条件的要求，掌握畜舍环境的选择、设计及控制的主要技术手段。

自学用书：

《家畜环境卫生自学考试大纲》（天津考委编） 1999年8月

《家畜环境卫生学》 东北农学院主编 中国农业出版社1994年版

（三十六）畜牧学

了解猪、禽、牛、羊等主要畜种的生物学特性，熟悉主要畜禽品种的繁育特点，掌握主要畜禽品种的饲养管理的基本技术要点

自学用书：

《畜牧学自学考试大纲》（天津考委编）

（三十七）特种畜禽养殖

了解观赏类、经济类畜禽的生物学特性，熟悉其繁育特点，掌握其饲养管理的基本方法。

自学用书：

《特种畜禽养殖自学考试大纲》（天津考委编）

（三十八）畜禽疫病诊断

了解畜禽常见疫病感染、流行过程的特点，掌握主要畜种常见疫病的诊断方法。

自学用书：

《畜禽疫病诊断自学考试大纲》（天津考委编）

（三十九）畜禽疫病防治原理

熟悉主要畜（禽）种各种常见代谢病、传染病的发病机理，掌握各种常见疫病的治疗与预防技术要点。

自学用书：

《畜禽疫病防治原理自学考试大纲》（天津考委编）

（四十）畜产品加工原理

了解畜产品加工对象的来源、种类及特点，熟悉畜产品加工的基本原理，掌握常见畜产品加工的主要技术手段。

自学用书：

《畜产品加工原理自学考试大纲》（天津考委编）

（四十一）畜牧业经济学

了解企业管理的一般原理，研究畜牧业企业的特点及经营规律，掌握产业结构调整、经济责任制、投入产出分析、经济往来、产品设计等方面的基本方法。

自学用书：

《畜牧业经济学自学考试大纲》（天津考委编）

（四十二）畜禽饲养技术

通过生产车间实习，熟悉主要畜禽的生长发育特性，掌握饲料规范，并熟练运用饲养技术。

自学用书：

《畜禽饲养技术自学考试大纲》（天津考委编）

（四十三）疫病防治技术

通过实验室模拟实验和现场实习，掌握常见疫病的诊断方法，并运用有关的药理知识和防

治方法进行有效的防治。

自学用书:

《疫病防治技术自学考试大纲》(天津考委编)

(四十四)畜产品加工技术

通过车间实习,掌握肉、蛋、奶等畜产品的贮藏加工技术。

自学用书:

《畜产品加工技术自学考试大纲》(天津考委编)

(四十五)园林花卉综合实习

自学用书:

《园林花卉相应工种职业技能考核考试大纲》劳动和社会保障部编

(四十六)植物生产综合实习

自学用书:

《农业行业相应工种职业技能考核考试大纲》劳动和社会保障部编

(四十七)动物养殖与防病综合实习

自学用书:

《农业行业相应工种职业技能考核考试大纲》劳动和社会保障部编

核查考生成绩的暂行管理办法

津高自委字[1999]13号

为保证高等教育自学考试的公正、公平,参照其它国家级教育考试的有关规定,制定本办法。

1. 每次考试结束后,市自考办通过区、县自考办公布当次考试成绩。考生如果对自己的考试成绩有疑问,可以申请核查考试成绩。

2. 要求核查成绩的考生自考试成绩公布(以区、县自考办公布之日算起)之日起,15日内,携带准考证、考试通知单、身份证向本人考籍所在区、县自考办提出核查申请,并办理核查手续。

3. 考生申请核查成绩工作结束后5日内,区、县自考办将核查考试成绩申请单汇总后,会同市自考办核查考生考试成绩。

4. 核查内容为:(1)试卷试题是否漏评;(2)试卷试题分数是否漏登、错登;(3)总分累加是否有误。

核查内容不涉及试题评分标准掌握宽严程度。

5. 区、县自考办于考试成绩核查后5日内将核查结果告知考生。

6. 此前所发文件涉及核查考试成绩的有关规定自本办法发布之日起废止。

1999年12月14日

关于召开天津市高等教育自学考试理论研讨暨经验交流会议的通知

津高自办字[1999]4号

各区县自考办、主考学校、助学单位：

高等教育自学考试——这一具有中国特色的高等教育制度，在我市已经走过18年的历程，取得了辉煌的业绩。现在自学考试制度得到社会的普遍认可，并且拥有很高的声誉，规模也日渐壮大。天津市自学考试在其诞生、发展、完善的过程中，你们及许多投身此项事业的工作者做出不可磨灭的贡献，也积累了很多的经验。值此《高等教育法》实施之际，为促进我市自学考试事业持续发展，不断完善自学考试管理，努力提高管理者的素质，我办拟于1999年春季召开天津市高等教育自学考试理论研讨暨经验交流会，请你们将工作经验和研究成果归纳精炼为文，提交会议。会后，将适时结集出版。

具体要求：

一、文章内容：

1. 自学考试制度的历史总结和研究。

2. 自学考试的教育规律研究。

3. 自学考试的过程管理经验总结和研究。（包括管理体制、管理手段现代化、管理队伍建设、主考校作用等）

4. 自学考试的政治学、社会学、历史学、经济学、文化学、教育学、心理学、测量学等方面的研究。

5. 自学考试考生群体方面的分析、研究。

6. 社会助学工作经验总结和研究。

7. 考试标准、专业设置和考试计划的管理经验和研究。

8. 命题和题库建设的经验和研究。

9. 考试评价方法的经验和研究。

10. 与其他高等教育制度、外国考试制度的比较研究。

11. 自学考试发展方针、战略的研究。

12. 自学考试考务、考籍管理经验总结和研究(包括实践性环节考核管理)。

13. 考试法制的研究。

14. 自学考试的功能拓展研究。

二、文字流畅、简洁，符合行文规范要求，3000字以上，打印50份，交与市自考办助学科。

三、截稿时间：1999年3月25日。

四、会议时间：另行通知。

一九九九年二月二日

关于举办天津市高等教育自学考试
考生文艺汇报演出的通知

津高自办字[1999]5号

各助学单位：

为迎接天津市高等教育自学考试委员会第八次全体会议和天津市高等教育自学考试工作会议的召开，拟定于1999年春季举行“天津市高等教育自学考试考生文艺汇报演出”，旨在展现自考学生“勤奋进取、自强有为”的精神风采和各社会助学单位工作的水平。本次自考学生文艺汇报演出为天津市高等教育自学考试制度创立以来首次举办，对于宣传自学考试制度、推动自学考试事业发展具有重要意义，请各助学单位予以充分的重视。

具体要求如下：

1. 本次文艺汇演以表现高等教育自学考试这一具有中国社会主义特色的高等教育制度所取得的辉煌业绩为主题，重在展现广大自考学生“勤奋进取、自强有为”的精神面貌。

2. 文艺节目应力求精悍、健康、活泼、多样，并能充分体现广大考生以及助学人员的参与性。

3. 各助学单位要加强文艺节目组织、编排、选送的指导工作，确保节目的思想性及艺术质量。

4. 请各助学单位于1999年3月1日至15日将选送节目报市考办助学科。

5. 文艺节目初审时间另行通知。

一九九九年二月二日

关于公共政治课调整的意见

津高自办字[1999]8号

各主考学校成人教育学院(处)、各区县招生考试中心(自学考试办公室)、各助学单位、天津铁厂教委自学考试办公室：

为贯彻十五大精神，根据教育部《关于高等教育自学考试公共政治课课程设置改革及其实施工作的通知》(教考试[1999]5号)，对天津市高等教育自学考试公共政治课课程设置进行改革，并提出实施办法，请遵照执行。

一、积极贯彻“深化‘两课’教学改革”要求，改革高等教育自学考试公共政治课课程设置

高等教育自学考试公共政治课课程是全面贯彻国家教育方针，对自学应考者系统进行思想政治教育的主渠道和主阵地，在培养他们成为社会主义事业的建设者和接班人方面具有重要作用。十几年来，高等教育自学考试公共政治课（哲学、中国革命史、政治经济学）较好地贯彻和体现了这一要求，取得了较好的效果。

根据党的十五大精神和中宣部、教育部教社科[1998]6号文件，全国高等教育自学考试指导委员会办公室（以下简称全国考办）经过反复调查研究、论证，决定改革公共政治课课程设置。新的课程设置方案参照普通高校“两课”课程设置及其基本内容，努力做好邓小平理论“进教材、进课堂、进学生头脑”的工作，并且结合高等教育自学考试的特点，认真总结经验，规范课程设置，修订教学基本要求，使其既适合自学，又能使考生终生受益，同时注意与现在开设的公共政治课的过渡与衔接，做到结构合理，功能互补，减少重复。

二、高等教育自学考试公共政治课课程设置

（一）专科和本科（基础科段）

1.“马克思主义哲学原理”（3学分）

2.“邓小平理论概论”（3学分）

3.“法律基础与思想道德修养”（2学分）

（二）本科（本科段）和独立本科段经济类专业

“毛泽东思想概论”（2学分）

（三）本科（本科段）和独立本科段非经济类专业

1.“毛泽东思想概论”（2学分）

2.“马克思主义政治经济学原理”（3学分）

“形势与政策”课的内容列入“邓小平理论概论”课程考试大纲，并在考试中占10%的分数。每年4月份考试范围为上年9月1日至当年2月末的国内外时事；每年10月份考试范围为当年3月1日至8月31日的国内外时事。

三、现设课程与改革后课程的衔接

1. 专科只设“哲学”课程的专业

已取得“哲学”课程合格证书的考生须加考“邓小平理论概论”课程；未取得“哲学”课程单科合格证书的考生按照改革后的课程设置参加考试。

2. 专科只设“政治经济学”课程的专业

已取得“政治经济学”课程合格证书的考生须加考“马克思主义哲学原理”课程；未取得“政治经济学”课程合格证书的考生按照改革后的课程设置参加考试。

3. 专科设“哲学”、“政治经济学”课程的专业

已取得“哲学”、“政治经济学”两门课程合格证书的考生不再参加新课程的考试；只取得“哲学”课程合格证书的考生须加考“邓小平理论概论”课程；只取得“政治经济学”课程合格证书的考生须加考“马克思主义哲学原理”课程；“哲学”和“政治经济学”都未取得课程合格证书的考生按照改革后的课程设置参加考试。

4. 专科设“哲学”、“中国革命史”课程的专业

已取得“哲学”、“中国革命史”两门课程合格证书的考生不再参加新课程的考试；只取得“哲学”课程合格证书的考生须加考“邓小平理论概论”课程；只取得“中国革命史”课程合格证书的考生须加考“马克思主义哲学原理”课程；“哲学”和“中国革命史”都未取得课程合格证书的考生按照改革后的课程设置参加考试。

5. 专科设“政治经济学”、“中国革命史”课程的专业

已取得“政治经济学”、“中国革命史”两门课程合格证书的考生不再参加新课程的考试；只取得“中国革命史”课程合格证书的考生须加考“邓小平理论概论”课程；只取得“政治经济学”课程合格证书的考生须加考“马克思主义哲学原理”课程；未取得“政治经济学”和“中国革命史”课程合格证书的考生按照改革后的课程设置参加考试。

6. 本科(本科段)和独立本科段的考生，参加公共政治课程考试已取得 4 学分，不再参加新课程的考试，没有取得 4 学分，按照改革后的课程设置参加考试。

四、自 2000 年下半年起，本市开考的所有专业均按照改革后的课程设置安排考试，现设课程不再安排考试。

一九九九年四月十二日

关于停考专业有关事项的通知

津高自办字[1999]9 号

各主考学校成人教育学院(处)、各区县招生考试中心(自学考试办公室)、各助学单位、天津铁厂教委自学考试办公室：

为加强高等教育自学考试专业的规范管理，现将我市停考专业的有关事项通知如下：

1. 1998 年 12 月前已经停止考试的面向社会开考和部门委托开考的纺织工程(专、本科)、党政干部基础、价格学、人口学、统计(专、本科)、财政、税收、社会学、海关管理、作物等十二个专业，自 2001 年起停止办理毕业证书。

2. 以下各专业自 2000 年停止安排课程考试，2002 年起停止办理毕业证书：

机电一体化工程(109)、工业工程(128)、针灸推拿(132)、国际船舶与海洋工程管理(140)、自动控制技术(160)、投资经济(161)、机电一体化工程(555)专业。

3. 1999 年已停止接受新考生报名考试的专业，自 2001 年起停止安排课程考试，2003 年起停止办理毕业证书。这些专业是：

面向社会和部门委托开考的技术经济学(339)、日语(521)、商业企业管理(518)、政治管理(529)、行政管理(530)、土地与环境管理(343)、现代经济管理(545)、会计与统计核算(350)、公共关系与现代秘书(544)、农业推广(362)、广告(547)、工业外贸(548)、金融(金融管理)(549)、国际会计(551)、市场营销(552)、临床医学(553)、化工工艺(556)、通信技术(557)、房屋建筑工程(558)、中药学(559)专业等。

面向普通高校开考的国际经营管理(110)、餐旅企业管理(126)、经济信息管理(114)、商务代理(147)、国际会计(122)、贸易经济(125)、英语(国际商务贸易)(136)等。

4. 面向普通高校开考的电力系统及自动化专业(139)自 2002 年起停止安排课程考试，2004 年起停止办理毕业证书。建筑学(112)专业自 2003 年起停止安排课程考试，2005 年起停

止办理毕业证书。

5. 面向普通高校开考的国际贸易专业(100、554)和技术经济专业(104)自1999年上半年起停止安排课程考试,并按面向社会开考的国际贸易(535)和技术经济(339)专业的考试计划办理毕业证书。中医专业(131)自2000年上半年起停止安排课程考试,并按面向社会开考的中医学(520)专业的考试计划办理毕业证书。

6. 商品质量监督与检验(156)、办公自动化设备运用与维修(159)、律师(本)(383)三个专业未安排考生报名考试或考生已转报其它专业,故取消上述三个专业。

注:专业后括号内的数字为该专业的专业代码。

一九九九年五月十七日

关于新华职工大学等八所成人高等学校试办自学考试面向普通高校开考专业助学班的批复

津高自办字[1999]11号

新华职工大学、河西区职工大学、河北区职工大学、塘沽区职工大学、职工医学院、经济管理干部管理学院、财贸干部管理学院、政法干部管理学院:

你们《关于搞好应用专科专业助学活动的请示》(津新华发[1999]4号)收悉,经研究,同意新华职工大学等八所成人高等学校试办自学考试面向普通高校开考专业助学班。

1. 助学的专业为英语(外贸英语)、经济法学(涉外经济法)、工商企业管理(公司管理)、国际贸易(国际商务)。每所学校的助学专业至多为其中2个。

2. 助学必须为全日制脱产的形式。

3. 助学工作中要认真贯彻党的教育方针,以提高考生全面素质,培养合格人才为根本目的。坚持正确的办学方向,认真执行"教考职责分离"的原则。精心选派思想素质好、责任心强、有丰富的教学和管理经验的人员参加此项工作。

4. 学校应加强领导和管理,建立专门的工作机构,配备专职的管理人员,制定各项工作管理办法。助学班原则上实行班主任或辅导员工作制度,对考生进行心理、学业、安全和学风考纪等方面的教育。应建立健全党团组织,在考生中积极开展党团活动,并努力营造丰富多彩的校园文化氛围。

5. 要注重素质教育。为提高考生的知识能力水准,适应就业市场的需要,应适当增设一定的相关课程。增设的课程由学校自行组织考试或考核。

6. 新华职工大学作为牵头单位并负责八所试办学校的具体事务性工作。市自考办有关工作与新华职大联系。

7. 各试办学校要认真执行《天津市高等教育自学考试社会助学管理暂行办法》,接受市教委的管理和市自考办的监督、指导。

8. 助学过程中，有何问题和情况，及时报告我办。

此复

1999 年 5 月 16 日

关于从事新高职专业助学活动要求的通知

津高自办字[1999]13 号

各助学单位：

天津市高等教育自学考试新开设的高职专业试验是经全国考委严格考察后批准的全国性试验。此类专业要求水准高、试验难度大，全国考委和各地考委都十分关注试验进展情况。新高职专业的助学工作必须遵守助学法纪，按照市自考委部署的专业考试计划和试验要求，严肃认真地推进工作。为保证助学工作的顺利开展，特提出以下要求：

一、助学单位应以独立法人资格申请助学，不允许教育机构之间的联合办学。

二、各助学单位一定要根据本单位自身具备的助学条件，控制招生规模。

三、严格按照市自考办批准的助学专业及其指定的主考学校，进行招生宣传和从事助学活动。

四、乡镇企业经营管理专业和农业综合技术专业按照委托开考专业进行管理。委托单位分别为市乡镇企业管理局自考办和天津农学院。各社会助学单位应自行先与委托单位提出助学申请并签订协议后，方可到自考办办理助学手续。

五、因市自考委在新高职专业的论证及后续实施过程中的费用支出较大，拟向助学单位收取一定数额的开办费。（收费标准及办法另行通知）

六、已有高等教育自学考试社会助学许可证的单位，应在 9 月 30 日前到市自考办办理助学方案的增项。尚未取得许可证的单位应在批准助学后，于 9 月 30 日前到市自考办办理自考助学许可证申报手续。

七、每年 12 月份办理新生报名工作，由助学单位统一进行报名，并填写考生花名册。

为落实我市高等教育自学考试新高等职业技术专业的试点工作，根据《天津市高等教育自学考试开考职业技术专业试验方案》的精神，批准下列四十三所助学单位具备从事新高职专业的助学资格。（见附件）

附件：天津市高等教育自学考试职业技术专业助学资格批准表

1999 年 8 月 6 日

附件：

天津市高等教育自学考试
职业技术专业助学资格批准表

序号	申请助学单位名称	批准助学专业名称	专业主考学校	备注
1	天津师范大学	计算机技术与应用	天津师范大学	
		应用电子技术	天津师范大学	
		物业管理	天津师范大学	
		电算会计	南开大学	
2	天津商学院	计算机技术与应用	天津商学院	
		电算会计	天津商学院	
		饭店管理	天津商学院	
3	天津财经学院	计算机技术与应用	天津财经学院	
		电算会计	天津财经学院	
		物业管理	天津财经学院	
		乡镇企业经营管理	天津财经学院	*需签协议
4	天津中医学院	针灸推拿	天津中医学院	
5	天津轻工业学院	计算机技术与应用	职业技术师范学院	
		应用电子技术	职业技术师范学院	
		电算会计	天津财经学院	
		服装设计	天津轻工业学院	
		机械制造与自动化	天津轻工业学院	
6	天津职业技术师范学院	计算机技术与应用	职业技术师范学院	
		应用电子技术	职业技术师范学院	
		机械制造与自动化	职业技术师范学院	
7	天津城市建设学院	计算机技术与应用	天津大学	
		物业管理	城市建设学院	
		工程造价管理	天津大学	
		建筑设计	天津大学	
8	天津大学	计算机技术与应用	天津大学	
		应用电子技术	天津大学	
		电算会计	天津大学	
		工程造价管理	天津大学	
		机械制造与自动化	天津大学	
		建筑设计	天津大学	
9	南开大学	计算机技术与应用	南开大学	
		应用电子技术	南开大学	

序号	申请助学单位名称	批准助学专业名称	专业主考学校	备注
10	中国民用航空学院	计算机技术与应用	中国民航学院	
		电算会计	天津财经学院	
		应用电子技术	中国民航学院	
		机械制造与自动化	天津纺织工学院	
11	天津职业大学	计算机技术与应用	天津职业大学	
		应用电子技术	天津职业大学	
		电算会计	天津商学院	
		机械制造与自动化	河北工业大学	
12	天津理工学院	工程造价管理	天津理工学院	
		计算机技术与应用	天津理工学院	
		应用电子技术	天津理工学院	
		物业管理	天津理工学院	
		机械制造与自动化	天津理工学院	
13	河北工业大学	计算机技术与应用	河北工业大学	
		应用电子技术	河北工业大学	
		机械制造与自动化	河北工业大学	
14	天津农学院	电算会计	南开大学	
		农业综合技术	天津农学院	
		乡镇企业经营管理	天津财经学院	*需签协议
15	天津纺织工学院	计算机技术与应用	天津纺织工学院	
		机械制造与自动化	天津纺织工学院	
		服装设计	天津纺织工学院	
		视觉传达设计	天津纺织工学院	
16	天津市经济管理干部学院	计算机技术与应用	天津大学	
		电算会计	天津大学	
		乡镇企业经营管理	天津财经学院	*需签协议
17	天津第二轻工业局职业大学	计算机技术与应用	天津纺织工学院	
		电算会计	南开大学	
18	天津市河北区职工大学	计算机技术与应用	天津商学院	
		应用电子技术	天津职业大学	
		电算会计	天津商学院	
		机械制造与自动化	河北工业大学	
19	天津市职工冶金学院	计算机技术与应用	天津财经学院	
		电算会计	天津财经学院	
		机械制造与自动化	天津轻工业学院	
20	天津市交通局职工大学	电算会计	南开大学	
		计算机技术与应用	南开大学	
21	天津市河西区职工大学	计算机技术与应用	天津财经学院	
		应用电子技术	职业技术师范学院	
		电算会计	天津财经学院	

序号	申请助学单位名称	批准助学专业名称	专业主考学校	备注
22	天津市职工科学技术大学	计算机技术与应用	南开大学	
		电算会计	南开大学	
23	天津市红桥区职工大学	计算机技术与应用	天津商学院	
		电算会计	天津商学院	
24	天津市管理干部学院	乡镇企业经营管理	天津财经学院	*需签协议
25	天津市房管局职工大学	物业管理	天津财经学院	
		工程造价管理	天津大学	
		电算会计	天津大学	
26	天津市职工电子仪表工程学院培训部	计算机技术与应用	天津大学	
		应用电子技术	天津大学	
		电算会计	天津大学	
27	大港油田集团职工培训中心	计算机技术与应用	南开大学	
		电算会计	南开大学	
28	天津市汽车工业(集团)有限公司职工大学	计算机技术与应用	天津大学	
		应用电子技术	天津大学	
		机械制造与自动化	天津大学	
		电算会计	天津大学	
29	天津市广播电视大学	计算机技术与应用	天津理工学院	
		电算会计	南开大学	
30	天津市新华职工大学	计算机技术与应用	天津师范大学	
		电算会计	天津大学	
31	开益国际经贸专修学院	饭店管理	天津商学院	
32	大港第一职业中等专业学校	计算机技术与应用	南开大学	
		电算会计	南开大学	
		饭店管理	天津商学院	
		物业管理	天津财经学院	
		农业综合技术	天津农学院	*需签协议
		乡镇企业经营管理	天津财经学院	*需签协议
33	大港成人中等专业学校	计算机技术与应用	南开大学	
		电算会计	南开大学	
		物业管理	天津财经学院	
		饭店管理	天津商学院	
		乡镇企业经营管理	天津财经学院	*需签协议
34	天津开发区国际经贸进修学院	计算机技术与应用	南开大学	
		电算会计	南开大学	
		应用电子技术	南开大学	
35	天津市商业文化进修学院	计算机技术与应用	天津师范大学	

序号	申请助学单位名称	批准助学专业名称	专业主考学校	备注
36	天津市园林管理局干部学校	农业综合技术	天津农学院	*需签协议
37	天津市园林学校	农业综合技术	天津农学院	*需签协议
38	天津市农业学校	农业综合技术	天津农学院	*需签协议
39	协合商贸进修学院	计算机技术及应用	南开大学	
40	天津中华职业进修学院	计算机技术与应用	天津商学院	
		机械制造与自动化	河北工业大学	
		饭店管理	天津商学院	
41	天津新兴科技专修学院	计算机技术及应用	天津大学	
		应用电子技术	天津大学	
42	天津市渤海化工职工学院	计算机技术与应用	天津纺织工学院	
		电算会计	天津财经学院	
		物业管理	天津财经学院	
		饭店管理	天津商学院	
43	天津市北方信息科学进修学院	电算会计	天津财经学院	

关于转发《关于高等教育自学考试全国统考有关课程考试范围的通知》等两个文件的通知

津高自办字[1999]15号

各高等院校、各区县教委、各助学单位、天津铁厂教委：

现将《关于高等教育自学考试全国统考有关课程考试范围的通知》(考委办[1999]70号)和《关于使用《高等教育自学考试活页文丛》的通知》(考委办[1999]68号)转发给你们，请做好宣传工作。

各助学单位可到市教育招生考试中心"有成书社"订购"活页文丛"。

附件1:关于高等教育自学考试全国统考有关课程考试范围的通知

附件2:关于使用《高等教育自学考试活页文丛》的通知。

1999年9月29日

附件1：

关于高等教育自学考试全国统考有关课程考试范围的通知

考委办[1999]70号

各省、自治区、直辖市高等教育自学考试办公室，全军自学考试办公室，国务院有关部委教育司、局：

随着我国社会、经济的不断发展，全国人大和国务院每年都要颁布一些法律和行政法规或对原有的法律、行政法规进行修订，同时，在经济领域也不断出台一些涉及全国或全行业的重大方针政策。由此导致了与之相关的高等教育自学考试的课程考试大纲、教材相对滞后现象。为促使考生全面学习有关知识，适应社会经济建设的发展和需要，全国考委在课程考试命题时除依据考试大纲外，还将考试之日六个月前由全国人大和国务院颁布或修订的法律、行政法规列入相应课程的考试范围。如自考大纲、教材内容中有与现行法律、行政法规不符的，以现行法律、行政法规为准。同时，全国考委要求自考考生对国家在经济领域内的重大方针政策应有所了解。全国考委在全国统一命题时，将注意到我国经济领域内发生的重大方针政策变化。

近几年，全国人大和国务院颁布或修订的法律和行政法规主要涉及《宪法》、《刑法》、《合同法》、《证券法》等。同时，近几年国家在政府与事业单位会计制度、国民经济统计制度等领域出台了一些重大的方针政策。对此，各省、自治区、直辖市高等教育自学考试办公室要做好有关宣传工作，在社会助学和考生自学时应将有关内容纳入辅导和自学的范围。

为了方便考生学习，全国考办组织有关专家编写了《高等教育自学考试活页文丛》。该文丛对有关课程考试内容进行了相应的修订与补充。在全国统一命题时，将关注这些修订与补充的内容。今后凡出现类似情况将照此办理，不再另行通知。

全国高等教育自学考试指导委员会办公室

一九九九年八月三日

附件2：

关于使用《高等教育自学考试活页文丛》的通知

考委办[1999]68号

各省、自治区、直辖市高等教育自学考试办公室，各委托开考单位：

由全国高等教育自学考试指导委员会组编的教材自使用以来，为高等教育自学考试的发展发挥了积极的作用，受到了考生、各社会助学单位、自考工作者和专家学者的好评。但是，教材内容滞后于学科发展变化、滞后于时代发展变化的问题也越来越明显地显露出来。教材内容滞后主要有如下两个原因：第一，教材的编写、审订、出版、供应均需一定的时间。既要确保教材质量，又要保证考生有足够的自学时间。正常情况下，这一过程约需两年左右。第二，保持教材的相对稳定，有利于考生学习的连续性，也有利于考试机构有序地组织考试。因此，从教材开始使用到修订或重编也需要间隔一段时间，这个过程至少也不低于两年。我们正处在社会主义现代化建设事业迅速推进、科学技术迅猛发展的时代，各专业领域内的知识更新非常迅速，教材编写、出版周期长及其相对稳定性与此形成矛盾。这一问题在法律、财经、计算机等专业中表现得尤为突出。教材内容滞后虽不可避免但必须认真加以解决。否则，就会降低考生的学习效果和学习积极性，影响高等教育自学考试的教育质量，影响整个高等教育自学考试事业的发展。因此，在保持教材相对稳定的同时，全国考办决定以组编《高等教育自学考试活页文丛》(以下简称《活页文丛》的方式来解决这个问题。现将有关问题通知如下：

1.《活页文丛》的根本目的在于用必要的新知识、新信息替代教材中已过时的东西，在不增加考生学习负担的前提下帮助他们了解、掌握学科发展动态及最新研究成果，开阔视野，增强创新意识和实践能力，增加所学知识的实用性。内容包括：法律、法规、宏观政策的变化，最新科技成果，最新事例(如案例、病例、实例等)，有关背景资料，学习指导等。

2.《活页文丛》根据全国统考课程考试安排每年出两辑。凡统考课程中有必须修订、增补的内容都按课程编成单行本，全国统考课程考试将包括这些内容。

3.《活页文丛》由中国人民大学出版社出版，北京梅迪亚图书资料供应中心在自考系统内供应。

4. 请向考生宣传《活页文丛》的意义与作用，并认真组织供应工作。在使用《活页文丛》过程中有什么问题、意见和建议请及时反馈给我办。

全国高等教育自学考试指导委员会办公室
一九九九年七月二十八日

关于全国公共英语等级考试(PETS)、全国计算机等级考试合格成绩在高等教育自学考试中使用的通知

津高自办字[1999]17号

各区县自考办、各主考院校、各助学单位：

根据教育部考试中心教试中心[1999]48号文件精神和《天津市高等教育自学考试课程免考实施办法》的有关规定，将在天津市高等教育自学考试中使用全国公共英语等级考试(PETS)、全国计算机等级考试的合格成绩，具体规定如下：

1. 取得全国公共英语等级考试(PETS)三级及三级以上笔试合格成绩者，可免考高等教育自学考试本科专业的公共英语课程。

2. 取得全国公共英语等级考试(PETS)二级及二级以上笔试合格成绩者,可免考高等教育自学考试专科专业的公共英语课程。

3. 取得全国计算机等级考试一级及一级以上合格证书者,可免考高等教育自学考试计算机应用基础课程。

具体实施办法:

1. 凡1999年下半年以后在我市参加全国公共英语考试(PETS),取得二级及其以上笔试成绩合格的考生,其所持天津市教育招生考试中心颁发的《全国公共英语等级考试成绩通知单》,可视为天津市高等教育自学考试公共英语课程单科合格证,不再办理免考手续。

2. 凡1999年下半年以后在我市参加全国计算机等级考试,取得一级及其以上合格证书的考生,其所持教育部考试中心颁发的《全国计算机等级考试成绩通知单》,可视为天津市高等教育自学考试计算机应用基础课程单科合格证,不再办理免考手续。

3. 凡在外省或在1999年下半年以前在我市参加上述两种等级证书考试,取得相关等级合格证书的考生,在办理高等教育自学考试毕业手续时,可持等级合格证书原件、复印件,到区、县自考办核验,经核验人签名并在复印件上加盖区、县自考办公章。以核验后的复印件替代天津市高等教育自学考试相应课程的合格证书。

4. 已经办理免考的考生,凭免考审批表替代天津市高等教育自学考试相应课程合格证书。

5. 本办法自1999年12月起实行。

附:成绩通知单样式(略)

1999年12月1日

关于英语听力课程考试采用广播电台播放考试试题方式的通知

津高自办字[1999]18号

各区、县自考办,各主考院校,各助学单位:

为了提高英语听力课程考试试题播放质量,市自学考试办公室决定自2000年1月起,英语听力课程考试试题由天津人民广播电台生活频道(AM 1386千赫)即时播放。现将具体实施办法通知如下:

一、英语听力课程考试安排在下午2:00—2:30进行,由天津人民广播电台生活频道(AM 1386千赫)准时播放考试试题。

二、英语听力课程考试的考场,要与其它课程考试的考场相隔一定距离,以免影响笔试考试。

三、每个考场必须备有音质好的收音机设备和备用电源(电池)。

四、考前10分钟(1:50)监考员调试好本考场的收音机,并指导考生调试好自己的收音机。

五、考试开始（提示音乐响起），迟到考生不准入场，考生不得提前退场，必须保持考场安静。

六、试题只播放一遍，中途不停播，不重播。

七、考生参加英语听力课程考试注意事项：

1. 考生必须提前20分钟（1:40），凭准考证、身份证、考试通知单进入考场。

2. 考生进入考场可携带带有耳塞机的收音机（不带耳塞机的收音机不得使用）和钢笔、圆珠笔。其它物品不得带入考场。

3. 考生接到试题卷后，应立即检查试题卷页码是否完整，印刷是否清晰。如有问题应举手示意，请监考员予以处理。

4. 考生要边听边答题，将答案直接答在答题纸上。答在试题卷上的答案无效。

5. 考试结束，考生应立即停止答题，将答卷翻放在桌上，待监考员收卷。答卷收齐后，考生方可离开考场。

附：英语听力课程考试监考工作程序

1999年12月6日

附：

天津市高等教育自学考试英语听力考试监考工作程序

时间	下午1:30
工作内容	1. 监考员、工作人员到考务办公室签到接受主考指示。 2. 监考员领取试卷、收音机，主监考办理签收手续，核准无误后，监考员直达考场
时间	下午1:40
工作内容	1. 打铃、考生入场。 2. 副监考认真核查考生三证（准考证、身份证、考试通知单）是否准确、齐全，照片是否与本人相符。 3. 主监考打开试卷袋，检查核对试卷科目是否与本考场考试相符，试卷份数、答题纸页数、考场记录卡、封条等是否齐全。
时间	下午1:50
工作内容	1. 主监考调试好收音机，并指导自备带有耳塞机收音机的考生调试好自己的收音机（天津人民广播电台生活频道AM 1386千赫） 2. 开始分发答题纸、试题卷。 3. 指导考生在答题纸规定位置填写姓名、准考证号、座位号等，并检查试卷印刷是否清晰，页码是否正确。 4. 提醒考生在答题时，一定将答案答在答题纸上，答在试题卷上的答案无效。

时间	下午 2:00
工作内容	1. 开始播放试题。 2. 监考员注视会场。 3. 迟到考生禁止入场,保证考场安静。 4. 考生中途不得退场。
时间	下午 2:30
工作内容	1. 待试题全部播放完毕之后,主监考关闭收音机,并注视全场。 2. 副监考开始收卷(一收答题纸;二收试题卷。),全部试卷收齐,清点无误后,方可允许考生离开考场。 3. 监考员将答题纸按考场座位号(小号在上,大号在下)的顺序排列好,并填写考场记录卡,交考点主考、副主考验收,验收合格后,按规定标准装订密封。 4. 试题卷不密封,交区、县自考办,由区县自考办统一交市自考办。

发至监考员、工作人员　　　　天津市高等教育自学考试委员会办公室

关于成立第五届全国高等教育自学考试指导委员会的通知

教考试[1999]10 号

各省、自治区、直辖市人民政府、教育委员会(教育厅)、高等教育自学考试委员会,广东省高教厅,全军高等教育自学考试委员会:

自 1995 年 7 月国务院国函[1995]71 号批准原国家教委等部门成立第四届全国高等教育自学考试指导委员会(以下简称全国考委)以来,全国考委认真履行了其职责,促进了我国高等教育自学考试事业的长足发展,高等教育自学考试已成为我国高等教育的重要组成部分。鉴于目前全国考委部门委员因工作调整,已不能履行工作职责,为了保持全国考委工作的连续性,根据《高等教育自学考试暂行条例》中有关全国考委组成的规定,经国务院授权,我部经与有关部委和单位充分协商,确定了第五届全国考委(名单附后)。

特此通知。

附件：

第五届全国高等教育自学考试指导委员会组成人员名单

主 任 委 员：陈至立　　教育部部长

副主任委员：王旭东　　中组部副部长

甘英烈　　中宣部副秘书长

郝建秀　　国家发展计划委员会副主任

张佑才　　财政部副部长

戴光前　　人事部副部长

林用三　　劳动和社会保障部副部长

吉炳轩　　国家广播电影电视总局副局长

胡春华　　共青团中央书记处书记

王明达　　原国家教委副主任

杨家庆　　清华大学副校长

何芳川　　北京大学副校长

林　岗　　中国人民大学副校长

附件：

第五届全国高等教育自学考试
指导委员会组成人员名单

	姓　名	单　位	职　务	职　称	备　注
委员	王英杰	北京师范大学	副校长	教授	兼教育类专业委员会主任
	梁　柱	北京大学	校务委员会副主任	教授	兼公共政治课专家小组组长
	金瑞林	北京大学	环科中心副主任	教授、博导	兼法律专业委员会主任
	束鹏程	西安交通大学	副校长	教授、博导	兼机械类专业委员会主任
	沈士钊	哈尔滨建筑大学	原校长	教授、博导	兼土建类专业委员会主任
	白同朔	上海交通大学	副校长	教授	兼电子与信息类专业委员会主任
	张永桃	南京大学	社会工程与管理学院院长	教授	兼政治管理专业委员会主任
	何梓华	中国人民大学	新闻学院原院长	教授	兼新闻专业委员会主任
	王德炳	北京医科大学	校长、党委书记	博导	兼医药类专业专家组工作组长
	顾曰国	北京外国语大学	校长助理	教授、博导	兼英语专业委员会主任
	谭向勇	中国农业大学	副校长	教授	兼农科专业委员会主任
	洪本键	华东师范大学	文学与技术学院院长	教授	兼中文专业委员会主任
	王乐夫	中山大学	党委副书记	教授、博导	
	胡晓莺	福建师范大学	副校长	教授	
	赵善中	四川电子科技大学	副校长	教授	
	侯本昌	武汉大学	校长	教授、博导	
	吴中福	重庆大学	校长	教授、博导	
	展　涛	山东大学	副部长	教授、博导	
	邴先福	全国总工会宣传教育部	副部长		
	徐天亮	解放军总政宣传部	副部长		
	陈万年	江苏省教育委员会	主任、省考委副主任		
	侯靖方	浙江省教育委员会	主任、省委委员、省考委副主任		
	白继忠	甘肃省教育委员会	副主任(国家督学)		
	乔丽娟	天津市教育委员会	副主任、天津招考中心主任	研究员	
	刘育民	广东省高等教育厅	副厅长,省自考委副主任,省高等、中专招生委副主任		
	刘志鹏	教育部高教司	副司长		
	郑富芝	教育部发展规划司	副司长		
	崔邦焱	教育部财务司	副司长		
	杨学为	全国高等教育自学考试指导委员会办公室	主任	研究员	兼秘书长

教育部

一九九九年十一月十一日

成人高校招生考试文件

关于进行1999年天津市成人高校招生计算机远程录取试点工作的通知

津成招办字[1999]2号

各试点成人高校：

为提高本市成人高校招生工作科学化和规范化水平，加快建立较为完善的成人高校招生录取计算机管理系统，经研究决定在1999年成人高校招生录取工作中，进行计算机远程录取试点。现将有关事宜通知如下：

一、试点学校：

天津市河西区职工大学

天津市和平区新华职工大学

天津教育学院

天津市经济管理干部学院

大港石油管理局职工大学

天津理工学院

天津音乐学院

中国人民大学天津分院

二、硬件要求：

试点学校尽快配备：

1. Pentium Ⅱ微机一台。

2. 33.6K以上modem(调制解调器)一台。

3. 电话一部。

4. LQ-1600K打印机一台。

三、软件要求：

1. 向天津市数据通讯局申请一个E—Mail地址。

2. 在微机上安装Windows95或Windows 98中文操作系统。

3. 尽可能配备Netscape导航系统为收发电子邮件的集成环境。

望试点学校作好以上准备工作。远程录取的具体操作规程和办法，将分别下发文件并召开会议布置。

一九九九年一月二十一日

关于印发《1999年天津市各类成人高等学校招生规定》等文件的通知

津成招办字[1999]5号

各区县教委(教育局)、委局教育处、成人高等学校：

现将《1999年天津市各类成人高等学校招生规定》等文件印发给你们,请遵照执行。

附件：

一、1999年天津市各类成人高等学校招生规定

二、1999年天津市各类成人高等学校艺术、体育专业招生专业考试规定

三、1999年天津市各类成人高等学校继续进行"预科生"试点工作意见

四、1999年天津市部分成人高等学校招生继续试行专业能力考试工作意见

五、1999年天津市成人高等学校招生应用微机管理的说明

六、1999年天津市各类成人高等学校招生工作日程表(略)

一九九九年二月八日

附件一：

1999年天津市各类成人高等学校招生规定

为保证成人高等学历教育新生入学质量,促进各类成人高等学历教育的改革和发展,使各类成人高等学校招生工作更好地适应建立社会主义市场经济的新形势,根据教育部决定,经教育部审定核准的广播电视大学、职工高等学校、农民高等学校、管理干部学院、教育(教师进修)学院、独立设置的函授学院和以函授部、夜大学、教师班、成人脱产班形式举办成人本、专科学历教育的普通高等学校(以下统称各类成人高校)实行全国统一招生。由教育部颁布复习考试大纲,统一组织命题,确定考试时间,制定试卷评分标准,审定下达各省、自治区、直辖市招生录取最低控制分数线。

我市成人学校招生办公室(以下简称市成人招办)负责组织天津市的招生考试工作,并组织招生学校进行新生的录取工作。

现将有关政策规定如下：

计　划

教育部规定:各类成人高等学校主管部门按照教育部下达的招生计划编制招生的生源计

划，在录取新生时，可以根据上线考生数量、质量等实际情况在教育部下达的国务院部门所属成人高校年度招生总规模内进行必要的调剂。专科层次的招生计划不得调为本科层次的招生计划。教育部高校学生司负责审核、汇总并下达跨省、自治区、直辖市招生（包括地方属院校大学专科起点本科班、高等职业技术教育班和跨省、自治区、直辖市招生）的生源计划。

市成人招办编制并公布在津招生的成人高校招生专业目录。

报　名

报考各类成人高等学校的考生，必须拥护中国共产党的领导，拥护四项基本原则，品德良好，遵纪守法，身体健康。招生学校应对考生的政治表现进行审核。

除纳入普通高等学校招生计划的普通班外，各类成人高等学校以招收在职、从业人员为主，不得招收应届高中毕业生。高等职业技术教育班（以下简称“高职班”）经教育部批准，可招收成人中专、成人高中、职业高中、中等职业技术学校的应届毕业生以及社会青年。

高中起点本、专科考生应具有高中毕业文化程度。以同等学历报考者年龄须满18周岁（1981年12月31日前出生）。报考大学专科起点本科班（以下简称专升本科班）的考生一般应具有两年以上工龄；报名时必须交验经教育部审定核准的国民教育系列高等学校或高等教育自学考试机构颁发的大学专科毕业证书原件和复印件。

符合报名条件，生活能自理，能坚持学习的残疾人也可报考。

考生凭本人身份证及复印件和有关证件（对照顾加分证件的要求见本规定录取部分）及复印件到招生学校报名，按规定填写报名档案卡，完成各种报名手续。参加成人高考预考者应持预考准考证及其复印件报名。由招生学校到区县招生机构集体报名。考生填报志愿数一般不少于三个，（含服从分配）考生应注意选择学习形式，并须注明是否服从分配。报名日期为3月13日至23日。

高中起点本专科报名费为每考科8元。专升本报名费为每考科10元。

有下列情形之一者，不得报名：

（一）有反对四项基本原则的言行，经教育而坚持不改者；

（二）毕业后能取得国家承认学历的各类高、中等学校在校生（符合教育部有关政策规定的应届毕业生除外）；

（三）因在报考过程中，弄虚作假，违纪舞弊，受到下一年或三年内不准报考处罚者；

（四）触犯刑律而受到处罚的服刑者。

考　试

一、高中起点本、专科各专业考试科目

（一）理工农类（含体育、非教师班地理专业）考政治、语文、数学（理工类）、物理、化学五科。

（二）文史类（含政法、外语、艺术、教师班地理专业）考政治、语文、数学（文史类）、历史、地理五科（艺术类专业，数学成绩不计入总分，供录取时参考）。

（三）报考文理兼收的艺术类专业的理工类考生考政治、语文、数学（理工类）、物理、化学。

（四）财经类专业实行文理兼收，报考财经类专业的考生可以选择理工农类或文史类的考试科目。

（五）“3＋2”考试科目改革试点，具体范围及考试科目如下：

(1)报考医疗、高护、西医类的考生,考试科目为:政治、语文、数学(理工类)、人体解剖学、生理学。

(2)报考中医药类考生,考试科目为:政治、语文、数学(理工类)、中医基础学、中药学。

(3)报考司法部属中央司法警官教育学院的在职考生,考试科目为:政治、语文、数学(文史类)、监狱(劳教)基础、狱政(所政)管理。

(4)报考劳动和社会保障部委托天津职业技术师范学院、河南职业技术教育学院、北京市计划劳动管理干部学院等三所院校开设的机械制造工艺及设备专业考生,考试科目为:政治、语文、数学(理工类)、机械基础、机械制造工艺基础;工业电气自动化考生,考试科目为:政治、语文、数学(理工类)、电工基础、电子技术基础。

以上考试科目中,专业课分别由卫生部、国家中医药局、司法部、劳动和社会保障部组织命题。

(5)报考"高职班"的考生,考试科目为:三门基础课(政治、语文、数学)、两门专业课,由招生学校在"高职班专业课一览表"中任选两科(见附表1)

上述考试科目中,三门基础课实行全国统考,两门专业课由招生学校根据市成人招办的统一安排组织命题、考试。

(六)本科各专业和外语、外贸、外经专业的专科须加试外语,分英、俄、日三个语种,由考生任选取一种(报考外语专业以外的师范类本科各专业的中学教师可不加试外语),由教育部统一命题,考试成绩不计入总分、由市成人招办规定录取标准。

以上各科满分均为150分。

(七)艺术体育类专业本科加试根据招生规定和市成人招办的统一要求由院校组织,并将考试成绩及时报市成人招办。

二、专升本科班考试科目

专升本科班招生分为师范类(系指普通中学教师和各中等学校普通课教师)和非师范类(系指考生为普通中、小学教师以外其它学校教师和非教师)。

(一)师范类专升本科班的考试科目共四科:公共课一科,专业课三科(音乐、美术专业除外)。

公共课:教育理论课(教育学、心理学,侧重教育学部分)。专业课:各专业课分别规定如下:

政治和思想品德教育专业:马克思主义哲学、政治经济学(资本主义部分)、中国革命史。

汉语言文学教育专业:汉语、中国文学(包括古代、现代。现代到1949年为止)、文学概论。

历史教育专业:中国通史、世界通史、中国历史要籍介绍和选读。

英语教育专业:精读和泛读、听说、实用语法。

数学教育专业:空间解析几何、数学分析、高等代数。

物理教育专业:高等数学、力学热学、光学电磁学。

化学教育专业:高等数学、有机化学、无机化学(含分析化学定性部分)。

地理教育专业:中国地理、世界地理、自然地理基础。

生物教育专业:动植物学、微生物学、人体解剖及生理学。

体育教育专业:体育理论、运动生理学、综合考试(田径、篮球、体操)。

音乐教育专业:钢琴、声乐、音乐基本理论(乐理、和声)、视唱练耳。

美术教育专业:素描、色彩、创作、美术史论基本知识(中外美术史及技法理论)。

教育管理类专业专升本科班的考试科目共四科，公共课一科：大学语文；专业课三科：教育学、心理学、学校管理。

以上除本科（听说、钢琴、声乐、视唱练耳、素描、色彩、创作）外的各科试题由教育部统一命题，其命题范围不超出以《中学教师进修高等师范专科教学大纲》为依据编写的《考试大纲》规定的内容。

各科满分成绩分别为：中国通史120分、世界通史120分、中国历史要籍介绍和选续60分、空间解析几何50分、数学分析150分，动植物学150分，微生物学50分，其余各科均为100分。

（二）非师范类专升本科班的考试科目共四科：公共课两科、专业基础课一科、专业课一科。

公共课和专业基础课分别为：

理工类：政治、英语、高等数学（一）；

经济（管理）类：政治、英语、高等数学（二）；

文史、中医类：政治、英语、大学语文。

英语类：政治、英语、大学语文。

法学类：政治、英语、刑法、民法。

报考非师范类专升本科班的教师类考生，公共课两科为政治、教育学（职）。

专业课：由招生学校在"专升本科班专业课一览表"中任选一科（见附表2）。刑法、民法由司法部组织命题，其它专业课由招生学校根据市成人招办的统一安排组织命题、考试。

以上各科满分成绩均为150分。公共课和专业基础课实行全国统考，由教育部统一命题。

三、各科命题范围不得超出原国家教育委员会颁发的相应科类复习考试大纲。阅卷工作由市成人招办统一评阅，考生成绩通知本人，不公布，不查卷。

四、考生一般应在户口所在地参加考试；经省级招生机构同意也可以在学校所在地借考。

五、考试日期为5月8日和9日，具体考试时间见附表3、4。（略）。

录 取

新生的录取工作必须认真贯彻按需培养，德智体全面衡量，由高分到低分（体育、艺术专业，一般按专业考试成绩）择优录取的原则。高中起点体育、艺术各专业，本科最低控制分数线不低于当地本科最低控制分数线（艺术专业扣除数学成绩）的百分之七十，专科不低于专科的百分之六十，史论、编导专业本、专科均不低于相同层次的百分之九十。

市成人招办在招生计划总额度内拟定本市各层次最低控制分数线，报国家教育部批准后，组织新生录取工作。

录取新生名单由招生学校提出，市成人招办审批。招生学校按审批后的录取名单发放录取通知书。

录取中的遗留问题，由审批录取名单的招生机构负责处理。在录取的后阶段，根据考生上线情况，在已核定的本市招生计划总数内，由市成人招办负责做好调剂录取工作，调剂录取仅限于报考条件及考试科目相同（或相近）专业。

各类成人高等学校一律不得录取试读生、超前生、旁听生和单科生，违者追究责任者及其领导责任。

录取工作结束后，由市成人招办负责向教育部上报当年录取新生数，并向招生学校所在地毕业证书验印部门提供当年录取新生名单。

各类成人高校招收的学生，毕业后国家一律不包分配工作。

关于录取政策的优惠对象

1. 获得全国劳动模范称号，参加重大国际比赛(由世界及国际体育组织主办的各种体育单项比赛、锦标赛、综合性比赛和运动会)获前三名成绩者，经省级招生部门审核，报教育部批准，可免试进入各类成人高等学校学习。

2. 符合下列条件之一的考生，录取时可照顾30分(专升本科班考生为20分)：

(1)获得地、市级以上(含地、市级)人民政府，国务院各部委及各省、自治区、直辖市厅、局系统，国家特大型企业授予的劳动模范、先进生产(工作)者及科技进步(成果)奖获得者。

(2)获得省、自治区、直辖市工、青、妇等组织授予"五一劳动奖章"、"新长征突击手"、"三八红旗手"称号者。

(3)人民解放军、武警部队、人民警察荣立三等功以上者。

(4)归侨、归侨子女、华侨子女、台湾省籍考生。

(5)烈士子女、烈士配偶。

(6)边疆、山区、牧区和少数民族聚居地区(本市蓟县孙各庄乡、东丽区么六桥乡、北辰区天穆镇)的少数民族考生，国防科技工业三线企业单位(地处地市以上人民政府所在地的除外)获得企业表彰的先进生产(工作)者。

(7)年满25周岁以上(1974年12月31日前出生)人员。

(8)报考农、林、地质、水利、矿业、测绘、监所、远洋运输、社会福利等艰苦行业各专业的考生。

3. 符合下列条件的考生录取时可照顾15分(专升本科班考生为10分)：

散居在汉族地区的少数民族考生。

符合上述照顾条件的考生必须于报名时交验相应的原始证件和复印件。证件的复印件存入考生档案。招生学校应配合招生机构做好考生原始证件的复验工作。符合两项以上照顾政策的考生，其照顾分数不得累计。

4. 参加我市成人高考预考、预考成绩达到规定分数线、且报名时按规定填涂机读卡者，在录取时享受优惠政策。因预考成绩达到规定分数线而享受优惠政策不影响其它照顾加分。

新生复查

各类成人高等学校录取的新生，一般应在9月初入学。新生入学后，学校要对已报到新生进行全面复查。对其中不符合条件或弄虚作假、违纪舞弊者，学校应取消其入学资格，并报市成人招办备案。因此而产生的缺额，如有上线考生在9月底以前由市成人招办负责组织补录。

其　它

1. 关于第二专业专科学历教育。

第二专业专科学历教育招生录取工作由市成人招办组织实施。报考第二专业专科学历教育的考生必须持有经教育部审定核准的国民教育系列高等学校或高等教育自学考试机构颁发的大学专科或本科毕业证书原件和复印件，办理报名的有关手续。第二专业专科学历教育招生报名与成人高校招生报名同步进行。学校录取第二专业专科学历教育考生，在所招生专业录取高中起点合格考生之后进行，学校提出录取名单由我市成人招办负责办理审批录取手续。第二专业专科录取人数不占用招生计划。

2. 对违反招生管理有关规定应予处罚的，依照原国家教委颁布《高等学校招生全国统一考试管理处罚暂行规定》执行。

附表 1：

高职班专业课一览表

生理学	人体解剖学
机械基础	金属切削原理与刀具
BASIC 语言	电子技术基础
计算机应用基础	电路基础
电工基础	电机与拖动
施工技术基础知识	建筑材料
建筑结构	药剂学
化工基础	轧钢生产管理
炼钢生产管理	高炉冶炼生产管理
冶炼技术	基础经济法基础
营销基础知识	商品知识
会计基础	计算技术
旅游概论	礼仪规范
应用文与写作	实用公共关系
原料加工技术	烹调技术
化学肥料	有机化学
化工分析基础	中医基础学
监狱(劳教)基础	机械基础
机械制图	中药学
狱政(所政)管理	机械制造工艺基础

附表2：

专升本科班专业课一览表

图书馆学	档案学
文学概论	新闻学
政治学概论	行政管理学
财政金融学	会计学原理
环境保护概论	精读和泛读
电子技术基础	管理学概论
机械设计基础	电路原理
化工原理	结构力学
医学基础	地质学概论
中医基础理论	植物生理学
淡水生物学	海洋生物学
食品微生物学	家畜生理学
旅游学概论	市场营销学概论
	色彩

附件二：

1999年天津市各类成人高等学校
艺术、体育专业招生专业考试规定

为加强成人高等学校艺术、体育专业招生专业考试的管理，严肃考风考纪，使艺术、体育专业招生专业考试更好地贯彻公平、公正的原则，并逐步提高专业考试的科学化、规范化水平，特制定本规定。

本规定所指的招生单位是指列入教育部下达的“1999年成人高等教育招生生源计划”并在我市招收艺术、体育专业的各类成人高等学校。凡报考艺术、体育专业的考生除按规定参加文化考试外，均应参加专业本科加试（经教育部批准同意免试的专业和考生除外）。

在市成人招办组织指导监督下，并在规定的时间内，由各招生学校负责专业考试的命题、考试、阅卷评分等工作。

考试机构及其职责

各招生学校要设立专业考试评审委员会和专业考试评分小组。

专业考试评审委员会由专业（系）教研室主任及专业教师五至七人组成，其中具备高级职

称的不少于三人，其余可由具备中级职称的教师担任。专业评审委员会在学校招生委员会的领导下进行工作，其职责是：

1. 负责专业考试的命题及审定工作。

2. 确定专业考试评分小组人选，组织阅卷评分工作。

3. 负责本校考生专业考试成绩的审定。

4. 负责解答与专业考试成绩有关的问题。

5. 负责对个别考生有争议成绩的最终裁定。

专业评分小组成员由具备中级以上(含中级)职称的专业教师三至五人(音乐专业五至七人)组成。其职责是：在学校评审委员会领导下，具体负责考生成绩的评定工作。

考试科目(专业本科)

体育专业的考试项目，按市成人招办认定的招生专业考试有关规定执行。

音乐专业考试科目：中学教师本、专科班考钢琴、声乐、乐理、视唱练耳；其它专业考专业主科、作曲、乐理、视唱练耳。

美术专业考试科目：素描、水粉、创作(设计)。

体育、音乐、美术三个专业专科起点本科班按《1999年天津市各类成人高等学校招生规定》执行。

命题、考试办法与评分标准

体育、音乐、美术各专业考试的命题范围，不超出《天津市中等艺术、体育学校专业教学大纲》规定的内容。

体育专业命题、考试办法与评分标准，按照市成人招办认定的招生专业考试有关规定执行。

音乐专业命题、考试办法与评分标准如下：

1. 命题：可分规定题和自选题。规定题考试前一天内，由专业考试评分小组成员每人出一套题(或几套题)交专业考试评审委员会主任并由评委会筛选、审定(规定题每科不少于三套题)。如确定笔答题，命题教师及工作人员须入闱，在考试结束之前不得与外界接触(包括通电话等间接接触)，并做好试题的封存与保管。

2. 考试办法：非笔答题考前十五分钟由评委主任交专业考试评分小组组长组织考试，由考生抽签确定应考题。考评小组成员对每个考生单独评分，采取去掉一个最高分一个最低分，取其他评分人员的平均分，即为考生该科应得分数。

3. 评分标准：由各校专业评审委员会对每个考试科目制定评分标准，每个评分小组成员应严格按评分标准对考生评分。

美术专业考试命题、考试办法与评分标准如下：

1. 命题：由专业评审委员会主任在考试前一天内指定各专业教师三人(中级职称以上)，每人出三套题交评审委员会主任，并由评委会筛选审定(每科不少于三套题)考题。将每套考题装入信封密封(信封上只写考科与编号)再由学校招生委员会主任组织抽签确定考题。

2. 考试与评分办法：在试卷的一个角上印上专业考号、考生姓名字样，考生入场后，先填写考号、姓名，由监考人员检查后当场密封(也可考试结束后密封)，对舞弊考生试卷，报考点主任批准后不予密封并宣布作废。每科考试结束后,各校评审委员会主任应立即组织评分,不可拖延。评分时,将考生试卷分科按照评分标准档次(A、B、C、D 四个档次)筛选分类(如 A_1、A_2……;B_1B_2……)后,每个评分人员再将其评定的分数写在评分表上(试卷不见分数)。

3. 评分标准:按照全市统一制定的各科评分标准执行。

摄影艺术专业命题、考试科目、评分标准及办法,按照市成人招办认定的有关规定执行。

上述各专业抽签确定考题时,应由学校招生委员会主任、专业评审委员会主任、局主管部门及纪检监察负责同志、市成人招办有关同志共同参加,当场抽签确定考题。考题确定后当场密封,由学校招生委员会主任与专业考试评审委员会主任共同保存并组织考试。

监考人员应由非专业教师担任,凡系考生直系亲属的教职工,对本校本年招生工作应予回避。负责评分阅卷的专业教师不得进入考场。

试卷保管、启封、成绩登统及审核

学校招生委员会(招生办公室)要指定工作责任心强、严守保密纪律的工作人员二至三人共同保管试卷。考试后的试卷,按考科集中密封后,应立即存入保险柜或有严格保密设施的文件柜内,开启时,必须记录开启(或存入)日期、时间、理由等。存入和领取试卷时,严格履行两人以上登记签字手续。

试卷启封、成绩登统及审核:由保管人二至三人共同启封,三人为一登统小组,一人唱分、一人登记、一人监查,按照评审委员会审定的档次、编号、考号、姓名、成绩排列顺序对考生逐人登记,先登单科成绩(每个评分教师对考生评定的分数都要登记后合成单科平均成绩),后将各单科合成总分登统,经交叉核查无误后,三人分别在成绩单上签字,最后由学校评审委员会主任签字、学校签章方可有效。

各成人高等学校艺术、体育专业考试的具体日期,由市成人招办统一协调确定。考生的专业成绩单(卡)须按全市统一要求,输入计算机并向市成人招办报送软盘。

考生试卷、成绩单(卡)保存期限为半年,半年内不得遗失、损坏或销毁。

附件三:

1999 年天津市各类成人高等学校继续进行"预科生"试点工作意见

根据国家教委《1999 年全国各类成人高等学校招生规定》,1999 我市继续进行"预科生"试点工作,现提出以下工作意见:

一、"先进模范"预科生

(一)招生对象:

1. 获得地、市级以上(含地、市级)人民政府,国务院各部委及各省、自治区、直辖市厅、局系统,国家特大型企业授予的劳动模范、先进生产(工作)者及科技进步(成果)奖获得者。

2. 获得省、自治区、直辖市工、青、妇等组织授予"五一劳动奖章"、"新长征突击手"、"三八红旗手"称号者。

3. 人民解放军、武警部队、人民警察荣立三等功以上者。

(二)入学条件:

上述招生对象参加当年成人高校招生全国统考,考试成绩达到我市规定的“先进模范”预科生最低录取分数线,可参加“先进模范”预科生录取。

二、“农林专业”预科生

报考天津农学院农业技术与管理类专业的考生参照“先进模范”预科生的入学条件和办法录取。

三、“普通”预科生

凡参加当年成人高校招生全国统考,考试成绩达到我市规定的“普通”预科生最低录取分数线、年龄在二十五周岁以上的考生可参加“普通”预科生录取。

四、预科生录取办法

(一)属于“先进模范”预科生招生对象范围的人员,其先进模范资格的初审工作在成人高校招生报名阶段进行。

(二)各类预科生具体录取办法另行公布,预科生录取工作在成人高校招生录取后期进行。

五、预科生待遇

预科生补习一年高中文化知识,各科考试成绩及格可不再参加下一年度成人高校招生全国统考,由市成人招办统一调配,直接录入成人高等学校有关专业学习。

附件四:

1999年天津市部分成人高等学校招生继续试行专业能力考试工作意见

为提高我市年龄偏大、专业工龄较长的在职从业人员的文化素质,培养应用型、技术型、工艺型的专业技术人材,使成人高等教育更适应经济建设的需要,1999年我市在部分成人高校继续试行文化课全国统考与专业能力考试相结合的招生改革,现对专业能力考试试点工作提出如下意见:

一、招生对象及报考条件

凡符合下列条件之一者均可报考:

1. 年满25周岁(1974年12月31日前出生)的生产(业务)骨干;

2. 获得地、市级以上(含地、市级)人民政府,国务院各部委及省、自治区、直辖市厅、局系统,国家特大型企业授予的劳动模范、先进生产(工作)者及科技进步(成果)奖获得者;

3. 获得省、自治区、直辖市工、青、妇组织授予“五一劳动奖章”、“新长征突击手”、“三八红旗手”称号者;

4. 人民解放军、武警部队、人民警察荣立三等功以上者。

二、主考学校、试点专业及专业考试科目(见附表)

三、考生报名及资格审查

1. 符合招生对象及报考条件要求的考生须持身份证及其复印件到试点学校办理报名手

续；符合招生对象及报考条件第 2、3、4 条规定的考生报名时还须交验相应的原始证件及复印件，试点校收能力考试报名费 16 元。

2. 试点学校初审考生报名资格。

3. 市成人招办统一编排各校试点专业代码。

4. 试点学校持考生身份证及其复印件、先进模范称号的原始证件及复印件、报名花名册（一式三份）及报名机读卡按指定时间到所属区县成人招生机构验证汇总。

5. 搭车校到主考校办理专业课加试集体报名手续，由主考校安排专业加试考场。

四、考试

1. 考生须按规定参加成人高校招生全国统考。文史类和理工类考生分别参加政治、语文、数学、历史、地理和政治、语文、数学、物理、化学五门文化课考试。

2. 各主考专业须加试两门专业能力考试。专业能力考试采取笔试或笔试与口试（或实际操作）相结合的形式进行。考试及评卷、统分按市成人招办的统一要求由主考校组织实施。

3. 专业能力考试在全国成人高校招生统考后进行（时间另定）。

4. 主考学校须按要求制定《试点专业能力考试纲要》，报市成人招办审定后，做为复习、命题和审题依据。

5. 各主考校须组建专业能力考试领导小组，根据试点专业特点，确定考试形式，并拟定具体组考实施方案报市成人招办备案。

6. 考生须持身份证、准考证、专业能力考试资格证参加专业能力考试。

五、录取

1. 必须认真贯彻德、智、体全面衡量，从高分到低分择优录取的原则。

2. 文化统考成绩（含照顾加分）达到我市录取分数线的考生，录取时不再对其专业能力考试成绩提出要求。

3. 文化考试成绩（含照顾加分）未达到我市录取分数线、实考成绩达到国家教育部规定的专业能力考试试点分数标准、专业能力考试成绩两科均在 90 分以上的考生（每科专业加试满分均为 150 分）按能力生录取。凡按能力生录取的考生不再享受其它任何加分照顾。

4. 能力生只能在相同（或相近）的试点专业范围内调剂录取。

专业能力考试试点是我市成人高校招生考试制度改革的一项重要工作，各级招生机构和招生学校要切实加强领导，精心组织，严格审查报名资格，严肃考试纪律，认真总结经验，不断予以完善。

附表

专业能力考试主考学校、试点专业及专业考试科目

序号	主考学校	试点专业	类别	专业考试科目
1	河北区职工大学	计算机应用	理工	字处理软件的使用;DOS的使用
2	河西职工大学	机电一体化	理工	机械基础;电路基础
3	职工经济技术大学	工业电气自动化	理工	电工基础;电机与拖动基础
4	天津农学院	农村经济管理	文史	农村经济管理学;市场学与农产品营销
		畜牧兽医	理工	动物营养学;养猪学
		园艺	理工	植物学;园艺学概论
		水产	理工	鱼类生理学;鱼病学
5	职工冶金学院	贸易经济	文史	经济法概论;市场营销学
6	职工工业技术学院	电气控制	理工	电气控制理论;电气控制实验
		数据技术	理工	数据技术理论;数据技术实验
7	一轻局职工大学	财务会计	文史	会计原理;企业经济活动分析
8	红桥区职工大学	企业管理	文史	企业生产管理;企业经营决策与计划

注:各试点专业须按表中类别招收考生,均不实行文理兼报。

附件五:

1999年天津市成人高等学校招生
应用微机管理的说明

1999年天津市成人高等学校招生计划、考试、成绩统计、数据分析和录取工作等继续实行并进一步发展微机管理。同时还要选择一些学校进行远程录取试点工作。现对有关事宜作如下说明:

一、计划管理

市成人招办统一编制各成人高校招生专业代码。考生报名时在填写报考志愿汉字信息的同时,应填写相应的专业代码。

二、报名管理

1. 考生办理报名手续时按规定要求填写考生档案并同时填涂《天津市成人高校招生机读报名卡》(填卡说明附后)。考生照顾加分栏由区县招办审验照顾原件合格后填涂;考生预考报名序号栏由报名学校审验预考准考证后填涂。

2. 考生报名结束后,报名学校应按规定填涂考生报名序号(8位码),集中整理《机读报名卡》汇总到所属区、县招办。

3. 市内六区等十五个区县在本区用光电阅读器读取《机读报名卡》，对不符合涂写要求的《机读报名卡》进行控制处理。打印考生报名情况校对表，由报名学校对照考生档案进行校对和修改，校对结束交负责读取《机读报名卡》的本区县招生机构修改。区县招生机构负责将本区县报名信息上报市成人招办并随机编排考场做考点预处理，打印准考证及报名花名册。

4. 武清、宝坻、蓟县、静海、铁厂将机读报名卡报送市成人招办统一入机，市成人招办打印报名情况校对表，由招生学校校对修改。然后，市成人招办以区县为单位随机编排考场，并依区县招生机构所报考点情况进行考点预处理、打印准考证与考生花名册。

5. 今后，专业能力考试改革(以下简称能力考试)、专业证书接学历改革(以下简称证书接学历)试点的招生专业代码单列，这些专业的报名信息和其他专业的一般考生一样，由所属区县招办进行汇总。要求考生在填报专业代码时一定要弄清该专业代码是否为能力考试或证书接学历的专业代码。

6. 高等职业技术教育班(以下简称高职班)和专升本招生学校的报名信息统一由市成人招办进行汇总。

7. 为了改进录取工作，更好地为考生和学校服务，今年的《机读报名卡》增设了“第二志愿学校”和“是否服从分配”两个栏目，并且“第一志愿学校”与“第二志愿学校”均允许考生填报两个专业。这一措施不但增加了考生的选择余地，也使录取调配工作具有更可靠的依据和更强的针对性。

8. 对试行自助式报名方式的招生学校和考生的要求将另行说明。

三、考试管理

1. 考点单位均应在考场入口处标明考场号。

2. 为了方便评卷登分工作，考卷卷面印有考生座号填写方框，考生在填写准考证号的同时填写相应的座号。考场座位上只粘贴座位号。

3. 每科考试结束后，监考人员要以考生座号为序(1－30)排列试卷，以考场为单位按规定要求装订试卷。

4. 监考人员应在每本试卷的卷皮相应位置上准确填写该考场的首考号。

四、成绩统计管理

1. 计算机随机为每个考场生成与该考场考号相对应的试卷密码号，阅卷点在阅卷前将密码号按规定标明在相应的每本试卷的卷皮表面。

2. 考生成绩过录时，不拆封试卷封头，以每一密码号所对应的座号(1－30)为序，根据卷面成绩按要求填涂《天津市成人学校招生考试登分机读卡》。

3. 市成人招办用光电阅读器读取《登分机读卡》，并由计算机统计合成考生成绩、打印分数报告单。

五、报档及录取的计算机管理

1. 根据教育部划定的录取分数线，市成人招办将打印各类上线考生报档底册及载有该考生考号条形码与成绩的不干胶标签。各招生校应按报档底册整理上线考生档案，并将上述不干胶标签贴在考生档案指定地方。然后，按要求报档。

2. 录取工作将实行计算机辅助录取。由计算机打印录取新生名册。

3. 进行远程录取试点的学校应按1. 的要求准备好考生档案进行远程联网录取。报档工作另做要求。远程录取的具体操作规程和办法将另行布置。

以上内容望各有关部门和招生学校认真执行并全面准确及时地向考生进行宣传。

附:《天津市成人高校招生机读报名卡》填涂说明

1. 本卡上需填写汉字及阿拉伯数字的地方,须用蓝色钢笔或圆珠笔填写,需涂黑的地方,必须用HB或2B铅笔涂黑。

2.“报名序号”栏由报名学校负责填涂,“照顾加分”栏由区县招生机构审验原始证件后填涂,“预考报名序号”栏由学校审验预考准考证后填涂。

3. 考生须先在《标准区位码表》上查找自己姓名及考生所在单位名称所对应的区位码(每个汉字对应4位数字),然后再对该栏进行填涂。招生政策允许报考的应届毕业生的所在单位或住址,应填所在学校,社会青年可填本人住址。考生所在单位或住址如名称过长,应精简为不超过10个字,姓名为两字的将中间一个字的填涂位置留空。

4. 考生填涂“考生身份证号码”栏时,一定要逐位核对准确,填涂无误;“考生身份证号码”将要打印在准考证上。如果填涂有误造成准考证上的身份证号码和随身携带的身份证号码不符,将会造成麻烦。

5. 考生在填涂“第一志愿学校”与“第二志愿学校”时,应分别选择二个专业填涂。并必须明确填涂“是否服从分配”。如不填涂“是否服从分配”,将视为服从分配对待。整个志愿栏的填涂关系到考生录取以及后期的录取调配,考生必须认真完成。

6. 考生在填涂“考生所在单位名称或住址”栏时,若单位名称中有数字,则应一律用“零、一、二、三、四、五、六、七、八、九”中相应的汉字表示,再查其相应的区位码。

7. 需涂黑的地方,必须用铅笔(HB或2B)将方框涂满,涂黑,灰度以看不到方框内的数字或看不到纸的底色为适,不得在涂黑位置上打勾、划叉、划斜线等。

8. 有涂错位置需改正时,要用塑料橡皮将错涂黑标擦干净,然后再将正确的位置涂黑。

9. 保持卡面清洁,不要乱涂画。

10. 卡面不得有破洞,禁止折叠、撕裂、弄皱、弄湿。

11. 考生要认真按上述要求填写和涂黑。因涂写不符合要求而造成机器阅读出现误差者,其后果自负。

关于印发《天津市1999年成人高校招生验证工作细则(暂行)》的通知

津成招办字[1999]8号

各区县成人招办、各成人高校:

为进一步强化各级成人高校招生报名管理工作,严格执行、掌握国家教育部和我市1999年各类成人高校招生报考条件及照顾加分政策,今年我市招生验证工作实行招生学校初审、区县招办复审、市成人招办终审的三级负责制。现将《天津市1999年成人高校招生验证工作细则(暂行)》印发给你们,请在验证工作中遵照执行。

附件1：天津市1999年成人高校招生验证工作细则（暂行）

附件2：天津市局级单位名单（代）

一九九九年三月十一日

附件1：

天津市1999年成人高校招生验证工作细则（暂行）

一、验证工作的组织及验证工作人员职责：

各学校要建立有主要负责同志参加的招生工作领导小组，验证由熟悉招生政策、责任心强、作风正派的同志专职负责，一般不少于两人（考生多的学校可成立验证小组）。各单位将验证人员名单于3月15日以前报所属区县招办备案，区县招办验证人员名单于3月24日以前报市成人招办备案。

验证人员要认真学习、准确掌握各项招生政策和照顾加分政策；严格审查考生报名资格、照顾加分资格；明确职责，实行资格审查责任制。学校、区县、市三级招生机构和验证人员要各司其职，各负其责。

二、验证范围及验证程序：

（一）验证范围：

报考"能力考试"、"专升本"、"高职班"、"证书接学历"、"二学历"、"下岗职工高职试点班"等考生的资格验证；各类考生中享受照顾加分的照顾验证。

（二）验证程序：

1．学校初审：

招生学校验证人员两人一组，对考生的原始证件、证明、复印件逐个审查。要验明复印件与原始证件是否一致；与考生姓名是否一致；发证单位与文件要求是否相符等，认定后要在复印件或证明上签署验证人姓名（全名）并加盖统一的"合格"章。

对资格合格考生应填写《资格验证合格考生花名册》一式三份；对照顾加分合格考生应填写《照顾录取考生名册》一式四份；填表后要求加盖学校公章并由验证人签字。

以上两种表格在复审或终审时按规定上报。

2．区县招办复审：

区县招办验证人员（两人）应对招生学校上交的材料逐个严格复审。身份证等原件复审合格后，在复印件、《照顾录取考生名册》、《资格验证合格考生花名册》上签字；并在考生档案的相应位置上盖章；填涂报名机读卡的有关内容；收回三份《照顾录取考生名册》、两份《资格验证合格考生花名册》，其它材料由学校保管。

3．市成人招办终审：

"高职班"报名后，由招生学校直接到市成人招办验证汇总。汇总时，市成人招办终审照顾加分原始证件，并在《照顾录取考生名册》上签字、在考生档案的照顾加分位置上盖章。

"专升本"验证，由市成人招办验证小组分片到招生学校集中复审加分照顾原始证件。专升本大专毕业证的终审工作由市成人招办在招生录取前进行。

招生学校和区县招办验证结束后，市成人招办抽查验证结果。在录取审核阶段由市招办终审录取资格和照顾加分条件，不合格者取消录取资格。

国家规定免试进入成人高校的人员资格须由招生学校直接汇总到市招办复审资格。

三、关于几项报名资格的说明：

(一)报考各类成人高校的考生，须具有高中毕业文化程度。应届高中毕业生不得报考。以同等学力报考者，须年满18周岁。

(二)“专升本”(录取时享受照顾加分政策)

具有原国家教委或教育部审定核准的国民教育系列高等学校或高等教育自学考试机构颁发的大学专科毕业证书、两年以上工龄。

(三)“专业证书接学历”(录取时享受照顾加分政策)

已取得大专层次专业证书，年满35岁的人员。已取得大专层次专业证书与所报考的大专学历教育专业相同或相近。符合成人高校招生其它报考条件。

(四)“高职班”(录取时享受照顾加分政策)

1. 符合成人高校招生报考条件。

2. 可招收成人中专、成人高中、职业高中、中等职业技术学校的应届毕业生(须毕业学校出示证明)和少量社会青年。

(五)“专业能力考试”(录取时不享受照顾加分政策)

1. 年满25周岁(1974年12月31日以前出生)的生产(业务)骨干。

2. 政策规定照顾加30分中前(1)(2)(3)条的考生，不受年龄限制具备报考资格。

(六)“二学历”

具有经原国家教委或教育部审定核准的国民教育系列高等学校或高等自学考试机构颁发的大学专科或专科以上毕业证书。

(七)“下岗职工高职试点班”

1. 具有高中毕业文化程度或同等学历，年龄在23周岁以上(1976年8月31日以前出生)的下岗职工。

2. 考生报名时须出具下岗证，凡未取得下岗证的下岗职工，应出具原所在单位证明并由单位所属区县局级劳动部门盖章。

四、照顾加分考生的范围：

(一)符合1999年天津市各类成人高等学校招生规定中照顾加分条件的考生均可按规定验证照顾加分。

(二)关于几项照顾加分条件的说明：

1. 归侨、归侨子女、华侨子女、台湾籍考生须出具侨办、台联的证明。

2. 烈士子女、烈士配偶由民政局出具证明。

3. 少数民族考生凭本人身份证即可。

4. 年满25周岁以上人员审验身份证后由计算机自动检索并生成照顾加分。

5. 参加预考的考生在报名时填涂预考报名序号，计算机根据考生预考报名序号对应的预考成绩自动生成照顾加分。

6. 局级单位名单附后，今年不再区别局系统与局单位。

五、关于持身份证报名的说明：

(一)身份证遗失，必须由当地派出所出具证明，注明考生身份证号，在考生照片上加盖骑缝章，并说明考生基本情况。

(二)解放军、武警官兵应出示有关身份证件，报名涂卡时，在身份证号位置前六位填本人的证件号，第七到第十二位填出生年(两位)、月(两位，1—9月出生者在月份前补0)、日(两位，1—9日出生者在日前补0)。后三位应分别填0。

六、关于军队院校学历认定问题，请各招生学校在审验军队院校报考资格时，及时请示市成人招办。

附件2：

天津市局级单位名单

市委办公厅	人大办公厅	政府办公厅	政协办公厅	纪委办公厅
市委研究室	组织部	宣传部	统战部	综合经济工委
工业工委	交通口岸工委	城建工委	外经外事工委	科技工委
商业工委	教卫工委	农工委	市委政法委	市直机关工委
市战略办	政府研究室	计委	经委	交委
口岸委	建委	外经贸委	科委	商委
教委	农办	咨询委	编委	民委
市容委	台办	外办	信访办	人防办
绿化办	滨海新区办	侨办	老干部局	管理局
档案局	人事局	宗教事务局	党史研究室	老干部联络室
文史馆	市委党校	社会主义学院	市管理干部学院	总工会
团市委	妇联	台联	侨联	工商联
机要局	保密局	法制办	集体经济办	技改办
地方志办	仲裁办	北方人才市场	工会管理干部学院	动植物检疫局
人大研究室	代表联络室	人事室	内务司法委	财经委
教科文卫委	城建环保委	农村委	法工委	政协研究室
经济委	城建委	海外联谊委	教育文化委	医药卫生体体委
社会及法制委	学习委	提案委	文史委	编译委
综合技术咨询委	和平	河东	南开	河西
河北	红桥	塘沽	汉沽	大港
东丽	津南	西青	北辰	蓟县
宝坻县	武清县	静海县	宁河县	农林局
农垦集团总公司	畜牧局	水产局	水利局	农机局
气象局	乡镇企业局	农学院	农科院	海河水利委
水勘院	农业环保所	农机华北公司	机电总公司	电仪总公司
一轻总公司	二轻总公司	纺织总公司	医药总公司	冶金总公司

长芦盐务局	技术监督局	汽车集团公司	中孚公司	渤海化工集团公司
华津集团公司	企管培训中心	经济管理干部学院	中德培训中心	机电招标局
无线电机械学校	食品工业协会	钢管公司	光纤联合公司	天铁冶金集团
通信广播公司	飞鸽集团公司	拖拉机厂	重型机器厂	动力机厂
第一机床厂	天一纺织集团	棉二	棉三	棉四
碱厂	化工厂	天钢集团公司	长芦汉沽盐场	电力工业局
大港油田集团	石油化工公司	海洋石油渤海公司	船舶工业公司	北方公司
燕兴公司	联通公司	船舶物资华北公司	电子物资华北公司	汽车研究中心
核理化	电子18所	电子46所	航天8357所	航天8353所
船舶707所	机械五院	工程机械所	电气传动所	化工研究院
药物研究院	航空机电105厂	机车车辆厂	天津造船公司	大港发电厂
盘山发电厂	电子器材公司	烟草专卖局	复印研究所	解放军6443工厂
钢铁炉料公司	轻工供销华北公司	联合化学公司	机械供销华北公司	地质研究院
兵工物资公司	化工供销华北公司	电子进出口公司	交通局	邮电局
地方铁路局	港务局	铁三院	民航局	远洋公司
国际航空公司	一航局	海监局	航运交易所	铁路分局
海事法院	一航院	水运所	交通物资华北公司	房管局
房地产开发集团	建材集团公司	公用局	园林局	规划局
建工集团公司	市政工程局	环卫局	环保局	机械成套局
天辰化学公司	铁道华北办事处	中石化四建公司	市政华北设计院	中建六局
水泥研究院	有色华北地勘局	地质矿产局	水利水电工程局	铁18工程局
城建学院	无缝钢管指挥部	房地产售托集团	公路管理局	市政设计院
建筑设计院	测绘院	有色华北办事处	市科协	科技园区管委会
地震局	地矿研究所	包装测试中心	科技进修学院	科学学研究所
专科局	天燃气研究所	北方技术市场	华苑公司	中国技术市场报
益商集团	食品工贸集团	粮食局	供销使用总社	工商局
财贸管理干部学院	北方糖市场	粮油市场	石油总公司	旅游局
国际经济合作公司	贸促会	立达集团公司	津联公司	长兴公司
天津海关	商检局	旅游管理干部学院	中信工业公司	经贸部特派办
利和集团公司	体改委	经协办	财政局	劳动局
审计局	统计局	物价局	证券办	物资集团公司
社会保险公司	经济建设投资公司	国投公司	国际咨询公司	津能公司
经济发展研究所	信息中心	国有资产局	农调队	城调队
北京办	上海办	广州办	深圳办	沈阳办
西安办	重庆办	福州办	海南办	广西办
云南办	新疆办	人民银行	工商银行	城市合作银行
建设银行	中国银行	交通银行	农业发展银行	中国投资银行
中保财险公司	中保寿险公司	平安保险公司	太平洋保险公司	农行管理干部学院
国家税务局	审计署特派办	财政部监察专员办	南方证券	滨海信托投资公司
石化销售华北公司	物资储运公司	物资储备办事处	计生委	体委
教育局	卫生局	爱卫委办	红十字会	教科院

招生考试中心	南开大学	天津大学	纺织工学院	轻工学院
商学院	民航学院	职业技术师院	河北工业大学	师范大学
医科大学	财经学院	中医学院	理工学院	外语学院
音乐学院	美术学院	体育学院	师范专科学校	职业大学
广播电视大学	教育学院	职工医学院	血研所	放射医学所
生物医学所	中医药研究院	卫生检疫局	文化局	新闻出版局
广播电视局	社科院	社联	文联	作协
电影制片厂	天津画院	新华分社	人民日报记者站	天津日报社
今晚报社	广播电台	支部生活社	高级法院	第一中级法院
第二中级法院	检察院	检察一分院	检察二分院	公安局
民政局	市残联	司法局	政法管理干部学院	公安交通管理局
监狱管理局	公安消防局	劳教局	边防局	天津警备区
武警总队	武警 8630 部队	开发区工委	开发区管委会	开发区总公司
泰达公司	保税区工委	保税区管委会	海河下游局	长芦海晶集团
天信公司	产权交易中心	农业银行	地形及监测中心	电视台
安全局				

关于强化管理、实行主考责任制，切实做好天津市一九九九年成人预考工作的通知

津成招办字[1999]9 号

各预考组考单位：

今年是我市试行新的预考组考制度的第一年，新制度出台后，受到广大考生与招生校的欢迎。今年预考报名人数创历史最高记录。达到 2 万 6 千人，比去年增加 33.9%。预考工作组织得如何，将直接关系到社会的稳定和成人招考工作的声誉。各组考单位预考领导小组要切实加强领导，提高认识，从维护改革、发展、稳定的大局出发，精心组织、周密安排，建立岗位责任制，按照有关规定，将各项措施落到实处。

今年预考工作施行主考责任制，市成人招办向各组考单位主考颁发主考聘书，各组考单位主考向市成人招办签责任书。组考单位主考对所在单位和附设考点的预考工作负全面责任。要层层落实岗位责任制，强化考试实施全过程的规范管理，实行预考工作人员全员培训。未经培训的人员一律不准上岗，要切实加强试卷的保密和管理，严肃考风、考纪，净化考试环境，坚决杜绝舞弊和违反考试纪律的事件发生，务必做到万无一失。评卷登分工作要坚持统一、公平、公正的原则。

各学校带介绍信、试卷用量表、主考责任书按规定时间领取试卷。

考试期间值班电话：2394.8641　　2394.8642　　2394.8643

举报电话：2394.8642

附：天津市 1999 年成人高考预考组考单位主考责任书。

一九九九年三月十九日

附：

天津市 1999 年成人高考预考组考单位主考责任书

在 1999 年预考工作中，严格按原国家教委颁布的《普通、成人高等学校本、专科招生全国统一考试工作规则》与市成人招办《关于加强管理切实做好天津市一九九九年成人高考预考工作的通知》及《关于加强天津市 1999 年成人高校招生预考评卷阅卷工作的意见》文件要求完成所在单位各考点组考任务。做到精心组织、周密安排、保证质量、杜绝差错。

组考单位主考签名：

组考单位章

一九九九年三月　日

关于认真审查考生报名资格和照顾加分资格的紧急通知

津成招办字[1999]10 号

各区县成人招办、各成人高校：

我市成人高校招生报名工作现已开始，广大考生报名踊跃，势头很好。在报名工作中，大多数招生校能严格执行招生政策，按招生规定，认真审查考生报名资格和照顾加分资格。但据了解，某些不符合报名条件或照顾加分条件的考生报名时弄虚作假，企图骗取报名资格或照顾加分资格；个别单位也存在把关不严，执行政策不坚决的问题。为严肃招生政策，严格执行教育部及我市招生规定，现对有关报名资格和照顾加分资格审查的有关问题通知如下：

一、各招生机构和招生校要进一步加强招生报名工作纪律，严格执行各项招生规定，自觉维护成人高校招生工作声誉和政策的严肃性，克服片面追求生源规模的倾向。招生工作人员要进一步学习招生文件，熟悉招生政策和报名考务工作程序，任何单位和个人都不得随意变更和放宽有关条件，随意解释政策。

二、教育部明确规定，各类成人高校以招收在职从业人员为主，不得招收应届高中毕业生。还规定毕业后能取得国家承认学历的各类高、中等学校在校生（符合教育部有关政策规定的应届毕业生除外）不得报名。现发现个别应届高中毕业生和个别中职在校生（非应届毕业生），报考成人高校。各校在接受报名时要严格审查考生资格，符合“高职班”报考条件的应届毕业生在报名时要出具现在中职学校开具的应届毕业生证明。对不符合条件的报考人员，不得接收其报名。

三、《天津市 1999 年成人高校招生验证细则(暂行)》第五条规定：(一)身份证遗失必须由当地派出所出具证明，注明考生身份证号，在考生照片上加盖骑缝章，并说明基本情况。为更好地执行这一规定，现决定对遗失身份证的考生报名时除持以上证明及复印件外还应持户口本及复印件报名，否则不接受报名，接待报名时要认真审查考生户口本、证明和考生报名档案卡、机读卡所填涂的是否一致。

四、报考下岗职工高职班的考生年龄不得放宽，考生应按要求出具下岗证或区县局级证明。

五、对照顾加分的考生要严格审查先进证书原件和复印件，对先进证书级别不清楚的，要及时请示，不得擅自放宽照顾先进的级别和照顾对象的范围。

报考中如发现伪造证件证明和档案材料以取得报名资格和加分资格的，各招生机构和招生学校要立即取消其报名资格，并上报市成人招办，按规定从下一年起两年内不准参加成人全国统一考试。

请各招生机构和招生学校及时将招生阶段中的问题上报成人招办。

一九九九年三月十七日

关于做好 1999 年天津市成人高校免试生招生工作的通知

津成招办字[1999]11 号

各区县成人招办、各成人高校：

根据教育部《1999 年全国各类成人高等学校招生规定》，有关免试条件的考生可免试进入各类成人高校学习。为做好此项工作现就有关事宜通知如下：

一、免试生条件：

获得全国劳动模范称号，参加重大国际比赛(由世界及国际体育组织主办的各种体育单项比赛、锦标赛、综合性比赛和运动会)获前三名成绩者。

二、报名办法：

符合上述条件考生须持身份证及复印件、照片五张、以及获先进称号或比赛名次的证书原件和复印件到第一志愿校办理正式报名手续，招生校除按普通考生报名手续接纳考生报名外还应要求考生认真填写《1999 年天津市成人高校免试生申报表》一式三份(见附表)，学校对考生的资格进行初审，市招办复审、国家教育部终审。复审时请携带有关证件的原件和两份复印件。

三、时间要求：

3月13日至23日接受考生报名

24日至31日学校到市成人招办领表、填表

5月20日至31日市成人招办复审

6月中旬国家教育部终审

7月上旬参加全市统一录取

附件：1999年天津市成人高校免试生申报表（略）

一九九九年三月十八日

关于加强天津市1999年成人高校招生预考评阅试卷工作的意见

津成招办字[1999]13号

天津市1999年成人高校招生预考各组考单位：

预考评卷工作是试行新的预考组考制度，建立具有天津特色的成人高校招生复习迎考体系的重要环节之一，为了确保预考评卷工作的质量，特提出以下意见：

一、组织领导工作

（一）组织领导

1. 评卷工作在市成人学校招生办公室领导下进行。各组考单位要成立由单位领导参加的评卷领导小组，全面负责本评卷点评卷组织工作。

2. 各组考单位要成立学科评卷小组，具体实施评卷工作。

3. 设有分考点的组考学校，均由组考学校统一评阅试卷。

（二）评卷教师

1. 评卷教师由各评卷领导小组聘请。

2. 评卷教师必须是承担本学科教学工作五年以上的高等或中等学校教师，要求工作责任心强、业务水平较高、作风正派、遵守纪律、身体健康、当年无直系亲属参加本次预考。

3. 评卷领导小组有权辞退不符合条件的评卷教师。

（三）成人高考预考评卷质量检查专家小组

为了确保评卷质量，要建立严格的评卷检查、复查、抽查制度。由市成人招办聘请质量检查专家小组，对全市各组考单位评卷、核分工作随机抽样，进行检查指导，发现问题及时纠正，严格控制评卷差错率。

二、职责分工

（一）市成人学校招生办公室

1. 确定评卷点。

2. 执行国家教育部关于评卷工作的规定，负责组织和领导全市评卷工作。

3. 对评卷工作中的重大问题提出处理意见。

4. 组建成人高考预考评卷质量检查专家小组并领导其开展工作。

(二)组考单位评卷领导小组

1. 按照市成人招办的要求建立本校评卷管理机构,选聘好评卷教师,组织预考阅卷全过程。

2. 对全体工作人员进行思想动员和评卷守则教育。

3. 组考学校要派专人验收、保管整理试卷。保证试卷在密封状态下进行评阅。

4. 各学科组长组织各科评卷教师认真执行《参考答案》和《评分标准》。

5. 制定本校评卷实施方案、管理制度和阅卷工作日程,保证按时完成评卷任务。

6. 督促全体工作人员严格遵守评卷纪律,评卷点要建立保密室设专人负责收发试卷,领取和收发要严格手续,每天阅后的答卷当天收回,集中保密室保管。

7. 注意评卷场安全保卫工作,保持卫生,注意防火、防盗。

三、阅卷评分

(一)研究评分标准,坚持做好试评

各组考单位要组织召开各学科阅卷试评会。认真研究《参考答案》和《评分标准》。统一评分标准的宽严尺度,在进行试评的基础上制定各学科"评分细则",使每位教师都能做到公平、公正、严格、准确。

(二)实行岗位责任制

1. 阅卷评分实行岗位责任制,采取流水作业法,评后同组交叉复核。如有疑问,须按程序解决。不统一时,由学科评卷小组研究决定。

2. 学科组长要建立严格的复查制度。在抽查的同时要及时解决疑难问题,防止出现偏严、偏宽、或宽严不一现象。

3. 成绩如需订正,订正后要由原评卷教师和订正人签名。

(三)统一记分法

1. 卷面上只记得分不记扣除分数,在有错误的字句下作"~",完全答错或未答的记大型"0",缺考考生在总分栏内填缺考二字。

2. 每题得分,写在题首的成绩栏内,同时写入卷首的成绩栏内,大题中的小题得分,写在小题的编号上。记分数据必须工整清楚,评卷教师在所评题首签上姓名。

3. 如发现答案中有严重政治错误,须集中讨论,审定,确认后在有错误的地方划"="记号,并在试题成绩栏内划"X"记号,同时另做记载,必要时由市成人招办处理。如发现有异常情况的试卷,经评卷领导小组研究后上报市成人招办处理。

四、成绩过录和复核

(一)成绩过录

在成绩过录时要求两人一组,当场拆卷过录成绩。一人读分、一人输机。完成一本后,两人交换,当场复核。

(二)成绩复核

成绩复核是指成绩输入计算机后将打印成绩校对稿与试卷再一次进行校对(成绩有错误,改正后由校对人签字)。最后将考生成绩三寸盘报送到市成人学校招生办公室。成绩报送后一律不准修改。

五、阅卷后试卷的处理

经拆封校对后的试卷按“考场号”由小到大的顺序排序备市成人招办核查。各学校可根据本校情况将预考结果以适当形式反馈给考生，以利于考生进一步搞好复习迎考工作。

附件：1999 年成人高校招生预考阅卷质量检查专家小组名单（略）

一九九九年三月十八日

关于各区县成人招办建立与市成人招办联网专用电话的通知

津成招办字[1999]14 号

各区、县成人招生办公室：

成人高考的报名汇总工作现正由区、县采集信息，然后由区、县成人招办与市成人学校招生办公室联网传送。这就要求各区、县成人招办的微机联接一部专用电话（不能有并联的电话，否则将不能联通）。望各区、县成人招生办公室尽快落实，以保证今年的报名汇总工作顺利进行。

一九九九年三月二十四日

关于认真做好考试工作人员考前培训的通知

津成招办字[1999]16 号

各区县成人学校招生办公室：

我市 1999 年全国成人高校招生统一考试将于 5 月 8 日、9 日进行，届时全市将有六万名考生在全市 22 个考区 90 个考点应试，全市参加此项工作的工作人员达六千余人。为落实教育部加强考风考纪的指示精神和市领导同志“万无一失、滴水不漏”的指示，严密组织好此次考试，做好考试工作人员的考前培训工作十分重要。实践证明，培训工作好坏将直接影响全市考试质量。所以各级负责同志务必将此项工作列入议事日程，做为一件大事来抓，千万不能掉以轻心。

市招生考试中心决定今年成人招生考试前由市成人招办对区县成人招办人员培训，区县招办负责对考点负责人的培训，培训时市成人招办派员参加。考点负责人负责对考点工作人员的培训，区县招办派员参加考点培训。现对培训工作要求如下：

1. 凡是参加此次考试工作的所有工作人员必须全部参加培训，因故未能参加集中培训的考前要补课，未经培训合格不准上岗；

2. 负责培训的同志对市成人招办的统一要求清楚明白，确切掌握应知应会的全部内容，培训前要认真备课，准备好培训演示材料，详细讲解考试工作各项程序及要求，并明确各类考试工作人员的职责。

3. 培训中既要重视对考试业务工作的培训，也要重视对考试工作人员的政治思想教育；

4. 培训中遇到不明确的问题要逐级请示并将结果及时传达到有关人员，做到人人清楚、明确；

5. 培训合格的标准应是思想上对此次考试有足够的认识，工作上对各自的职责有明确了解，业务上熟练掌握各自的工作程序。

6. 培训教材内容包括：

(1)关于转发国家考试中心《关于在全国教育统一考试工作中加强考务管理、严肃考风考纪的通知》的通知。

(2)关于进一步加强天津市成人高考管理工作的意见。

(3)考试手册

(4)“监考指令”和“试卷装订密封指令”。

一九九九年四月二十一日

关于转发《关于在全国教育统一考试工作中加强考务管理、严肃考风考纪的通知》的通知

津成招办字[1999]17号

各区县成招办，有关考点学校，各阅卷点学校：

现将教育部考试中心《关于在全国教育统一考试工作中加强考务管理、严肃考风考纪的通知》转发给你们，请认真学习，并在考前培训时传达到每一位考试工作人员。

附：关于在全国教育统一考试工作中加强考务管理、严肃考风考纪的通知

一九九九年四月二十一日

附：

关于在全国教育统一考试工作中加强考务管理、严肃考风考纪的通知

教试中心[1999]35号

各省、自治区、直辖市考试院(局、管理中心)、普通高校招生办公室、成人高校招生办公室、高等教育自学考试办公室、全国外语水平考试考试中心：

一九九九年的普通高等学校招生全国统一考试、成人高等学校招生全国统一考试、高等教育自学考试、高等教育学历文凭考试、全国外语水平考试(WSK)、英语等级考试等全国教育统一考试即将举行。这些考试涉及面广，社会关注程度高，影响重大，要求我们一定要全力以赴，不断加强考务管理，严肃考风考纪，保证考试的公平、公正。特要求如下：

一、严格贯彻执行《普通、成人高等学校本、专科招生全国统一考试管理工作规则》(原国家教委试[1991]3号)、《高等教育自学考试考务、考籍管理工作规则》(考委[1998]7号)、《全国外语水平考试管理规则》(原国家教委教考试[1995]3号)、《全国英语等级证书考试规程(试行)》(教试中心[1997]70号)、《关于印发〈试卷保密室、答卷保管室管理办法〉和〈试卷印制、运送工作管理办法〉的通知》(原国家教委教试厅[1992]1号)、《关于加强高等学校入学考试安全保卫、保密工作的通知》(原国家教委、公安部、国家保密局教试[1993]4号)、《关于加强高等教育自学考试考务管理工作的通知》(原国家教委教考厅[1997]5号)、《关于加强全国教育统一考试管理工作的意见》(教考试厅[1998]2号)、《关于落实全国教育统一考试考风考纪电视电话会议精神的通知》(教试中心[1998]50号)、《关于进一步加强普通、成人高等学校招生全国统一考试管理工作的意见》(原国家教委教考试[1995]2号)等文件规定。

二、坚决消除麻痹大意思想，把每一次考试都要当成是第一次考试组织，认真细致地做好各项准备工作，确保考试万无一失。每次考试结束后要将本次考试的基本情况简要书面报告我中心。

三、保密工作事关重大，一定要做好各种考试的保密工作，责任到人，确保试、答卷的安全保密，防止失、泄密案件的发生。

四、要针对本省、自治区、直辖市的不同考试的薄弱环节或地区，由主要领导亲自抓，下大力气抓，坚决防止重大、恶性的集体违纪、舞弊案件的发生。

五、加强对考试工作人员的思想纪律教育和业务培训，坚持实行考核聘任制，未经培训合格，决不允许上岗。特别是要加强对监考员的培训和管理。

六、加大监督检查力度，对各种违纪、舞弊案件发现一起，查处一起，决不手软。必要时，要在报纸、电视台等新闻媒体上曝光。

七、要特别注意利用假证件(假身份证、假准考证、假证书等)和现代化手段等的违纪舞弊行为的新形式、新动向，及时发现，及时处理，及时报告，不断完善我们的防范措施。

八、重视来信、来访工作。对群众的来信来访或举报电话要认真做好记录，每一件都要有处

理结果。

教育部考试中心
一九九九年三月十九日

关于加强天津市各类成人高校招生全国统一考试管理工作的意见

津成招办字[1999]18号

各区县教委(教育局)、各区县成人招办、各成人高考考点单位、各成人高校:

1999年各类成人高校招生全国统一考试将于5月8日、9日两天举行。届时我市将有58384名考生在全市22个考区应考。为加强本市成人高考管理工作,严肃考风考纪,维护国家级考试的声誉,依法治考,禁绝违纪、舞弊事件的发生,保证本市成人高考顺利进行,现根据《全国高等教育统一考试考风考纪电话会议》精神和《关于在全国教育统一考试工作中加强考务管理、严肃考风考纪的通知》(教试中心[1999]35号)要求,对本市进一步加强成人高考管理工作提出以下意见,请遵照执行。

一、进一步提高对成人高考管理工作重要性的认识。

近几年来,本市成人高考报名人数逐年增加,今年本市成人高考报名人数较1998年增加10.5%,创历史最高纪录。成人高考已经成为广大在职从业人员和中职毕业生求学深造的重要途径。由于成人高考规模的不断扩大,对办考水平提出了更高的要求,社会各界对成人高考的关注程度也在进一步提高。同时,由于社会上不正之风的干扰,少数地区和部门存在着领导不重视、思想认识存在误区、管理职责不到位的情况,前几年有个别考点还曾出现过较严重的违纪舞弊事件,给成人高考的信誉造成了一定的影响。

成人高考是为成人高等学历教育选拔新生的政府行为,体现了国家意志。在各级政府领导下加强成人高考管理工作,是教育行政部门和考试机构义不容辞的责任。与普通高考考生相比,成人考生有成份复杂、年龄跨度大、素质参差不齐的特点。成人高考的选拔性质也日见突出,各级教育行政部门和考试机构要从体现国家意志和维护人民利益的高度出发,从维护政治稳定和社会稳定的大局出发,下大决心、花大力气加强成人高考的管理工作。要克服麻痹思想,要清楚地看到存在的问题和不足;要克服畏难情绪,真抓实干,狠抓落实。全市各级教育行政部门和考试机构要在教育部、市委、市政府和区县政府领导下,在历年狠抓考风考纪取得成果的基础上,确保今年成人高考管理工作再登新台阶,继续巩固消灭试卷雷同的成果,坚决消灭严重违纪舞弊现象,力争使今年本市成人高考的考风考纪工作再上新水平。

二、加强对成人高考管理工作的领导,健全考试领导和管理机构。

根据教育部电话会议精神和教育部考试中心[1999]35号通知要求,各区县政府和教育行政部门的主要负责人,要进一步加强对成人高考管理工作的组织领导,要由主管区县长担任区县成人高考领导小组组长。各区县领导要亲自参加领导小组会议,亲自过问考试工作的主要环节，熟悉本区县考试工作的基本情况，深入研究本区县考风考纪中可能出现的新情况和新问题。考试期间领导小组组长和主要成员要亲临现场指导监督考试工作，及时采取有针对性的得力措施，确保考试工作顺利进行。

要加强考点的领导，考点是考试工作承上启下的重要环节。各考点主考须由考点单位第一把手亲自担任，副主考亦由考点单位校级领导担任。各考点须按规定建立健全考试组织管理机构，在区县招生机构的领导下开展工作。

三、坚持依法治考，健全考试法规。

各级考试机构和考点要坚持贯彻落实《普通、成人高等学校本、专科招生全国统一考试管理工作规则》、《高等学校招生全国统一考试管理处罚暂行规定》、《全国统一考试考务管理工作要点》、《关于加强高等学校入学考试安全、保卫、保密工作通知》以及天津市有关成人高考的各项规定、考试实施办法和考场偶发事件处理意见。

全体考试工作人员要按照天津市《关于〈普通、成人高等学校本、专科招生全国统一考试工作规则〉的实施意见》，切实负起责任，履行应尽的义务。

1999 年，本市成人高考继续试行《监考指令》和《试卷密封装订指令》，巡视人员的职责也将进一步明确，全体考试工作人员都要增强依法办考的意识，各级考试机构也要逐步做到考试各具体环节均有明确具体的规定。

为使广大考生知法守纪，各考点要张贴统一印制的考生守则和考试违纪处罚规定。做到考生人人了解，个个明白。

四、狠抓监考队伍建设。

监考队伍综合素质的提高是严肃考风考纪的关键。各区县和各考点都要建立一支数量足够、师德优良、熟悉业务、相对稳定的监考人员队伍。要慎重选择监考人员，加强对考试工作人员的思想纪律教育和业务培训，加强对监考人员的职业道德教育，逐步建立和完善监考资格证书制度、考试工作人员考核制度、监考人员轮换制度、监考人员奖惩制度。要采取措施维护监考人员的正当权益。

五、建立健全考试管理责任制度。

坚持和完善行之有效的“三级管理、四级负责”的成人高考管理责任体系，这是确保试题试卷的安全保密、严肃考风考纪和各环节考试任务的完成的重要举措。“三级管理”是指本市成人高考实行市、区县考试机构和考点三级管理。“四级负责”是指本市成人高考由市、区县、考点和考场考试工作人员四级负责。要以成人高考的各项规定(详见《市成人高校招生考试手册》)为依据，做到层层目标明确、人人职责分明，要实行“责任书”制度，逐级向上签署责任书，逐级向下明确责、权。要努力防患于未然，力争各项工作万无一失。出现失误要按照谁出事谁负责的原则，严肃处理。

六、建立培训体系，坚持全员培训。

本市统一规定成人高考考试工作人员培训的内容，编写培训教材。要建立完整的培训体系。市考试机构负责对区县考试工作人员的培训，区县考试机构负责对各考点负责人员的培训，各考点负责对监考人员的培训。各区县要向市招生机构上报本区县培训的书面计划，市招考中心派员巡检。要坚持全员培训，因故没参加集中培训的要在考试前补课，监考人员培训后必须经确认合格方能上岗。

七、规范和加强考点的审批管理工作。

坚持由市成人招办审批各区县考点的原则。各成人高校不得承担有本校考生参加的考试任务。原则上不再批准对特定考生单设考点，专升本考试一律在市内六区设点。

各区县要着手建立条件较好，相对稳定的常设考点。各考点要加强内部管理、在市区县考试机构统一领导下，制定和实施考务细则和考务规范，实行成人高考目标管理。

八、强化考试巡视制度、建立常设巡视队伍。

市成人招办负责统一组织全体巡视员培训。巡视员必须认真履行原国家教委制定的《考场巡视员职责》。巡视员负有对考点检查、指导、监督和对派出机构全面反馈信息的责任，巡视员必须进行包括考前、考中和考后的全程巡视。考试结束后，巡视员必须按市成人招办的统一要求提交书面巡视报告，填写有关表格。

九、严格对非师范类专升本专业课、艺体类专业考试、高职班专业考试和能力考试的管理。

严格贯彻执行《关于1999年天津市各类成人高校招生“专业考试”有关问题的通知》(津成招[1999]15号)，特别要加强对考试过程的管理。严格按国家级考试的要求进一步严肃考风考纪。专业考试、能力考试要坚持统一考科、统一考纲、统一时间、统一抽题、统一试卷形式。各个考试环节都要按市成人招办具体规定进行，实行密封阅卷和成绩过录，成绩进机。

十、严格试卷管理。

试卷的印制、运送、领取、保管、拆封、使用到密封等各环节都要严格贯彻执行原国家教委教试厅[1992]1号文件和市成人招办的有关规定。坚决杜绝试卷泄密、丢失等事故发生，要切实提高试卷装订密封质量。

十一、严格检验考生应试资格。

严格核对准考证上的考生身份证号码。坚持考生、准考证、准考证存根、身份证四核对的方法，不断完善对各种违纪、舞弊行为的防犯措施，特别要注意防止替考行为，对各种违纪、舞弊行为，要坚决按规定查处。

十二、严格执行回避制度。

有直系亲属参加本次考试的考试工作人员不得接触试(答)卷及考试成绩管理工作，不得担任监考员、巡视员、阅卷人员等，各级考试机构和考点都要严格执行这一规定。

十三、继续加强与纪检监察等部门和社会各有关方面的合作。

市、区县考试机构都要加强与相应的纪检、监察部门和各有关方面的联系与合作，争取得到各部门支持与配合。考试期间，各级招生机构要为纪检、监察等部门视察考场和监督检查考试组织管理工作创造条件。

十四、加强信访工作。

市、区县考试机构要落实专人处理信访工作，立案检查要及时。区县考试机构要将信访情况及时报市成人招办。各级招生机构要通过考点公布市、区县教育行政部门所设立的有关考风考纪的投诉电话和投诉箱。

十五、加强成人高考考风考纪宣传工作。

在成人高考中树立良好的考风考纪有赖于全社会的共同努力。在成人高考前，各级考试机构要加强宣传，充分利用报纸、电台、电视台、有线电视等各种传媒，采取生动活泼的形式，开展加强考风考纪的宣传。在宣传中，要注意讲政治，讲形势，讲政府的要求，讲法规和措施，要形成强大的声势，使少数企图违纪作弊者不敢妄为。

十六、坚持和完善考试情况通报制度。市成人招办将及时对成人高考管理工作的情况进行

通报。

一年一度的成人高考事关重大，全市各级招生工作人员要坚决消除麻痹思想，认真细致地做好各项准备工作，确保考试万无一失。在今年成人高考后两周内，各区县成人招生机构要向市成人招办上报书面总结材料，各考点也应向所在区县成人招生机构上报总结材料。

一九九九年四月二十三日

天津市1999年成人高校招生考试评阅试卷工作意见

津成招办字[1999]19号

各区县成人招办、各评卷单位、各评卷质量检查专家小组：

评阅试卷工作是整个成人高校招生工作的重要环节，要求各评卷学校加强对评卷工作的领导，把每次评卷当做是第一次承担国家级考试评卷工作来抓，把各项措施落到实处。为了确保评卷工作高标准、高质量完成，特做如下规定：

一、组织领导及职责分工

评阅试卷工作在市成人学校招生办公室统一领导下进行，全市统一设置评卷点，实行市招办领导下的评卷点负责制。

（一）市成人学校招生办公室职责

1．确定评卷点。

2．认真执行教育部关于评卷工作的规定，统筹部署、统一组织和领导全市评卷工作。

3．对评卷工作中的重大问题确定处理意见。

4．组建评卷质量检查专家小组并领导其开展工作。

（二）区县招办职责

1．将本区县全部试卷，分学科、按要求送交评卷学校。并填写《答卷交接清单》。

2．处理在评阅试卷过程中发现的考场试卷密封、装订等存在的问题。

（三）评卷点评卷领导小组的职责

（1）认真执行教育部和市成人招办有关评卷工作的规定，组织好本评卷点的评卷工作。

（2）按照市成人招办的要求建立健全本校评卷的管理机构，选聘好评卷工作人员。

（3）对全体评卷教师进行思想动员和评卷守则教育。

（4）组织各科评卷教师在规定的地点集中评卷，认真、准确执行国家教育部制定的参考答案和评分标准，协助质量检查专家审定各科的评分标准执行细则。

（5）制定本评卷点的评卷实施方案、管理制度和工作日程，保证按时完成评卷任务。

（6）建立保密室设专人验收、保管整理、收发试卷；统一编写试卷密码号，保证评卷在密封状态下进行。领取和收发要严格手续，每天阅后的答卷当天收回，集中保密室保管。

（7）做好评卷后勤工作，关心评卷教师的身体健康，保证评卷工作顺利进行。

(8)管好评卷经费，做好财务核算和开支。

(9)做好评卷期间的保卫、安全、保密工作，注意防火、防水、防盗。

(10)监督全体评卷工作人员严格遵守评卷纪律，处理违纪事件。

(四)评卷质量检查专家小组的职责

(1)认真执行教育部和市招办有关评卷工作的规定，指导和组织好本学科评卷，按时保质保量完成本学科的评卷任务。

(2)组织各科评卷教师认真执行国家教育部制定的参考答案和评分标准，参加、指导各评卷学校的学科试评会，搞好试评。制定本学科的评分标准执行细则，统一评分宽严尺度。

(3)参加培训评卷教师的工作。使每位评卷教师严格准确掌握《评分细则》，在评卷中做到"严格、公正、准确"。

(4)裁决评卷过程中有关执行评分标准的分歧意见。

(5)坚持严格的复查、检查、抽查制度，填写《质量检查情况记录表》和《质量检查汇总表》，严格控制评卷出错率。

(6)评卷结束后，对本学科考生答卷情况进行分析，做出对试题、试卷的定性和定量分析报告。

(五)评卷教师

1. 评卷教师由各评卷领导小组聘请。

2. 评卷教师必须是承担本学科教学工作五年以上的高等或中等学校骨干教师。

3. 具有良好的政治素质，忠于职守，责任心强，作风正派，严格遵守纪律。

4. 身体健康，能坚持紧张而繁重的评卷工作。

5. 当年无直系亲属参加本年度成人高考。

二、阅卷评分

(一)研究评分标准，坚持做好试评

各评卷点要组织有评卷质量检查专家参加的各学科试评会。准确掌握评分标准，认真研究《参考答案》和《评分标准》，统一评分标准的宽严尺度，在进行试评的基础上制定各学科"评分细则"，使每位教师都能做到公平、公正、严格、准确。

(二)实行岗位责任制

1. 阅卷评分实行岗位责任制，采取流水作业法，评后同组交叉复核。如有疑问，须按程序解决。不统一时，由学科组研究决定。

2. 学科组长要建立严格的复查制度。在抽查的同时要及时解决疑难问题，防止出现偏严、偏宽、或宽严不一现象。

3. 成绩如需订正，订正后要由原评卷教师和订正人签名。

(三)统一记分法

1. 卷面上只记得分不记扣除分数，在有错误的字句下作"～"，完全答错或未答的记大型"0"，缺考考生在总分栏内打对角线。

2. 每题得分，写在题首的成绩栏内，同时写入卷首的成绩栏内，大题中的小题得分，写在小题的编号上。记分数据必须工整清楚，评卷教师在所评题首签上姓名。

3. 如发现答案中有严重政治错误，须集中讨论，审定，确认后在有错误的地方划"＝"记号，并在试题成绩栏内划"X"记号，同时另做记载，必要时由市成人招办处理。如发现有异常情况的试卷,经评卷领导小组研究后上报市成人招办处理。

三、成绩过录和复核

(一)成绩过录

各评卷学校应建立成绩过录小组,组长由评卷领导小组成员兼任。在成绩过录时要求两人一组,一人读分,一人填涂成绩输机卡。完成一本后,两人交换,进行复核。复核后将成绩输机卡分学科按密码号由小到大的顺序排列,送市成人学校招生办公室、考务科。

(二)成绩复核

成绩复核是指成绩输机卡经机器处理后将考生成绩输入计算机,然后打印出成绩校对稿,返回到各学科评卷学校。要求各评卷学校拆卷与打印出的成绩校对稿进行校对(成绩有错误,改正后由校对人签字)。最后将校对稿送到市成人学校招生办公室。

四、阅卷后试卷的处理

经拆封校对后的试卷按“密码号”由小到大的顺序排序存放,备后期核查。

1999年4月30日

关于1999年成人高考有关情况的通报

津成招办字[1999]21号

各区县成人高考领导小组组长:

1999年各类成人高校招生全国统一考试5月8、9日举行。届时将有58384名考生在全市22个考区、92个考点的1976个考场应试,考试工作将动用约6千名考试工作人员和2百余名巡视人员。

今年本市成人高考报名情况呈现以下特点:

1.报名总量再创新高。今年报名人数创1986年实行成人统考14年以来的最高纪录,比1998年增长10.5%,各类别、层次生源全面增长。

2.计划规模原地踏步。今年计划招生18342人,与往年相比变动不大。

由于以上情况,造成今年招生计划与报名人数之比仅为1∶3.18。考生录取竞争的激烈程度为多年少有。

3.高职报名异军突起。高职班报名人数达到14651人,比去年增长55.9%。

4.生源特色非常鲜明。一是脱产学习考生占生源总体的51%,首次超过业余学习考生人数。二是理工类考生人数持续上升,达到38%。三是社会青年大量增加达44%。四是25岁以下考生构成生源总体占83%。五是考生男女平衡被打破,女生55%。

本市成人高考实行“三级管理、四级负责”的管理体制,即突出市、区县和考点三个管理层次,注重发挥其不同的管理职能(各区县成人高考领导小组组长名单附后)。实行市考试机构、区县考试机构、考点和考场及其考试工作人员四级责任制。

针对今年国家面临的形势和本市成人高考的空前规模及突出特点，市招生考试中心提出把今年作为“成人高考考风考纪年”的口号，出台并实施了一系列强化考风考纪的措施。

这些措施包括：

1. 全面提高对强化成人高考考风考纪重要性的认识，成人高考要为全市稳定做贡献。

2. 加强领导，健全考试领导和管理机构。

3. 坚持以创新精神做好成考工作，实行违纪作弊预防、震慑和治理相结合。

4. 坚持依法制考，健全考试法规，全面实行《监考指令》和《试卷装订指令》。

5. 狠抓监考队伍建设，取消了不称职人员的监考资格。

6. 健立健全考试管理责任制度，实行目标分解，责任落实。

7. 对六千名考试工作人员进行全员培训。

8. 规范加强考点审批。各区县不能审批考点，原则上不对特定考生单设考点。

9. 强化巡视制度，建立常设巡视队伍，实行全程巡视。

10. 严格试卷管理，三铁防护，责任到人。

11. 严格考生考试资格检查，实行四核对。

12. 加强对由成人高校承担的专业考试的管理。

13. 加强与纪检监察部门和社会各方面的合作。

14. 加强信访工作。

15. 加强考风考纪宣传工作。

16. 建立考试情况通报制度。

1998 年，本市各区县对成人高考的重视程度普遍加强，成人高考考风考纪进一步强化。多数区县领导重视，措施得力，形成了很多很好的经验。1998 年本市成人高考违纪率大大低于全国平均水平，天津市的工作受到教育部的表扬。但是，仍有个别区县存在着领导重视不够，思想麻痹，管理人员素质不高，工作前松后紧等问题，需要有针对性地采取措施。

4 月 27 日，市招生考试中心召开全市成人高考考试工作会议，总结 1998 年工作，贯彻《关于加强天津市各类成人高校招生全国统一考试管理工作的意见》。和平、河北、南开、西青、津南、北辰、宁河等区县教委主管副主任及各区县考试机构负责人参加会议，乔丽娟主任做重要讲话。

4 月 30 日，市招生考试中心召开成人高考阅卷单位会议和阅卷质量检查专家小组会议，明确各级招生机构，阅卷单位和质量检查专家职责，部署有关工作。

从 4 月下旬到 5 月初，市招考中心有关处室对试卷用量、试卷运输和保管、分发等关键性工作环节进行全面检查；全面了解各区县培训考试工作人员的情况；对有代表性的考区和考点进行了重点检查。

5 月 6 日，市招考中心召开巡视员会议，强化巡视员的管理职能并明确纪律。

5 月 7 日，市招考中心领导班子全体成员兵分几路到所有区县检查指导工作。

市招考中心还建立了成人高考应急处理小组，及时准确地处理各种偶发事件。

5 月 8 日，市委、市政府、市人大和市政协的有关领导同志将分四路巡视考场，慰问考试工作人员。

为了进一步强化本市成人高考考风考纪，确保考试万无一失，要求各区县成人高考领导小组切实加强领导，健全机构，狠抓多项措施和办法的落实，消灭考试管理薄弱环节，使今年的成人高考管理水平再上新的台阶，为全市稳定做贡献。

1999 年 5 月 6 日

附：

1999 年天津市各类成人高校招生全国统一考试各区县领导小组组长情况表

区县名称	组长姓名	职 务	电 话
和平区	樊本章	副区长	27317395
河北区	刘清澜	教育局副局长	26288183
河西区	张俊芳	副区长	23191392
河东区	沈光平	副区长	24413743
红桥区	肖先让	副区长	26372191
南开区	成大功	副区长	27382185
东丽区	王晓敏	副区长	24394163
西青区	沈正国	副区长	27390502
津南区	陈义逑	副区长	28392186
北辰区	穆瑞刚	副区长	26391404
塘沽区	姚海辰	区教委副主任	26893146
汉沽区	谢延宾	副区长	25694058
大港区	方兆为	副区长	25992651
宝坻县	吴 会	副县长	29243877
武清县	王胜林	副县长	29341978
蓟 县	张建国	副县长	29143151
静海县	张忠芬	副县长	28948767
宁河县	李振亮	副县长	25592751
天津铁厂	王中杰	总工	03103972255
大港油田	于树方	教育处处长	25924345

关于印发《天津市1999年各类成人高等学校招生录取规定》的通知

津成招办字[1999]25号

各有关委局教育处、各区县成人招办、各成人高等学校：

根据《1999年全国各类成人高等学校招生规定》和《1999年天津市各类成人高等学校招生规定》及1999年全国各类成人高等学校招生录取集体办公会议精神，现将《天津市1999年各类成人高等学校招生录取规定》印发给你们，请遵照执行。

教育部要求今年的招生录取工作“质量要保证、政策要稳定、纪律要严明”。各级招生机构和各招生院校要认真执行教育部确定的1999年各类成人高校招生录取政策和办法，认真落实成人高校招生计划，切实保证录取新生的质量。不得自行出台违背国家政策的地方性政策，不得自行降低录取最低控制分数线，不得超计划招生。

录取工作是成人高校招生工作的重要环节，是政策性、时间性、纪律性很强的一项工作，社会影响很大。今年本市招生录取工作又面临新的形势。各区县招生机构、各招生学校要切实加强对招生录取工作的领导，认真对待、精心组织、互相配合，努力完成好本年度招生录取任务。

附件：1. 天津市1999年各类成人高等学校招生录取规定

2. 天津市1999年各类成人高校招生录取工作程序

1999年6月28日

附件1：

天津市1999年各类成人高等学校招生录取规定

根据教育部《1999年全国各类成人高等学校招生规定》和《1999年天津市各类成人高校招生规定》及1999年全国各类成人高校招生录取集体办公会议精神，对我市1999年各类成人高等学校录取做以下规定：

一、录取原则和要求

1. 录取工作必须认真贯彻按需培养，德、智、体全面衡量，在招生计划范围内，参照考生志愿顺序，由高分到低分择优录取的原则。各级招生机构和招生学校要根据教育部和天津市高等学校中等专业学校招生委员会办公室（以下简称市招委办公室）的规定严格掌握新生入学条件，保证新生入学质量。

2. 录取工作应严格执行国家下达的招生计划，维护招生计划严肃性，未经国家有关主管部门审定的招生计划不予实施。

3. 录取工作应有利于按需施教，有利于促进成人高校建立主动适应经济和社会发展需要的机制，有利于成人高等教育的改革与发展。

4. 各学校一律不得招收试读生、旁听生、超前生和单科生。

5. 1999 年招生集中录取的对象为：

(1)参加 1999 年成人高校招生全国统一入学考试符合录取条件的考生；

(2)应于 1999 年入学的资格生；

(3)应于 1999 年进入成人高校学习的预科生；

(4)经教育部批准录取的免试生。

二、录取体制和办法

1. 录取工作在市教委的领导下，由市招委办公室集中组织，下设若干工作组开展录取工作。

2. 各院校应建立招生录取办事机构并由一名校级领导负责本校录取工作，选派适当数量的具有一定政策水平和工作能力，作风正派的干部或教师参加录取工作。

3. 地方所属及部委所属院校在津录取新生名单由招生学校提出，市招委办公室审批。

4. 跨省、自治区、直辖市招生的各成人高等学校的录取名单，由考生所在省、自治区、直辖市招生办公室审批。

5. 录取新生审批程序和手续须严格规范，每页录取新生名单都要有招生学校签章并经市招生办公室签字和加盖(或骑缝加盖)审批章，遇有空白处要注明“以下空白”。

6. 跨省、自治区、直辖市招生的各类院校及其主管部门要委托代办单位、明确代办任务。代办单位要认真配合招生机构搞好录取工作。

7. 委托培养的单位，可根据各地考生考试成绩情况，向招生学校提出调整生源计划，但不参与录取工作。

8. 招生学校按审批后的录取名单发放录取通知书。

9. 录取中的遗留问题，由审批录取名单的招生机构会同招生学校处理。

10. 涉及部委和跨省、自治区、直辖市招生的学校要与有关部委和有关省、自治区、直辖市招生部门密切协作，做好招生录取工作。

三、最低控制分数线

1. 专科：

理工农医类为 405 分。

文史类为 465 分。

外语专业(含外贸、外经等财经类文科考生加试外语)为 515 分，其中外语成绩不低于 50 分。

财经类理科考生加试外语为 455 分，其中外语不低于 50 分。

体育专业为 243 分。

艺术专业(文科考生)为 223 分(数学考试成绩不计入总分)。

艺术专业(理科考生)为 243 分。

其它需要单独加试外语并对外语成绩有要求的学校单独划定外语成绩录取标准。

体育、艺术等专业，在文化考试成绩达到最低控制分数线的前提下，在艺体计划内，按专业考试成绩从高分到低分择优录取，满额为止。

2. 本科(高中起点)：

文史类为525分，其中外语成绩不低于50分。

理工类为465分，其中外语成绩不低于50分。

3. 本科(专科起点)：

师范类为240分。

非师范类(含划入非师范的教师类)三科统考成绩为270分。

学校组考的专业课录取标准由招生学校提出报市招委办公室审批。

非师范类法学专业为360分。

4. 专业能力考试改革试点：

(1)文史类：五门文化课考试成绩达到372分、二门专业能力考试均及格。

(2)理工类：五门文化课考试成绩达到324分、二门专业能力考试均及格。

专业能力考试改革试点专业考生不再享受照顾加分。

5. 高职班：

文史类为政治、语文、数学三科合计279分，两门专业课考试成绩均及格。

理工类为政治、语文、数学三科合计243分，两门专业课考试成绩均及格。

涉外类为政治、语文、数学、外语四科合计329分，其中外语成绩不低于50分，两门专业课考试成绩均及格。

艺术类与普通艺术类录取标准相同。

6. 下岗职工高职试点班：

文史类为229分。

理工类为193分。

下岗职工高职试点班考生不再享受照顾加分。

7. 专业证书接学历招生改革试点不单定录取标准，与普通专科相同。

8. 根据上线考生的情况，某些学校(专业)的实际录取分数可高于最低控制分数线。

9. 当部委属院校高中起点本专科合格生源不足时，经学校申请，市招委办公室批准，可在计划内最低控制分数线以下15分内录取第一志愿考生。

四、照顾录取

1. 获得全国劳动模范称号，参加重大国际比赛(由世界及国际体育组织主办的各种体育单项比赛、锦标赛、综合性比赛和运动会)获前三名成绩者，经市招委办公室审核，报教育部批准，可免试进入成人高校学习。

2. 符合下列条件之一的考生，录取时可照顾30分(专升本科班考生为20分)：

(1)获得地、市级以上(含地、市级)人民政府，国务院各部委及各省、自治区、直辖市厅、局系统，国家特大型企业授予的劳动模范、先进生产(工作)者及科技进步(成果)奖获得者。

(2)获得省、自治区、直辖市工、青、妇等组织授予"五一劳动奖章"、"新长征突击手"、"三八红旗手"称号者。

(3)人民解放军、武警部队、人民警察荣立三等功以上者。

(4)归侨、归侨子女、华侨子女、台湾省籍考生。

(5)烈士子女、烈士配偶。

(6)边疆、山区、牧区和少数民族聚居地区(本市蓟县孙各庄、东丽区么六桥乡、北辰区天穆镇)的少数民族考生,国防科技工业三线企业单位(地处地市以上人民政府所在地的除外)获得企业表彰的先进生产(工作)者。

(7)年满 25 周岁以上(1974 年 12 月 31 日前出生)人员。

(8)报考农、林、地质、水利、矿业、测绘、监所、远洋运输、社会福利等艰苦行业各专业的考生。

3. 符合下列条件的考生录取时可照顾 15 分(专升本科班考生为 10 分):

散居在汉族地区的少数民族考生。

符合上述照顾条件的考生应于报名时交验相应的原始证件和复印件,证件的复印件存入考生档案。招生学校应配合招生机构做好考生原始证件的复验工作。符合两项以上照顾政策的考生,其照顾分数不得累计。

4. 1999 年预考成绩文史类(5 科,不含外语成绩)350 分,理工类(5 科,不含外语成绩)300 分,高职班文史类(3 科,不含外语成绩)210 分,高职班理工类(3 科,不含外语成绩)180 分以上,且按规定在报名机读卡上填涂预考报名序号的人员,因预考成绩达到规定分数而享受优惠政策的,不影响其他照顾加分。

5. 要严格资格审查,杜绝弄虚作假。符合照顾条件考生交验照顾加分证明的时间一律以报名时间为限,录取阶段不再补交补验。符合照顾条件上线的考生在录取时必须交验相应的原始证件及复印件并经复验合格。

五、调剂录取

1. 发扬顾全大局、通力合作、主动调剂、互相支持的精神,结合各类学校特点,争取通过调剂,完成招生计划,使符合录取条件考生尽可能获得入学机会。

2. 对上线人数超过学校招生计划的考生,根据其填报志愿顺序和志愿学校计划执行情况,统一调配至其它成人高校录取。

3. 对因志愿学校(专业)上线考生不足开班名额而调整或停止执行招生计划未被报考学校录取的合格考生,招生机构和招生学校要根据成人高等教育的特点,本着对考生和用人单位负责的精神,根据考生填报志愿顺序和志愿学校计划执行情况,积极做好调剂录取工作。

4. 调剂录取工作由市招委办公室统一组织各招生学校进行。

5. 调剂录取的原则和要求:

(1)调剂录取限于报考条件及考试科目相同(或相近)的专业。

(2)文科及理科、普通专科与高职之间不得跨类调剂录取;艺体类原则上不进行调剂录取。

(3)调剂录取首先应考虑考生的志愿学校和专业,因故不能调入志愿学校和专业的应经市招委办公室同意后将考生调剂到与其志愿相同(或相近)的专业学习。

(4)凡调剂录取的专业与考生填报的专业不符的,录取学校应负责征得考生同意。

(5)考生本人不能无故要求学校调剂录取。

(6)已被录取(含调剂录取)的考生,不再办理转校转专业重新录取手续。

(7)对调剂仍不能开班的专业(包括学习形式),应由招生学校向市招委办公室提出书面报告。

六、关于 1999 年应录入成人高校的预科生

(1)1998 年进入天津市成人高校预科班参加规定课程的学习并取得合格成绩的预科生参加 1999 年各类成人高校录取。

(2)上述人员应符合各类成人高校招生录取其它条件。

(3)预科生录取应服从统一调配。

七、严肃招生纪律，抵制不正之风

1. 成人高校的招生录取工作政策性强，牵涉面广，任务繁重。各级招生部门、招生学校要切实加强对招生工作的领导，对录取工作中的问题及时研究，妥善解决。

2. 各级招生部门要认真组织参加录取工作的人员学习有关政策规定和办法，熟悉录取工作的全过程，认真做好录取工作。

3. 录取工作中，各级招生部门要认真贯彻执行中纪委、国家教委中纪发(1986)5号(86)教学字027号《关于进一步纠正各类高等学校招生中不正之风的通知》中的有关规定，认真做好录取中的审查把关和录取后的复查工作，严肃纪律，坚决反对和抵制徇私舞弊、“走后门”等不正之风。对发现和群众揭发的违法舞弊事件，必须认真查处，追究责任。对违反规定录取的考生，一经查实，立即取消学籍并对责任者给予严肃处理。

八、其它

1. 各招生学校要在录取工作结束后，认真做好新生报到和录取资格复查工作。

2. 今年录入预科班，2000年转入成人高校的预科生录取分数线另行公布。

3. 为了使尽可能多的考生获得录取机会，考虑到成人高校招生工作面临的新形势，今年实行两段录取，具体要求见附件2。

附件2：

天津市1999年各类成人高校招生录取工作程序

1999年天津市各类成人高校招生录取工作面临着新的形势，考生大幅度增加，考试成绩显著提高以及可能出现的一定规模生源流失，成为今年招生录取的显著特点。

为用足计划，用好政策，坚持德智体全面衡量，从高分到低分择优录取的原则，使尽可能多的考生获得录取机会，经研究，今年实行分两段录取的办法。

第一段录取：

时间：7月7日至23日。

各招生学校严格按计划按考生志愿顺序开档录取。

上线考生数量超过招生计划的学校负责在7月底前通知报考本校、成绩上线、受招生计划限制在第一段未被录取的考生：分段录取目的是为了使考生尽可能录入志愿学校，使他们获得理想入学机会。无论第一段录取和第二段录取均属正常录取。

第一段录取后至8月10日，各招生学校组织录取考生预报到。

8月16日，各招生学校将流失情况书面报市招委办公室。

第二专业专科学历教育招生录取：

时间：8月16日至20日。

第二段录取：

时间:8月23日至9月上旬。

根据流失情况及计划调整情况,各招生学校进行补充录取和调剂录取。

根据1999年各类成人高校招生录取工作的原则和要求,规定招生录取工作程序如下:

一、整理档案

1. 市招委办公室根据今年最低控制分数线划定报档分数线并将报档名册及备档名册各一式三份通过区县成人招办下发各招生校。

2. 市招委办公室统一下发上线考生和备档考生分数卡,各校应按规定贴在考生档案的指定位置。

3. 各招生校将上线考生档案按报档名册的顺序从高分到低分排列备用,控制分数线下15分档做为备用档备用。

4. 报档名册包括符合照顾录取条件的考生,该部分考生档案不单列。

5. 专升本考生还应准备考生的专科毕业证原始证件及复印件以备录取前审验。

6. 照顾上线考生还应准备照顾录取的原始证件和复印件(25岁以上考生只需准备身份证复印件)以备录取时审验。

二、做好测算工作,提出录取、调剂方案:

1. 市招委办公室分批召开录取协调会。

2. 各招生校要根据招生计划,认真测算各专业上线人数,确定在招生计划范围内哪些专业可以开班,哪些生源需要调整,哪些专业可以合并,提出录取调剂方案。市招委办公室根据录取原则和学校意见,对招生学校统一组织协调录取。

3. 成人高校艺体专业和下岗职工高职试点班招生实行计划单列,各招生校要单独测算以上各类考生的上线情况。在学校计划总量内,高职班计划可以与普通班计划调剂使用。

三、核对计划

各招生校在录取前到录取审核组核对计划并领取《1999年成人高校录取开档统计卡》,认真核对各类招生计划无误后再行报档程序。

四、报档

1. 招生校在报档前应将拟定的协调方案一式二份报分档室。

2. 招生校根据上线考生档案顺序报档。考生档案连同一式三份报档名册一并报规定的档室。

五、验证

专升本验证:7月6日　上午:师范类院校

7月6日　下午:非师范类院校

招生校持报档名册、考生档案、毕业证原件和复印件到指定地点验证。

高中起点本专科验证:

招生校在开档前按分档室的安排,将应终审验证的考生原证件交分档室负责人,由分档室验证合格后即可参加录取。对验证不合格的考生,招生学校须填写《取消资格考生花名册》备案,取消其录取资格,并将考生档案连同《取消资格考生花名册》一式二份报总档室。

六、开档

1. 开档录取必须认真贯彻按需培养,德、智、体全面衡量,参照考生志愿由高分到低分择优录取的原则。

2. 在招生计划范围内凡上线人数累计达到开班人数的,招生校即可在分档室开档。

3. 上线考生凭计算机打印的报档名册开档。一式三份的名册签字后一份存分档室、一份交招生校、一份交审核组。

4. 招生校凭1998年资格生登记表到分档室办理资格生录入成人高校的结档手续，资格生录取的其它手续按统一要求办理。

5. 调剂录取考生由分档室开据《开档单》，经总档室及分管处长批准后开档。《开档单》一式四份，一份存分档室，一份交总档室，一份交审核组，一份交招生学校。

6. 预科生录取服从统一调配。预科生开档使用《开档单》并须注明预科生，预科生开档需经总档室办理有关手续。

七、转档

对因不能开班或其他理由需转出的档案，分档室根据招生计划和考生志愿及服分情况，开具《转档单》一式三份，经总档室签字同意后转档。《转档单》交总档室一份，转出室、转入室各一份。在本室的学校、专业互转不开转档单，但必须在报档名册上注明去向原因，在转入校的名册上注明来源。

招生校因各种原因需变更考生的报考专业、学习形式，须由招生校征得考生本人签字同意后，档案室方可予以办理转档手续。

考生本人因故需改变报考学校、专业的，需出具单位证明，并填写《天津市成人高校录取转学校转专业征求意见表》，经转出校和转入校签署意见报市招委办公室批准后，方可办理转档手续。在未办理转档手续前，各招生校不得将档案材料转交他校或交考生本人。

八、结档

1. 结档前招生校要协助档室清档并做到：

①认真检查所开出档案是否符合招生政策的规定。

②认真检查所开出的档案是否符合招生计划的要求。

③认真检查所开出档案考生的总分数及相关科目分数是否符合录取分数线。

④认真检查档案与开档单、转档单是否一致。

⑤认真检查各类考生录取人数。

2. 录取路线

①分档室审验考生录取资格，按计划开档，注明计划执行情况，结档。

②总档室初审结档单并签字，联系打印录取名册。

③去机房打印录取名册。

④审核组复审考生录取资格，审查学校计划执行情况，并在结档单、录取花名册上签字。

⑤经审核组审核不符合录取条件的考生，审核组开具退档单一式三份，一份留审核组，一份交分档室，一份连同档案一起退总档室，总档室汇总转机房。

⑥行政组收费并在结档单上签字。

⑦审核组办理录取手续，发放空白录取通知书。

3. 录取手续办理完毕的考生，不再办理转学校、转专业手续，无正当理由拒不服从分配即视为自行落榜。

九、其它

参加专业证书接学历、能力考试等招生改革，成绩合格的考生（包括其中已自然上线考生）的录取工作一并进行。

关于天津市1999年成人高校预科生录取工作的通知

津成招办字[1999]26号

各成人高校：

1999—2000年度天津市成人高校预科生招生录取工作于10月15日进行。现将有关事宜通知如下：

一、各类预科生录取标准：

1. 普通预科生：年龄在25岁以上(1974年12月31日以前出生)，今年参加成人高考，成绩达到文史类390分(不含政策照顾加分，以下同)，理工类(含西医，中医药类，以下同)330分，文外类440分，理外类380分。

2. 先进模范预科生：凡符合《1999年天津市各类成人高校招生录取规定》中可照顾30分前五项规定的考生，今年成人高考成绩达到文史类350分，理工类290分，文外类400分，理外类340分。

3. 农林专业预科生：凡报考天津农学院农业技术与管理类专业，今年成人高考成绩达到文史类360分，理工类300分。

4. 高职班预科生：凡报考高职班，年龄在25岁以上的考生，今年成人高考文化课三科成绩达到文史类230分，理工类194分，涉外类文化课四科成绩达到280分。

市高等学校中等专业学校招生委员会办公室以报名阶段招生学校审验照顾证件和填涂机读卡为依据，根据上述标准分别打出《各类预科生录取报档名册》。

二、录取程序：

1. 各招生学校于10月14日到考试中心成招处领取《各类预科生录取报档名册》。

2. 各招生学校严格掌握政策，把好第一关，将考生档案和所需证件(已审验过的身份证、劳模证的复印件)按《各类预科生录取报档名册》的顺序从高分到低分排列。

3. 录取：凭《各类预科生录取报档名册》和考生档案，由市招办负责审核，验证合格的在复印件上签字、录取，验证不合格的在《各类预科生录取报档名册》上将其名划掉。

4. 收档案：凭有市招办签名的《各类预科生录取报档名册》收档案并领取《预科生录取通知书》及《考生须知》。

三、录取地点及时间安排：

1. 录取地点：市教育招生考试中心五楼

2. 时间安排：10月15日全天

请各有关学校做好准备，务必在10月15日来市教育招生考试中心办理预科生录取手续，过期不再补办。

1999年10月13日

中等专业学校招生考试文件

1999年天津市普通中专、成人中专学校艺术、体育专业招生规定

津中招办字[1999]1号

各区、县教委、各招生学校：

根据国家教育部、文化部和国家体育总局关于艺术、体育院校提前单独招生的规定和我市具体情况，现就普通中专、成人中专学校艺术、体育专业招生做如下规定：

一、招生对象和条件

1. 考生必须拥护党的基本路线，热爱祖国，遵纪守法，决心为社会主义现代化建设勤奋学习。

具有本市正式户口。

符合所报专业要求的文化程度。

初中毕业的考生和初中往届生，年龄不超过18周岁(1981年9月1日后出生)；高中毕业的考生和高中往届生，年龄不超过22周岁(1977年9月1日后出生)，未婚。其他各年级(含小学应届毕业及在校生)考生的年龄，由招生学校根据不同专业的要求确定。

2. 报考艺术专业的考生，必须具备一定的艺术素质和专业基础。报考体育专业的考生，必须具备一定的身体素质和体育专项基础。

3. 符合报考条件的初、高中或小学往届生、应届毕业生或在校生均可报考。上一年已被中等专业学校录取、无正当理由而未报到的考生不予报名。

二、报名时间和办法

1. 报名时间：3月27日至3月31日(体育专业3月27日至3月29日)

2. 考生须在规定期限内到招生学校或指定地点报名。

3. 考生须持由毕业(或在学)学籍校开具的证明，经区教委招生办盖章(五县不必经县招办)、往届生凭户口所在街、乡办事处证明信、学生证和户口册报名。同时交同一底版一寸免冠照片六张(照片的使用：报名登记表一张，专业考试准考证两张，文化考试准考证两张，体检表一张，共六张)和报名考务费。招生学校要严格审查考生报名资格，不符合报名条件者，不予报名。

4. 考生填报志愿学校不得超过二个，普通中专、成人中专学校志愿可以兼报。填报志愿后不得更改。

5. 凡获得参加两个学校文化考试资格者，须在第一志愿学校报名参加文化考试。

三、政治思想品德考核和身体健康状况检查

1. 政治思想品德考核工作由招生学校组织进行。政治思想品德考核，主要看考生本人的表现。考生所在学校或乡、街、公安派出所负责对考生的政治态度、思想觉悟、道德品质等现实表现，严肃认真地做出全面鉴定。对犯过严重错误的考生，应如实提供所犯错误的事实、处理意见和本人对错误的认识及改正错误的表现等材料。

考生的直系亲属(指父母或抚养者)或主要社会关系(指与考生在政治思想、经济上有直接联系者)有重大问题的，应附调查证明和考生本人的认识材料。

有下列情形之一者，不予录取：

有反对四项基本原则的言行，经教育而坚持不改的；

扰乱社会治安，走私贩私，贪污盗窃，或有其他犯罪行为的；

品质恶劣，道德败坏，或有流氓、偷盗行为，屡教不改的。

对曾有上述问题，经过一年以上考察，确已悔改，表现好的，由考生所在学校提供证明材料，经区、县以上教育部门批准，可以提供档案，由招生学校审查，决定是否录取。

2. 考生的身体健康状况检查，由招生学校委托区、县级以上医院严格按照国家教委和卫生部制定的《普通中等专业学校招生体检标准》进行，并执行原国家教委教职[1994]5 号《关于普通中专招生体检工作意见的通知》。主检医师应由主任医师担任。体检工作人员应认真学习和掌握体检标准，防止偏宽、偏严及弄虚作假。

招生学校对考生身体条件提出其他要求，须经市教育招生考试中心批准。

四、考试(专业考试和文化考试)

(一)专业考试

1. 美术、音乐(含戏曲、舞蹈、杂技、曲艺等)、体育专业考试，由招生学校确定专业考试内容，主管部门审核后，经市教育招生考试中心批准生效。

2. 美术、音乐(含戏曲、舞蹈、杂技、曲艺等)、体育专业考试的评分标准、计分办法均按市教育招生考试中心审定的“天津市普通中专、成人中专学校艺术、体育专业招生考试评分标准的规定”执行。

3. 3 月 27 日至 4 月 11 日期间内进行专业初试与复试。各类复试具体时间，由市教育招生考试中心中专处统一协调安排。

4. 考生凭报考学校的专业考试准考证，在指定地点参加考试。

5. 各校将最后一次专业复试合格的考生的最终成绩，按报考专业(项)、从高分到低分的顺序排列，打印一式二份，于复试结束后两日内报市教育招生考试中心中专招生处并报盘。

6. 根据招生计划、考试成绩、生源等情况，按一定比例划定专业考试合格分数线。专业考试成绩在专业考试合格分数线以上者方可参加文化考试，参加文化考试的人数要大于计划招生数一定的倍数。

7. 专业考试结束后，对参加文化考试的考生要进行政审，由考生所在学校填写“一九九九年天津市普通中专、成人中专学校艺术、体育专业考生情况调查表”并加盖公章，在领取文化考试准考证时交回招生学校。

(二)文化考试

1. 招收小学生的学校或专业，考试科目为：语文、数学；招收初中生、高中生的学校或专业，考试科目为：政治、语文、数学、英语(体育运动专业不考英语)。

2. 按照本市全日制中小学教学大纲统一要求，毕业年级的考生，考全学年应学的知识；非毕业年级的考生,考本学年第一学期应学的知识。考试范围按《天津市艺术体育普通中专学校招生文化考试大纲(试行)》执行。

3.文化考试时间:4月25日。

4.关于文化考试准考证号的编制。

为了实行考试的规范化管理,文化考试准考证号的编制做如下规定:文化考试准考证号共9位,从左至右第1、2位为学校代号;第3、4位为专业代号;第5位为年级代号;第6、7、8、9位为考生的顺序号。

学校代号规定如下:11——市体校,12——二体校,13——武清体校,14——蓟县体校,15——宝坻体校,21——艺术学校,22——音乐学院附中,23——北方曲校,24——工艺美校,25——纺织学校,31——职工美术中专,32——服装职工中专,33——誉华职工中专,34——纺织干部中专,35——一轻干部中专,36——广育职工中专,37——冶金干部中专,38——华苑职工中专,39——建材工业职工中专,40——化学公司职工中专,41——塑料公司职工中专,42——轻工经贸职工中专。

专业代号由各校按专业(项)及招生计划自行编制。(注:必须是两位阿拉伯数字且和专业考试准考证号中的专业代号内容相同。)

年级代号规定如下:3——小学三年级,4——小学四年级,5——小学五年级,6——小学六年级,7——初中一年级,8——初中二年级,9——初中三年级,1——高中一年级,2——高中二年级,0——高中三年级。

5.考生凭报考学校的专业考试准考证和文化考试准考证(缺一不可),在规定的考场参加文化考试。

6.考生的文化成绩通知单由招生学校贴在考生报名登记表上,装入学生档案,文化和专业考试成绩只通知考生本人,不准查阅试卷。

五、录取

1.录取工作在市教育招生考试中心统一领导下,由中专招生处具体组织实施。

每个考生的考生报名登记表、体检表、考生情况调查表和专业、文化考试成绩作为录取时的依据。

市教育招生考试中心根据各专业考生的文化考试成绩,参照各专业(项)的招生计划,既要保证新生的专业水平,又要保证考生的文化素质,确定各校、各专业文化考试最低控制分数线;由招生学校考核考生全面情况,择优录取;各办学主管部门负责专业考试把关,发挥协调监督作用,共同做好招生工作。

2.贯彻德、智、体全面考核,择优录取的原则。

在政治思想品德考核和身体健康状况检查合格,文化考试成绩达到最低控制分数线的考生中,招生学校根据考生所报的志愿,按照专业考试成绩从高分到低分择优录取(天津市工艺美术学校按照考生文化考试成绩与专业考试成绩的分数之和从高分到低分择优录取)。

3.招生学校确定录取新生意见时,需向市教育招生考试中心提出书面报告,经市教育招生考试中心审批后,再行办理录取手续。

办理录取手续,应先核实招生计划。属于照顾录取的考生,应审验相应原始证件,学校填写录取新生登记表(一式四份)。

招生学校按照录取新生所在区、县、学校,填写“新生录取调档单”(一式三份)和市教育招生考试中心统一印制的“录取通知书”，加盖学校公章，报市教育招生考试中心中专招生处审查签章。其中一份调档单交市教育局招生办公室，另一份调档单交有关区、县招生办公室。

4. 根据国家教育部、国家体育总局、文化部有关文件精神，对于符合规定条件的考生，可以适当给予照顾。

符合下列条件之一的考生，录取时文化考试成绩增加 40 分：

美术专业考试成绩前三名、专业平均成绩在 90 分以上者(含 90 分)。

在初中阶段参加全国性以上等级的美术比赛，获优秀奖、创作奖的考生；

音乐(含戏曲、舞蹈、杂技、曲艺等)专业考试成绩总分在 90 分以上者(含 90 分)；

参加全国性以上等级比赛，获奖节目的主要演员；

体育专业考试成绩总分在 90 分以上者(含 90 分)；

报考体育运动学校专项成绩达国家一级运动员标准的；在全国性重大比赛中获个人前八名或集体项目前八名的主力队员；

具备特殊条件，确有培养前途的考生，经有关部门和专业人员鉴定，市教育招生考试中心审批，也可享受此项照顾。

考生在学时，获省、自治区、直辖市授予的三好学生、优秀学生干部、模范团员、优秀少先队员等称号者，文化考试总成绩增加 12 分。

符合下列条件之一的考生，文化考试总成绩增加 10 分：

获省、自治区、直辖市级科技、文化竞赛个人前六名或集体项目前六名的主要队员；地(市)级科技、文化竞赛个人前三名或集体前三名的主要成员。

获省、自治区、直辖市级体育竞赛个人前六名或集体项目前六名的主力队员；地(市)级体育竞赛个人前三名或集体项目前三名的主力队员；

烈士子女、归侨青年、归侨子女、华侨子女、台湾省籍、香港、澳门地区的考生和少数民族的考生。

属于以上照顾范围的考生，须在办理文化考试报名手续时向报考学校交验相应的原始证件，与其他考生一同办理录取手续。

六、加强领导，廉洁自律

1. 艺术、体育类学校的招生，是一项政策性很强的工作。各级招生部门都要有全局观念，加强招生录取工作的领导，严格按照有关政策规定，统一领导，精心组织，搞好协调。要增强招生工作的透明度，坚决杜绝徇私舞弊、弄虚作假等不正之风，确保招生工作顺利进行。

2. 各校要组建有校级主要领导参加的招生委员会，下设招生办公室，负责招生日常工作。专业考试时，设专业(项)考试组、考分登统组、宣传组、保卫组、后勤组等。招生工作人员要选配思想作风正派、坚持原则、严守纪律、工作责任心强、业务水平较高的干部、教师担任。有子女报考本校的教职工，其本人不能参与招生工作。

为保证新生入学质量，新生入学后要认真进行复查，凡不符合条件或有舞弊行为而入学的新生，一经查证核实，取消学籍。

3. 各级招生部门和招生工作人员，要自觉接受群众监督，严格执行招生规定，遵守招生纪律。对于违法乱纪、徇私舞弊者，按照有关规定严肃查处。

一九九九年三月三日

1999年天津市普通中专、成人中专学校艺术、体育专业招生专业考试规定

津中招办字[1999]2号

各招生学校：

为公正选拔艺术、体育专业人才，根据有关规定和我市具体情况，现就今年艺术、体育专业招生的专业考试，做如下规定：

一、组织机构

1. 各招生学校要建立校级主要领导参加的招生委员会，下设招生办公室负责日常招生工作，专业考试时建立专业考试考评组（若干个）、登统组、宣传组、保卫组、后勤组等。其成员应由思想作风正派，坚持原则，严守纪律，工作责任心强，业务水平较高，有一定教学经验和组织专业考试经验的专业教师、干部等组成。凡有直系亲属报考本校的职工，不得参与招生考试的各项工作。

2. 招生委员会的职责是：

(1)领导和负责组织专业考试的命题和审定工作、专业（项）考试、成绩评定和考分登统、统计、造册等工作。

(2)负责确定各专业（项）考试考评组、考分登统组、宣传组、保卫组、后勤组等人选。

(3)全面负责报考本校考生专业（项）考试成绩的最终审定。

(4)负责裁定有争议的考生成绩；负责解答群众对考生专业成绩提出的异议等问题。

3. 各专业（项）考试考评组应由中级以上（含中级）职称教师（教练）组成。美术专业由三人以上组成。音乐专业（含戏曲、舞蹈、杂技、曲艺等）每个专业考试考评组由五人以上组成。体育专业（项）各专业考试考评组，达标项目要由主考教师、监察员、记分员等三人或五人组成；技评项目由五人或七人组成。

专业考试考评组的职责是：

(1)在学校招生委员会的领导下，具体负责组织专业（项）考试工作和考生成绩的评定工作。

(2)按照评分标准的有关规定，公正准确地记录（评定）每个考生的成绩。

(3)评定考生成绩如有争议，负责提交招生委员会集体裁定。

4. 考试成绩登统组由三至五人组成，其职责是：

在招生委员会领导下，集中专业考试考评人员对每个考生评定的成绩，按统一计分办法计分、核分。按专业从高分到低分顺序排列，填写“表三”或“表五”，经复查无误后，交学校招生委员会审定，在规定时间内报市教育招生考试中心中专招生处一份。

二、计分办法

1. 美术、音乐专业（含戏曲、舞蹈、杂技、曲艺等）和体育专业每科（项）最终成绩的计分办法是：三人以上（含三人）评分，去掉一个最高分和一个最低分，取其余分数之和的平均分为每

科(项)最终成绩;七人以上(含七人)评分,去掉二个最高分和二个最低分,取其余分数之和的平均分为每科(项)最终成绩。每科(项)的最终成绩之和就是考生的总的最终成绩。

2. 美术专业考生每科最终成绩的评定办法是:首先在试卷规定位置上编号,然后考评组集体对考生各科试卷按水平分别从高到低划分四个档次。再由考评组成员对每个考生试卷在确定档次的分数段内,单独评分。

3. 体育专业考试时,凡是计时的项目,要求三块表计时。凡是测量高度、远度的项目,每个考生的成绩要当场、当众宣布,宣布的成绩、测量的成绩、记录的成绩三者要一致。监察员要严格把关、签字。不经过主要领导签字的涂改成绩无效。

4. 体育专业考生体育测试总成绩满分为100分,其中身体素质占30至40分,专项技术、专项达标、身体形态机能等其他测试项目(根据不同性质专项不同比例)占60至70分。将各项测试的最终成绩按评分标准换算为分数值,再按各项测试内容应占总成绩的百分比,换算为各项最终成绩,各项的最终成绩之和,即为该考生的最终总成绩。

5. 凡以试卷为测试手段的专业(项),考试成绩划分档次、评定成绩等工作,必须在试卷密封的情况下进行,发现试卷上有规定以外痕迹的试卷一律作废。监考人员不得参与试卷成绩评定工作。记录考生成绩单卡上的成绩,不得涂改。每个考评人员对每个考生的每个专业(项)的评定成绩,都要签字,否则无效。

三、关于专业考试准考证号的编制

为了实行考试的规范化管理,专业考试准考证号的编制做如下规定:专业考试准考证号共7位,从左至右第1、2位为学校代号;第3、4位为专业代号;第5、6、7位为考生的顺序号。

学校代号规定如下:11——市体校,12——二体校,13——武清体校,14——蓟县体校,15——宝坻体校,21——艺术学校,22——音乐学院附中,23——北方曲校,24——工艺美校,25——纺织学校,31——职工美术中专,32——服装职工中专,33——誉华职工中专,34——纺织干部中专,35——轻工干部中专,36——广育职工中专,37——冶金干部中专,38——华苑职工中专,39——建材工业职工中专,40——化学公司职工中专,41——塑料公司职工中专,42——轻工经贸职工中专。

专业代号由各校按招生计划自行编制。(注:必须是两位阿拉伯数字且和文化考试准考证号中的专业代号对应相同)。

考生顺序号均须将001作为首号进行编制。

专业考试的初、复试准考证限用同一准考证。

四、专业考试命题

1. 由招生委员会确定命题人员。

2. 命题人员要选派思想作风正派,严守纪律,工作责任心强,业务水平较高,具有中级(含中级)以上专业职称,从事专业教学,组织专业考试有经验的人员。

命题人员要全面了解本专业各学科的基本素质要求和熟练掌握各学科评分标准。

3. 音乐(含戏曲、舞蹈、杂技、曲艺等)专业,在临考前或当场命题;美术专业,在临考前一天命题。

音乐(含戏曲、舞蹈、杂技、曲艺等)专业各科命题不得少于五套(自选题和规定题除外);美术专业各科命题不得少于三套。

4. 音乐(含戏曲、舞蹈、杂技、曲艺等)专业,由各专业考试考评教师分别命题后,交招生委员会主任(或考评组长)审选修定或由招生委员会指定专人命题。考题密封后,由学校主管领导指定专人存入保险柜,临考前交与专业考评人员。

美术专业考试由学校主管领导、招生委员会主任和招生主管部门人员共同当场抽签确定考题,予以密封,然后由学校主管领导指定专人存入保险柜,临考前交与监考人员。

五、关于试卷、成绩的管理和登记统计

1. 专业考试的试卷成绩单卡的密封、保管、启封、过录、登记、统计、审核等是一项保密性很强的工作,各校领导和上级主管部门的领导,要高度重视,严格把关,严格按照手续、制度办事。要选派工作责任心强,遵纪守法的人员从事上述工作。

2. 专业考试试卷,由监考人员在考场启封和考毕密封;专业(项)测试的原始成绩单卡,测试完毕经有关人员签字后要立即封装,美术专业各科均采用三角密封法。作弊考生的试卷,经考点主任批准,宣布作废,不予密封。

3. 试卷、原始成绩单卡密封后,应立即存入保险柜或有严格保险设施的柜橱内,由二或三人共同负责保管。存入和开启时,必须由全体保管人员共同参加,并记录存入、开启时间、理由,保管人员和领取人员(不少于三人)要有共同签字。

4. 登记、统计试卷、原始成绩单卡的启封,应由保管人员和登记统计人员共同启封。

5. 登记、统计人员将各专业考评人员对每个考生评定的成绩,按统一计分办法予以登记、统计。先单科登统,再合成各科总分,每科(或每项)登统后进行核查,确认无误后登统人员和检查人员分别签字。

六、专业考场要求

进行专业考试的考场、场地、考具、器材、设施等,必须依据专业(项)要求安排。其中美术专业的考场,布置完毕后,须封闭至开考。

七、纪律要求

1. 各校主管招生的领导、招生专业委员会,要在考前认真组织专业考试考评人员、考务人员反复学习专业考试有关规定,熟悉专业考试整个程序,全面了解专业各学科的基本要求并熟练掌握各学科评分标准。

2. 考评人员应独立评定考生成绩,不得相互交换意见。评分要公正、合理,防止有意识的评高分或低分。坚决杜绝徇私舞弊、弄虚作假等不正之风。

3. 考分登统人员,在确定专业分数线之前,不得以任何形式向任何人泄露考生的考分和名次排列情况。招生委员会只负责审定专业(项)考试、成绩等情况。考生姓名和考试成绩不能同时审定。

4. 参加专业考试命题、监考、考评等工作人员,要严格执行招生考试政策、规定,加强组织纪律,保守秘密。不得泄露考题,违者将视情节轻重给予行政处分直至追究法律责任。

一九九九年三月四日

1999年天津市普通中等专业学校体育特长生招生实施办法

津中招办字[1999]3号

各区、县教委(教育局)、各招生学校：

为公正合理地选拔体育特长人才，更好地发展普通中专的体育事业，根据我市具体情况，现就1999年普通中等专业学校体育特长生招生做如下规定：

一、招收体育特长生学校应具备的条件

各普通中专学校均可招收体育特长生。

二、体育特长生应具备的条件

以下三个条件具备其一，即可视为具备申报体育特长生资格：

1. 初、高中应届毕业生，符合普通中等专业学校招生报名资格。

2. 初中应届毕业生在初中阶段获省、自治区、直辖市及其以上级别体育竞赛单项前六名或集体项目前三名的主力队员，获区、县级运动会前三名的队员。

3. 高中应届毕业生在高中阶段获省、自治区、直辖市及其以上级别体育竞赛单项前六名或集体项目前三名的主力队员，获区、县级运动会前三名的队员。

三、招收体育特长生的组织领导

各校要建立由校长、主管招生工作的校长、招生办主任、体育教研室主任、体育教师参加的招收体育特长生领导小组。具体负责体育特长生资格的审查、校内测试、测试成绩登分汇总、统计、资料报送等项工作。

招收体育特长生工作的每个环节都要有文字记录和负责人、经办人签字。

四、招收体育特长生的实施办法

1. 符合体育特长生条件的考生应填写《体育运动成绩申报表》，由招生学校审验资格，报市教育招生考试中心中专招生处复查。

上报材料有：(1)经区县、市体委、教育局盖章，承办人签字的《体育运动成绩申报表》；(2)体育竞赛中取得规定名次的体育运动成绩原始证件(秩序册，成绩册)。

2. 由各校负责组织体育特长生进行校内测试，并逐项填写测试成绩表，由领导小组负责人签字负责。考试中心以学校测试成绩和体育竞赛成绩为审核依据。

3. 各校要将校内测试成绩表及文化考试成绩单按要求的时限及时上报，超过时限影响录取由招生学校负责。

五、录取和报档

1. 体育特长生的文化成绩须具备应届初、高中毕业生升学报考的资格。

2. 体育特长生填报志愿时第一志愿必须填报被推荐的招生学校。

3. 体育特长生的文化考试成绩、专业成绩均达到规定标准，考生即视为录取，录取手续随招生学校招生时一并办理。

4. 市教育招生考试中心中专招生处将录取名单发给有关区、县招办进行调档，体育特长生数不占各区、县报档数。

5. 体育特长生名额占招生学校的招生计划数。

六、跨省市招生

市属普通中专学校不允许跨省、市招收体育特长生。部属学校招收的外地体育特长生须具备本《办法》规定的体育特长生条件，由当地省、自治区、直辖市招生部门统一考试录取，并且占用当地招生计划数。

七、其它

1. 在开学后三个月内，市教育招生考试中心中专招生处将组织有关人员，对当年招收的体育特长生进行抽测，并将成绩记录在案。

2. 为保证体育特长生招收工作的公平、公正、公开，严肃招生纪律，维护招生工作的声誉，特规定如下：

(1)凡在招收体育特长生过程中弄虚作假的学校，三年内不准招收体育特长生，并在全市范围内通报批评；对有关责任人，会同纪检部门严肃处理。

(2)对冒名顶替的考生一经查出，取消学籍，退回原区县招办。

1999年5月13日

关于普通中等专业学校招生面试工作的规定
（招收初中毕业生）

津中招办字[1999]4号

各区县教委、招生学校：

为了进一步增强普通中等专业学校招生面试工作的科学化和规范化管理，特做如下规定：

一、需面试的招生学校

根据国家教委有关文件及招生专业的特点和要求，经研究，批准天津市司法警官学校、天津市国际商务学校、天津市开发区中专学校、天津市中医学院中专部（一附院）为今年的需面试学校。其面试结果作为录取时的依据之一。

二、面试时间和地点

面试时间应安排在公布中考成绩之后至正式填报志愿之前，具体时间和地点由招生学校在其招生简章中予以公布。

三、面试的组织管理

1. 需面试的招生学校，应在规定时间内制定面试标准，并报中专招生处批准。招生学校要向社会公布面试标准。

2. 各招生学校要建立由校长、主管招生工作的副校长、招办主任等有关方面负责人参加的面试领导小组，全面负责有关面试标准的制定、组织实施、成绩登统、资料报送等项工作。

3. 各招生学校要建立测评组、成绩记录组等组别，负责面试工作的具体实施，各组要指定专人负责，各司其职、各负其责，相互监督。每一个环节都要做好记录，并由经办人和负责人共同签字，存档备查。

4. 参加面试的考生要携带中考准考证、户口本、中考成绩单和与中考准考证同一底版的照片及要求必带的物品。

5. 面试工作结束后，各招生学校在规定时间内报送面试合格人员名单。名单内容包括：报名号、姓名、性别、文考总分，所报名单应按男、女分列从高分到低分排序。报送名单将作为录取时的依据之一，名单一经报送不准以任何理由进行增减。

6. 各招生学校应在面试时或结束后公布面试合格人员名单。

四、面试方法

1. 面试学校应对市区考生参加面试制订面试分数线。

2. 面试学校招收非市内六区的考生不举行提前面试。采取由区县招办按照面试标准把关审核、面试学校在预报到时复审的办法进行。

五、录取

未参加面试或面试不合格的考生，面试学校不予录取。

六、纪律要求

面试工作的好坏直接决定着考生的升学前途。有关人员一定要秉公办事，公正廉洁，自觉地接受社会监督，用高度的事业心和责任感约束自己的行为，不优亲厚友，厚此薄彼，要严守秘密，遵守纪律，对违反纪律的人要进行严肃处理。各招生学校要在面试工作中注意总结、积累经验，进一步完善面试工作。

1999 年 6 月 16 日

天津市 1999 年普通中专、成人中专学校（招收初中毕业生）招生规定

津中招办字[1999]5 号

各区县教委、各招生学校：

根据国家教委《关于做好 1999 年普通中等专业学校招生工作的通知》（教职成厅[1999]1 号）和我市具体情况，现就 1999 年普通中专、成人中专学校（招收初中毕业生）招生做如下规定：

一、招生对象和报名条件

具有本市正式户口，年龄不超过 18 周岁（1981 年 9 月 1 日后出生），参加 1999 年初中毕业升学考试的应届初中毕业生。

拥护党的基本路线，热爱祖国，遵纪守法，决心为社会主义现代化建设勤奋学习。

二、报名和填报志愿

1. 考生于就学学校报名并填报志愿。

2. 报考普通中专学校、成人中专学校的考生，最多可填报两个志愿学校。

3. 填报志愿时，只填报志愿学校名称，不填报专业。

4. 报考既有定向招生计划又有并轨招生计划的市区考生，只填报学校名称，不区分计划类别。

5. 未注明是否服从分配者，视为不服从分配。

6. 考生应根据不同类型学校和专业并针对自身身体条件，参照1999年普通中专体检标准和要求填报志愿。成人中专学校参照普通中专标准执行。

7. 填报志愿后不得更改。

8. 各区县招生部门和学校，应根据招生规定、体检标准和招生学校（专业）的具体要求，做好考生填报志愿的指导工作，鼓励考生根据社会需要选择志愿学校。要充分尊重考生志愿，不得对考生填报志愿附加本规定以外的其他限制条件。

三、政治思想品德考核

1. 政治思想品德考核主要看考生本人的表现。

2. 考生所在学校应对考生的政治态度、思想觉悟、道德品质等作出全面鉴定。对犯过严重错误的考生，应负责提供所犯错误的事实、处理意见和本人对错误的认识及改正错误的表现等材料。严禁弄虚作假。

3. 考生的直系亲属（指父母或抚养者）或主要社会关系（指与考生在政治思想、经济上有直接联系者）有重大问题，应附调查证明材料。

4. 凡属下列情况之一者，不予录取：

(1)有反对四项基本原则的言行，经教育而坚持不改的。

(2)扰乱社会治安，走私、抢劫、盗窃，或有其他犯罪行为的。

(3)品质恶劣，道德败坏，或有流氓、偷摸行为，屡教不改的。

(4)曾有上述问题，经过一年以上考察，确已悔改，由考生所在学校证明，经区县以上教育部门批准，可以提供档案，由招生学校审查，决定是否录取。

四、身体健康状况检查

1. 身体健康状况检查，执行教育部、卫生部制定的《普通中等专业学校招生体检标准》。

2. 规定的体检项目不得漏检。弄虚作假者，取消其录取资格。

3. 招生学校对考生身体健康状况检查项目或标准提出其他要求，应出具国家教育部及有关部、委的文件。

五、考生档案和档案报送

1. 报考普通中专、成人中专学校的考生档案由考生所在学校建立，区县教委主管中专招生的部门审核。

2. 各区县主管招生部门，应按照市教育招生考试中心下达的报档数，根据考生志愿，将档案按男女分列从高分到低分排档。

3. 市区报送档案的比例为1∶1.07。

4. 非市区的报送档案的比例为1∶1，同时报送不超过招生计划数3%的档案备用。

5. 考生档案应一次报齐。

六、面试

1. 今年普通中专将有4所学校需要提前面试，这4所面试学校是：天津市中医学院中专部（一附院）、天津市国际商务学校、天津市司法警官学校、天津市开发区中专学校。

2. 凡准备报考上述4所学校并达到该校要求的面试分数线的市区考生均需参加提前面试，并在规定的时间内到指定地点参加面试，合格者方可填报该校志愿。未参加面试或参加面试不合格的考生均不录取。

3. 其他具体事项按照《关于普通中等专业学校招生面试工作的规定》(津中招办字[1999]4号)执行。

七、普通中专继续招收体育特长生

1. 体育特长生是指初中应届毕业生在初中阶段获省、自治区、直辖市及其以上级别体育竞赛单项前6名或集体项目前3名的主力队员，获区县级运动会前3名的队员。

2. 体育特长生由各招生学校负责组织、测试并进行资格审查，市招考中心以学校测试成绩和体育竞赛成绩为审核依据，按有关规定录取。其它具体事项按《1999年天津市普通中等专业学校体育特长生招生实施办法》(津中招办字[1999]3号)执行。

八、录取

普通中专、成人中专学校录取工作由市教育招生考试中心中专招生处统一组织，各招生学校审查录取。

1. 贯彻德、智、体全面考核，以文化知识考核为主，根据考生志愿顺序，从高分到低分择优录取的原则。

2. 外地、本市学校同时录取。

3. 录取时尊重考生志愿。

4. 实行按比例开档的办法。

5. 按照招生政策属于加分照顾的，一律按市教育局有关规定执行，中专录取时不再另外享受加分照顾。

6. 既招定向计划生又招并轨计划生的学校，录取市区学生时，从最高分开始先录取定向计划生，额满为止。然后再录取并轨计划生。

九、新生入学

1. 已被普通中等专业学校录取的新生，由录取学校发予录取通知书。录取通知书须有招生学校招生专用章和天津市高等学校中等专业学校招生委员会中专学校录取专用章。

2. 已被成人中等专业学校录取的新生由录取学校发予录取通知书。录取通知书须有招生学校的招生专用章。

3. 新生须按规定的时间到录取学校办理入学注册手续。无正当理由逾期不注册者，取消其入学资格。录取学校要对入学新生进行复查，不符合录取条件的取消其入学资格。

4. 普通中等专业学校按市教育招生考试中心的统一安排及时完成新生户口迁转工作。

5. 成人中等专业学校新生户口性质不变，不办理新生户口迁转手续。

十、切实加强领导，严肃招生纪律

各级招生部门要加强招生工作的领导，健全机构，充实力量，总结经验，提高水平。要建立健全规章制度，教育招生工作人员，接受群众监督，遵纪守法，秉公办事。要严格执行招生政策，自觉接受群众监督。对敢于抵制不正之风的人员要给予支持和鼓励；对弄虚作假、徇私舞弊者，依照国家有关法令严肃查处。

1999年6月29日

关于做好 1999 年普通中专新生户、粮关系迁转审批工作的通知

津中招办字[1999]6 号

各有关中专学校：

1999 年普通中等专业学校本市招生工作业已结束，新生户口、粮食关系的迁转申报、审批工作即将开始。此项工作关系到学生的切身利益，需要严肃认真办理，各学校务必予以高度重视，严格按规定的要求和时间及时申报。此项工作由学校招生工作人员和保卫部门共同组织实施。新生入学户、粮关系迁转工作，当年问题当年解决。凡属因工作疏忽造成的遗留问题，当年不再办理补报手续。现将户、粮关系迁转工作的有关规定及工作程序通知如下：

1. 按规定要求填写"1999 年新生户口来源统计表"(见附件一)，此表于 10 月 11 日送到中专招生处，同时购领"农转非"计划卡片，缴纳"农转非"卡片工本费。为避免填写笔误等因素造成的"农转非"卡片的作废，学校可多购领一定量的"农转非"卡片。

2. 今年录取的本市十三区非农业户口的学生和座落在五县的中专学校招收的五县非农业户口的学生不办理户口迁移，对录取的其他学生，仍按原规定办理。

3. 按"普通中专学校新生户口迁转审报表"(见附件二)的规定要求，提前做好登记造册的工作。新生的户口、粮食关系、录取通知书等按登记造册的相同顺序分别排列。

4. 在今年办理户口迁转工作中，必须一律使用全国统一的"防伪"户口迁移证，市内六区、滨海三区和新四区(简称十三区)的户口迁移必须使用天津市市内户口迁移证，并且逐项填写清楚、完整，不许有任何涂改。所填身份证号必须正确清晰，否则不予办理。

5. 凡今年在本市招收的新生，其"录取通知书"上必须加盖天津市高等学校中等专业学校招生委员会中专学校录取专用章，在外省市招收的新生，其"录取通知书"上必须加盖当地地市级以上招生部门录取专用章。

6. 办理外省新生户口时，每生须向市户口办公室交一张一寸正面免冠照片，并将照片统一贴在户口迁移证的右上角。新生粮食关系可凭派出所签发由市户口办公室盖章的常住户口卡片，到粮食部门办理粮食关系。外省新生身份证可直接到天津市公安局制证中心办理，本市考生仍按以往常规做法办理。

7. 为了便于学校做好户、粮关系迁移审批的准备工作，提高审批效率，请各学校严格按照日程规定按时到中专招生处办理审批手续(审核日程安排表见附件三)，提前或错后均不予办理。

附件一：1999 年普通中专新生户口来源统计表(略)

附件二：普通中专学校新生户口迁转申报表(略)

附件三：普通中专学校新生户口审批工作日程安排表(略)

1999 年 9 月 22 日

办理新生户口审批工作要求

一、新生户口迁转申报表(附表二)填写说明：

此表共分三册：外省市部分；五县和铁厂部分各一册，并在封面注明。每册按录取大表内容顺序先“农业”后“非农业”顺序造册。市内六区、滨海三区和新四区部分(简称十三区)，只办理“农业”户口。

注：

1. 每册封面要求填写清楚计划类别、总人数和“农业”与“非农业”的总人数以及各具体区县的人数和分“农业”与“非农业”的人数。

2. 每册必须整体按先“农业”后“非农业”顺序分块填写。

如：五县和铁厂部分，先将五个县和铁厂的所有属于“农业”户口性质的内容按静海、武清、宝坻、蓟县、宁河、铁厂依次填写完之后，再另起一页依次填写属于“非农业”户口性质的内容。

3. 每册一式五份，填好一份后复印四份，对应装订成册。此表最好用计算机打印。

二、办理审核工作时需携带的材料：

1. 录取新生简明登记表　　2.“农转非”卡片

3. 户口迁移证　　4. 录取通知书　　5. 粮食关系

三、审核时间要求：

上午8：30开始至11：30结束，下午2：00开始至4：30结束。各校到市招考中心中专处办理审核工作，具体时间安排详见附表三。望各校严格遵守审核时间，均按开始办理时间报到，以免影响其他学校的审核工作。

统计资料

一、普通高校招生统计资料

1999年全国普通高等学校在天津录取新生情况统计表(表一)

项目		数字	百分比
总计		28064	100%
类别	男	13940	49.67%
	女	14124	50.33%
面貌	共产党员	17	0.06%
	共青团员	25672	91.48%
分布情况	理工类	21384	76.20%
	文史类	5447	19.41%
	艺术类	836	2.98%
	体育类	397	1.41%
新生类别	城镇应届高中毕业生	16809	59.90%
	农村应届高中毕业生	6251	22.27%
	城镇往届高中毕业生	2703	9.63%
	农村往届高中毕业生	2301	8.20%
录取新生中	少数民族青年	1112	3.96%
	归侨子女及台籍青年	33	0.12%
	市级以上三好生	196	0.70%
	市级以上优秀学生干部	268	0.95%
	科技发明及单项优胜	12	0.04%
	体育特长生	153	0.55%
	职业技术学校应届毕业生	1362	4.85%
	保送生	171	0.61%
	残疾青年	0	0%
	年龄超过25周岁青年	0	0%

1999年全国普通高等学校在天津招生计划与录取情况统计表

学校批次	科类	招生计划	实际录取	增减情况	备注
提前录取院校	理工	381	391	10	
	文史	55	46	−9	
	小计	436	437	1	
重点和随重点录取院校	理工	5153	5263	110	
	文史	1557	1582	25	
	小计	6710	6845	135	
一般本科院校	理工	6136	6280	144	
	文史	1263	1423	160	
	小计	7399	7703	304	
专科院校	理工	2812	3353	541	
	文史	802	866	64	
	小计	3614	4219	605	
电视大学专科班	理工	720	724	4	
	文史	410	476	66	
	小计	1130	1200	70	
新高职	普高生	4600	5489	889	
	三校生	1595	1452	−143	
	小计	6195	6941	746	
保送生	理工	105	116	11	
	文史	60	55	−5	
	小计	165	171	6	
单独招生		531	548	17	
艺术院校		541	650	109	
体育院校		160	163	3	
合计		26881	28064	1183	

注：艺术、体育院校的录取人数已包含在本专科统计数中。

1999年全国普通高等学校招生统一考试天津市考生成绩统计表(文史类)

分数段	人数	累计人数	分数段	人数	累计人数
710—750分	0	0	450—459分	473	3976
700—709分	0	0	440—449分	442	4418
690—699分	0	0	430—439分	448	4866
680—689分	0	0	420—429分	403	5269
670—679分	0	0	410—419分	346	5615
660—669分	0	0	400—409分	339	5954
650—659分	1	1	390—399分	304	6258
640—649分	2	3	380—389分	283	6541
630—639分	0	3	370—379分	225	6766
620—629分	3	6	360—369分	206	6972
610—619分	6	12	350—359分	215	7187
600—609分	7	19	340—349分	186	7373
590—599分	25	44	330—339分	173	7546
580—589分	38	82	320—329分	177	7723
570—579分	66	148	310—319分	148	7871
560—569分	79	227	300—309分	141	8012
550—559分	131	358	290—299分	118	8130
540—549分	156	514	280—289分	120	8250
530—539分	159	673	270—279分	92	8342
520—529分	249	922	260—269分	88	8430
510—519分	298	1220	250—259分	88	8518
500—509分	410	1630	240—249分	63	8581
490—499分	428	2058	230—239分	70	8651
480—489分	472	2530	220—229分	43	8694
470—479分	467	2997	210—219分	34	8728
460—469分	506	3503	209分以下	273	9001

1999年全国普通高等学校招生统一考试
天津市考生成绩统计表(理工类)

分数段	人数	累计人数
710—750分	0	0
700—709分	0	0
690—699分	0	0
680—689分	1	1
670—679分	2	3
660—669分	10	13
650—659分	9	22
640—649分	23	45
630—639分	48	93
620—629分	85	178
610—619分	119	297
600—609分	158	455
590—599分	189	644
580—589分	255	899
570—579分	282	1181
560—569分	351	1532
550—559分	432	1964
540—549分	537	2501
530—539分	551	3052
520—529分	614	3666
510—519分	710	4376
500—509分	771	5147
490—499分	845	5992
480—489分	970	6962
470—479分	989	7951
460—469分	1093	9044
450—459分	1204	10248
440—449分	1177	11425
430—439分	1188	12613
420—429分	1216	13829
410—419分	1163	14992
400—409分	1124	16116
390—399分	1093	17209
380—389分	997	18206
370—379分	904	19110
360—369分	857	19967
350—359分	753	20720
340—349分	752	21472
330—339分	659	22131
320—329分	552	22683
310—319分	512	23195
300—309分	458	23653
290—299分	416	24069
280—289分	401	24470
270—279分	339	24809
260—269分	311	25120
250—259分	246	25366
240—249分	242	25608
230—239分	230	25838
220—229分	259	26097
210—219分	212	26309
209分以下	1495	27804

1999年全国普通高等学校招生统一考试天津市考生各科分数统计表

科类		理工类					文史类				
科目		语文	数学	外语	物理	化学	语文	数学	外语	政治	历史
考试人数		27804	27804	27804	27804	27804	9001	9001	9001	9001	9001
分数段	140以上	0	18	4	330	148	0	5	0	1	2
	130—139分	13	127	61	745	932	12	31	12	75	2
	120—129分	353	410	453	1321	2176	170	125	141	764	12
	110—119分	2308	1021	1523	1880	3250	966	388	506	1947	122
	100—109分	6028	2227	2914	2603	3944	2182	749	944	2058	981
	90—99分	8248	3713	4082	3320	3909	2479	1198	1277	1452	2488
	80—89分	6265	5235	4683	3704	3349	1769	1490	1504	958	2398
	70—79分	3017	5623	4525	3398	2681	854	1289	1319	682	1463
	60—69分	963	4243	3733	2689	1892	290	1051	1041	416	708
	50—59分	214	2512	2658	1999	1285	75	810	860	267	417
	40—49分	62	1383	1709	1353	642	23	504	579	148	165
	30—39分	12	609	873	764	293	9	380	471	49	59
	20—29分	4	288	248	365	67	1	372	165	9	8
	10—19分	2	64	13	99	9	1	298	9	0	2
	0—9分	315	331	325	3234	3227	170	311	173	175	174

二、研究生招生统计资料

1999 年硕士研究生入学考试 全国统一命题科目成绩统计表

天津市招生委员会办公室　　1999 年 3 月 15 日

考试科目	实考人数	平均分	及格率 %	考试成绩								
				90 以上	80—89	70—79	60—69	55—59	50—54	45—49	40—44	39 以下
政治理论(文)	1683	61.19	58.70	3	36	312	637	280	201	116	68	30
政治理论(理)	5226	61.08	60.37	7	105	1000	2043	820	538	332	203	178
英语	6612	49.40	24.74	2	90	363	1181	858	944	827	727	1620
俄语	61	50.08	24.59	1	2	3	9	7	12	5	9	13
日语	106	55.29	46.23	0	12	14	23	8	7	11	9	22
数学一	1931	51.92	39.67	12	100	256	398	162	188	179	137	499
数学二	762	53.18	41.21	9	37	107	161	74	79	65	57	173
数学三	354	43.24	20.06	11	10	16	34	21	35	37	31	159
数学四	1106	46.80	26.13	16	35	71	167	92	104	108	108	405
中医综合	179	57.68	41.90	0	0	22	53	34	31	19	12	8
西医综合	471	52.52	27.81	0	0	18	113	78	79	74	57	52

1999 年招收攻读硕士学位研究生报考情况统计表(按招生单位统计)

天津市招生委员会办公室　　　　　　1999 年 1 月 12 日

招生单位代码	招生单位名称	国家招生计划	招生规模	报名人数	考生来源				学历		备注
					非应届人员		应届人员		大学本科毕业	同等学力	
					统考	单考	统考	推免			
	合　计	1631	2110	9374	4499	290	4156	429	8493	870	硕士 11 人
10055	南开大学	576	800	3459	1720	93	1464	182	3342	109	硕士 8 人
10056	天津大学	625	760	3161	1337	168	1499	157	2957	204	
10057	天津轻工业学院	45	53	183	75		90	18	159	24	
10058	天津纺织工学院	48	59	316	154		143	19	245	71	
10059	中国民用航空学院	4	4	19	7		12		17	2	
10060	天津理工学院	6	6	23	6		17		23		
10063	天津中医学院	13	22	181	108		73		113	67	硕士 1 人
10065	天津师范大学	66	88	567	360		184	23	339	228	
10068	天津外国语学院	14	25	160	96		64		115	44	硕士 1 人
10069	天津商学院	12	17	72	26		45	1	68	4	
10070	天津财经学院	60	75	378	181	16	166	15	290	87	硕士 1 人
10071	天津体育学院	7	13	33	19		14		29	4	
10072	天津音乐学院	6	10	57	24		33		54	3	
10073	天津美术学院	8	11	49	34		13	2	33	16	
10792	天津城市建设学院	2	2	1			1		1		
11904	天津医科大学	102	128	603	320	13	258	12	598	5	
82608	冶金部天津地质研究院	2	2	0	0		0		0		
82804	理化工程研究院	4	4	1	1				1		
83245	航天总公司三院 8357 所	2	2	4	2		2		4		
83246	航天总公司三院 8358 所	4	4	7	4		3		7		
85305	海洋技术研究所	2	2	4	2		2		4		
86211	天津航海仪器研究所	3	3	8	1		7		8		
90029	解放军运输工程学院	20	20	88	22		66		86	2	

1999年天津市招收攻读硕士学位研究生录取情况统计表(一)

天津市招生委员会办公室 填表日期1999年9月4日

招生单位代码	招生单位名称	国家招生计划	招生规模	录取人数	录取人数(按类别)				录取人数(按生源)		录取人数(按考试方式)				学历			今年保留入学资格的应届本科生	备注
					非定向生	定向生	委培生	自筹经费生	在职人员	应届本科生	全国统考	单独考试	推荐免试	往年保留资格今年返回	研究生	大学本科	同等学力		
	合计	1631	2188	2188	1524	117	234	313	1029	1159	1626	161	384	17	1	2108	79	21	
10055	南开大学	576	816	816	565	11	67	173	381	435	605	63	141	7	0	808	8	12	
10056	天津大学	625	801	801	612	13	106	70	348	453	565	80	156	0	0	780	21	0	
10057	天津轻工业学院	45	52	52	44	1	0	7	21	31	33	0	18	1	0	49	3	1	
10058	天津纺织工学院	48	63	63	47	1	1	14	29	34	39	0	19	5	0	55	8	0	
10059	中国民用航空学院	4	8	8	8	0	0	0	3	5	8	0	0	0	0	8	0	0	
10060	天津理工学院	6	6	6	6	0	0	0	3	3	6	0	0	0	0	6	0	0	
10063	天津中医学院	13	24	24	13	0	4	7	15	9	24	0	0	0	0	18	6	0	
10065	天津师范大学	66	92	92	63	3	2	24	40	52	68	0	20	4	0	78	14	5	
10068	天津外国语学院	14	26	26	12	2	5	7	15	11	26	0	0	0	0	22	4	0	
10069	天津商学院	12	17	17	12	0	0	5	8	9	16	0	1	0	0	16	1	3	
10070	天津财经学院	60	76	76	33	27	16	0	47	29	51	10	15	0	1	66	9	0	
10071	天津体育学院	7	13	13	7	0	3	3	11	2	13	0	0	0	0	12	1	0	
10072	天津音乐学院	6	10	10	0	6	4	0	4	6	10	0	0	0	0	9	1	0	
10073	天津美术学院	8	11	11	0	8	0	3	7	4	9	0	2	0	0	9	2	0	
10792	天津城市建设学院	2	2	2	2	0	0	0	1	1	2	0	0	0	0	2	0	0	
11904	天津医科大学	102	128	128	79	23	26	0	81	47	108	8	12	0	0	128	0	0	

招生单位代码	招生单位名称	国家招生计划	招生规模	录取人数	录取人数(按类别)				录取人数(按生源)		录取人数(按考试方式)				学历			今年保留入学资格的应届本科生	备注
					非定向生	定向生	委培生	自筹经费生	在职人员	应届本科生	全国统考	单独考试	推荐免试	往年保留资格今年返回	研究生	大学本科	同等学力		
82608	冶金部天津地质研究院	2	1	1	0	1	0	0	0	1	1	0	0	0	0	1	0	0	
82804	理化工程研究院	4	4	4	0	4	0	0	2	2	4	0	0	0	0	4	0	0	
83245	航天总公司三院八三五七所	2	2	2	0	2	0	0	1	1	2	0	0	0	0	2	0	0	
83246	航天总公司三院八三五八所	4	4	4	0	4	0	0	1	3	4	0	0	0	0	4	0	0	
85305	海洋技术研究所	2	2	2	0	2	0	0	1	1	2	0	0	0	0	2	0	0	
86211	天津航海仪器研究所（707 所）	3	2	2	0	2	0	0	1	1	2	0	0	0	0	2	0	0	
90029	解放军运输工程学院	20	28	28	21	7	0	0	9	19	28	0	0	0	0	27	1	0	

1999年天津市招收攻读硕士学位研究生录取情况统计表(二)

天津市招生委员会办公室　　　　1999年9月4日

招生单位代码	招生单位名称	录取人数	性别		年龄			政治面貌			民族		录取在职人员						录取定向培养人数							录取委托培养人数						录取现役军人	备注
			男	女	25岁及25岁以下	26岁至35岁	35岁以上	中共党员	共青团员	其他	汉族	其他民族	小计	科技人员	高校教师	中学教师	分流人员	其他人员	小计	高等学校	高等专科	科研机构	企业	军事单位	其他单位	小计	高等学校	高等专科	科研机构	企业	其他单位		
	合计	2188	1258	930	1598	539	51	693	1380	115	2111	77	1024	415	149	49	0	411	117	63	0	25	19	3	7	234	51	4	33	47	99	19	
10055	南开大学	816	471	345	591	196	29	219	557	40	790	26	381	84	49	28	0	220	11	10	0	0	0	0	1	67	4	0	6	0	57	0	
10056	天津大学	801	516	285	593	190	18	279	473	49	769	32	348	195	52	6	0	95	13	9	0	2	2	0	0	106	28	3	7	31	37	0	
10057	天津轻工业学院	52	31	21	44	8	0	13	38	1	48	4	21	13	2	0	0	6	1	1	0	0	0	0	0	0	0	0	0	0	0	0	
10058	天津纺织工学院	63	32	31	56	7	0	26	36	1	61	2	29	9	2	0	0	18	1	1	0	0	0	0	0	1	1	0	0	0	0	0	
10059	中国民用航空学院	8	7	1	7	1	0	2	6	0	8	0	3	1	1	0	0	1	0	0	0	0	0	0	0	0	0	0	0	0	0	0	
10060	天津理工学院	6	3	3	6	0	0	0	6	0	5	1	3	1	0	0	0	2	0	0	0	0	0	0	0	0	0	0	0	0	0	0	
10063	天津中医学院	24	12	12	17	7	0	8	16	0	22	2	15	14	1	0	0	0	0	0	0	0	0	0	0	4	0	0	0	0	4	2	
10065	天津师范大学	92	32	60	67	24	1	31	54	7	90	2	40	1	11	10	0	18	3	3	0	0	0	0	0	2	2	0	0	0	0	0	
10068	天津外国语学院	26	4	22	25	1	0	10	16	0	26	0	14	0	8	0	0	6	2	2	0	0	0	0	0	5	4	0	0	1	0	0	
10069	天津商学院	17	4	13	16	1	0	6	10	1	16	1	8	4	0	0	0	4	0	0	0	0	0	0	0	0	0	0	0	0	0	0	
10070	天津财经学院	76	45	31	47	27	2	31	39	6	74	2	47	11	7	3	0	26	27	16	0	0	10	0	1	16	2	1	0	13	0	0	
10071	天津体育学院	13	8	5	6	7	0	3	9	1	12	1	7	1	5	1	0	0	0	0	0	0	0	0	0	3	3	0	0	0	0	0	
10072	天津音乐学院	10	3	7	8	2	0	2	7	1	9	1	4	0	2	0	0	2	6	5	0	0	0	0	1	4	3	0	0	0	1	0	
10073	天津美术学院	11	6	5	5	6	0	5	5	1	11	0	7	0	0	1	0	6	8	0	0	0	4	0	4	0	0	0	0	0	0	0	
10792	天津城市建设学院	2	1	1	1	1	0	0	2	0	2	0	1	1	0	0	0	0	0	0	0	0	0	0	0	0	0	0	0	0	0	0	
11904	天津医科大学	128	46	82	69	58	1	38	83	7	127	1	81	74	5	0	0	2	23	5	0	18	0	0	0	26	4	0	20	2	0	0	

招生单位代码	招生单位名称	录取人数	性别		年龄			政治面貌			民族		录取在职人员						录取定向培养人数							录取委托培养人数						录取现役军人	备注
			男	女	25岁及25岁以下	26岁至35岁	35岁以上	中共党员	共青团员	其他	汉族	其他民族	小计	科技人员	高校教师	中学教师	分流人员	其他人员	小计	高等学校	高等专科	科研机构	企业	军事单位	其他单位	小计	高等学校	高等专科	科研机构	企业	其他单位		
82608	冶金部天津地质研究院	1	1	0	1	0	0	0	1	0	1	0	0	0	0	0	0	0	1	0	0	1	0	0	0	0	0	0	0	0	0	0	
82804	理化工程研究院	4	4	0	4	0	0	1	3	0	4	0	2	2	0	0	0	0	4	2	0	1	1	0	0	0	0	0	0	0	0	0	
83245	航天总公司三院 8357 所	2	2	0	2	0	0	1	1	0	2	0	1	1	0	0	0	0	2	1	0	0	1	0	0	0	0	0	0	0	0	0	
83246	航天总公司三院 8358 所	4	3	1	4	0	0	2	2	0	4	0	1	1	0	0	0	0	4	3	0	1	0	0	0	0	0	0	0	0	0	0	
85305	海洋技术研究所	2	2	0	1	1	0	0	2	0	2	0	1	1	0	0	0	0	2	1	0	0	1	0	0	0	0	0	0	0	0	0	
86211	天津航海仪器研究所(707所)	2	1	1	2	0	0	1	1	0	1	1	1	1	0	0	0	0	2	0	0	2	0	0	0	0	0	0	0	0	0	0	
90029	解放军运输工程学院	28	24	4	26	2	0	15	13	0	27	1	9	0	4	0	0	5	7	4	0	0	0	3	0	0	0	0	0	0	0	17	

1999年天津市招收攻读博士学位研究生录取情况统计表

天津市招生委员会办公室　　　　1999年10月10日

招生单位代码	招生单位名称	国家招生计划	招生规模	报名人数	录取人数			性别		年龄			政治面貌			民族		备注
					小计	春季入学	秋季入学	男	女	25岁以下	25岁及26岁至40岁	40岁以上	中共党员	共青团员	其他面貌	汉族	其他民族	
	合计	446	658	1093	718	132	586	495	223	169	509	40	344	190	184	684	34	
10055	南开大学	206	300	533	335	0	335	218	117	73	244	18	157	89	89	317	18	
10056	天津大学	177	270	399	294	125	169	223	71	94	189	11	147	75	72	283	11	
10057	天津轻工业学院	6	10	11	9	0	9	6	3	0	9	0	7	0	2	9	0	
10058	天津纺织工学院	5	9	10	9	7	2	6	3	1	7	1	4	0	5	8	1	
10063	天津中医学院	7	10	11	10	0	10	6	4	0	10	0	4	5	1	10	0	
10065	天津师范大学	6	10	21	10	0	10	7	3	0	9	1	6	3	1	9	1	
10070	天津财经学院	6	9	25	11	0	11	4	7	0	3	8	9	0	2	11	0	
11904	天津医科大学	33	40	83	40	0	40	25	15	1	38	1	10	18	12	37	3	

注：录取人数＝原国家下达的规模数＋在录取过程中教育部又增加的规模数

三、高等教育自学考试统计资料

天津市高等教育自学考试
1999年报名、毕业生情况统计表

月份	报名人数	报名科次数	本科毕业生	专科毕业生
1	29330	81328	—	—
4	98289	247819	268	2986
6	26862	93535	6	1595
10	98253	238862	388	2805
合计	252734	661544	662	7386

1999年天津市高等教育自学考试专业开设情况统计表

	已停考专业数	现开考专业数	调整后专业数	将停考专业数
面向社会开考专业	1	24	20	4
面向高校开考专业	11	50	28	22
委托开考专业	1	25	21	4
职业技术实验专业	—	12	12	—
合计	13	111	81	30

1999年天津市高等教育自学考试开考专业目录表

序号	专业代号	专业名称	层次	类别	主考学校	委托单位
001	102	广告	专	面向普校	师范大学	
002	103	临床医学	专	面向普校	医科大学	
003	105	市场营销	专	面向普校	商学院	
004	106	旅游管理	专	面向普校	南开大学	
005	149	旅游管理(导游)	专	面向普校	师范大学	
006	108	英语(外贸英语)	专	面向普校	外语学院 南开大学 师范大学	
007	111	化工工艺	专	面向普校	天津大学 理工学院	
008	151	化工工艺(无机化工工艺)	专	面向普校	轻工学院	
009	113	工业外贸	专	面向普校	天津大学	
010	115	工商企业管理(国际企业管理)	专	面向普校	南开大学	
011	117	工商企业管理(公司管理)	专	面向普校	南开大学	
012	116	经济法学(涉外经济法)	专	面向普校	南开大学	
013	120	经济法学(经济贸易法)	专	面向普校	师范大学	
014	123	经济法学	专	面向普校	商学院	
015	118	金融(金融管理)	专	面向普校	南开大学	
016	119	会计(企业会计)	专	面向普校	南开大学	
017	127	房地产经营与管理	专	面向普校	商学院 城建学院	
018	134	房屋建筑工程	专	面向普校	城建学院	
019	137	日语(外贸日语)	专	面向普校	外语学院	
020	141	供热通风与空调工程	专	面向普校	天津大学	
021	142	国际贸易(国际商务)	专	面向普校	南开大学	
022	144	保险	专	面向普校	南开大学	
023	146	应用生物技术	专	面向普校	南开大学 师范大学	
024	148	工业分析技术	专	面向普校	南开大学 师范大学	
025	150	制浆造纸工艺	专	面向普校	轻工学院	
026	152	工业电气自动化	专	面向普校	轻工学院	
027	153	食品工艺	专	面向普校	轻工学院	
028	154	中药学	专	面向普校	中医学院	
029	332	档案管理	专	部门委托	师范大学	档案局

序号	专业代号	专业名称	层次	类别	主考学校	委托单位
030	334	药学	专	部门委托	医科大学	医药局
031	336	公安管理	专	部门委托	公安大学	公安局
032	340	护理	专	部门委托	医科大学	卫生局
033	341	机电一体化工程	专	部门委托	天津大学	机工司
034	342	计算机信息管理	专	部门委托	天津大学	电子办
035	346	小学教育	专	部门委托	师范大学	教育局
036	360	律师	专	部门委托	南开大学	司法局
037	361	工业工程	专	部门委托	天津大学	机工司
038	363	园林花卉	专	部门委托	农学院	园林局
039	364	监所管理	专	部门委托	司警教院	司法局
040	382	经济学	本	部门委托	南开大学	统计局
041	384	档案学	本	部门委托	师范大学	档案局
042	385	计算机通信工程	本	部门委托	北京邮电	邮电局
043	386	计算机信息管理	本	部门委托	天津大学	电子办
044	387	邮电管理工程	本	部门委托	北京邮电	邮电局
045	388	工业工程	本	部门委托	天津大学	机工司
046	389	电力系统及其自动化	本	部门委托	天津大学	电力局
047	393	机电一体化工程	本	部门委托	天津大学	机工司
048	337	饭店管理	专	面向社会	南开大学	
049	511	会计	专	面向社会	财经学院	
050	589	会计	本	面向社会	财经学院	
051	513	汉语言文学	专	面向社会	师范大学	
052	598	汉语言文学	本	面向社会	师范大学	
053	514	英语	专	面向社会	外语学院	
054	597	英语	本	面向社会	外语学院	
055	515	法律	专	面向社会	南开大学	
056	596	法律	本	面向社会	南开大学	
057	520	中医学	专	面向社会	中医学院	
058	592	中医学	本	面向社会	中医学院	
059	522	计算机及应用	专	面向社会	师范大学	
060	595	计算机及应用	本	面向社会	师范大学	
061	523	工商企业管理	专	面向社会	天津大学	
062	582	工商企业管理	本	面向社会	南开大学	
063	524	秘书	专	面向社会	南开大学	
064	581	秘书学	本	面向社会	南开大学	
065	535	国际贸易	专	面向社会	南开大学	
066	585	国际贸易	本	面向社会	南开大学	
067	538	金融	专	面向社会	南开大学	
068	587	金融	本	面向社会	南开大学	
069	546	公共关系	专	面向社会	南开大学	

序号	专业代号	专业名称	层次	类别	主考学校	委托单位
070	381	计算机网络	本	面向社会	南开大学	
071	020214	商务管理	专	中英合作	南开大学	
072	020116	金融管理	专	中英合作	财经学院	
073	401	计算机技术与应用	专	高职	南开大学 天津大学 师范大学 财经学院 商学院 职业大学 职业技师 理工学院 民航学院 河北工大 纺织学院	
074	402	应用电子技术	专	高职	师范大学 职业技师 理工学院 河北工大 民航学院 天津大学 南开大学 职业大学	
075	403	机械制造与自动化	专	高职	天津大学 职业技师 理工学院 河北工大 纺织学院 轻工学院	
076	404	电算会计	专	高职	财经学院 商学院 天津大学 南开大学	
077	405	物业管理	专	高职	城建学院 财经学院 师范大学 理工学院	
078	406	工程造价	专	高职	理工学院 天津大学	
079	407	饭店管理	专	高职	商学院	
080	408	服装设计	专	高职	纺织学院 美术学院 轻工学院	
081	409	建筑设计	专	高职	天津大学	
082	410	针灸推拿	专	高职	中医学院	

序号	专业代号	专业名称	层次	类别	主考学校	委托单位
083	411	乡镇企业经营管理	专	高职	财经学院	
084	412	农业综合技术	专	高职	农学院	

说明：

1. 各专业的助学单位见另表。

2. 报考条件：

A. 面向普通高等学校开考专业：须参加有助学资格的普通高校举办的全日制助学班学习，由普通高校统一办理报名手续。每年接受一次新生报名。一般每年7—9月各校招生，11月报考，次年1月第一次考试。

B. 面向社会开考专业：专科专业除中医学专业要求中医中专毕业外，其他专业考生不论是自学还是参加何种形式的助学班，均可到区县自考办直接报考。报考本科专业请参照“津高自委[1998]11号”文件。

C. 委托开考专业：市自考办（包括区县自考办）只接受委托单位的统一报名。

四、成人高校招生考试统计资料

1999年各类成人高等学校招生录取情况统计表

天津市教育招生考试中心　　　　　　　　　　　　　　　　1999年　　月　　日

项目 \ 录取数 \ 学校类别				合计	部属学校	省属学校	外省学校
合计				20343	3621	16703	19
理工类	小计			7226	1168	6044	14
	专升本	师范类		494		494	
		非师范	教师	87	33	54	
			非教师	452	236	216	
	高中起点	本科		235	190	45	
		专科		5958	709	5235	14
文史类	小计			13117	2453	10659	5
	专升本	师范类		981	1	980	
		非师范	教师	88	88		
			非教师	1416	927	489	
	高中起点	本科		9	9		
		专科		10623	1428	9190	5

注：本表不含二学历录取数据

1999年各类成人高等学校招生
高中起点本、专科录取情况统计表

天津市教育招生考试中心　　　　　　　　1999年　　月　　日

项目			总计	职工大学职工业余大学	教育学院教师进修学院	管理干部学院	广播电视大学	独立设置函授学院	普通高等学校			
									夜大学	函授	脱产班	教师班
录取情况	合计		16825	6460	648	2236	3581		2636	417	847	
	学习形式	脱产	9802	5083	52	1887	1933				847	
		业余	7023	1377	596	349	1648		2636	417		
	理工农医	小计	6194	2841	25	311	898		1250	406	463	
		本科	235			9			48		178	
		专科	5959	2841	25	302	898		1202	406	285	
	文史类	小计	10631	3619	623	1925	2683		1386	11	384	
		本科	9			4					5	
		专科	10622	3619	623	1921	2683		1386	11	379	
职业	工人		2483	1109	10	194	696		392	15	67	
	干部		3662	1212	9	337	1211		776	67	50	
	教师		2596	503	475	128	788		379	318	5	
	从业人员		1283	316	9	504	222		138	1	93	
	社会青年		6801	3320	145	1073	664		951	16	632	
学历	高中		3617	1163	44	650	721		563	24	452	
	中专（含中师、中技）		12596	4898	601	1542	2801		1981	388	385	
	同等学历		612	399	3	44	59		92	5	10	

项目	学校类别 / 人数	总计	职工大学职工业余大学	教育学院教师进修学院	管理干部学院	广播电视大学	独立设置函授学院	普通高等学校			
								夜大学	函授	脱产班	教师班
性别	男	7706	2910	173	1157	1666		1168	246	386	
	女	9119	3550	475	1079	1915		1468	171	461	
年龄	40岁以上	175	50	7	70	31		13	3	1	
	30—39	1376	461	121	235	382		135	28	14	
	26—29	2267	780	196	200	660		352	53	26	
	21—25	3780	1399	114	386	1002		600	138	141	
	20岁以下	9227	3770	210	1345	1506		1536	195	665	
照顾	合计	5099	1828	359	575	1353		741	128	115	
	免试生	168	83	3	22	24		19		17	
	艰苦行业所录新生	151	29		4			92	18	8	
	满25周岁以上的新生	3799	1288	338	412	1113		518	87	43	
	其它符合照顾条件新生	981	428	18	137	216		112	23	47	

注:本表不含二学历

1999 年各类成人高等学校招生专科起点本科班录取情况统计表

天津市教育招生考试中心　　　　1999 年　　月　　日

项目 \ 人数 \ 学校类别			总计	职工大学职工业余大学	教育学院教师进修学院	管理干部学院	广播电视大学	独立设置函授学院	普通高等学校			
									夜大学	函授	脱产班	教师班
录取情况	合计		3518		519	26			2786	172	15	
	学习形式	脱产	15								15	
		业余	3503		519	26			2786	172		
	理工农医		1033		142				744	132	15	
	文史类		2485		377	26			2042	40		
职业	工人		50			1			48	1		
	干部		1520		16	20			1473	3	8	
	教师		1676		503	2			996	168	7	
	从业人员		200			3			197			
	社会青年		72						72			
学历	大学专科		3425		513	26			2699	172	15	
	专科以上		93		6				87			
性别	男		1181		108	16			949	96	12	
	女		2337		411	10			1837	76	3	

项目 \ 人数 \ 学校类别		总计	职工大学 职工业余大学	教育学院 教师进修学院	管理干部学院	广播电视大学	独立设置函授学院	普通高等学校			
								夜大学	函授	脱产班	教师班
年龄	40岁以上	54		14				40			
	30—39	847		175	7			602	62	1	
	26—29	1090		148	8			862	65	7	
	21—25	1507		182	11			1263	44	7	
	20岁以下	20						19	1		
	合计	2436		371	19			1893	141	12	
照顾	免试生										
	艰苦行业所录新生	2						1	1		
	满25周岁以上的新生	2330		367	17			1797	137	12	
	其它符合照顾条件新生	104		4	2			95	3		

1999年各类成人高等学校招生二学历录取情况统计表

天津市教育招生考试中心　　　　1999年　　月　　日

项目 \ 人数 \ 学校类别			总计	职工大学 职工业余大学	教育学院 教师进修学院	管理干部学院	广播电视大学	独立设置函授学院	普通高等学校			
									夜大学	函授	脱产班	教师班
录取情况	合计		2324	775	6	248	232		1034	23	6	
	学习形式	脱产	212	89		71	46				6	
		业余	2112	686	6	177	186		1034	23		
	理工农医		699	314		6	110		244	23	2	
	文史类		1625	461	6	242	122		790		4	
职业	工人		162	100		7	14		36	3	2	
	干部		1646	497	1	200	142		784	20	2	
	教师		210	96	5	11	33		64		1	
	从业人员		226	54		14	41		117			
	社会青年		80	28		16	2		33		1	
学历	大学专科		2052	723	6	238	220		838	21	6	
	专科以上		272	52		10	12		196	2		
性别	男		1061	351	1	125	115		447	17	5	
	女		1263	424	5	123	117		587	6	1	

项目 \ 人数 \ 学校类别		总计	职工大学职工业余大学	教育学院教师进修学院	管理干部学院	广播电视大学	独立设置函授学院	普通高等学校			
								夜大学	函授	脱产班	教师班
年龄	40岁以上	218	73		36	19		87	3		
	30—39	600	209	3	76	49		250	10	3	
	26—29	663	246	2	55	42		314	3	1	
	21—25	817	237	1	74	120		376	7	2	
	20岁以下	26	10		7	2		7			

1999年各类成人高等学校招生“3＋2”录取情况统计表

天津市教育招生考试中心　　　　1999年　月　日

项目		学校类别/人数	总计	职工大学职工业余大学	教育学院教师进修学院	管理干部学院	广播电视大学	独立设置函授学院	普通高等学校 夜大学	普通高等学校 函授	普通高等学校 脱产班	普通高等学校 教师班
录取情况	合计		1193	652		1			525		15	
	学习形式	脱产	390	374		1					15	
		业余	803	278					525			
	理工农医	小计	1193	652		1			525		15	
		本科										
		专科	1193	652		1			525		15	
	文史类	小计										
		本科										
		专科										
职业	工人		39	13		1			24		1	
	干部		638	316					314		8	
	教师		7	1					6			
	从业人员		24	16					8			
	社会青年		485	306					173		6	
学历	高中		106	66					38		2	
	中专(含中师、中技)		1078	581		1			483		13	
	同等学力		9	5					4			

项目 \ 人数 \ 学校类别		总计	职工大学职工业余大学	教育学院教师进修学院	管理干部学院	广播电视大学	独立设置函授学院	普通高等学校			
								夜大学	函授	脱产班	教师班
性别	男	337	189					144		4	
	女	856	463		1			381		11	
年龄	40岁以上	28	24					4			
	30—39	153	103					49		1	
	26—29	223	101		1			117		4	
	21—25	285	161					121		3	
	20岁以下	504	263					234		7	
合计		422	224		1			191		6	
照顾	免试生										
	艰苦行业所录新生	1			1						
	满25周岁以上的新生	340	167					168		5	
	其它符合照顾条件新生	81	57					23		1	

注:本表不含二学历

1999年各类成人高等学校招生高职班录取情况统计表

天津市教育招生考试中心　　　　1999年　　月　　日

项目 \ 学校类别 / 人数			总计	职工大学职工业余大学	教育学院教师进修学院	管理干部学院	广播电视大学	独立设置函授学院	普通高等学校			
									夜大学	函授	脱产班	教师班
录取情况	合计		4321	3212		904	138				67	
	学习形式	脱产	4321	3212		904	138				67	
		业余										
	理工农医	小计	1603	1408		83	52				60	
		本科										
		专科	1603	1408		83	52				60	
	文史类	小计	2718	1804		821	86				7	
		本科										
		专科	2718	1804		821	86				7	
职业	工人		381	311		56	7				7	
	干部		535	449		59	27					
	教师		328	318		10						
	从业人员		168	133		34	1					
	社会青年		2909	2001		745	103				60	
学历	高中		452	328		110	14					
	中专(含中师、中技)		3634	2659		787	123				65	
	同等学力		235	225		7	1				2	

项目 \ 人数 \ 学校类别		总计	职工大学职工业余大学	教育学院教师进修学院	管理干部学院	广播电视大学	独立设置函授学院	普通高等学校			
								夜大学	函授	脱产班	教师班
性别	男	1769	1344		344	45				36	
	女	2552	1868		560	93				31	
年龄	40岁以上	10	6		3	1					
	30—39	193	151		29	11				2	
	26—29	355	310		39	6					
	21—25	689	595		73	19				2	
	20岁以下	3074	2150		760	101				63	
照顾	合计	970	803		136	27				4	
	免试生	18	18								
	艰苦行业所录新生										
	满25周岁以上的新生	660	561		75	24					
	其它符合照顾条件新生	292	224		61	3				4	

注:本表不含二学历

1999 年各类成人高等学校招生资格生录取情况统计表

天津市教育招生考试中心 1999 年 月 日

项目			总计	职工大学职工业余大学	教育学院教师进修学院	管理干部学院	广播电视大学	独立设置函授学院	普通高等学校			
									夜大学	函授	脱产班	教师班
录取情况	合计		428	195		24	177		11	21		
	学习形式	脱产	319	157		24	138					
		业余	109	38			39		11	21		
	理工农医	小计	246	178		3	34		10	21		
		本科										
		专科	246	178		3	34		10	21		
	文史类	小计	182	17		.21	143		1			
		本科										
		专科	182	17		21	143		1			
职业	工人		108	33		16	54		3	2		
	干部		224	123		3	88		5	5		
	教师		26	3			7		2	14		
	从业人员		23	2		5	15		1			
	社会青年		47	34			13					
学历	高中		108	37		8	62			1		
	中专(含中师、中技)		305	149		14	112		10	20		
	同等学力		15	9		2	3		1			

项目 \ 学校类别 / 人数		总计	职工大学 职工业余大学	教育学院 教师进修学院	管理干部学院	广播电视大学	独立设置函授学院	普通高等学校			
								夜大学	函　授	脱产班	教师班
性别	男	237	98		18	108		5	8		
	女	191	97		6	69		6	13		
年龄	40岁以上	20	19			1					
	30—39	104	71		1	30		1	1		
	26—29	103	46		4	47		4	2		
	21—25	141	46		12	75			8		
	20岁以下	60	13		7	24		6	10		

注:此表为99年入学的98年(含98年)以前的资格生情况

1999 年各类成人高等学校招生预科生录取情况统计表

天津市教育招生考试中心　　　　1999 年　　月　　日

项目			总计	职工大学职工业余大学	教育学院教师进修学院	管理干部学院	广播电视大学	独立设置函授学院	普通高等学校			
									夜大学	函授	脱产班	教师班
录取情况	合计		665	283	73	20	158		109	3	19	
	学习形式	脱产	352	201		13	119				19	
		业余	313	82	73	7	39		109	3		
	理工农医	小计	143	88			10		39	3	3	
		本科										
		专科	143	88			10		39	3	3	
	文史类	小计	522	195	73	20	148		70		16	
		本科										
		专科	522	195	73	20	148		70		16	
职业	工人		117	66		2	26		19		4	
	干部		288	101	2	12	100		61	1	11	
	教师		159	51	71		20		14	2	1	
	从业人员		46	18		4	12		11		1	
	社会青年		55	47		2			4		2	
学历	高中		150	68	5	5	49		13		10	
	中专(含中师、中技)		481	192	67	14	104		92	3	9	
	同等学力		34	23	1	1	5		4			

项目	学校类别 / 人数	总计	职工大学职工业余大学	教育学院教师进修学院	管理干部学院	广播电视大学	独立设置函授学院	普通高等学校			
								夜大学	函授	脱产班	教师班
性别	男	280	120	14	10	79		47	2	8	
	女	385	163	59	10	79		62	1	11	
年龄	40岁以上	24	12	1	1	8		1		1	
	30—39	163	69	24	3	47		17		3	
	26—29	283	120	41	2	72		41	1	6	
	21—25	111	45	7	6	18		29	1	5	
	20岁以下	84	37		8	13		21	1	4	

注:此表为99年入学的98年预科生情况

1999年各类成人高等学校招生报名情况统计表

天津市教育招生考试中心　　　　1999年　月　日

项目 \ 报名数 \ 学校类别			合计	部属学校	省属学校	外省学校
合计			59733	9162	50534	37
理工类	小计		21729	3064	18633	32
	专升本	师范类	1105		1105	
		非师范 教师	140	47	93	
		非师范 非教师	1503	824	679	
	高中起点	本科	652	579	73	
		专科	18329	1614	16683	32
文史类	小计		38004	6098	31901	5
	专升本	师范类	1943		1943	
		非师范 教师	127	127		
		非师范 非教师	3848	2220	1628	
	高中起点	本科	27	27		
		专科	32059	3724	28330	5

注:本表不含二学历报名数据

1999年各类成人高等学校招生高中起点本、专科报名情况统计表

天津市教育招生考试中心　　负责人：　　统计员：　　电话：23948641　　1999年04月15日

项目			总计	职工大学职工业余大学	教育学院教师进修学院	管理干部学院	广播电视大学	独立设置函授学院	普通高等学校			
									夜大学	函授	脱产班	教师班
报名情况	合计		49718	21473	1851	4911	10839		6346	2517	1781	
	学习形式	脱产	25579	14671	165	4015	4947				1781	
		业余	24139	6802	1686	896	5892		6346	2517		
	理工农医	小计	18981	9409	85	604	2887		3134	1820	1042	
		本科	652			16			14	110	512	
		专科	18329	9409	85	588	2887		3120	1710	530	
	文史类	小计	30737	12064	1766	4307	7952		3212	697	739	
		本科	27			10					17	
		专科	30710	12064	1766	4297	7952		3212	697	722	
职业	工人		8209	4033	48	450	2263		641	658	116	
	干部		10176	3726	66	710	3271		1706	629	68	
	教师		6463	1299	1242	199	1844		851	1024	4	
	从业人员		2999	1252	56	331	688		480	32	160	
	社会青年		21871	11163	439	3221	2773		2668	174	1433	
学历	高中		8988	3512	205	977	1912		984	380	1018	
	中专(含中师、中技)		38604	16432	1635	3805	8702		5257	2039	734	
	同等学力		2126	1529	11	129	225		105	98	29	

项目 \ 人数 \ 学校类别		总计	职工大学 职工业余大学	教育学院 教师进修学院	管理干部学院	广播电视大学	独立设置函授学院	普通高等学校			
								夜大学	函 授	脱产班	教师班
性别	男	22490	10003	516	2343	4834		2378	1532	884	
	女	27228	11470	1335	2568	6005		3968	985	897	
年龄	40岁以上	405	130	17	84	111		41	17	5	
	30—39	3015	1179	311	271	733		354	145	22	
	26—29	4969	1957	447	318	1269		597	350	31	
	21—25	11818	4908	407	787	3186		1605	720	205	
	20岁以下	29511	13299	669	3451	5540		3749	1285	1518	
照顾	合　计	11364	4013	864	973	2842		1370	1134	168	
	免试生	36	36								
	报考艰苦行业的考生	479	10						453	16	
	满25周岁以上的考生	8997	3044	832	788	2537		1142	576	78	
	其它符合照顾条件考生	1852	923	32	185	305		228	105	74	

1999年各类成人高等学校招生专科起点本科班报名情况统计表

天津市教育招生考试中心　　负责人：　　统计员：　　电话：23948641　　1999年04月15日

项目			总计	职工大学职工业余大学	教育学院教师进修学院	管理干部学院	广播电视大学	独立设置函授学院	普通高等学校			
									夜大学	函授	脱产班	教师班
报名情况	合计		8666		1199	160			5789	1482	33	3
	学习形式	脱产	37			1					33	3
		业余	8629		1199	159			5789	1482		
	理工农医		2748		355				1880	477	33	3
	文史类		5918		844	160			3909	1005		
职业	工人		174		1	3			153	14	3	
	干部		4275		40	136			3098	984	17	
	教师		3397		1158	5			1776	446	9	3
	从业人员		635			13			593	26	3	
	社会青年		185			3			169	12	1	
学历	大学专科		8464		1188	158			5612	1470	33	3
	专科以上		202		11	2			177	12		
性别	男		3562		300	118			2353	764	24	3
	女		5104		899	42			3436	718	9	

项目 \ 学校类别 / 人数		总计	职工大学职工业余大学	教育学院教师进修学院	管理干部学院	广播电视大学	独立设置函授学院	普通高等学校			
								夜大学	函授	脱产班	教师班
年龄	40岁以上	148		26	5			98	19		
	30—39	1890		405	38			995	441	11	
	26—29	2463		320	57			1577	498	8	3
	21—25	4100		448	59			3070	509	14	
	20岁以下	65			1			49	15		
	合计	5525		849	111			3396	1141	25	3
照顾	免试生										
	报考艰苦行业的考生	42							42		
	满25周岁以上的考生	5291		837	108			3254	1064	25	3
	其它符合照顾条件考生	192		12	3			142	35		

1999年各类成人高等学校招生四部委“3+2”考试科目改革试点报名情况统计表

天津市教育招生考试中心　　负责人：　　统计员：　　电话：23948641　　1999年04月15日

项目 \ 人数 \ 学校类别			总计	职工大学职工业余大学	教育学院教师进修学院	管理干部学院	广播电视大学	独立设置函授学院	普通高等学校			
									夜大学	函授	脱产班	教师班
报名情况	合计		2996	1032		2			1909		53	
	学习形式	脱产	233	178		2					53	
		业余	2763	854					1909			
	理工农医	小计	2996	1032		2			1909	53		
		本科										
		专科	2996	1032		2			1909	53		
	文史类	小计										
		本科										
		专科										
职业	工人		176	33		1			142			
	干部		1647	624		1			1011		11	
	教师		22	6					16			
	从业人员		109	39					65		5	
	社会青年		1042	330					675		37	
学历	高中		253	120					112		21	
	中专(含中师、中技)		2729	907		2			1789		31	
	同等学力		14	5					8		1	

项目		总计	职工大学 职工业余 大学	教育学院 教师进修 学院	管理干部 学院	广播电视 大学	独立设置 函授学院	普通高等学校			
								夜大学	函授	脱产班	教师班
性别	男	930	300		1			610		19	
	女	2066	732		1			1299		34	
年龄	40岁以上	49	24					24		1	
	30—39	303	152					147		4	
	26—29	490	213		2			268		7	
	21—25	874	341					523		10	
	20岁以下	1280	302					947		31	
	合计	1055	453		2			585		15	
照顾	免试生										
	报考艰苦行业的考生										
	满25周岁以上的考生	932	429		2			488		13	
	其它符合照顾条件考生	123	24					97		2	

1999年各类成人高等学校招生高职班报名情况统计表

天津市教育招生考试中心　　负责人：　　统计员：　　电话：23948641　　1999年04月15日

项目			总计	职工大学 职工业余大学	教育学院 教师进修学院	管理干部学院	广播电视大学	独立设置函授学院	普通高等学校			
									夜大学	函授	脱产班	教师班
报名情况	合计		14651	11145		2648	719				139	
	学习形式	脱产	14542	11063		2648	692				139	
		业余	109	82			27					
	理工农医	小计	5777	5032		325	299				121	
		本科										
		专科	5777	5032		325	299				121	
	文史类	小计	8874	6113		2323	420				18	
		本科										
		专科	8874	6113		2323	420				18	
职业	工人		1356	1185		137	26				8	
	干部		1669	1421		156	92					
	教师		735	719		14	2					
	从业人员		711	568		118	25					
	社会青年		10180	7252		2223	574				131	
学历	高中		1308	1000		233	75					
	中专(含中师、中技)		12368	9210		2382	638				138	
	同等学力		975	935		33	6				1	

项目 \ 学校类别 人数		总计	职工大学 职工业余大学	教育学院 教师进修学院	管理干部学院	广播电视大学	独立设置函授学院	普通高等学校			
								夜大学	函授	脱产班	教师班
性别	男	6509	5052		1094	294				69	
	女	8142	6093		1554	425				70	
年龄	40岁以上	40	29		6	5					
	30—39	517	412		61	44					
	26—29	823	721		69	33					
	21—25	2334	2025		225	81				3	
	20岁以下	10937	7958		2287	556				136	
照顾	合计	2170	1824		240	101				5	
	免试生										
	报考艰苦行业的考生										
	满25周岁以上的考生	1596	1358		147	91					
	其它符合照顾条件考生	574	466		93	10				5	

1999年各类成人高等学校招生资格生报名情况统计表

天津市教育招生考试中心　　负责人：　　统计员：　　电话:23948641　　1999年04月15日

项目			总计	职工大学职工业余大学	教育学院教师进修学院	管理干部学院	广播电视大学	独立设置函授学院	普通高等学校 夜大学	普通高等学校 函授	普通高等学校 脱产班	普通高等学校 教师班
报名情况	合计		593	239		4	324		5	21		
报名情况	学习形式	脱产	80	76		1	3					
报名情况	学习形式	业余	513	163		3	321		5	21		
报名情况	理工农医	小计	289	208		1	55		4	21		
报名情况	理工农医	本科										
报名情况	理工农医	专科	289	208		1	55		4	21		
报名情况	文史类	小计	304	31		3	269		1			
报名情况	文史类	本科										
报名情况	文史类	专科	304	31		3	269		1			
职业	工人		150	55		2	88		3	2		
职业	干部		258	153		2	99		1	3		
职业	教师		132	5			110		1	16		
职业	从业人员		28	11			17					
职业	社会青年		25	15			10					
学历	高中		122	41		2	77		1	1		
学历	中专(含中师、中技)		456	193		2	237		4	20		
学历	同等学力		15	5			10					

项目 \ 人数 \ 学校类别		总计	职工大学 职工业余 大学	教育学院 教师进修 学院	管理干部 学院	广播电视 大学	独立设置 函授学院	普通高等学校			
								夜大学	函　授	脱产班	教师班
性别	男	304	114		4	173		4	9		
	女	289	125			151		1	12		
年龄	40岁以上	19	18			1					
	30—39	104	67		1	36					
	26—29	115	45		1	66			3		
	21—25	220	68		2	140		1	9		
	20岁以下	135	41			81		4	9		

1999年各类成人高等学校招生预科生报名情况统计表

天津市教育招生考试中心　　负责人：　　统计员：　　电话:23948641　　1999年04月15日

项目			总计	职工大学职工业余大学	教育学院教师进修学院	管理干部学院	广播电视大学	独立设置函授学院	普通高等学校			
									夜大学	函授	脱产班	教师班
录取情况	合计		756	358	52	26	182		106	29	3	
	学习形式	脱产	351	210	21	16	101				3	
		业余	405	148	31	10	81		106	29		
	理工农医	小计	176	99		1	20		49	6	1	
		本科	1						1			
		专科	175	99		1	20		48	6	1	
	文史类	小计	580	259	52	25	162		57	23	2	
		本科										
		专科	580	259	52	25	162		57	23	2	
职业	工人		128	75		1	30		18	2	2	
	干部		345	147	2	18	110		63	4	1	
	教师		172	56	50		30		13	23		
	从业人员		50	26		4	11		9			
	社会青年		61	54		3	1		3			
学力	高中		161	76	3	10	52		15	3	2	
	中专(含中师、中技)		521	215	48	14	128		89	26	1	
	同等学力		74	67	1	2	2		2			

项目 \ 人数 \ 学校类别		总计	职工大学 职工业余大学	教育学院 教师进修学院	管理干部学院	广播电视大学	独立设置函授学院	普通高等学校			
								夜大学	函授	脱产班	教师班
性别	男	322	158	8	12	88		44	11	1	
	女	434	200	44	14	94		62	18	2	
年龄	40岁以上	31	19	1	1	8		2			
	30—39	210	110	15	8	53		15	9		
	26—29	309	127	30	2	88		45	16	1	
	21—25	114	53	6	7	20		26	1	1	
	20岁以下	92	49		8	13		18	3	1	

五、中等专业学校招生统计资料

1999年天津市普通、成人中专招生情况统计表

	总计		普通								成人	
			合计		市属		部委		外省			
	计划	实录	计划	实录	计划	实录	计划	实录	计划	实录	计划	实录
艺体	1837	2639	1137	1357	1057	1281	80	76			700	1282
初中后	24307	20343	21507	18127	20007	17070	600	583	900	474	2800	2216
高中后	550	311	550	311	500	278			50	33		
合计	26694	23293	23194	19795	21564	18629	680	659	950	507	3500	3498

1999年普通、成人中专艺体类招生情况统计表

代号	学校名称	计划数	录取数	增减数	备注
31	职工美术中专	110	143	+33	
32	服装职工中专	90	91	+1	
33	誉华职工中专	70	200	+130	
34	纺织干部中专	75	108	+33	
35	一轻干部中专	30	63	+33	
36	广育职工中专	40	118	+78	
37	冶金干部中专	60	163	+103	
38	华苑职工中专	40	104	+64	
39	建材职工中专	40	43	+3	
40	化学公司职工中专	60	64	+4	
41	塑料职工中专	60	97	+37	
42	轻工经贸职工中专	25	88	+63	
成人中专合计		700	1282	+582	
11	市体校	90	95	+5	
12	二体校	67	66	−1	
13	武清体校	40	79	+39	
14	蓟县体校	80	87	+7	
15	宝坻体校	60	60	0	
21	艺术学校	180	214	+34	
22	音院附中	70	85	+15	
24	工艺美校	120	121	+1	
25	纺校	350	473	+123	
普通中专市属合计		1057	1280	+223	
23	北方曲艺学校	80	57	−23	
普通中专总计		1137	1337	+200	

1999年天津市普通中等专业学校招生情况统计表

序号	学校名称	本市		外省	
		计划数	实录数	计划数	实录数
P101	天津无线电机械学校	693+40	742	150	140
P102	天津建筑材料工业学校	308	210	492	484
P103	天津市化学工业学校	536	309	198	172
P104	天津市工业学校	570	585	80	57
P105	天津市第一轻工业学校	539+50	598	166	128
P106	天津市第二轻工业学校	580	590	260	230
P107	天津市第一商业学校	570	582	30	16
P108	天津市第二商业学校	360	200	40	19
P109	天津市塘沽区中等专业学校	460	433		
P110	天津市汉沽区中等专业学校	320	193		
P111	天津市滨海中等专业学校	320	139		
P112	天津市丽华中等专业学校	300	167		
P113	天津市源阳中等专业学校	420	348		
P114	天津市西青中等专业学校	240	86		
P115	天津市北辰中等专业学校	420	372		
P116	天津市雍阳中等专业学校	420	428		
P117	天津市宝坻中等专业学校	530	206	120	87
P118	天津市静海中等专业学校	480	137		
P119	天津市宁河县中等专业学校	350	211		
P120	天津市蓟县中等专业学校	560	294		
P121	天津市海运中等专业学校	100	87		
P122	天津市财经学校	350	349		
P123	天津市国际商务学校	340+45	381		
P124	天津市劳动经济学校	570	559	160	158
P125	天津市药科中等专业学校	289+80	343	131	120
P126	天津市武清卫生学校	74	75	108	107
P127	天津市仪表无线电工业学校	765	684	75	90
P128	天津市建筑工程学校	440	399	100	50
P129	天津市塘沽卫生学校	45	45	35	48
P130	天津市人民警察学校	300	322		
P131	天津市园林学校	600	604	40	21
P132	天津市机械工程学校	420	352	30	24
P133	天津市劳动保护学校	205	152	35	11
P134	天津市司法学校	229+30	256	25	25
P135	天津市工贸学校	290	171	80	86

序号	学校名称	本市		外省	
		计划数	实录数	计划数	实录数
P136	天津市机电工业学校	650	536	50	58
P137	天津中医学院中专部	80	89		
P138	天津市交通学校	535	516	305	317
P139	天津市农业学校	406	300	44	44
P140	天津市经济管理学校	424	342	26	25
P141	天津市现代经济技术开发学校	160	141		
P142	天津市铁厂中等专业学校	60	53		
P143	天津市公用事业中等专业学校	320	331	40	34
P144	天津纺织工业学校	77	22		
P145	天津市蓟县卫生学校	60	62		
P146	天津市国际经济贸易学校	320	226		
P147	天津市市政工程学校	242＋80	329	48	39
P148	天津市水利学校	145	134		
P149	天津市房地产管理学校	280	289	20	
P150	天津市物资贸易学校	475	308	15	15
P151	天津市司法警官学校	155	183	108	115
P152	天津市津南卫生学校	30	31	30	16
P153	天津市经济贸易学校	650	659	150	102
P154	天津港口管理中等专业学校	210＋100	313		
P155	天津市中医学校	72	74	88	85
P156	天津市开发区中等专业学校	540	523	10	10
	合　计	19884	17070	3289	2933
B401	天津铁路工程学校(定向)	12	12		
B401	天津铁路工程学校(并轨)	388	387	322	191
B402	大港油田集团石油学校	200	184	355	293
	合　计	600	583	677	484

1999年天津市成人中等专业学校招生情况统计表

序号	学校名称	计划数	实录数		备注
C201	天津市和平区职工中等专业学校	110	109		
C202	天津市河西区职工中等专业学校	110	70		
C203	天津市河北区职工中等专业学校	110	111		
C204	天津市南开区职工中等专业学校	60	51		
C205	天津市红桥区职工中等专业学校	100	87		
C206	天津市河东区职工中等专业学校	35	0		
C207	天津市一轻局职工中等专业学校	50	46		
C208	天津市仪表局职工中等专业学校	40	39		
C209	天津市医药职工中等专业学校	60＋60	120		
C210	天津市环卫局职工中等专业学校	80＋80	162		
C211	天津市出版局职工中等专业学校	110＋30	140		
C212	天津渤海化工集团职工中专学校	70	70		
C213	天津市国际商务职工中等专业学校	100＋60	156		
C214	天津市翔宇科技职工中等专业学校	26＋20	36		
C215	天津市经纬职工中等专业学校	40	12		
C216	天津市建材工业职工中等专业学校	57	25		
C217	天津市新型建材职工中等专业学校	45	45		
C218	天津市交通职工中等专业学校	40	80		
C219	天津市煤气公司职工中等专业学校	60	61		
C220	天津市广播电视中等专业学校	150	103		
C221	天津市职工医学院中专部	100	106		
C222	天津市宝坻县职工卫生学校	60	62		
C223	天津铁路成人中等专业学校	50	51		
C224	天津市纺织干部中等专业学校	42	33		
C225	天津市一轻局干部中等专业学校	87	96		
C226	天津市二轻局干部中等专业学校	107	81		
C227	天津建工集团干部中等专业学校	140	64		
C228	天津市市政干部中等专业学校	40＋20	61		
C229	天津市二商干部中等专业学校	40	12		
C230	天津市机电公司干部中等专业学校	130	44		
C231	天津市化工干部中等专业学校	60	46		
C232	天津海鸥职工中等专业学校	50	37		
	合　　计	2359	2216		

1999年天津市市属普通中等专业学校招生情况统计表(高中后)

序号	学校名称	本市		外省	
		计划数	实录数	计划数	实录数
101	天津市化学工业学校	119	43	27	12
102	天津市第一轻工业学校	35	21	10	5
103	天津市第二轻工业学校	40	27		
104	天津市劳动经济学校	50	46		
105	天津市机械工程学校	40			
106	天津市司法学校	46	38		
107	天津市工贸学校	40	20	40	40
108	天津市市政工程学校	80	47		
109	天津市物资贸易学校	50	36		
	合　计	500	278	77	57

1999 年天津市外省普通中等专业学校招生情况统计表(高中后)

序号	学校名称	本市			
		计划数	实录数		
201	大连海运学校	20	19		
202	哈尔滨保险学校	10	2		
203	秦皇岛煤炭工业管理学校	8	1		
204	西安铁路人民警察学校	2	2		
205	青岛港湾学校	10	9		
	合计	50	33		

工作计划、工作总结

1999年天津市教育招生考试中心工作要点

1999年是天津市教育招生考试中心在市委、市政府领导下，大力发展教育招生考试事业的重要一年，做好今年的工作对构建具有天津特色的教育招生考试体系，奠定我市21世纪教育招生考试事业发展的坚实基础，具有十分重要的意义。

一、指导思想和总体要求

1. 指导思想：

高举邓小平理论伟大旗帜，深入贯彻党的十五大和市委七届二次全体(扩大)会议精神，坚持发展是硬道理，强化“四个意识”、“三严作风”，以深化改革和全面创新为动力，立足于为天津经济发展服务，从天津教育发展的全局出发，大力推进教育招生考试事业的发展，满足社会教育需求，维护社会稳定。

2. 总体要求：振奋精神，团结协作，知难而进，开拓创新。

为此，要做到以下几点：第一，统一思想，认清形势，增强危机感、紧迫感，积极寻找和培育招考事业的发展点；第二，从严管理，深化管理体制和内部管理机制改革，在提高质量和效率上下功夫；第三，增强服务意识，提高服务水平，建设高效的招生考试服务体系；第四，坚持两手抓，两手都要硬，大力提高队伍的整体素质；第五，努力加强党的建设，形成跨世纪的政治优势、组织优势和作风优势。

二、发展目标和重点工作

3. 高校招生网上录取工作要取得突破性进展。

普通高校招生要扩大网上远程录取的试点范围，实现远程录取“双过半”，即参加录取的学校过半，力争150所高校实现远程录取；录取新生过半，录取人数力争突破10000人。录取现场同样采用网上录取模式，充分利用电子档案等信息资源，实现无纸化录取。实现考生电子化报名，为网上录取提供前提条件。成人高校招生要进行网上录取的试点工作，争取市内10所成人高校实现网上录取。

4. 全力开拓高等教育自学考试事业。

根据全国考委下发的《专业目录和专业基本规范》，完成我市专业考试计划的调整工作。争取取得全国高等教育自学考试开考高等职业技术专业实验区的资格，做好开考高职专业的前期论证和准备性工作，力争下半年开考部分专业。做好面向农村专业的论证和准备工作，力争下半年开考。相继开考一批本科专业。加快计算机化管理题库的研究和建设工作。加强命题规章制度建设，培训命题教师，大力提高命题质量。依据《天津市高等教育自学考试社会助学暂行管理办法》，健全监督、评估制度，规范助学活动。做好中专教育与高等教育自学考试教育的衔接工作，完善以普通高校为龙头的社区助学体系。筹备天津市高等教育自学考试委员会第八次全委会和自学考试工作会议。继续推进考务、考籍计算机管理系统的开发、研制工作。完善自助式报名系统。建立考生档案库。

5. 继续深化各级各类招生考试改革。

普通高校招生考试要做好按新的管理模式和运行机制试办高等职业技术教育院校的首次

招生工作；完善单独招生、单独考试改革；优化艺体类专业考试的测试内容；做好2000年“二省一市”新教材单独命题考试的准备工作。成人高校招生考试要深化专业能力考试、预科生改革；健全成人高校招生复习迎考体系。中专招生考试要探索不同办学体制下的招生办法；加强外省市中专在津招生工作和艺体类招生专业测试工作的管理；研究减少生源流失和弥补生源不足的新办法，尝试区域化招生新格局。社会考试、海外考试要稳步推进已开发的考试项目；积极稳妥地做好新承办全国英语等级证书考试的开考工作；做好教育部考试中心GRE计算机化考试天津考点的设立和开考工作；继续向教育部考试中心申请承办新的社会通用考试和海外考试；接受政府和社会各方面的委托考试；继续办好成人预科学校。

6. 增强服务意识，提高信息服务水平。

适应形势发展，转变观念，加快实现考试机构职能由行政管理型向管理服务型的转变。召开中心宣传工作会议，研究讨论加强宣传工作的办法和措施。通过广播、电视、报纸、网络等现代媒体技术，健全信访咨询服务体系，加大为考生提供信息服务的力度，帮助考生更好地了解招生考试信息，指导考生更好地做出选择。改进考生基础信息的采集和处理办法，更好地为院校录取新生、建立人才数据库服务。对录取现场的院校工作人员进行网上录取的技术培训，搞好生活服务。

7. 积极筹建天津市教育招生考试基地暨天津市国际教育合作学区。

落实合作单位，筹措建设资金，年内启动天津市教育招生考试基地暨天津市国际教育合作学区的建设工作。考试基地应包括标准化考场、无纸笔考试场地、标准化阅卷点等，满足天津市高等教育自学考试、普通高校招生考试、成人高校招生考试和中等专业学校招生考试等多项工作发展的需求，开展教育考试的科学研究工作。学区将承担起国外著名大学与本市相关学科优势院校或科研机构之间的纽带角色，为扩大天津教育招生考试对外交流发挥桥梁作用。

8. 积极发展产业。

改革管理模式，完善经营效益奖惩制度，挖掘中心的资源优势，增加经营项目，开拓经营范围，大力发展中心的产业。要使产业真正成为中心事业发展的生长点，做到来自招考事业、服务招考事业。

三、主要措施

9. 深化邓小平理论学习，培养创新思维。

邓小平理论是我们做好教育招生考试工作的思想基础和理论基础。1999年要遵循中央和市委有关深化邓小平理论学习的指示精神，在全中心掀起学习邓小平理论的新高潮。处级以上干部要带头学习邓小平理论，特别是邓小平教育理论，自觉运用邓小平教育理论，指导教育招生考试工作。要在邓小平改革创新思想的指导下，推动新一轮思想解放，培养创新思维，实现观念创新、思路创新、体制创新、机制创新、工作创新，走创新发展之路，开创招生考试工作新局面。

10. 强化考务管理，提高考试质量。

召开中心考务工作会议，总结经验，研究加强考务管理的措施。制定统一的国家级教育考试工作规范，监考、阅卷、巡考等工作实施标准化管理。大力应用现代化技术手段，积极推进考务管理的现代化。完善管理、考核办法，加强考点和阅卷点的建设。抓好培训和思想政治教育，建设一支政治素质高、作风过硬的考试工作人员队伍。

11. 加强建章立制工作，狠抓内部基础建设。

要加强和完善内部建章立制工作，全方位地制定内部管理的各项规章制度，狠抓落实，实行制度化、规范化和科学化管理，提高工作效率和工作质量。要规范物资、印刷、会务等业务，实行动态管理，克服铺张浪费现象，防止国有资产流失。加强中心内部网络及信息化设备的日常管理和维护工作，建立领导及管理机构，配备专职人员。年内完成文档室的建设工作，利用信息化设备，规范文书档案管理。研究图书、报刊资料管理新办法，更好地为教育招生考试改革和发展服务。

12. 深化内部管理体制改革，完善竞争激励机制。

体制创新、机制创新是工作创新的基本保障和内在动力，1999 年度要深化内部管理体制改革，进一步完善竞争激励机制，克服平均主义倾向，落实奖勤罚懒、奖优罚劣的内部管理改革思路。①建立专项奖励制度，对在中心事业发展中做出突出成绩、优秀成绩的员工进行重奖。②适应教育招生考试的发展，进一步调整、完善内部机构设置。③建立专业技术人员评聘分开的制度，激发专业技术人员的创新能力。④工人实行按需设岗、竞争上岗的制度。⑤完善科级以下干部聘任制，充分发挥骨干力量的积极性、创造性。⑥完善内部收入分配制度，适当拉大收入差距，真正建立多劳多得、少劳少得的收入分配制度。

13. 做好培训和人员考录工作，提高队伍整体素质。

中心内部信息化建设和网上招生的兴起与发展，对队伍的素质提出了更高的要求。要继续抓好骨干队伍研究生进修班的管理，提高学习质量。加强计算机、网络技术及办公自动化方面的培训，力求全部员工均可上网操作。继续举办学术报告会和各种专题讲座，以改善员工的知识结构，扩大员工的学术视野，提高员工的专业技术能力。做好 1999 年度的人员考录工作，努力改善人员结构，提高队伍的整体素质。

14. 以信息化建设为主要手段，促进我市招生考试管理的现代化。

召开中心信息化建设工作会议，制定中心信息化建设发展规划。增加硬件设备的投入，积极推进计算机及其网络技术在招生考试业务和各项管理工作中的应用。加快网络资源的建设，上半年完成中心主页的创制工作。完善内部局域网的建设工作，实现与教育部及有关机构的联网。以各业务处室为重点，开发、使用基于 Cernet、Internet 的招生管理系统。①进一步完善普通高校招生计算机管理系统。②开发研制成人高校招生计算机管理系统。③完善自学考试考务管理信息系统。④开发研制中专招生计算机管理信息系统。⑤以办公室和行政处为重点探索计算机管理和无纸笔办公。⑥开发人事管理信息系统，建立人才信息库。⑦推进会计电算化建设，完善财务管理系统。⑧建立教育招生考试公众信息服务系统。

15. 加强考试科学研究。

筹备成立“天津市普通高校、成人学校招生考试研究会”，作为团结科研人员、推动研究工作的民间学术团体。与高等院校、各区县招生考试机构建立科研协作关系，增强科研队伍的实力。向全国考试科研先进地区和单位学习，加强合作与联系。严格审批中心内部科研立项，积极申报市级、部级科研课题，进一步加强已立项课题的管理工作。

16. 扩大海外交流。

开拓对外联系新渠道，发展与国外教育机构、考试机构、高等院校之间的友好合作关系，加强在教育招生考试等方面的学术交流。学习国外教育招生考试工作科学的组织、管理办法以及现代化的理论和技术。

17. 推进精神文明建设，创建美好精神家园。

加强职业道德建设，克服门难进、脸难看、话难听的现象，彻底改变与窗口单位形象不相称的言行。要以五四运动80周年、新中国成立50周年、澳门回归祖国等重大活动为契机，大力加强爱国主义、社会主义、集体主义教育。利用中心的重大活动，深入开展群众性精神文明创建活动，增强中心的凝聚力。强化“四个意识”、“三严作风”、“两个精神”（艰苦奋斗精神和主人翁精神）和“一个观念”（改革创新的观念），保持和发扬积极向上的精神状态，创建具有中心特色的健康和谐、富有生机和活力的精神家园。关心职工生活，努力提高职工的生活水平，为职工提高自身素质创造必要的条件。做好群众组织工作、统战工作和退休职工工作，调动一切积极性，加强团结，齐心协力，促进中心事业的发展。

四、聚精会神抓好党的建设

18. *加强思想建设，努力形成跨世纪的思想优势。*

坚持“两手抓，两手都要硬”的工作方针，建立思想政治工作责任制，加大对日常思想政治工作的监督、管理和考核力度。在处级以上干部中，用整风精神深入开展以“讲学习、讲政治、讲正气”为主要内容的党性党风教育。采取集中通读与分散自学相结合、专题报告与座谈交流相结合的方式，深化理论学习和政治学习，提高执行党的基本路线和中央、市委部署的自觉性、改造主观世界的自觉性、讲正气的自觉性。通过“三讲”教育，坚定社会主义信念，执行民主集中原则，实践为人民服务的宗旨，弘扬求真务实、言行一致等作风。

19. *加强组织建设，努力形成跨世纪的组织优势。*

筹备召开党员大会，建立中心党委会。健全党委工作、学习制度，发挥党委的政治核心作用。健全处室支部学习、工作制度，规范支部活动，发挥支部的战斗堡垒作用。加强对党员的教育工作，加强对党员和党员干部的考核、管理工作，深化在党员中开展的“争先创优”活动，充分发挥党员的先锋模范作用。做好入党积极分子的培养、考察工作，组织发展工作要正常化、规范化。

20. *加强党的作风建设，努力形成跨世纪的作风优势。*

以网上录取为契机，开展“政务公开”、“让群众明白”活动，加大“八公开”、“四监督”的力度，进一步增加招生考试的透明度，让群众明白、放心。对群众的困难和情绪，中层以上干部要亲知、真知、深知，把忠诚党的教育事业和为人民服务的宗旨落实于为群众排忧解难工作中。深入开展批评和自我批评，广泛听取人民群众和相关单位的意见，主动接受社会监督，努力改进工作作风，提高为人民服务的能力和水平。坚持民主集中制原则，形成团结一致的良好氛围。尊重群众的首创精神，善于听取群众的正确意见，调动广大干部群众的积极主动性和创造热情。

21. *廉政建设常抓不懈，构筑跨世纪的反腐防线。*

开好领导干部廉洁自律民主生活会，坚持搞好领导干部和中层干部廉洁自律工作。贯彻中共中央和国务院颁布的《关于实行党风廉政建设责任制的规定》，完善中心党风廉政建设责任制。继续抓好制止奢侈浪费八项规定的落实工作。完善制度建设，加强对管钱、管物、管人及各产业实体负责人的监督。完善“在监督中服务，在服务中监督”的纪检监察工作模式，积极探索信息化新形势下纪检监察的新路子。要大兴调查研究之风，为群众排忧解难之风，清正廉洁之风，把党风建设提高到一个新水平。

1999年的任务比较繁重，全体干部职工要在中心党政领导的坚强领导下，认真贯彻党的十五大和市七次党代会精神，统一思想，坚定信心，知难而进，开拓创新，创造性地完成各项招生考试改革任务，以优异的成绩迎接建国50周年，满怀信心地跨入21世纪。

更新观念、勇于创新、积极推进录取方式的改革
——1999年天津市普通高校招生网上录取工作实践和启示

天津市是全国普通高校招生录取方式改革的试点省市之一。在各级领导的大力支持下,1999年天津市普通高校招生全部实现了计算机网上录取,其中网上远程录取实现了院校所数和招生人数“双过半”的成果,取得了大规模计算机网上招生和远程录取的经验。

一、1999年天津市计算机网上录取的基本情况

“录取方式改革”是教育部新一轮高考改革的四项内容之一。教育部1999年3号文件确定:录取方式改革的重点是实施计算机网上录取;要在2001年基本建成全国招生网上录取系统。

广西自治区招生考试院在全国率先进行了网上录取的探索,他们的成功给了我们很大的鼓舞,并带给我们许多宝贵的经验。作为教育部的试点,1998年天津市网上远程录取获得了初步成功。在教育部及天津市委、市政府的大力支持下,1999年天津市教育招生考试中心又提出了普通高校招生全部实现计算机网上录取的奋斗目标。其中,网上远程录取要实现“双过半”,即参加远程录取的院校所数和通过网上远程录取的新生人数均超过在津计划的一半。

经过近一年的精心准备和艰苦工作,1999年8月1日天津市普通高校网上录取工作正式开始,至8月26日,在津招生的313所院校全部实现了计算机网上录取,共录取新生28064名。圆满完成了提前批次、艺体类、重点批次、一般本科批次和专科一、二批次等各批次院校招生任务。其中:坐落在全国23个省、市、区的165所高校实现了远程录取,占在津招生院校总数的52.7%;远程录取新生18942人,占各院校在津招生总数的67.50%,实现了远程录取“双过半”的目标。来津现场招生的院校通过市教育招生考试中心的内部局域网也全部采用了计算机网上录取模式,基本实现了录取过程的无纸化。

我市网上远程录取“双过半”目标的实现引起各有关方面的高度关注。8月12日,重点批次院校网上录取工作完成之际,教育部副部长周远清,市委副书记刘峰岩,市委常委、市委教卫工委书记邢元敏,副市长俞海潮等同志到设在市教育招生考试中心的录取现场视察了我市普通高校招生网上录取工作。周远清副部长对我市网上录取试点工作所取得的成绩给予了很高的评价,称之为“是网上录取探索中具有标志性意义的成果”。8月23日,天津网上录取“双过半”完成之日,教育部学生司司长、全国网上录取总指挥瞿振元亲临现场参加庆祝仪式,并在祝词中指出:“天津市网上录取的成功,标志着全国高校招生制度改革在网上录取方面已经取得决定性的成功”。8月27日,教育部副部长韦钰又亲自带领教育部学生司、高教司、科技司、监察局、考试中心的负责人,以及清华大学、全国网上招生管理系统课题组、中国教育科研网的负责人等来到天津市教育招生考试中心视察网上录取工作。韦钰同志对天津市网上录取的成功也给予了很高的评价,称之为“是CERNET建立以后成功应用的一个典范”。

我市网上远程录取“双过半”目标的实现也引起各新闻媒体的高度关注。中央电视台在新闻联播节目中两次报道了天津市网上录取的情况,并播放了反映天津市网上录取的专题片《网上录取天地宽》;中国教育报三次在头版显著位置报道了天津市网上录取的情况,还用整版篇

幅发表了反映天津市网上录取工作的长篇通讯《穿越时空的召唤》；光明日报也报道了天津市实现网上录取“双过半”的消息；天津市各新闻媒体报道天津市网上录取的情况达30多次。

天津市大规模网上录取试验的成功标志着普通高校招生录取管理模式发生了革命性的变革，以纸介质档案流转为基础的人力密集型的招生管理模式已经成为历史；以计算机信息处理技术及其网络技术为支撑、以电子档案信息流转为基础的技术密集型的招生管理模式已经基本建立。

二、改革创新、扎实苦干、严密组织、精心操作，确保网上录取的成功

今年，天津市网上录取目标的实现，是各级领导重视支持和各方面共同努力、通力合作的结果。一年来，我们在思想认识、技术支持和组织管理上都做了大量的、充分的准备，严密组织，精心操作，采取得力措施，确保了计算机网上录取的成功。回顾所走过的路程，我们深深感到：录取手段的改革是涉及思想观念、技术手段、管理形式等诸多方面的一场革命性变革。

1. 解放思想，观念创新

1998年，我市作为教育部网上录取课题试点单位先期进行了试验，选择南开大学、天津大学等5所院校进行“计算机招生管理系统”的试运行，在网上远程录取了1404名新生。但是，由于系统研制开发时间较短，在运行过程中暴露了一些问题和缺陷；加之长期以来人们已习惯于传统的招生管理模式，对计算机网上录取所带来的管理模式和工作方式的变化存在着诸多不适应，致使部分同志对网上录取的可行性、优越性和发展前景产生了疑问。因而要不要扩大试点范围？网上录取要不要取得突破性进展？成为摆在我们面前需要认真研究和决策的一个重大课题。

教育部副部长周远清去年在视察天津市网上招生录取工作时指出，“高校招生计算机管理的生命力在于远程录取”；他还说，“从天津网上录取试点的初步成功看到了网上录取的前景，坚定了推进网上录取的信心”。周部长的讲话给了我们很大的鼓舞和启示；天津市委组织的“创新问题大讨论”和教育部关于高考制度改革的决定，进一步解放了我们的思想。我们感到，这不仅是一个技术问题，首先是解放思想、更新观念的问题。在要不要扩大网上录取规模的大讨论中，天津市教育招生考试中心内部逐渐形成了共识，大家认识到必须在以下四个方面更新观念：

一是，必须敢于同传统的思维模式和工作方式做彻底的决裂，顺应当今科技进步和信息化社会发展的潮流。一方面，人力密集型的录取方式发展到今天，其缺点已日渐明显；另一方面，计算机及其网络技术的发展，把人们带进了信息化社会，以计算机信息处理技术及网络技术为支撑的、技术密集型的、全新的招生管理模式必将成为招生领域新的生产力的代表，网上录取的实现已经不是一个可行不可行的理论问题，而是一个时间早晚的实践问题。在这种情况下，必须破除因循守旧的观念，把握时代的脉搏，主动顺应招生领域变革的必然趋势，才能使招生考试事业的发展跟上时代的步伐。

二是，必须有勇于改革的精神和敢于创新的勇气。事物总是在不断发展的，不改革创新，就不会有发展，就会落后。录取方式的改革是教育部新一轮高考改革的重要内容，这项改革的成功会为其他各项高考改革创造良好的条件，推进高考整体改革方案的深入实施。要改革创新就要敢于冒风险，勇于承担责任，不能四平八稳安于现状。我们必须抓住这一机遇，为全面推动新一轮高考改革做出贡献。

三是，要有自我革命的精神，勇于同自己头脑中的“权力”观念挑战。随着教育事业的不断发展和高校招生自主权的扩大，招生考试工作从行政管理型向服务管理型的转变已经是一种必然趋势。网上录取，将会给考生和招生院校提供更好的服务；同时，使录取工作得到更有效的监督。作为招生考试工作人员，必须强化服务意识，淡化“权力意识”。

四是，要把艰苦奋斗的精神和科学求实的态度结合起来。既要不怕苦、不怕累，敢于打硬仗；又要尊重科学，尊重规律，实事求是，踏踏实实地做好每一步工作，抓好每一个环节，积极稳妥地推进招生录取手段的改革。并以此为契机，推动天津市各项教育招生考试管理手段的现代化建设。

在统一思想认识的基础上，形成了高度共识，使我们决心通过改革创新走出一条快速发展的路子。在总结 1998 年网上录取初步成功的经验基础上，我们提出了 1999 年网上录取要取得突破性进展的目标，即：所有在津招生院校全部实行网上录取，其中网上远程录取要实现院校所数和录取新生人数“双过半”。

2. *精心准备，技术创新*

网上录取是以计算机信息处理技术和计算机网络技术为支撑、以电子档案信息流转为基础的。因此，网络环境建设、软件系统的开发和考生基础信息的采集处理，是制约网上录取成功与否的三个技术上的关键因素。一年来的技术准备工作主要围绕这三个方面展开：

一是，计算机网络环境和硬件建设。为适应网上录取的需要，天津市教育招生考试中心于去年建成了中心内部的局域网。还在中心内的助学中心大厅和会议楼搭建了两个二级子网，配置了 80 多台计算机供现场网上录取的院校使用，充分利用了中心内部的网络资源。市教委和中心共投资 450 万，更新了全部设备，配置了高档的服务器、交换机、高速打印机、智能光电字符阅读机以及各种相关设备。完成了双电源和电力增容。为实现网上远程录取，我们采用 2 条 DDN 专线、20 条拨号线路以及 CERNET 网管中心提供的地面卫星站，实现了和广域网的连接，满足了不同情况院校的上网需求，保证了各种招生信息的传输。我们还在网络安全方面采取了一系列的措施，保证了网络的安全可靠运行。

二是，软件系统的研制开发。1998 年招生工作结束以后，以清华大学为主，对系统进行了全面的开发和完善；我中心也派出技术人员参加课题组，参与系统的研制和二次开发工作。在录取工作正式开始以前，我们又和参加远程录取的招生院校进行了两次系统联测，及时发现问题，总结经验，进一步完善了系统。实践证明，新系统比较好地满足了招生录取工作的需要。

三是，考生基础信息采集和处理。我们研制开发了基于 WINDOWS 操作系统的高考报名信息采集软件，实现了计算机化报名和基础信息的数字化采集。还研制开发了电子摄像系统，对全市三万多名考生进行了电子摄像，实现了考生图像信息的电子化、数字化。同时，采用 ICR 技术对考生体检表进行了图文扫描，并对其中的关键信息进行了数字化处理。还采用了条码技术等。由于采用了诸多新技术，使得今年考生的电子档案，不仅内容比较详实、准确，增加了信息量，而且还大大压缩了信息占用的存储空间，每名考生信息所占容量从去年的 150K 降至今年的 70K，在一定程度上降低了网络的负载，加快了信息传输速度。

3. *严密组织，管理创新*

录取方式的变化必然会引起招生录取管理组织方式的变革。我们在反复论证、研讨的基础上，制订了《天津市普通高校招生计算机录取工作实施方案》和《录取指南》，打破了沿袭 20 多年的招生管理办法和模式，建立了适应计算机网上录取特点的新的录取工作组织管理模式。

一是，制定规则，完善制度。受教育部学生司的委托，根据权力与职责对等的原则，起草了《普通高校招生计算机网上录取工作试行办法(草案)》。经过教育部组织的若干次讨论、修订，由教育部学生司公布实施。根据天津的实际情况，我们还制定了《计算机网上录取工作实施细则》，使网上录取工作有了法规性文件和制度保证。

二是，调整机构，完善录取工作的组织管理。根据网上录取的特点，我们组建了全新的内部组织管理机构：取消了计划组、档案组，建立了综合组；建立了新系统支持下的现场录检组、远程录检组、系统组和录取审核组。录取组织的职责明确、权限清晰，新的组织管理模式充分体现和更好地发挥了计算机网上录取的优势。同时，按照网上录取模式，我们重新设计了工作流程，使其更加科学、合理、便捷、高效，符合系统工作原理和计算机网上录取的特点。

三是，尝试新的开档方式，实行滚动式开档。由于网上录取分为现场和远程两部分，这两部分必须同步协调进行。为了适应这一特点，我们打破了原来统一开会、集中开档的模式，形成了较为适应网上录取特点的滚动式开档模式。为加快工作进度，远程录取部分的开档是整批数据整理完毕，即在主页上公布报考远程录取院校考生的分数和志愿情况，院校即可提出调档要求，市招办审核以后即行开档。在现场录取开始以前，远程录取的大部分院校一志愿已经退档或录取完毕，保证了现场和远程两部分录取工作的协调、同步、有序运行。

四是，主动转变职能，强化服务意识。随着录取手段的改革，招生部门职能也必然会发生变化。我们顺应这一趋势，加大为招生院校服务的力度。录检员由被动到主动进行录检工作，直接到招生院校计算机端口进行技术指导和政策服务，由原来的先退后录，变成现在的退录同时进行。远程组主动与院校联系，及时更新主页信息，为院校热情服务。另外，还为招生数量大的在津院校刻制了电子档案光盘，把考生的基础信息提前提供给招生院校，加快了录取工作进度，受到院校欢迎。

五是，探索纪检监察工作新途径。在网上录取的新形势下，如何做好纪检监察工作，是摆在招生纪检监察部门面前的一个新课题。为此，我们开发了计算机纪检监察子系统。把通过计算机对网上录取的全过程进行监督与深入录取现场调查研究、通过信访部门听取意见等传统工作方式结合起来，收到了较好的效果，受到教育部有关部门的肯定。

由于领导重视，准备充分，组织周密，精心操作，今年我市网上录取工作进展顺利，不仅全面实现了网上录取的目标，而且录取进度也比预期时间提前，圆满完成了任务。

网上录取更好地体现了公平、公正性原则，不仅使"院校负责"真正落到了实处，而且为杜绝录取过程中的某些权力腐败现象从技术上做出了保障。以往门庭若市的招生现场今年变得静悄悄，许多考生和家长不再为录取之事到处奔波。网上录取得到了考生、考生家长及社会各界的认可。

网上录取跨越了时空的界限，变千里之遥为近在咫尺，所体现的高效、快捷受到招生院校的普遍欢迎。大家反映：考生数据详实、全面、准确，线路畅通、信息传输速度较快，工作效率显著提高。如北京大学以前来津招生完成全部录取工作，最快也要3天时间；而今年参加网上录取，8月5日上午9时21分成功下载考生档案，11时整便结束了录取工作，足不出户，不到2个小时便完成了录取任务。来津现场招生的许多院校都表示，明年将加入到远程录取院校的行列。

三、网上录取试点成功给我们的启示

今年我市高校招生网上录取试点准备工作充分，实现了预定目标，取得标志性成果，这是各级领导重视，社会各方大力支持和加强队伍建设的必然结果。

1. 领导高度重视是试点成功的关键

在信息化时代来临之际，教育部果断地做出了改革录取方式、探索计算机网上录取的决策，并成立了课题组，做出规划和制定了实施方案。天津市作为试点省市之一，自始至终受到各级领导的关注和支持。韦钰副部长亲临天津教育招生考试中心视察；周远清副部长先后两次来津检查、指导网上录取工作；学生司多次在津召开课题组会议和院校培训会议。瞿司长作为这项工作的总指挥，一年来频繁奔波在京津之间，亲自指挥，组织实施。这些都极大地推进了我市高校招生网上录取工作的进程。关键时刻，教育部责成CERNET网管中心专门为天津市安装了地面卫星站，为今年我市实现网上远程录取"双过半"起到了至关重要的作用。

天津市委、市政府对网上录取工作极为重视。市委副书记刘峰岩多次指出，要作为一项"民心工程"抓好抓实。刘峰岩同志以及市委常委、市委教卫工委书记邢元敏同志、副市长俞海潮同志等多次到市教育招生考试中心听取汇报、指导工作。市教委将网上录取工作列为市教委全年13件大事之一来抓，并在财力和技术上给予很大的支持。

教育部、市委、市政府领导以及市教委对网上录取工作的高度重视和支持，进一步坚定了我市招生考试工作人员改革创新、实现网上录取目标的决心和信心，极大地调动了同志们的积极性。正因如此，我市网上录取试点工作才取得了标志性成果。

2. 社会各界鼎力支持是试点成功的保证

我市网上录取试点工作得到了社会各界支持。电力部门专门为我们安装了双电源和进行了电力增容；电信部门提供了拨号上网用的通讯线路。还签定了责任书，确保招生期间的用电和通讯畅通。CERNET天津地区主节点——天津大学网管中心和有关技术部门从技术上提供保证。新闻机构密切配合，对网上录取进行了大量的报道，有效地宣传了网上录取工作，使计算机网上录取为社会各界所了解，得到人民群众的认可和支持。各区县招办和各报名点克服困难，在计算机报名和考生基础信息采集上给予了积极的配合。

在津招生的各院校也都积极参与网上录取工作，加强技术力量的配备和设备、经费的投入，并与市招办密切配合，对网上录取给予了充分的理解和支持。尤其是清华大学课题组的专家和同学们夜以继日地工作，如期研制开发出了高校招生计算机管理系统，为网上录取试点的成功奠定了坚实的基础。同时，从王诚教授到清华学子的敬业精神感染了我们每一位招生工作人员，激励着我们克服困难，不断进取。

3. 建设一支高素质的队伍是试点成功的根本

网上录取是高新技术在招生领域的应用，但掌握技术的是人。所以，从根本上讲，完成网上录取试点任务，必须要有一支思想过硬、技术精湛的招生工作队伍。招生人员不仅要掌握计算机技术、网络技术以及其他新技术、新知识，而且还必须有较高的思想政治素质。几年来，我们一直注重招生队伍建设，着力在提高队伍的全面素质上下功夫。

一是，坚持思想领先，努力提高队伍的思想政治素质。我们将中央倡导的"讲学习、讲政治、讲正气"与招生工作的实践相结合，创建了以"四个意识"（政治意识、全局意识、服务意识、自律意识）、"三严作风"（严格的管理、严谨的作风、严肃的态度）、"两个精神"（艰苦奋斗精神、主人翁精神）和"一个观念"（改革创新的观念）为核心的招生工作人员思想行为准则，坚持一以贯之，已开始逐步内化为中心招生工作人员的自觉行为，大大提高了队伍的思想政治素质，增强了队伍的凝聚力。

二是，着眼于队伍业务素质的提高。几年来，中心一直倡导建设一支管理型加学术型的招生工作队伍，着力提高招生人员的业务素质，以适应招考工作现代化的需要。特别是加强了计算机及其网络技术和各种新技术的培训。利用业余时间，组织了两轮的计算机、网络技术以及办公自动化方面的培训，不仅提高了员工的计算机技术，而且提高了员工对在招生领域应用高新技术重要性的认识。

三是，注重学习发达国家的招生考试理论和技术。近几年来，我们每年都派大批人员参加教育部考试中心组织的考试理论和考试技术讲座；还组团分别到美国、加拿大和香港、台湾等招生考试理论和技术比较先进的国家和地区进行考察和学习。从而开阔了视野，看到了差距，也激励我们为实现招考工作手段现代化而努力奋斗。

在今年的录取工作中，我们又提出要发扬协作配合、团结一致的团队精神。网上录取是一个由多方人员、多方单位参与和协调运作的复杂过程，因此，必须做到齐心协力、令行禁止，不急噪、不埋怨、不扯皮，不推诿，互相补台、互相支持，才能完成任务。我们要求全中心只能有一个声音：一切为了“双过半”，一切服从于“双过半”。在今年的网上录取过程中，同志们发扬了艰苦奋斗的精神，连续作战，每天都是工作到深夜，没有一个人叫苦叫累，有的同志病了还坚守岗位。总之，经过三年多来的不断努力，我们锻炼了一支敢打硬仗、善打硬仗，敢于创新，勇于改革，纪律严明，特别能吃苦的队伍。实践证明，过硬的队伍是网上录取取得成功的根本。

计算机网上录取毕竟是新生事物，需要在实践中不断总结，不断完善。今年，我们在实践中也遇到一些问题：如招生法规建设还没有跟上高考改革的步伐；录取体制需要进一步完善，高校和省市招办的职责要进一步明确；计算机网上录取工作的组织管理需要进一步总结研讨，使其更加科学、规范；系统功能要进一步完善，更好地满足省市招办和招生院校的需求；系统和网络的安全性、可靠性也要进一步提高；CERNET 的提速问题也需要尽快完成等等。这些问题都需要认真地研究和解决，为明年网上录取工作再上新水平创造良好的条件。

2000 年，天津市要在今年远程录取“双过半”的基础上，进一步提高网上录取工作的质量和水平。首先是提高计算机网络管理水平，特别是进一步提高系统和网络运行的安全性和可靠性；其二是提高考生电子档案的制作质量，丰富考生信息，采用新技术，进一步提高考生信息采集的准确性和可靠性；其三是完善录取规则，进一步提高网上录取组织管理工作的科学化、规范化程度。同时，争取有条件的招生院校都要实行网上远程录取。我们相信：网上录取一定会拥有一片广阔的天地。

天津市教育招生考试中心

1999 年 10 月

1999 年天津市普通高等学校招生工作总结

1999 年天津市普通高等学校招生工作在教育部、市委、市政府的关心支持下，在市招生委员会的直接领导下，认真执行教育部的招生法规和政策，从天津经济社会发展的全局出发，按照“深化改革，科学管理，迎难而上，开拓创新”的基本思路，积极推进招生改革，强化招生管理，狠抓队伍建设，网上远程录取率先实现了“双过半”，即远程录取院校所数过半，远程录取新生过半。在录取手段改革探索中，取得了标志性的成果，维护了招生工作的良好信誉和社会的稳定，圆满完成了招生工作任务。

一、招生工作基本情况

1. 报名

今年我市报名总数为33660人，比98年报考人数30745人增加了2915人，增长9%；其中理工类报考人数24329人，文史类报考人数7924人。今年艺术类专业考试合格，参加文化统考的人数为939人；体育类专业考试合格，参加文化考试的人数为468人。报考考生中，应届高中毕业生为27622人，往届高中毕业生6038人。

2. 考试

今年我市共设20个考区，56个考点，1145个考场。考生分文史、理工两类，全部参加“3+2”形式全国统一文化考试。英语科实行标准化考试，其余各科均实行分卷考试。英语语种考生全部参加英语听力测试，成绩不计入总分，分为合格、不合格。

3. 评卷

今年我市高考主观题阅卷工作仍实行分科、定点统一阅卷的办法。在市招生委员会领导下，分别在天津大学、南开大学、天津师范大学、天津职业技术师范学院进行。聘请阅卷教师750余人，其中大学教师占58.5%，中学教师占41.5%。市招办承担了客观题阅卷工作和分数统计合成工作。

考分

今年我市高考分理工、文史、艺术、体育四类。理工类、文史类满分总分为750分。外语单科本科录取最低控制标准为50分。

各类各批次文化录取最低控制分数线为：

批次	理工类	文史类
重　点	488	496
本　科	434	468
专科一批	407	449
专科二批	370	423

艺术类文化控制分数线为：

类别	层次	理工	文史
师范	本科	434	374
	专科	407	359
非师范	本科	260	224
	专科	244	215

体育类文化控制分数线为：

层次	理工	文史
本科	348	391

5. 计划

今年全国有313所高等学校计划在我市招生26881人。其中，理工类计划招生18835人，文史类计划招生5219人，艺术类计划招生541人，体育类计划招生160人，单独考试招生计划531人，新高职计划(三校生)1595人。

今年普通高校在津录取新生28064人。其中理工类录取新生19552人，文史类录取新生5699人。艺术类录取新生650人，体育类录取新生163人，单独考试录取新生548人，新高职录取“三校生”1452人。今年我市招收免试保送生171人，各批次招生计划圆满完成。

二、深化改革，以创新促发展

1. 网上录取取得了标志性的成果

我市是全国普通高校招生录取手段改革的试点省市之一。在教育部及天津市委、市政府的大力支持下，我市在去年网上录取试运行成功的基础上，提出了1999天津市普通高校招生全部实现网上录取的奋斗目标。其中，网上远程录取力争实现“双过半”，即参加远程录取的院校所数过半，达到160所；通过网上远程录取的新生人数过半，超过15000人。

网上录取是以计算机信息处理技术和计算机网络技术为支撑、以电子档案信息流转为基础的，因此，软件系统开发、网络环境建设和考生基础信息的采集和处理，是制约网上录取试点成功与否的三个关键因素。一年来的技术准备工作主要围绕这三个方面展开：

(1)计算机网络环境和硬件建设。为适应网上录取的需要，我们于去年建成了“中心”内部的局域网，并在“中心”内的助学中心和会议楼搭建了两个局域网子网，配置了80多台计算机供现场录取的院校使用。市教委和“中心”共投资450万，更新了全部设备，配置了服务器、交换机以及各种相关设备。完成了双电源和电力增容。为实现网上远程录取，我们采用2条DDN专线、20条拔号线路以及CERNET网管中心提供的地面卫星站，实现了和广域网的连接，满足了不同情况院校的上网需求，保证了各种招生信息的传输。我们还在网络安全方面采取了一系列的措施，保证了网络的安全可靠运行。

(2)软件系统开发。1998年招生工作结束以后，以清华大学为主，对系统进行了全面的开发和完善，我“中心”派出技术人员参与系统的研制和二次开发工作。在录取工作正式开始以前，我们又和远程录取院校进行了两次系统联测，及时发现问题，总结经验，进一步完善了系统。实践证明，新系统比较好地满足了招生录取的需要。

(3)考生基础信息采集和处理。一是研制开发了基于WINDOWS操作系统的高考报名信息采集软件，实现了计算机化报名和基础信息的数字化采集。二是研制开发了电子摄像系统，对全市三万多名考生进行了电子摄像，实现了考生图像信息的电子化、数字化。三是采用ICR技术对考生体检表进行了图文扫描，并对其中的关键信息进行了数字化处理。还采用了条形码技术等。由于采用了一些新技术，使得今年考生的电子档案，不仅内容比较详实准确，增加了信息量，而且还大大压缩了信息占用的存储空间，容量从去年的150K降至今年的70K，在一定程度上降低了网络的负载，加快了信息传输速度。

经过近一年的精心准备和艰苦工作，1999年8月1日天津市普通高校网上录取工作正式开始，至8月26日，通过网上录取系统，圆满完成了艺体类、提前批次、重点批次、一般本科批次和专科一、二批次等各批次院校招生任务，网上录取的目标全部实现。在津招生的313所院校全部实现了网上录取，共录取新生28064名。其中：坐落在全国23个省、市、区的165所高校在津招生实现了远程录取，占在津招生院校总数的52.7%；远程录取新生18942人，占在津招生总数的67.50%，实现了远程录取“双过半”的目标。来津现场招生的院校通过市教育招生考试中心的内部局域网也全部采用了计算机网上录取模式，基本实现了录取过程的无纸化。这标志着招生管理模式发生了革命性的变革，以纸介质档案信息流转为基础、人力密集型的招生管理模式已成为历史；以计算机及网络技术为支撑、以电子档案信息流转为基础、技术密集型的招生管理模式基本建立。

2. 新高职招生获得成功

作为民心工程的重要内容，市委、市政府十分重视新高职的试点工作，要求有关部门千方百计争取我市列入试点省市。经过有关部门的积极努力，教育部同意将我市列入举办新高职教育的试点省市之一。新高职招生是深化高等教育改革、发展高等教育事业的有战略意义的重大举措。鉴于新高职工作涉及面广，政策性强，时间紧迫，在组考、招生过程中我们积极与各部门、各试办学校加强沟通和联系。主要分为两个工作阶段：

(1)组织报名、考试。经过调研与论证，规定了新高职招生报名条件、报名办法，确定了三校生“3+综合”的考试科目设置，明确了新高职的批次划分、录取划线原则等。制定了《高等职业技术院校招生宣传提纲》、《天津市高等职业技术院校招生意见》，修订了《天津市高等院校单独招生考试大纲》，作为三校生考试命题的依据。根据我市试办学校的能力和社会需求，本着稳步试点，总结经验，逐步扩大的原则，今年我市新高职招生计划为6195人。招生对象主要面向参加全国普通高等学校统一招生考试的考生，另外安排部分学校有关专业招收相关和相近专业的普通中专和职业中专(高中)的应届毕业生及部分重点技工学校毕业生。我们采用多种手段进行宣传咨询和培训，制定了报名程序。为便于“三校生”报考，我们依照市教委计划处划定的12类专业，规定了《新高职招生考生号的编制办法》；参照“三校生”教学大纲，制订《1999年天津市新高职“三校生”专业综合课考试说明》；征求各招生院校意见，形成《1999年天津市新高职“三校生”招生跨专业兼报情况表》；同时撰写了《新高职招生报名填表说明》，就新高职报名工作分别召开了区县招办工作培训会、招生院校宣传咨询预备会议。今年，全市普通中等专业学校、中等职业学校和中等技工学校的应届毕业生共有2112名考生报考新高职，其中报考计算机类的考生最多，为696名。

(2)录取阶段。新高职招生录取工作分为两部分，一部分招收参加全国普通高校的考生，以高考成绩作为高职招生录取的依据。招生计划为4600人，实际招收5204人，比计划多招生604人。另一部分招收“三校生”考生，以考生的文化课成绩为主要依据，结合考生填报的志愿，分12类进行录取。“三校生”的招生计划为1595人，实际招收1452人，比计划减招143人，此部分计划转至招收参加普通高校的招生计划中。由于采取切实有效的措施，确保了招生质量和招生计划的完成。

3. 深化保送生制度改革

我市从1986年开始实施普通高校招收保送生制度，即在保持以文化统考为基本选拔形式的前提下，对少部分优秀应届高中(中师、中专)毕业生实施学校推荐，高校审查，免试入学(不参加统一高考)的招生录取办法。经过十多年的不断完善，我市招收免试保送生的工作，取得了良好的效果，对深化教育改革起到了积极的推动作用。

根据教育部《关于1999年普通高等学校招收保送生通知》的有关规定，今年被推荐的保送生必须参加教育部统一命题的综合能力测试，凡未参加综合能力测试的学生不能被高校录取为保送生(获全国中学生学科奥林匹克赛区一等奖的学生除外)。综合能力测试主要是考查学生的理解、掌握和运用中学所学知识的能力。市招办将测试成绩提供给有关高校，高校将测试成绩作为录取与否的一个重要依据。今年我市参加测试的保送生163人，最高分为75.5分，最低分为25.5分，平均分为55.4分。推荐为部属院校保送生参加测试的64人，最高分为75.5分，最低分为45分，平均分为65.8分。

对保送生进行综合能力测试是对保送生制度进行改革和完善的重要举措，这一改革使保送生制度兴利除弊，进入更加公正、健康运转的轨道。

三、科学管理，向管理要质量

1. 认真做好电子化报名工作

为了适应招生考试管理模式的变化，使考务管理规范化、科学化，我们对传统的报名方式、方法进行了改革。首先，编制考生基本信息采集软件，分为考生版、中学版、区县版三个版本，通过电子化报名采集考生基本信息，用电子表格形式代替了传统的报名表；其次，对每位考生进行电子摄像，如期完成所有考生电子档案的制作工作，用防伪考生证代替了传统的准考证；再次，延长报名时间，使区县招办工作空间余地更大。市招办只规定了报名截止日期，未规定报名起始时间，各区县可根据具体情况自行安排。

由于措施到位，实行分级管理，我市的报名工作建立较为完善的基本信息采集系统，充分发挥考生、高中校的作用，强化区县招办的调控作用，借助现代化手段，做到了考生基本信息采集准确、迅速、完整，为网上录取奠定了基础。

2. 高度重视，精心组考

我市共设置考点56个，考场1145个，配备监考、监察人员及其他工作人员近6000人。市政府今年调整了招生委员会，副市长俞海潮同志任招生委员会主任。高考前，俞市长专门召开会议，部署高考工作，主管区县长、评卷点校长、政府各个职能部门的领导参加了会议。会议对扎扎实实做好今年招生考试工作提出5点要求，即“高度重视，切实加强领导；严格管理，确保试卷安全；严肃纪律，创造公平考试环境；全力保障，营造良好外部环境；加强建设，提高招生队伍素质”。

市招生办专门召开考务工作会议，对考点、考场的设置，考试的组织，试（答）卷的保管、保密，考风考纪建设以及监考人员的培训等工作做了明确的规定和要求。重点是要求落实《加强考风考纪的十二项措施》，防止大面积舞弊，严格查处雷同卷。要求各区县结合各自实际情况做出可能发生问题的处理预案。各区县按照市政府要求，由主管区县长主持召开了考点主考培训会和各参考单位领导会议，就抓好考试和考风考纪提出明确要求。市招办和各区县教委都成立了考风考纪领导小组，加强对考风考纪工作的领导和监督、检查。7月5日至6日，“中心”领导分四路检查各考区考前准备工作和试卷保管情况。考前，市招办抽调巡视员80人，经过培训后，分赴各考点进行检查、巡视。各区县教委也抽调干部组成巡视组，加强巡考力量。市公安局、交管局、电力局、卫生局、环保局、市容委都按照市委、市政府的要求，在考场治安、交通、供电、医疗卫生、清理摊贩、治理噪声等方面认真部署，狠抓落实。

全体考生持“双证一码”（考生证、身份证、考试专用条形码）参加考试，通过电子摄像生成的防伪考生证和考场核对表，对防止替考行为起到了很好的作用。

考试期间，市长李盛霖、市委副书记刘峰岩、市委常委市委教卫工委书记邢元敏、市人大副主任庄公惠、副市长俞海潮、市政协副主席周绍熹等领导同志分别到考点视察，看望考生，慰问监考工作人员。各考区党、政、人大、政协、纪检、监察等部门的领导都亲临一线，指挥、协调工作。

由于领导重视，各级政府和有关部门共同努力，全社会对高考工作给予了大力支持和理解。招生部门精心组织，考生遵守考场纪律，监考工作人员认真履行职责，考场内外秩序井然，考试工作有序有效地进行，全市未发现一起试卷泄密、失密、受损事件，未出现一例因组织不善而使考生缺考、误考等情况，基本上做到了万无一失的要求。

3. 坚持标准，保质保量进行评卷工作

今年高考主观试卷分别在天津大学、南开大学、天津师范大学、天津职业技术师范学院进行评阅。市招办成立了评卷委员会，具体领导此项工作。并制订了《天津市1999年普通高校招生统一考试评卷工作实施细则》，就评卷点的管理、试卷保管、阅卷质量等明确了各自的职责。为改善教师阅卷环境，市招办投人资金，为评卷场所安置了空调等设备。各评卷点分别成立了评阅试卷领导小组，加强了评卷的组织和管理工作。经过全体评卷教师和工作人员共同努力，按时、保质、保量顺利完成了阅卷任务。评卷期间，副市长俞海潮等市领导深入评卷点，慰问评卷教师，对他们表示感谢。

客观题试卷阅卷和分数合成工作在市招办使用计算机进行。为了确保质量，我们规定了严格的工作制度和操作程序，要求工作人员要严守纪律，规范操作，运作有序。评卷和分数合成期间，实行封闭式管理。经过全体工作人员日以继夜、紧张有序的工作，顺利地完成全市考生客观题评阅和高考成绩的统分工作，并如期向社会公布了考试成绩。

4. 适应系统，确保录取工作公平、公正

为了确保新的计算机招生管理系统的顺利运行，我们反复研究，建立了适应新系统的管理体制，表现为四个方面的变化：

(1)工作地点的变化。随着招生手段的变化，为了适应大规模网上录取，节省经费，发挥中心现有设备优势。我们改变了以往在宾馆的录取方式，今年集中在考试中心院内，工作干扰少，大家精力集中，便于组织协调管理。

(2)内部组织管理模式的变化。取消了计划组、档案组，建立了综合组；形成了新系统支持下的录检组，分为现场和远程组；设置了系统组和录取审核组。各组的职能、职责更加明确，权限清晰。新的组织管理模式充分适应以电子档案信息流转为基础的新的招生录取模式。

(3)开档方式的变化。大胆尝试了新的开档方式，实行滚动式开档录取。由于网上录取分为现场和远程两部分，我们打破了原来统一开会、集中统一时间开档的原有模式，形成了较为适应网上录取的新模式——滚动式开档录取。为加快工作进度，远程录取院校的开档是整批数据整理完毕，即在主页上公布报考远程录取院校考生的分数和志愿情况，院校即可提出调档要求，市招办审核以后即行开档。在现场录取开始前，参加远程录取的大部分院校一志愿已经退档或录取完毕，保证了现场和远程这两部分录取工作的协调、同步、有序进行。

(4)工作职能的变化。面对录取手段的改革，我们加快了工作职能的转变，建立了新的规章制度和制约机制。随着新的职能组的划分，变管理监督为服务监督。如录检组过去在一线主要是审核录退，学校来找录检员商定；现在是录检员主动到院校的计算机前，进行操作指导和录取过程中的服务，减少工作环节，提高工作效率，由原来的先退后录，变成现在的退录同时进行。远程组主动与院校联系，及时更新主页信息，为院校热情服务。

四、工作中的几点体会和设想

1. 几点体会

网上录取是录取方式的革命性变革，如果说录取是结果，那么组织报名、考试、评卷等考务管理就是过程。所以，这一变革必将带动考务管理诸多方面的变化。我们的体会是：

(1)必须有争创一流、敢冒风险的开拓精神，同传统的工作方式和思维模式做彻底的决裂，顺应当今科技进步和信息化社会发展的潮流。一方面，人力密集型录取方式发展到今天，缺点已日渐明显；另一方面，计算机及其网络技术的发展，把人们带进了信息化社会，以计算机信息处理技术及网络技术为支撑的技术密集型的全新的招生管理模式将不可避免地成为招生领域新的生产力的代表，网上录取的实现已经不是一个可行不可行的理论问题，而是一个时间早晚的实践问题。在这种情况下，必须顺应招生领域变革的必然趋势，才能使招生考试事业的发展跟上时代的步伐。

(2)必须有敢打硬仗、善打硬仗的拼搏精神，勇于改革和敢于创新的勇气。招生录取手段的改革是教育部新一轮高考改革的重要内容。这项改革的成功会为其他各项高考改革创造良好的条件，推进高考整体改革方案的深入实施。要改革创新就要敢于冒险，勇于承担责任，不能四平八稳安于现状。我们要抓住这一机遇，为推动新一轮高考改革做出贡献。

(3)必须有自我革命的精神，勇于同自已头脑中的“权力”观念挑战。招生考试工作从行政管理型向服务管理型发展已经是一种必然趋势，作为招生考试工作人员，必须强化服务和责任意识，淡化“权力意识”。

(4)必须有协作配合、团结一致的团队精神。网上录取是一个多方人员、多方单位参与和协调运作的复杂过程，打破了原来封闭、相对独立的招生管理模式。因此特别需要各方人员密切配合，通力合作，不扯皮、不推诿。

(5)必须有把艰苦奋斗与科学求实的态度结合起来的精神。既要不怕苦、不怕累敢于打硬仗；又要尊重科学，尊重规律，实事求是，踏踏实实地做好每一步工作，抓好每一个环节，积极稳妥地推进招生录取手段的改革。并以此为契机，推动天津市各项教育招生考试管理手段的现代化建设。

2. 明年工作设想

(1)要提高考生电子档案的制作水平，要采用新技术，进一步提高考生电子档案采集的准确性和完备性。

(2)要进一步提高系统和网络运行的安全性和可靠性。

(3)要科学指导考生填报志愿，探索新的填报志愿方式，给考生更多的选择权和自主权，保证考生资源合理配制。

(4)关于两省一市单独命题考试问题。教育部已同意我市明年继续实行“3＋2”科目组考试。教育部考试中心将依据新教材教学大纲对两省一市的高考单独命题。2000年我市的应届高中毕业生和往届生均使用依据新教材教学大纲单独命题的试卷，我市考生将全部参加外语听力测试，用全国试卷，成绩不计人总分，仍分为合格与不合格两种。考虑到知青子女的特殊性，拟定户口在本市并在外省市借读的知青子女，可使用全国统考试卷。关于2000年使用不同试卷的考生的录取工作，我市将学习和参照上海市的经验，制订适合我市情况的录取办法。

(5)关于新高职院校招收“三校生”问题。招生对象拟定为1999年和2000年普通中等专业学校、中等职业学校的毕业生；1999年允许报考的20所中等技工学校和2000年取得劳动职业资格证书的中等技工学校的毕业生。考试大纲以《天津市高等学校单独招生考试大纲》为依据，并由各有关部门提出修改意见以补充意见的形式下发。考试时间2000年4月下旬。考试形式:分为文化考试和技能考试两部分。录取时间为 2000 年 6 月,按照考生所填报的志愿,依据考生的文化和技能课总成绩,德、智、体全面考核,择优录取。

(6)关于高考两次考试问题,将结合本市的实际情况,继续对一年两次考试的可行性进行论证。

天津市高等学校中等专业学校招生委员会办公室
1999 年 10 月

1999 年天津市各类成人高校招生工作总结

1999 年天津市各类成人高校招生工作已圆满结束。1999 年是“九五”以来天津市成人高校招生工作面临的压力最大、矛盾异常突出和情况极为复杂的一年。全市各级成招机构在邓小平理论和党的十五大精神指导下,认真贯彻教育部制定的大政方针和天津市委、市政府领导提出的“万无一失,滴水不漏,认真再认真,细致再细致、小心再小心”的指导思想和中心领导提出的“常抓不懈,警钟长鸣,措施到位,从严管理,滴水不漏,万无一失”的要求,进一步加强成招队伍思想建设和作风建设,严格执行招生政策,全面提高招生管理的科学化和规范化程度,在各有关方面积极支持下,使全年工作得以顺利、平稳地进行,较好地完成年初确定的各项招生任务,得到天津市委、市政府和社会各界充分肯定。

一、招生工作基本情况

1. 报名情况

今年天津市各类成人高校招生报名人数达 58384 人,创成人高考 14 年来的历史最高纪录,比生源最多的 1998 年增加 5533 人,增幅达 10.5%。其中高中起点本专科(含高职班)报名人数为 49718 人,专科起点本科报名人数为 8666 人,分别比去年增长 9.8%和 14.3%。

2. 招生计划情况

今年国家下达天津市成人高校招生计划 20343 人,其中高中起点本专科 16825 人,专科起点本科 3518 人。另有 1687 人的市属成人高校招生计划用于跨外省市招生。

3. 录取情况

今年全市各类别各层次的 121 所成人高校总计录取 20343 人(不含跨外省市招生)。各类别各层次的招生任务均已圆满完成。

今年天津市成招各项招生指标完成较好。在全国录取控制分数线普遍变化不大的情况下,本市文史类和理工类录取分数线均高居全国榜首,反映了天津市成人高校招生质量处于全国前列。

今年天津市第二专业专科学历教育录取 2300 余人。

4. 今年天津市成人高校招生工作的主要特点

(1)面临新的形势。今年是我国迈向新世纪的重要一年,创纪录的报名规模,意味着人民群众的求学热情达到了前所未有的程度。全市每一百余名常住人口中,就有一名成人考生。做为体现国家意志和肩负人民重托的政府行为，成招工作已经成为社会关注的热点。强化成招工作不仅关系着成人教育自身的质量，而且关系到国家机关的形象和培养高素质劳动者的百年大计。各级成招工作人员认识到，我们决不可以因为工作中的失误而影响大局稳定。每一个工作环节都必须慎之又慎，坚持对社会负责，对考生负责，对学校负责，从讲政治、讲大局的高度来做好成招工作。

(2)压力大，矛盾和问题突出。今年本市成招工作面临的突出矛盾和问题包括：

①创纪录的生源规模与相对稳定的招生计划总量间的矛盾。普通本科计划与生源之比达到1∶3，供需矛盾十分突出。

②全国居首的最低控制分数线与周边省市形成鲜明对照。据了解，天津分数线较北京、河北等周边地区分别高出几十分，对天津招生机构和考生形成很大压力。

③生源分布不平衡与计划管理体制间的矛盾。各类别学校间、市属学校和部属学校之间的生源状况无论是在数量还是在质量上，都存在较大差别。部委学校生源普遍较差，市属学校生源多数较好，在同一类别学校中生源最高可相差10倍。但现行计划管理体制又对招生计划调整实行诸多限制，导致录取难度增加。

④新高职与老高职以同一类人员为招生对象，造成考生“脚踩两只船”的现象增加，流失问题突出，给录取工作增加了难度。

从以上的困难和矛盾可以看出，今年能够比较圆满地完成成人高校招生任务是不容易的。这主要是各级领导的重视和支持，以及各级招生机构、招生学校共同努力的结果。

二、今年天津市成人高校招生工作采取的主要措施

1. 坚决贯彻教育部狠抓成人高考考风考纪的要求，以创新精神做好成人高考工作

今年是天津市教育招生考试中心确定的“成人高考考风考纪年”。面对创纪录的考生规模，各级招生机构坚持在工作中创新。突出强调：一是工作目标要有新的定位，要克服甘居中游的思想，成考与高考的管理水平要争得并驾齐趋。二是工作思路要有新突破。要由过去单纯抓现场问题管理改为预防和治理相结合，防患于未然。全市上下尽全力维护国家级考试的严肃性和权威性，采取一系列措施保证成人高考顺利进行，受到教育部招生录取大会的表扬。天津市委主管教育的副书记刘峰岩同志充分肯定天津成招争创一流的精神。多项统计数据表明，天津市成考“考风考纪年”活动收效显著。全市违纪率由1998年的0.41%降至0.30%，大大低于全国平均违纪率。试卷装订差错率由1998年的1.75%降至0.59%，基本消除了多年来试卷装订问题对考试工作的不良影响。天津市采取的主要措施包括：

(1)全面贯彻教育部强化成人高考考风考纪的精神。本市制定的《关于进一步加强天津市各类成人高校招生全国统一考试管理工作的意见》，提出了贯彻落实的15条具体措施。

(2)进一步加强对成人高考的领导，全市20个区县长领衔各区县成人高考领导小组。市招考中心四位领导进行了涵盖全市各区县的工作检查。对成人高考一线的软硬件建设进行系统深入的调研和指导，收到较好的效果。

(3)健全“三级管理、四级负责”的制度，进一步明确了各级招生机构和考点单位的责任。

(4)健全各项考试规定。《监考指令》、《试卷装订指令》进一步完善，“全程巡视”要求进一步明确，考试工作进一步规范化。

(5)狠抓监考队伍的建设，坚持“全员培训”。建成了完整的考试工作培训体系，六千余名考试工作人员全都参加了培训。

(6)首次实行市招生机构审批考点制度，全市没有特设一个考点。

(7)强化各项专业考试的管理。适应“3＋2”、“3＋1”等考试方式的实施和艺术体育类考生不断增加的变化，各项专业考试制度不断健全，管理更加规范和严格。经过多年实践形成的艺术体育专业专业课考试规定使学校和考生有章可循。

2. 不断深化成人高校招生改革，努力提高招生质量。

(1)成人高校招生复习迎考体系在扩大生源规模、提高生源质量中发挥了不可替代的作用。每年3月份进行的天津市成人高考“预考”从今年起实行“组考单位”资格审批制度。据统计，天津市考生文理平均分分别比去年提高近30分，复习指导体系功不可没。

(2)“下岗职工班”取得预期成果。4个试点校录取近百名下岗职工，在社会上产生很好的影响。

(3)针对成人考生的特点，预科生改革进一步深化。各类预科生成为成招不可缺少的组成部分。

(4)资格生由去年的约600人降至今年约200人。

(5)高职班招生政策显示了广阔前景，报名人数创历史最高纪录，比去年激增55.9%，列各类报名人数增幅之首，录取规模也大大超过去年。

3. 精心筹划，稳扎稳打，高质量完成录取任务。

(1)准确把握形势，制定明确对策。针对今年考生多、成绩好、分数线高、流失可能增加和专科计划空前紧张，本科计划相对宽松的形势，市成招机构制定了“稳扎稳打，避免反复；用足计划，用好政策；精心操作，加强宣传，确保质量”的方针。实践证明是正确的。

(2)实行两段录取，克服流失的负面影响。据统计，全市前一阶段流失新生1177人，超过录取总量的5%，录取后期又有新的流失。由于第一段坚持按计划录取第一志愿考生，在两段录取之间完成了流失统计工作，使第二阶段录取的补流失和生源调剂工作得以顺利进行。

(3)在录取阶段，市招生机构把为招生学校落实计划服务作为重中之重，部委院校的计划完成情况由此得到很大的改善。据统计，部委院校向天津新调入计划数百人，有利地支持了天津的成招录取。天津市属学校亦向部委输送了近千名生源。

由于贯彻稳扎稳打，精心操作的方针，今年天津市成人高校录取实现了三个提高：一是全市计划落实率实现100%，使宝贵的招生计划无一浪费。二是第一志愿录取率大幅提高，达到92%，比1998年提高约十个百分点。三是学校计划完成率普遍提高，全部完成招生计划的学校亦达到90%以上。

针对成人招生特点，招生机构与招生学校相互协调、相互支持的关系更加巩固，各招生学校间的联系普遍加强。

4. 坚持规范运作，全面提高规范化程度

(1)招生文件的制订更为科学完整规范。

(2)考务管理更加科学严密。

(3)录取档案室精简压缩1/3。

(4)“计划卡”制度保证了计划调控的可靠性。

(5)开档与转档原则保证了档案运转有序进行。

(6)建立报名、照顾加分与录取三项资格的三级审验制度。通过录取阶段对报名、照顾加分与录取资格审查，取消数十名不符合条件考生的录取资格。

(7)建立了新生流失手续及补录手续、使流失补录工作进一步规范。

5. 成招工作的科学化程度进一步提高

其主要标志是：

(1)《天津市成人高校计算机管理系统》作为市级课题立项。在4所学校开展的成人高校招生计算机远程录取试点迈出可喜步伐。

(2)今年90%以上的区县加入以本区县为基地使用计算机进行报名汇总和考务管理的行列。

(3)市招生机构实行招生代码编制、建立招生学校与招生专业数据库汇总、整理、编码、建库一次完成。

(4)加大报名信息采集量。成招整体科学化水平有明显提高。

6. 严肃招生政策、严格招生纪律，进一步提高招生政策水平和廉洁自律意识

(1)把政策线、计划线、分数线作为成招工作的生命线和高压线来对待，全面提高招生工作人员的自律意识。

(2)发现违反政策的现象一抓到底。对个别学校招生工作人员编造考生资格的行为严肃查处。

(3)对违纪现象的易发点事前采取有针对性的措施，并实行特派员制度。

三、工作中的主要经验和体会

1. 各级领导的重视和支持使成招工作沿着正确的轨道不断前进

今年教育部、天津市委、市政府和市教委对成招工作的关心和支持是空前的。在确定本市成人高校录取方案的过程中，俞海潮副市长亲自听取了两个多小时的汇报。成人高校集中录取期间，俞海潮等同志亲临录取现场视察工作，慰问录取工作人员。正是由于各级领导的关怀和支持，天津市成招工作才能在如此纷纭复杂的形势中保持正确的方向，取得有目共睹的新成果。

2. 社会各方面的配合与支持是成招工作稳步发展的可靠保证

天津市成人高校考生连年递增创历史最高纪录，是社会及各界积极输送生源的结果。成人高考成为继普通高考之后受到社会一致肯定的大考，是各级成招机构与普教、公安、电力、交通、新闻等各部门通力合作的结果。社会各方面越来越大的支持推动了成招工作的快速发展。

3. 深化改革，坚持创新，突出“严密”与“规范”是提高成招工作质量的核心

近两年来天津市成招工作取得的明显进步，得益于坚持不懈的改革和不断推进的规范化管理。在多年工作的基础上，今年天津市成招在报名、考试、验证、阅卷和录取等各个环节又相继出台了一系列规范管理的新举措，在保证招生质量、提高招生效益方面发挥了显著作用。实践证明，成人高校招生只有沿着科学化、规范化、制度化的方向走下去才有生命力，才能承担起越来越繁重的为国家选拔人才的使命。

4. 加强队伍建设是搞好成招工作的关键

成招工作多年来不断发展，关键在于有一支热爱成人教育事业，有敬业爱岗精神和良好的工作作风，能吃苦的招生工作队伍。各级招生工作人员逐步树立了政治意识、大局意识、服务意识和自律意识。我们的队伍形成了以下几个特点：

一是敬业，忠诚党的教育事业。

二是服务，诚心诚意为学校和考生服务。

三是求效，自觉把社会效益放在第一位。

四是自律，严于律己，清正廉洁，努力树立成招队伍新形象。

今年录取期间，没有接到一封(一次)反映成招队伍不良行为的来信来访，显示了我们这支队伍的整体素质。

5. 较好地处理了原则性与灵活性的关系

今年录取第一阶段，坚持对个别问题"一不谈、二不接报告、三不处理"，维护了正常的招生秩序，坚持了招生工作的原则性。在录取第二阶段，根据新生流失较多的情况，在维护招生政策严肃性的大前提下，妥善处理和解决招生工作中的遗留问题，保证了招生任务的圆满完成。原则性和灵活性的有机结合较好地适应了成人高等教育的特点。

四、存在的问题和建议

1. 关于当前的计划管理体制

今年本市招生计划与生源分布的矛盾十分突出，而现行计划管理体制又对计划调整提出诸多限制，导致一方面部委计划闲置，另一方面又有相当数量的上线考生难以入学，使调剂录取异常复杂，极易造成教育资源的浪费。今后有必要对计划管理方式进行必要的改进。

2. 关于成招队伍建设

本市成招队伍整体素质近年来显著提高，但与越来越庞大的生源规模和越来越繁重的招生任务所要求的水平还有相当距离，当前有必要制定长远规划并采取有效措施全面提高成招工作人员的政治和业务素质，特别是提高其招生理论水平和计算机管理能力。

3. 关于管理规范化和手段现代化

提高成招管理的规范化程度和加速管理手段现代化是提高成招工作质量的前提。教育部已经把天津市列为2000年成人高校招生计算机网络录取试点。这将带动成人高校招生政策、办法和手段方面的一系列创新。我们的管理水平要迈上新的台阶还需克服诸多困难。当前的首要问题是解决成人招生的复杂性与计算机管理之间的矛盾，确保明年成人网上招生的成功，这些都需要各级招生工作人员进行艰苦的努力。

4. 关于进一步提高生源质量

虽然我市成人考生生源质量总的来讲在全国处于前列，但各校之间并不平衡，同时，与社会进步和科技发展对成人教育提出的质量要求相比还有相当差距，这就需要各招生校与有关教育机构下大力气抓好成人考生的复习迎考指导工作，特别是针对"高职班"的改革，抓好相关中职毕业生的复习迎考工作，进一步完善具有天津特色的成人高考复习指导体系，努力提高成人招生生源质量，为进一步提高成人高等教育质量打下良好的基础。

面对新的千年，成人高校招生任重道远。我们一定要坚持以邓小平理论为指导，坚持发展才是硬道理，深化改革，开拓创新，努力使天津市成招工作水平走在全国同行的前列。相信在教育部和天津市委、市政府正确领导下，在全市各级招生机构、招生学校的共同努力下，天津市成招工作一定能够再上新水平。

天津市高等学校、中等专业学校招生委员会办公室

1999年10月

1999年天津市中专招生工作总结

一、招生工作的基本情况

1999年天津市普通中专成人中专学校招生工作已经结束，计划招生26694人，实际录取23292人。其中，普通中专学校计划招生23194人，实际录取19794人；成人中专学校计划招生3500人，实际录取3498人。

就普通中专而言，艺体学校计划招生1137人，实际录取1357人；计划招收应届初中毕业生(暑期招生)21384人，实际录取18127人；计划招收应届高中毕业生550人，实际录取310人。

普通中专和成人中专学校招收“成人班”学员3700多人。

二、招生工作取得的成绩

中专招生依据“改革是动力，发展是目的，稳定是前提”的思路，积极、稳妥地推进中专招生改革，促进了中专学校的发展，维护了社会的稳定。

今年的中专招生主要做了以下几个方面的工作：

1. 继续深化改革，大胆创新。

一切招生工作紧紧围绕招生学校进行，把“招生学校的工作难点就是中专招生工作的重点”这一宗旨落到实处。

在艺体招生工作中，第一次利用计算机编排考场，加大考风考纪方面的管理力度，尝试用机读卡采集数据信息，为文化考试的组织和管理奠定了良好的基础。

在广泛征求意见的基础上，今年首次实行了郊县考生提前预报到的措施，做为一个中专招生工作中大的举措，得到了郊县中招办的理解与支持，受到了招生学校的欢迎。这个举措的出台是招生工作服务意识和宗旨的具体体现，切实做到了为招生学校服务。它还使中专学校节约费用30万元。

在招收应届高中毕业生工作中，针对招生计划无法全面完成的严峻现实和各区县报档存在较大差异的情况，及时地对招生办法进行了调整。以考生报考的第一志愿校为投档学校，从而保证了按第一志愿校投档，减少了流失情况的发生，保证了报到率。

做为“一大三小”的普通中专“成人班”招生，同样是中专招生工作中不容忽视的一项工作。在认真讨论、权衡再三以后，出台了“凡是参加今年中考且中考总成绩在360分以上(包含360分)的学生参加普通中专‘成人班’考试予以免试”的政策。这项政策的出台，受到了招生学校普遍欢迎，并且减少了考试人数，减少了工作量，使招生学校节约资金5万元。

这一系列措施的出台和成绩的取得，说明在中专招生工作中要有围绕市场、转变观念、解放思想、勇于创新的精神，对有利于招生工作和招生学校的办法要创造条件予以实施。

2. 继续坚持和发扬几年来通过实践证明是行之有效的招生政策和招生办法

成功地举办了第二届有市区招生任务的中专学校和市内六区中学校长、主任联谊会。会上，有6所中专学校校长发言介绍各自的办学特色。大会还安排了2所中学校长在会上发言，讲述他们的办学情况，使中专学校在与中学沟通的同时，也加深了对中学的了解。大会提供了3个分会场，按照学校所在行政区进行联谊，缩小范围，使联谊活动更加具体和深入。很多学校利用这个机会结识了新的朋友，建立了联系，宣传了自己，为招生工作的开展创造了良好的环境和条件。

成功地举办了99年天津市中专学校招生咨询大会。改变了以往在水上公园露天场地举办招生咨询活动的办法，在天津体育馆（天津体育中心）举办的咨询大会，便于组织管理，增加了咨询场地面积，减少了拥挤现象，为招生学校提供了充足的展现自己的舞台。咨询人数虽多，但现场井然有序。咨询场馆为本次咨询活动作了大量的准备工作，每个参加咨询的招生学校一面大横幅，上书校名，十分醒目和壮观。在多方面的大力支持和配合下，此次咨询活动得到了大家的好评及广泛的赞誉，为明年进一步做好大型咨询活动提供了十分宝贵的经验。

出版了两期共计8版的中专招生专刊，比以往的版面扩大了一倍，组织出版大型整版广告的尝试使中专学校的广告费用减少了50％。

3. 锐意进取、勇于开拓、不因循守旧、创造性地开展中专招生工作

面对新的问题，中专招生没有墨守陈规，而是本着邓小平同志倡导的“三个有利于”的方针，实事求是地进行认真的分析和研究，本着有利于考生、有利于学校、有利于社会的原则，在坚持招生工作“公平、公正、公开”的“三公”原则前提下，拓宽了生源渠道。

普通中专招生历年来都是城市生源计划调往农村，而今年则第一次出现了农村生源计划调剂到市区使用的情况。中专处和市教委计划处本着“前期制订计划，后期执行计划，中期加强协调”的预定应变思路，及时安排调整生源计划，既充分体现了计划的严肃性，又严谨有序地落实好招生计划。

从维护中专招生的长远利益出发，中专招生自始至终地坚持了“普通中专招生不能低于中考总成绩360分”的钢铁线不动摇，坚决地维护了这一有关中专学校声誉的生命线，维护了中专学校的教学质量所赖以生存的基础。

三、存在的问题

受高校扩招，高中热继续升温，职专开始试办“高中课改实验班”的冲击和影响，今年的中专招生未能完成招生计划。

大力加强对招生工作理论性内容的研究，用生源做杠杆进行调节，从而平衡各区报档分数线，缩小报档分数线的差异是今后工作中必须面对的课题。

如何适应时代发展的要求和需要，使中专招生工作的规范化管理迈上一个新的台阶也是今后工作中必须面对的课题。

四、对今后工作的思考

做好中专招生工作的关键，仍然是建设一支高素质的专兼职结合的招生队伍。这支队伍中的每个人都应立足于不同的岗位，既能从全市中专招生的大局、又能从自己分管的具体学校出发，严守“政治意识、大局意识、服务意识、自律意识”的思想行为准则，能够遵循一切从实际出发和一切从人民群众的利益出发的原则，处理好招生工作中的各种矛盾，克服中专招生中的实际困难，促进中专学校的发展，满足社会的需要。

虽然中专招生面临着许多困难，但仍然要时刻牢记过去的惨痛教训，自觉地做到警钟长鸣，自觉地接受社会和考生的监督，时刻牢记党的全心全意为人民服务的宗旨，保持清正廉洁，正确地运用手中的权力，时刻牢记没有监督的权力是腐败的权力，建设一支思想过硬、业务精通的中专招生队伍，以便全面落实第三次全国教育工作会议的部署，促进中专教育的发展。

天津市高等学校中等专业学校招生委员会办公室

1999年11月

1999年天津市普通高校、成人高校、中专学校招生工作总结

在市委、市政府的领导下，1999年天津市普通高校、成人高校、中专学校招生工作圆满完成了各项任务，取得比较好的成绩。现总结如下：

一、基本情况

1. 普通高校招生工作

今年我市普通高校招生工作按照“深化改革，科学管理，迎难而上，开拓创新”的基本思路，积极推进招生考试改革，取得比较好的成绩。

——招生规模增幅较大，录取率显著提高。今年全国313所普通高校在津实际录取新生28064人（比去年增招10329人），录取率79.06%。增招幅度和录取率在全国各省市中均处于前列。

——网上录取取得标志性成绩，招生手段发生根本性变革。在津招生的313所院校全部实现了计算机网上录取，圆满完成了提前批次、艺体类、重点批次、一般本科批次和专科一、二批次等各批次院校招生任务。其中：坐落在全国23个省、市、区的165所高校实现了远程录取，占在津招生院校总数的52.7%；远程录取新生18942人，占各院校在津招生总数的67.5%，实现了远程录取“双过半”的目标。来津现场招生的院校通过市教育招生考试中心的内部局域网也全部采用了计算机网上录取模式，基本实现了录取过程的无纸化。我市纪检监察部门积极探索信息化形势下的监督检查新办法，制定了“网上录取纪检监察工作的职责与措施”，并开发了“普通高校招生网上录取纪检监察子系统”，纪检监察实现了网上跟踪监督。

我市网上远程录取“双过半”目标的实现引起各有关方面的高度关注。8月12日，重点批次院校网上录取工作完成之际，教育部副部长周远清，市委副书记刘峰岩，市委常委、市委教卫工委书记邢元敏，副市长俞海潮等同志到设在市教育招生考试中心的录取现场视察了我市普通高校招生网上录取工作。周远清副部长对我市网上录取试点工作所取得的成绩给予了高度评价，称之为“是网上录取探索中具有标志性意义的成果”。8月23日，天津网上录取“双过半”完成之日，教育部学生司司长、全国网上录取总指挥瞿振元亲临现场参加庆祝仪式，并在祝词中指出：“天津市网上录取的成功，标志着全国高校招生制度改革在网上录取方面已经取得决定性的成功”。8月27日，教育部副部长韦钰又亲自来到天津市教育招生考试中心视察网上录取工作。韦钰同志对天津市网上录取的成功也给予了很高的评价，称之为“是CERNET建立以后成功运用的一个典范”。

1999年10月26日，教育部对我市在普通高校招生网上录取工作作出的突出成绩给予了通报表彰，并授予“全国普通高校招生网上录取先锋”称号。通报指出：“天津市教育招生考试中心锐意创新、积极进取，为推动全国实施计算机网上录取工作作出了突出成绩。”“天津网上录取试点的成功，使以纸介质档案信息流转为基础、人力密集型的招生管理模式将成为历史，以计算机及网络技术为支撑、以电子档案信息流转为基础、技术密集型的招生管理模式逐步建

立;为在新形势下公平、公正地选拔高校新生,提供了全新的技术手段和管理办法,为推进大学生管理的现代化和教育管理信息化作出了积极贡献。”教育部号召各省区市招生管理部门和招生工作者“认真学习天津的经验,学习他们争创一流、勇担风险的开拓精神,敢打硬仗、善打硬仗的拼搏精神,协作配合、团结一致的团队精神和科学管理、严谨务实的求实精神,把网上录取建设工作提高到一个新水平,为在全国尽快基本建成普通高校招生网上录取系统而奋斗努力。”

——新高职招生和保送生制度改革获得成功。新高职首次招生获得圆满成功,共录取新生6656人,其中,录取普通高中考生5204人,“三校生”1452人。按照教育部的统一部署,今年我市对保送生进行了综合能力测试,测试成绩作为录取与否的一个重要依据。这项改革的成功,将使保送生制度兴利除弊,进入更加公正、健康运转的轨道。

2. 成人高校招生工作

今年我市成人高校招生工作按照市委、市政府提出的“万无一失,滴水不漏”的要求,严格执行招生政策,全面提高招生管理的科学化、规范化,较好地完成了各项招生任务。

——圆满完成各项招生计划,录取工作质量明显提高。今年全市各类别、各层次的121所高校总计录取新生20343人,第二专业专科学历教育录取2300余人。由于贯彻了稳扎稳打、精心操作的方针,今年的录取工作质量实现了三个提高:全市计划落实实现100%;第一志愿录取率大幅提高,达到90%以上,比去年提高了约10个百分点;学校计划完成率普遍提高,全部完成招生计划的学校达到90%以上。

——各项招生改革顺利推进,取得预期成果。复习迎考体系进一步得到完善,考生文理平均分提高近30分,生源质量有明显提高。“下岗职工高职试点班”录取近百名下岗职工,在社会上产生了良好影响。资格生规模锐减,困绕成人高校招生多年的资格生问题基本得到解决。高职班招生政策显示了广阔前景,报名人数比去年激增55.9%,录取规模也明显超过去年。

——组考工作上了一个台阶,考风考纪明显好转。今年我市成人高校招生考试的组织和管理更加科学、严密、规范,各环节的工作质量都上了一个新台阶。尤其是违纪率由1998年的0.41%降至0.30%,大大低于全国平均违纪率。试卷装订差错率为0.59%,基本消除了试卷装订错误对考试工作的不良影响。在教育部召开的全国成人高校招生工作会议上,我市成人高校招生考试工作受到了表扬。

3. 中专学校招生工作

今年中专招生工作按照“改革是动力,发展是目的,稳定是前提”的思路,积极、稳妥地推进中专招生改革,努力促进中专学校的发展,维护社会稳定。

——招生计划完成情况。今年天津市普通中专、成人中专计划招生26694人,实际录取23292人,完成计划的87%。其中,普通中专计划招生23194人,实际录取19794人,完成计划的85%;成人中专计划招生3500人,录取3498人,完成计划接近100%。从实际进入中专学校的初中毕业生看,即如果按市教委批准的“中专成人班”计划,计划完成将在93%以上。

——加大为中专学校服务的力度。一是今年首次进行了郊县考生预报到的措施,为中专学校节约了大量经费。这项工作还要进一步完善。二是举办第二届中专学校和中学校长、主任联谊会,加强中专学校与中学的沟通与了解。三是继续办好招生咨询大会和招生宣传工作,扩大中专学校的影响。这些措施受到中专学校的普遍欢迎。

——招生工作高效有序。一是在艺体类招生工作中,首次利用计算机编排考场,利用机读卡采集数据信息，为文化考试的组织和管理奠定了良好的基础。二是加强与市教委、市计委、市公安局、市教育局各职能部门的联系和沟通，得到了他们的理解和支持。三是加强招生过程的计算机化管理，努力减少人为因素的干扰。由于以上措施得力，今年招生工作在非常严峻的形势面前，仍然保持了高效有序的招生局面。

二、工作体会

今年我市招生工作之所以出现比较好的局面，我们体会有以下几点原因。

1. 领导重视

市委、市政府对今年的招生工作极为重视。市委副书记刘峰岩多次来招办检查、指导工作，并指出，要把招生工作作为一项“民心工程”抓好抓实。市委副书记刘峰岩，市委常委、教卫工委书记邢元敏，人大副主任庄公惠，副市长俞海潮，政协副主席周绍熹同志多次到考试中心听取汇报、指导工作，还亲自参加招生工作会，并做出一系列重要指示。市教委将网上录取工作作为市教委全年 13 件大事之一来抓，并在财力和技术上给予了很大的支持。

在信息化时代来临之际，教育部果断地做出了改革录取方式、探索计算机网上录取的决策，并成立了课题组，做出规划、制定实施方案。天津市作为试点省市之一，自始至终受到各级领导的关注和支持。韦钰副部长亲临天津教育招生考试中心视察；周远清副部长先后两次来津检查、指导网上录取工作；学生司多次在津召开课题组会议和院校培训会议。瞿司长作为这项工作的总指挥，一年来频繁奔波在京津之间，亲自指挥，组织实施。这些都极大地推进了我市高校招生网上录取工作的进程。关键时刻，教育部责成 CERNET 网管中心专门为天津市安装了地面卫星站，为今年我市实现网上远程录取“双过半”起到了至关重要的作用。

市委、市政府和教育部领导以及市教委对招生工作的高度重视和支持，极大地调动了同志们的积极性，进一步坚定了我市招生考试工作人员改革创新、完成各项招生考试改革的决心和信心。

2. 观念创新

招生考试的改革和创新，首先是思想观念的改革、思想观念的创新。在招生考试工作的实践中，我们认识到：第一，要有勇于创新和敢于冒风险的精神，改革就要创新，创新就要冒风险；第二，要勇于向头脑中的传统思想和行为模式挑战，积极适应信息化时代来临的新形势，转变思维模式和工作模式。第三，要有自我革命的精神，勇于向头脑中的“权力”观念挑战，增强服务意识；第四，要有艰苦奋斗的精神，不怕苦、不怕难，又要有科学的态度，尊重规律，实事求是，积极而又稳妥地推进招生考试改革。这是今年我们做好招生考试工作的思想基础。

3. 精心组织

为了顺利完成今年招生考试改革和发展的任务，我们进行了长达一年的精心准备和周密组织。一是在技术上，与教育部总课题组密切配合，完成了“普通高校招生管理系统”的开发和测试，另外进一步完善了成人高校、中专学校招生计算机管理程序。二是在信息化建设上，市教委拨专款、考试中心自筹共投入了 400 多万元用于网络建设及其他基础设施建设。三是在后勤保障上，相继完成了双电源和电信线路的建设。四是在组织上做了周密的安排，对可能遇到的各种问题都做了认真的研究和分析，制定了对付几种紧急情况的预备方案。

4. 政策符合实际

今年的普通高校招生工作采取了以下政策、措施：一是继续坚持对农、林、水、地、矿、油等特殊行业院校和师范院校的照顾政策，对外地院校的倾斜政策。二是坚持和完善了在重点批次划分A、B类院校的办法，鼓励高分考生踊跃报考重点名牌高校。三是针对新高职招生工作中，“三校生”生源不足的情况，及时将部分招收“三校生”的计划调整到招收普通高中考生。以上政策对平衡志愿、提高招生质量起到了积极作用。

在今年成人高校招生中，针对考生多、成绩好、分数高、流失可能增加的情况，制定了“稳扎稳打，避免反复；用足计划，用好政策；精心操作，确保质量”的方针，采取了切实可行的措施。一是实行两段录取。在第一阶段坚持按计划录取，在两段之间完成流失统计，第二阶段录取的进行补流失和生源调剂。二是加强为招生院校完成招生计划服务的力度。部委属院校的计划完成情况得到很大的改善，录取过程中部委属院校向天津新调人计划数百人。市属院校亦向部委属院校调剂了近千名生源。今年招生工作的实践证明，这些政策和措施是符合实际的，保证了今年成人高校招生计划的落实。

在今年两类中专的招生中，根据实际情况采取了以下政策措施：一是在招收应届高中毕业生工作中，针对招生计划无法全面完成的严峻现实和各区县报档存在较大差异的情况，及时对招生办法进行了调整，以考生报考的第一志愿为投档学校，从而减少了流失情况的发生，保证了报到率。二是在普通中专“成人班”招生中，实行“凡是参加今年中考且总成绩在360分（含360分）以上的学生报考普通中专‘成人班’予以免试”。这一政策的出台，减少了考试人数，减轻了招生学校的工作量，节约了经费，受到招生学校的欢迎。三是注意加强协调。在普通中专招生过程中，经与市教委计划处协商，及时安排调整计划，第一次把农村生源调剂到市区，既充分体现了计划的严肃性，又保证较好地完成了招生计划。

5. 社会支持

我市招生考试工作得到了社会各界的支持。电力部门专门为我们安装了双电源和进行了电力增容；电信部门提供了拨号上网用的通讯线路。还签定了责任书，确保招生期间的用电和通讯畅通。CERNET天津地区主节点——天津大学网管中心和有关技术部门从技术上提供保证。新闻机构密切配合，对招生考试改革进行了大量的报道，有效地宣传了招生政策和考试信息，使我市招生考试改革为社会各界所了解，得到人民群众的认可和支持。各区县招办和各报名点克服困难，在计算机报名和考生基础信息采集上给予了积极的配合。

在津招生的各院校加强技术力量的配备和设备、经费的投人，并与招生部门密切配合，对招生考试工作给予了充分的理解和支持。尤其是清华大学课题组的专家和同学们夜以继日地工作，如期研制开发出了高校招生计算机管理系统，为网上录取试点的成功奠定了坚实的基础。同时，从王诚教授到清华学子的敬业精神感染了我们每一位招生工作人员，激励着我们克服困难，不断进取。

6. 队伍过硬

招生考试工作涉及群众切身利益，关系千家万户，从根本上讲，完成好招生考试工作，必须要有一支思想过硬、技术精湛的招生工作队伍。招生人员不仅要掌握计算机技术、网络技术以及其他新技术、新知识，而且还必须有较高的思想政治素质。几年来，我们一直注重招生队伍建设，着力在提高队伍的全面素质上下功夫。一是坚持思想领先，努力提高队伍的思想政治素质。我们将中央倡导的“讲学习、讲政治、讲正气”与招生工作的实践相结合，创建了以“四个意识”（政治意识、全局意识、服务意识、自律意识）、“三严作风”（严格的管理、严谨的作风、严肃的态度）、“两个精神”（艰苦奋斗精神、主人翁精神）和“一个观念”（改革创新的观念）为核心的招生工作人员思想行为准则，坚持一以贯之教育干部职工，并已开始逐步内化为“中心”招生工作人员的自觉行为，大大提高了队伍的思想政治素质，增强了队伍的凝聚力。二是着眼于队伍业务素质的提高。几年来，“中心”一直倡导建设一支管理型加学术型的招生工作队伍，着力提高招生人员的业务素质，以适应招考工作现代化的需要。特别是加强了计算机及其网络技术和各种新技术的培训。利用业余时间，组织了两轮的计算机、网络技术以及办公自动化方面的培训，不仅提高了员工的计算机技术，而且提高了员工对在招生领域应用高新技术重要性的认识。三是注重学习发达国家的招生考试理论和技术。近几年来，我们每年都派出人员参加教育部考试中心组织的考试理论和考试技术讲座；还组团到招生考试工作比较先进的地区进行考察和学习。从而开阔了视野，看到了差距，也激励我们为推进高考改革、实现招考工作手段现代化而努力奋斗。

在今年的录取工作中，我们又提出要发扬协作配合、团结一致的团队精神。招生录取是一个由多方人员、多方单位参与和协调运作的复杂过程，因此，必须做到齐心协力、令行禁止，不急躁、不埋怨、不扯皮、不推诿，互相补充、互相支持，才能完成任务。我们要求全“中心”只能有一个声音：一切为了招生考试，一切服从于招生考试。在今年招生过程中，同志们发扬了艰苦奋斗的精神，连续作战，每天都是工作到深夜，没有一个人叫苦叫累，有的同志病了还坚守岗位。总之，经过三年多来的不断努力，我们锻炼了一支敢打硬仗、善打硬仗，敢于创新，勇于改革，纪律严明，特别能吃苦的队伍。实践证明，过硬的队伍是较好地完成今年招生录取工作的根本。

三、需要进一步研究和解决的问题

(1)普通高校招生工作需要解决和完善的问题。一是要提高电子档案数据采集的准确性和完备性，以及系统和网络的安全性和可靠性。二是加强和改进考生填报志愿的指导工作，使招生计划资源得到合理配置。三是完善网上录取的运行模式，对“学校负责、招办监督”的内容给予明确、清晰的界定。

(2)成人高校招生存在的问题和建议。一是改进计划管理体制。今年招生计划与生源分布的矛盾十分突出，而现行计划管理体制又对计划调整提出诸多限制，使调剂录取异常复杂，极易造成教育资源的浪费，今后有必要对计划管理方式进行必要的改进。二是管理的规范化和手段的现代化问题。目前，我市已正式被批准进行成人高校招生计算机网上录取的试点。当前，首要的问题是解决成人招生的复杂性与计算机管理之间的矛盾。但实行计算机网上录取是大方向，必须坚持。三是要下大力气抓好复习迎考指导工作，构建高效的复习迎考体系，努力提高生源质量，为进一步提高成人教育的质量打下良好的基础。

(3)中专学校招生工作需要解决的问题。一是进一步完善招生政策和管理办法，周密思考，慎重操作，避免失误和漏洞的发生。二是减少工作环节，降低劳动强度，加大计算机化管理的力度，逐步将中专招生纳入规范化的轨道。

(4)进一步加强队伍建设。一是要大力提高工作人员的计算机技术水平、管理水平和政策水平。二是淡化“权力意识”，强化“服务意识”。三是健全内部监督制约机制，自觉接受社会监督，确保招生公平、公正。

总之，在巩固今年取得的各项成绩的基础上，明年将着眼于我市教育整体改革的大局，进一步加大招生考试改革力度，努力提高招生质量，为建设高水平教育强市作出积极的贡献。

天津市教育招生考试中心

1999年11月

大事记

1999年天津市教育招生考试中心大事记

1月8日 成招工作座谈会在中心会议楼一楼会议室召开，区县招办主任、部分成人高校的代表参加会议，中心副主任岳伟同志参加了会议。

1月12日至16日 教育部在天津召开网上录取课题组第二次会议。学生司瞿振元司长、招生处胡扶功处长、清华大学课题组成员以及北京、上海、四川、重庆等有关省市代表参加了会议。会上瞿振元司长做了重要讲话，各省介绍了网上录取工作情况和实施方案，讨论了各省的网上录取实施方案以及二次开发的需求；并对信息标准以及普通高校网上录取工作试行办法(征求意见稿)进行了研讨。

1月13日 天津市成人高等学校招生工作会议在教育学院学术报告厅召开，各区县成人招办负责同志、各成人高校主管校长、负责招生和预考工作的同志共400余人参加了会议。

中心领导乔丽娟、马玉奎、岳伟同志参加了会议。乔丽娟主任作了重要讲话。

1月22日 全国考办副主任潘桂明一行莅临天津，听取本市高教自考探索开考高等职业技术专业工作的调研论证情况，并考察了天津职业技术师范学院。

1月25日 天津市教育招生考试中心被国家教委评为“全国剑桥少儿英语学习系统优秀承办单位”。

1月27日 《天津教育报·自学考试专刊》第一期出版发行，全国自学考试报刊宣传协作会秘书处发来贺信表示祝贺。

1月29日 天津市成人高校联谊会在我单位助学服务中心二楼多功能厅举行。

1月30日至2月1日 1999年全国硕士研究生入学考试举行。市政府、市人大、市政协有关领导分别到南开大学、天津大学等考点视察，看望考生、工作人员。

本月 天津市人民政府对天津市招生委员会、高等教育自学考试委员会的组成人员进行了调整，天津市招生委员会更名为天津市高等学校中等专业学校招生委员会，并决定天津市高等学校中等专业学校招生委员会和天津市高等教育自学考试委员会实行“一套机构，两块牌子”的模式。俞海潮同志任委员会主任，乔丽娟同志、殷淑严同志任委员会副主任。委员会办公室设在市教育招生考试中心，办公室主任由乔丽娟同志兼任。

2月5日 国家考试中心、北京考试院、天津招考中心首次在津举办——“携手同心、共创辉煌”的联谊会。

2月12日 《天津教育报·自学考试专刊》首次公布1998年10月天津市高等教育自学考试毕业生(本科)名单。

2月28日 天津市教育招生考试中心(天津市高等教育自学考试委员会办公室)在人民公园举行1999年上半年考试报名大型咨询服务活动。

3月3日开始 为了适应网上录取的工作需要，改变考生信息采集办法，我市首次实行考生电子摄像。把考生的相貌、身份证等有关信息通过电子摄像转换成数据信息，以便网上录取使用。

3月21日 市自考办决定自1999年下半年开考高等教育自学考试工商企业管理专业

(独立本科段)和教育学专业(独立本科段),并遴选南开大学为工商企业管理专业(独立本科段)主考学校、天津师范大学为教育学专业(独立本科段)主考学校。同时公布上述专业考试计划和考试安排。

3月25日至26日　市招办进行99年高考报名软件的使用培训工作。今年高考报名由原来的填写报名表卡,改为电子表格,直接输入计算机,生成数据信息,以便安排考场以及录取时使用。

3月31日　天津市教育委员会制定《天津市社会力量办学审批程序》。

本月　天津市审计局对我单位六项纳入财政专户管理的预算外资金进行了审计。

审计结果表明:教育招生考试中心对纳入财政专户管理的预算外资金管理较为严格,各项管理制度、手续比较健全,会计核算清楚、明确,纳入专户收费及时、足额,上缴专户收费按照收支两条线的管理方式进行管理。

4月2日至4日　学生司在浙江杭州召开1999年全国研究生录取工作会议。会议确定了研究生复试基本要求。

4月14日　市委副书记刘峰岩和市委常委、市委教卫工委书记邢元敏,副市长俞海潮到市教育招生考试中心,听取了我市1999年各类学校招生考试工作情况的汇报,与有关部门研究了小升初、中考和高考的具体工作安排,并作了重要讲话。

4月15日　全国高等教育自学考试指导委员会同意天津市自考办开展高教自学考试职业技术专业的试点工作。

4月19日至20日　1999年天津市普通高校招生工作会议召开。会议通报了1999年普通高校招生工作安排,并就高考改革、高等职业技术教育招生、网上录取及高考科目改革等进行了研讨。有关部委办局负责人、区县教委主任、区县招办主任、高校招办主任等118人参加了会议。

4月19日至29日　由刘凤桐等组成的天津教育招生考试中心访问团一行四人在台湾进行考察。在台湾期间,考察了台湾大学、嘉义师院、高雄餐旅管理学院、中学及科技园区等。

4月21日　全国普通中等专业学校招生工作协作会成立大会在陕西省延安市召开,教育部职成司有关领导和全国15个省市中招部门负责人参加了大会。会上代表们充分讨论并通过了《全国普通中等专业学校招生工作协作会章程》。会议历时6天。

同日　市高等学校中等专业学校招生委员会、市高等教育自学考试委员会召开了1999年第一次(扩大)会议,两委委员和各区县主管区县长出席了会议。副市长、两委主任俞海潮出席了会议,并作了重要讲话。会议审议并原则通过了1999年我市普通高校、成人高校、高等教育自学考试和中专学校招生考试改革和发展的基本方针、政策。

4月24日至25日　市招办在天津体育学院进行报考体育类考生体育专业测试。

4月28日　召开中学校长、教务主任培训工作会议,就1999年普通高校招生考试等工作进行培训。

5月5日　1999年普通中专、成人中专艺术体育类招生录取工作,从5月5日开始至5月10日结束。普通中专艺体类计划招生1057人,实际录取1281人,其中使用暑期计划123人。部属中专计划招生80人,在天津实际录取57人。成人中专计划招生700人,实际录取1283人,其中使用暑期计划435人。

5月7日　据全国考办统计,1999年上半年全国25个省(自治区、直辖市)自学考试报考总人数为 5982364 人。天津市报考本科 28056 人，报考专科 98180 人，合计 126236 人，按本市人口之比(每万人)计算，居全国第三位。

5月8日至9日 成人高校招生全国统一考试。本市 58384 名考生在 22 个考区、82 个考点、1990 个考场参加考试。5 月 8 日上午，市领导庄公惠、殷淑严、汤海南、施来喜，老同志张再望、杨辉、董志达、何成华视察了部分考场。下午，副市长俞海潮到蓟县五中视察了考场。在成人高考的两天中，中心领导乔丽娟、马玉奎、岳伟分别到各考区视察。中心派出了 129 名巡视人员到各考区巡视。1999 年，本市成人高考考场纪律良好，受到有关方面的好评。

5月10日 召开成人高校招生专业考试考务会，会议提出要以“第一次精神”切实加强对 99 年各类招生专业考试的领导。坚持“五个统一”、依法治考的要求，并就考试实施的各个环节提出了具体要求。最后，中心副主任岳伟做了重要讲话。

同日 我市保送生首次参加综合能力测试，本市共有 163 名保送预备生参加测试。

同日 高考报名工作全部结束。共有 33660 名考生报名参加高考，其中理工类报考人数 24329 人，文史类报考人数 7924 人；今年艺术类专业考试合格，参加文化统考的人数为 939 人；体育类专业考试合格，参加文化考试的人数为 468 人；报考考生中，应届高中毕业生为 27622 人，往届高中毕业生 6038 人。

5月11日 经教育部批准我市作为全国招收新高职试点省市之一，安排了 1500 个招收“三校生”计划。高等职业技术院校招收中专、职校、部分重点技校“三校生”招生报名、培训工作会议召开。

5月13日 市自考办在武清县考试中心召开由部分区县参加的天津市高等教育自学考试工作恳谈会。会议就自考考风考纪工作进行了座谈。市教委副主任、市教育招生考试中心主任乔丽娟参加了会议，并作了重要讲话。

5月14日 在二轻工业学校召开了两类中专招生工作会，就 1999 年中专招生生源地区计划等工作做了安排。刘凤桐副主任强调要维护招生计划的严肃性，并对今年的招生工作提出了“规范是重点、纪律是保证，要以创新的精神，严格招生程序，规范招生行为，执行招生计划”的要求。

同日 按全国考委的统一部署，中英合作开考的“金融管理”、“商务管理”两专业将于 2000 年 1 月在本市进行试点，并使用计算机管理软件实施考务考籍工作。

5月16日 天津市高等教育自学考试委员会办公室同意新华职工大学、河西区职工大学、河北区职工大学、塘沽区职工大学、职工医学院、经济管理干部学院、财贸干部管理学院、政法干部管理学院等八所成人高等学校试办自学考试面向普通高校开考专业助学班。助学的专业为英语(外贸英语)、经济法学(涉外经济法)、工商企业管理(公司管理)、国际贸易(国际商务)。每所学校的助学专业至多为其中 2 个。助学必须为全日制脱产的形式。

5月20日至21日 全国网上录取试点院校培训会议在天津理工学院和天津华城宾馆召开。来自全国 9 个省市招办和 199 所高校招生部门的负责同志和技术人员参加了会议。教育部学生司司长瞿振元，天津市教委副主任何致瑜，天津市教委副主任、天津市教育招生考试中心主任乔丽娟出席开幕式，并作了重要讲话。

5月27日 全国高等教育自学考试指导委员会在天津市蓟县召开自学考试开考职业技术专业实验工作汇报会。全国高等教育自学考试指导委员会副主任王明达，全国高等教育自学考试指导委员会办公室主任杨学为，副主任王建军，天津市高等教育自学考试委员会副主任、天津市教委副主任乔丽娟出席了会议，并发表了重要讲话。

5月28日 教育部考试中心与天津招考中心足球队友谊赛首次在津进行。

5月29日 1999年春季中专成人班考试举行，有7所学校281人在7个考点参加了这次考试。

6月2日 新高职报名结束，全市共有2112人报考新高职。召开高职考试命题会议，有关高校参加会议。

6月2日至6日 1999年硕士研究生录取检查在四川成都举行。

6月8日 市自考办首次举办天津市高自考助学单位业务培训会。17所高校、23所成人高校、15所社会力量办学学校等59个助学单位和有关业务部门同志参加了会议。市教委副主任、市教育招生考试中心主任乔丽娟出席会议，并就进一步做好高自考助学工作作了重要讲话。

同日 市自考办举办高自考哲学课程教学研讨会。天津商学院等21位普通高校和成人高校的哲学教师参加了研讨。南开大学马列学院王玉敬教授在研讨会上主讲了哲学课程自学考试的特点和教与学的方法。

6月11日至15日 全国各类成人高校录取工作集体办公会在大连市召开。会上教育部表扬了天津市成人高考严肃考风考纪的工作。会议确定了成人高校录取最低控制分数线和录取原则。天津市录取分数线文理均在全国首位。

6月15日至17日 与12所部属院校进行网上录取模拟运行。

6月18日 全国考委开展评选、表彰优秀自考应考者活动。本次评选、表彰“优秀自考应考者”和“优秀自考应考者标兵”两个奖项。天津市5名考生获奖，其中中专自考生1名。

6月20日 网上录取178所院校试运行。

6月23日 全国高等教育自学考试指导委员会决定与英国剑桥大学考试委员会合作开考高等教育自学考试商务管理、金融管理专业。并批准天津市作为首批试验地区之一开考这两个专业。

同日 全国英语等级考试(PETS)考务工作暨软件培训会议在天津召开。

6月24日 中心领导向俞海潮副市长汇报了我市成人高校招生的复杂形势，确定了实行分段录取的方案。

同日 召开区县长会。俞海潮副市长对高考工作提出要求，并进行部署。

6月25日 与市属院校网上录取试联网。

6月28日 天津市高等教育自学考试委员会办公室决定，原由市机关事务管理局、天津市第二商业局和天津市旅游局委托开考的饭店管理(原酒店管理)专业，自一九九九年下半年起面向社会开考。

6月29日 天津市高等教育自学考试委员会批准天津市乡镇企业管理局设立高等教育自学考试办公室。

本月 全国PETS考试1—4级在本市全面开考。

本月 在中心各处室党支部和党员间开展的创先争优活动中，高招处和贾汾泉同志被评为教卫系统表彰的先进党支部和优秀共产党员。高招处党支部、成招处党支部和贾汾泉、杨卫萍、张永发、罗德俊、高卫民、陈畅、张洪奎同志被评为中心党委表彰的先进党支部和优秀共产党员。

本月 党委组织全体党员和科以上干部到天津监狱，听取正在服刑的原中专处负责人的演讲，并进行了座谈。

本月 为进一步加强和改善中心党的思想政治工作，结合中心实际，党委制定了《思想政治工作责任制实施办法》。

7月4日 公布1999年全国普通高校在津招生计划。在津招生计划为26881人。

7月6日 在《招生考试导刊》上，首次公布享受录取政策照顾考生名单。

7月6日至23日 成人高校第一阶段“入闱”录取工作在职工之家宾馆进行，136所市属、部属、以及外省成人高校参加录取，共录取新生17652人。

7月7日 全国高等教育自学考试指导委员会原则同意天津市自考委申报的应用电子技术、乡镇企业经营管理等十二个专业考试计划，并启动高等职业技术专业的试点工作。

7月7日至9日 全国普通高校招生统一考试、新高职、单独招生考试。英语语种考生第一次全部参加英语听力考试。

7月8日至21日 高考阅卷，成绩登录。

7月10日至15日 填报高考志愿。

7月11日 在体育中心召开高考填报志愿咨询大会。

7月13日至16日 首届天津市剑桥少儿英语夏令营在蓟县举行。

7月19日至25日 本市和外地院校远程录取模拟演练。

7月24日 公布高考分数线。

7月27日 军事、公安院校招生面试。

8月1日 1999年普通高校招生录取工作开始。

同日 1999年全国第一所网上录取院校北京体育大学开始网上录取。

8月3日 军事、公安院校录取。国防科技大学成为全国第一所进行网上录取的军事院校。

同日 普通中专、成人中专学校初中后招生录取于8月3日至15日在天津宾馆后五楼顺利完成。至此普通中专计划招生23194人，实际录取19794人；成人中专计划招生3500人，实际录取3498人。

8月6日 天津市高等教育自学考试委员会办公室批准43所助学单位具备从事新高职专业的助学资格。

8月12日 教育部副部长周远清，市委副书记刘峰岩，市委常委、市委教卫工委书记邢元敏，副市长俞海潮来到设在市教育招生考试中心的普通高校招生录取现场，视察了网上录取情况，对工作人员进行了亲切慰问。周远清、刘峰岩作了重要讲话。

教育部学生司司长瞿振元，科技司副司长张尧学，科技司助理巡视员袁成琛，办公厅秘书李建聪，学生司处长胡扶功、副处长周利明，科技司副处长娄晶，学生司干部苟人民，教育部课题组清华大学教授王诚、教师刘卫东，副市长俞海潮，市教委副主任、市教育招生考试中心主任乔丽娟，市教委副主任李家俊，南开大学副校长孔繁丰，天津大学副校长郁道银，市教育招生考试中心党委副书记、纪检组组长马玉奎，市教育招生考试中心副主任岳伟，以及有关部门的负责人出席了会议。

8月20日 天津市高等教育自学考试委员会办公室在《天津日报》第8版刊登公告，发布天津市高等教育自学考试1999年下半年开考专业及报考时间表，并刊登《高等教育自学考试报考办法》。同时33家助学单位刊登了招生广告。

同日 市人大副主任庄公惠、市政协副主席周绍熹、市人大副主任张文江，老同志杨辉、董志达、吴善谋，以及有关部门的领导到市教育招生考试中心视察网上录取工作。

8月23日 天津市普通高校招生网上远程录取实现"双过半"。自8月1日北京大学成功地实现在津招生网上远程录取，到8月23日10：30，人大副主任庄公惠按下确认键，天津市在全国率先实现了普通高校招生网上远程录取"双过半"的目标。

市人大副主任庄公惠，教育部学生司司长瞿振元，市教委副主任赵宝琪，市教委副主任、市教育招生考试中心主任、市招生办主任乔丽娟出席了庆祝会，并发表重要讲话。考试中心党委副书记马玉奎、副主任刘凤桐、副主任岳伟以及全体入闱工作人员出席了庆祝会。

8月27日 教育部副部长韦钰在副市长俞海潮的陪同下来到市教育招生考试中心视察天津市普通高校招生网上录取工作。陪同韦钰来津视察的还有教育部学生司、科技司、高考司、考试中心、监察局、基教司的负责人，以及清华大学、中国教育科研网、全国网上录取总课题组负责人等。韦钰同志认真听取了天津市教委副主任、天津市教育招生考试中心主任、市招生委员会办公室主任乔丽娟同志的汇报。

韦钰同志对天津市在推进计算机网上录取工作中所取得的成绩给予了高度评价，认为是"树立了一个很好的榜样，也是CERNET建立以后成功应用的一个典范"。

8月28日 在人民公园举办1999年下半年高等教育自学考试咨询服务大会。数千名考生和几十家助学单位参加了咨询。

同日 俞海潮副市长点击了最后一所院校(职工纺院)，网上录取结束。

8月29日 高考录取工作结束。今年天津市共录取新生28064人，比计划增招1183人。

8月30日 成人高校第二阶段"入闱"录取开始。

9月2日 天津协合商贸进修学院举办本市企业职工免费高自考学历班。共免费招收学员60人，参加英语、计算机和商务管理等专业本、专科段学习。

9月6日至10日 天津市普通中专学校高中后招生录取工作在天津市教育招生考试中心(助学中心)完成录取。计划招生550人，实际录取311人。

9月7日 1999年下半年自学考试报名工作结束。共有98210人报名参加238777科次的考试。

9月9日 在天津建立开考高职专业实验区。"乡镇企业经营管理专业"列为天津市实验区开考的12个高职专业之一。

9月17日 成人高校第二阶段"入闱"录取工作结束。录取第二专业新生2300人，并对一些生源困难的学校进行了调剂录取。两段录取，共录取新生20343人(不含跨外省招生)。各类别、各层次的招生任务均圆满完成。

9月20日 天津理工学院造价工程师培训中心举行首批高等教育自学考试工程造价管理专业大专班开学典礼。中华人民共和国建设部发来贺信。

9月22日 第9期《天津教育报·自学考试专刊》公布2000年4月份高等教育自学考试课程使用教材表(二)。

9月27日 市招考中心成立"三讲"教育领导小组和"三讲"教育办公室，党委书记乔丽娟同志为中心"三讲"教育第一责任人，党委副书记马玉奎同志为"三讲"办公室主任。

9月29日 全国考委副主任王明达、全国考办副主任王建军专程来津，视察了本市高等教育自学考试开考高等职业技术专业的试点情况。在听取了天津市高等教育自学考试委员会办公室以及天津市劳动局、乡镇企业局、南开大学、天津大学、天津理工学院、天津职业技术师范学院等单位负责同志的工作汇报后，全国考委和全国考办领导对本市开发自考职业技术专业的工作给予了充分肯定。

9月30日 天津考试中心表彰网上录取先进个人、先进集体，高招处被评为先进集体。

本月 我市下半年全国计算机等级考试顺利进行，全年突破50000人次，创历史最高纪录。

10月4日 中心副主任岳伟带领成招处全体同志赴京，与清华大学计算机系座谈成人高校招生网上录取工作。

10月9日 《天津教育报·自学专刊》与河北职工大学、河北图书馆联合举办"自考人沙龙"活动。

10月11日 中心召开"三讲"教育动员大会，处级以上干部以"讲学习、讲政治、讲正气"为主要内容的党性党风教育拉开序幕。

10月12日 湖南招办来津交流网上录取经验。

10月12日 全国成人高校招生总结会在江西省南昌市召开，会上，教育部确定天津、福建为2000年全国成人高校招生网上录取试点单位。

10月14日 普通中专户粮迁转审批工作开始，11月1日圆满结束，顺利完成了62所普通中专学校的10124人户粮迁转审批手续，其中农业9175人，非农业949人。

10月15日 成人高校预科生录取工作，共录取新生1000余人。

10月15日～10月22日 天津市教育招生考试中心组团赴香港访问、考察。

10月18日 河南招办来津交流网上录取经验。

10月20日 普通中专、成人中专招生工作总结会在蓟县财税干部培训中心召开。天津市教育招生考试中心副主任刘凤桐，市教委计划处、职教处、成教处、市北方人才市场有关部门的负责同志，各区县教委、中教科的负责同志和各中专学校主管招生工作的校长和招办主任出席了总结会。

刘凤桐副主任做了讲话。

10月28日－10月30日 全国普通高校招生总结会在天津召开。教育部副部长周远清，中共天津市委常委、市委教卫工委书记邢元敏，天津市副市长俞海潮，教育部学生司司长瞿振元，教育部考试中心副主任马金科，天津市教委副主任何致瑜，天津市教委副主任、市教育招生考试中心主任乔丽娟，山西省教委副主任韦道昌，以及全国30个省、自治区、直辖市的招生办负责人和46所高校招生部门负责人出席了会议。周远清、邢元敏、俞海潮、瞿振元、马金科发表了重要讲话，广东、天津、广西、东北大学招生办的负责人分别就本省、市、区、本校的高考改革和网上录取工作情况做了汇报。

会上，教育部表彰了天津市教育招生考试中心在网上录取工作中所取得的成绩，授予天津市教育招生考试中心、广西壮族自治区招生考试院"全国普通高校招生网上录取先锋"称号。

10月29日 市教育招生考试中心邀请教育部考试中心副主任马金科、山西省教委副主任韦道昌、上海教育考试院院长胡启迪就普教系统工作者普遍关心的有关高考改革问题举办了"高考改革报告会"。

来自全市各区县的教委副主任、招办主任、考试中心主任、教研室主任、中学科负责人以及全市45所重点中学的校长共160余人听取了报告。

11月1日 2000年硕士研究生推荐免试生报名工作开始。

11月6日 秋季中专学校"成人班"考试结束。招生学校29所，报名人数4026人，这次中专"成人班"招生考试是三年来规模最大的一次。

11月6日—11月20日 在厦门大学进行了普通高校网上录取应用软件功能需求设计，对我市的程序进行了再完善。

11月7日 成人高校招生网上录取课题组会议在天津市招考中心召开，教育部、浙江省招办、福建省招办和天津市招考中心的有关人员参加了会议。会议对网上录取的需求进行了深入的研讨，会议还讨论了成人高校招生信息标准的制定等问题。

11月8日—14日 2000年研究生报名，首次使用机读卡采集报名信息。2000年本市共有9004人报名参加硕士研究生考试。

11月10日—16日 召开教育行政部门、区县招办、高校招办(包括高职院校)等各级各类招生研讨会。

11月15日—18日 1999年天津市各类成人高校招生总结研讨会在蓟县召开，考试中心主任乔丽娟、副书记马玉奎、副主任岳伟，各区县成招办和各成人高校负责招生的同志出席了会议。

11月16日 重庆、湖北、吉林、新疆、浙江、福建招办相继来津交流网上录取成功经验。

11月18日 教育部表彰全国计算机等级考试"先进单位"和"先进个人"，天津市教育招生考试中心(天津市高等教育自学考试委员会办公室)被评为全国计算机等级考试先进单位，俞汝震、葛洪贵、张向兵被评为先进个人。

11月29日 教育部考试中心批复(教试中心[1999]163号)"同意天津市教育招生考试中心承办全国少儿计算机考试"。

本月 由天津市"收支两条线工作办公室、财政局、审计局、物价局组成的市"收支两条线"财务大检查工作小组对我单位财务"收支两条线"工作进行了检查。

12月8日 普通高校招生总结会。副市长俞海潮到会讲话。公布了2000年高校新高职招收"三校生"实施意见。

12月24日 在市体校田径运动馆，中心召开了第三届体育运动会。

12月26日 中心召开"三讲"教育总结会，处级以上领导以"讲学习、讲政治、讲正气"为主要内容的党性党风教育告一段落。

同日 市教卫系统"三讲"教育工作座谈会在市招考中心召开，市委副书记刘峰岩和市委、常委市委教卫工委书记邢元敏等领导同志参加了会议，会上乔丽娟同志以中心"三讲"教育第一责任人的身份，介绍了中心开展"三讲"教育的工作体会。

新闻报导和论文选载

高考将怎样改革？
——访教育部副部长周远清

姜言东

最近教育部确定了高校招生考试制度改革方案，这给前一阶段媒体沸沸扬扬的猜测划上了一个句号。那么，这套方案是一套什么样的方案？制定这套方案的思路是什么？改革方案将如何实施？实行这套方案对中学教学和考生应考会产生什么影响？带着这些读者关心的问题，记者近日走访了教育部副部长周远清。

记者：最近一个时期以来，社会上对高考改革有各种各样的说法，有的媒体说“改革有6种方案”，也有的媒体已开始探讨一年考几次的问题，这给即将参加高考的考生和家长在认识上带来了一些混乱。请问周副部长，这次教育部确定的方案，是一个什么样的方案，与现行的高考制度有何不同？

周远清：教育部确定的改革方案包括4个方面的内容：一是高考科目设置改革——用3年左右的时间在全国推行“3＋X”。“3”是指语文、数学、外语，为每一个考生必考科目，英语逐步增加听力测试，数学不再分文理科；“X”是指由高校根据本校层次、特点的要求，从物理、化学、生物、历史、地理、政治6个科目或综合科目（包括文科综合、理科综合、文理综合或者专科综合）中自行确定1门或者几门考试科目；考生根据自己所报考的高等学校志愿，参加高校（专业）所确定科目的考试。从各方面反映来看，“3＋综合”将成为“3＋X”的主体形式。二是高考内容的改革——突出能力和素质的考查。这是改革的难点和重点。三是高考形式的改革——现行的一次性全国统考暂时不变，但对其他形式可以在进一步调研论证的基础上进行探索，例如每年专科、本科分开各搞1次考试，或者专科、本科同时考但试题不同等。四是录取方式的改革——重点是实施网上录取。

记者：请问什么叫文科综合和理科综合？“综合科目”的含义是什么？

周远清：“综合科目”是指建立在中学文化科目基础上的综合能力测试，它不是理、化、生、政、史、地等科目的按一定比例的“拼盘”，而是考察学生理解、掌握和运用中学所学知识的能力。这对中学实施素质教育，防止中学过早地分科、偏科，会产生积极的促进作用。当然，中学生是有个性的，在学习上会有一定的倾向性，因此，可以有文科倾向的综合能力测试，称作文科综合；也可以有理科倾向的综合能力测试，称作理科综合；还可以有不分文理科的综合和专科层次的综合。

记者：高考如何改革是近几年来全社会都十分关注的问题，高考已经成为一个敏感的社会问题。请问教育部推进这项改革的指导思想是什么？

周远清：高考制度自1977年恢复以来，经过不断的改革和发展，正日臻完善。尤其是在科目设置、录取方法、计算机管理等方面，都经历了较大的变化。

面临世纪之交，高校招生考试制度必须适应我国经济、社会向比较发达的历史阶段的转变，适应教育思想和教育观念的更新，加大改革的力度。同时，由于这一改革涉及面大，关系到广大考生的直接利益，影响着中学和大学的教学活动，因此，必须周密稳妥。最近一个时期以来，教育部组织高教和普教方面的专家进行了大半年的联合调研，达成了深化高考改革的基本共识，形成了工作的基本思路。这个方案是在以往改革的基础上发展过来的。高考改革既要迈出重要的步伐，又要十分稳妥。

这个改革方案的形成坚持了"三有助"的原则，即：一要有助于高校选拔人才，二要有助于中学实施素质教育，三要有助于高校扩大办学自主权。这是在整个改革中都应该坚持的。

记者：近年来，您曾多次强调，高考改革的重点是内容的改革。请问高考内容的改革将贯穿一个什么样的思路？改革的目的和方向是什么？

周远清：这次高校招生考试制度改革的重点是考试内容的改革。加快高考内容的改革有利于高校选拔人才，也有利于中学推进素质教育。陈至立部长也一再强调，高校招生考试制度改革突出考试内容改革，有利于学生创新能力的培养。

考试内容改革可用三句话来概括：更加注重能力和素质的考查；命题范围遵循教学大纲又不拘泥于教学大纲；试题设计增加应用型和能力型题目。内容改革主要体现在命题上。如何出好题，值得认真研究。出题本身也具有导向性。不仅在"综合科目"考试中要体现这些要求，而且在语文、数学、外语等单科目考试中也要体现这些要求。因此，我们准备花大力气、长时间深入、细致地进行这项改革。1998 年我们对部分省市的保送生进行了综合能力测试，这一试点的结果得到了各方面的肯定，其主要意义在于成功地探索了综合能力测试的命题、评卷，为考试内容的改革开启了道路。

1999 年这项测试将在全国所有保送生中进行。在此基础上，我们将以教育部考试中心为主，组织普教、高教有关方面的专家，进一步探讨深化考试内容改革的具体办法。

记者：社会上有些人曾经指责高考是中学甚至小学推行素质教育的最大障碍，认为高考是"应试教育"的"指挥棒"。教育界也有不少同志把中学全面落实贯彻素质教育的"宝"押在高考改革上，对这次高考改革寄予厚望。请问周副部长，这次高考改革对中学教学将会产生什么影响？

周远清：社会上有些人把在基础教育中存在的"应试教育"倾向的责任推到高考身上，是不公平的。高考有利有弊，要兴利除弊。在当前的大环境下，教育部这次确定的这个改革方案是比较好的方案，是多年经验的总结，侧重了能力、素质的考查，有重大进步。高考内容的改革必将促进基础教育教学的改革。将来"3＋X"改革对英语提出了逐步增加听力测试的要求，数学也不再分文理科，把科目的选择权更多地交给高校和考生，等等。这些都必将给中学推行全面发展的素质教育产生很好的促进作用。

从目前广东省实施"3＋X"的情况来看，改革对中学的导向作用是比较明显的：广东基础教育部门提倡多年的必修课、选修课，已经被中学主动地重视起来。地理、生物的教学地位得到明显加强，全广东省 1999 年将有 9000 名考生参加地理科考试，1.7 万人参加生物科考试。中学一改以往的消极对待的态度，纷纷找回老师，组织教学。同时，由于 9 门课程全部开考，给学生更大的选择权力，因此，高考改革也极大地调动了学生学习的积极性，变"要我学习"为"我要学习"，开始通过尽可能地全面发展来为自己创造更多的机会。

记者：我们注意到这次的改革方案实际上是一个 3 年的规划，请问除了广东省 1999 年的试点以外，其他省市的科目改革将如何实施？

周远清：1999 年广东省将试行"3＋X"科目设置方案，从目前的准备情况来看，总体反映很好。对广东的试点我们将予以精心指导，力求初战必胜。今年，我们将与一些省市研究拟定改革实施方案，在1999年上半年向社会公布，2000年实施。在试点过程中使操作性措施不断完善，争取2001年左右在全国推开“3＋X”科目改革方案。

记者：网上录取是招生手段现代化的一大突破，广大考生及其家长都很关心。请问全国高校实现网上录取是否有个时间段，什么时候高校招生能够全部实现计算机网上录取？

周远清：网上远程录取是高校招生手段革命性的变革，实行远程录取以后高校可以不用再派人到各个省市去录取学生，而是通过计算机网络在网上完成录取工作。它具有省时、省力、效率高的特点，同时，录取中的“条子”也不起作用了，对个别疑难问题可以由学校领导集体研究解决，从而使“学校负责、招办监督”的招生录取工作更加完善，保证录取工作做到公正、公平。1998年天津市招办与天津市内的部分高校实验了网上录取，广西还与区外一些高校试验了网上录取。这两地的系统将进一步完善。天津将在1999年达到“双过半”(即参加网上录取的学校过半、录取的学生数过半)的目标。在天津、广西试点的基础上，教育部已经确定北京、上海、辽宁、四川、湖北、重庆于1999年参加这项实验。到2000年，争取一半左右的省市建立网上录取系统；到2001年，基本建成全国招生网上录取系统。

最近教育部学生司在天津召开了网上录取工作研讨会，对下一步的工作作了研究和部署。为顺利完成这项工作，我们已经成立了以清华大学为主的总课题组、各试点省(市、区)组成子课题组。子课题组在总课题组的领导、协调下工作，结合本省(市、区)实际情况，进行二次开发。两级课题组都为建设信息编码统一、考生基础信息统一、同级界面统一、高校录取工作软件统一的全国招生网上录取系统而努力。为保证这一系统建设的顺利进行，教育部将正式立项，并拨出专项经费予以支持。

记者：以往教育部门似乎没有一个专门的高考改革研究班子，向社会宣传时也总有一些不同的声音。现在改革的大方案已定，请问周副部长，教育部已是否有专门的班子来组织实施改革方案呢？

周远清：这个改革方案都是经过大家同意了的，今后教育部一个声音、一套方案对外，学生司、基础教育司和教育部考试中心一个声音对外，在此前提下，各家负责各家的事情，把自己的工作做好。为加强对这项工作的领导，教育部决定成立高校招生考试制度改革实施小组，由高校学生司司长瞿振元担任组长，基础教育司和考试中心都派员参加小组的工作。

——《中国高校招生》1999年第1期

高考改革：下一步“棋”怎么走？
——访教育部高校学生司司长瞿振元

姜言东

1998年12月24日教育部首次公布高考改革方案，今年2月13日又发出了《关于进一步深化普通高等学校招生制度改革的意见》，使高考改革步入了快车道，成为全社会关注的热点，那么，怎样看待新一轮高考改革的重要性？各省市应该怎样贯彻实施并尽快制定自己的具体实施方案？方案的实施将给考生和中学带来什么样的影响？就这些读者广泛关注的问题，记者近日走访了教育部学生司司长瞿振元。

记者：眼下高考改革已经成为一个社会关注的热点，社会上有许多关于改革的设想，教育部门内部认识也不尽一致。那么，对新一轮高考改革的重要性应如何认识？

瞿振元：改革方案向社会公布以后，立即在社会各界产生了很大反响。由于这个方案经过了长期广泛的调研、论证，听取了各方面的意见，因此方案公布后得到了普遍认可和赞同。

招生就业制度的改革是整个高等教育5个方面的改革中很重要的环节。招生就业制度的改革一直是高教管理体制改革的重要内容，关于这方面的改革也是一直在进行。那么，当前为什么把招生制度的改革放在更加重要的位置来加以强调？这应该从多个方面来加以理解。最基本的方面就是人才培养的需要。未来的竞争是激烈的，无论是经济的竞争、科技的竞争还是综合国力的竞争，归根结底在于人的素质的竞争。我们要培养符合未来社会需要的素质高、能力强，有很强的创新意识和创新能力的人才。面向未来考虑教育的时候，我们不得不承认我们还有很大的差距，基础教育和高等教育都存在许多亟待解决的问题。传统的人才选择和考试观念的影响仍然存在。因此，如何培养高素质的创新人才的问题就更加突出地摆在我们面前。要更多地强调素质教育，高考改革正是适应了这种需要。因此，我们要从更大的范围，从社会稳定与发展的大局来考虑高考改革，正确地认识高考改革的重要性和必要性。

记者：按照教育部3号文件的要求，高考改革方案的实施大约要用3年左右的时间在全国展开。那么，各省市制定各自的改革方案时是否应该有个时间表？省市的具体实施方案应如何制定？

瞿振元：教育部《关于进一步深化普通高等学校招生考试制度改革的意见》对深化改革的指导思想、主要内容、初步步骤、组织领导等都已经作出了全面、明确的安排。教育部周远清副部长一再强调，高考改革事关中国人才培养的大局，事关建立有中国特色的考试制度以促进教育事业发展的大局。各省市要根据各自的实际情况尽快制定用3年左右的时间实现这个方案的可操作性的具体实施方案。各省市应充分征求各方面的意见，用3个月左右的时间在今年6月底之前定出方案报给教育部学生司。教育部根据各地的具体实施方案再加以统筹协调。

记者：1999年全国普通高校招生工作会议宣布，在广东省施行“3+X”科目改革试点的基础上2000年又有4个省将参加科目改革试点。请问这4个省“3+X”改革的做法与广东省的改革是否一样？“3+综合”的模式能否实现？

瞿振元：今年广东省率先实行了“3+X”科目改革的试验。2000年又将有山西、江苏、浙江、吉林参加“3+X”高考科目的改革试点。这些省的具体改革方案将在近期内向社会公布。至于这些省的“X”到底等于几，是否实行“3+综合科目”考试，就要由各省提出一定的选择范围以后，再由招生的高校去选定。这是一个形成具体改革方案的机制问题。当前，综合科目可以分为文科综合(包括政治、历史、地理的综合)、理科综合(包括物理、化学、生物的综合)、文理综合(政治、历史、地理、物理、化学、生物的综合)以及专科层次学校所需要的专科综合。

2000年将参加改革实验的山西省是全国3个高中新教材改革的试点省市之一，2000年将有第一届按照新教材学习的高中毕业生。因此他们要求能够按照新教材单独为他们命题。我们已经郑重承诺，对参加高中教材改革实验的山西省、江西省和天津市都将按照新教材进行命题，请他们放心大胆地进行改革试验。千万不要按新教材教学，又死抱着老教材应考，以免增加学生的负担。

记者：方案中规定将来高考命题的原则是“遵循教学大纲又不拘泥于教学大纲”。不少即将参加高考的考生和中学教师担心将来命题会超出教学大纲。对于这个改革思路应该如何理解？这是否意味着将来命题可以超出中学的教学大纲？

瞿振元：高考改革方案中对于高考内容改革用了三句话：“更加注重对考生能力和素质的考查；命题范围遵循中学的教学大纲，但不拘泥于教学大纲；试题设计增加应用性和能力型题目。”遵循中学的教学大纲是指，中学的教学活动是按照教学大纲进行的，按照大纲来教，按照大纲来学，不能说不考的就不教、不学。而高考改革的一个主要目的是为中学推行素质教育服务，因此考试也要遵循教学大纲，考与学要一致。不拘泥于教学大纲是指：考查的知识内容在教学大纲内，但强调的是对知识的理解、运用能力的考查。相应地，命题将加大对应用能力考查的分量。

记者：实行网上录取以后学校招生人员有可能不再去录取现场，录取管理的办法也会与以往有所不同。请问网上录取与以往的招生现场录取的管理办法有何不同？招生部门今年将采取什么措施来加强网上的录取管理，保证试点工作的顺利实施？

瞿振元：高校招生录取的计算机网络是全国性的大网络，网络的建设要从全国的大局和系统工程的角度考虑问题。为保证试点工作的万无一失，全国要一盘棋，要统一技术标准、统一信息标准。为了加强网上录取工作的管理，教育部学生司将于近期出台有关的管理办法，明确网上录取的管理体制仍然是“学校负责，招办监督”。其主要内容是，在政治思想品德考核和身体健康检查合格、统考成绩达到同批录取学校控制分数线的考生中，提出调阅考生的档案材料数，录取与否由学校决定，遗留问题由学校负责处理；省市区招生办公室实行监督。高校要认真执行招生管理条例，贯彻德智体全面考核、择优录取的原则，在实施网上录取时，要成立由校(院)长和招生、纪检等部门负责人组成的录取工作领导机构，配备专门的录取工作人员和计算机技术人员负责处理录取工作中发生的事宜；应根据各省市区高校招生委员会划定的同批录取学校控制分数线以上第一志愿考生人数以及在当地的招生计划数，确定本校在当地调阅考生电子档案的比例；要严格管理，录取场所应该相对封闭，要配备必要的软硬件和通讯设备，防范计算机病毒和其他干扰，保证录取期间的信息畅通。

——《中国高校招生》1999 年第 2 期

本市扩大高校招生拓宽职教成教和自考途径 让更多人接受高等教育

孔 超

今年本市普通高校扩招 9958 人，成人高校扩招 1200 余人，上半年报考高教自学考试的人数突破 12 万人，同时今年将有一批下岗职工享受政策照顾，进入成人高校学习。普通高校扩招，职业教育、成人教育和自学考试教育的发展和完善，进一步拓宽了本市高中段教育毕业生和广大市民接受高等教育的途径。

今年本市普通高校扩招实现了“三个增长”。一是招生计划总量增加近1万人。今年全国300余所普通高校计划在津招生约25000人，比去年增加9958人，增幅达47%，高于全国平均增幅(44%)。其中本科计划招生约15000人，较去年增加了约4000人。二是部委属、外地高校和军事院校招生计划增幅较大。部委属和外地高校今年在津招生计划比去年增加1566人，创历年来在津招生最高记录。军队院校今年计划在津招生603人(去年计划为300人)，计划增加一倍多；多年不在本市招生的第三军医大学、解放军国际关系学院、解放军信息工程学院等10余所院校今年在津投放了计划，为本市考生创造了更多的升学机会。三是经过市教委、市计委积极争取，本市参加了以新的管理模式和新的机制运行的高等职业教育的试点工作，计划招生6000余人。预计今年本市普通高校招生录取率达70%以上，比去年录取率(55.3%)将有大幅度的提高。

1998年市教委决定，在市部分成人高校举办了“下岗职工高职试点班”，市教育招生考试中心配合有关部门，对下岗职工实行计划单列的倾斜政策，同时减免部分学费和报名考务费，照顾下岗职工入学。今年本市又进一步扩大了“下岗职工高职班”的试点范围，将有更多的下岗职工享受此项倾斜政策。同时，还对25岁以上考生、先进模范人物等实行照顾加分政策。今年成人高校招生计划增加1200余人，为更多的考生进入成人高校继续学习深造提供了机会。

经过不断改革和完善，本市高等教育自学考试的专业设置更加贴近经济建设，社会助学更加规范、有效，报考程序更加科学、便捷。13个高职专业，农业综合技术、乡镇企业管理2个专业6个专业方向，以及中英合作开考的金融管理、商务管理2个专业即将招收新考生。上半年本市有126236人报名参加自学考试。据全国考办的统计，本市每万人中就有132人报名参加自学考试，位列全国第三。预计全年报考人数将达到25万人(次)。

——《天津日报》1999年8月8日

周远清考察天津招生录取工作时指出

高考改革开局良好　深化还需精心操作

张宝敏

今年天津等10省市的199所高校进行了网上录取的试点工作，北大等13所高校对7个省市实行了全部的网上录取

教育部副部长周远清今天上午来到天津市教育招生考试中心，考察了招生录取工作，并在录取现场观看了计算机网上录取情况。他在讲话中对新一轮高考改革成绩予以肯定，认为是全面展开、操作平稳、开局良好、形势喜人，要求各地教育行政部门和学校要精心操作，使改革进一步深化。

周远清在讲话中介绍了当前高考制度的改革情况。他说，自去年底教育部确定新一轮高校招生制度改革方案以来，在全国教育工作会议精神的强劲推动下，在大幅度扩大招生规模的同时，高考制度改革在考试科目、考试内容、录取手段等方面全面展开。今年，广东省率先实行“3

+X”的科目设置改革，打破了“大一统”的考试模式，扩大了高等学校对考试科目设置的选择权，相应地增加了考生的选择权，对高中教学改革起了很好的促进作用。在前一阶段工作的基础上，广东省在广泛听取各方面意见的基础上，又确定了进一步深化“3+X”方案的意见。对此，教育部已经批复同意，在明年的方案中，“综合能力测试”将正式进入“X”，使“3+X”方案更加走向完善。目前，山西、吉林、江苏、浙江四省在充分酝酿的基础上，也已经确定了“3+X”的实施方案，并已在当地公布，将于明年正式启动。

周远清说，高考内容的改革正向着“更加注重对考生能力和素质的考查”的方向健康深入。总体看，今年高考各科试题难度适当，新颖灵活，注重与现实生活的联系，体现了“以能力立意”的命题原则，体现了高考内容改革的方向，体现了考试评价制度的正确导向。如作文开放新颖，文体宽泛，考查了学生的综合能力和想象能力，社会各界反应强烈，对今后语文教学改革有积极的推动作用。数学试题体现了综合性特征，突出了数学作为科学工具的作用，应用题背景分别来自工农业生产和现代科技领域，有利于引导学生关心社会、了解社会，有利于考查学生解决实际问题的能力。物理、政治、历史、外语等科目也都基本体现了高考内容改革的要求。今后，将坚持稳中求进，逐步深化。另外，对全国所有保送生进行了“综合能力测试”，不仅有助于理顺保送生制度，更重要的是探索了对考生进行“能力测试”的途径和方法。

周远清说，今年高考录取手段的改革有了重大突破。天津、广西、北京、上海、重庆、辽宁、湖北、四川、云南、福建10个省市的199所高校进行了网上录取的试点工作。北京大学、清华大学、人民大学、北京邮电大学、南开大学、天津大学、东北大学、上海交大、西安交大、东南大学、浙江大学、华中理工大学、电子科技大学等13所高校对7个省市实行了全部的网上录取。经过试验，以清华大学为主研制的录取软件运行良好，网上录取试点已经初战告捷。特别是天津市今年率先实现了网上录取院校数过半、网上录取学生数过半的“双过半”的目标。这是“网上录取”探索中有标志性意义的成绩。

周远清最后指出，中央在《关于深化教育改革全面推进素质教育的决定》中对高考改革提出了明确的要求。我们要站在落实全教会精神的高度，从强化素质意识、全面提升教育质量的角度，充分认识高考改革的紧迫性，增强责任感。同时，高考改革也有很多困难，操作比较复杂，事关千家万户，因此，各地教育行政部门和学校都要精心操作，高等教育和基础教育两方面要密切配合，确保高考改革的健康发展和不断深入。

——《中国教育报》1999年8月13日

积极探索高考录取手段改革

天津“网上录取”取得标志性成绩

张宝敏

天津改革招生录取手段，实行“网上录取”取得标志性成绩。据天津市有关部门负责人介绍，目前，天津通过网上远程录取的学校已达90所，覆盖了所有在津有招生计划的20多个省市。8月12日，教育部副部长周远清到天津普通高校招生录取现场考察计算机网上录取工作情况，对天津在改革高考录取手段上取得的成绩给予了充分肯定。

据了解，在教育部的支持下，去年，天津市进行了计算机网上录取试运行，在总结成功经验的基础上，今年又在各方面做了大量扎实、周密的准备工作，提出了全部实现计算机网上录取的奋斗目标。其中，网上远程录取要实现“双过半”，即通过网上远程录取的学校过半，达到160所，占在津招生学校总数的51%；通过网上远程录取的新生人数过半，录取人数超过15000人，占录取总数的76%。同时，现场采取计算机网上录取模式，基本实现了无纸化录取。

据介绍，以电子档案信息流转为核心的新的录取管理模式带来了录取手段的根本性变革。参加计算机网上远程录取的学校已不再派招生人员到天津市现场录取，而是通过中国教育科研网，使用“全国普通高校招生管理系统”在校内调阅考生的电子档案，提出拟录取或退档意见，经市招办核准，最终形成录取结果。这一方式跨越时空界限，提高了工作质量和效率，减少了人为因素的干扰，更好地体现了“学校负责，招办监督”的录取工作体制，并由于程序设计严密，不符合条件考生的电子档案不能投出，确保了招生工作的客观、公平、公正。

计算机远程录取受到普遍欢迎。参加网上录取的北京大学，8月5日9时21分成功下载考生档案，11时即录取结束，足不出户，不到两个小时便完成了工作。靠网上录取，目前，天津已完成了163所普通高等艺术院校、体育院校和提前批次录取院校、重点批次录取院校的录取工作，共录取新生7848人。

——《中国教育报》1999年8月14日

天津计算机网上远程录取“双过半”

165所院校参加远程录取　共录取新生18942人

朱振国　刘晓华

8月23日上午10：30分，天津市计算机网上远程录取的最后一所高校——天津师范大学通过了录取审核。至此，天津市在全国率先实现了普通高校招生网上远程录取“双过半”的目标。参加网上远程录取院校已达到165所，占在津招生院校总数的52.7%，覆盖了全国23个省市；通过网上远程录取的新生18942人，占各院校在津招生计划总数的67.5%。同时，在津现场录取的院校也全部采用计算机网上录取模式，基本实现了录取过程的无纸化。可以说，真正意义上的网上远程录取已经实现。

计算机远程录取是教育部确定的普通高校高考制度改革的四项内容之一，是一种全新的招生录取管理模式。它利用计算机信息处理技术及计算机网络技术，将考生档案电子化，并通过中国教育科研网传送给招生院校，招生院校通过计算机调阅考生的电子档案，提出退档意见和拟录取意见，由省市招办进行核准。网上远程录取不仅大大提高了工作效率，保证了招生质量，而且减少了各种人为因素的干扰，更好地落实了“学校负责，招办监督”的招生录取工作体制，保证了招生工作的客观、公正、公平。

天津市招生部门有关负责同志认为，未来的招生工作，是省市招办为招生院校做好考生的信息采集和信息管理工作，为高校和社会提供各种有关信息咨询服务，淡化“权力”意识，强化服务意识，将是社会发展的必然趋势。

——《光明日报》1999年8月24日

穿越时空的召唤

——’99天津市普通高校招生网上录取“双过半”纪实

肖 燃 姜言东

1999年8月23日，一个看似很普通的日子，却永远铭记在天津市教育招生考试中心人员的脑海之中。这天上午10：30，天津市人大副主任庄公惠操纵鼠标在“录取结束”按钮上轻轻一点，完成了天津最后一所通过网上远程录取院校的操作程序。顿时，整个高校招生录取现场沸腾了，大家激动万分，共同庆贺一个新纪录的诞生——天津市在全国率先实现了网上远程录取“双过半”的目标：参与远程录取的院校占在津招生院校总数的52.7%；远程录取总人数占到今年天津市招生计划人数的67.5%。“这是一个标志性的成绩！”教育部周远清副部长在视察今年天津网上招生工作后，给予了高度评价。

的确，天津的成功尝试是高考录取方式改革进程中的一个重要的里程碑，它不仅为教育部进一步全面推进高考改革奠定了良好的基础，同时也必将坚定全国招生工作人员坚持改革创新的决心和信心。

8月酷暑，正是招生季节。走进天津市教育招生考试中心，不禁有些迷惑不解，这是今年的招生现场吗？没有了车水马龙，也看不见人头涌动——

网上录取静悄悄

天津招生现场发生的显著变化源自网上录取。录取方式的改革是全国高校招生制度改革的重要内容之一，而它主要是指网上录取系统的启用。天津试行的网上录取就是省市招办利用信息处理技术和计算机网络技术将考生档案电子化，并通过计算机网络传送给各院校；高校通过微机网络调阅考生档案及相关信息，提出拟录取意见或退档意见，并经省市招办核准录取的过程。

“省时、省力、省钱；公正、廉洁、规范。”中心副主任岳伟在谈到网上远程录取的优势时不无感慨地用十二个字进行了概括。据他介绍，计算机远程录取明显地提高了录取工作的效率，减少了招生院校的经费支出。电子科技大学今年在津招生51人，从8月5日下午两时半开始，至下午六时结束，仅用了三个半小时的时间。据中心高招处长张景华介绍，网上录取如果能在全国范围内推广，将会产生可观的经济效益，过去所有的高校一到招生期间就会派人“满天飞”，交通费、食宿费是一笔巨大的开支，据粗略估算，全国高校每年为此的花费最起码有两亿多元。

网上录取如何实现公平、公正、公开的招生原则是考生和家长们共同关心的问题。网上录取实际上最大限度地保障了广大考生的切身利益，体现了招生工作的严肃性。在“招生人员满天飞”的情况下，“学校负责”在某种意义上变成了“招生人员负责”。而实现网上远程录取后，学校招生工作领导小组的成员坐镇录取机房，对录取工作中的问题及时研究、集体决策做出处理，既减少了录取工作中的人情干扰，也避免了某些招生人员的个人行为，使“学校负责”真正落到了实处。

熟悉招生工作的人都清楚，投档是一个极其重要的环节，过去是计算机辅助投档，由于自动化程度较低，适用范围狭小，人为干扰因素较大。而在网上录取系统中，全部录取工作都在计算机系统监控之下，每一个工作人员的每一个操作都会被记录在案。“条子”失去了效力，权力受到了制约。那些“有路子”却不合格的考生被无情地拒之门外。“道是无情却有情。”教育部学生司瞿振元司长评价说，只有做到这种“无情”，才能保证整个招生工作的公正平稳进行，对个别人是“无情”，对于广大考生却是“有情”。可以说，网上招生为从根本上杜绝录取工作中的某些权力腐败现象作出了技术上的保障。

由于实施了异地远程录取，很大一部分高校不用派人到招生现场，减少了招生现场的人流量。同时，网上招生使得高校招生更加公平、公正，这就使得往年经常游离于招生现场附近的说情者知难而退。这样一来，以往门庭若市的招生现场今朝却“门前冷落鞍马稀”。“以前我们的工作人员一到招生期间就成为社会瞩目的‘明星’，到处被‘围追阻截’，而今年却受到了‘冷落’。”张景华风趣地告诉记者，“不过我们希望受到这种‘冷落’，中心也欢迎这种‘冷清’，这恰恰表明我们的招生工作正在走向规范化，有利于我们为社会公正地选拔出合格人才。”

在全国甚至全世界都没有现成的经验可以学习、借鉴的情况下，面对潜力巨大却十分陌生的崭新录取手段的改革，天津市教育招生考试中心决心成为第一个“吃螃蟹的人”——

锐意创新勇挑担

天津市教育招生考试中心在多年以前就开始应用计算机进行招生录取的辅助管理，那时虽说也已经在不少环节上应用了计算机，但还没有形成一套应用于招生录取全过程的完整系统。招生人员的精力被耗费在大量繁缛的细节上，而这些却是完全能够用计算机来替代的。如何改观这种局面，把大家从不必要的手工劳动中解脱出来，投入到招生最需要的环节中去，进而实现招生工作的科学化、现代化、规范化，是摆在中心领导们面前一个急需解决的难题。1997年下半年，天津市教育招生考试中心经过充分论证，决定尽快将招生工作纳入信息化的轨道，要敢为人先。中心领导决定将网上录取列入今后的工作规划，各项准备工作也随之紧锣密鼓地展开。

教育部对于天津的这项工作也给予了高度重视，决定首先把天津作为全国进行这项改革的试点，并以此为契机，开发全国统一的招生管理系统，成立了学生司瞿振元司长挂帅的领导小组专项负责。1998年初，教育部学生司在天津召开了有关会议，委托清华大学与天津教育招生考试中心共同开发这套招生管理系统，提出了建立全国统一的招生信息管理系统的四个标准:信息编码统一、考生基础信息统一、同级界面统一、各高校录取软件统一。开发人员也马不停蹄地进行程序的研发，并同时按要求进行修改。工作是十分辛苦的，通宵达旦对于他们来说是再平常不过的事。历经近两个月的共同努力，一个基本符合要求的招生管理系统终于初具雏形，为了检验这套系统，中心选择了南开大学、天津大学、天津体育学院、天津职业技术师范学院、天津纺织工学院五所不同类型的学校进行了先期实验。

由于系统的开发毕竟处于初试阶段，在实际运行中出现了一些问题。最让大学头痛的是速度太慢。在清华大学的技术支持下，他们经过艰苦努力，顺利完成了系统试运行，成功地在网上录取了1404名新生。在此期间，教育部副部长周远清，天津市委副书记刘峰岩，市委常委、市教卫工委书记邢元敏，副市长俞海潮先后到招生现场视察。远清副部长给予天津教育招生考试中心勇于探索的创新勇气以充分肯定，高度赞扬了课题组和高招处的同志不怕苦、不怕累的奉献精神，同时他也对天津的这项工作充满了信心，鼓励天津的步子放得再大一点，更好地发挥领头羊的模范带头作用。

至此，网上招生已经取得了阶段性成果，在此基础上，天津市教育招生考试中心又大胆地提出1999年天津的招生工作将全部进行网上录取，而且网上远程录取的院校数和人数分别要突破各自总数的一半以上，进而提出了激动人心的"双过半"口号。

"双过半"的目标对于当时的天津教育招生考试中心而言无疑是一个巨大的挑战——大规模的网上录取，国内甚至国外都没有现成的经验可以借鉴，一切都得靠自己摸索；中心的硬件设备以及网络环境都离要求相差太远；招生人员对于在网络环境下录取还很不适应……。然而，天津教育招生考试中心上下齐心，如开足马力的火车头，义无返顾地驶向改革快车道。

1999年3月份，为了更进一步地完善和优化已有的网上录取系统，使之能够适应大规模网上招生的需要，清华大学课题组又和中心的技术人员集中力量进行了第二轮研发工作，经过艰苦努力，整个系统已趋实用化，并具备了大范围应用和推广的价值。

电子档案的制作是进行网上录取的基础性工作，任务重，工作量大，时间又紧，而且不能出一点差错，其质量如何将直接影响到招生录取工作进行的顺利与否。为此，天津市教育招生考试中心与国内专业从事大规模数据处理的北京五岳鑫公司全面合作，3月份着手各种表格的设计与印刷准备工作，制作了"报名表"、"体检表"、"政策照顾表"等，同时进行数码电子摄像的电子化报名工作；5月份采用ICR－2000智能字符阅读机短短几天就完成了全市3万多名考生电子档案的制作；7月上旬又采用具有条码识别功能的OMR－2000阅读机顺利地完成了高考客观试题的阅卷工作。特别值得一提的是，为了有效地防止考场舞弊现象的产生，减轻阅卷过程中人工干预的工作量，他们今年首次采用了条形码来代替涂写准考证号的新技术，实验结果非常令人满意。7月下旬，主观题登分和考生志愿的采集也全部实现了OMR－2000的机器录入，至此，原来十分繁复的考生信息电子化工作基本完成。同时包含文字、图像的电子档案制作的顺利成功不仅为实施网上录取的院校提供了较详实的考生信息，而且还为减少网络负载做了大量的信息压缩工作，减少了网络负载。

要进行网上招生，一个安全畅通的网络环境必不可少。中心内部建立了内部局域网，在此基础上，中心又投入了数十万资金铺建了两条通向现场招生地的网线，并完善了经由内部局域网现场招生的网络配置。远程网上录取遇到的很大难题是网络速度过慢，8月2日，中国教育科研网网管中心在天津专门安装了卫星通讯设施，从而提供了天津通往清华网管中心的专用信道，有力地保障了网络的畅通无阻。同时，考虑到有些院校CERNET网络环境不成熟，中心设置了DDN专线并申请了20条长话拨号通道以备用。网络的安全也是大家极为重视的一个方面，为了有效地保障系统的平稳运行，防止"黑客"入侵，技术人员设置了两道防火墙，并对系统服务器和防火墙实行了热机双备份。任何系统登陆都必须经过身份认证。据有关技术专家介绍，这套系统应用了国内最先进的技术，经过这次实践检验证明，网络始终保持安全有效的畅通状态。

高效的录取工作同样离不开性能优良的硬件设备的支持，天津市教委在财力和技术上给予了大力支持，天津教育招生考试中心在这方面也进行了相当大的投入。中心更换了较高档次的交换机和服务器以适应网上招生的特殊需要，配置了7部具备传真功能的电话来满足与院校远距离交互的要求，对整个中心的电路进行了增容改造，并且配备了双电源确保录取工作用电的万无一失。

"我们的投入是相当大的，但我们认为值得！"天津市教委副主任乔丽娟肯定地说，"为了网上录取实验的成功，必须建立起优良的工作环境，但我更满意的是我们有一支优良的工作队伍。"的确，网上录取是信息技术在招生领域的全面应用，没有一支能够熟练掌握计算机技术和网络技术并拥有较高思想觉悟的高素质队伍是不可能取得成功的。几年来，中心将中央"三讲精神"深入贯彻到了招生领域，创建了以"四个意识"（政治意识、全局意识、服务意识、自律意识）、"三严作风"（严格的管理、严谨的作风、严肃的态度）、"两个精神"（艰苦奋斗精神、主人翁精神）和"一个观念"（改革创新观念）为核心的思想行为准则，全面提升了队伍的思想素质。中心还利用业余时间组织了多次微机技术、网络技术的培训，在中心内部掀起了学习现代化招生技术的高潮，中心工作人员的业务水平由此得到了极大提高。

如何在信息化的录取环境中作好招生的组织管理工作是一个全新的课题，为了适应新的工作方式，他们组建了全新的录取现场组织机构，招生录取工作领导小组下设：录取指挥组、纪检监察组、后勤保障组。在录取指挥组下设：录检组、综合组、系统组。录检组分为现场和远程两组，分别负责现场网上录取和远程网上录取，并按照网上录取模式重新设计了工作流程。考虑到远程交互毕竟存在不便，他们大胆地根据实际情况改变了开档方式，实行滚动式开档，即一个批次的数据处理完毕，就在主页上公布远程院校的分数和志愿情况，远程院校即可提出调档要求，开始录取，在现场录取开始前，远程录取院校已经退档或录取结束。事实证明，这是一个非常适合现实的新方式。

虽然各项工作准备就绪，但录取开始后，全中心从领导到每一个普通工作人员还是都捏着一把汗，能否做好这次网上招生，毕竟直接影响到大众对这项工作的信任程度和整个高考改革进行的顺利与否，关系重大，不容疏漏。为了能圆满实现既定目标，工作人员从一开始就进入了"全天候"状态，晚上一两点睡觉是再平常不过的事，考试中心的办公大楼几乎是夜夜灯火通明……

真所谓"吹尽黄沙始到金"，通过今年的实践发现，这的确是一支敢打硬仗，善打硬仗，勇于创新，纪律严明，不怕吃苦的队伍，正是他们的辛勤汗水换来了今天的改革硕果。韦钰副部长在8月27日视察天津网上招生情况时对此作了高度评价，她认为，做这项工作需要很大的勇气和责任感，天津教育招生考试中心的工作人员表现了很高的素质，不仅体现在技术上，更体现在思想认识上。

天津的这项工作自始至终得到了各级领导的重视和关怀，教育部韦钰副部长、周远清副部长都曾专程来到中心视察，学生司司长瞿振元更是事无巨细悉心指导，给予中心工作人员以极大鼓舞。教育部学生司先后在津召开了两次总课题会议和全国网上录取试点院校培训会议。天津市委、市政府对教育部在天津进行的这项试点工作也极为重视，市委、市政府领导刘峰岩、邢元敏、俞海潮等领导同志多次到中心听取汇报，指导工作，并一再强调要把这项工作当作"民心工程"切实抓好。市教委更是将网上录取工作作为全年13件大事来抓，并从多方面给予中心以大力支持。各级领导的关心支持使天津教育招生考试中心坚持大胆实践有了坚强后盾，坚定了大家必胜的信念。

对于无数考生而言,网上录取是穿越时空的召唤,它跨越了时空界限,将彻底改变旧有的招生模式。但与此同时,网上录取也涉及到招生部门的权利甚至利益,陈旧的管理理念亟待转变。随着明年大规模网上录取工作在全国的展开,天津招生考试部门已经把更深层次的问题作为自己研究的重点——

而今迈步从头越

通过今年网上录取的大练兵,天津教育招生考试中心也发现实际工作中存在不少问题。观念陈旧是其中最突出的一个方面,许多有条件进行网上录取的院校对此不是积极响应,甚至有些本来有些已准备进行远程网上录取的院校到了最后关头又决定还是采用现场录取。这固然是由于许多招生人员对旧有招生模式已经习惯,对于用计算机接收和发出指令、交流信息、阅读电子档案还很不适应,另一方面还涉及到一个权力观念的问题,招办一向被人们认为是一个权力机构,而一旦实施网上录取,招办的权力无疑会受到相当限制,招办的职能将由管理转向服务。有关技术专家表示,这项技术已经成熟,没有问题,但机器和人的协调有一个磨合的过程,人的观念转变是在推广这项技术过程中最应该受到重视的。看来,转变过时观念、增强改革意识才是推广网上录取要做的首要工作。

岳伟告诉记者,网上录取已经势在必行,这些技术上和具体操作环节上的问题称不上拦路虎,随着改革的深化,它们都会得到妥善解决。据教育部有关部门介绍,今年全国10个省市区进行了网上录取的试点工作,其中天津取得了“双过半”的标志性成绩,在此基础上,教育部明年将会采取更大举措,全国超过一半的院校将实施网上录取,而网上招生总人数也将突破全国计划招生人数的一半以上,即全国范围内的整体“双过半”。为此,教育部已将中国教育科研网的大规模提速列入规划,届时CERNET的线路将达到600兆左右,是现在速度的数十倍。

回顾过去,天津教育招生考试中心是一步一个脚印地行进在改革大路上,他们取得的成功正是不懈努力坚持创新的必然结果。然而,“百尺竿头,更进一步”,中心上下并没有被喜悦所陶醉,他们清醒地认识到创新之路无止境,正以“而今迈步从头越”的饱满情绪继续探索。据介绍,天津明年的工作将会围绕进一步完善网上录取机制展开。展望未来,天津市教委副主任乔丽娟满怀信心地说:“我们天津教育招生考试中心会坚定不移地在创新道路上走下去,与全国招生界同行一起努力奋斗,继续为网上录取工作提供鲜活的经验,争取网上录取早日在全国范围内实现。”

——《中国教育报》1999年10月13日

理清思路，力求高考改革的新突破

瞿振元

高等学校招生考试制度改革(简称高考改革，下同)是高等教育体制改革的重要组成部分。高考工作的状况，影响着高校招收新生的质量，也给基础教育特别是高中教育以很大的导向作用。它是高校与社会联系最直接的环节之一，直接关联着千家万户，关系着考生的发展机遇和个人前途，因此，历来为社会各界所关注。近年来，由于社会政治、经济的巨大改革，特别是社会主义市场经济体制的逐步建立，更由于突飞猛进的科技进步的直接推动，教育思想、教育体制、教学内容和方法等一系列改革的不断深入，高考改革又一次成为社会关注的热点。顺应改革的潮流，加大改革的力度，努力建设有中国特色社会主义的招生考试制度，是我们的一项重要任务。

高考制度一要坚持　二要改革

众所周知，是邓小平同志1977年8月8日重要讲话，以无产阶级政治家的气魄，断然废止了"文革"中推行的错误做法，恢复了高考制度，直接从高中毕业生中招收大学生。在纪念改革开放二十年的日子里，全国青联等单位组织的民意调查显示，大多数青年认为：恢复高考是过去20年中对自己影响最大的事件之一，也是国家和民族恢复生机和活力的重大事件之一；恢复高考这一重大决策的历史功绩是永远不能忘怀的。

同样不能忘记的是，早在1978年4月，刚刚恢复高考制度之时，邓小平同志就明确提出了考试必须改革的任务，指明了考试改革的方向。邓小平同志不仅是高考制度的恢复者，而且是高考改革的积极倡导者。他在全国教育工作会议上指出："大中学校招生要德智体全面考核，择优录取"。"考试是检查学习情况和教学效果的一种重要方法，如同检验产品质量是保证工厂生产水平的必要制度一样。当然也不能迷信考试，把它当作检查学习效果的唯一方法。要认真研究、试验，改进考试的内容和形式，使它的作用完善起来"。显然，我们对于高考制度，应当一要坚持，二要改革。改革重点是考试的内容和形式，改革的目标是使考试的作用得以完善。

二十多年过去了，我们在招生考试制度的改革方面做了大量工作。恢复高考之初，基本沿用"文革"前的考试办法。科目设置为：文史类专业考政治、语文、数学、历史、地理、外语；理工类专业考政治、语文、数学、物理、化学、外语、生物。1983年，教育部召开高中工作座谈会，提出试行高中毕业会考，经多年试验后在全国全面实行。高中毕业会考与高考是两种不同性质的考试。会考按照高中课程最基本的要求，以省为单位统一命题，作为一种合格与否的水平考试，区别于高考的选拔性质。会考制度在促进后进学校提高教学质量，从而提高中学教学的整体水平上起了积极的作用。1987年，经原国家教委同意，上海在实行高中毕业会考的基础上，试行"3＋1"方案，"3"是指语文、数学、外语，为每个考生必考科目；"1"是指高等学校根据本校各专业的要求，从其它六门高中必修课(理、化、生、政、史、地)中自行确定一门考试科目，考生根据自己所报的高等学校、专业的志愿，参加相应的考试。上海的这一试验具有很大的启发性，包含着一些重要的改革思路。在此基础上，海南、湖南、云南三省又进行了高考科目组改革的试点，以后逐步形成了“3＋2”的科目设置方案。“3＋2”方案就是语文、数学、外语三门课必考，文史类加政治、历史；理工类加物理、化学。

1998年是招生考试改革迈出重要步伐的一年：6月，教育部批复同意广东省自1999年起试行“3＋X”科目设置方案；在黑龙江、河北、上海、湖北、四川五省市进行了保送生“综合能力测试”。这一试验的结果得到了各方面的肯定，成功地探索了如何进行综合能力测试的命题和评卷，为深化考试内容的改革开辟了道路。

在录取方法上，八十年代以来，各地招办逐步引入计算机管理。目前，各省、自治区、直辖市招办都已实现了招生录取计算机现场管理，一些省（区、市）进行了计算机辅助录取。1996年起，广西、天津陆续开始“网上录取”的试验，收到了良好的效果，普遍反映网上录取是现代信息技术在招生领域发展的必然结果，对于招生录取工作，可以收到省时、省力、省经费，廉洁、公正、高效率的效果。另外，在向社会主义市场经济转变的过程中，我们成功地完成了招生并轨改革，大学生缴费上学的机制已经形成。

上述粗线条的回顾说明：二十余年来，高等教育和基础教育方面的同志们在高考制度的改革中共同努力，做了大量工作，高校招生考试制度逐步改进，在科目设置、录取办法、计算机管理等方面，经历了较大的变化和发展，为进一步深化改革奠定了良好的基础。

明晰改革思路　贯彻“三有助”原则

面临新世纪，面对新任务，我们又深感必须在已有成绩的基础上继续深化改革，特别要在邓小平同志所说的“考试的内容和形式”的改革上下更大的功夫，力求尽早取得突破性的进展。

多年来改革实践的体验，使我们深切地体会到，欲使高考改革平稳实施并取得成功，必须有一个清晰、坚定并贯彻始终的指导思想。高考改革应当坚持的指导思想，一要有助于高等学校选拔人才；二要有助于中学实施素质教育；三要有助于高等学校扩大办学自主权。这“三有助”的原则是在整个改革中都应当坚持的。核心的问题是对人才的标准要有共识。党的十五大提出了现阶段我国教育事业发展的主要任务是：“培养同现代化要求相适应的数以亿计的高素质的劳动者和数以千万计的专门人才，发挥我国巨大人力资源的优势”。我们培养的人才，无论是劳动者还是专门人才都应当具有与现代化要求相适应的比较高的思想政治素质、业务素质、文化素质和身体心理素质，这是对所有人才的共同要求。基础教育阶段就应当切实解决好这个问题。当前，在我国教育实践中确实存在着一种偏离受教育者和社会发展的根本需要，单纯为应付考试，争取高分数，片面追求升学率的不良倾向。但是，把这种不良倾向的责任归咎于高考是不公正的。我们赞成这样的看法：高考不仅决定一个高中毕业生能否上大学，而且在更本质上是使高中毕业生第一次直接面对“社会分工”的选择：考上大学的，接受高等教育的培养，成为专门人才；考不上大学的，多数可能成为一般劳动者。虽然考不上大学的仍有多种形式接受高等教育的可能，但考上大学毕竟是最直接的途径。因此，在“社会分工”依然存在，“三大差别”仍然明显的社会里，高考过程中的竞争就是必然的。我们还只能在基础教育中培养高素质的人才，在高考的竞争中选择高素质的人才。特别是在科学技术发展日新月异的今天，科学技术创新和使创新成果的社会化运用，将成为国际间综合国力竞争的关键因素，因此，我们要更加注意选拔和培养富有创新意识和创新潜能的人才进大学深造。

根据《高等教育法》，高等学校享有依法自主办学的权力。这有利于高等学校更好地成为有活力的相对独立的办学实体，及时根据社会对人才的需求和科学技术进步的趋势而调整自己的资源配置，更好地为社会服务。在招生考试方面，高校的办学自主权不仅体现在在国家核定的办学规模下制定招生方案，自主调节系科招生比例，根据考生德智体状况决定是否予以录取等权力上，而且也体现在学校根据自己的特点、层次而在一定范围内选择确定考试科目的权力上。

精心操作　推进四项改革

根据三个“有助于”的指导思想，在广泛听取各方面意见和充分论证的基础上，教育部已经确定，高考改革将主要在四个方面展开：

一是高考科目设置的改革。要用三年左右的时间在全国推行“3＋X”的科目设置方案。“3”是指语文、数学、外语，是每个考生必考的科目。过去，数学考试分文科和理科，今后将不再分文、理科。外语考试将逐步增加听力测试。其目的是为了改进中学的外语教学，也改进中学生学习外语的方法，提高外语的实际水平。但是，考虑到各地经济发展水平和教育水平的差异，改进外语教学也有一个过程，因此，将采取分步实施的办法加强听力的考核。“X”是指由高校选择确定的科目，它可以是物理、化学、生物、政治、历史、地理6个科目中的一门或几门的综合科目（包括文科综合、理科综合、文理综合或者专科综合）。考生根据自己所报的高校、专业志愿，参加高校所确定的科目的考试。

“综合科目”的考试是近年来探索形成的新型的考试。它是建立在中学文化科目基础上的综合能力测试。它不是理、化、生、政、史、地等科目按一定比例的“拼盘”，而是考察学生理解、掌握和运用中学所学知识的能力。由于这种考试覆盖的科目多，有的同志据此认为这又加重了学生的负担。其实，提出这样的问题的同志的思想还没有跳出“应试教育”的樊篱。与这些同志的想法相反，中学教育就是应当让学生全面掌握各门文化课程的内容，应当像邓小平同志说的那样，既不可使学生负担过重，又以从难从严的要求和严格的训练，按照中小学生所能接受的程度，用先进的科学知识充实中小学的教育内容，提高中小学的教育质量。显然，综合科目的考试对中学真正实施素质教育，改进过早地分科、偏科，会产生十分积极的促进作用。对于高教，则能选拔全面素质高的学生。那种进了大学再补中学文化素质课的状况将得到改变。当然，中学生也是有个性差异的，在学习上有一定的倾向性，因此，可以有文科倾向性的综合能力测试，称作文科综合，也可以有理科倾向性的综合能力测试，称作理科综合；还可以有不分文理科的综合和专科层次的综合。从所了解的情况看，“3＋文科综合”和“3＋理科综合”将成为“3＋X”的主体形式。但这是一个社会选择的过程，而不是行政指令的过程，“主体形式”也不是唯一形式，还允许有其它多种科目设置方案的存在。

二是高考内容的改革。中心是突出能力和素质的考查。人们习惯于关注高考科目的改革，因为外在的变化容易被人感觉到。但是，真正重要的是高考内容的改革。这是深化高校招生考试制度改革的重点、难点和特点，应当引起更多的关注。考试内容的改革可以概括为三句话：更加注重能力和素质的考查；命题范围遵循教学大纲又不拘泥于教学大纲；试题设计增加应用型和能力型题目。“三句话”最终落实在命题上。命题本身就具有很强的导向性。今后，传统的以“知识立意”为主的命题将转变为以“能力立意”为主的命题。当然，素质和能力是不能脱离知识而存在的。恰恰相反，素质的高低要靠理解、掌握和运用知识的状况来反映。高考知识面要遵循教学大纲而不应超越，使中学教学活动有所遵循；但高考要更加突出所学知识的灵活运用能力的考查，这就是“遵循教学大纲又不拘泥于教学大纲”的含义。

考试内容的改革，不仅将体现在“综合科目”的考试中，而且也将体现在语文、数学、外语等单科目的考试中。我们将组织专家花大力气、长时间深入、细致地研究，逐步深化这项改革，而且还将采取适当的方式动员社会的力量出主意、想办法，造成一种真正重视素质教育和能力培养的良好氛围。

三是考试形式的改革。一次性全国统考暂时不变，其它方式将进一步探索。现在，有的同志提出了一些想法。例如，本科、专科分开各搞一次考试，先考本科，待本科录取结束后再组织一次专科层次的考试；或者本科、专科同时考，但试题不同等。对这些意见都将作进一步调研论证，并积极从各方面创造实施考试形式改革的条件。

四是录取方式的改革。要在3年内基本建成全国招生网上录取系统。网上录取是现代信息技术在招生领域应用的必然结果，是高校招生手段的革命性变革。其优越性已被大家所认同。从宏观上讲，网上录取已经没有太难的技术问题，现在需要的是精心设计、严密组织、加快进度。对于这一系统的研究和开发，必须从一开始就树立“全国一盘棋”的思想，反对分散主义的做法。这是一个全国范围内基于中国教育科研网(CERNET)的统一的系统，在技术上要做到“信息编码统一、考生基础信息统一、同级界面统一、高校录取工作软件统一”。网上录取系统是全国高校招生、学籍学历管理、毕业生就业远程服务综合信息系统的组成部分，因此，还必须解决好整个信息系统的协调运行。在前几年天津、广西试点的基础上，教育部又确定了北京、上海、辽宁、四川、重庆、湖北于1999年参加实验。到2000年，争取一半左右的省市建立网上录取系统；到2001年，基本建成全国招生网上录取系统。

深化高考改革是形势发展的需要，又是一件复杂的事情，社会涉及面大，关系到广大考生的直接利益，影响到中学和大学的教学活动，因此，既要满腔热情，又要头脑冷静，在明确目标、明确任务之后，精心操作、积极稳妥地加快推进。

——《中国高等教育》半月刊1999年第4期

高考改革与国情

杨学为

1997年恰值恢复高考廿周年。社会各界及旅美学子纷纷举行各种形式的纪念活动，颂扬邓小平恢复高考的伟大历史功绩，畅谈恢复高考的重大历史意义。“恢复高考挽救了我们的民族和国家”；“整整一代人得救了”；“感谢邓小平”……许多人在叙述自己当时听到恢复高考的激动心情时，都不约而同地用了这些词句。

与此同时，把“应试教育”归罪于高考的言论也屡见不鲜。一些人认为，以高考为代表的升学考试导致基础教育畸变为面向少数学生、重智育轻德体、学生学习负担过重的“应试教育”。一些人建议缩小高校招生的考试录取比重，扩大推荐、保送生的范围。有些人甚至提出，实施素质教育就应该取消高考。

如此大相径庭的观点表明，现行高考制度在推行20年之后，已到应该进行改革、调整的时候了。然而，怎样改？是淡化竞争甚至根本取消这一制度，还是进一步完善考试的技术、手段，使之更加科学化？我认为，正确的答案只能是后者。

高考不是单纯的教育问题

当社会出现了强制性的社会分工、特别是脑体分工之后，当必须从人群中选拔出管理人员或其他主要从事脑力劳动的人员的时候，经过长期实践，人类发明了考试。

中国关于考试的记载，最早要算尧选舜作自己的接班人。部落酋长推荐舜，舜是否胜任这个职务呢？尧说："吾其试哉。"那时的"试"并非现在的书面考试，而是在实践中观察、试用。实行科举考试之前，中国封建社会的人才选拔主要是通过推荐、考察方式来完成的。由于推荐权掌握在地方豪门世族手中，考察又没有量化标准和有效的监督机制，最终导致了官吏录用上的腐败。

隋文帝杨坚统一全国后，急需大批人才；豪门世族遭到严重打击，中小地主阶级迫切要求参与政权，科举考试便应运而生了。科举取士与以前的荐举、察举相比有两个明显区别：第一，平民百姓无须别人推荐可自愿参加官府的考试；第二，取士以考试成绩为主。这种办法在一定程度上限制了官吏录用中的腐败。科举成为历史前进的障碍，是清朝特别是晚清时期的事情。其原因主要是考试内容的陈腐和形式的僵化，而不在于考试制度本身。

16世纪，中国科举考试传到欧洲，英国首先建立了文官考试制度，以后扩及西方。孙中山先生说："考试制度在英国实行最早，美国实行考试不过是二三十年，现在各国的考试制度，差不多都是学英国的。究流溯源，英国的考试制度，原来还是从我们中国学过去的。"(《孙中山选集》下卷，第585页)

现代的高等教育入学考试从直观上来看，是普通高等学校选择选拔新生的一种手段。然而，它的社会本质却远远超出教育，是国家对结束了基础教育最高阶段学习以后的青年人所进行的大规模的社会分流工作。在计划经济体制下，国家通过举办高等学校有计划地给自己培养干部。在市场经济条件下，高等教育的学历文凭相当于"白领俱乐部"的"入场券"。高考在群众心目中成为国家举办的最权威的进入脑力劳动者队伍的"选拔赛"。

脑体差别是高考竞争的根源

恩格斯曾经把脑体之间强制性的社会分工作为"阶级划分的基础"，列宁也把脑力劳动与体力劳动的对立作为"现代社会不平等的最主要的根源之一"。社会主义中国已经消灭了阶级对立与脑体对立，但脑体差别仍然明显存在。脑力劳动者的社会地位与物质待遇吸引着青年人为得到它而不断奋斗。

脑体差别是导致高考竞争的根源，这一点在世界各国都不一样。美国与日本适龄人口的高等教育升学率都在40%—50%之间，然而，日本高考竞争的激烈程度及其造成的社会影响却比美国严重得多。这是由于日本受东方文化传统的影响，学历主义比美国严重。我国适龄青年进入普通高校的比例大致在4%左右，而且有着与日本一样的东方文化传统，因此中国高考竞争的激烈程度，远甚于美国，也甚于日本。虽然在我国接受高等教育还可以通过上成人高等学校、职业高等学校、参加自学考试等途径，但是，在相当多人的心目中，只有上普通高等学校才能接受“真正的”高等教育，这样，高考的竞争就成为继入小学、升初中、考高中之后“竞争金字塔”的顶尖。

户籍制度也是导致高考竞争的根源。农村孩子进城，除少数人参军后转干、转业有机会外，只有考大学这一条路。因此，农村把考大学叫“考户口”。这又涉及中国目前的城乡差别、工农差别，而这种差别，中国远比美、日大得多。

过去，我一度认为，中国高考竞争激烈是因为人口多而高校招生少，如果中国高等教育实现“大众化”，问题就会缓解。现在我进一步认识到，从事社会管理或科学技术工作的人总是少数，只要存在强制性的社会分工特别是脑体分工，竞争就会存在。高考取消不了，高考的竞争也取消不了。

早在1963年教育部就提出要克服中小学教育中片面追求升学率的倾向，至今成效不大。为什么？因为社会分工依然存在，脑体差别尚未消除，人们的社会存在左右着人们的意识。这并不是说“片追”的倾向不要纠正，而是说应该弄清“片追”的根源是什么，我们应该改什么，能改什么。马克思和恩格斯说：“只要分工还不是出于自愿，而是自然形成的，那么人本身的活动对人来说就成为一种异己的、同他对立的力量，这种力量压迫着人，而不是人驾驭着这种力量。”(《马克思恩格斯选集》第1卷第85页)

考试是竞争的手段

长期以来，不少人历数高考的种种“罪恶”，其实那并不是考试的“罪恶”，而是竞争的后果。有的人也承认“竞争”，也承认“择优”，却不愿见到“淘汰”，幻想保留“择优”而消灭“淘汰”。正像马克思在批判普鲁东的唯心史观时说的那样：“他们全都希望有竞争而没有竞争的悲惨后果”。(《马克思恩格斯选集》第4卷第539页)

恢复高考后，由于录取以总分为准，在中学开始出现“重智轻德”和抹煞个性的现象。对此，国家教育领导部门十分重视并采取了一系列措施：

①1981年，教育部发文，要求高等学校招生必须参考考生在中学的表现与成绩。但很快档案里出现了假象：政治思想品德鉴定“贴金”，平时成绩拔高。

②1982年开始，教育部又规定地区级以上体育竞赛获奖者、三好学生和优秀学生干部等可以降分录取。但很快，有的地方地区级运动会一年开几次，三好学生比例越来越大。

③1986年，国家教委决定对少数全面发展或特长突出的学生实行保送入学。但不过几年便发现，被保送的往往是中等的，有的差生因为父母有权势也被保送了。1997年国家教委曾试图取消保送生而未成，于是不得不于1998年决定，在五省、市试行保送生必须参加教育部考试中心统一命题的综合考试，以考试来甄别保送的真假优劣。

总之，恢复高考20年来，为了弥补考试的不足，为了促进中学生德智体全面发展，国家教育领导部门在高校招生中曾采取过各种措施，力图把实施“素质教育”的权利交给中学，但遗憾的是，这些措施或被迫取消，或流于形式而不起作用，或不得不再举行一种考试来甄别。这是为什么？这说明，在存在三大差别、特别是脑体差别的条件下，在激烈的竞争中，上述种种由人的主观因素决定的东西，最终都可能变成假的，没有用的东西，甚至流弊丛生。唯有考试这种科学的方法，除了考生本人的努力之外，任何客观因素都难以起作用。

高考是选拔性考试

就目的而言,有两种不同的考试。一种是水平考试,一种是选拔性考试。水平考试的试卷水平是绝对的,不会由于考生水平的提高或降低而变化。就教学效果而言,达到和超过这个标准的人数越多越好。选拔性考试则不同,试卷水平对考生而言是相对的。考生总体水平高,试卷的难度就大;考生总体水平低,试卷的难度就低。考试的目的是"拉开距离",以利于"择优录取"。高考属于选拔性考试。

有人说,高考导致高中教学只面向少数升学有望的学生。这种说法是没有根据的。根据高考条例,凡普通高中毕业生均可自由参加高考,不是面向少数人。当然,由于我国的经济发展水平不高,国家所能提供的受高等教育的机会有限,高中毕业生不能全部升学,高校只能"择优录取"。

有人说,高考"冲击德体"。这种指责似是而非。普通高等学校录取新生的原则是"德智体全面考核",不是"智育第一"、"分数挂帅"。但考核的结果,"智"仅统考标准分就有 900 分,"德"、"体"仅有合格与否之分。而且绝大多数考生"德"、"体"都是合格的。否则,上百万落榜者若是因为德体不合格,那必将成为严重的社会政治问题。因此,"择优"的最后决定因素只能是分数。

有人说,高考造成学生"学业负担过重"。这需要具体分析。高考是选拔性考试。在选拔性考试中,考生之间是竞争关系。在公布分数之前,由于不知道别的考生会达到多少分,不知道所报志愿学校(专业)录取分数是多少,因此,复习的努力程度必然是时间、精力、体力的极限。这种负担是降不下来的,这是竞争的规律决定的。更明确地说,高考的负担不在于考试,而在于竞争。当然,考生的负担与试卷的难度在总体上会形成一个平衡。这个平衡促使高中教学质量与大学新生的总体水平不断提高。

有人建议,变高考为水平性考试。一个学生只要努力学,通过考试,即具备了接受高等教育的能力,这样可以减轻考生的负担。但是,合格都能进入大学吗?如果招生人数如旧,让哪些人上大学呢?如果合格者都上大学,大学能容下那么多学生吗?国家有这样的力量吗?欧洲许多国家实行水平考试。不过,那些报名人数多、招生数量少的大学或专业,仍然需要再举行一次选拔性考试。

如同世间一切事物一样,高考的作用也具有两重性。竞争的过于激烈加剧了它的消极影响,"应试教育"以不正当的竞争手段发展了它的消极影响。高考的消极影响是高考自身克服不了的,需要社会加以配合。

高考将继续改革

1977 年恢复高考以来,高考的改革经历了两个阶段。1977—1980 年为拨乱反正阶段。1981 年,高考进入了改革阶段。经过多年的酝酿和试验,"3+2"的标准化考试方案及高中毕业会考开始在全国实施。1998 年,教育部提出,为了迎接知识经济时代,培养大批具有创新能力的人才,高考将进行内容与形式的改革,同时宣布,高考科目将实行"3+X"方案。我认为标志着恢复高考 20 年后,高考改革进入了第三个阶段。

"3+X"方案是:语文、数学、外语为三个必考的科目;在高中必修的其余 6 科(政治、历史、地理、物理、化学、生物)中,高校可根据专业要求任定 1—2 科为考生选考科目,也可对考生进行偏于社会科学或偏于自然科学的综合考试。考生根据所报考学校的要求,决定参考科目,参考科目越多,可选报的志愿也越多。这个方案,有利于高中各校及考生发挥特长,有利于扩大高等学校招生的自主权。

高考的一个重要缺陷是考试内容仍然偏重于知识,不能适应知识经济时代高等学校培养创新人才的需要。高考内容改革的目的是为了加强对创新能力的考核,从而有利于高等学校选拔优秀新生,也有利于中学实施素质教育。这项改革必然触及传统的教育思想,影响到中学的教学内容。改革后的高考综合考试将不是几个学科知识的"拼盘",而是力求能够考核出跨学科的基础知识综合运用能力。即使语文、数学、外语的考核,也将重点放在综合运用知识的能力上。数学考试不再实行文理科分卷。所有保送生都必须参加综合能力测试。具体方案教育部考试中心正在加紧制定。

伴随高考内容的改革,高考的形式也必须进行改革。高考的另一重要缺陷是只有一次、一个水平。而千余所高校,水平参差不齐;几百种专业,要求各异。高考的共性太大,个性太小。教育部考试中心曾多次提出方案,变每年一次考试为两次考试;变一种水平的试卷,为甲、乙两种水平的试卷,由高等学校任选。

高考还有一个重要缺陷是只有笔试,不能适应考查多种能力的要求。外语应加试听力。1997 年广东即开始试验,今后会有更多的省进入试验行列。在大规模笔试之后,根据某些高等学校的要求,可以在经过选拔的考生中,加试实验或操作。实验或操作可以在计算机上采用仿真技术进行,以选拔能力全面的优秀新生。一次考试也可以分两段进行:第一段,主要考查知识面、速度;第二段,主要考查能力,给考生从容答题的时间。

实行上述改革,要具备条件。考试机构要专业化,力量要加强,考试设备、费用也要增加。

(作者为教育部考试中心主任)

——《求是》1999 年第 5 期

跨越时空的变革

天津市普通高校招生计算机远程录取试运行成功

乔丽娟　　岳　伟

1998 年初,清华大学课题组和天津市教育招生考试中心承担了教育部"全国高校招生计算机管理系统"的研制开发任务。同年,天津市选择了南开大学、天津大学等 5 所院校进行了计算机远程录取试运行,在网上录取了 1404 名新生。

高校招生录取管理模式的根本性变革

计算机远程录取(又称作网上招生)是一种全新的招生录取工作模式,它利用计算机信息处理技术及计算机网络技术,将考生档案电子化,并通过中国教育与科研信息网(CERNET)传送给招生院校。招生院校通过计算机调阅考生的电子档案,提出拟录取意见和退档意见,由省市招生办公室进行审核批准。所有这些交流，都是通过计算机网络来进行。计算机远程录取跨越了时空的界限，彻底改变了过去那种“招生人员满天飞”，高校派员到全国各省市招生现场进行录取的招生录取工作方式，招生院校足不出户即可完成录取工作，这是高校招生录取管理模式的一次根本性变革。

计算机远程录取的实现将对高校招生录取管理模式乃至招生录取体制产生积极、深远的影响，大大提高了高校招生录取工作的质量和水平。1998 年，天津市教育招生考试中心投入了 200 多万元资金用于新系统的研制开发、设备购置及局域网建设。教育部以及天津市委、市政府领导对此项工作极为重视；清华大学课题组及天津市教育招生考试中心参加研制的人员夜以继日地工作，为新系统的研制做出了突出贡献；各试点院校对采用新系统给予了积极的支持和配合。

电子档案的制作是实现无纸化的计算机远程录取的重要环节之一。天津市教育招生考试中心完全依靠自己的力量制作了三万多名考生的电子档案。电子档案分为数字信息和图像信息两部分。数字信息包括考生的高考成绩和报考志愿等情况；图象信息由考生的“报名登记表”、“体格检查表”和“政治思想品德考核表”组成。从使用电子档案的院校反映来看，电子档案信息内容比较丰富，清晰度、准确度完全可以满足录取工作的要求，远程录取系统的界面使用也比较方便，招生院校比较满意。

“省时、省力、省钱、公正、廉洁、规范”

高校招生历来是牵动全社会的一件大事，它不仅关系到人才的选拔和高等教育的质量，而且涉及到几百万考生权益和社会的稳定，如何公平、公正地做好高校招生录取工作，为整个社会所关注。同时，高校招生也是一项十分细致、繁杂、现场录取的工作，不仅时间长、花费大、效率低，而且各种人为干扰因素也较多。在移动电话如此发达的时代，已实行多年的高校招生封闭式录取，成了“封而不闭”。而计算机远程录取则有效地克服了这些弊端，更好地体现了招生录取的公开、公平、公正性原则，深受试点学校院校长们的好评。

计算机远程录取明显地提高了录取工作的效率，减少了招生院校的经费支出。1998 年，南开大学在天津市要招收 600 余名新生，分布在 50 多个专业，学校配备了 4 台微机，组织了 10 名工作人员，一天多时间就基本完成了录取工作。而在以前，这项工作至少需要 30 多人到录取现场工作三天才能完成，而且还要花费一笔食宿费，如到外省市招生则花费更大。天津大学采用专业辅助录取程序对新生进行专业拟录取，更提高了录取工作的速度。天津体育学院在全市招收 140 名新生，仅用 3 个多小时就基本完成了录取工作。

在学校派员招生的情况下，“学校负责”有时成了“招生人员个人负责”；而计算机远程录取，则更好地实现了“学校负责、招办监督”的录取体制。各院校在进行远程录取时，学校招生工作领导小组的成员都亲自坐镇录取机房，对录取工作中的问题及时研究、集体决策、做出处理，既减少了录取工作中的人情干扰，也避免了某些招生人员的个人行为，使“学校负责”真正落到实处。

由于计算机程序设计的严密性，不符合条件的考生的电子档案不可能被投出，从而更保证了招生工作的客观、公平、公正。

新技术呼唤新观念

计算机远程录取不仅仅是新技术的应用问题。在对传统招生录取工作模式转变的同时必然会引发思想观念的转变,我们的认识正是在实践中不断深化的。

——破除了因循守旧的观念,顺应了信息时代发展的要求。计算机及其网络技术的发展,把人们带进了信息时代,它猛烈冲击着旧有的工作模式和观念,在它的面前,原有的招生录取工作模式已显得陈旧和落后。以计算机信息处理技术及计算机网络技术为支撑的全新的招生录取工作模式将不可避免地成为招生领域先进生产力的代表,网上远程录取的全面实现只是时间的早晚而已。在这种形势下,是因循守旧,仍然坚持旧的工作模式,还是顺应时代潮流和招生领域这一发展趋势?我们认为,发展才是硬道理,必须树立改革创新意识,以改革求发展,因循守旧是没有出路的。尽管一个新事物的出现和发展总要伴随着一定的风险和困难,但新生事物总是有生命力的,只要坚持科学性和实践性的统一,积极慎重地做好工作,最终一定会获得成功。

——破除对旧的招生录取模式的习惯心理,适应应用新技术的需要。从恢复高考以来,旧的招生录取工作模式已经延续了二十年,尽管计算机辅助录取已经被普遍应用,但总的来讲还是没有跳出旧的招生录取工作模式,特别是计算机网络技术还没有在招生录取领域真正得到应用。由于许多招生人员对旧的招生录取工作模式已经习惯,对于用计算机接受和发出指令、交流信息、阅读电子档案等还不太适应,这反映了传统工作模式带给招生人员心理上和习惯上的思维定式,也反映了招生工作人员的计算机应用水平还不能适应新的招生录取管理模式的需要。新技术的应用必然对招生队伍的素质提出更高的要求,我们在实践中深刻体会到这一点。1998 年,天津市教育招生考试中心送出 20 名同志攻读研究生课程,又拿出 30 万元设立科研基金,同时拟订了计算机应用培训计划。所有这一切旨在提高招生人员的业务素质,建设一支管理型加学术型、政治思想过硬的招生工作队伍,以适应招生工作发展的需要。

——破除"权力"观念,强化"服务意识"。招生部门历来被人们认为是掌握一定权力的部门,始终存在如何正确使用党和人民所赋予的权力问题。采用计算机对招生工作进行全方位的管理和远程录取,其技术已日臻完善。计算机招生管理系统设计的科学性、严密性、规范性、安全性,全部工作严格按照规定进行,每一个操作都被记录在案,每一个数据都不能被改动,在计算机上所有的操作都会受到监督。在这里,"条子"已失去作用,权力受到了制约——只能按照系统所授予的权力来进行操作。由于实行计算机远程录取的招生院校不再派员到招生现场,招生人员的个人行为同样受到了制约。计算机远程录取意味着对"招生权力"监督和制约的力度进一步强化。招生部门和招生院校要淡化"权力"观念,强化为考生服务的意识,保护考生的合法权益,公平、公正做好招生工作。当然在这种新情况下,不能认为监督问题靠机器和程序就可以完全解决了,而要根据新情况研究监督办法,以及有针对性地加强队伍思想政治建设。

从发展的眼光来看,尽快建立规范、统一的全国高校招生计算机管理系统,有助于使这部分信息资源的价值得到充分的利用,可以为高校学生学籍管理系统、高校毕业生就业管理系统、甚至为全国人才库的建立提供基础数据,其经济效益和社会效益都不可低估,意义十分重大。

——《中国高等教育》1999 年第 7 期

加强招生管理　完善录取体制

张景华　余永玲

普通高等学校招生工作是一项系统工程，是国家意志和政府行为的体现。它不仅担负着为国家选才的重任，而且直接关系到每个考生的切身利益，是全社会关注的热点之一。恢复全国统考20余年，特别是近3年来，天津市根据国家有关文件精神，从实际出发，以创新促发展，向管理要质量，从考生报名到考试实施，从评卷组织到网上录取等招生工作环节，进行了一系列的改革，做到了考试管理规范，招生录取公正。

1　加强考试管理，严肃考风考纪

天津市的高考工作，组织严密，要求严格，操作规范，考场秩序井然，充分体现了高考的良好声誉，于1997年通过了原国家教委考试中心高考考务质量评审。为了加强考试管理，严肃考风考纪，主要采取了以下措施。

1.1　把好报名第一关

每年报名前，针对其他省市发生的冒名顶替事件的情况，对区县招生工作人员进行培训，对考生报名资格进行严格审查，同时，结合电子档案信息采集办法的调整，广泛宣传，让考生充分了解有关规定和要求。由于把好报名资格审查关，准备充分，要求明确，管理严格，报名工作进展顺利。20年来，我市无一例不符合报考资格的考生参加统考。

1.2　保密工作责任化

高考试卷在考前是国家的绝密材料，试卷保密是招生部门的生命线，天津市各级政府、教育行政部门、招生部门均给予了高度的重视。在试卷的印制、运送、保管等诸多环节进行了周密的部署。天津市招生委员会、公安局、保密局曾联合发文，就建立保密室做出了若干规定，并且联合验收颁发合格证后方能启用。同时试题(卷)交接有严密手续，工作人员相互制约，昼夜值班，责任到人，公安部门和区县保密局在试题(卷)存放期间都将保密室列入保卫重点加以守卫。所以，恢复高考20年来，天津市未出现一起试题(卷)失密、泄密、受损事件。

1.3　随机编排考场

为了规范科学地管理考场，防范考生作弊，从1991年起，采取以区县为单位随机编排考场。经过计算机处理，使得同校同班的考生分散在若干个考场里参加考试，避免了相邻考生之间容易发生作弊的现象，多年实践证明效果较好。

1.4　考点建设规范化

从1996年起，广泛开展了评选“国家级考试规范考点”活动。对已挂牌的考点进行年检，由各区县招办将检查的结果上报市招办。全市共55个考点予以挂牌，增加了考点的荣誉感和责任感。首先，严格选聘监考人员。多年来我们极为重视监考队伍的选聘工作，作为抓好考试工作的重要环节。实行领导负责制，进行培训，强调培训要以文件为教材，合格与否主要看对文件有没有吃透，对文件规定的工作要领掌握得熟练不熟练。明确规定同一考场的监考教师不能来自同一所学校，当年有子女参加考试的和高三任课教师一律不得承担监考工作；其次，印发“监考工作程序”。将监考员的工作以流程为序，以时间为段清楚地列成表格，对每项工作都有严格的要求。统一考试铃声、信号，统一操作程序，做到了同一时间，做同样的工作，讲同样的话，有力地保证了全市高考的顺利进行；第三，制定“考场偶发事件处理办法”，较好解决了由于监考员缺乏经验，处理问题不当而造成的不良影响，同时也避免了监考员无论什么事都要层层请示，而延误考试时间，造成难以弥补的后果；第四，制定了监考员“九不准”，修订了预备监考员的工作职责。选聘严标准，培训严要求，管理措施得力，使监考员、考试工作人员的工作态度、工作水平有了保证。监考人员严守工作岗位，恪守职责，真抓实管，表现出国家级考试的严肃性，保证了国家选拔考试的公正。

2　**以质量为核心，搞好评卷工作**

2.1　严格组织管理

搞好评卷的组织管理，一定要有科学的组织、工作程序。我们制定了《天津市普通高等学校招生考试评卷工作实施细则》，对评卷工作的组织程序、工作程序做了具体规定，强调把评卷质量作为重点，杜绝偏宽、偏严现象。在评卷过程中，各学科阅卷点要求教师注意“万分之一”和“百分之百”的关系。就是说，如果评卷教师在评卷的任何环节上有万分之一的差错，就会造成考生本人百分之百的损失。各学科阅卷点建立岗位责任制，抓住试评，复查首、尾两个环节。试评时教师充分讨论，在熟知标准答案和评分标准的基础上，再制定评分细则，使教师更准确地掌握评分标准。论述题由两名教师分别评卷，在一定幅度内取两个分数的平均数，如超出一定幅度由评卷咨询组讨论确定。各评卷点认真做好复查工作，每个题组评卷后，都安排题组长进行复查，主要检查有否漏评、错评、偏宽、偏严的问题，学科复查组每天再有针对性地复查，复查所评试卷不少于 20%，以确保评卷质量。

我市高考作文采用分项分等计算机监控方法进行评分，以全体阅卷教师评阅的一定数量的作文为样本，以样本的成绩分布为控制标准，将每位教师的评卷结果与此对比，检验均值和方差，提供异常评卷员报告，报告包括总分、内容、语言、结构、书写等各项的均值偏高或偏低，方差过小等。报告还将异常评卷员以上五项的图像和阅卷教师总体的图像对比，使阅卷教师易于理解，根据监测报告，业务指导组可以有针对性地抽查试卷，分析产生异常情况的原因。如果确属阅卷教师的原因，业务指导组将提醒该教师及时进行调整，减少随意性和盲目性。

天津市招办与南开大学研制开发了“语文科抱卷上机登录分数管理系统”，整个管理系统建立在网络之上，可以在不拆封的情况下进行登分录入、分数复核、数据修改等工作。该系统使用可以加密的微软数据库为数据层，可以防止利用反解密、汇编等工具修改数据，各个部分都利用密码、口令、身份核实等三个关口控制录入和修改数据。实行两次复核制度，第一次计算机自动核对小题分等于题分之和，总分等于小题分之和。第二次录入复核，每个数据由不同计算机录入两遍，如果与第一次不同则不能再录入。从使用情况看，该系统方便、快捷，可以减轻大量重复单调的人工劳动，减少登录误差，保证了登分准确、及时、迅速。

2.2　注重阅卷教师队伍建设，严格执行“十不准”

我们认真做好评卷教师的队伍建设，注意对阅卷人员进行思想教育，增强阅卷教师的责任心，同时想方设法提高阅卷人员的待遇，稳定阅卷教师队伍。在参加阅卷教师中，高校教师比例占 56%左右，中学教师占 44%左右。高校教师都是具有教学经验的教师和博士(没有硕士生和本科生参加)，中学教师都有 3 年以上教学经验，职称基本上在一级以上。同时还采取了严密、安全的保密措施。规定试卷保管室必须符合安全保密条件，必须 24 小时有保卫人员值班守卫，市招办采取了统一编评卷工作密号等方法。在公布考生成绩后，允许考生查分，每年的差错率在万分之零点五以下，评卷质量经受了考验。

3 净化录取场所，公正录取新生

3.1 加强录取现场管理

为了净化录取场所，减少人为因素干扰，保证录取的公平、公正，我们在录取现场实施封闭管理。除招生部门、纪检监察部门和有关院校的工作人员外，其他人员一律不得进入录取现场，所有招生工作人员要佩戴磁卡式工作证进入录取现场，招生人员特别是市招办工作人员未经允许不能同考生家长见面或联系，不准点名或暗示高校录取。在录取时由计算机按考生志愿投档。我们还编印了《录取指南》，对招生录取组织领导、招生政策、工作程序做了较为详细的介绍。一是为高校录取提供服务，二是要求录取院校严格按招生政策规定及录取原则办事。通过这些措施有效地防止了以权谋私侵犯考生正当权益的行为，维护了高校招生的良好声誉。

3.2 调整录取政策，完善招生体制

为使高校招生有利于基础教育，逐步摆脱"应试教育"的影响，促使其向素质教育转化，我们采取了三项措施：①强化德育考核在高校招生中的作用。与市教育局联合修订了应届高中毕业生德育考核的办法，对品德优秀的学生优先录取；②规范对体育特长生的管理，严格对运动员的资格审查；③根据教育部有关文件精神，对艺术特长生在录取时实行同等优先的政策照顾。以上政策在招生中实施后，一批学有专长的学生脱颖而出，在中学起到了良好的导向作用。

为了使教育资源得到合理的配置，调整了招生政策，实行了"保名牌重点院校，向外地院校倾斜，同时兼顾市属院校利益"的政策。其内容是：首先，增加志愿的宽度，把原重点院校划分为A类院校，把原随重点院校划分为B类院校。重点录取批次第一志愿可以填报两所高校志愿，增加了录取层次，给考生更多的选择机会；其次，对外地院校实行倾斜政策，即在一般本科批次录取中，凡第一志愿报考外地院校的考生实行加10分提供档案，由院校审查，择优录取的招生政策。这一政策鼓励了广大考生报考外地院校的积极性，使全市考生填报志愿分布比较均衡。重点、名牌高校的生源质量得到较大改善，外地院校成为考生的热点，市属院校的生源质量得到保证，生源质量稳中有升，基本上消除高分考生落榜的现象。

3.3 把现代化高新技术引入招生录取工作

随着招生考试工作的不断发展，把现代化高新技术引进招生管理全过程尤为重要。1998年在考生基本信息采集上采用教育部新的信息标准，依靠自身的力量制成所有考生的电子档案，电子档案的信息采集，准确度、清晰度达到了预期的效果。高校比较满意，又未增加考生的负担。

天津市还积极承担了教育部"全国普通高校招生录取计算机管理系统"的研制和试运行工作，同时进行远程异地录取(网上招生)的试点工作。经过清华大学课题组和市招办的努力，系统的开发、研制工作如期完成，优化了程序，健全了招生数据库，并应用于1998年我市招生现场的管理工作，尤其是远程异地录取(网上招生)系统，通过南开大学、天津大学、天津体育学院等5所高校的实际运行，成功地在网上录取了1404名新生，显示了该系统省时、省力、省经费的优点，也使招生工作更加规范、廉洁、高效，保证了录取工作的公平、公正、公开。这标志着天津市的招生工作向手段现代化方向迈出了一大步。

4 工作体会

4.1 市委、市政府高度重视，各方协作，把招生工作作为政府行为

在招生考试工作中，各级招生部门积极主动争取党政领导的重视，争取有关部门的支持。

各级党政领导高度重视，把招生工作列入重要议事日程，对于出台政策、组织管理招生、考试等一系列工作环节，他们都亲自过问，直接领导。由于领导重视，各级政府和有关部门共同努力，全社会对高考工作都给予了大力的支持和帮助，形成了“政府全力主考，招办精心办考，社会齐心协考”的良好局面。

4.2 招生队伍过硬

做好招生工作，必须抓好招生队伍建设，不断提高招生工作人员素质，才能把国家政策法规落到实处，才能把招生制度的改革方案变为现实。我们加强自身队伍建设的做法有三点：①强化四个意识及三严作风。即要求招生工作人员树立政治意识、全局意识、服务意识、自律意识，培养严肃、严格、严谨的作风；②加强业务培训，提高运用现代化管理手段的能力、独挡一面的工作能力；③加强领导班子建设，要求工作人员做到的，领导班子先做到。这不仅提高了领导班子的战斗力，而且通过潜移默化的言传和润物无声的身教，起到了率先垂范的作用，推动了整个队伍素质的提高。

4.3 制度健全，监督制约机制完善

1999年市招办制定了严格的招生工作纪律和严密的工作制度，继续实行“八公开”、“四监督”、“一允许”，加强招生现场的管理，纪检监察组进驻招生现场，实施现场监督检查。增强招生工作透明度，自觉接受社会监督，在继续搞好声讯台向社会公布录取信息的基础上，又请市长热线办、市信访办、市教委信访办到录取现场检查招生工作，听取信访部门的反馈意见。录取期间，市招办设立信访接待站，接待考生、家长来访。由于招生监督有力，录取秩序良好，宣传工作扎实透明，得到社会肯定。

5 拟采取的措施

虽然市招办在考务管理和录取工作方面取得了较好的成绩，形成了许多好的办法、制度，较好地保证了国家招生政策的贯彻执行。但是，随着招生考试改革的深化，现代化手段和计算机网络技术的发展，许多传统的管理模式和办法，已落后于社会进步和科技的发展。特别是有些地方由于管理手段的落后，影响着招生工作基本原则的落实。比如在准考证的制作办法，制卷，试卷密封办法，分数过录等环节上，有待于改进。另外对录取办法和录取场地的管理，也有待于改进和加强。我们结合天津市的情况进行了认真调研论证，本着立足当前为未来发展奠定基础，适应信息时代和远程录取的需要，提高工作效率，防止舞弊，充分发挥区县招办和中学的作用，为其工作创造更好的条件，保证公平、公正、公开的原则，制定了1999年招生考试工作的基本思路。

5.1 改变传统报名信息采集办法

进行电子摄像。考生履行报名手续时不再交本人照片，而由市招办统一组织考生进行电子摄像，在摄像前依照考生报考科类赋予每位考生一个考生号，在摄像后即时为考生制作含有考生基本信息的考生证，考生凭此证参加体检、考试。

调整报名时间。我市原来每年在5月15～20日报名，1999年我市报名时间是3月～5月10日。由过去的集中统一改为相对延长。在规定的区间里，各区县招办、中学可根据自己的工作情况，自行确定具体时间。考生报名不再填写报名表卡，由报名点按照电子表格采集信息。市招办按照教育部部署的统一信息标准，编制报名软件，发给区县，区县招办据此培训各报名点。报名点将符合报考条件的考生，依照报名软件的规定输入考生的信息，生成考生电子表格，区县招办汇总后由网上传给市招办，作为将来网上报名的过渡。

5.2 改变传统的体检办法

调整体检医院，按两部文件规定实行站院并行的体检方式，有条件的体检站院可以通过制作电子表格采集信息。考生体检方式和时间调整。考生持考生证到市招办公布的任何一家体检站院进行体检，不受区域的限制。体检时间相应延长，由过去相对集中，改为集中和分散相结合。

5.3 改革制卷方式，使用条形码技术

市招办依据各区县上报的考生信息，为考生编排准考号，同时为考生打制条形码(条形码分为“明码”和“暗码”，明码上有姓名、考生号、准考证号、性别、单位、考场地点等发放给学生，“暗码”全部装入试卷袋内密封)。不再为考生打制准考证。

制卷方式的变化。制卷时试卷上下不再有密封线及线上的姓名、考号、单位等内容，为防止试卷的丢失，保留装订线，考生在主观题卷上不写自己的任何信息，只有一个贴条形码处。

考试有关程序变化。考生参加考试凭两证和条形码应试，客观题贴“明码”和“暗码”，主观题贴“暗码”，不再涂准考证号信息(经测算比原来节省时间)，在答题卡上写姓名和涂写各科目即可。监考教师指导检查考生正确贴条形码，收卷时只要考场试卷份数不少即可，前后顺序不是主要的，只是为防丢失监考员要装订(我们实验的办法是以铆钉来装订)。每个考场发一份带有考生照片的考生证和考生准考证号的考场核对表(相当于准考证存根)以备监考员核对。

5.4 阅卷及登分

用条形码技术代替传统的考生书写姓名、准考证号，可以杜绝阅卷中的撬看试卷封头，改分、改卷现象。因为阅卷是在一种完全保密的状态下进行，如不对应答题卡“暗码”，任何人也不知道试卷的所属。登分工作由市招办统一组织。市招办组织进行人工抱卷上机过录分数，最后主观题和客观题合库。整个过程试卷都在不解密的状态下进行。这样可以减少登分中的误差，确保评卷结果公平、公正。

5.5 改变录取管理模式

全封闭录取管理模式，在恢复统考初期起了积极作用。这种模式给社会造成了一种神秘感。随着信息社会的发展，移动通讯工具的应用，使全封闭录取已失去意义。计算机网上录取的实现，为改变传统录取模式提供了条件。1999 年我市准备不进住宾馆录取，而是利用现有的办公场所进行录取，基本模式是市招办工作人员包括录取组、系统维护组和决策组采用半封闭管理，其他工作人员视工作进展情况采用滚动调休的办法，对院校招生同志市招办负责联系住宿，具体管理服务由行政部门解决。

5.6 进一步加强队伍管理，加大社会监督力度

教育招生事业在发展，招生办公室的工作职能必须努力向行政管理服务型过渡。考试管理是严格意义上的政府行为，要确保公正、公平，确保国家政策规定的正确执行。招生录取工作是一种服务，考试前期以提供考试信息、各种招生数据的统计分析信息为考生、中学、社会服务；考试以后进行信息处理，为院校提供服务信息，以供院校选择；录取期间及时向社会、考生提供录取信息。因此，对招生队伍的管理，对招生人员的素质要求有增无减。为使招生工作顺利实施，保持高考的良好社会信誉，主动接受社会监督是防止腐败的关键环节。如报考条件、报名电子表格、体检的流程和结果、考场编制、监考程序、考生应试办法等，要广泛宣传，要有透明度。有些还需要考生监督，如三好生、市优干、体育二级运动员等一系列政策照顾和加分的考生名单，录取工作原则以及最后结果，都要及时向考生公布，向社会公布。

总之，考务管理办法录取模式和录取手段的变化，是基于多年管理成功经验的基础上的改变，是量的积累上的质的飞跃，是一种扬弃，它可以使招生基本原则更好地落实，更加适应社会和经济的发展。

——《天津城市建设学院学报》1999 年第 2 期

浅谈教育招生考试工作中的成本核算问题

杨卫萍

招生考试工作是国家选拔人材的重要手段，是教育事业的重要组成部分。随着我国社会主义市场经济体制的确立，教育也将逐步面向市场。对整个社会来讲，教育是一种投资，而对老百姓来讲，教育将会是一种消费。招生考试机构作为教育的先期入口部门，在原来计划经济体制下，业务活动经费主要是靠国家财政拨款。随着教育市场逐步形成，所需经费来源也将从财政拨款为主转变为以事业性收费为主多渠道筹措资金的模式。因此，各级招生考试部门在注重高质量选拔人才和社会效益的同时，也应重视教育招生考试事业中的经济效益，积极地探索有效利用现有资源，开源节流，为改革和发展积累更多的资金，推动招生考试工作走向现代化的途径和方法。在这种情况下，作为财务管理重要内容的“招生考试成本核算”就显得更加重要了。

一、招生考试工作中成本核算的重要性

第一，计算招生考试成本是开源节流，减少不必要的浪费，有效利用资源的需要。教育招生考试部门长期以来靠国家财政拨款为主，在用钱上很少“斤斤计较”，不算细帐，甚至存在浪费现象。例如，在业务费开支中由于不考虑各种招生考试的成本，开支多少都是“大锅饭”，公务费亦是如此。哪种类别的招生考试应花费多少很少有人过问。因此，怎样减少不必要的浪费，怎样以相对少量的“投入”获取较大的“产出”，是成本核算的首要任务这是当前教育招生考试在市场经济条件下必须解决的一个问题。控制不合理的开支，进行必要的经济核算是保证教育招生考试事业良性发展的基础，也是教育招生考试事业走向现代化的重要保证。

第二，计算招生考试成本是正确核定收费标准的基础。在行政事业性收费中新确定的项目和因物价上涨因素对原有收费标准调整时，都要从“成本核算”的角度来考虑问题，在以往不具备成本核算的条件下，对此类问题只能“估算”，既不准确更不具科学性。科学计算成本不仅使教育招生考试事业能够得到健康的发展，也减轻了学生暨家长的负担，为正确核定收费标准提供了科学依据。

第三，计算招生考试成本是合理配置人力资源，推动事业单位走内涵发展为主道路的前提。在科技迅速发展的今天，现代化管理手段的应用，需要我们认真科学地考察成本，使工作人员认识到只有高质量的工作成果以及科学的工作态度才能使有限的资金得到有效的利用。例如，人员安排上要定岗定编，减少人员开支，还要职责明确，提高工作效率。同时，提高工作人员的能力和素质，使工作人员做到一专多能，一岗多用，最大限度地降低人力成本。

二、有效计算招生考试成本需要在核算方面考虑的几个问题

1. 核算招生考试成本期间的划分问题。要想科学合理地核算招生考试成本，首先要确定以公历年为会计核算期间。普通高校招生一年核算一次成本，而高等教育自学考试每年分1、4、6、10月份进行，一年就需要核算四次成本。招生考试工作的周期是以完成一次招生或考试工作为一个周期，因此，招生考试成本期间的划分也应以完成一次招生或考试为核算期间。

2. 收入和费用的确认问题。要核算教育招生考试成本，其收入和费用的确认是一个不可忽视的问题。为恰如其分地分配、合理地计算成本就要考虑收入和费用的因果配比关系。因此，一旦确认收入就应在本期确定其成本和费用，即：遵循收入与费用配比原则。采用权责发生制作为会计核算的基本出发点。例如：全国高等教育自学考试，它在次年1月份进行，考试所需要的命题费、试卷印刷费等费用在当年年底已陆续开始支付。而12月份考生开始报名交纳报名费用，考试完毕还要陆续支付阅卷、考场管理等费用。以这一次的考试为例，其发生的收入与支出跨越两个自然年度。考试部门应对头年支付的费用和收到的收入先计入“应收及暂付”和“应付及暂存”科目，待次年1月份考试时再转做费用和收入处理。

3. 明确固定资产提取折旧。为了能够更确切地将耗用固定资产的成本分配到各类招生考试中去，实现期间收入与期间费用的正确匹配，就应该对固定资产在有效的使用年限内计提一定数额的折旧。这是核算招生考试成本的一项重要内容。增加固定资产的备抵科目“累计折旧”，这样可以准确反映单位固定资产的新旧程度，体现固定资产的规模。提取折旧的方法可采用平均年限法，将折旧费按成本期间记入“综合管理费用”，间接分配到招生考试中去。

4. 将修缮费用计入“递延资产”科目核算。修缮费用是教育经费支出项目中一项重要的核算内容，有时因修缮规模大，支付费用较高，不便在各种招生成本中直接反映，因而应作为间接费用归集。一般讲，修缮费用主要指大中型的维修项目。此类费用在几年内分期摊销更为合理。将发生的修缮费用记入“递延资产”科目，再按成本期间分配摊入综合管理费用，间接分配到招生考试成本中去。

5. 划分直接费用和间接费用。为了科学地记录招生考试所发生的费用，应将教育事业支出项目下的十二个目级科目进行科学的分类，并增加综合管理费用科目，确定直接费用和间接费用。

直接费用包括：基本工资、补助工资、其他工资、职工福利费、社会保障费用、业务费。

间接费用包括：公务费、综合管理费用(管理部门的人员经费、房屋建筑物及设备折旧、递延资产摊销)、招待费、其他费用。

6.“间接费用”需要采用一定的方法在成本对象之间进行分配。由于各类考试发生的费用各不相同，在分配间接费用时可采用系数法进行分配。例如：将普通高校招生与成人高校招生每生系数定为“1”，研究生招生每生系数定为“2”，高等教育自学考试每科次系数定为“0.2”，中专招生每生系数定为“0.5”。

其计算公式为：

间接费用分配率＝间接费用/普通高校招生学生数×1＋成人高校招生学生数×1＋研究生招生学生数×2＋高等教育自学考试报考科次×0.2＋中专招生学生数×0.5

某类招生考试的间接费用＝某类招生考试的学生数×某类招生考试系数×间接费用分配率

三、核算成本的步骤和方法

计算招生考试成本就是对各类招生和考试的生均耗费进行的一种核算。以每类招生或考试作为核算的对象。计算招生考试成本的前提和基础是对生产费用的归集和分配，因此招生考试成本核算的步骤为：

A. 设置成本费用类账户。分别为“招生考试成本”、“间接费用”、“待摊费用”、“预提费用”等，属于直接费用就直接计入成本核算对象。属于间接费用的先在“间接费用”科目汇集，期间终了按照合理的标准分配计入有关招生考试成本对象。

B. 在“招生考试成本”账户下设置成本项目。例如：基本工资、补助工资、其他工资、职工福利费、社会保障费用、业务费、间接费用。期间终了按照成本项目填制“成本计算单”，据此计算出招生考试总成本，按照招生考试学生计算出生均成本。

C. 根据招生考试总成本和生均成本进行对比分析。按照成本项目分析出人员经费所占比重，公用经费所占比重。按照各类招生考试的生均成本进行比较，掌握实际成本情况，作到心中有数。进行可比成本分析，了解纵向发展动态，从中找到降低成本增加效益的有效途径。

在处理好正常财务业务核算的同时，经过对招生考试成本的探讨和研究，进行财务内部的成本核算，这不仅使单位法人，也使各层次的管理者清楚地看到招生考试的费用构成，进一步增强管理意识，节约意识，从而达到对财务工作深层次的管理。

——《事业财会》1999 年第 5 期

附录

天津市教育招生考试机构简介

一、天津市教育招生考试中心

天津市教育招生考试中心是天津市教育委员会领导的具有行政职能的事业单位，是市高等学校中等专业学校招生委员会、市高等教育自学考试委员会的日常办事机构，成立于1992年。主要任务是：组织、管理教育部在天津的全国统一考试、外国考试机构在津的海外考试、各类社会通用考试（具体有攻读硕士学位研究生入学考试、普通高等学校招生全国统一考试、成人高等学校招生全国统一考试、天津市中等专业学校招生考试、高等教育自学考试和全国计算机等级考试、全国计算机应用技术证书考试、全国公共英语等级考试、剑桥少儿英语学习培训考试等项目）；组织、管理天津市普通高等学校、成人高等学校、中等专业学校和研究生的招生工作。

市教育招生考试中心内部设有办公室、党委办公室、普通高等学校招生处、高等教育自学考试处、成人高等学校招生处、中等专业学校招生处、调研处、行政处等八个处室和社会考试服务中心、天津市大业物资商社、天津市有成书社等三个附属单位。编制119人，现有职员106人。

党委书记、主任：乔丽娟

地址：天津市河西区宾水道47号　　邮政编码：300060

电话：022－23948601

传真：022－23948602

二、天津市区县教育招生考试机构

区县	机构名称	负责人	单位电话	单位地址	邮政编码
和平区	和平区教育局招生办	陈慧敏	27836086	和平区新兴路南浮房大街建津里22－203	300070
	和平教育局成教科	王书云	27115937	和平区河北路205号	300041
河西区	河西区教委招生办	邢逸珠	28308913	河西区隆昌路3号	300211
	河西教委成教科	于建国	28238011	河西区隆昌路3号	300211
南开区	南开区教育招生考试中心	费超杰	27382185	南开区五马路华家场东大街	300102
河东区	河东区教育招生考试中心	刘琨	24419899	河东区张贵庄路50号	300160
河北区	河北区教委招生办	张连春	26274638	河北区中山路205号	300140
	河北区教委成教科	牟英存	26288183	河北区中山路205号	300140
红桥区	红桥区教育招生考试中心	谷世忠	27272149	红桥区大丰东大丰西胡同2号	300123
东丽区	东丽区教育招生考试中心	牛锦	24392336	东丽区跃进路51号	300300
西青区	西青区教育招生考试中心	罗学良	27921998	西青区杨柳青光明路28号	300380
津南区	津南区教育招生考试中心	杨国法	88511586	津南区津沽路77号	300350
北辰区	北辰区教育招生考试中心	康正宁	26394292	北辰区北仓道4号	300400

区县	机构名称	负责人	单位电话	单位地址	邮政编码
塘沽区	塘沽区教育招生考试中心	奈丛	25303060	塘沽区上海道98号	300450
汉沽区	汉沽区教育招生考试中心	丁迎祥	67113914	汉沽区新村街	300480
大港区	大港区教育招生考试中心	单柏山	25980256	大港区振兴路10号	300270
蓟县	蓟县教育招生考试中心	刘继东	29142513	蓟县兴华大街4号	301900
宝坻县	宝坻县教育招生考试中心	王友斌	29241951	宝坻县广川街16号	301800
宁河县	宁河县教育招生考试中心	赵宝清	25591092	宁河县芦台镇新华路34号	301500
武清县	武清县教育招生考试中心	史永旺	29341978	武清县杨村镇雍阳西道	301700
静海县	静海县教育招生考试中心	郑庆海	28948569	静海县胜利路建设街3号	301600
大港油田	大港油田教育招生考试中心	于树方	25944345	大港油田三号院	300280
天津铁厂	铁厂招办	汪宝全	23114519	和平区河北路小光明里4号	300050